Antonia von der Behrens (Hrsg.)
Kein Schlusswort
Plädoyers im NSU-Prozess

Autorinnen und Autoren

Muhammet Ayazgün ist Betroffener des Nagelbombenanschlages in der Keupstraße.

Antonia von der Behrens ist seit 2003 als Rechtsanwältin in Berlin mit Schwerpunkt Strafrecht und Migrationsrecht tätig. Sie vertritt im NSU-Verfahren den jüngsten Sohn des am 4. April 2006 ermordeten Mehmet Kubaşık.

Dr. Björn Elberling ist seit 2009 als Rechtsanwalt in Kiel mit Schwerpunkt Strafverteidigung und Presserecht tätig. Er vertritt im NSU-Verfahren F.K., den Betroffenen eines versuchten Mordes bei einem Raubüberfall des NSU am 18. Dezember 1998 in Chemnitz.

Berthold Fresenius ist seit 1988 als Rechtsanwalt in Frankfurt a.M. mit Schwerpunkt Strafverteidigung und Migrationsrecht tätig. Er vertritt im NSU-Verfahren Muhammet Ayazgün, einen Betroffenen des Nagelbombenanschlages in der Keupstraße.

Alexander Hoffmann ist seit 1998 als Rechtsanwalt in Kiel mit Schwerpunkt Strafverteidigung und Presserecht tätig. Er vertritt im NSU-Verfahren mit Se. S. und Arif. S. zwei Betroffene des Nagelbombenanschlages in der Keupstraße.

Carsten Ilius ist seit 2009 als Rechtsanwalt in Berlin mit Schwerpunkt Strafrecht und Migrationsrecht tätig. Er vertritt im NSU-Verfahren Elif Kubaşık, die Witwe des ermordeten Mehmet Kubaşık.

Wolfgang Kaleck ist seit 1991 Rechtsanwalt in Berlin und Gründer und Generalsekretär des European Center for Constitutional and Human Rights (ECCHR).

Elif Kubaşık ist die Witwe des ermordeten Mehmet Kubaşık.

Gamze Kubaşık ist die Tochter des ermordeten Mehmet Kubaşık.

Stephan Kuhn ist seit 2008 als Rechtsanwalt in Frankfurt a.M. mit Schwerpunkt Strafverteidigung tätig. Er vertritt im NSU-Verfahren einen Betroffenen des Nagelbombenanschlages in der Keupstraße.

Angelika Lex war von 1997 bis 2015 Rechtsanwältin in München und mit Unterbrechung von 1998 bis 2015 Richterin am Bayerischen Verfassungsgerichtshof. Sie verstarb am 9. Dezember 2015. Im NSU-Verfahren vertrat sie Yvonne Boulgarides, die Witwe des ermordeten Theodoros Boulgarides.

Dr. Anna Luczak ist seit 2007 als Anwältin in Berlin mit den Schwerpunkten Strafrecht und Verwaltungsrecht tätig. Sie hat im NSU-Verfahren die Nebenklage Kubaşık unterstützt.

Arif S. ist Betroffener des Nagelbombenanschlages in der Keupstraße.

Sebastian Scharmer ist seit 2006 als Rechtsanwalt in Berlin mit Schwerpunkt Strafrecht tätig. Er vertritt im NSU-Verfahren Gamze Kubaşık, die Tochter des ermordeten Mehmet Kubaşık.

Dr. Peer Stolle ist seit 2007 als Rechtsanwalt in Berlin mit Schwerpunkt Strafrecht und Polizei- und Versammlungsrecht tätig. Er vertritt im NSU-Verfahren den ältesten Sohn des ermordeten Mehmet Kubaşık.

Antonia von der Behrens (Hrsg.)
Kein Schlusswort

Nazi-Terror
Sicherheitsbehörden
Unterstützernetzwerk

Plädoyers im NSU-Prozess

von Muhammet Ayazgün, Antonia von der Behrens, Björn Elberling,
Berthold Fresenius, Alexander Hoffmann, Carsten Ilius,
Elif Kubaşık, Gamze Kubaşık, Stephan Kuhn, Angelika Lex,
Anna Luczak, Arif S., Sebastian Scharmer und Peer Stolle

Mit einem Vorwort von Wolfgang Kaleck

VSA: Verlag Hamburg

www.vsa-verlag.de
www.nsu-nebenklage.de
www.dka-kanzlei.de/news_nsu.html

© VSA: Verlag 2018, St. Georgs Kirchhof 6, D-20099 Hamburg
Umschlag: Demonstration unter dem Motto »Kein 10. Opfer« am 6. Mai 2006 in Kassel nach der Ermodung von Halit Yozgat mit den Angehörigen weiterer NSU-Mordopfer an der Spitze (Foto: Heiko Meyer, www.heikomeyer.com)
Alle Rechte vorbehalten
Druck und Buchbindearbeiten: CPI books GmbH, Leck
ISBN 978-3-89965-792-0

Inhalt

Wolfgang Kaleck
Vom Schock zum Aufbruch zum Scheitern? 7
Vorwort

Anna Luczak
Gegenerzählung 13
Einleitung und Überblick

Danksagung 20

Angelika Lex
**Kein Vertrauensvorschuss für diesen Rechtsstaat
in Sachen Aufklärung der NSU-Verbrechen!** 21
Rede vom 13. April 2013

Elif Kubaşık
Wir sind ein Teil dieses Landes, und wir werden hier weiterleben 25
Plädoyer vom 21. November 2017

Carsten Ilius
Der Mord an Mehmet Kubaşık in Dortmund 27
Beispiel für rassistische Ermittlungen und unzureichende Ermittlungen
hinsichtlich lokaler NSU-Netzwerkstrukturen
Plädoyer vom 21. und 22. November 2017

Sebastian Scharmer
**Aufklärungsanspruch nicht erfüllt –
ein Schlussstrich kann nicht gezogen werden** 63
Plädoyer vom 22. November 2017

Gamze Kubaşık
Sie haben das Versprechen gebrochen! 103
Plädoyer vom 22. November 2017

Peer Stolle
Die Entstehung des NSU 105
Jugendcliquen, Diskurse, Ideologie, »Heimatschutz«
Plädoyer vom 23. November 2017

TATORTE 132
Fotos und Bildunterschriften von Mark Mühlhaus / attenzione

Alexander Hoffmann
**Nebenkläger*innen aus der Keupstraße
und die Ideologie des NSU-Netzwerkes** 139
Plädoyer vom 5. und 13. Dezember 2017

Arif S.
**Solange die wahren Täter nicht gefasst worden sind,
werden meine Ängste weiterbestehen** 161
Plädoyer vom 28. November 2017

Stephan Kuhn
**Der Anschlag auf die Keupstraße
und die Ermittlungen gegen die Betroffenen (»Bombe nach der Bombe«)** 163
Plädoyer vom 28. November 2017

Berthold Fresenius
Die Keupstraße und das Verhalten des Innenministers Otto Schily 175
Plädoyer vom 28. November 2017

Muhammet Ayazgün
**Abschreckend wirkt nicht nur die Strafverfolgung,
sondern auch die Aufklärung** 181
Plädoyer vom 28. November 2017

Björn Elberling
Die Raubüberfälle des NSU 185
Insbesondere der Überfall auf einen Chemnitzer Edeka-Markt
am 18. Dezember 1998 und der versuchte Mord an F.K.
Plädoyer vom 5. Dezember 2017

Antonia von der Behrens
**Das Netzwerk des NSU, staatliches Mitverschulden
und verhinderte Aufklärung** 197
Plädoyer vom 29. November und 5. Dezember 2017

Abkürzungen 323

Wolfgang Kaleck
Vom Schock zum Aufbruch zum Scheitern?
Vorwort

Es dauerte eine Weile, bis wir den Schock über die Entdeckung der NSU-Mordserie abgeschüttelt hatten und uns Anfang Juni 2012 zu dem zivilgesellschaftlichen Hearing »Rassismus, NSU und das Schweigen im Land« trafen. Es schwang Wut mit, etwa als Imran Ayata, Autor und Kanak-Attack-Mitbegründer, über den oft subtilen und offenen Rassismus in diesem Land sprach und den Bogen von den Morden in den frühen 1990er Jahren in Mölln und Solingen zum »Nationalsozialistischen Untergrund« (NSU) spannte. Auch ich redete über diese Zeit, über meine eigenen Erinnerungen als junger Anwalt und Nebenklägervertreter und die damit verbundenen Reisen durch Ostdeutschland, vor allem natürlich nach Magdeburg zum so genannten Elbterrassen-Prozess ab 1994 und zum Verfahren gegen die »Skinheads Sächsische Schweiz« (SSS) nach der Jahrtausendwende am Landgericht Dresden. Da hatten wir im Kleinen erlebt, was später auf dramatische Weise im NSU kulminierte: Das Wegschauen der Polizei – aus Schlampigkeit, Feigheit, Unwissenheit, die unverhohlene Sympathie der uniformierten Wachtmeister mit den kahlgeschorenen Rechten, das Erschrecken über die gut ausgebildete Struktur des SSS, das rechten und rassistischen Ansichten oft wohlgesonnene Umfeld und die fast an Lateinamerika erinnernde Kultur der Straflosigkeit bei Polizei und Strafverfolgungsbehörden in vielen Regionen Ostdeutschlands.

Als ich die beiden Organisatorinnen des Hearings, Bianca Klose und Heike Kleffner, daher fragte, »wussten wir das nicht alles, war das nicht alles folgerichtig?«, erntete ich ein Kopfschütteln. Und in der Tat hatte ich unsere eigene Rolle verklärt: Sicherlich hatten viele im Westen und Osten der Republik in den 1990ern und 2000ern gegen den Rechtsradikalismus gekämpft. Aber auch wir hatten nicht auf dem Radar, dass die »Česká-Mordserie« von einer rechtsradikalen Struktur begangen worden war. Darauf hatten einzig die Familienangehörigen und ihr Umfeld beispielsweise auf den Demonstrationen in Kassel im Mai 2006 und im Juni 2006 in Dortmund unter dem Motto »Kein 10. Opfer« aufmerksam gemacht. Zu dieser Zeit war in der bundesrepublikanischen Öffentlichkeit noch von den »Döner-Morden« die Rede.

Das Aufklärungsversprechen der Bundeskanzlerin

Dennoch, es herrschte eine Aufbruchstimmung am Ort des Hearings, der Akademie der Künste am Pariser Platz gleich neben dem Brandenburger Tor. Wir waren mit unserem Anliegen nach Aufklärung der Morde und ihrer Ursachen in der Mitte der Gesellschaft angekommen. Immerhin hatte Bundeskanzlerin Angela Merkel am 23. Februar 2012 versprochen: »Wir tun alles, um die Morde aufzuklären und die Helfershelfer und Hintermänner aufzudecken und alle Täter ihrer gerechten Strafe zuzuführen.« Aktivist*innen, beispielsweise aus der Initiative *Keupstraße ist überall*, sowie Angelika Lex und Yavuz Narin aus München als erklärt politische Nebenklägeranwält*innen traten erstmals öffentlich auf. Ich selbst lernte Gamze Kubaşık aus Dortmund kennen und übernahm das Mandat, das dann wenig später Sebastian Scharmer und weitere Kolleginnen und Kollegen für weitere Familienmitglieder übernahmen. Wir bereiteten uns auf die diversen Untersuchungsausschüsse in Landtagen und im Bundestag sowie auf das zu erwartende Großverfahren vor dem Oberlandesgericht München gegen die fünf Angeklagten als Haupttäter neben den beiden Verstorbenen vor. Infolge des Hearings entstand zudem NSU Watch, ein Bündnis antifaschistischer und antirassistischer Gruppen, das deren Wissen über die rechten und neonazistischen Strukturen zusammentrug, aufbereitete und den Prozess am OLG München akribisch dokumentierte.

Nach einem weiteren Jahr hatte sich die Stimmung schon verschlechtert: Die inzwischen verstorbene Nebenklägeranwältin Angelika Lex äußerte in ihrer ebenfalls in diesem Buch abgedruckten Rede bei einer Demonstration vor dem Gerichtsgebäude in der Münchener Innenstadt im April 2013 zum Prozessauftakt bereits die Befürchtung, das Gericht sei »der politischen Dimension und auch der gesellschaftlichen Bedeutung dieses Verfahrens nicht gewachsen«. Aus ihrer Sicht wären nämlich nicht »fünf, sondern 15 oder noch besser 500 Personen« dafür zur Verantwortung zu ziehen, dass diese Mordtaten geschehen waren.

Wer hätte aufklären können und müssen?

Fast fünf Jahre und 400 Verhandlungstage später hat sich die Befürchtung bestätigt. Zu kritisieren ist nicht die Dauer des Verfahrens, diese stellte sicher auch eine große Belastung für alle Beteiligten dar, ist aber bei derartigen Komplexen oft unumgänglich, wendet man alle rechtsstaatlichen Verfahrensprinzipien an. Und hier hatten wir es doch immerhin mit einem umfangreichen Tatkomplex zu tun, der sich an vielen Orten über mehrere Jahre und unter Beteiligung vieler unterschiedlicher Akteur*innen entsponnen hatte.

Auf der Münchener Anklagebank verblieb es bei den fünf wegen der Taten Anklagten. In dem Prozess wurden weder die Vorgaben der Bundeskanzlerin, »die Helfershelfer und Hintermänner aufzudecken«, noch gar die Erwartungen der Nebenkläger*innen und Opferfamilien erfüllt, nämlich zu erfahren, warum und auf welche Weise ihre Väter, Ehemänner, Geschwister ins Visier des NSU-Netzwerkes gerieten und schließlich ermordet wurden. Zur Klarstellung: Wir reden hier von den Kernaufgaben eines Strafgerichts, nämlich die Tat im strafprozessualen Sinne und alle daran Beteiligten mit den strafprozessual möglichen Mitteln zu beleuchten und dann über die Schuld der auf der Anklagebank Sitzenden zu urteilen und gegebenenfalls weitere Ermittlungen anzustellen.

Wer hätte denn an dieser Aufklärung mitwirken können und sollen?

Sicherlich alle Tatbeteiligten im weiteren Sinne, mindestens also die Angeklagten, die weiteren Beschuldigten und die vielen Zeug*innen. Strafprozessual hatten sie das Recht zu schweigen – allerdings haben die Familienangehörigen der Ermordeten selbstverständlich das Recht, dieses Schweigen moralisch und menschlich zu verdammen. Als Beobachter des Prozesses hätte man sich ein härteres Zupacken und Nutzen der strafprozessualen Zwangsmittel gegenüber den vielen Zeug*innen aus dem Umfeld der Täter*innen gewünscht.

Fatal ist – einmal mehr – die Rolle der Inlandsgeheimdienste in dem gesamten NSU-Komplex. Wie bei dem durch Edward Snowden aufgedeckten NSA-Skandal offenbarte sich, dass die Dienste – entgegen allen Prinzipien der Gewaltenteilung – oft intransparent und unkontrolliert agieren. Die Nebenklage hat dies im Münchener Verfahren – dazu mehr in einigen der hier abgedruckten Plädoyers – ebenso herausgearbeitet wie einzelne Parlamentarier*innen in den diversen Bundes- und Landtags-Untersuchungsausschüssen. Bildlich deutlich wurde dies in der ARD-Trilogie »Mitten in Deutschland: NSU« in dem Teil, in dem es um die »Ermittler – nur für den Dienstgebrauch« ging. Pointiert arbeitet der Regisseur heraus, wie der sogenannte Quellen- oder V-Mann-Schutz, ein zu einem übergeordneten Rechtsgut überhöhtes Geheimdienstinteresse, über dem Interesse der Gesellschaft an der Aufklärung der Verbrechen stehen soll.

Verdunkelung von Staats wegen

Fast schon wie eine leicht übertriebene Fiktion wirken die diversen Aktenvernichtungsaktionen gleich nach dem 4. November 2011 und die seitdem auf verschiedenen Ebenen erfolgte Verdunkelung von Staats wegen. Seitdem werden auf alle erdenkliche Weise durch staatliche Stellen, auch durch die zuvorderst zur Aufklärung berufene Bundesanwaltschaft, Informationen und Aktenmaterial zurückgehalten – ein Vorgehen, welches sehr an die Vertuschung der Hintergründe des Oktoberfest-Attentates 1980 in München erinnert. Ein trauriger Höhepunkt: Als sich Bundesanwalt Dr. Diemer in seinem Schlussplädoyer zu dem Ausspruch verstieg, die Bemühungen anderer Prozessbeteiligter, die weiteren Hintergründe der Taten und auch des staatlichen Versagens aufzuklären, seien lediglich »Fliegengesurre«.

Das Münchener Verfahren gegen die fünf Angeklagten aus dem NSU-Komplex wurde aus diesen und weiteren Gründen weder den Ansprüchen der Opfer schwerster Gewalttaten noch den der Medienöffentlichkeit sowie der kritischen Beobachter*innen gerecht. Die Ausgangssituation war ohnehin schwierig. Denn viel zu spät wurde mit der Selbstenttarnung des NSU im November 2011 dessen Täterschaft bekannt. Zu viel Schaden hatten die rechtsradikalen Gewalttäter*innen in den langen Jahren seit 1998/1999 bereits angerichtet, zu lange staatliche Stellen fahrlässig und vorsätzlich falsch reagiert, zudem noch die Familienangehörigen der Ermordeten auf das Heftigste sekundär viktimisiert.

Wie die nachfolgenden Plädoyers ist auch dieses Vorwort vor der mündlichen und schriftlichen Urteilsverkündung geschrieben worden. Da mag also vom Gericht noch etwas kommen. Gefordert hatte die Nebenklage, dass der Prozess keinen Schlussstrich darstellen darf, auch weil die Verurteilung der fünf Angeklagten nichts über die Größe des NSU, dessen Netzwerk und staatliches Mitverschulden aussagt. Solche Feststellungen durch das Gericht wären wohl das Positivste, was geschehen könnte.

Allerdings sollte auch eine eventuelle Verurteilung der fünf Angeklagten nicht als vollkommen unwesentlich abgetan werden, das immerhin wird man dann sagen können, 18 Jahre nach dem ersten bekannten Mord des NSU – an Enver Şimşek am 9. September 2000 in Nürnberg –, 20 Jahre nachdem das Kerntrio im Januar 1998 in die Illegalität nach Chemnitz umzog –, fünf Jahre nach Prozessauftakt.

Zwei Schlussfolgerungen können ungeachtet dessen bereits gezogen werden:

Auch wenn erstens etliche Indizien und Beweise für ein systemisches Staatsversagen und staatliche Mitverantwortung sprechen: Verschwörungstheorien sind zurückzuweisen. Im Zeitalter des Postfaktischen, der Zersplitterung der Öffentlichkeit, der zunehmenden Bedeutung von sozialen Medien, hätten staatliche Behörden die ihnen übertragenen Aufgaben zu erledigen gehabt, um die Fakten rund um den NSU-Komplex aufzubereiten und in der Öffentlichkeit im Strafverfahren wie auch in den Untersuchungsausschüssen zugänglich zu machen. Sie haben stattdessen – wie so oft zuvor – diejenigen denunziert, die sich ernsthaft bemühen. Damit wird all denjenigen mehr Raum gegeben, die ohnehin ein irrationales Misstrauen gegenüber dem Staat und seinen Institutionen haben – und das sind nicht erst seit gestern auch die Rechten. Eine rationale, an Fakten orientierte Dokumentation und Diskussion des Prozesses ist also auch aus grundsätzlichen politischen Erwägungen vonnöten.

Der lange Atem und offene Fragen

Zweitens muss trotz der Enttäuschung über den Strafprozess der Kampf um Aufklärung und die politischen Konsequenzen aus den Morden wie der mangelhaften staatlichen Reaktion weitergehen. Die noch offen Ermittlungsverfahren gegen die Unterstützer*innen des NSU müssen mit Nachdruck betrieben werden. Zudem leben noch viele der an den Taten Beteiligten und viele, die wenigstens einzelne Ereignisse bezeugen könnten. Eine Wiederaufnahme von Ermittlungen kann daher bei Vorliegen neuer Erkenntnisse erfolgen, ebenso wie ein Anknüpfen von staatlichen oder nicht-staatlichen Untersuchungsausschüssen an dem in dem Verfahren des Oberlandesgerichts München aufgearbeiteten Prozessstoff, aber auch entlang der Mängel, die dieses Verfahren zweifelsohne offenbart hat. Weit darüber hinaus sollte dann die Aufarbeitung des NSU-Komplexes gehen – und da sind neben staatlichen auch nicht-staatliche Akteure gefragt. Die Initiative zur Aufklärung des Mordes an Oury Jalloh macht vor, wie weit man mit einem langen Atem kommen kann.

Begonnen hatten die Familienangehörigen der Ermordeten und ihr Umfeld, dann wachten die antifaschistischen Gruppen und ein Teil der Zivilgesellschaft auf. Bücher und Dokumentationen wurden veröffentlicht, Filme und Theaterstücke folgten. Zuletzt mündete der Ärger über die lückenhafte Aufklärung in die Initiative »Tribunal-NSU-Komplex auflösen«, dort wurden im Sommer 2017 in Köln – ebenso wie später auf der Kasseler Documenta, nahe des Tatortes des Mordes an Halit Yozgat – die Nachforschungen der Londoner Wissenschaftler*innen von »Forensic Architecture« präsentiert. Hoffentlich waren dies nur die Anfänge weiterer Initiativen.

Sowohl bei der Zurückweisung von Verschwörungstheorien bei gleichzeitigem Aufrechterhalten der Forderungen nach umfassender Aufklärung wie politischer und gesellschaftlicher Auseinandersetzung wird uns die Veröffentlichung der Plädoyers einer Gruppe von Nebenklägeranwält*innen im vorliegenden Band helfen. Ihr Bemühen war und ist es, nicht nur im Verfahren selber, mit Verfahrensanträgen und bei den Schlussplädoyers weitreichende Schussfolgerungen zu ziehen, etwa die Forderung zu erheben, den strukturellen Rassismus in diesem Land und insbesondere auch bei Strafverfolgungsbehörden aufzuarbeiten, sondern immer auch anhand von Fakten Kritik an den Ermittlungsbehörden wie auch am Gericht zu belegen. Im Vordergrund steht dabei nicht die besserwisserische Geste »wir haben es gewusst« – denn wir haben es alle nicht gewusst und bis zum November 2011 nicht wissen wollen. Sondern es geht darum, möglichst genau darzulegen, wo – oft systemische – Versäumnisse der Ermittlungsbehörden und Geheimdienste lagen und wo auch Anhaltspunkte für zukünftige Recherchen liegen könnten, was also konkret für die Betroffenen der NSU-Straftaten von Bedeutung ist. Und weit mehr: Wie wir es schaffen können, in Zeiten des politisch geschürten, zunehmenden Hasses auf alle vermeintlich Fremden und Anderen für eine gerechte diskriminierungsfreie Weltgesellschaft einzustehen.

Anna Luczak
Gegenerzählung
Einleitung und Überblick

In diesem Buch sind die Plädoyers der Nebenkläger Muhammet Ayazgün und Arif S. und der Nebenklägerinnen Elif und Gamze Kubaşık sowie von acht Rechtsanwält*innen der Nebenklage im so genannten NSU-Prozess[1] versammelt. Diese Schlussvorträge wurden im November und Dezember 2017 zwischen dem 387. und dem 397. Hauptverhandlungstag vor dem Oberlandesgericht München gehalten. Die hier dokumentierten Plädoyers wurden als Gegenerzählung zum staatlichen Narrativ gemeinsam konzipiert und bauen inhaltlich aufeinander auf. Den Plädoyers vorangestellt ist die Rede der am 9. Dezember 2015 verstorbenen Nebenklagevertreterin Angelika Lex, die sie auf einer Demonstration zum Prozessauftakt am 17. April 2013 gehalten hat. Angelika Lex hatte in dieser Rede bereits formuliert, mit welchem Anspruch die in diesem Buch versammelten Autor*innen an das Verfahren herangingen, sich nicht mit der Oberfläche und einfachen Erklärungen zufriedenzugeben, sondern in die Tiefe zu gehen, in die Abgründe zu schauen.

Zu oberflächlich, zu vereinfachend war für Angelika Lex und die hier im Band versammelten Nebenklagevertreter*innen bereits zum Prozessauftakt die staatliche These vom NSU als »abgeschottetes Trio«. Die Abgründe, die zu beleuchten waren, betrafen zum einen das Netzwerk des NSU, das weit mehr Personen umfasste, als von der Bundesanwaltschaft angeklagt worden waren. Abgründe eröffneten sich auch mit Blick auf die staatliche Mitverantwortung für die Entstehung des Netzwerkes und für die über Jahre ungehinderte Umsetzung von dessen Ideologie in mörderische Taten. Mitverantwortung dafür tragen zum einen die Verfassungsschutzbehörden, die durch eine Vielzahl von V-Leuten im direkten Umfeld des NSU Erkenntnisse hatten, die zu einer frühen Aufdeckung und damit zu einer Verhinderung der Taten hätten führen können. Mitverantwortung tragen auch die Strafverfolgungsbehörden, deren institutioneller Rassismus dazu geführt hatte, dass vor der Selbstenttarnung des NSU ausschließlich gegen die Betroffenen, die Familien der Ermordeten und die Verletzten der Sprengstoffanschläge, ermittelt worden war – anstatt Hinweisen auf Täter aus der Nazi-Szene nachzugehen. Diese strukturell rassistischen Ermittlungen hatten nicht nur eine

---

[1] Mit dem NSU-Prozess ist das vor dem OLG München gegen Beate Zschäpe, André Eminger, Holger Gerlach, Ralf Wohlleben und Carsten Schultze laufende Strafverfahren zum Aktenzeichen 6 St 3/12 gemeint. Die Anklage wurde vom Generalbundesanwalt am 5. November 2012 erhoben. Sie wurde durch das OLG München mit Beschluss vom 31. Januar 2013 zugelassen. Die Hauptverhandlung begann am 6. Mai 2013. Über 90 Nebenkläger*innen haben sich dem Verfahren angeschlossen. Sechs Nebenkläger*innen und 40 Nebenklagevertreter*innen haben zwischen dem 15. November 2017 und dem 8. Februar 2018 plädiert.

frühere Aufdeckung der Täterschaft des NSU verhindert, sondern darüber hinaus das Leid der Betroffenen verstärkt, die das Geschehene nicht verarbeiten konnten, sondern sich falscher Verdächtigungen erwehren mussten.

Ziel der Nebenkläger*innen

Die Nebenkläger*innen und ihre Vertreter*innen, deren Texte in diesem Buch versammelt sind, haben sich im Laufe des Verfahrens eng zusammengeschlossen. Die Nebenkläger*innen wollten, dass in diesem ersten und bis heute einzigen Gerichtsverfahren zum NSU-Komplex gemeinsam mit der Feststellung der persönlichen Schuld der Angeklagten auch das Netzwerk des NSU, die Kenntnisse der Verfassungsschutzbehörden und die strukturell rassistisch geführten Ermittlungen aufgeklärt werden. Die Vertreter*innen der Nebenkläger*innen eint dieser Auftrag ihrer Mandant*innen sowie ihr eigener, in diesem Zusammenhang notwendig politischer Anspruch an ihre Arbeit.

Die Gruppe setzt sich zusammen aus den Vertreter*innen der Familie des ermordeten Mehmet Kubaşık aus Dortmund – Rechtsanwältin Antonia von der Behrens, Rechtsanwalt Carsten Ilius, Rechtsanwalt Sebastian Scharmer, Rechtsanwalt Dr. Peer Stolle und Rechtsanwältin Dr. Anna Luczak –, der Vertreterin der Witwe des ermordeten Theodoros Boulgarides – Rechtsanwältin Angelika Lex, den Vertretern von Nebenkläger*innen, die vom Terroranschlag in der Keupstraße betroffen sind – Rechtsanwalt Berthold Fresenius, Rechtsanwalt Alexander Hoffmann und Rechtsanwalt Stephan Kuhn –, sowie Rechtsanwalt Dr. Björn Elberling, der einen Nebenkläger vertritt, auf den die NSU-Mitglieder im Rahmen eines Raubüberfalls geschossen hatten.

Bereits zum Prozessauftakt war deutlich, dass die enge Anklage das Verfahren prägen, es auf die fünf Angeklagten und die ihnen vorgeworfenen Taten ausgerichtet sein würde. Deshalb kam es während des gesamten Prozesses darauf an, das Gericht zu überzeugen, dass Gegenstand dieses Verfahrens auch das Netzwerk des NSU sowie das staatliche Mitverschulden in den beiden Facetten des Mitwissens von Verfassungsschutzbehörden vor der Selbstenttarnung des NSU und des institutionellen Rassismus der Strafverfolgungsbehörden während der früheren Ermittlungen sein mussten.

Prozessuale Rechte der Nebenkläger*innen

Prozessuale Rechte der Nebenklage sind unter anderem, Fragen an Angeklagte und Zeug*innen zu richten, Beweisanträge zu stellen oder Stellungnahmen zu Beweiserhebungen abzugeben. Von diesen Rechten haben die Nebenklagevertreter*innen, die sich aufgrund des Auftrags ihrer Mandant*innen der weitestmöglichen Aufklärung verpflichtet sehen, in vielfältiger Form Gebrauch gemacht. Diese Nebenklagevertreter*innen haben daher zum Beispiel Zeug*innen aus der Nazi-Szene, die von Staatsanwaltschaft und Gericht nur zu eng begrenzten Sachverhalten befragt worden waren, nach deren Einbindung in die Unterstützer*innen-Szene und nach deren Ideologie befragt. Sie haben sich bemüht, Mitarbeiter des Verfassungsschutzes, die als Zeugen geladen waren, zu wahrheitsgemäßen Aussagen zu bewegen. Sie haben Beweisanträge gestellt, weitere Zeug*innen aus der Nazi-Szene und aus den Verfassungsschutzbehörden zu vernehmen.[2] Sie haben im Rahmen von Anträgen Beweismittel zu möglichen Unterstützer*innen an den Tatorten, zur menschenverachtenden Ideologie, auf der die Taten beruhten, und zu weiteren Erkenntnissen der Verfassungsschutzbehörden präsentiert. Sie haben im Rahmen von Prozesserklärungen zusammengefasst, was sich für sie aus den in der Hauptverhandlung erhobenen Beweisen zu diesen Themen ergeben hatte.

Nicht alle diese Fragen wurden vom Gericht zugelassen, nicht allen diesen Beweisanträgen wurde nachgegangen, nicht alle diese Prozesserklärungen konnten ungehindert abgegeben werden. Erwartbar war, dass es Konflikte zwischen Nebenklage und Verteidigung geben würde. Im Vordergrund stand im Laufe des Prozesses dann jedoch der Antagonismus zwischen den im Verfahren aktiven Teilen der Nebenklage und der Bundesanwaltschaft. Natürlich beanstandeten auch Verteidiger*innen unbequeme Fragen aus der Nebenklage zum Beispiel an Zeug*innen aus der Nazi-Szene. Es war aber die Bundesanwaltschaft, die einer Vielzahl von Beweisanträgen zu den Fragen von Netzwerk und Mitverschulden entgegentrat, denen in der Folge vom Gericht nicht nachgegangen wurde. Die Arbeit in der Nebenklage war daher oftmals frustrierend. Gleichwohl konnten die Nebenklagevertreter*innen am Ende der Beweisaufnahme auch auf Erfolge zurückblicken. Der wichtigste Erfolg ist wohl, dass es gelungen ist, die Fragen der Nebenkläger*innen für die Öffentlichkeit nachvollziehbar zu machen und weitere Erkenntnisse zur Nazi-Szene und zu staatlichem Mitverschulden zu erlangen. Nur auf Betreiben von Nebenklagevertreter*innen sind überhaupt das unterstützende Netzwerk »Blood & Honour« und die verbindende Ideologie thematisiert und wichtige Zeugen aus der Nazi-Szene wie der »Hammerskin« Thomas Gerlach, der frühere »Blood & Honour« Chemnitz-Chef Jan Werner oder Ralph H. oder der V-Mann-Führer von Marcel Degner und V-Männer wie Carsten Szczepanski alias »Piatto« als Zeugen in die Hauptverhandlung geladen worden. Das Fazit muss gleichwohl – nach über vier Jahren Beweisaufnahme – lauten, dass zu vieles offen geblieben ist.

---

[2] NSU Watch hat in einem Artikel u.a. die Anzahl der im NSU-Verfahren gestellten Beweisanträge aufgearbeitet und kommt – Stand September 2017 – auf 152 Beweisanträge aus der Nebenklage, von denen ein ganz erheblicher Teil von den hier versammelten Autor*innen und von den mit ihnen eng zusammenarbeitenden Nebenklagevertreter*innen verfasst und gestellt worden sind. Daneben haben diese rund 50 Erklärungen nach § 257 Abs. 1 StPO zu Beweiserhebungen, in der Regel zur Befragung von Zeug*innen, abgegeben. Zu den statistischen Einzelheiten: Hansen, F., Schneider, S.: Der NSU-Prozess in Zahlen – eine Auswertung. NSU Watch vom 10. September 2017, Quelle: www.nsu-watch.info/2017/09/der-nsu-prozess-in-zahlen/.

Die Plädoyers

Die Texte in diesem Buch basieren auf der jahrelangen Arbeit und konkretisieren das ernüchternde Fazit. Sie fassen zusammen, was im Verfahren ans Licht gebracht werden konnte, und legen dar, was aus Sicht der Autor*innen – fälschlich – nicht Gegenstand des Verfahrens wurde. Die Plädoyer-Reihe ist eine Gegenerzählung zur Sicht der Bundesanwaltschaft, die noch in ihrem Plädoyer an der These vom völlig abgeschotteten »NSU-Trio« festhielt und andere Annahmen und andere Ansprüche an das Verfahren diskreditierte.[3]

Die Plädoyers bilden verschiedene Aspekte dessen ab, was aus Sicht der Nebenklage Gegenstand der Aufklärung des NSU-Komplexes sein sollte. Sie sind aufeinander abgestimmt und beziehen sich aufeinander. Die Reihenfolge der Texte im Buch entspricht dem ursprünglichen Konzept und nicht der Reihenfolge, in der die Plädoyers gehalten wurden. Im Verfahren konnte das Konzept unter anderem aufgrund von Unterbrechungen der Plädoyers durch die Verteidigung nicht wie geplant umgesetzt werden. Im Zuge der Bearbeitung der Texte für die Veröffentlichung hat es auch kleinere Änderungen im Wortlaut gegeben.

Die gemeinsame Plädoyer-Reihe wurde im Prozess und wird im Buch eröffnet durch die Nebenklägerin *Elif Kubaşık*, die ihre Erinnerung an ihren am 4. April 2006 vom NSU ermordeten Ehemann, Mehmet Kubaşık, und ihre offenen Fragen schildert. Daran schließt sich das Plädoyer ihres Nebenklagevertreters *Carsten Ilius* an, der anhand des Falls der Ermordung von Mehmet Kubaşık in Dortmund plastisch werden lässt, was mit institutionellem Rassismus gemeint ist und welche Nazi-Strukturen am Tatort Dortmund hätten beleuchtet werden müssen. Er schildert in Ergänzung zu dem Bericht seiner Mandantin, was der Verlust für sie bedeutet hat, und berichtet anschließend anschaulich, wie die strafrechtlichen Ermittlungen aufgrund institutionellen Rassismus von Anfang an in die falsche Richtung liefen. Wie die Ermittlungen sich gegen die Familie richteten, obwohl sich ein rassistisches Motiv und Bezüge zur örtlichen Nazi-Szene in Dortmund geradezu aufdrängten und im Jahr 2006 eine operative Fallanalyse in die richtige Richtung gezeigt hatte. Was Ermittlungen in der örtlichen Nazi-Szene ergeben hätten, zeigt er mit seiner folgenden Darstellung der Dortmunder Nazi-Szene zur damaligen Zeit, wo im Umfeld von »Blood & Honour«-Strukturen eine bundesweit vernetzte terroristische »Combat 18«-Zelle bestand und sich bewaffnete.

Der Nebenklagevertreter von Gamze Kubaşık, der Tochter Mehmet Kubaşıks, *Sebastian Scharmer* legt in seinem Text daran anschließend umfassend begründet

---

[3] Vgl. insofern die Presseerklärung von Nebenklagevertreter*innen, u.a. den Autor*innen, zum Plädoyer der Bundesanwaltschaft: »Generalbundesanwalt: ›Trio‹-These um jeden Preis. Deutungshoheit über den NSU-Komplex um den Preis von Diffamierung und Irreführung« vom 1.8.2017, Quelle: www.dka-kanzlei.de/news-reader/generalbundesanwalt-trio-these-um-jeden-preis-deutungshoheit-ueber-den-nsu-komplex-um-den-preis-von-diffamierung-und-irrefuehrun.html. Das Plädoyer der Bundesanwaltschaft wurde von dieser nicht in Schriftform dem Gericht vorgelegt. Unter anderem die Autor*innen haben deshalb eine Mitschrift unter www.nsu-nebenklage.de veröffentlicht.

dar, dass der Aufklärungsumfang des Verfahrens rechtlich eindeutig auch von der Verfahrensposition der Nebenkläger*innen mitbestimmt wird, dass eine Umsetzung dieses Aufklärungsanspruchs aber vereitelt wurde. Er gibt die offenen Fragen seiner Mandantin wieder, die die Auswahl ihres Vaters als Opfer, das Wissen des Verfassungsschutzes über den NSU und die nicht genutzten Verhinderungsmöglichkeiten betreffen. Die von ihm im Plädoyer erläuterten Schaubilder verdeutlichen die Nähe einer Vielzahl von V-Leuten zum NSU und zeigen, welche Chancen im Prozess ungenutzt geblieben sind, aufzuklären, wer wann von den Taten des NSU wusste und sie wie gefördert hat. Das Plädoyer von Sebastian Scharmer schließt mit einem Appell an den Senat, mit dem Urteil keinen vermeintlichen Schlussstrich unter den gesamten NSU-Komplex zu ziehen – und mit einem direkten Appell an die Angeklagte Zschäpe, wenigstens nach Rechtskraft dieses Verfahrens anzugeben, wer involviert war, wer Bescheid wusste, geholfen und unterstützt hat. *Gamze Kubaşık* selbst schließt an diese Worte an, legt ihre Sicht auf die Tatbeiträge der einzelnen Angeklagten dar und macht Zschäpe sogar das Angebot, sich später für ihre Haftentlassung einzusetzen, sollte sie zur Aufklärung beitragen.

Den Ursprüngen des NSU in der Nazi-Szene Thüringens widmet sich der Nebenklägervertreter *Dr. Peer Stolle*, der den ältesten Sohn von Mehmet Kubaşık vertritt. In seinem Plädoyer lässt Peer Stolle ein einprägsames Bild der rechten Jugendcliquen der Nachwendezeit entstehen, innerhalb derer sich die späteren NSU-Mitglieder zusammenfanden und die sich durch eine permanente Gewaltbereitschaft und exzessive Gewalttätigkeit auszeichneten. Diese richtete sich gegen alle, die nicht in ihr Weltbild passten: linke, alternative Jugendkulturen, Homosexuelle und vor allem Migranten oder »nicht deutsch« aussehende Menschen. Peer Stolle macht dabei deutlich, dass die umfassenden Transformationsprozesse Anfang der 1990er Jahre die Entstehung der Szene nicht vorrangig erklären können, sondern dass es vor allem eine bewusste eigene Entscheidung der Angeklagten war, sich der rechten Szene anzuschließen und mit Gewalttätigkeiten eine hegemoniale Stellung auf der Straße anzustreben. In dem Plädoyer werden detailgenau die Strukturen nachgezeichnet, in denen sich die Nazi-Szene in Thüringen unter dem Namen »Thüringer Heimatschutz« (THS) organisierte, zu dem die späteren NSU-Mitglieder und Unterstützer als »Sektion Jena« des THS gehörten. Eindrucksvoll listet er dann die Taten der »Sektion Jena« auf und zeigt, dass sie einem Schema der Eskalation folgten. Sein Fazit ist, dass der Vorgänger des NSU mit der »Sektion Jena« schon im Jahr 1996 entstanden war. Das Abtauchen von Böhnhardt, Mundlos und Zschäpe war daher nach Peer Stolles Ansicht keine Abkehr von der »Sektion Jena«, sondern Teil einer gemeinsamen Strategie.

Das Plädoyer des Nebenklagevertreters *Alexander Hoffmann*, der zwei Betroffene des Nagelbombenanschlages in der Keupstraße vertritt, beginnt mit Ausführungen dazu, wie von der Verteidigung während des Prozesses versucht wurde, seiner Mandantin die Nebenklageberechtigung abzusprechen, weil sie sich zum Zeitpunkt des Sprengstoffanschlags in der Keupstraße zufällig in einem von der Straße abgewandten Teil der Wohnung aufhielt. Im zweiten Teil des Plädoyers befasst er sich vertieft mit der Ideologie, die den Hintergrund für die Morde und

Terroranschläge des NSU darstellt. Hier beginnt er zeitlich parallel zu den vorangehenden Ausführungen von Peer Stolle mit der im THS und in der »THS-Sektion Jena« starken Orientierung am historischen Nationalsozialismus. Er geht dann auf die international agierenden Netzwerke von »Blood & Honour« und den »Hammerskins« sowie auf die »Weiße Bruderschaft Erzgebirge« des Angeklagten Eminger ein und deren Ausrichtung auf die »14 words« und den angeblich bevorstehenden »Rassenkrieg«. Zuletzt stellt er dar, dass die NPD, deren Kader der Angeklagte Wohlleben war, mit ihrem Konzept des Ethnopluralismus und ihrer »Volkstodkampagne« einen völkischen Rassismus propagiert, der politisch mit der Ideologie des THS, von »Blood & Honour« und den übrigen Unterstützernetzwerken übereinstimmt und in dessen Logik die Verbrechen des NSU als »Notwehr« gerechtfertigt werden.

Der von Alexander Hoffmann vertretene Nebenkläger *Arif S.* beschreibt eindrücklich seine Erfahrung mit den Ermittlungen nach dem Terroranschlag in der Keupstraße, seine Zweifel an der Justiz, an Gerechtigkeit und an Gleichheit, an der Demokratie eines Staates, der sich nicht um die Keupstraße kümmert.

Stephan Kuhn, der ebenfalls einen Betroffen des Terroranschlags in der Keupstraße vertritt, widmet sich umfassend dem Nagelbombenanschlag, seinen direkten Auswirkungen und den Auswirkungen der gegen die Betroffenen gerichteten Ermittlungen. Er macht deutlich, dass die massiven Verdächtigungen und Grundrechtseingriffe, denen die Verletzten des Anschlags vonseiten der Behörden ausgesetzt waren, die Bezeichnung »Bombe nach der Bombe« verdienen. Der Umgang der Behörden mit dem Terroranschlag in der Keupstraße ist für Stephan Kuhn eindringliches Beispiel für den institutionellen Rassismus in den Ermittlungsbehörden.

Es folgt das Plädoyer des Rechtsanwalts *Berthold Fresenius,* der den Nebenkläger Muhammet Ayazgün vertritt, einen Betroffenen des Terroranschlags in der Keupstraße. Er befasst sich intensiv damit, welche Bedeutung die Äußerungen des damaligen Innenministers Otto Schily für den staatlichen Umgang mit dem Terroranschlag in der Keupstraße hatten. Schily hatte kurz nach dem Anschlag in einer in der Öffentlichkeit vielfach kritisierten Äußerung von Erkenntnissen gesprochen, die auf ein »kriminelles Milieu« deuten, obwohl es dafür tatsächlich keine konkreten Anhaltspunkte gab. Berthold Fresenius stellt heraus, dass Otto Schily diese Äußerung bis heute nicht bereut oder zurückgenommen hat. Es folgt die Erklärung des von Berthold Fresenius vertretenen Nebenklägers *Muhammet Ayazgün*. Sein Beispiel macht offenbar, welche schrecklichen Folgen die Verdächtigungen der Polizei gegen die eigentlich Betroffenen hatten. Ayazgün berichtet, dass er sich nicht an die Polizei wandte, weil er Angst hatte, von dieser als Täter behandelt zu werden, und dass er aufgrund dieser Sorge vor dem Umgang der Polizei mit den Verletzten es noch nicht einmal wagte, zum Arzt zu gehen, obwohl sein Trommelfell geplatzt war.

Der Vertreter eines jungen Mannes, auf den die NSU-Mitglieder bei ihrem ersten bekannten Raubüberfall 1998 in Chemnitz geschossen hatten, *Dr. Björn Elberling,* zeigt anhand der Raubtaten des NSU und der Ermittlungen hierzu, dass viele der zentralen Themen der Nebenklage sich hier noch einmal »im Kleinen« wie-

Gegenerzählung

derfinden. Im Einzelnen sind das die erschütternde Brutalität und Enthemmtheit der NSU-Mitglieder, ihre Eingebundenheit in ein Netzwerk eingeweihter Unterstützer, die der Staatsräson geschuldete Einengung der Ermittlungen nach dem 4. November 2011 anhand der These von der isolierten Dreier-Zelle sowie die Rolle des Verfassungsschutzes, der eine frühzeitige Aufklärung auch der Raubserie – und damit möglicherweise auch insoweit die Verhinderung weiterer Morde – vereitelte. Björn Elberling kritisiert dabei auch die vom Generalbundesanwalt zu verantwortenden Ermittlungen nach der Zuordnung des Raubüberfalls zur Serie des NSU, die so unmotiviert und dilettantisch waren, dass die Identität seines Mandanten erst auf mehrfache Aufforderung des Gerichts ermittelt wurde, obwohl dies faktisch einfach zu bewerkstelligen war.

Den Schlusspunkt des Buches bildet das Plädoyer der Nebenklagevertreterin *Antonia von der Behrens*, die den jüngsten Sohn von Mehmet Kubaşık vertritt. Sie zeichnet den Wissensstand dazu nach, was zu den Fragen der Familie Kubaşık aus Dortmund bislang bekannt ist. Dann geht sie dem Aufklärungsauftrag der Familie entsprechend dem Netzwerk des NSU, das die Auswahl des Tatorts in Dortmund mitbestimmt haben könnte, wie auch der Frage staatlichen Verschuldens aufgrund von Kenntnissen der Verfassungsschutzbehörden auf den Grund. Sie legt in einer Chronologie für den gesamten Zeitraum von 1990 bis zur Selbstenttarnung im November 2011 umfassend dar, was einerseits zur Entstehung und zu weiteren Aktivitäten des NSU und des ihn umgebenden Netzwerks und andererseits zu den Kenntnissen der Sicherheitsbehörden bislang aufgeklärt werden konnte. Beeindruckend wird in der Gegenüberstellung deutlich, dass sowohl die »Trio-These« als auch die von der angeblichen Unkenntnis der Verfassungsschutzbehörden nicht haltbar sind. Antonia von der Behrens schließt mit einem kurzen Fazit dazu, wie Verfassungsschutzbehörden, Generalbundesanwalt und Gericht auch nach der Selbstenttarnung des NSU im Jahre 2011 einer tieferen Aufklärung entgegenstanden, und kommt für die Reihe der Plädoyers damit zu dem Schluss, dass das Verfahren kein Schlussstrich sein kann und die Bemühung um Aufklärung weitergehen muss.

Danksagung

An dieser Stelle möchten wir all denjenigen danken, ohne deren Recherchen und deren großen persönlichen Einsatz für die Aufklärung und für die Prozessbeobachtung unsere Arbeit so nicht möglich gewesen wäre, insbesondere NSU-Watch, getragen von folgenden Gruppen:

- a.i.d.a. – Antifaschistische Informations-, Dokumentations- und Archivstelle München e.V.
- Antifaschistisches Info-Blatt (AIB)
- apabiz – Antifaschistisches Pressearchiv und Bildungszentrum Berlin e.V.
- Antirassistisches Bildungsforum Rheinland
- Argumente e.V. – Netzwerk antirassistischer Initiativen
- ART Dresden
- Der Rechte Rand – Magazin von und für AntifaschistInnen
- Forschungsnetzwerk Frauen und Rechtsextremismus
- LOTTA – Antifaschistische Zeitung aus NRW, Rheinland-Pfalz und Hessen
- und weiteren beteiligten unabhängigen Antifaschist*innen und Gruppen aus Hessen, Hamburg, NRW, Sachsen-Anhalt und Thüringen,

daneben der Initiative Keupstraße ist überall, der Initiative 6. April, der Bühne für Menschenrechte, dem Republikanischen Anwältinnen- und Anwälte-Verein e.V. (RAV), dem European Center for Constitutional and Human Rights e.V. (ECCHR), der Rosa-Luxemburg-Stiftung, den investigativen Journalist*innen, die über die Jahre mit ihren Recherchen zur Aufklärung beigetragen haben, den Organisationen und Initiativen, die das Thema NSU durch Veranstaltungen und Demonstrationen in der gesellschaftlichen Diskussion gehalten haben, den engagierten Abgeordneten und Referent*innen in den Untersuchungsausschüssen und all den hier nicht genannten Unterstützer*innen.

Unser Dank gilt auch all denjenigen Zuschauer*innen, die den Prozess aus einer mit den Betroffenen solidarischen Haltung heraus beobachtet haben, ihre Erfahrungen geteilt und niedergeschrieben haben.

Angelika Lex
Kein Vertrauensvorschuss für diesen Rechtsstaat in Sachen Aufklärung der NSU-Verbrechen![1]
Rede vom 13. April 2013

Dieses Buch sollte auch ein Plädoyer unserer Kollegin und Freundin Angelika Lex enthalten. Leider konnte Angelika das Ende des Prozesses, in dem sie die Witwe des vom NSU ermordeten Theodoros Boulgarides vertreten hat, nicht erleben.

Viele von uns haben Angelika erst anlässlich des NSU-Prozesses kennengelernt. Wir stellten schnell fest, dass wir gemeinsame Vorstellungen über die Führung der Nebenklage im Prozess hatten, und so entwickelte sich eine vertrauensvolle Zusammenarbeit und auch Freundschaft.

Angelika brachte aufgrund ihrer jahrzehntelangen politischen und insbesondere antifaschistischen Arbeit in München, ihrer anwaltlichen Tätigkeit und Stellung als bayrische Verfassungsrichterin auf allen für die Arbeit der Nebenklage wesentlichen Gebieten entscheidende Erfahrung mit und war maßgeblich für das Gelingen unserer Arbeit. Sie übernahm am Anfang des Prozesses den Kontakt zur Justiz in Bezug auf die Belange der Nebenklage und hatte wesentlichen Einfluss auf die Ausrichtung unserer Arbeit im Verfahren. Auch noch, nachdem sie 2014 schwer erkrankt war, hat sie mit uns zusammen den Prozess durch Fragen, Anträge und Stellungnahmen aktiv mitbestimmt.

Sie hat bis zuletzt den Kampf gegen Rassismus und Faschismus und für eine gerechtere Welt nicht aufgegeben. Noch am 11. November 2015 hat sie anlässlich ihrer Auszeichnung mit dem Georg Elser-Preis der Stadt München eine sehr humorvolle, aber vor allem sehr kämpferische Rede gehalten, in der sie ein Zwischenfazit zum Stand des NSU-Prozesses zog und die mangelnde Aufklärung thematisierte.

Unsere Freundin Angelika ist am 9. Dezember 2015 gestorben.

Wir veröffentlichen an dieser Stelle den Text einer Rede, die sie auf der Demonstration »Greift ein gegen Naziterror, staatlichen und alltäglichen Rassismus – Ver-

---

[1] Der Titel des Beitrags stammt von der Herausgeberin. Rede auf der Demonstration »Greift ein gegen Naziterror, staatlichen und alltäglichen Rassismus – Verfassungsschutz abschaffen!«, die vom Münchener Bündnis gegen Naziterror und Rassismus zum Auftakt des NSU-Prozesses organisiert wurde. Rund 200 Gruppen und Initiativen unterstützten die Demonstration, darunter der Republikanische Anwältinnen- und Anwälteverein e.V. und die Vereinigung Demokratischer Juristinnen und Juristen e.V. Die Demonstrationsroute ging vorbei an der Schillerstraße, dem Oktoberfestmahnmal, dem Stiglmaierplatz – auf dem Angelika Lex unweit des Justizzentrums Nymphenburgerstraße, wo der Prozess verhandelt werden sollte, ihre Rede hielt –, dem Königsplatz und dem Innenministerium. An der Demonstration nahmen 7.000 bis 10.000 Menschen teil, damit war dies die größte antirassistische Demonstration in München seit 20 Jahren. Angelika Lex sprach nicht nur auf der Demonstration, sondern war als Anwältin maßgeblich an deren Organisation und Gelingen beteiligt. Weitere Redner*innen waren Yvonne Boulgarides und Ibrahim Arslan, ein Überlebender des Brandanschlags 1992 in Mölln.

fassungsschutz abschaffen!« am 13. April 2013, kurz vor Beginn des Münchener NSU-Prozesses, gehalten hat. In dieser Rede benennt Angelika Lex sehr klar die Themen, die die Nebenklage in den nächsten Jahren immer wieder thematisieren würde und die auch im Zentrum der in diesem Buch abgedruckten Plädoyers stehen: Netzwerkcharakter des NSU und staatliche Mitverantwortung wegen der rassistischen Ermittlungsmethoden der Polizei und der Rolle des Verfassungsschutzes.

Liebe Freundinnen und Freunde,

in vier Tagen beginnt vor dem Oberlandesgericht München, hier in dem Gerichtsgebäude, das hinter uns steht, der Prozess gegen Beate Zschäpe und einige wenige Helfer des NSU. In der Anklageschrift werden Zschäpe zehn Morde, ein Mordversuch, zwei Sprengstoffanschläge mit zweiundzwanzig Mordversuchen und zehn Raubüberfälle, besonders schwere Brandstiftung und Mitgliedschaft in einer terroristischen Vereinigung vorgeworfen. Bei den übrigen Angeklagten lautet die Anklage auf Beihilfe zum Mord bzw. Unterstützung einer terroristischen Vereinigung.

Diese Gerichtsverhandlung ist neben den Untersuchungsausschüssen des Bundes und der Länder und der politischen Diskussion in der Öffentlichkeit ein Teil der Aufarbeitung einer Verbrechensserie. Die Ermittlungsbehörden haben sich diesmal große Mühe gegeben. Und auch das Gericht hat eine enorme Aufgabe. Es geht nicht nur um die Feststellung der Schuld der Angeklagten und deren Bestrafung, sondern es geht auch um eine umfassende Aufklärung der Taten und vor allem der Hintergründe. Das Gericht ist zwar kein Super-Untersuchungsausschuss, aber es darf sich auch nicht damit begnügen, nur die Sachverhalte aufzuklären, ohne die Hintergründe und auch das massive staatliche Versagen mit einzubeziehen. Das Gericht hätte in diesem Verfahren die einmalige Chance, zu zeigen, dass der Rechtsstaat entschlossen ist, auch das Versagen in den eigenen Reihen, staatliches Versagen, staatliche Mitwirkung an terroristischen Verbrechen offenzulegen und umfassend aufzuklären und damit auch zu versuchen, Vertrauen in staatliches Handeln wieder herzustellen, das bei den Opfern und Angehörigen und auch in breiten Teilen der Bevölkerung zu Recht verloren gegangen ist.

Aber bereits im Vorfeld gibt es viele Anzeichen dafür, dass das Gericht der politischen Dimension und auch der gesellschaftlichen Bedeutung dieses Verfahrens nicht gewachsen ist. Der viel zu kleine Sitzungssaal, der praktische Ausschluss des türkischen Botschafters und vor allem der türkischen Medien aus dem Verfahren zeigt die mangelnde Sensibilität, mit der nach wie vor mit diesen Verbrechen und mit den Opfern und Angehörigen umgegangen wird.

Erst durch das Bundesverfassungsgericht wurde gestern in letzter Minute die Entscheidung des Münchener Gerichts korrigiert, weil es erhebliche verfassungsrechtliche Bedenken hatte, dass die Entscheidung des Oberlandesgerichts auf einer grundsätzlich unrichtigen Anschauung von der Bedeutung des Grundrechts auf Pressefreiheit und Gleichbehandlung beruht. Mir ist kein einziger Fall bekannt,

Kein Vertrauensvorschuss für diesen Rechtsstaat in Sachen Aufklärung ...

in dem ein Richter sich eine derart vernichtende Schelte des Bundesverfassungsgerichts anhören hätte müssen, bevor auch nur der erste Prozesstag angefangen hat.

Es wird unsere Aufgabe sein, die Aufgabe der Anwältinnen und Anwälte der Opfer und Angehörigen, in diesem Verfahren transparent zu machen und aufzuarbeiten, was in diesem Staat alles schief gelaufen ist, was versäumt worden ist und in welchem Maß sich der Staat damit schuldig gemacht hat. Angeklagt sind hier fünf Menschen, die aber keineswegs alleine Täter dieser Morde und Sprengstoffanschläge sind, sondern es sind nur exponierte Mitglieder eines Netzwerkes, das aus weit mehr als diesen fünf Angeklagten besteht. Es gibt immer noch viel zu wenig Ermittlungsverfahren gegen lokale Unterstützernetzwerke und es gibt keine Ermittlungsverfahren gegen staatliche Helfer und Unterstützer, die V-Leute des Bundesverfassungsschutzes sind.

Und es fehlt vollständig an Verfahren gegen Ermittler, gegen Polizeibeamte, gegen Mitarbeiter des Verfassungsschutzes, gegen Präsidenten und Abteilungsleiter von Verfassungsschutzbehörden. Verfahren, die nicht nur wegen Inkompetenz und Untätigkeit, sondern auch wegen aktiver Unterstützung geführt werden müssten. Auf diese Anklagebank gehören nicht fünf, sondern 50 oder noch besser 500 Personen, die alle mitverantwortlich sind für diese Mordtaten.

Sie sind verantwortlich nicht nur, weil sie sie nicht verhindert haben, sondern auch, weil sie nichts getan haben, um sie aufzuklären, aber auch, weil sie aktiv mitgewirkt und unterstützt haben. Damit haben sie unsägliches Leid über die Angehörigen der Mordopfer und Verletzten gebracht. Die Ermittlungsbehörden haben die Angehörigen nicht als Opfer von rassistischen Gewalttaten wahrgenommen, sondern sie kriminalisiert und diffamiert. Sie wurden als Beteiligte an kriminellen Machenschaften gesehen, die angeblich in organisierte Kriminalität, in Banden- und Rauschgiftgeschäfte, in Prostitution verstrickt waren. Nur weil im rassistischen Weltbild dieser Ermittler schlicht nicht vorkam, dass Menschen nichtdeutscher Herkunft Opfer rassistischer Gewalt werden.

Wenn der Leiter der Münchener Mordkommission das vollständige Versagen der Behörde damit rechtfertigt, dass es keinerlei Hinweise auf rassistische Taten gegeben hätte, dann spiegelt das genau die Inkompetenz und das Versagen wider, so wie wir es seit langem kennen. Rassistische Taten, rassistische Morde werden verleugnet, negiert, verdrängt, auf bloße Einzeltäter reduziert, aber nicht als das wahrgenommen, was sie sind, nämlich rassistische Taten straff organisierter rechtsradikaler und rechtsterroristischer Strukturen, die auch gerade in München immer wieder aktiv geworden sind.

Schon 1980 beim Anschlag auf das Oktoberfest wurden keine ernsthaften Ermittlungen geführt. Trotz vieler Hinweise wurde der Anschlag als die Tat eines wirren Einzeltäters verkauft. Bis heute gilt, was man politisch nicht wahrhaben will, wird negiert und verleugnet. Beweismittel werden unterschlagen, geschreddert und vernichtet. Eine solche Verfahrensweise werden wir hier in diesem Verfahren nicht hinnehmen.

Wir fordern umfassende Aufklärung der Sachverhalte: nicht nur der Tatbeiträge der jetzt Angeklagten, sondern umfassende Aufklärung auch über die gesamten Strukturen. Wir wollen Aufklärung über die Hintermänner und -frauen, die die Taten erst ermöglicht haben. Wir wollen Aufklärung, wer daran beteiligt war, die Opfer auszuwählen, die Tatorte auszuspionieren, die Fluchtwege zu sichern, Unterschlupf zu gewähren. Wir werden in diesem Verfahren nicht zulassen, dass die Aufarbeitung darauf beschränkt wird, die Verantwortung ausschließlich einigen Einzeltätern zuzuschreiben und alle anderen ungeschoren davonkommen zu lassen. Das sind wir den Opfern und Angehörigen schuldig!

Die Wahrheit herauszufinden und sich nicht mit der Oberfläche und der einfachen Erklärung zufrieden zu geben, sondern in die Tiefe zu gehen, in die Abgründe zu schauen. Davor haben die Ermittler, die angeblichen Verfassungsschützer und die vielen staatlichen Stellen bislang die Augen verschlossen, weil man nicht wahrhaben will, was längst Wirklichkeit ist, dass ein weites rechtsterroristisches Netzwerk unbehelligt von polizeilichen Ermittlungen und mit logistischer, finanzieller und möglicherweise auch direkter personeller Unterstützung staatlicher Stellen tätig war und über ein Jahrzehnt mordend durch Deutschland gezogen ist.

Dieses Versagen und auch das aktive Tun staatlicher Stellen ist der Beweis dafür, dass vor allem der sogenannte Verfassungsschutz in diesem Land keine Daseinsberechtigung hat.

Wir werden in diesem Prozess dafür sorgen, dass das enorme Versagen dieser Behörde nicht weiter vertuscht, sondern offengelegt wird, und wir werden fordern, dass daraus die einzige denkbare Konsequenz gezogen wird, nämlich die Abschaffung des Verfassungsschutzes jetzt und sofort.

Alle rechtlichen Vertreterinnen und Vertreter der Nebenkläger: Wir wünschen den Angehörigen und Opfern viel Kraft und natürlich das Verfahren durchzustehen. Wir hoffen auf die kritische Öffentlichkeit und einen langen Atem, um die Skandale weiter aufzuklären. Wir freuen uns auf gute Zusammenarbeit mit den Recherchegruppen und der investigativen Presse. Denn auf dieses Gericht alleine wollen wir uns nicht verlassen, denn einen Vertrauensvorschuss für diesen Rechtsstaat, dass er dieses dunkle Jahrzehnt alleine aufarbeitet, den gibt es von uns nicht!

Vielen Dank!

Elif Kubaşık
Wir sind ein Teil dieses Landes, und wir werden hier weiterleben
Plädoyer vom 21. November 2017[1]

Mein Name ist Elif Kubaşık. Ich bin Kurdin, Alevitin, Dortmunderin, deutsche Staatsangehörige. 1991 sind mein Mann Mehmet, unsere Tochter Gamze und ich als Flüchtlinge hierher nach Deutschland gekommen und haben politisches Asyl erhalten.

Mein Mann Mehmet wurde am 4. April 2006 von der Terrororganisation NSU ermordet.

Mehmet und ich haben uns sehr geliebt und daraufhin geheiratet. Er war sehr liebevoll, er war sehr besorgt um seine Familie, er war vernarrt in seine Kinder, er hatte eine sehr enge Beziehung zu seiner Tochter Gamze. Jeder Mensch, ob klein oder groß, ob jung oder alt, mochte ihn.

All die guten Dinge fallen mir ein über Mehmet, wenn ich an ihn denke, was für ein Mensch er war, wie schön er war, als Mensch, was für ein Vater er war.

Mein Herz ist mit Mehmet begraben.

Ich glaube, die Stärke, die ich heute zeigen kann, die kommt einfach von der Beziehung mit ihm. Ich glaube, das Vertrauen, vor allem auch die Sicherheit, die er mir gegeben hat, hat mich stark gemacht.

Zu diesem Prozess zu kommen, war niemals leicht für mich, heute ist es auch nicht leicht für mich, diese Leute zu sehen, das auszuhalten, ist nicht leicht. Ich war immer wieder krank, nachdem ich hier war. Besonders schwer ist es für mich, den Anblick dieser Frau auszuhalten. Ekelhaft, einfach ekelhaft aber war ihre Aussage. Es ist alles Lüge, was sie sagte. Sogar die Form, wie sie sich entschuldigt hat, war verletzend. Das war so, als würde sie uns beleidigen. Mein Arm wurde taub durch die Anspannung, weil ich versucht habe, mich währenddessen zusammenzureißen. Man hatte das Gefühl, sie macht sich lustig über uns.

Aber auch der Tag, an dem die Polizisten aus Dortmund ausgesagt haben, war ein schlimmer Tag für mich: zu hören, welchen Beweisen sie überhaupt nicht nachgegangen sind, was sie sich nicht einmal angeschaut haben.

Ich will, dass die Angeklagten hier verurteilt werden, ich will, dass sie ihre Strafe bekommen.

Aber für mich wäre weitere Aufklärung auch sehr wichtig gewesen.

Hier im Prozess sind meine Fragen nicht beantwortet worden: Warum Mehmet, warum ein Mord in Dortmund, gab es Helfer in Dortmund, sehe ich sie heute

---

[1] Der Schlussvortrag wurde auf Türkisch gehalten. Der nachfolgende Text ist die in der Hauptverhandlung verlesene deutsche Übersetzung des Textes.

vielleicht immer noch, es gibt so viele Nazis in Dortmund, und für mich so wichtig, was wusste der Staat? Vieles davon bleibt unbeantwortet nach diesem Prozess. Frau Merkel hat ihr Versprechen von 2012 nicht gehalten.

Aber eines möchte ich zum Abschluss noch sagen:

Die, die das gemacht haben, die diese Taten begangen haben, sollen nicht denken, weil sie neun Leben ausgelöscht haben, dass wir dieses Land verlassen werden. Ich lebe in diesem Land, und ich gehöre zu diesem Land. Ich habe zwei Kinder in diesem Land zur Welt gebracht, und mein Enkel Mehmet ist hier zur Welt gekommen.

Wir sind ein Teil dieses Landes, und wir werden hier weiterleben.

Carsten Ilius
Der Mord an Mehmet Kubaşık in Dortmund
Beispiel für rassistische Ermittlungen und unzureichende Ermittlungen hinsichtlich lokaler NSU-Netzwerkstrukturen
Plädoyer vom 21. und 22. November 2017

In meinem Plädoyer werde ich mich als Nebenklagevertreter von Elif Kubaşık aus ihrer Perspektive mit den Tatfolgen des Mordes an Mehmet Kubaşık für Elif Kubaşık und mit den Ermittlungen zu möglichen Unterstützern aus der Dortmunder Nazi-Szene vor und nach dem 4. November 2011 auseinandersetzen. Soweit ich im Weiteren von »uns« spreche, sind wir als Nebenklagevertreter*innen der Dortmunder Familie Kubaşık gemeint.

I. Ausführungen von Elif Kubaşık

1. Einführung

Elif Kubaşık wird sich heute (nach ihren eigenen einführenden Worten auch) über mich noch einmal zu ihrem Mann, den Folgen von dessen Tod, zu den Ermittlungen und zu ihrer Haltung in Bezug auf dieses Strafverfahren äußern. Seit dem Jahr 2012 arbeite ich als Rechtsanwalt für Elif Kubaşık. In all der Zeit hat mich stets beeindruckt, was für eine starke Persönlichkeit Elif Kubaşık ist, wie lebendig sie von Mehmet Kubaşık spricht und wie deutlich sie Position bezieht. Immer hat sie klare Ansagen an meine Kollegin Antonia von der Behrens, die Rechtsanwältin ihres noch minderjährigen jüngsten Sohnes, und mich gemacht.

Immer hat sie deutlich gemacht, was sie von uns erwartet. Da es sie, wie sie selbst eben gesagt hat, sehr anstrengt, schon die Atmosphäre hier im Raum aushalten zu müssen, werde ich im Rahmen meines Plädoyers nicht nur als ihr Vertreter Position beziehen, sondern zunächst auch ihre Gedanken noch einmal ausführlicher unmittelbar schildern.

2. Zur Person von Mehmet Kubaşık

Zunächst möchte ich mit den Worten von Elif Kubaşık noch einmal Mehmet Kubaşık beschreiben und die Beziehung, die Mehmet und Elif Kubaşık miteinander verbunden hat. Darüber hinaus werde ich mit ihren Worten wiedergeben, wie sich die Tat auf sie und die Familie ausgewirkt hat. Ich beziehe mich dabei weitgehend auf ihre Aussage als Zeugin hier im Verfahren, ergänzend werde ich Formulierungen aus Gesprächen mit ihr und aus ihrer Aussage als Zeugin im Untersuchungsausschuss des Landes Nordrhein-Westfalen heranziehen:

»Mehmet war sehr gutmütig und mochte es sehr zu helfen. Das heißt, wenn jemand kam und von Mehmet etwas wollte, dann hat er es sofort gemacht. So war ich nicht. Ich hab immer gesagt: ›Nee machen wir nicht.‹ Wenn mal ein Freund von ihm kam und sagte: ›Ich brauche deine Hilfe‹, hat er unsere Arbeit einfach liegen lassen und ist zur Hilfe zu seinem Freund gegangen, was mir gar nicht passte. Mehmet sah von außen viel strenger aus als ich, war er aber nicht. Er war viel, viel weicher als ich. Zum Beispiel mochte er total gerne Gäste bewirten. Das heißt, er lud immer die Leute ein.

Unser Familienleben spielte sich hauptsächlich in unserem Wohnzimmer ab. Mehmet hat gut gekocht, wenn ich nicht da war, aber auch, wenn ich da war oder wenn Freunde kamen. Oder wir gingen aus, aber die meiste Zeit hatten wir Besuch, am Wochenende hatten wir immer Besuch. Aus Frankfurt kamen seine Freunde, aus Hannover kam sein Onkel väterlicherseits. Wenn die Besucher aus anderen Städten kamen, waren sie meist auch mehrere Tage bei uns.«

3. Zur Beziehung von Mehmet und Elif Kubaşık

»Es ist so vieles, was uns miteinander verbunden hat, aber es ist zugleich auch so schwer zu beschreiben, was einen aneinander bindet. Auf jeden Fall war es bei uns die gegenseitige Ehrlichkeit und Offenheit. Aber ich glaube ganz besonders auf Seiten von Mehmet, das Vertrauen und die Sicherheit, die er mir geboten hat. Er hat sehr viel Sicherheit geboten.

Dann so eine Wärme, die einen sehr binden kann aneinander; was ich heute noch spüre mit ihm, was uns noch immer verbindet. Er hat mich viel verteidigt. Er stand zu mir.

Und das reicht ja aus, wenn du das Vertrauen von dem anderen gewonnen hast, und er hat mein Vertrauen gewonnen. Das bindet.

Ich hatte immer schon das Gefühl, dass wir zusammen aufgewachsen wären, obwohl wir als Kinder nie zusammen waren, sondern uns ja dann später kennengelernt haben. Wir kamen uns gegenseitig sehr bekannt, sehr vertraut vor. Er hat mich überhaupt nicht eingeengt.

Ich glaube, die Stärke, die ich heute zeigen kann, die kommt einfach von der Beziehung mit ihm, und ich glaube, das Vertrauen, vor allem auch die Sicherheit, die er mir gegeben hat, hat mich stark gemacht. Weil er zum Beispiel keinen Druck auf mich ausgeübt hat.

Das war eine Beziehung aufgebaut auf Respekt und Liebe. Nicht dass wir nicht diskutiert hätten oder so, wie in jeder Beziehung. Natürlich haben wir das gemacht. Es gab Situationen, wo wir einfach nicht einer Meinung waren. Er sich mit meiner nicht hat abfinden können oder ich habe mich mit seiner nicht abfinden können. Und manchmal war es auch so, dass wir zwei, drei Tage miteinander nicht gesprochen haben. Aber das war es dann auch. Und anschließend waren wir so vertraut wie vorher. Er hat mich mit seiner Art stark gemacht. Sodass ich heute das durchstehen kann, was ich durchstehe.«

4. Zum Kiosk und zum Plan, den Kiosk wieder aufzugeben

»Mehmet hatte einen Schlaganfall, ein paar Jahre vor seiner Ermordung. Und es war klar, dass er schwere Arbeit nicht mehr wie zuvor ausführen durfte. Dann muss er bei uns in der Gegend irgendwie rumgelaufen sein und gesehen haben, dass was zu vermieten ist.

Er kam dann und hat gesagt, dass er einfach so einen Kiosk aufmachen möchte. Wir waren dagegen, weil wir sahen, wie die Leute sehr müde wurden von dieser Arbeit, dass das eine sehr ermüdende Arbeit war. Er hat dann aber gesagt, was soll ich denn tun, ich kann doch nicht nur rumsitzen, irgendwas muss ich machen, und deswegen hat er den Kiosk aufgemacht.

Freunde und Nachbarn kamen oft zu uns in den Kiosk. Wenn ich zum Beispiel morgens den Laden aufgemacht habe, kamen auch Freunde, wir haben dann zusammen Tee getrunken, Kaffee getrunken. Mehmet hatte mit der Umgebung, mit den Ladenbesitzern dort, auch gute Beziehungen.

Wir haben den Laden zusammen geführt, Gamze hat auch viel geholfen. Wenn ich im Laden war, dann ging er nach Hause, zu Hause hat er aufgeräumt, Essen vorbereitet, sich um die Kinder gekümmert und sonst war es umgekehrt.

Die schöne Seite an der Arbeit in dem Kiosk war, dass es Mehmet gut ging, dass er viel entspannter war; denn das Arbeitsamt schreibt sie an, und sie haben viel Papier, müssen viel machen. Das war alles weg. Der Druck war weg, er hatte seine Arbeit. Das war das Schöne. Das Schwierige war, dass wir so unheimlich lange Arbeitszeiten hatten. Das ist sehr zermürbend. Und Mehmet hat abends noch weiter gearbeitet, das hieß, im Grunde hatten wir überhaupt kein Sozialleben mehr, weil er ständig nur arbeitete. Daher hatten wir uns entschlossen, den Kiosk nach zwei Jahren wieder zu verkaufen. Wir wollten ihn verkaufen und dann erstmals einen richtig langen gemeinsamen Urlaub mit der ganzen Familie machen. Aber dann wurde er ermordet.«

5. Zu den Tatfolgen

»Ich habe in Deutschland zwei Leben gelebt, ein schönes bis zum 4. April 2006 und ein schlechtes. Das schöne war einfach ein ganz normales Familienleben, wie ich es zuvor geschildert habe.

Nach der Ermordung von Mehmet war nichts mehr für mich wie zuvor. Es ist alles geschwärzt worden. Ich kann nie vergessen, wie meine Kinder sich verkrochen haben, das war für mich eine sehr, sehr schwierige Situation, mit den Kindern allein zurück zu bleiben. Ich bin an Neurodermitis erkrankt, habe Ausschlag bekommen. Ich hatte große Angst. Ich konnte nachts nicht mehr schlafen. Bei jedem kleinsten Geräusch wachte ich auf.

Die Polizei hat gesagt: Da waren zwei Leute, die hatten Mützen und Fahrräder. – Meine Angst wurde größer. Wenn ich z.B. meinen jüngsten Sohn zum Kindergarten gebracht oder abgeholt habe und ich dabei Menschen auf dem Fahrrad oder mit Sonnencap sah, dann war es so, als würde mich jemand mit einem Messer von hinten angreifen und mir ein Messer in den Rücken stoßen, sodass ich nicht mehr atmen konnte. Ich konnte mich dann nicht mehr bewegen.

Nachdem rauskam, dass es wirklich Nazis waren, steigerten sich meine Ängste noch einmal. Ich habe dann vor allem große Angst um meine Kinder gehabt, dass die Nazis auch ihnen etwas antun können. Ich habe sie gebeten, früher nach Hause zu kommen. Obwohl dies ein Land der Demokratie ist, müssen wir uns mit solchen Ängsten auseinandersetzen. Wenn die Kinder sich mal verspätet haben, habe ich sofort angerufen. Dann hieß es: Im Dunkeln dürft ihr sowieso nicht raus. – Sie mussten sofort nach Hause kommen.

Ich wurde dann im Jahr 2012 zu einer Reha geschickt, ich sollte in einen Kurort nahe an der Grenze zu Holland fahren. Auf dem Weg habe ich in der Straßenbahn zwei Nazis gesehen. Danach hatte ich solche Angst, dass ich, als ich am Kurort ankam, gesagt habe: Ich will nach Hause zurück. – Ich hatte Angst um die Kinder, weil ich ja danach die Kinder auch nie wieder alleine gelassen hatte, damit ihnen nichts passiert.«

Ich möchte diese Äußerungen meiner Mandantin zu den Folgen der Tat noch um eine Äußerung von ihrer Tochter Gamze aus der hiesigen Hauptverhandlung ergänzen. Sie hat hier am 5. November 2013 zu den Folgen für ihre Mutter gesagt:

»Seit mein Vater nicht mehr da ist, ist meine Mutter eine Person, die Tag und Nacht trauert über den Verlust ihres Mannes. Sie hat körperliche und seelische Probleme, sie hat Hautausschläge, sie ist so schnell aufgeregt und aufgewühlt, sie kann nicht gut schlafen. Ich kann sagen, dass meine Mutter nicht in einem guten Zustand ist. Seitdem mein Vater tot ist, trägt sie nichts Helles mehr, das hat bei uns eine Bedeutung, wenn man schwarz gekleidet ist, weiß man, dass derjenige in Trauer ist. Ich habe öfter versucht, meiner Mutter eine weiße Bluse zu zeigen, aber sie schaut sie sich nicht einmal an.«[1]

II. Die strafrechtlichen Ermittlungen in/zu Dortmund nach dem 4. April 2006

1. Zur juristischen Bedeutung der Tatfolgen für diesen Prozess

Neben den von Elif Kubaşık so geschilderten unmittelbaren Tatfolgen war sie in der Folge der Ermordung ihres Mannes mit den Ermittlungen der Dortmunder Polizei und deren Wirkungen auf ihr Umfeld konfrontiert. Dies führte zu erheblichem zusätzlichen Leid der Familie. Auch diese Tatfolgen waren hier Thema der Beweisaufnahme. Sie mussten es auch sein, denn die Folgen der strukturell rassistischen Ermittlungen für die Familien sind tat- und schuldrelevant – bezüglich des Mordes an Mehmet Kubaşık zumindest hinsichtlich der mit Vorsatz handelnden Angeklagten Zschäpe.

Schon während des Verfahrens hatten wir, als Vertreter der Familie Kubaşık, in Form einer Erklärung nach § 257 StPO zu dem Zeugen KHK Schenk, früher Lötters, dargelegt, warum davon auszugehen ist, dass diese Tatfolgen auch vom Vorsatz der Täter erfasst waren. In der Wohnung von Zschäpe, Mundlos und Böhnhardt

---

[1] Aussage von Gamze Kubaşık in der Hauptverhandlung vom 5.11.2013.

in der Frühlingsstraße wurden Artikel über die Morde und die Sprengstoffanschläge gefunden. In diesen wird ausführlich darüber berichtet, in welche Richtung ermittelt wurde: dass als Mordmotive angebliche Verstrickungen der Opfer in die organisierte Kriminalität und in Drogengeschäfte vermutet wurden, und dass auch die Familien verdächtigt wurden, in diese Machenschaften verstrickt zu sein und vermeintlich wichtiges Wissen zurückzuhalten.[2] Auf zweien dieser Artikel finden sich – wie die Hauptverhandlung ergeben hat – die Fingerabdrücke der Angeklagten Zschäpe.[3]

Mit solchen Ermittlungen wurde die vom NSU beabsichtigte Tatwirkung der Verunsicherung der migrantischstämmigen, insbesondere türkeistämmigen Bevölkerung in Deutschland verstärkt. Es entsprach den Zielen des NSU, dass die Opfer der Anschläge und ihr Umfeld auch noch Opfer der Ermittlungen von Polizei und Staatsanwaltschaft wurden und mit der Stigmatisierung zu leben hatten. Das Ziel des NSU war die Vertreibung möglichst vieler migrantischstämmiger Menschen aus Deutschland, sei es unmittelbar durch die infolge der Morde erzeugte Angst, sei es durch die Verunsicherung infolge der darauffolgenden Ermittlungen.

Tatsächlich ist durch die Ermittlungen eine zusätzliche Verunsicherung der Opfer und der Familien sowie vieler anderer migrantischstämmiger Menschen in Deutschland eingetreten. Erschüttert worden ist gerade ihr Vertrauen in den deutschen Rechtsstaat. Die Art der Ermittlungen der Bundesanwaltschaft war und ist nicht so angelegt, dass sie dieses Vertrauen hätten wiederherstellen können. Ich komme darauf später zurück.

Ich möchte vor diesem Hintergrund allerdings nochmals deutlich wiederholen: Egal, wie sehr Rassismus und dadurch ausgelöster gesellschaftlicher Ausschluss nach dem Mord an Mehmet Kubaşık den Verlust von Elif Kubaşık noch verschlimmert und sie und ihre Kinder noch mehr belastet haben: Elif Kubaşık hat hier heute deutlich gemacht und wird es weiter tun, dass das Vertreibungskonzept des NSU in ihrem Fall dennoch gescheitert ist. Sie hat sich nicht vertreiben lassen. Sie, ihre Kinder und ihr Enkel sind Dortmunder und sie hat klargemacht, dass sie zu diesem Land gehören und hierbleiben werden.

2. Grundsätzliche Erwägungen zu den Ermittlungen nach dem Mord an Mehmet Kubaşık

Nach dem Mord an Mehmet Kubaşık am 4. April 2006 geschah in Dortmund genau das, was an den anderen Tatorten vorher auch geschehen war: Es wurde im Umfeld der Familie ermittelt. Immer wieder haben wir hier im Prozess gehört, dies sei doch normal bei einer Mordermittlung, dass im Umfeld der Opfer ermittelt werde. Es entspricht tatsächlich grundsätzlich der Polizeipraxis. Von Anfang an aber wurden diese Ermittlungen gegen die Familien der Mordopfer und die Geschädigten der Bombenanschläge des NSU diskriminierend, insbesondere auf-

---

[2] Erklärung von Nebenklagevertretern nach § 257 StPO zur Vernehmung KHK Schenk in der Hauptverhandlung vom 12.11.2013.
[3] Hauptverhandlung am 9.10.2013 (vgl. auch SAO 352, Bl. 307f., 309ff.)

grund rassistischer Vorurteile geführt. Allerdings ist bei den späteren Tatopfern auch die Tatsache, dass überhaupt noch im Umfeld der Familien ermittelt wurde, wegen des spezifischen Seriencharakters der Taten unverständlich. Dazu komme ich später am Beispiel der Mordermittlungen zu Mehmet Kubaşık im Detail.

Ein wesentlicher Grund für die einseitigen, strukturell rassistischen Ermittlungen war dabei das Bild von den sogenannten »Türken« in Deutschland, welches mit einer erstaunlich parallelen Struktur durchgehend an allen Tatorten den Ermittlungen zugrunde gelegt wurde. Dies betraf im Übrigen in gleicher Weise auch den in diesem Verfahren bekannt gewordenen sogenannten Nürnberger »Taschenlampen-Anschlag«. Dazu hat der Kollege Dr. Daimagüler bereits detaillierte Ausführungen gemacht.

Als Herr Bundesanwalt Dr. Diemer in seinem Plädoyer von Deutschland als »diesem freien, freundlichen Land« sprach, »in dem wir leben, das der NSU durch seine Taten aufgrund der rechtsextremistischen Ideologie, dem Wahn von einem ausländerfreien Land, erschüttern wollte, um einem widerwärtigen Naziregime den Boden zu bereiten«,[4] sprach er dabei sicher nicht für die Angehörigen und anderen Betroffenen der Taten des NSU. Denn für diese stellte sich nach den Morden und Anschlägen dieses Land vielmehr als feindselig dar. Polizeibehörden und Staatsanwaltschaften ermittelten gegen sie anstatt gegen die Nazis als eigentliche Täter, und sie wurden gesellschaftlich in der Folge dieser Ermittlungen isoliert.

Die Ermittlungen standen insoweit durchaus in einer Tradition von Ermittlungen bei rassistischen Anschlägen seit Anfang der 1990er Jahre. Bei Brandanschlägen auf Wohnungen von Migranten wurden und werden Ermittlungen rechter Täter vernachlässigt, rassistische Motive öffentlich ausgeschlossen und mit erheblichem Aufwand bei den Opfern und in ihrem Umfeld nach den Tätern gesucht, so geschehen unter anderem bei den Anschlägen in Hattingen (5. Juni 1993), Erbendorf (30. Juni 1993), Stuttgart (16. März 1994), Herford (28. September 1994) oder Lübeck (18. Januar 1996).[5] In allen diesen Fällen wurden trotz erheblicher entsprechender Hinweise Nazis als Täter ausgeschlossen und die von den Anschlägen Betroffenen bzw. Personen aus ihrem Umfeld festgenommen oder sogar angeklagt – wobei am Ende stets deren Freispruch stand. Nur bei dem Anschlag in Stuttgart wurde trotz der anfänglich einseitigen Ermittlungen gegen die Betroffenen schließlich ein Täter ermittelt, der verurteilt wurde, den Brand, bei dem 16 Menschen verletzt wurden, aus sogenanntem »Ausländerhass« gelegt zu haben.[6]

In den 1990er Jahren wiesen Rechtsextremismusforscher darauf hin, dass Nazis sich selbst bei ihren Morden und Anschlägen angesichts eines extrem migrationsfeindlichen öffentlichen Diskurses als Ausführende eines öffentlichen Wil-

---

[4] Bundesanwalt Dr. Diemer im Plädoyer der Bundesanwaltschaft in der Hauptverhandlung vom 25.07.2017.

[5] Eskalation rechter Gewalt, in: Prozessgruppe zum Fall Hattingen und AG zu rassistischen Ermittlungen (Hrsg.), Hattingen-Lübeck – Die Brandanschläge in der Barbarisierung der Gesellschaft, Berlin 1998, S. 68, 71f.

[6] Ebd., S. 72.

lens sahen.⁷ In Teilen der Öffentlichkeit hatte sich ein rassistisches Ressentiment speziell gegenüber der türkeistämmigen Bevölkerung in Deutschland herausgebildet.⁸ Insoweit ist es auch schlüssig, dass gerade türkeistämmige Menschen in den 1990ern in den Fokus von Nazis gerieten.

Zum negativen Einwanderungsdiskurs kam zunehmend ein irrationaler, kriminologischen Erkenntnissen widersprechender Kriminalitätsdiskurs hinzu, wonach angeblich insbesondere türkeistämmige Menschen besonders viele Straftaten begehen würden. Dieser zeigte sich dann auch in der Polizei als Institution. Die türkeistämmige Bevölkerung wurde als fremd und potentiell kriminell wahrgenommen. Zur »Fremdheit« äußerte der Nürnberger Kriminalbeamte Vögeler, Mitglied der sogenannten BAO Bosporus, am 15. Juni 2006 gegenüber dem *Spiegel*, »wie wenig die Polizei eigentlich über ausländische Bevölkerungsteile und ihre Mentalität in unserem Lande weiß«. Die Ermittlungsbehörden füllten die vermeintlichen Wissenslücken in offensichtlicher Weise durch ethnisch-rassistische Klischees.

Aufgrund ihrer rassistischen Voreingenommenheit blieben die Ermittlungsbehörden dabei, dass es irgendwelche »abstammungsbezogenen« Hintergründe der »Česká-Serie« geben müsste, selbst als sie feststellten, dass es nicht nur keine persönliche Verbindung zwischen den Familien der Mordopfer gab, sondern vielmehr die Familien der Opfer durch einen völlig unterschiedlichen politischen, soziokulturellen oder religiösen Hintergrund und sehr verschiedene Lebensumstände geprägt waren. Die Ermittlungsbehörden nahmen selbst dann nicht Abstand von Fragen nach »Kontakten zur PKK«, nachdem mit Theodoros Boulgarides ein eindeutig nicht türkeistämmiger Mensch ermordet worden war.

Angelika Lex, unsere am 9. Dezember 2015 verstorbene Kollegin, hatte bereits vor Verfahrensbeginn in einer Rede die Einstellung der Ermittlungsbehörden sehr treffend zusammengefasst. Sie vertrat in diesem Verfahren Yvonne Boulgarides, die Witwe von Theodoros Boulgarides. Angelika Lex machte im Rahmen der erwähnten Rede deutlich, dass die Angehörigen der Mordopfer und Verletzten »als Beteiligte an kriminellen Machenschaften gesehen wurden, die angeblich in organisierte Kriminalität, in Banden- und Rauschgiftgeschäfte, in Prostitution verstrickt waren. Nur weil im rassistischen Weltbild dieser Ermittler schlicht nicht vorkam, dass Menschen nicht deutscher Herkunft Opfer rassistischer Gewalt werden.« Sie fuhr fort: »Wenn der Leiter der Münchener Mordkommission das vollständige Versagen der Behörde damit rechtfertigt, dass es keinerlei Hinweise auf rassistische Taten gegeben hätte, dann spiegelt das genau die Inkompetenz und das Versagen wider, so wie wir es seit langem kennen. Rassistische Taten, rassistische Morde werden verleugnet, negiert, verdrängt, auf Einzeltäter reduziert, aber nicht als das wahrgenommen, was sie sind, nämlich rassistische Taten straff organisierter Rechtsradikaler und rechtsterroristischer Strukturen, die auch gerade in München immer wieder aktiv geworden sind.«

---

⁷ Dazu Juliane Karakayali und Bernd Kasparek, Mord im rassistischen Kontinuum, ak Nr. 588, 19.11.2013.
⁸ Ebd.

Erst die Mordermittlungen zur »Česká-Serie« homogenisierten die Opfer und ihre Familien, stellten einen ethnischen Verbindungshintergrund her, der dann zu dem Bündel an Motiven führte, das schablonenhaft allen Familien vorgehalten wurde. Dies trifft auch auf die Ermittlungen bezüglich des Mordes an Mehmet Kubaşık zu. Als mögliche Motive wurden von der Dortmunder Polizei ein politischer Hintergrund im Zusammenhang mit der PKK, die Möglichkeit einer Beziehungstat, eines Ehrenmordes, Drogengeschäfte, Glücksspiel oder mafiöse Verbindungen in Betracht gezogen. Damit wurde in erstaunlicher und irrationaler Weise zur Gewinnung von Ermittlungsansätzen auch nach dem achten Mord der Serie wieder auf genau dasselbe Potpourri an Motiven zurückgriffen, das auch schon an den anderen Tatorten der »Česká-Serie« erfolglos die Ermittlungen bestimmt hatte.

Schließlich wurde der ausbleibende Ermittlungserfolg in der »Česká-Serie« in ethnisierender Art und Weise den Opferfamilien zu Last gelegt. So war es wieder der Erste Kriminalhauptkommissar Vögeler, der am 30. Juni 2006 – knappe drei Monate nach dem Mord an Mehmet Kubaşık – der *Süddeutschen Zeitung* gegenüber äußerte, dass die Ermittler mit einer »Mauer des Schweigens« der Angehörigen konfrontiert seien. Der Nürnberger Kriminalbeamte Vögeler suchte einen Schuldigen für die erfolglosen Ermittlungen und fand ihn nicht etwa in den eigenen Reihen, sondern genau da, wo die Ermittlungen falsch ansetzten. Diese unzutreffende und offensichtlich erfolglose Ausrichtung der Ermittlungen in Richtung spezifisch »türkischer« Hintergründe hinterfragte er nicht, sondern erklärte das Versagen mit eben diesen angeblich spezifisch »türkischen« Hintergründen. Zur rassistischen Erzählung vom »türkischen Drogenhändler, der eine Geliebte hat, dem Glücksspiel verfallen ist und/oder mit der PKK zu tun hat«, kam die Erzählung vom »türkischen Schweige-Kodex«. Mit anderen Worten: Wenn man in der türkeistämmigen Community keine Ermittlungsergebnisse erzielt, muss man seine Ermittlungsrichtung auch nicht ändern, sondern diese nur intensivieren. In dieser Logik muss man sich auch nicht mit den Hinweisen von Angehörigen auf Nazis als Täter beschäftigen, da die Angehörigen ja angeblich nur mit »einer Mauer des Schweigens« das Opfer (»den türkischen Drogenhändler, der eine Geliebte hat, dem Glücksspiel verfallen ist und/oder mit der PKK zu tun hat«) oder die wahren Täter (aus dem »Drogen-/Glücksspiel-/PKK-Umfeld«) schützen wollen. Vögelers fiktive Mauer des Schweigens stand darüber hinaus in einem eklatanten Gegensatz zum verzweifelten Bemühen der Angehörigen und Opfer der Bombenanschläge, der Polizei bei den Ermittlungen behilflich sein zu wollen.

Ich komme darauf zurück, was ich oben schon angesprochen habe: Wieso wurde beim Mord an Mehmet Kubaşık, als achtem Mord der Serie, überhaupt im persönlichen Umfeld ermittelt? Im Rahmen der bundesweiten Ermittlungskoordination stand zu diesem Zeitpunkt doch bereits fest, dass es keinerlei Verbindung zwischen den verschiedenen Opfern gab, aus denen sich ein mit diesen und ihren Familien unmittelbar verbundenes Motiv hätte ableiten lassen.

Die Tatsache, dass in der Folge die Ermittlungen in Dortmund keinerlei Anhaltspunkt für ein solches Motiv erbrachten, änderte an der alleinigen Ausrichtung der Ermittlungen auf die Familie und ihr Umfeld nichts. Dabei hat der Leiter

Der Mord an Mehmet Kubaşık in Dortmund

der Mordkommission in Dortmund, KHK Schenk, hier in der Hauptverhandlung zu den Ermittlungen im Umfeld Mehmet Kubaşıks geäußert: »Wir haben die Person überprüft, um ein Motiv zu finden, wir haben aber nur feststellen können, dass er hart gearbeitet hat. Er hat sich überhaupt nichts zuschulden kommen lassen, es waren ihm keine Straftaten nachzuweisen, er war in nichts involviert, hatte eine absolut weiße Weste, zur Theorie der Organisationstaten passte die Person Kubaşık nicht.«

Am 8. Juni 2006, zwei Monate nach dem Mord, hatte Dr. Artkämper, der leitende Dortmunder Staatsanwalt, in der Presse bereits verlauten lassen, dass es keinerlei Hinweise auf eine Verbindung von Mehmet Kubaşık zu Drogen gebe. EKHK Vögeler von der BAO Bosporus hatte darüber hinaus bereits am 5. April 2006, einen Tag nach dem Mord, auf entsprechende Nachfrage telefonisch der Dortmunder Mordkommission mitgeteilt, dass ein politischer Hintergrund im Zusammenhang mit der PKK im Hinblick auf die »Česká-Serie« ausgeschlossen werden könne. Hier nahm es die Mordkommission Dortmund dennoch besonders genau. Trotz der klaren Ansage Vögelers wurde beim Staatsschutz in Dortmund angefragt, ob es Erkenntnisse zu Mehmet Kubaşık im Hinblick auf die PKK gebe. Der dortige Leiter, Herr L., antwortete zwei Tage später, dass ein Zusammenhang von Mehmet Kubaşık mit der PKK nicht herzustellen sei, dies habe auch die Abteilung 6 des Innenministeriums NRW, der Verfassungsschutz, bestätigt.

3. Konkrete Ermittlungen »im Umfeld« des Mehmet Kubaşık

Obwohl, wie beschrieben, schnell klar war, dass es keine Anhaltspunkte für ein an der Person Mehmet Kubaşık anknüpfendes Motiv gab, richteten sich die Ermittlungen der Dortmunder Polizei mit fatalen Folgen – insbesondere für Elif Kubaşık und die drei Kinder – über Monate hinweg gegen die Familie. Dies hat auch die Beweisaufnahme hier bestätigt: Ohne konkreten Anhaltspunkt wurden Wohnung und Auto Mehmet Kubaşıks schon unmittelbar nach dem Mord mit Polizeihunden durchsucht. Dies hatte meine Mandantin in dem Wunsch um schnelle Aufklärung gestattet. Die Durchsuchung wurde aber von der Nachbarschaft als Beleg für eine Involvierung von Mehmet Kubaşık in Drogengeschäfte gedeutet. Insgesamt wurden in den 14 Tagen nach dem Mord dreimal die Wohnung, zweimal das Fahrzeug und zweimal der Kiosk durchsucht. Bei einer Trauerfeier für den Verstorbenen in Dortmund sechs Wochen nach dem Mord wurden die Gäste observiert, Fahrzeugkennzeichen notiert und Halter überprüft.

Zu den Durchsuchungen traten intensive Befragungen der Nachbarschaft durch die Polizei hinzu, Elif Kubaşık schilderte diese in der Hauptverhandlung: »*Meine Nachbarn haben uns erzählt, dass sie befragt worden seien, ob mein Mann mit Heroin zu tun gehabt hätte und ob er Frauengeschichten gehabt hätte. Ein Nachbar hat gesagt, dass Mehmet nie mit solchen Sachen zu tun gehabt hätte. Der Polizist hat erwidert, dass Mehmet sehr wohl mit solchen Sachen zu tun hätte und nur der Nachbar keine Ahnung davon hätte.*«

Im Untersuchungsausschuss des Landtags NRW hat Gamze Kubaşık darüber hinaus berichtet, dass Polizeibeamte auf der Straße unter Vorlage von Fotos ihres Vaters Jugendliche befragt hätten, ob die abgebildete Person ihnen Drogen verkauft habe. In den Befragungen durch die Polizei wurden Elif und Gamze Kubaşık immer wieder mit denselben Motiven konfrontiert: Eheprobleme, Familienehre, PKK, Drogen oder ein Mafiakontext. Gamze Kubaşık beschrieb dies in der Hauptverhandlung am 5. November 2013 folgendermaßen: »*Ich wurde öfter gefragt, ob ich weiß oder mitbekommen habe, dass mein Vater Drogen verkauft hat oder Verbindung zu Drogen hat, oder ob mein Vater verwickelt war bei der PKK, und ob er mit der Mafia zu tun hatte, und sie fragten mich nach irgendeiner türkischen Bank, ob er da Geld transportiert oder genommen hat. Ob ich weiß, dass mein Vater Beziehungen mit anderen Frauen hatte. Ich habe alles verneint.*«

Die Beeinträchtigung der Familie ging aber über das unmittelbare Wohn- und Lebensumfeld in Deutschland weit hinaus. In Folge der Tatsache, dass zwischen den Familien der Opfer in Deutschland keine Verbindung hergestellt werden konnte, versuchte die Polizei mit großer Mühe, über die Türkei solche Verbindungen der Opfer untereinander zu finden. Entsprechend wurden Beamte der türkischen Polizei mit der Spezialisierung auf Organisierte Kriminalität eingebunden.

Auch Elif Kubaşık wurde von einem solchen Beamten aus der Türkei aufgesucht und reagierte in nachvollziehbarer Weise mit vollkommenem Unverständnis darauf. Dazu äußerte sie sich in der Hauptverhandlung wie folgt: »*Sie hatten auch Polizisten aus der Türkei, aus Istanbul, geholt. Sie sind auch zu uns nach Hause gekommen, ich habe sie gefragt, warum sie kommen, ich habe ihnen vorgehalten, dass wir in Deutschland sind und schon Polizisten da waren. Von ihnen wurde gesagt, dass innerhalb der Familie irgendwelche Rachetaten verübt worden sind. Da wir Türken seien, hätten die Polizisten türkische Polizisten herbeigeholt, um besser zusammen zu arbeiten.*«

Die Ermittlungen zu Verbindungen über die Türkei wurden mit größter Akribie geführt, so wurden
- in Dortmund Stammbäume der Familie erstellt und Elif Kubaşık mit der Bitte um Kommentierung vorgelegt,
- nicht vorhandene Verbindungen der Familie Kubaşık nach Istanbul, als möglichem Kontaktort zur türkischen Mafia, versucht herzustellen,
- Fragen nach einer möglichen Blutrache durch Familie Kubaşık bei einer möglichen Ermittlung des Täters aufgeworfen, nur weil die Familie aus dem Osten der Türkei stammte,

und es wurden
- Elif Kubaşık, in dem Bemühen, eine tatsächlich nicht vorhandene Verbindung herzustellen, dazu gedrängt, die Familie von İsmail Yaşar, einem der Nürnberger Mordopfer des NSU, anzurufen. Einziger Anhaltspunkt für diesen Ermittlungsansatz war, dass Mehmet Kubaşık seinen Militärdienst in der Provinz Urfa abgeleistet hatte und İsmail Yasar aus der Provinz Urfa kam,
- in Hanobaşı, dem Dorf, in dem Mehmet Kubaşık in der Türkei gelebt hatte und in dem Teile seiner Familie noch lebten, Dorfbewohner*innen im Rahmen der Ermittlungshilfe durch die türkische Polizei nach angeblichen Verbindungen von Mehmet Kubaşık zum Drogenhandel befragt,

- Elif Kubaşık dazu vernommen, warum die in der Türkei lebende Schwester von Mehmet Kubaşık, die zum damaligen Zeitpunkt 17 oder 18 Jahre alt war, einen Telefonanschluss auf den Namen des Hausmeisters ihres Wohnblockes hatte.

So unverständlich diese Ermittlungen im Familienumfeld in Deutschland und in der Türkei waren – die Kubaşıks zeigten wie die anderen betroffenen Familien sehr große Kooperationsbereitschaft. Umso absurder war die Behauptung EKHK Vögelers, die Ermittler würden angeblich bei den Familien auf eine »Mauer des Schweigens« stoßen. So sind etwa Elif und Gamze Kubaşık immer wieder stundenlang von Mitgliedern der Mordkommission vernommen worden und haben auf fast jede noch so unsinnige Nachfrage auch im Zusammenhang mit den soeben beschriebenen Ermittlungen im Türkei-Kontext geantwortet. Elif Kubaşık war Ende Juni 2006 daher einmal so weit, dass sie die Polizei wegen der rücksichtslosen und sinnlosen Art der Fragen und Ermittlungen nicht mehr sehen wollte, aber von Verwandten zur weiteren Kooperation überredet wurde, weil doch nur dies zur Aufklärung des Mordes führen könne.[9]

Die Tatsache, dass sich die Ermittlungen auf Familie und Umfeld konzentrierten, zeigte sich auch an dem vollkommenen Unverständnis, mit dem eine Polizeibeamtin aus der Mordkommission in der frühen Phase der Ermittlungen auf den Wunsch von Elif Kubaşık nach einem eigenen Anwalt reagierte: Es gebe keinen Hinweis auf einen Tatverdächtigen, wozu wolle sie denn einen Anwalt beauftragen.[10]

Nachdem bereits durch die Ermittlungen eindeutig feststand, dass es keinen Drogen- oder sonstigen Organisierte-Kriminalität-Hintergrund für die Ermordung von Mehmet Kubaşık gab, wurden dennoch im November 2006, also ein halbes Jahr nach dem Mord, ein weiteres Mal Nachbarn und Freunde des Ermordeten intensiv im Hinblick genau darauf befragt. Unter diesen Befragten waren zum wiederholten Mal die beiden engsten Freunde von Mehmet Kubaşık, einer von ihnen auch Nachbar der Familie. Sie wiesen erneut darauf hin, dass an diesen Ansätzen nichts dran sei. Bei anderen zementierte diese letzte Befragungsrunde endgültig das Bild von Mehmet Kubaşık als Drogendealer.

4. Folgen der rassistischen Ermittlungen für die Familie

Erfolge für die Aufklärung der Taten brachten diese Ermittlungen nicht und konnten sie nicht erbringen, aber die Wirkungen der Ermittlungen waren für die Dortmunder Familie Kubaşık verheerend. Dabei spielten insbesondere die ohne konkreten Anlass und später entgegen besseren Wissens rücksichtslos geführten Ermittlungen wegen vermeintlicher Verbindung mit Drogen eine besondere Rolle.

Elif Kubaşık hat in der Hauptverhandlung am 5. November 2013 dazu selbst Folgendes gesagt: »*Uns wurde sehr großes Unrecht angetan, als behauptet wurde, dass wir mit Rauschgift zu tun haben. [...] Bekannte, die uns kannten, die glaub-*

---

[9] Elif Kubaşık, »Ich hab mein Herz schon begraben«, in: Barbara John (Hrsg.), Unsere Wunden kann die Zeit nicht heilen, Freiburg i.Br. 2014, S. 110, 112.
[10] Aussage von Elif Kubaşık in der Hauptverhandlung vom 5.11.2013.

ten uns, aber die uns nicht kannten, fragten sich natürlich, wenn es nicht zutreffend wäre, würde die Polizei nicht mit Suchhunden zu uns kommen und bis zum Keller alles durchsuchen.«* Ihre Tochter Gamze Kubaşık ergänzte dies am selben Hauptverhandlungstag: »*Es fing dann an, dass ich Gerüchte gehört habe, dass die Leute hinter mir gesprochen und getuschelt haben, ›der Vater wurde erschossen, der hat wohl Drogen an Kinder oder Jugendliche verkauft‹, ich kann mich noch erinnern, dass eine Frau gesagt hat, ›sollen seine Kinder genauso enden.‹ Das war eine Art Fluch.*«

Die Söhne der Familie waren aufgrund ihres jungen Alters besonders ungeschützt der feindseligen Stimmung in Nachbarschaft und Schule ausgesetzt. Immer wieder wurden sie beleidigt und ausgegrenzt. Der ältere Sohn etwa, der damals elf Jahre alt war, wurde im Juni 2006 von anderen Jugendlichen mit den Worten beleidigt: »Dein Vater hat mit Heroin und Marihuana gehandelt« und dann verprügelt. Er erlitt dabei eine Platzwunde am Kopf. Beide Söhne mussten aufgrund des Verlustes des Vaters sowie des enormen Drucks, dem sie in ihrem Alltag ausgesetzt waren, die Klasse wiederholen. Die dringend notwendige Unterstützung durch die Schule erhielten beide Söhne nicht; der durch die Ermittlungen der Familie anhaftende Makel tat auch dort seine Wirkung.

Elif Kubaşık hat in den ersten Jahren nach dem Mord nur am frühen Morgen eingekauft, heimlich, um keinem Bekannten auf der Straße zu begegnen. Die Ermittlungen führten so zum sozialen Ausschluss der Familie, soweit es sich nicht um deren nahes persönliches Umfeld handelte. Darüber hinaus sorgten diese falsch ausgerichteten Ermittlungen auch dafür, dass Elif Kubaşık kein Vertrauen mehr in den deutschen Staat, insbesondere die Polizei hat. Sie sagt, dass Deutschland immer noch ihr Land ist, aber dass sie sich hier einfach nicht mehr so sicher fühlt.

III. Die ausgeblendete Perspektive: Nazis als Täter

1. Zweifel an der Organisationstätertheorie bei Teilen der BAO Bosporus

Im Gegensatz zu den sehr detaillierten Ermittlungen aufgrund von im Familienumfeld verorteten Motiven wurde die Möglichkeit einer Täterschaft durch Nazis in Dortmund wie an den anderen Tatorten praktisch ausgeblendet. Dabei hatten die Morde an Mehmet Kubaşık am 4. April 2006 und zwei Tage später, am 6. April 2006, an Halit Yozgat auch innerhalb der BAO Bosporus zu Zweifeln an der bisher allein favorisierten sogenannten Organisationstätertheorie geführt. Dieser den Ermittlungen zunächst zugrunde gelegten Theorie zufolge sollte eine noch unbekannte kriminelle Vereinigung mit sogenanntem »türkischen/südländischen« Hintergrund hinter den Morden stehen.

Zweifel an dieser These kamen erstmals auf, als es wiederum keinerlei Verbindung des achten Opfers Mehmet Kubaşık und des neunten Opfers Halit Yozgat zu organisierter Kriminalität gab. Hinzu kam die Frage, warum ein für eine Organisation handelnder Mörder ein so hohes Risiko eingehen sollte, wie es die Mörder bei den Morden an Mehmet Kubaşık und Halit Yozgat eingegangen waren.

So fanden die Morde jeweils in Geschäften an sehr belebten Straßen statt, die mit der Möglichkeit einer jederzeitigen Entdeckung durch Kunden verbunden waren.

Insbesondere fiel den Ermittlern im Zusammenhang mit den beiden letzten Morden der Serie auf, was eigentlich bereits zuvor offensichtlich war: Es gab keinerlei Verbindung zwischen den Geschädigten. Das einzige, was sie einte, war, dass sie solche Kleingewerbe betrieben, die häufig von migrantischstämmigen Menschen in Deutschland betrieben wurden, und dass sie anhand dieses Merkmals »leicht zu identifizieren« waren. Der Leiter der Abteilung für Operative Fallanalysen (OFA)[11] beim Landeskriminalamt Bayern, der Erste Kriminalhauptkommissar Horn, fasste dies in der von ihm und seinen Mitarbeitern nach den Morden an Mehmet Kubaşık und Halit Yozgat erstellten Fallanalyse mit den Worten »Nichts passt mehr zur OK-These« zusammen.[12]

2. Die zweite OFA vom 9. Mai 2006

Aufgrund der Zweifel an der Organisationstätertheorie gab der Leiter der BAO Bosporus, EKHK Wolfgang Geiger, diese zweite Operative Fallanalyse bei der OFA Bayern in Auftrag. Der Auftrag lautete, Alternativhypothesen zur Organisationstätertheorie zu entwickeln.[13] Zuvor war bereits eine erste OFA in Bayern zu dieser Organisationstätertheorie erstellt worden. Die OFA-Beamten bemühten sich, sich im Rahmen dieser zweiten Fallanalyse von ihren, von einem Mitglied als solche bezeichneten, »Deutungsgewohnheiten« zu lösen.[14] Sie machten damit genau das, was die Ermittler davor und leider auch später nicht mehr taten.

Innerhalb des Teams der zweiten OFA setzte sich die sogenannte Einzeltäterthese als wahrscheinlichste Variante durch. Diesem Ansatz zufolge handelte es sich um einen oder zwei Einzeltäter mit dem Motiv Zerstörungsdrang und Hass. Die Opfer seien stellvertretend ausgewählt worden, stellvertretend für »Türken« als »ethnische Gruppe«. Als Grund für diese Auswahl der Opfer entwickelten die Fallanalytiker zwei Möglichkeiten: Möglichkeit eins sei ein negatives Erlebnis mit »Türken«, daraus habe sich ein zielgerichtetes Feindbild entwickelt. Möglichkeit zwei sei eine ausländerfeindliche Gesinnung gegenüber »Türken«, der größten ethnischen Minderheit in Deutschland. Aus Sicht des Analyseteams wurde dabei davon ausgegangen, dass es sich bei dem Täter mit großer Wahrscheinlichkeit um einen »Deutschen« handele.[15]

Auf der Grundlage des Motivs einer »ausländerfeindlichen Gesinnung« gegenüber »Türken« entwickelte das OFA-Team ein Täterprofil mit folgenden Merkmalen:

---

[11] Operative Fallanalyse ist der deutsche Begriff für eine Art Profiler-Bericht. Drei solcher Fallanalysen wurden von der BAO Bosporus insgesamt in Auftrag gegeben.
[12] Joachim Käppner, Profiler, Auf den Spuren von Serientätern und Terroristen, München 2013, S. 275.
[13] Ebd., S. 276.
[14] Bundestagsuntersuchungsausschuss NSU, BT-Drucksache 17/14600, S. 560.
[15] Joachim Käppner, Profiler, a.a.O., S. 277.

- der Täter/die Täter sei/en männlich und im Jahr 2000 zwischen 22 und 28 Jahren alt gewesen,
- soweit es polizeiliche Vorerkenntnisse gebe, dann solche im Bereich der Staatsschutzdelikte,
- die Zugehörigkeit zur rechten Szene sei dabei denkbar,
- die Taten dienten der Aktivierung der Szene,
- seit Beginn der Taten habe/n der/die Täter sich eher aus der Szene zurückgezogen, könne/n gut mit Waffen umgehen, möglicherweise aufgrund einer militärischen Ausbildung,
- es gebe keine Anzeichen für eine Psychose, aber ein hohes Maß an Psychopathie,
- es gebe eine narzisstische Komponente, fehlende Empathie, emotionale Verarmung,
- der/die Täter steigerten den eigenen Nervenkitzel, indem ein höheres Risiko eingegangen werde.[16]

Das OFA-Team wies auch explizit auf die Parallelen der »Česká-Morde« zum Keupstraßen-Anschlag in Köln hin.[17] Das OFA-Team sah den/die Mörder zudem in Nürnberg verankert, da drei der Morde in Nürnberg verübt worden waren, darunter der erste Mord, und die drei Tatorte eng aneinander lagen. Ein solcher sogenannter »Ankerpunkt Nürnberg« kam für das OFA-Team als Wohnort, Beschäftigungsort oder auch als Ort mit sozialer Bindung in Betracht.[18]

Diese Analyse passte bis ins Detail auf Mundlos, Böhnhardt und Zschäpe, und diese hatten enge Kontakte zu Teilen der Nürnberger Nazi-Szene und damit eine soziale Bindung an Nürnberg.

3. Entwicklungen nach der zweiten OFA: Das Rad wird zurückgedreht

Die Ergebnisse dieser zweiten OFA wurden am 9. Mai 2006, einen Monat nach dem Mord an Mehmet Kubaşık, den Mitgliedern der BAO Bosporus, u.a. auch den beiden Dortmunder Mitgliedern, vorgestellt. Nach der zweiten OFA hätten die Staatsschutzabteilungen der jeweiligen Ermittlungsbehörden nach einem entsprechenden Beschluss in die BAO Bosporus eingebunden werden sollen. In Dortmund geschah dies nicht. Hier wurde, wie beschrieben, nicht einmal eine Anfrage beim Staatsschutz wegen möglicher Verbindungen von Nazis zur Tat gestellt.

Aber auch andere Ansätze aus der zweiten OFA wurden nicht effektiv verfolgt. So wurden die Ermittlungen gegen die Nazi-Szene in Nürnberg durch die bayerische Verfassungsschutzbehörde erschwert, indem die Mitteilung von Erkenntnissen zu Mitgliedern der Nazi-Szene aufgrund von Quellen-Schutz-Behauptungen partiell verweigert wurde. Da die OFA die Täter als männlich beschrieb, wurden weibliche Angehörige der Nazi-Szene ganz außen vor gelassen. Eine wichtige Un-

---

[16] Ebd., S. 278.
[17] Ebd., S. 277.
[18] Bundestagsuntersuchungsausschuss NSU, BT-Drucksache 17/14600, S. 560.

terstützerin des NSU, Mandy Struck, die von Chemnitz nach Nürnberg gezogen war, konnte damit gar nicht erst in den Fokus der Ermittler geraten.

Die Ansätze aus der zweiten OFA wurden von Teilen der BAO Bosporus – insbesondere dem beteiligten BKA und der Mordkommission in Hamburg – strikt abgelehnt. Diese vertraten weiterhin allein die »Organisationstätertheorie«. In deren Sinne wurden auch nach der zweiten OFA die Ermittlungen schwerpunktmäßig und intensiv auf Grundlage der Organisationstätertheorie weitergeführt.[19]

Die Ansätze der zweiten OFA wurden von der BAO Bosporus insgesamt als nebensächlich behandelt, wie das Medienkonzept der BAO Bosporus deutlich macht. Gegenüber den Medien wurde überhaupt nicht kommuniziert, dass es sich nach dem neuen Ermittlungsansatz um rechte Täter gehandelt haben könnte. Begründet wurde das von EKHK Geyer damit, dass »in der potenziell türkischen Zielgruppe keine Unruhe aufkommen sollte«. Dem ist entgegen zu halten, dass die potenzielle Zielgruppe doch gerade einen Anspruch auf Mitteilung ihrer potenziellen Gefährdung gehabt hätte.

Vermutlich ist die Erklärung von EKHK Geyer auch gar nicht zutreffend, sondern die Nicht-Veröffentlichung der Theorie vom rassistischen Einzeltäter stand wohl vielmehr im Zusammenhang mit der vom 9. Juni bis 9. Juli 2006 in Deutschland stattfindenden Fußball-WM. Deutschland hätte bei Bekanntwerden des Verdachts rassistischer Serientäter, die seit sieben Jahren unentdeckt geblieben und möglicherweise auch für den Bombenanschlag in der Keupstraße verantwortlich waren, wohl nicht als ganz so sicherer WM-Gastgeber oder nicht mehr – ich zitiere erneut Dr. Diemer – als so »freundliches Land« dagestanden.

Die Teile der BAO Bosporus, die der Einzeltätertheorie von Anfang an ablehnend gegenüberstanden, setzten sich mit der Forderung nach einer weiteren OFA durch. Folge davon war, dass diese OFA-Studie in einem bisher unbeteiligten Bundesland, Baden-Württemberg, in Auftrag gegeben wurde. Dies war die sogenannte dritte OFA, die am 30. Januar 2007 fertiggestellt wurde und die das Ziel hatte – ich zitiere Feststellungen des NSU-Bundestagsuntersuchungsausschusses der 17. Legislaturperiode: »die unerwünschten Ergebnisse der 2. OFA, die auf einen möglichen rassistischen Hintergrund der Taten deuteten, zu relativieren und zu widerlegen«:

Der Kollege Dr. Daimagüler hat die Inhalte dieser 3. OFA in seinem Plädoyer bereits ausführlich beschrieben und analysiert und dabei klargestellt, dass diese Analyse selbst rassistische Argumentationsmuster zugrunde legte. Die eindrücklichsten Zitate will ich hier noch einmal kurz darstellen, weil es doch so bezeichnend ist, dass eine Operative Fallanalyse mit einer rassistischen Argumentationsweise den Streit innerhalb der BAO Bosporus über die Ermittlungsrichtung zulasten der Theorie eines rassistischen Täters entschieden hat: »Aufgrund der Tatsache, dass man neun türkischsprachige Opfer hat, ist nicht auszuschließen, dass die Täter über die türkische Sprache den Bezug zu den Opfern hergestellt haben und die Täter demzufolge ebenfalls einen Bezug zu dieser Sprache haben.

---

[19] Ebd., S. 834.

Auch spricht der die Gruppe prägende rigide Ehrenkodex eher für eine Gruppierung im ost- bzw. südosteuropäischen Raum (nicht europäisch westlicher Hintergrund).« Und: »Vor dem Hintergrund, dass die Tötung von Menschen in unserem Kulturraum mit einem hohen Tabu belegt ist, ist abzuleiten, dass der Täter hinsichtlich seines Verhaltenssystems weit außerhalb des hiesigen Normen- und Wertesystems verortet ist.« Desweiteren wiesen »alle Opfer weitere Gemeinsamkeiten auf [...], die von außen für einen Täter ohne Opferbezug nicht erkennbar sind«, zum Beispiel, so die 3. OFA ohne jeden Beleg, eine »undurchsichtige Lebensführung« der Opfer.[20]

Auch eine Analyse des FBI vom Juni 2007 zur NSU-Mordserie, welche der BAO Bosporus am 7. August 2007 zugesandt wurde, führte nicht mehr zu einem Umschwung zugunsten der Einzeltätertheorie. Auch dieses Papier hatte richtig gelegen mit seiner These, dass der Täter eine tiefsitzende Abneigung gegen Menschen türkischer Herkunft habe und die Mordopfer deswegen erschossen habe. Der zuständige Abteilungsleiter im BKA bezeichnete das Papier kurz darauf in einem Vermerk als wenig hilfreich.[21]

IV. Ermittlungsansätze/Hinweise auf Nazis als Täter in Dortmund

Ermittlungen gegen Nazis als mögliche Täter hätten sich aufgrund der Analyse der 2. OFA nach den Morden an Mehmet Kubaşık und Halit Yozgat damit bundesweit aufgedrängt. Wie dargestellt, waren den Dortmunder Mitgliedern der BAO Bosporus bereits im Mai 2006 die Ergebnisse der 2. OFA bekannt. Hinzu kam, dass sich im Rahmen der Ermittlungen der Mordkommission in Dortmund ohnehin Hinweise auf Nazis als Täter ergeben hatten.

1. Die Zeugin J.D.
Zentrale Bedeutung kommt insoweit der Dortmunder Zeugin J.D. zu. Sie wurde in der Hauptverhandlung vom 5. November 2013 vernommen. Die Zeugin wohnte gegenüber vom Kiosk von Mehmet Kubaşık und war Stammkundin bei ihm. Sie schätzte ihn menschlich, beschrieb ihn als sehr ruhig, nett und schüchtern.[22] Bezüglich ihrer Beobachtungen am Tattag ergab sich in der hiesigen Hauptverhandlung Folgendes: Frau D. war am Tattag gegen 12:30 Uhr von der Arbeit gekommen und begegnete auf dem Nachhauseweg kurz vor dem Kiosk von Mehmet Kubaşık zwei Männern, die ihr entgegenkamen. Einer hatte auf einem Fahrrad gesessen, der andere war daneben gelaufen. Der Mann, der das Fahrrad schob, schaute sie ganz böse an. Sie drehte daraufhin ihren Kopf zur Seite. Die Männer waren zwischen 25 und 30 Jahre alt, hatten beide kurze, dunkelblonde Haare. Sie wirkten auf die Zeugin wie »Deutsche«. Außerdem kamen sie ihr vor wie Jun-

---
[20] Ebd., S. 578.
[21] Ebd., S. 560.
[22] Zeugenvernehmung PP Dortmund vom 7.4.2006, Bl. 564.

kies oder Nazis. Als sie gegen 12:50 Uhr aus ihrer Wohnung wieder auf die Straße trat, um im Kiosk Zigaretten zu kaufen, sah sie dieselben beiden Männer am Hofeingang neben dem Kiosk stehen und wechselte die Straßenseite. Sie wollte nicht noch einmal an den beiden vorbeilaufen.[23] Gegen 12:55 Uhr wurde Mehmet Kubaşık ermordet.

Die Polizei in Dortmund hat mit der Zeugin das erste Mal bereits frühzeitig gesprochen und sie anschließend mehrfach vernommen. Sie meldete sich einen Tag nach dem Mord bei der Polizei, weil sie davon ausging, die beiden von ihr beobachteten Männer könnten die Täter gewesen sein. In diesem ersten aus Angst noch anonymen Anruf gab sie an, die zwei Männer seien Deutsche gewesen und hätten wie Junkies oder Rechtsradikale ausgesehen. Nur in einem Vermerk bzw. einem Vernehmungsprotokoll der daraufhin durchgeführten Vernehmung von zwei Staatsschutzbeamten, die allerdings nicht in dieser Funktion zur Mordkommission als Verstärkung abgeordnet worden waren, tauchte die Beschreibung als Rechtsradikale bzw. Nazi erstaunlicher Weise nicht mehr auf. Vielmehr wurde dort sogar definitiv vermerkt, dass J.D. ihnen gegenüber gesagt habe, die Männer hätten keinen rechtsradikalen Eindruck gemacht. Dass der Zeugin ihre Wahrnehmung ausgeredet bzw. weggefragt worden sein muss, zeigt sich daran, dass sie in allen späteren Vernehmungen gegenüber der Mordkommission die zwei Männer als »Junkies oder Nazis« bezeichnete.[24]

Allerdings ist von der Dortmunder Mordkommission der BAO Bosporus zwar mitgeteilt worden, dass zwei von der Zeugin J.D. beobachtete Männer mit Fahrrad in der Nähe des Tatorts waren. Aber es wird nur die Beschreibung als Junkies weitergegeben, dass die Zeugin die Männer alternativ als Nazis bezeichnet hatte, wurde schlicht weggelassen.[25] Einen sachlichen Grund, diese Täterbeschreibung und den indirekten Hinweis auf ein rechtes Motiv wegzulassen, gab es nicht. Dies kann also nur als eine gezielte Steuerung der Ermittlungen in Richtung Organisationstätertheorie verstanden werden.

2. Hinweise auf Nazis als Täter durch die Familie Kubaşık und ihr Umfeld

Immer wieder hatten Angehörige der Mordopfer und die Opfer der Bombenanschläge gegenüber Polizei und Öffentlichkeit während der Ermittlungen vor dem 4. November 2011 darüber hinaus darauf hingewiesen, dass ihrer Auffassung nach nur ein rassistisches Motiv für die Taten in Frage komme, dass es sich um rechtsextreme Täter, um Nazis, gehandelt haben müsse. So äußerte sich auch Elif Kubaşık. Sie machte gegenüber der Polizei klar, dass sie sich ein anderes Motiv gar nicht vorstellen könne. Auf den Vorhalt gegenüber Kriminalhauptkommissar Schenk hier in der Hauptverhandlung, ob die Familie ihn darauf hingewiesen habe, dass es sich um ein fremdenfeindliches Motiv handeln müsse, antwortete dieser, dass dem so gewesen sei, er sich aber nicht an den Zeitpunkt erinnere. Tatsächlich hat

---

[23] Hauptverhandlung vom 5.11.2013.
[24] Vermerk vom 6.4.2006 sowie Zeugenvernehmung vom 7.4.2017.
[25] Bericht des NSU-Untersuchungsausschusses NRW, Drs 16/14400, S. 437f.

Elif Kubaşık zu einem frühen Zeitpunkt der Ermittlungen – wie Gamze Kubaşık hier in der Hauptverhandlung berichtete – auf Vorlage eines Stammbaums der Familie Kubaşık durch die Polizei und die Aufforderung zur Erklärung der Zusammenhänge zwischen einzelnen Familienmitgliedern erbost reagiert und geäußert, sie gehe sowieso davon aus, dass Rechtsradikale ihren Mann ermordet hätten. Die Beamten hätten darauf geantwortet, das könnten sie ausschließen, da sie einfach keine Beweise dafür hätten, und wie sie darauf käme.[26]

Elif Kubaşık wiederholte diesen Verdacht auch gegenüber der Presse, kurz nach dem Mord und auch später. Am 4. August 2006 äußerte sie gegenüber der *Westfälischen Rundschau*, dass es für sie nur die Möglichkeit eines fremdenfeindlichen Hintergrundes der Taten gebe, und begründete, warum sie alle anderen Optionen ausschließe.[27] Dies wiederholte sie der Zeitung gegenüber noch einmal am 26. März 2007.[28] Elif Kubaşık wurde insoweit auch über unmittelbare Äußerungen gegenüber Polizei und Presse hinaus aktiv. So berichtete sie hier im Prozess auch davon, dass sie zwei Monate nach dem Mord sogar eine Demonstration organisierte, um auf eine schnelle Ergreifung der Täter zu drängen.[29] Elif Kubaşık hatte nach Kontaktaufnahme durch die Kasseler Familie Yozgat mit dieser gemeinsam beschlossen, jeweils in Kassel und in Dortmund Demonstrationen zu veranstalten, um die Polizei zu engagierteren Ermittlungen zu drängen und öffentlich auf die nicht aufgeklärte Mordserie hinzuweisen. Die Demonstrationen vom 6. Mai 2006 in Kassel und vom 11. Juni 2006 in Dortmund standen unter dem Motto »Kein 10. Opfer«. An der Demonstration in Kassel nahm auch die Familie von Enver Şimşek teil.

Die Demonstration in Dortmund hatte Elif Kubaşık unter Mithilfe des Alevitischen Kulturvereins Dortmund organisiert. Der damalige Vorsitzende des Kulturvereins Cem Yılmaz erläuterte gegenüber der Presse das Motiv für die Demonstration: »Die Ermittlungsbehörden machen nicht genug. Alle Opfer sind Migranten. Da ist doch ein rechtsextremistischer Hintergrund sehr einleuchtend. Stattdessen gucken die Ermittler nur nach links, wollen wissen, ob Mehmet in der PKK aktiv war.«[30]

3. Die Analyse von A.S.

Schließlich hatte es der Dortmunder Polizei gegenüber noch eine weitere Bestätigung der These der 2. OFA gegeben, der zufolge es sich dem Profil der Taten nach um eine rassistische Mordserie handeln könne. A.S., ein ehemaliger türkischer Polizist bei einem Antiterrorspezialteam der Gendarmerie, hatte sich per E-Mail an die Ermittlungsbehörden gewandt und war am 27. April 2006 auch von

---

[26] Aussage von Gamze Kubaşık im NSU-Untersuchungsausschuss NRW am 13.1.2016, S. 24 des Protokolls.
[27] Artikel in der *Westfälischen Rundschau* vom 4.8.2006.
[28] Artikel in der *Westfälischen Rundschau* vom 26.3.2007.
[29] Aussage in der Hauptverhandlung vom 5.11.2013.
[30] Mirjam Bunjes, Stille Trauer, laute Mahnung, taz vom 13.6.2006.

der Dortmunder Polizei vernommen worden.[31] A.S. hatte die Mordserie aufgrund von Berichten in türkischen Tageszeitungen analysiert und war wie das OFA-Team in der 2. OFA zu dem Schluss gekommen, dass es sich um deutsche rechtsradikale rassistische Täter handelte, die aus »Türkenhass« mordeten, um »Türken ein[zu]schüchtern und ihnen Angst [zu] machen«. Die Täter müssten weit weg vom Tatort wohnen, sie würden wahrscheinlich aus einer Plastiktüte heraus schießen, weshalb an den Tatorten keine Hülsen gefunden worden seien und es gäbe vielleicht einen Zusammenhang zwischen den »Česká-Morden« und dem Anschlag in der Keupstraße, da die Phantombilder übereinstimmen würden. Strafaktionen der Mafia schloss der Zeuge wegen der Tatbegehung mit derselben Waffe aus.

Sämtliche Einschätzungen waren zutreffend, wie wir heute wissen. Damals wurde die Vernehmung in den Spurenakten als bloße Spekulation des Zeugen abgelegt und der Analyse keine weitere Beachtung geschenkt. Auch nach der Selbstenttarnung blieb die Vernehmung in den Spurenakten und wurde uns nur durch Akteneinsicht beim GBA bekannt. Sie wurde damit nicht als Beispiel dafür gewürdigt, dass ein Außenstehender mit einer polizeilichen Ausbildung sehr wohl die richtigen Schlüsse aus der »Česká-Serie« ziehen konnte. Wie beschrieben war das ja auch dem FBI 2007 gelungen. Dieser FBI-Bericht findet sich ebenso wenig wie der Bericht der 2. OFA in den Akten, die der GBA dem Gericht und damit uns zur Verfügung stellte.

4. Behauptung und Realität: keine Ermittlungen gegen rechts und der mögliche Kontext der WM 2006

All diese Hinweise und Indizien beeindruckten die Dortmunder Ermittler aber nicht. Zwar stellten es Beamte der Ermittlungsbehörden in Dortmund nach außen hin immer wieder so dar, als ob auch Ermittlungen in Bezug auf mögliche rechtsextreme Täter geführt würden, tatsächlich war dies jedoch nicht der Fall. Die Pressesprecherin der Dortmunder Staatsanwaltschaft widersprach etwa am 13. Juni 2006 dem bei der von Elif Kubaşık organisierten Demonstration erhobenen Vorwurf der einseitigen Ermittlungen mit den Worten: »Natürlich ermitteln wir auch im rechtsextremen Milieu. Das wäre ja sträflich, das nicht zu tun.« Sie ging sogar kurz auf die Option eines psychopathischen Einzeltäters ein, schloss sie aber unmittelbar wieder aus, da es unwahrscheinlich sei, dass der Täter ein Psychopath sei, »weil bei denen in der Regel die Zahl der Morde mit der Zeit immer schneller werde«.[32]

Der leitende Dortmunder Staatsanwalt, Dr. Artkämper, hatte bereits am 8. April 2006, also vor Vorstellung der Ergebnisse der OFA, öffentlich die These als denkbare Alternative bezeichnet, dass ein psychopathischer Serientäter durch Deutschland reise und wahllos versuche, türkischstämmige Gewerbetreibende zu töten. Auch Artkämper hatte aber sofort mit derselben seltsamen Begründung der angeblich immer zunehmenden Frequenz solcher Taten die Hypothese wieder verworfen.

---

[31] Spurenakten des PP Dortmund zum Mord an Mehmet Kubaşık, Spur 70, A. S.
[32] Mirjam Bunjes, Stille Trauer, laute Mahnung, taz vom 13.6.2006.

Obwohl also die Dortmunder Ermittlungsbehörden so taten, als würden sie auch in Richtung Einzeltäter ermitteln, wurden tatsächlich trotz der Hinweise der Zeugin J.D., von Elif Kubaşık und der Analyse der 2. OFA in Dortmund keinerlei Ermittlungen in Richtung von Nazis aufgenommen. Weder die dem Gericht vorgelegten Akten aus Dortmund, noch die beim GBA liegenden Dortmunder Spurenakten beinhalten auch nur eine einzige Ermittlungsmaßnahme in Richtung eines rassistischen Motivs und rechter Täter. Dies räumte der Leiter der Mordkommission Schenk in der Hauptverhandlung immerhin ein. Er gestand hier ein, dass gar nicht in Richtung Nazis ermittelt worden sei.

Es erfolgte, wie bereits beschrieben, nicht einmal eine Routineanfrage beim Staatsschutz oder Verfassungsschutz, ob von dort aus Anhaltspunkte auf rechte Täter oder ein rechtes Motiv gesehen würden.

Es drängt sich auf, dass die Ermittlungen gegen rechts in Dortmund zunächst auch aufgrund der kurz nach dem Mord an Mehmet Kubaşık anstehenden Fußball-WM unterlassen wurden. Zuvor habe ich bereits beschrieben, wie die WM wohl auch das Pressekonzept der BAO Bosporus beeinflusst hatte. In Dortmund sollten zwischen dem 10. Juni und dem 4. Juli 2006 sechs WM-Spiele stattfinden, u.a. das Halbfinale. In einem Bericht des Landeskriminalamtes NRW zur 2. OFA vom 27. Juli 2006 heißt es – insoweit entlarvend –, dass »Wirkungen in der Öffentlichkeit, insbesondere im Hinblick auf ausländische Gäste, durch die Verantwortlichen auch schon im Mai/Juni im Hinblick auf die bevorstehende bzw. laufende FIFA WM 2006 bewertet wurden und dass das Innenministerium über Herrn G., zu dem Zeitpunkt Leiter der in Dortmund für Tötungsdelikte zuständigen Kriminaldirektion 1, Anm. d. Verf., über die Einzeltäterhypothese informiert worden sei«.[33] Dies untermauert den Verdacht, dass der wiederholte Hinweis der Zeugin J.D. in Richtung »Nazis« bewusst aus den Ermittlungsberichten herausgelassen worden ist.

5. Die Dortmunder Nazi-Szene im Jahr 2006

Hätte die Mordkommission allerdings in Richtung der Nazi-Szene in Dortmund ermittelt, wäre sie unschwer auf der Existenz einer militanten »Blood & Honour«/»Combat 18«-Szene in Dortmund gestoßen. Verfassungsschutz und Staatsschutz Dortmund war sogar die Existenz einer »Combat 18«-Zelle bereits zum Zeitpunkt des Mordes an Mehmet Kubaşık bekannt. Ermittlungen in der Nazi-Szene in Dortmund hätten damit auf die Spur des NSU führen können. Solche Ermittlungen hätten zudem die Theorie vom rassistischen Einzeltäter in der BAO Bosporus und damit bundesweit entscheidend stärken können. Aus der Nebenklage wurden bezüglich möglicher Unterstützer und Mitwisser in der Dortmunder »Combat 18«-Szene ausführliche Beweisanträge zu den beiden führenden Protagonisten dieser Szene im Jahr 2006, Marko Gottschalk und Sebastian Seemann, gestellt. Diese Beweisanträge und deren Begründung sind Grundlage der folgenden Ausführungen.

---

[33] Bericht des LKA NRW zur zweiten Fallanalyse vom 27.7.2006.

a. Morde durch die Dortmunder Nazi-Szene
Wie in den Anträgen bereits grundlegend ausgeführt gab es in der Dortmunder Nazi-Szene ein extremes Gewaltpotenzial. So kam es in Dortmund zu mehreren Morden durch neonazistische Täter. Am 14. Juni 2000 tötete der Dortmunder Nazi Michael Berger in Dortmund und Waltrop aus Anlass einer Verkehrskontrolle drei Polizisten und anschließend sich selbst. Berger hatte Kontakte zur »Kameradschaft Dortmund« und insbesondere zu Siegfried Borchardt, der in der einschlägigen Szene als »SS-Siggi« bekannt ist.[34] Er stand aber vor allem auch in engem Kontakt zu Sebastian Seemann, einem der beiden Nazis, deren Ladung als Zeugen wir hier beantragt hatten. Nach dem Mord verteilte die »Kameradschaft Dortmund«, deren Führungsperson Borchardt war, Zettel mit dem Text: »Berger war ein Freund von uns! 3:1 für Deutschland«.[35]

Am 28. März 2005 wurde der Punk Thomas Schulz durch den Neonazi Sven Kahlin, der der »Skinhead Front Dortmund-Dorstfeld« angehörte, erstochen. Anschließend hieß es auf Neonaziseiten im Internet: »Kamerad wegen Mordverdacht in U-Haft. Die Machtfrage wurde gestellt und wurde von uns befriedigend beantwortet: ›Dortmund ist unsere Stadt‹«. Auf T-Shirts fand sich die Parole: »Dortmund ist unsere Stadt« ebenfalls.[36] Die »Kameradschaft Dortmund« um Siegfried Borchardt verbreitete diese Parole darüber hinaus auf Flugblättern und Flyern. Offensiv wurde damit auf regionaler Ebene der Anspruch vertreten, darüber zu bestimmen, wer in Dortmund leben dürfe. Diesen Anspruch vertrat zur selben Zeit auch der NSU, allerdings bundesweit.

b. Struktur und Kontakte der Dortmunder Nazi-Szene 1:
»Kameradschaft Dortmund«
Siegfried Borchardt war jahrelang die zentrale Figur der Dortmunder Naziszene. Dies war auch 2006 noch so. Er wohnte zum Zeitpunkt des Mordes an Mehmet Kubaşık an derselben Straße, an der auch dessen Kiosk lag, der Mallinckrodtstraße, in der Nummer 278. Gerade in der Dortmunder Nordstadt, deren zentrale Durchgangsstraße die Mallinckrodtstraße ist und die ein sehr migrantisch geprägtes Innenstadtviertel darstellt, versuchte und versucht die Dortmunder Nazi-Szene, ihren rassistischen Machtanspruch durch Demonstrationen und andere Aktionen Geltung zu verschaffen. Hier wohnten zur Tatzeit des Mordes an Mehmet Kubaşık neben Siegfried Borchardt auch zentrale Figuren der »Combat 18«-Szene Dortmunds. Darüber hinaus lagen einige der wichtigsten Versammlungsorte der Nazi-Szene zwischen den Jahren 2000 und 2006 in unmittelbarer Nähe des Tatorts an der Mallinckrodtstraße.

Der Zeuge Borchardt hatte Kontakte zu den »Blood & Honour«-Strukturen nach Thüringen und Sachsen, aus der das Unterstützerumfeld des NSU stamm-

---
[34] Spiegel Online »Polizistenmorde in NRW: Der ewige Verdacht« vom 21.11.2011, Quelle: www.spiegel.de/panorama/justiz/polizistenmorde-in-nrw-der-ewige-verdacht-a-798680.html.
[35] »Am rechten Rand – Was ist los in Dortmund?«, S. 4.
[36] Jüdische Zeitung, Juli 2007, Quelle: www.j-zeit.de/archiv/artikel.571.html.

te.[37] Das BKA stellte bei einer Auswertung der in der Zwickauer Frühlingsstraße, in der Wohnung von Zschäpe, Mundlos und Böhnhardt, gefundenen Gegenstände auch eine Munitionspackung mit der handschriftlichen Notierung »Siggi« fest. Bei der Munitionspackung handelte es sich um eine stark brandgeschädigte Verpackung des Munitionsherstellers »Sellier und Bellot«. Diese Munition ist auch bei »Česká-Morden« eingesetzt worden. Auf Vorder- und Rückseite befand sich jeweils die Aufschrift »Siggi«. Die beiden Buchstaben gg wurden als Sigrunen, das Emblem der SS, dargestellt. Dies kann nur als Hinweis auf den Spitznamen von Siegfried Borchardt, »SS-Siggi«, unter dem er bundesweit bekannt war, verstanden werden. Das BKA fragte dann auch beim Verfassungsschutz NRW wegen Siegfried Borchardt nach. Dabei wurde auch dessen Wohnadresse in unmittelbarer Nähe des Tatortes mitgeteilt. Weitere Ermittlungen, die sich nach dem Fund der Munitionspackung aufgedrängt hätten, sind aus den uns zur Verfügung stehenden Akten jedoch nicht ersichtlich.

c. Struktur und Kontakte der Dortmunder Naziszene 2:
»Oidoxie« und die »Oidoxie Streetfighting Crew«

aa. Die Band »Oidoxie«
Marko Gottschalk, der erste der beiden Dortmunder Nazis, deren Ladung als Zeugen wir beantragt hatten, war lange Mitglied der von Siegfried Borchardt dominierten »Kameradschaft Dortmund«. Er ist seit deren Gründung 1995 Sänger der Band »Oidoxie«. 2006 veröffentlichte die Band zum zehnjährigen Jubiläum die CD »Terrormaschine«. Im Titelsong von »Oidoxie« heißt es: »Wir wollen unsere Städte sauber haben. Dies ist ›Combat 18‹. Dies ist die Terrormaschine.« Kaum eine andere deutsche Band bezieht sich derart stark auf »Combat 18«[38] – ausgenommen die eng mit »Oidoxie« verbundenen Bands wie die »Weißen Wölfe«, »Straftat« und »Strafmaß«. Den »Weißen Wölfen« gehört Marko Gottschalk ebenfalls an.

Marko Gottschalk war unter anderem über die Band und deren Konzerttätigkeit im »Blood & Honour«- und »Combat 18«-Umfeld sehr gut vernetzt. Kontakte bestanden so auch in das Unterstützerumfeld des NSU in Thüringen und Sachsen. So spielte die Band etwa am 27. Dezember 1997 – kurz vor dem Untertauchen der zu dieser Zeit in Thüringen nach Behördenzeugnissen und Zeugenaussagen stets präsenten Mundlos, Böhnhardt und Zschäpe – im Thüringer Ort Heilsberg, im regelmäßigen Treffpunkt des Thüringer Heimatschutzes. Bereits am 5. Oktober 1996 war »Oidoxie« auf einem Konzert in Wildenfels in Sachsen gemeinsam mit »Westsachsengesocks«, der Band des Zwickauer Nazis und ehemaligen V-Manns Ralf Marschner, aufgetreten. Die Telefonnummer von Ralf Marsch-

---
[37] Aktenkundig ist z.B. ein Kontakt nach Saalfeld/Thüringen, der von dem V-Mann Brandt dem thüringischen LfV berichtet wurde. Borchardt habe für den 31.12.1999 ein Konzert mit der Saalfelder Band »Blutorden« im »Ruhrpott« organisiert (SAO 503, Bl. 334).

[38] »Combat 18« wurde in der Szene als militanter Arm von »Blood & Honour« begriffen; Jan Raabe, Propagandisten des Rechtsterrorismus, die Dortmunder Band Oidoxie, Lotta 62, Quelle: www.lotta- magazin.de/ausgabe/62/propagandisten-des-rechtsterrorismus.

ner fand sich 2003 im Rahmen einer Hausdurchsuchung bei Gottschalk unter dem Eintrag »Manole« – dem Spitznamen Marschners – auch im Telefonbuch Gottschalks.[39] Am 14. Juli 2001 trat Oidoxie darüber hinaus gemeinsam mit der Band »Blitzkrieg« in Belgien auf.[40] »Blitzkrieg« setzte sich aus Mitgliedern der engen Unterstützerszene des NSU in Chemnitz zusammen.

Gemeinsam mit Siegfried Borchardt hatte Marko Gottschalk bereits 1999 die Hochzeit von Thorsten Heise besucht. Die »Oidoxie«-CD mit dem Namen »Terrormaschine« war 2006 auf dem Label von Thorsten Heise erschienen.[41] Bei der Hausdurchsuchung bei Gottschalk im Jahr 2003 war auch Heises Nummer im Telefonbuch Gottschalks gefunden worden.

Schließlich fand sich im Adressbuch von Thomas Starke, dem wichtigen Chemnitzer Unterstützer des NSU, das im Rahmen einer Durchsuchung im Jahr 2000 sichergestellt wurde, die Nummer von »Oidoxie«. Starke hatte sich von Juni 1998 bis Ende 2000 zum Arbeiten in Neuenrade im Sauerland, in der Nähe Dortmunds aufgehalten. In diese Zeit fielen auch seine wesentlichen Unterstützungsleistungen für Böhnhardt, Mundlos und Zschäpe in Chemnitz. Starke schrieb – wie in einem Beweisantrag aus der Nebenklage im Verfahren dargelegt wurde – am 15. August 1998 an G.A., der wie er selbst »Blood & Honour« Sachsen angehörte, eine SMS mit dem Text: »Bin gestern Nachmittag mal hier ein Stück gelaufen, nur Türken, da fällt dir nichts mehr ein.« Die Antwort-SMS von G.A. lautete: »Isses so schlimm mit den Kanaken? Da weiß man ja, wo nächstes Mal aufgeräumt werden muss.«[42]

Gottschalk verfügte nicht nur über gute Kontakte zum »Blood & Honour«-Netzwerk in Sachsen und Thüringen, sondern auch international. »Oidoxie« trat auf vielen internationalen »Blood & Honour«-Konzerten auf. Enge Verbindungen Gottschalks bestanden dabei zu »Blood & Honour«-Strukturen in Schweden und Belgien. Zum Umfeld der Band gehört außerdem das Ruhrgebiets-Fanzine »Förderturm«, an das der NSU im Jahr 2002 unter anderem einen der so genannten NSU-Briefe geschickt hat. Der »Förderturm« hat immer wieder über die Konzerte von »Oidoxie« und über von Gottschalk angemeldete Demonstrationen berichtet sowie einen Aufruf zur Spendensammlung für Anwaltskosten der Band veröffentlicht.[43]

bb. »Oidoxie Streetfighting Crew«
Um die Band »Oidoxie« herum bildete sich 2003 die »Oidoxie Streetfighting Crew« als sogenannter Saalschutz der Gruppe. Aus diesem Kreis heraus wurden außerdem neonazistische Konzerte organisiert. Mitglieder der Gruppe kamen sowohl aus Dortmund als auch aus Kassel. In Dortmund insbesondere aus dem

---

[39] Bericht des NSU-Untersuchungsausschusses NRW, vorgestellt in der Hauptverhandlung, Drs. 16/14400, S. 236.
[40] Ebd., S. 240.
[41] Jan Raabe, Propagandisten des Rechtsterrorismus, die Dortmunder Band Oidoxie, Lotta 62, Quelle: www.lotta-magazin.de/ausgabe/62/propagandisten-des-rechtsterrorismus.
[42] Beweisantrag von Nebenklagevertretern, 6.9.2014.
[43] »Förderturm« SAO 45, Bl. 540, 557, 580, Auswertebericht, SAO 45, Bl. 169, 192.

Umfeld der Kameradschaft Dortmund, in Kassel aus dem Umfeld der Kameradschaft »Sturm 18«. Da der Gruppe Mitglieder aus verschiedenen Städten angehörten, hatte sie eine Vernetzungsfunktion innerhalb der »Combat 18«-Szene im gesamten Raum zwischen Aachen, Hamm und Kassel. Es gab auch Mitglieder in Brandenburg und Niedersachsen.[44]

Die »Oidoxie Streetfighting Crew« verfügte über eine hierarchische Gliederung. Es gab ein besonderes Aufnahmeritual und zwei Rangstufen von Mitgliedern.[45] Bei den Treffen führten Marko Gottschalk und der Kasseler Nazi Stanley R. den Vorsitz.[46] Zentrales Dortmunder Mitglied der »Oidoxie Streetfighting Crew« war neben Marko Gottschalk Sebastian Seemann, der zweite Dortmunder Nazi, dessen Ladung als Zeuge wir hier im Verfahren beantragt hatten. Sebastian Seemann war zugleich V-Mann des Verfassungsschutzes NRW. Er verfügte wie Marko Gottschalk über sehr gute Kontakte zum »Blood & Honour«-Netzwerk in Belgien. Sebastian Seemann zeichnete dort seit 2004 auch für die Mitorganisation von »Blood & Honour«-Konzerten verantwortlich. Zwischenzeitlich wohnte Seemann auch in Belgien bei Joeri van der Plas, dem Kopf der belgischen rechtsterroristischen Gruppe »BBET« (»Bloed-Bodem-Eer-Trouw«, also auf Deutsch »Blut-Boden-Ehre-Treue«).[47] Auch Marko Gottschalk war mit Joeri van der Plas eng verbunden.[48] Von der Gruppe »BBET« war 2001 das gemeinsame Konzert von »Oidoxie« und der Band mit Mitgliedern aus dem Chemnitzer Unterstützerumfeld des NSU, »Blitzkrieg«, organisiert worden.[49] »BBET« hielt paramilitärische Übungen ab und war im Besitz von Sprengstoff und modernen Kriegswaffen.[50] Die belgische Gruppe wurde im September 2006 verboten.

Sebastian Seemann galt als derjenige aus der Dortmunder Kameradschaft bzw. der »Streetfighting Crew«, der den besten Zugang zu Waffen besaß. So äußerte er selbst 2005 gegenüber dem Verfassungsschutz NRW, dass er Schusswaffen an Neonazis verkauft und bei drei Neonazis insgesamt drei Pump-Action-Schrotflinten, eine Maschinenpistole und eine Pistole gelagert habe.[51]

Sebastian Seemann war auch eng mit Michael Berger befreundet, dem Dortmunder Nazi, der 2000 drei Polizisten erschossen hatte. Gemeinsam hatten die beiden Schießübungen mit Pistolen und einem Sturmgewehr durchgeführt.[52] Nach dem Mord an den Polizisten durch Berger fand die Polizei in dessen Auto neben

---

[44] Bericht des NSU-Untersuchungsausschusses NRW, Drs. 16/14400, S. 141.
[45] Ebd., S. 139.
[46] Ebd., S. 144; Stanley R. und Marko Gottschalk posierten 2007 auch gemeinsam, jeweils in einem T-Shirt der »Oidoxie Streetfighting Crew«, auf dem Booklet des »Oidoxie«-Projekts »Straftat«; Jan Raabe, Propagandisten des Rechtsterrorismus, die Dortmunder Band Oidoxie, a.a.O.
[47] Jan Raabe, Propagandisten des Rechtsterrorismus, die Dortmunder Band Oidoxie, a.a.O.
[48] Bericht des NSU-Untersuchungsausschusses NRW, Drs. 16/14400, S. 180.
[49] Anti-Fascistisch Front, »Die weiße Rasse verteidigen«, »Blood & Honour« Flandern, www.lotta-magazin.de/ausgabe/60/die-wei-e-rasse-verteidigen.
[50] Ebd.
[51] Bericht des NSU-Untersuchungsausschusses NRW, Drs. 16/14400, S. 197.
[52] Ebd., S. 191.

der Tatwaffe, einem Revolver, zwei weitere Schusswaffen und in der Wohnung drei scharfe Schusswaffen und ein Kleinkalibergewehr mit Zielfernrohr, bei seinen Eltern eine Kalaschnikow: eine AK 47.[53] Trotz der engen Beziehung Bergers zu Seemann und den Kontakten zu anderen Mitgliedern der »Kameradschaft Dortmund« sowie der Tatsache, dass sich in seiner Wohnung und im Auto zahlreiche NS-Devotionalien, unter anderem am Armaturenbrett im Auto ein Metallschild mit dem Wahlspruch der SS »Meine Ehre heißt Treue«, fanden, und trotz der Tatsache, dass sich die »Kameradschaft Dortmund«, wie beschrieben, seine Tat zu eigen machte, schlossen die Ermittler im Fall Berger wie später im Fall Kubaşık eine Verbindung zwischen Tat und rechter Gesinnung aus.[54]

Zur »Oidoxie Streetfighting Crew« gehörte 2006 auch Robin Schmiemann, der spätere Brieffreund Beate Zschäpes aus deren Haftzeit. Dieser hatte am 2. Februar 2007 bei einem Raubüberfall auf einen Supermarkt einen tunesischen Kunden angeschossen und dabei lebensgefährlich verletzt. Schmiemann selbst hatte angegeben, dass Seemann ihn zu der Tat angestiftet und ihm auch die entsprechende Waffe besorgt hatte. Im Rahmen dieses Strafverfahrens wurde bekannt, dass Seemann als V-Mann für den Verfassungsschutz NRW tätig war.

Die Dortmunder Mitglieder der »Oidoxie Streetfighting Crew« galten als besonders gewaltbereit. Mitglieder der »Oidoxie Streetfighting Crew« pflegten auch über Seemann und Schmiemann hinaus einen intensiven Umgang mit Waffen. So fuhren Marko Gottschalk und andere Mitglieder vor 2003 mehrfach zu Schießübungen in die Niederlande und nach 2003 nach Schweden und Dänemark.[55] Am 30. Oktober 2003 wurde darüber hinaus in der Dortmunder Nordstadt eine nicht funktionsfähige Rohrbombe aufgefunden. In einem Schreiben des Verfassungsschutzes NRW an den Dortmunder Staatsschutz vom 4. November 2003 wurde die Bombe zwei Personen, u.a. einem Mitglied der »Oidoxie Streetfighting Crew«, zugeordnet.[56]

d. Struktur und Kontakte der Dortmunder Nazi-Szene 3: »Combat 18«
Unter dem Label »Combat 18«, dem »militanten Arm von ›Blood & Honour‹«, wurden Terrorkonzepte des »führerlosen Widerstandes« propagiert, die sich wie Vorbilder der NSU-Taten lesen.[57] Der Kollege Hoffmann wird dies noch ausführlich darlegen. Seemann und Gottschalk machten sich um das Jahr 2003 herum in Dortmund an die Umsetzung des »Combat-18«-Konzepts, indem sie gemeinsam mit anderen Mitgliedern der »Oidoxie Streetfighting Crew« eine »Combat 18«-Zelle gründeten. Robin Schmiemann gehörte der Gruppe ebenfalls an.

Ideologisch war die »Combat 18«-Zelle in Dortmund dem NSU sehr ähnlich. Zentrale ideologische Grundlage für den anvisierten Kampf im Untergrund waren

---

[53] Tobias Großekemper, Dortmunder Freundschaften, RuhrNachrichten vom 13.6.2015.
[54] Ebd.
[55] Bericht des NSU-Untersuchungsausschusses NRW, Drs. 16/14400, S. 206.
[56] Ebd., S. 200.
[57] Jan Raabe, Propagandisten des Rechtsterrorismus, die Dortmunder Band Oidoxie, a.a.O.

die »Turner Diaries«, die auch bei einigen der Angeklagten sichergestellt wurden. In Romanform wird darin der Kampf einer Untergrundorganisation in den USA in Zellenform zum »Erhalt der arischen Rasse« und das Konzept des »führerlosen Widerstandes« entwickelt. Das Buch wurde den Mitgliedern der Dortmunder »Combat 18«-Zelle als Anleitung für den Aufbau der Gruppe ausgehändigt.

Wie auch Oberstaatsanwalt Weingarten zuletzt festgestellt hat, galten in den USA die Taten der rassistischen Terrorgruppe »The Order«, die mit vollem Namen »The Order – Brüder Schweigen« hieß, in Anlehnung an einen Halbsatz aus dem Treuelied der Waffen-SS: »Wenn alle Brüder schweigen, und falsche Götzen trau'n. Wir woll'n das Wort nicht brechen …« als unmittelbare Umsetzung des Konzepts der Turner Tagebücher. Die Tatbegehung der Gruppe wies viele Gemeinsamkeiten mit der des NSU auf. Die Mitglieder begingen Raubüberfälle, verübten Bombenanschläge, richteten gezielt Menschen hin, benutzten dabei Schalldämpfer und verzichteten bis zur Aufdeckung gezielt auf eine Bekennung zu den Taten.[58]

Der Angeklagte Eminger feierte in seinem Skinzine »Aryan Law and Order«, dessen Texte auf einen Antrag aus der Nebenklage hin in die Hauptverhandlung eingeführt wurden, die Terrorgruppe »The Order« als Vorbild eines neuen »arischen« Kampfes.[59] Konsequenterweise trat er auch in der Hauptverhandlung hier am Tage der Zeugenaussage eines weiteren möglichen Unterstützers des NSU, Thomas Gerlach, mit einem T-Shirt mit dem Spruch »Brüder Schweigen – Bis in den Tod« auf. Der enge ideologische Zusammenhang zwischen dem NSU und der »Combat 18«-Zelle in Dortmund wird insoweit auch durch Robin Schmiemanns Tätowierung der Worte »Brüder – schweigen – What ever it takes – Combat 18« deutlich.[60]

Die Mitglieder der »Combat 18«-Zelle in Dortmund nutzten die Kontakte nach Belgien, um sich Waffen zu besorgen. Der Verfassungsschutz NRW hatte Kenntnis von der Existenz der Gruppe und deren Auslandskontakten. Er überwachte die Gruppe spätestens seit 2005 intensiv, zunächst über Telekommunikationsüberwachung und ab 2006 und damit auch im April 2006 zusätzlich durch Observationen. Der Referatsleiter für Observationen beim Verfassungsschutz NRW behauptete bei seiner Aussage im Untersuchungsausschuss NRW, er könne keine Aussage mehr dazu machen, ob am Tag des Mordes an Mehmet Kubaşık, am 4. April 2006, oder den Folgetagen Überwachungen in Dortmund stattgefunden hätten.[61]

Bereits im Jahr 2005 wurde der Staatsschutz in Dortmund vom Verfassungsschutz darüber informiert, dass die Gruppe existierte und sie möglicherweise terroristisches Gefährdungspotenzial besäße. Und bereits 2003 wurden in einer Konferenz der Verfassungsschutzbehörden in Deutschland auch die anderen Verfassungsschutzbehörden vonseiten des Verfassungsschutzes NRW darüber in-

---

[58] Dirk Laabs, Der NSU, »The Order« und die neue Art des Kampfes, Quelle: www.antifa infoblatt.de/artikel/der-nsu-%E2%80%9E-order%E2%80%9C-und-die-neue-art-des-kampfes.
[59] Ebd.
[60] Bericht des NSU-Untersuchungsausschusses NRW, Drs. 16/14400, S. 207.
[61] Ebd., S. 270.

formiert, dass Hinweise in Bezug auf »Combat 18«-Strukturen um Marko Gottschalk herum vorlägen.[62]

Im Jahr 2006, dem Jahr des Mordes an Mehmet Kubaşık, stellte die Gruppe ihre Aktivitäten mit einem Mal überraschend ein.[63] Das spricht dafür, dass die Gruppenmitglieder vom Verfassungsschutz NRW, unter dessen engmaschiger Beobachtung sie agierten, möglicherweise entsprechend unter Druck gesetzt wurden. So sollte vielleicht im Kontext des Mordes an Mehmet Kubaşık nicht der Verdacht entsprechender Verbindungen entstehen.

6. Schlussfolgerungen zu den Nichtermittlungen gegen Nazis in Dortmund 2006
Trotz der Ermittlungshinweise auf Nazis als Täter, die zur Täteranalyse der 2. OFA passten, und trotz des grundsätzlichen Wissens um die radikale Nazi-Szene in Dortmund haben die Ermittler in Dortmund es nicht für nötig befunden, diese Erkenntnisse zusammenzuführen. Weder haben die Mordermittler beim Staatsschutz und beim Verfassungsschutz angefragt, noch hat der Staatsschutz, der in Person von zwei abgeordneten Beamten sogar in die Mordermittlungen eingebunden war, sein Wissen über die gewaltorientierte Nazi-Szene mit den Mordermittlern geteilt. Stattdessen verfolgten die Dortmunder Ermittler gegen jedes bessere Wissen das Ermittlungskonzept des sogenannten Organisationstäters weiter.

Die von den Dortmunder Ermittlern eigentlich als unplausibel erkannten Ermittlungsansätze im Umfeld der Familie wurden beibehalten – bei gleichzeitiger vollkommener Untätigkeit im Hinblick auf die auf der Hand liegenden Ermittlungsansätze hinsichtlich örtlicher Nazis als Täter. Diese strukturell rassistischen Ermittlungsarten wiederum waren Mundlos, Böhnhardt und Zschäpe grundsätzlich bekannt, wie ihr Zeitungsarchiv zeigt, und sie sorgten durch den Verzicht auf Bekennerschreiben für deren Fortdauern. Die Ermittlungen gegen die Familien der Mordopfer dienten dem NSU durch die dadurch zusätzlich ausgelöste Angst und Unsicherheit gleichzeitig bei der Verfolgung seines Ziels, die migrantischstämmige Bevölkerung aus Deutschland im Rahmen seines imaginierten »Rassenkrieges« zu vertreiben.

V. Erkenntnisse und Ermittlungen nach dem 4. November 2011 zur Dortmunder Nazi-Szene

1. GBA
Nach unserem Wissen waren die Ermittlungen zum Mord an Mehmet Kubaşık auch nach dem 4. November 2011 nur auf die Täterschaft von Mundlos, Böhnhardt und Zschäpe ausgerichtet, nicht aber auf mögliche Unterstützer an den Tatorten. Herr Dr. Diemer, Sie haben hier in Ihrem Plädoyer geäußert: Die Ermittlung eines weiteren Unterstützerumfelds sei bei Bestehen entsprechender Anhaltspunk-

---
[62] Protokoll eines internen Treffens der Verfassungsschutzbehörden vom 9.10.2003.
[63] Tobias Großekemper, Dortmunder Freundschaften, RuhrNachrichten vom 13.6.2015.

te Aufgabe weiterer Ermittlungen. Sie habe nicht Aufgabe dieses Prozesses sein können, denn der Gegenstand sei durch die zur Anklage gebrachten Taten vorgegeben gewesen. Diese klaren Strukturen müssten in einem Rechtsstaat eingehalten werden, dieser Senat und die Bundesanwaltschaft hätten sie eingehalten. Anderes zu behaupten, verunsichere die Opfer und die Bevölkerung.[64]

Das ist – und das wissen Sie auch – falsch. Dieses gesamte Verfahren leidet doch gerade in Bezug auf die Aufklärung der Größe des NSU, der Anzahl der Unterstützer auch an den Tatorten, sowie das Wissen, das über den NSU schon vor dem 4. November 2011 in der Nazi-Szene und bei den Sicherheitsbehörden vorhanden war, an der Art des von Ihnen geführten Ermittlungsverfahrens und der vollkommenen Konzentration auf die von Ihnen über all die Jahre hochgehaltene Theorie vom NSU als einem »Trio«.

Es ist bereits durch die Verfahrensakten insgesamt deutlich geworden, dass Sie nur zu den Bereichen weiter ermittelt haben, die Ihnen der NSU quasi als Beweismittelverzeichnis in der Frühlingsstraße und im Wohnmobil wider Willen serviert hat. Es ist aber an Stellen, wo dieses Verzeichnis lückenhaft ist, aus den uns zur Verfügung stehenden Akten kein Bemühen Ihrerseits erkennbar, systematisch den verdichteten Anhaltspunkten dafür nachzugehen, dass es eine überregionale Unterstützerstruktur des NSU gegeben hat. Es wäre dabei – entgegen Ihrer gebetsmühlenartig vorgebrachten Behauptung, Herr Weingarten, wir würden so etwas fordern – nicht um »Strukturermittlungen« in die ganze Nazi-Szene, sondern um Strukturermittlungen in bestimmte Szenen in Tatortstädten gegangen. Es wäre insbesondere um Städte gegangen, bezüglich derer viele Indizien darauf verweisen, dass dort regionale Unterstützer wenigstens an der Tatortauswahl beteiligt waren. Im Kern betrifft das etwa in Dortmund – einer Stadt mit einer sehr vielfältigen Nazi-Szene – das dortige »Blood & Honour«-/»Combat 18«-Umfeld. Solche Strukturermittlungen fehlen aber nicht nur für Dortmund, sondern auch für Nürnberg, München oder Köln unserem Wissen nach vollkommen.

Zu dieser Ermittlungslücke möchte ich eine Aussage von Oberstaatsanwalt Weingarten vor dem 2. NSU-Bundestagsuntersuchungsausschuss zitieren. Dort äußerte er am 9. Juni 2016 folgendes: »Zunächst mal ist es ja so, dass jede Erhebung personenbezogener Informationen immer einen Grundrechtseingriff – das wissen Sie – darstellt und ich das zwar darf nach der Generalermächtigungsklausel in der StPO, allerdings diese Klausel auch nur greift, wenn die zugrundeliegende Tatsachenlage auch eine innere Rechtfertigung für die Erhebung von Daten gibt. Das heißt, zweckfreie Strukturermittlungen fallen jedenfalls – denke ich doch – in der Zuständigkeit des Generalbundesanwalts nicht an, sondern es kann dann entweder nur gehen um die Frage ›Verdichtung von Anhaltspunkten im Hinblick auf einen konkreten Anfangsverdacht‹ [...] oder [...] ich erhelle die Funktionsweise einer terroristischen Vereinigung. Das ist ja grundsätzlich ein Delikt,

---

[64] Bundesanwalt Dr. Diemer im Plädoyer des GBA am 25.7.2017.

und das ist selbstverständlich dann auch grundsätzlich ein Anlass, einfach nur die Vereinigungsstruktur zu ermitteln.«[65]

Die Ermittlungen in den »Blood & Honour«- und »Combat 18«-Strukturen wären ganz in diesem Sinne gerade nicht zweckfrei gewesen, sondern sie wären auf die Frage der wirklichen Größe des NSU und der wirklichen NSU-Unterstützerstruktur ausgerichtet gewesen, also auf die, wie Sie es, Herr Weingarten, nannten, Funktionsweise einer terroristischen Vereinigung. Für Dortmund etwa drängte sich die Notwendigkeit solcher Ermittlungen eigentlich jedem auf, der sich ernsthaft mit den entsprechenden hier geschilderten Anhaltspunkten befasste.

Solche Ermittlungen hätten sich aber spätestens aufdrängen müssen, nachdem Sebastian Seemann in einer Befragung zu Beginn der Ermittlungen der Bundesanwaltschaft am 13. Dezember 2011 durch das Polizeipräsidium Dortmund behauptete, Angaben nicht nur zu dem Aufbau der beschriebenen »Combat 18«-Zelle in Dortmund,[66] sondern vielmehr auch über die mögliche Herkunft der vom NSU als weitere Tatwaffen verwandten Bruni und TOZ TT 33 machen zu können. Er hatte in seiner Vernehmung darum gebeten, Bilder dieser Waffen vorgelegt zu bekommen, um seine Angaben konkretisieren zu können. Er gab dabei auch an, dass ein S. in Dortmund solche Waffen umbaue, dass er erkennen könne, ob die Waffe von S. umgebaut worden sei, und dass es ein Leichtes für die deutsche Neonazi-Szene gewesen sei, sich in Belgien mit Waffen zu versorgen. Die Bundesanwaltschaft musste in ihrem Plädoyer eingestehen, dass die Herkunft der ganz überwiegenden Zahl der Waffen des NSU von den Ermittlungsbehörden bisher nicht aufgeklärt ist. Der Tatsache, dass es zunächst noch nicht einmal eine Folgevernehmung von Seemann durch den GBA oder das BKA gab, ist hier erneut ein deutliches Zeichen dafür, dass die fehlende Ermittlung der Herkunft der Waffen auf die Ignoranz der Ermittlungsbehörden zurückgeht und nicht auf die unglaublichen Fähigkeiten der am NSU Beteiligten, sich konspirativ zu verhalten. Dabei erkennt die Bundesanwaltschaft z.B. bei den Ermittlungen zu Herkunft der Waffen und Munition ganz offensichtlich selbst die großen Lücken in den eigenen Ermittlungen an und bleibt trotzdem bei der Behauptung, es habe keine wissenden Unterstützer oder weitere Mitglieder des NSU – außer vielleicht Eminger – gegeben.

Doch selbst bezüglich dieses als mögliches weiteres Mitglied des NSU bezeichneten Angeklagten Eminger hat der GBA Ermittlungen zu dessen Ideologie und zu den Neonazi-Strukturen in Zwickau, in die er eingebunden war, unterlassen. Die zitierte Befragung von Sebastian Seemann findet sich nur in den Haftprüfungsakten aus der Zeit vor der Anklageerhebung. Sie ist mit Anklageerhebung aus den dem OLG vorgelegten Akten gezielt, aber ohne erkennbaren Grund entnommen worden.

---

[65] NSU-Bundestagsuntersuchungsausschuss, BT-Drucksache 18/12950, S. 629.
[66] Vgl. Vermerk PP Dortmund vom 13.12.2011, KHK Schweizer, in dem Band der Haftsachakte des Verfahrens 2 BJs 162/11-2 »6-Monatshaftprüfung-Bd. 11 Ass 2-12-483 bis 2-12-484« und dort pdf-Seite 106.

Die Ermittlungen in Richtung Neonazi-Szene Dortmund wären nicht nur wegen Seemanns Aussage, sondern auch deshalb angezeigt gewesen, weil der NSU auffällig viele Ausspähnotizen zu Dortmund angelegt hat. Entsprechend zahlreiche Notizen sind sonst nur zu den Städten München und Nürnberg vorhanden, zu deren Neonazi-Szenen die Mitglieder des NSU und deren Unterstützer nachweislich enge Kontakte unterhielten.[67]

Die gesammelten Adressen zu »türkischen« Imbissen oder Kiosken in Dortmund sind über die Stadt verteilt und an zum Teil abgelegenen Orten, an die Ortsfremde eher nicht gelangen.[68] Auffällig ist auch, dass sich im Kiosk von Mehmet Kubaşık eine nicht funktionsfähige Überwachungskamera befand, deren Existenz die Täter aber offensichtlich nicht von dem Mord abhielt. Dies legt den Verdacht nahe, dass sie von der fehlenden Funktionsfähigkeit wusste. Diese Umstände legen nahe, dass das Trio Informationen über die möglichen Tatorte nicht nur durch eigenes Ausforschen, sondern durch ortsansässige Personen erhalten hat.

Aufgrund der in unmittelbarem Zusammenhang mit dem Auffliegen des NSU unterbliebenen Strukturermittlungen in Dortmund ist aber eine Möglichkeit von der Bundesanwaltschaft bewusst nicht genutzt worden; gemeint ist die Möglichkeit, mit den ab November 2011 zur Verfügung stehenden Ermittlungskräften einen ähnlichen Druck auf die »Combat 18«-Szene in Dortmund, insbesondere auf Marko Gottschalk, Sebastian Seemann, Robin Schmiemann und Siegfried Borchardt aufzubauen, wie dies etwa auf Teile der Unterstützerszene aus der Jenaer und Chemnitzer Zeit geschah. Mithilfe der intensiven Befragungen und des weiteren Ermittlungsdrucks führte dies etwa bei Carsten Schultze, Holger Gerlach oder Thomas Starke dazu, dass diese in der Anfangszeit der Ermittlungen umfangreiche Aussagen gegen ihre Kameraden machten. Allerdings ist etwa bei Holger Gerlach auch deutlich erkennbar, wie schnell Solidarität in Nazi-Kreisen wieder entscheidendes Aussagekriterium wird, sobald dieser Druck vonseiten der Ermittlungsbehörden nicht mehr besteht bzw. der Strafnachlass verdient wurde.

Nachdem die Bundesanwaltschaft am 18. November 2014 beantragt hat, unseren Beweisanträgen auf Vernehmung von Sebastian Seemann und Marko Gottschalk nicht nachzukommen, hat sie jedoch selbst ausreichenden Anlass gesehen, Sebastian Seemann am 9. Dezember 2014 und am 28. Januar 2015 durch das BKA vernehmen zu lassen. Allerdings wurden die Vernehmungsprotokolle genauso wenig zu den Gerichtsakten gereicht wie das Protokoll der Vernehmung durch das BKA von Marko Gottschalk, die auf Veranlassung des GBA am 6. März 2015 stattfand. Die Vernehmung von Gottschalk war nicht ergiebig, da er im Hinblick auf eine eigene mögliche Strafbarkeit ein umfassendes Auskunftsverweigerungsrecht nach § 55 StPO für sich in Anspruch nahm. Ein Umstand, der für sich spricht.[69]

Von diesen Vernehmungen wissen wir nur durch den Bericht des Untersuchungsausschusses NRW, in dem diese ausführlich zitiert worden sind. Unseren

---

[67] SAO 104, Bl. 408.
[68] SAO 296, Bl. 7.
[69] Bericht des NSU-Untersuchungsausschusses NRW, S. 197.

Beweisanträgen ist der GBA entgegengetreten, ohne die erfolgten Vernehmungen dem Gericht oder uns gegenüber später offenzulegen. Im Übrigen hat auch Robin Schmiemann im NSU-Untersuchungsausschuss NRW für sich ein beschränktes Auskunftsverweigerungsrecht im Rahmen seiner dortigen Vernehmung geltend gemacht. So verweigerte er dort die Fragen zur Existenz einer »Combat 18«-Gruppe in Dortmund, zu einer eigenen Mitgliedschaft in einer solchen Gruppe und dazu, ob Gottschalk eine solche Gruppe habe gründen wollen und mit ihm darüber gesprochen habe, jeweils mit der Begründung der möglichen Gefahr einer eigenen Strafverfolgung.[70]

Die Frage, ob und inwieweit Dortmunder Nazis aus dem »Combat 18«-Umfeld den NSU bei der Vorbereitung und Ausführung des Mordes an Mehmet Kubaşık unterstützt haben, bleibt damit weiter unbeantwortet. Die meisten wichtigen Protagonisten wurden nicht befragt oder schweigen zu wichtigen Fragen. Spuren wie die Herkunft der in der Frühlingsstraße gefundenen Munitionsschachtel mit der Aufschrift »SS-Siggi« bleiben unserem Wissen nach ungeklärt.

Wie bei einer Vielzahl anderer wichtiger Nazi-Zeugen ist bis heute nicht bekannt, in welchem Umfang der GBA die wichtigsten Protagonisten aus Dortmund vernommen hat und wer überhaupt vernommen wurde. Versuche der Nebenklage, durch Akteneinsicht in das so genannte Unbekannt-Verfahren darüber Erkenntnisse zu erlangen, wurden vom GBA erfolgreich behindert. So haben wir als Nebenklagevertreter der Familie Kubaşık aus Dortmund etwa einen aus der rechtlichen Interessenlage unserer Mandant*innen begründeten Antrag auf Einsicht in die Aktenbestandteile von vier Nazis, zu denen in dem Verfahren gegen unbekannt ermittelt wurde, gestellt, u.a. ging es um Sebastian Seemann. Der Antrag wurde vom GBA mit der Begründung abgelehnt, die Persönlichkeitsrechte der vier Nazis gingen dem von uns ausführlich dargelegten Interesse an der Akteneinsicht der Nebenkläger*innen vor.

Damit stellt die Behauptung von Bundesanwalt Dr. Diemer in seinem Plädoyer vom 25. Juli 2017, die Verletzten und Hinterbliebenen des NSU-Terrors und die Öffentlichkeit würden verunsichert, wenn man die These des abgeschotteten Trios infrage stelle,[71] eine Verkehrung der Umstände dar. Tatsächlich ist die Verunsicherung bei den Familien der Mordopfer und der Bombenanschläge groß, weil weiterhin Unklarheit über das Ausmaß neonazistischer NSU-Unterstützer-Strukturen, staatlichen Wissens um diese und damit auch um die eigene weitere Gefährdung besteht. Gerade das liegt in der Mitverantwortung der Bundesanwaltschaft.

Dabei hätten Sie selbst, Herr Dr. Diemer, und Ihre Behörde die Unsicherheit und die Ängste von Elif Kubaşık vermindern können – und zwar durch konkrete Ermittlungen in die militanten und terroristischen »Combat 18«-Strukturen, die zur Tatzeit in Dortmund existierten und bei denen somit ein Kontakt zum NSU und seinem Umfeld nahelag, zumindest aber durch die Aufdeckung dessen, was aufgrund Ihres versteckt geführten Verfahrens gegen Unbekannt noch zur mög-

---

[70] Ebd., S. 206.
[71] Plädoyer von Bundesanwalt Dr. Diemer im Rahmen des Plädoyers des GBA am 25.7.2017.

lichen Unterstützung und den Wissensbeständen in der Dortmunder Nazi-Szene bekannt ist. Stattdessen schieben Sie die Verursachung dieser weiterbestehenden Ängste mit der von Frau Oberstaatsanwältin Greger geäußerten Behauptung, es sei den Angehörigen die Aufdeckung lokaler Hintermänner der Szene »versprochen worden«, uns, den Nebenklagevertretern, in die Schuhe.

Die Ängste meiner Mandantin haben in Dortmund weiterhin eine sehr reale Grundlage. Robin Schmiemann und Marko Gottschalk sind wieder aktiv in der Dortmunder Nazi-Szene – Robin Schmiemann nach seiner Haftentlassung und Marko Gottschalk nach einem 2007 begonnenen jahrelangen Exil in Schweden im Kreise der dortigen »Blood & Honour«-Kameraden. Zugleich bezieht sich die Nazi-Szene in Dortmund weiterhin propagandistisch auf die Morde in den Jahren zwischen 2000 und 2006. So wurden etwa bei einer Demonstration am 21. Dezember 2014 in der Dortmunder Nordstadt nicht nur die Parole »Deutschland den Deutschen – Ausländer raus«, sondern auch die Parolen »3:1 für Deutschland« (hier ist der Mord an den Polizisten durch Michael Berger gemeint), »Thomas Schulz – Das war Sport. Widerstand an jedem Ort« und »Mehmet hat's erwischt« skandiert. Damit wurden alle in Dortmund von Neonazis Getöteten verhöhnt und die Morde verherrlicht. Nachdem die Polizei dies ungehindert geschehen ließ, haben wir Dortmunder Nebenklagevertreter insoweit Strafanzeige u.a. wegen Volksverhetzung gestellt, erst danach wurde ein Ermittlungsverfahren eingeleitet. Dieses Beispiel zeigt die propagandistische Wirkung der Morde des NSU, die dieser mit der Veröffentlichung der Paulchen-Panther-DVD verstärken wollte.

Dortmund ist bei weitem nicht die einzige Stadt, in der die rechte Szene sich positiv auf den NSU und dessen Morde bezieht: Bis Mitte 2016 wurden insgesamt 288 – in der Regel propagandistische – Straftaten mit Bezug zum NSU vom BKA registriert.[72]

Bei der Frage der hier erörterten entweder gar nicht erfolgten oder möglicherweise durch den GBA nach dem 4. November 2011 faktisch im Geheimen geführten Ermittlungen zu möglichen Unterstützern in Dortmund geht es gerade auch um das von Ihnen, vom GBA, nicht gehaltene Versprechen des Rechtsstaates, mit einem effektiven Ermittlungsverfahren die Zweifel der Familie Kubaşık auszuräumen; die Zweifel daran, dass es wirklich keine Mitwisser oder gar Unterstützer des NSU in Dortmund gegeben hat. Ihre Verantwortung wäre aber gerade gewesen, sich nicht nur an Ermittlungserfolgen im Sinne Ihrer Trio-Vorgabe zu orientieren. Gerade nach den dargestellten strukturell rassistischen Ermittlungen gegen die Angehörigen vor dem 4. November 2011 wäre es Ihre Aufgabe gewesen, wenigstens zu versuchen, das Vertrauen von Elif Kubaşık und der anderen Betroffenen herzustellen bzw. wiederherzustellen. Diesem Anspruch haben Sie sich ganz bewusst gar nicht erst gestellt.

---

[72] Antwort auf die Kleine Anfrage der Fraktion Die Linke, BT-Drucksache 18/9541, vom 5.9.2016.

2. OLG

Es wäre nach Auffassung von uns als Anwälten der Dortmunder Familie Kubaşık sehr wohl Aufgabe auch des Gerichts gewesen, aufgrund der von uns vorgetragenen und hier geschilderten Argumente in unseren Beweisanträgen zur Nazi-Szene in Dortmund die Beweisaufnahme hierauf zu erstrecken und so zugleich die nicht erfolgten Ermittlungen in Dortmund nach dem 4. April 2006 bzw. der nach unserem Wissen rudimentären Ermittlungen von Ihnen und Ihrer Behörde auszugleichen zu versuchen.

Der Senat hat zur Aufklärung eines Bezugs der Nazi-Szene in Dortmund zum Mord an Mehmet Kubaşık aber tatsächlich nichts beigetragen. Die Nebenklage ist mit den Anträgen in der Hauptverhandlung bezüglich der Vernehmung von Sebastian Seemann und Marko Gottschalk nicht erfolgreich gewesen. So wies der Senat die Anträge mit der Begründung ab, dass selbst die Bestätigung der Weitergabe von Informationen über den Kiosk von Mehmet Kubaşık keine Auswirkung auf die Schuld- und Straffrage bei den Angeklagten hat. Die Frage einer etwaigen Unterstützung bei der Auswahl des Tatorts war nach Ansicht des Senats für das Verfahren irrelevant.

Dies ist aber nicht richtig. Natürlich ist es in einem Verfahren wie diesem wichtig zu wissen, welche Größe und Stärke eine terroristische Vereinigung NSU hatte, deren Mitgliedschaft bzw. Unterstützung doch schließlich drei der hier fünf Angeklagten vom GBA in der Anklageschrift und nun den Plädoyers am Ende der Hauptverhandlung vorgeworfen wurde. Darüber hinaus sind auch die übrigen Punkte von Relevanz, die bereits die Ermittlungen des GBA erfordert hätten, nämlich die Frage der offensichtlichen besonderen Ortskenntnis der Täter, der so umfangreichen Ausspähungen des NSU in Dortmund auch an relativ abgelegenen Orten und der Frage besonderen Wissens über Begehung und Planung der Taten, welches auch nach der hier erfolgten Hauptverhandlung jenseits des mittelbaren klaren Tatnachweises rudimentär bleibt. Auch für die Dortmunder Familie Kubaşık sind diese Fragen von Relevanz. Die Fragen nach Mitwissern und Unterstützern in Dortmund waren für sie von Anfang an zentrale Fragen an das Verfahren.

VI. Schlusserwägungen

Ich möchte zum Abschluss kommen und dabei die vorherigen Erwägungen noch einmal aus dem Blickwinkel einer internationalen Perspektive zusammenfassen: Liz Fekete, die Leiterin des Londoner Instituts for Race Relations, hat regelmäßig die Ermittlungen im NSU-Komplex verfolgt und kommentiert. Sie war auch mehrmals zu Prozessbesuchen hier in München. In einem Artikel bewertet sie die Ermittlungen zum NSU auf Grundlage des Begriffs der Verleugnung, speziell der Verleugnung von Verbrechen und Unrecht durch staatliche Institutionen. Sie bezieht sich dabei auf eine Studie des Kriminologen Stanley Cohen.[73]

Cohen beschreibt in seiner Studie u.a., dass Staaten oft versuchen, sich der Kontrolle im Hinblick auf staatliche Verantwortung zu entziehen, indem sie sich bemühen, die Erzählung der jeweiligen Ereignisse selbst zu kontrollieren. Sobald sich Beweise für staatliche Verantwortung zeigten, werde die Erzählung einfach entsprechend verändert. Dabei entwickelt Cohen u.a. die Begriffe der »wörtlichen Verleugnung«, wie er eine direkte Verleugnung bestimmter Tatsachen nennt, sowie der »interpretativen Verleugnung«, was die Veränderung einer Erzählung bei grundsätzlicher Anerkennung nicht mehr zu verleugnender Tatsachen meint. Im Fall der »interpretativen Verleugnung« wird der Kontext der Tatsachen verändert und damit staatliche Verantwortung wiederum verleugnet.

Diese beiden Begriffe wendet Liz Fekete auf die Ermittlungen zum NSU an, und spricht von einer »wörtlichen Verleugnung« der Täterschaft von Nazis an den sogenannten »Česká-Morden« und Anschlägen vor dem 4. November 2011 durch staatliche Institutionen. Nach dem 4. November 2011 seien staatliche Institutionen dann zu einer »interpretativen Verleugnung« übergegangen, indem die Erzählung verändert wurde: Es wurde die offensichtliche Tatsache eingestanden, dass die Taten durch Nazis begangen worden waren. Dass dies nicht früher aufgedeckt wurde, habe allerdings nur an einer Reihe unglücklicher technischer Ermittlungspannen bzw. ungenügender Kooperation zwischen den Behörden gelegen.

Entsprechend dieser Form der Verleugnung haben auch weder die Beamten der Mordkommission aus Dortmund noch, abgesehen von einer einzigen Ausnahme, solche aus den anderen Städten hier im Prozess Verantwortung für ihre strukturell rassistischen Ermittlungen übernommen oder sich entsprechend dafür entschuldigt. Der Leiter der Mordkommission Dortmund, Schenk, ist hier in Anwesenheit von Elif und Gamze Kubaşık gehört worden. Er hat nicht die Reflektion und Stärke zu einer Entschuldigung gehabt. Im NSU-Untersuchungsausschuss NRW hat er sogar behauptet, die Mordkommission unter seiner Leitung habe alles Notwendige getan und nicht anders handeln können. Übertroffen wurde er insoweit aber noch von dem hier im Prozess gehörten ehemaligen Münchener Mordkommissionsleiter Wilfing, der auf Fragen der Nebenklage nach dem Grund für die Ermittlungen in die falsche Richtung äußerte, dass man ja nicht so tun sollte, als

---

[73] Stanley Cohen, States of Denial: Knowing about Atrocities and Society, Hoboken, New Jersey 2001.

ob es keine türkische Drogenmafia gebe.[74] Durch solche Äußerungen werden zugleich die strukturell rassistischen Ermittlungen und der dadurch ausgelöste gesellschaftliche Ausschluss der Familienangehörigen der Mordopfer und der Opfer der Bombenanschläge verleugnet.

Aber auch das gesamte Verhalten des GBA vor und während des Prozesses stellt eine interpretative Verleugnung dar. Der GBA hat seine Erzählung des abgeschotteten Trios entwickelt, um damit die Verantwortung staatlicher Behörden, insbesondere von Verfassungsschutzbehörden, an der Entstehung und den Taten des NSU leugnen zu können. Dazu wird die Kollegin von der Behrens ausführlich Stellung nehmen.

Mit dem Versuch der Durchsetzung dieser Erzählung wird aber zugleich auch der durch den Europäischen Menschengerichtshof entwickelte und vom Kollegen Dr. Daimagüler hier bereits ausführlich erläuterte Anspruch auf ein effektives Ermittlungsverfahren von Angehörigen von Opfern rassistischer Morde,[75] hier von Elif Kubaşık und den anderen Nebenklägern, negiert. Das veränderte Narrativ dient neben dem Schutz des Verfassungsschutzes meiner Auffassung nach aber auch der Verteidigung des schönen Bilds eines postnazistischen »freien und freundlichen Deutschland«. In ein solches Bild passt eben ein sogenanntes Trio, welches am Rande des Wahnsinns agiert, sehr viel besser als ein mögliches bundesweites Netzwerk, welches durch staatliche Stellen mitfinanziert über Jahre in Ruhe morden und bomben kann.

Gibt es kein bundesweites Nazi-Netzwerk, keine bundesweit ähnlich strukturell rassistisch handelnden Mordermittler, sondern nur drei »Einzeltäter« am Rand des Psychopathischen, mit ein paar Kumpels, die aushelfen, dann rücken die Morde eben weit vom postnazistischen deutschen Staat und der dazugehörigen Gesellschaft weg, dann wäre mit einer Verurteilung Zschäpes das »schöne« Bild wiederhergestellt – so offensichtlich die Intention.

Die Verantwortung Zschäpes und der vier weiteren Angeklagten hat sich auch nach unserer Auffassung hier im Verfahren entsprechend der Anklage erwiesen. Die Bundesanwaltschaft hat die insoweit zutreffenden Ausführungen gemacht. Auch Elif Kubaşık möchte, dass die strafrechtliche Verantwortung der Angeklagten gerichtlich festgestellt und sie entsprechend verurteilt werden. Aber die Verleugnung staatlicher Verantwortung, wie sie hier beschrieben wurde, nimmt Elif Kubaşık als Nebenklägerin das Gefühl, gerade auch in diesem Verfahren in ihrem Leid als Mensch und als Rechtssubjekt ernst genommen zu werden.

---

[74] Aussage von KOR a.D. Josef Wilfling in der Hauptverhandlung vom 11.7.2013.
[75] Zu diesem Anspruch u.a.: EGMR, A. /. Bulgarien, Urteil vom 11.3.2014, Nr. 26827/08.

Sebastian Scharmer
Aufklärungsanspruch nicht erfüllt – ein Schlussstrich kann nicht gezogen werden
Plädoyer vom 22. November 2017

Hoher Senat, liebe Familie Kubaşık, meine Damen und Herren,

ich spreche hier heute für Gamze Kubaşık. Ihr Vater, Mehmet Kubaşık, wurde von Uwe Mundlos und Uwe Böhnhardt am 4. April 2006 in Dortmund hinterhältig erschossen. Er wurde im Kiosk der Familie vollkommen arglos überrascht. Die Täter schossen viermal auf ihn. Zwei Schüsse trafen ihn in den Kopf. Er starb noch am Tatort. Mehmet Kubaşık hatte keine Chance. Gamze Kubaşık will wissen, wer für den Mord an ihrem Vater verantwortlich ist und warum er geschah. Nur deshalb sitze ich hier und nur dieses Interesse verfolge ich.

Um es vorab kurz zu machen, klar ist nach der Beweisaufnahme in dieser Verhandlung, dass die hier fünf Angeklagten, jeder auf seine Weise, mitverantwortlich auch für den Tod von Mehmet Kubaşık sind:
- Beate Zschäpe als Mittäterin der Morde,
- Ralf Wohlleben und Carsten Sch. als Beihelfer zum Mord an Mehmet Kubaşık, indem sie die Tatwaffe »Česká 83« mit Schalldämpfer besorgt und in dem Wissen übergeben haben, dass damit Menschen umgebracht werden sollen, die nicht ins gemeinsam propagierte faschistoide und nationalsozialistische Weltbild passen,
- André Eminger und Holger Gerlach zumindest, weil sie diesen Terror tatkräftig unterstützt haben.

Daran gibt es nach der über 370-tägigen Beweisaufnahme in dieser Hauptverhandlung keine vernünftigen Zweifel. Insofern könnte ich tatsächlich auch viele der Dinge, die der Generalbundesanwalt hier in seinem Plädoyer dargelegt hat, unterschreiben. Wiederholen werde ich sie nicht.

Vielmehr werde ich mich auf die Punkte konzentrieren, die abweichend oder ergänzend von der Auffassung der Bundesanwaltschaft in diesem Verfahren eine Rolle gespielt haben. Mein Plädoyer reiht sich insoweit in die gemeinsame Reihe mit den Beiträgen der Kolleginnen und Kollegen Ilius, Dr. Stolle, von der Behrens, Hoffmann, Dr. Elberling, Kuhn und Fresenius ein. Was Ihnen in meiner Darstellung vielleicht noch fehlt, werden Sie von meinen Kollegen hören. Außerdem möchte ich vorab darauf hinweisen, dass die Darstellungen der Kollegin von der Behrens und von mir noch einmal besonders inhaltlich verzahnt sind – begreifen Sie meine Darstellung zum Thema vielleicht als eine Art allgemeinen und die Darstellungen der Kollegin von der Behrens als einen besonderen Teil.

Die Frage, wer insbesondere für den Mord an Mehmet Kubaşık verantwortlich ist, ist sicher nicht allein dadurch geklärt, dass nun diese hier sitzenden fünf Angeklagten verurteilt werden können. Denn ihre Täterschaft, Beihilfe oder Unterstützung sagt nichts darüber aus, wer noch an diesen Morden beteiligt war und welche Motivation dafür maßgeblich war.

Gamze Kubaşık hat ihren Vater verloren. Ihr Vater war in ihrem Leben bis zu seinem Tod die wichtigste Person. Gamze Kubaşık hat hier als Zeugin ausgesagt. Sie hat sich als »Vater-Kind« bezeichnet. Sie konnte mit Mehmet Kubaşık über alles sprechen. Sie hat ihm vertraut. Mehmet Kubaşık war ein im gesamten Kiez beliebter Mann. Er hatte immer einen Witz auf den Lippen. Er und seine Familie arbeiteten für den gemeinsam betriebenen Kiosk sieben Tage die Woche mit großem Engagement, mit Zielstrebigkeit und enormem Fleiß. Auch wenn es Überlegungen gab, sich nach einem möglichen Verkauf des Kiosks etwas Neues aufzubauen, waren Mehmet Kubaşık und seine Familie stolz darauf, sich selbständig eine Existenzgrundlage geschaffen zu haben.

Wie mein Kollege Ilius bereits dargestellt hat, war Mehmet Kubaşık ein allseits akzeptierter, ehrlicher und anständiger Mann, ein liebenswürdiger Vater und Ehemann. Als er am 4. April 2006 von organisiert handelnden Nazi-Terroristen durch eine geplante Hinrichtung aus dem Leben gerissen wurde, hat sich für Gamze Kubaşık und ihre Familie alles verändert.

Ich will an dieser Stelle noch einmal die Aussage auch von Gamze Kubaşık als Zeugin in diesem Verfahren am 51. Hauptverhandlungstag im November 2013 in Erinnerung rufen. Am 4. April 2006, damals noch 20 Jahre alt, kam sie vom Berufskolleg zum Kiosk in der Mallinckrodtstraße. Dort sah sie bereits eine Menschenmenge und eine Absperrung. Sie wollte unbedingt in den Kiosk, weil sie ihrem Vater helfen wollte. Die Polizei hielt sie ab, erzählte ihr zunächst, dass ihr Vater verletzt sei. Als ihr dann einige Zeit später erklärt wurde, dass ihr Vater erschossen worden sei, erlitt sie einen Schock.

Ohne Schlaf und vollkommen traumatisiert wurde die 20-Jährige am nächsten Morgen von der Polizei zur Vernehmung abgeholt. Dabei ging es dann nicht etwa darum, in einer empathischen Weise der Situation von Frau Kubaşık gerecht zu werden und die von ihr ausdrücklich angebotene Hilfe zur Suche nach den Tätern adäquat in Anspruch zu nehmen. Nein, vielmehr wurde Frau Kubaşık in dieser und den folgenden Vernehmungen vor allem dazu befragt, ob ihr Vater mit Drogen gehandelt habe, ob er eine Geliebte hatte, welche Schulden die Familie habe und viele weitere Dinge, zu denen es keinerlei Anhaltspunkte gegeben hat.

Diese Art der Befragung setzte sich auch dann weiter fort, als bereits klar war, dass die Tatwaffe die gleiche Česká 83 war, mit der zuvor bereits sieben weitere Menschen, die ihre Wurzeln in der Türkei und Griechenland hatten, ermordet worden waren. Nun mag man vielleicht behaupten können, dass viele Mordtaten Beziehungstaten sind und es daher erlaubt sein müsse, auch im Umfeld des Opfers nach möglichen Tatmotiven zu suchen. Auch mag es dafür mitunter erforderlich sein, Angehörige von Ermordeten mit belastenden Fragen zu konfrontieren. In dem Moment, wo allerdings klar ist, dass es sich um einen bis dahin achtfachen Serienmord an Menschen mit Migrationshintergrund an bis dahin fünf verschiedenen Tatorten handelte, die jeweils keinen persönlichen Bezug zueinander hatten, war klar, dass ein Beziehungsdelikt ausscheidet.

Hätten die Ermittler nur einigermaßen objektiv und ohne die verdunkelnde Brille einer strukturell rassistischen Behördenmentalität auf die Zusammenhänge geschaut, so wäre offensichtlich gewesen, dass alle Opfer allein verband, dass sie einen Migrationshintergrund hatten, sich selbständig eine eigene Existenz aufgebaut hatten und nach jeder gesellschaftlichen Vorstellung in Deutschland gut integriert waren: mithin gerade in das Feindbild radikal neonazistischer Strukturen, wie etwa in das der aus England bekannten »Combat 18«-Bewegung oder aber das der Ideologie von »Blood & Honour«, passten.

Statt diesen sich aufdrängenden Spuren zu folgen, durchsuchten – sichtbar in der gesamten Straße, in der Gamze Kubaşık damals wohnte – offensichtlich weiß gekleidete Polizeibeamte mit Hunden die Wohnung und das Auto der Familie nach Drogen. Gamze Kubaşık und ihre Familie wurden systematisch selbst verdächtigt. Selbst wenn dies nicht ausdrücklich von der Polizei gewollt war, hat es doch auch im Umfeld der Familie zu erheblichen Folgen geführt. Mein Kollege Ilius hat das bereits wesentlich ausführlicher dargestellt.

Die Familie wurde nach und nach ausgegrenzt. Legenden bildeten sich von angeblich organisierter Kriminalität, Drogenhandel oder Geldschulden. Nichts davon hat gestimmt. Für Gamze Kubaşık ist ihr Vater dadurch ein zweites Mal ermordet worden. Sein Andenken wurde geschändet. Gamze Kubaşık zog sich zurück, brach ihre Ausbildung ab, hatte außerhalb ihrer Wohnung stetig Angst, auf der Straße die Täter oder Helfer an dem Mord ihres Vaters anzutreffen.

Diese Folgen sind zwar maßgeblich, aber nicht allein den strukturell rassistisch geführten Ermittlungen zuzuordnen. Sie waren auch – spätestens ab dem zweiten begangenen Mord – dem NSU selbst zuzurechnen. Zumindest Mundlos, Böhnhardt und Zschäpe hatten sich im Rahmen eines breit angelegten Zeitungsarchives auch im Nachhinein darüber informiert, wie zu den Morden ermittelt wird. Es war Teil des terroristischen Konzeptes – wie es auch in England zu dieser Zeit durch die Ideologie von »Combat 18« propagiert wurde –, keine Bekennerschreiben unmittelbar nach Anschlägen zu verfassen. Die Taten sollten zunächst für sich sprechen.

Man wollte mithin denjenigen, die man treffen wollte, ein deutliches Signal geben, die Ermittlungsbehörden jedoch weiter in die falsche Richtung laufen lassen. Dieses perfide geplante und widerwärtige Vorgehen hatte aus Sicht der Täter Erfolg. Der NSU hat die strukturell rassistische Vorgehensweise der Ermittlungsbehörden für seine Zwecke genutzt.

Zumindest heute ist Mehmet Kubaşık rehabilitiert. Wer hingegen nach der über 370 Tage umfassenden Beweisaufnahme immer noch behauptet, dass die These eines Drogenhintergrundes oder organisierter Kriminalität ja nicht »völlig abwegig« gewesen sei, hat nichts verstanden, zählt vielmehr zu den ewig Gestrigen, die auch weiterhin strukturell rassistische Vorgehensweisen rechtfertigen und damit die Hinterbliebenen und Verletzten des NSU-Terrors weiter diffamieren. Am Beginn der Ermittlungen mögen Fragen in alle Richtung ja ein denkbarer Absatz sein. Nur in alle Richtungen wurde eben nicht ermittelt – die Möglichkeit politisch motivierter Morde wurde wegen angeblich »fehlender Anhaltspunkte« genauso stark ausgeblendet, wie die Familie selbst in den Fokus genommen wurde, und zwar selbst dann, als vollkommen klar war, dass es sich um eine Serientat handelte.

Gleiches gilt im Übrigen für Vertreter des Generalbundesanwaltes, wenn sie meinen, Anwälte hätten Hinterbliebenen und Verletzten des NSU-Terrors »Hintermänner« versprochen, auf die sich im Rahmen der über 370-tägigen Beweisaufnahme in diesem Verfahren keinerlei Hinweise ergeben hätten. Frau Oberstaatsanwältin Greger, diese Äußerung stammt von Ihnen. Sie war im Rahmen der ansonsten durchaus in vielen Teilen nachvollziehbaren Darstellungen zum Tatgeschehen ein vollkommen unnötiger Seitenhieb gegen die Opfer des Terrors selbst und ihre Bemühungen, Aufklärung über die Taten zu bekommen. Denn Ihre Kritik spricht auch Gamze Kubaşık beispielsweise ab, dass sie selbst über ihre Interessen entscheiden kann und dann einen Anwalt damit beauftragt, diese auch effektiv inner- und außerhalb dieses Verfahrens durchzusetzen. Sie machen damit aber noch viel mehr. Sie versuchen dadurch eine Geschichtsschreibung zu fixieren, die mit der Beweisaufnahme in diesem Verfahren nicht in Übereinstimmung zu bringen ist.

Denn erstens kenne ich keinen einzigen Kollegen oder eine Kollegin, die in diesem Verfahren ihren Mandanten irgendwelche »Hintermänner« versprochen hätte. Die Formulierung »Hintermänner« erweckt vielmehr den Eindruck, dass sie sich auf folgendes Zitat bezieht: »Wir tun alles, um die Morde aufzuklären und die Helfershelfer und Hintermänner aufzudecken und alle Täter ihrer gerechten Strafe zuzuführen.« Dieses Versprechen gab keine Anwältin und kein Anwalt, sondern am 23. Februar 2012 die Bundeskanzlerin der Bundesrepublik Deutschland. Und wenn schon nicht Sie als oberste deutsche Anklagebehörde, meine Damen und Herren Vertreter des Generalbundesanwaltes, dann haben zumindest wir Vertreter der Verletzten, die diese, dem Versprechen der Bundeskanzlerin entsprechende Forderung unserer Mandantinnen und Mandaten ernst nehmen, hier knapp 400 Tage nicht lockergelassen, um Licht ins Dunkel zu bringen.

Wer dagegen konsequent gegen dieses Anliegen gearbeitet hat, waren Sie, Herr Dr. Diemer, Frau Oberstaatsanwältin Greger und Herr Oberstaatsanwalt Weingarten. Es waren Sie, die immer dann, wenn unsere dezidiert ausgearbeiteten Beweisanträge darauf abzielten, weitere Mittäter, Beihelfer oder Unterstützer des Terrornetzwerkes NSU zu ermitteln und hier als Zeugen zu verhören, abblockten. Es waren Sie, die stets erklärt haben, dass diese Aufklärung in diesem Verfahren vor diesem Gericht keine Rolle spielen soll, weil es hier allein um die Schuld und Rechtsfolgenfrage für eben diese fünf Angeklagten gehen würde. Wenn das Ihre Auffassung von der Aufklärungspflicht des Senats in diesem Verfahren ist, okay. Aber dann sagen Sie das bitte auch! Dann können Sie am Ende dieses Verfahrens nicht etwa behaupten, dass in diesem Verfahren jeder Stein auch zu dieser Frage umgedreht wurde, aber eben nichts gefunden worden sei. Das ist schlichtweg falsch und das wissen Sie!

Eine solche Darstellung soll der Öffentlichkeit vor allen Dingen vorgaukeln, dass schon aufgrund der Länge dieses Verfahrens und des Umfanges der Beweisaufnahme keine Anhaltspunkte dafür ermittelt worden seien, dass es weitere Tatbeteiligte, deren Tatbeitrag nicht verjährt ist, gegeben hätte. Es soll ein Schlussstrich gezogen werden. Der Generalbundesanwalt setzt eine Käseglocke über diese fünf Angeklagten. Rechter Terror: das Werk von isolierten Einzeltätern, von einer elitären Kleingruppe, die selbst von der rechten Szene abgegrenzt agierte.

Das hätten Sie vielleicht gern, meine Damen und Herren von der Bundesanwaltschaft! Denn das würde im Nachhinein – wie Sie es hier auch propagieren – einen Persilschein für die über 13 Jahre konsequent in die falsche Richtung ermittelnden Behörden, die tief in die rechte Szene involvierten Verfassungsschutzämter und letztlich auch für Ihr eigenes Versagen nach dem 4. November 2011 ausstellen. Sie können sich gewiss sein, von meiner Mandantin Gamze Kubaşık erhalten Sie diesen Persilschein nicht. Aus ihrer Sicht haben Sie das Aufklärungsversprechen als oberste deutsche Anklagebehörde gebrochen.

Wir werden in diesem Verfahren am Ende, das ist meine feste Überzeugung, hier fünf Angeklagte verurteilt sehen – und das zu Recht. Welche weiteren Unterstützer es an welchen Orten gegeben hat, bleibt in diesem Verfahren weitestgehend ungeklärt. Zahlreiche, auch meiner Versuche, dieses hier und auch in anderen Verfahren aufzuklären, sind an der Blockadehaltung des Generalbundesanwaltes gescheitert. Die Bundesanwaltschaft sortiert bereits im Vorfeld die Akteninhalte nach ihrem Gusto. Nur was die Bundesanwaltschaft offenlegen will, wird dem Oberlandesgericht und den Verfahrensbeteiligten vorgelegt. Der Rest verschwindet in anderen Ermittlungsverfahren, in die meine Mandantin und ich keine Akteneinsicht bekommen.

Es hätte der Bundesanwaltschaft gut gestanden, in ihrem Plädoyer sachlich ihre Rechtsauffassung zu vertreten und deutlich zu machen, dass sie in diesem Verfahren alles, was nicht direkt, unmittelbar und allein diese fünf Angeklagten betroffen hat, mit all ihrer Macht ausgeblendet hat. Dann könnte man jetzt sachlich über die Rechtsfrage streiten, ob das richtig oder falsch ist, und überlegen, welchen Ort es für diese Ermittlungen noch gibt. Wenn Sie aber, Herr Dr. Diemer, hier sich gleichzeitig mit der nachvollziehbaren Argumentation des Schuldspruchs der fünf Angeklagten in einem Versuch der Heiligsprechung von Ermittlungsbehörden und Verfassungsschutzämtern und nicht zuletzt der eigenen Behörde avancieren, wünschte sich meine Mandantin, dass sie das als »Fliegengesurre« – wie Sie es selbst formuliert haben – abtun könnte.

Das ist leider mitnichten so, denn für Gamze Kubaşık steht der Generalbundesanwalt insofern leider den Verfassungsschutzämtern in punkto Intransparenz, mangelnder Aufklärung und intoleranter Versuche der Deutungshoheit über den NSU-Komplex in nichts nach.

Meine Damen und Herren,
»der nationalsozialistische Untergrund ist ein Netzwerk von Kameraden mit dem Grundsatz – Taten statt Worte«. So beschreiben sich die Täter selbst in ihrem von der Angeklagten Zschäpe versandten Bekennervideo.

Wir haben in diesem Verfahren mit historischer Bedeutung gegen fünf Angeklagte in nun knapp 400 Tagen eine Hauptverhandlung durchgeführt, die trotz der

Detailfülle der Beweisaufnahme und trotz über 800 Beweismitteln, die in dieses Verfahren eingeführt wurden, nur einen Teilausschnitt des Komplexes darstellt, der durch die Organisation und Taten des sog. Nationalsozialistischen Untergrundes abgedeckt wird. Das »Netzwerk von Kameraden« ist dabei nicht nur eine fixe Idee von Nebenklägern und Betroffenen aus diesem Verfahren. Vielmehr war es eine geradezu konstitutive Selbstbeschreibung der terroristischen Organisation, die – was durch zahlreiche weitere Beweismittel bestätigt ist – nicht allein aus einer abgeschotteten Gruppe von drei Personen mit wenigen eingeweihten Helfern bestand. So will es vor allem die Bundesanwaltschaft gern sehen. Vielmehr dürfte es eine ganze Reihe von weiteren Beteiligten gegeben haben, die im Verdacht stehen, Beihilfe zu den versuchten und vollendeten Mordtaten des NSU geleistet zu haben oder aber zumindest die terroristische Organisation unterstützt zu haben.

Warum ist das für dieses Verfahren wichtig? Bevor ich das aus Sicht von Gamze Kubaşık und unter Berücksichtigung strafprozessualer Vorgaben erkläre, will ich noch einmal zurückgehen an den Anfang des Prozesses. Den Aufklärungsanspruch von Nebenklägerinnen und Nebenklägern und die Erwartung an die Beweisaufnahme hätte niemand besser formulieren können, als Angelika Lex es getan hat.

Sie vertrat Yvonne Boulgarides in diesem Verfahren. Angelika Lex ist am 9. Dezember 2015 gestorben. Sie kann das Ende dieses Prozesses nicht miterleben. Bei einer Demonstration vor diesem Gerichtsgebäude kurz vor dem Prozessauftakt im April 2013 hat Angelika Lex bereits gesagt, was heute genauso wahr ist, wie vor über vier Jahren. Ich möchte ihre Rede hier auszugsweise zitieren und mir das Gesagte ausdrücklich im Rahmen der Bewertung des Verfahrensverlaufes zu eigen machen:

»Diese Gerichtsverhandlung ist neben den Untersuchungsausschüssen des Bundes und der Länder und der politischen Diskussion in der Öffentlichkeit ein Teil der Aufarbeitung einer Verbrechensserie. Die Ermittlungsbehörden haben sich diesmal große Mühe gegeben. Und auch das Gericht hat eine enorme Aufgabe. Es geht nicht nur um die Feststellung der Schuld der Angeklagten und deren Bestrafung, sondern es geht auch um eine umfassende Aufklärung der Taten und vor allem der Hintergründe. Das Gericht ist zwar kein Super-Untersuchungsausschuss, aber es darf sich auch nicht damit begnügen, nur die Sachverhalte aufzuklären, ohne die Hintergründe und auch das massive staatliche Versagen, mit einzubeziehen. Das Gericht hätte in diesem Verfahren die einmalige Chance, zu zeigen, dass der Rechtsstaat entschlossen ist, auch das Versagen in den eigenen Reihen, staatliches Versagen, staatliche Mitwirkung an terroristischen Verbrechen offenzulegen und umfassend aufzuklären und damit auch zu versuchen, Vertrauen in staatliches Handeln wieder herzustellen, das bei den Opfern und Angehörigen und auch in breiten Teilen der Bevölkerung zu Recht verloren gegangen ist. Aber bereits im Vorfeld gibt es viele Anzeichen dafür, dass das Gericht der politischen Dimension und auch der gesellschaftlichen Bedeutung dieses Verfahrens nicht gewachsen ist.«

Und weiter: »Es wird unsere Aufgabe sein, die Aufgabe der Anwältinnen und Anwälte der Opfer und Angehörigen, in diesem Verfahren transparent zu machen und aufzuarbeiten, was in diesem Staat alles schiefgelaufen ist, was versäumt worden ist und in welchem Maß sich der Staat mitschuldig gemacht hat. Angeklagt sind hier fünf Menschen, die aber keineswegs alleine Täter dieser Morde und Sprengstoffanschläge sind, sondern es sind nur exponierte Mitglieder eines Netzwerkes, das aus weit mehr als diesen fünf Angeklagten besteht. Es gibt immer noch viel zu wenig Ermittlungsverfahren gegen lokale Unterstützernetzwerke und es gibt keine Ermittlungsverfahren gegen staatliche Helfer und Unterstützer, die V-Leute des Verfassungsschutzes sind. Und es fehlt vollständig an Verfahren gegen Ermittler, gegen Polizeibeamte, gegen Mitarbeiter des Verfassungsschutzes, gegen Präsidenten und Abteilungsleiter von Verfassungsschutzbehörden. Verfahren, die nicht nur wegen Inkompetenz und Untätigkeit, sondern auch wegen aktiver Unterstützung geführt werden müssten. Auf diese Anklagebank gehören nicht fünf, sondern 15 oder noch besser 500 Personen, die alle mitverantwortlich sind für diese Mordtaten.«

Besser als die Kollegin und Verfassungsrichterin Angelika Lex schon im Jahr 2013 hätte es niemand heute formulieren können.

Bevor ich in die Details der Beweiswürdigung gehe, will ich an dieser Stelle – sozusagen vor der Klammer – noch einmal zunächst persönlich aus Sicht von Frau Kubaşık und sodann rechtlich aus Sicht der Regelungen der Strafprozessordnung herausarbeiten, warum es genau diesen – von Angelika Lex mit Nachdruck geforderten – Aufklärungsanspruch in diesem Prozess gibt.

Warum kann Frau Kubaşık umfassende Aufklärung des Mordes an ihrem Vater in diesem Verfahren verlangen? Das Motiv des Mordes an ihrem Vater, das der Nationalsozialistische Untergrund selbst mit seinem Bekennervideo propagiert, ist die vermeintliche »Erhaltung der deutschen Nation« oder aber anders gesagt – schlicht menschenverachtender Rassismus. Wie sich an einer ganzen Reihe von Punkten, auf die meine Kollegen und ich im Einzelnen eingehen werden, belegen lässt, ist auch die Tat zulasten von Mehmet Kubaşık mit hoher Wahrscheinlichkeit durch weitere bislang nicht ausreichend ermittelte Personen unterstützt worden. Frau Kubaşık geht insofern davon aus, dass sie jeden Tag in Dortmund – ohne es zu wissen – auf Personen treffen kann, die an dem Mord ihres Vaters beteiligt gewesen sind und die letzten Endes auch mangels Verfolgungswillen des Generalbundesanwaltes nicht effektiv zur Verantwortung gezogen werden.

Nun könnte man sagen, dass dies zwar bedauerlich sein mag, in diesem Verfahren jedoch unerheblich wäre. Eine ganze Reihe von Beschlüssen des Senats lässt darauf schließen, dass er sich sehr eng auf die im Rahmen der Anklageschrift genannten persönlich verantwortlichen Personen beziehen will und letztlich darauf verweist, dass die Ermittlungen gegen weitere Personen durch den Generalbundesanwalt in gesonderten Verfahren geführt werden würden.

Der Generalbundesanwalt verweist wiederum regelmäßig darauf, dass Ermittlungs- und Strafverfahren nicht der Darlegung von politischen Verantwortlichkeiten dienen würden, sondern sich auf konkrete, den Beschuldigten zur Last zu legende Einzelhandlungen beziehen. Seit 2011 sind hier neun Verfahren gegen namentlich bekannte weitere Mitbeschuldigte anhängig. Zudem führt der Generalbundesanwalt ein Verfahren gegen Unbekannt wegen des Verdachts der Unterstützung einer terroristischen Vereinigung. Eine nachvollziehbare Auskunft über die Inhalte all dieser Verfahren wird auch meiner Mandantin, Gamze Kubaşık, – wie der Bundesgerichtshof selbst festgestellt hat – offensichtlich rechtswidrig versagt.

Festzuhalten ist damit, dass der Generalbundesanwalt sämtliche weiteren Ermittlungen gegen weitere mögliche Tatbeteiligte bislang im Sande verlaufen lassen hat. Nach seiner Definition des Anfangsverdachts allein wegen Unterstützung einer terroristischen Vereinigung dürften im Übrigen bald auch die letzten möglichen Tatbeiträge verjährt sein. Genaueres werden wir dazu als Vertreter der Familien der Ermordeten und der Verletzten wahrscheinlich nie erfahren, weil uns dauerhaft – und rechtswidrig – Akteneinsicht verwehrt bleiben wird. Und selbst wenn irgendwann Klarheit über den Inhalt dieser Akten geschaffen werden könnte, würde ich bezweifeln, dass sich daraus nachhaltige Ermittlungen zu weiteren Tatbeteiligten ergeben würden, die diesen Namen verdienen. Soviel zum Aufklärungsversprechen.

Wenn der Generalbundesanwalt gleichzeitig in diesem Rahmen gebetsmühlenartig auf die Untersuchungsausschüsse des Bundestages und verschiedener Landtage verweist, ist das mehr als zynisch. Er weiß sehr genau, dass die dortigen Ermittlungsmöglichkeiten extrem begrenzt sind. Untersuchungsausschüsse sind keine Ermittlungsorgane, erst recht keine Strafverfolgungsorgane, die etwa auf polizeiliche Befugnisse zurückgreifen könnten. Sie sind zudem durch zahlreiche innerparlamentarische Regelungen im Aufklärungsradius sehr eingeengt. Ganz sicher können sie nicht ermöglichen, dass Beweise für einen hinreichenden Tatverdacht möglicher weiterer Tatbeteiligter im NSU-Komplex erbracht werden. Das wäre auch gar nicht ihre Aufgabe. Verfolgungsbehörde wäre hier allein der Generalbundesanwalt, der jedoch wiederum sämtliche effektiven Verfolgungsmöglichkeiten nach unserer Wahrnehmung, die nicht zuletzt auch durch den Bundestagsuntersuchungsausschuss der letzten Legislaturperiode geteilt wird, unterlässt.

Was bleibt also Gamze Kubaşık und weiteren Betroffenen übrig, als in diesem Verfahren zu fordern, dass eine umfassende Aufklärung der prozessualen Taten erfolgt? Das Gericht ist dabei nicht an die konkrete Darstellung in der Anklageschrift gebunden, sondern hat vielmehr den Mord an Mehmet Kubaşık als prozessuale Tat vollständig und unabhängig davon aufzuklären, wer ihn nach Auffassung des Generalbundesanwalts begangen hat und wie dieser die Umstände der Tat bewertet. Dabei mag man sagen können, dass eine Aufklärung bis in jede kleinste Verästelung nicht durchgeführt werden muss. Dies gilt grundsätzlich auch, weil eine unmittelbare Tatausführung von Uwe Mundlos und Uwe Böhnhardt sowie eine Mittäterschaft von Beate Zschäpe, wie sie die Anklageschrift unterstellt, nach dem bisherigen Ergebnis der Beweisaufnahme durchaus festgestellt werden konnten.

Auf der anderen Seite ist der Aufklärungsumfang, den der Senat berücksichtigen muss, nicht allein dadurch beschränkt, dass er feststellt, dass etwa Beate Zschäpe als Mittäterin von Uwe Mundlos und Uwe Böhnhardt den Mord an Mehmet Kubaşık zu verantworten hätte, sowie Carsten Sch. und Ralf Wohlleben dazu durch Lieferung der Tatwaffe Beihilfe geleistet haben. Gerade die Beteiligung von Frau Kubaşık und von weiteren Hinterbliebenen und Verletzten des NSU-Terrors als Nebenkläger in diesem Verfahren zwingt vielmehr zu einer Erweiterung des Aufklärungsumfangs.

Warum ist das – und damit komme ich zum zweiten Punkt – auch aus Rechtsgründen so? Gamze Kubaşık ist in diesem Verfahren als Nebenklägerin zugelassen. Zusammen mit meinen engagierten Kolleginnen und Kollegen habe ich für Frau Kubaşık mit einer Vielzahl von Beweisanträgen, Stellungnahmen und Fragen versucht, die für sie ganz wesentlichen Fragen dieses Verfahrens aufzuklären.

Diese Fragen sind:
1. Warum wurde gerade Mehmet Kubaşık Opfer des rassistischen Mordanschlages des »Nationalsozialistischen Untergrunds«? Wie wurde er konkret ausgewählt?
2. Wie konnte der NSU überhaupt entstehen? Wer waren seine Helfer und Unterstützer?
3. Wie und ggf. wann und durch wen wurde der Tatort in der Mallinckrodtstraße in Dortmund ausspioniert? Wer wusste im Vorfeld von der Tat? Waren darunter V-Personen der Polizei oder eines Verfassungsschutzamtes?
4. Hätte die Tat bei einem rechtzeitigen Einschreiten gegen die vor den Ermittlungsbehörden vermeintlich untergetauchten Mitglieder des NSU, also Uwe Mundlos, Uwe Böhnhardt und Beate Zschäpe, sicher verhindert werden können?
5. Warum werden bis heute dazu effektive Ermittlungen verweigert?
6. Warum wurden dazu wahrscheinlich auskunftsfähige Akten rechtswidrig vernichtet?
7. Warum wird letztlich vertuscht, geschreddert und gelogen?

All das sind absolut nachvollziehbare Fragen, die Frau Kubaşık nach wie vor beschäftigen, genauso wie die Frage, wer den Tätern insgesamt geholfen hat und wer bis heute unbestraft dafür bleibt.

Nun könnte man sich – wie der Generalbundesanwalt – auf die Position zurückziehen, dass Nebenklägerinnen und Nebenkläger in diesem Verfahren eine passive Rolle einnehmen sollten, quasi untergeordnet der These der Anklageschrift agieren müssten. Eine These, die offensichtlich in der Öffentlichkeit vereinzelt Rückhalt findet, wenn dort Unverständnis darüber geäußert wird, dass Nebenklägerinnen und Nebenkläger in diesem Verfahren teilweise die Rolle einer Art »dritten Partei« einnehmen würden, gleichermaßen also in Opposition zur Verteidigung und Anklagebehörde stünden. In der Vorstellung des Generalbundesanwalts wäre die Nebenklage dann auf eine beobachtende und die Anklage allenfalls unterstützende Rolle im Rahmen der Beweisaufnahme beschränkt. Die Rolle des Nebenklagevertreters wäre dann also begleitend, vielleicht gar am Ende noch mit einem schlichten Anschluss an die Schlussvorträge der Bundesanwaltschaft mit vielleicht sogar noch Forderungen zur Strafhöhe verbunden. Eine Art betroffenes Händchenhalten in unterstützender Begleitung, eine Art Abnicken des Prozessstoffes, soweit er die Anklageschrift trägt, und damit ein Verbleib in einer passiven Opferrolle.

Genau das will Gamze Kubaşık nicht. Schon seit April 2006 wurden sie und ihre Familie in eine solche Rolle gedrängt. Die Familie wurde zudem selbst durch die Ermittlungsbehörden in erheblicher Weise stigmatisiert. Mehmet Kubaşık wurde ohne jeglichen Anlass als vermeintliches Mitglied der organisierten Kriminalität, als vermeintlicher Drogenhändler oder beispielsweise als untreuer Ehemann gebrandmarkt. Anhaltspunkte dafür gab es keine. Selbst die klaren Äußerungen der Familie, dass es sich bei den Tätern doch um »Nazis« gehandelt haben könnte, wurden von dem damaligen Ermittlungsführer, dem Zeugen KHK Schenk, mit der Bemerkung, dass es dafür doch keine Anhaltspunkte geben würde, abgetan. Gleichzeitig wurde von der Familie ein Stammbaum bis in die dritte Generation erfragt.

Diese strukturell rassistischen Ermittlungen wurden hier auf Nachfrage auch insbesondere von dem damaligen Ermittlungsführer KHK Schenk, früher Lötters, inhaltlich bestätigt. Eine auch nur irgendwie geartete Betroffenheit darüber heute war hingegen nicht erkennbar. Auch personelle Konsequenzen hatten der Zeuge KHK Schenk wie auch sämtliche weiteren Ermittlungsbeamten in dem Verfahren, soweit dies erkennbar ist, nicht zu spüren.

Umso mehr ist verständlich, dass Gamze Kubaşık, seitdem im November 2011 bekannt wurde, dass sie und ihre Familie mit der Vermutung, dass es sich um rechtsextremistisch motivierte Täter handelte, richtig lagen, den Ermittlungsbehörden dieses Staates nicht mehr vertraut. Weiter erschüttert wurde der Glaube an den Rechtsstaat noch dadurch, dass nach und nach bekannt wurde, dass eine ganze Vielzahl von V-Personen – darauf gehe ich gleich noch näher ein – im Umfeld von Mundlos, Böhnhardt und Zschäpe aktiv war, Akten vernichtet wurden, Sachverhalte bis heute vertuscht und verheimlicht werden.

Aus genau dieser Erfahrung heraus war und ist für Gamze Kubaşık wichtig, sich nicht mit den vermeintlichen Ergebnissen von Ermittlungsbehörden abspeisen zu lassen. Ihre Rolle in diesem Prozess nimmt sie aktiv wahr. Sie stellt die Dinge infrage, will nicht mehr und nicht weniger als vollständige Aufklärung über den Mord an ihrem Vater. Damit begibt sie sich – und auch ich als ihr Vertreter – in einen offenen Konflikt mit dem Bild der Bundesanwaltschaft, wie sie es von den Möglichkeiten einer Nebenklage in einem solchen Verfahren zeichnen will. Der Unterschied ist, dass Gamze Kubaşık ihre aktive Rolle und ihre nachvollziehbaren Fragen nicht nur an den politischen Versprechen – etwa der Bundeskanzlerin Angela Merkel auf vollständige Aufklärung des NSU-Komplexes – orientieren darf. Sie ist vielmehr damit auch nach dem Willen des Gesetzgebers und den Regelungen zur Nebenklage aus der Strafprozessordnung im Recht.

Was ist Sinn und Zweck einer Nebenklage, gerade in einem solchen Verfahren wie dem vorliegenden? Gerade mit dem Auftrag und der Motivation von Frau Kubaşık, an diesem Verfahren teilzunehmen? Ganz sicher wollte der Gesetzgeber mit Einführung und insbesondere Erweiterung der Möglichkeiten der Nebenklage im Verfahren die prozessualen Möglichkeiten nicht allein auf eine begleitend wahrnehmende Funktion beschränken. Bevor ich aber auf den Sinn und Zweck des Gesetzes dazu eingehe, vorab noch Folgendes: Es kann nicht um subjektive Strafansprüche gehen. Frau Kubaşık könnte hier heute selbst oder über mich erklären, dass sie möglichst hohe Freiheitsstrafen für die hier auf der Anklagebank sitzenden fünf Personen fordert. Das wäre menschlich nachvollziehbar. Denn diese nach unserer Auffassung zu Verurteilenden sind nach dem Ergebnis der Beweisaufnahme mitverantwortlich dafür, dass Mehmet Kubaşık, der Vater von Gamze Kubaşık, so plötzlich aus dem Leben gerissen wurde; mitverantwortlich für das unbeschreibbare Leid, was über meine Mandantin und ihre Familie gebracht wurde.

Genau dieses menschlich verständliche Begehren nach Strafe schließt die Strafprozessordnung allerdings ausdrücklich aus. So verbietet § 400 Abs. 1 StPO dem Nebenkläger, insbesondere dann Rechtsmittel einzulegen, wenn die Rechtsfolge bei einer Verurteilung nicht seinen Erwartungen entspricht. Das ist auch logische Konsequenz daraus, dass es allein einen staatlichen Sanktionsanspruch gibt, der in einem Verfahren, in dem der Amtsaufklärungsgrundsatz gilt, festgestellt werden muss. Eine bestimmte Sanktion kann insofern also nicht Ziel der Nebenklage sein. Jeder – subjektiv als noch so nachvollziehbar erachtete – Strafanspruch kann im Übrigen den Mord an Mehmet Kubaşık oder all den weiteren getöteten und verletzten Menschen in diesem Verfahren nicht aufwiegen.

Dementsprechend kann und wird auch von hier aus kein bestimmter Antrag, der Strafhöhen betrifft, gestellt werden. Das ist schlichtweg nicht Rolle und Aufgabe der Nebenklage. Aufgabe der Nebenklage kann und soll vielmehr nach dem ausdrücklichen Willen des Gesetzgebers nur die Aufklärung der Tat sein. Ich bin in einer ganzen Reihe von Verfahren als Nebenklagevertreter zumeist dann tätig geworden, wenn es zu Taten, insbesondere Tötungsdelikten, aus neonazistischen und rassistischen Motiven gekommen war. Fast immer war und ist die Motivation der Betroffenen oder ihrer Hinterbliebenen, die Motivation der Tat und deren Hintergründe auch in einem gerichtlichen Verfahren feststellen und aufklären zu können. Fast immer besteht ein berechtigtes Misstrauen in die Ermittlungsbehörden, aber auch in die Justiz, dass derartige Verfahren mit dem Willen einer vollständigen Aufklärung auch der Motivlage und Hintergründe durchgeführt wurden.

Eine aktive Beteiligung als Nebenkläger oder Nebenklägerin eröffnet insofern den Betroffenen die Möglichkeit, aktiv auf die Beweisaufnahme Einfluss zu nehmen. Dem Nebenkläger steht insofern nach § 397 Abs. 1 StPO in nahezu gleichem Umfang das Recht zu, sich an der Hauptverhandlung mit Befragungen, Anträgen und Stellungnahmen zu beteiligen, wie etwa der Verteidigung. Insbesondere das Beweisantragsrecht war im Rahmen der letzten Reformen, beispielsweise dem Zweiten Opferrechtsreformgesetz vom 29. Juli 2009, umfassend diskutiert worden. Von Einzelnen wurde im Gesetzgebungsprozess kritisiert, dass durch die umfangreichen Möglichkeiten der Nebenklage, sich im Verfahren aktiv innerhalb der Beweisaufnahme zu beteiligen, ggf. Strafverfahren in ihrem Umfang und ihrer Dauer erheblich erweitert werden können. Die Nebenklage an sich – so die Argumentation – sei im Rahmen eines Amtsermittlungsverfahrens eine Art Fremdkörper.

Dieser Kritik ist der Gesetzgeber allerdings gerade nicht gefolgt. Er hat vielmehr ausdrücklich die Möglichkeiten der Nebenklage, auf die Beweisaufnahme mit entsprechenden Anträgen und Stellungnahmen Einfluss zu nehmen, genauso aufrechterhalten, wie die Beschränkungen im Hinblick auf § 400 Abs. 1 StPO hinsichtlich der Rechtsfolge. Dadurch kommt zum Ausdruck, dass der Gesetzgeber zwar – zu Recht – dem Nebenkläger kein Sanktionsrecht eröffnet, jedoch ausdrücklich einen umfassenden Aufklärungsanspruch zubilligt. Wenn Nebenkläger, hier die Nebenklägerin Gamze Kubaşık, also was die Aufklärung der Straftat betrifft, den gleichen Anspruch haben, wie etwa der Angeklagte über seinen Verteidiger, so hat dieses Gericht eben auch diesen vom Gesetzgeber ausdrücklich gewollten Aufklärungsanspruch zu berücksichtigen. Es kann sich nicht allein damit zufriedengeben, festzustellen, dass Uwe Mundlos und Uwe Böhnhardt am 4. April 2006 Mehmet Kubaşık ermordet haben und Beate Zschäpe dies mittäterschaftlich zu verantworten hat.

Gerade weil der Gesetzgeber dem Nebenkläger, was die Aufklärung betrifft, eine starke Verfahrensposition gegeben hat, hat der Senat auch die äußeren Umstände der Tat selbst, insbesondere die Auswahl des konkreten Tatopfers, die konkrete Tatausführung und -vorbereitung sowie die Involvierung weiterer Personen aufzuklären. Das Ziel dieses Verfahrens – auch mit seiner historischen Bedeutung – ist insofern am besten durch die Maxime des Strafprozesses überhaupt zu beschreiben: nämlich das Streben nach »Wahrheit und Gerechtigkeit«.

Gamze Kubaşık ist nicht hier, um ihre Betroffenheit zu zeigen. Sie will kein Mitleid, sie will Antworten auf ihre berechtigten Fragen! Und ich, meine Damen und Herren von der Bundesanwaltschaft, bin nicht hier zum Trösten und Händchenhalten, sondern um Frau Kubaşık bei diesem Anliegen mit allen prozessualen Mitteln und bis zum Schluss konsequent zu unterstützen.

Ob Gamze Kubaşık jemals Gerechtigkeit nach dem Mord an ihrem Vater erfahren kann, weiß ich nicht. Jedenfalls wäre aber schon einmal die Wahrheit über die Tat ein wichtiger Punkt, um das Geschehene verarbeiten zu können. Solange wichtige Fakten zum Mord an Mehmet Kubaşık im Rahmen dieses Verfahrens und im Rahmen aller sonstigen Ermittlungsverfahren und Aufklärungsbemühungen der Untersuchungsausschüsse unaufgeklärt bleiben, werden Frau Kubaşık und ihre Familie die Tat nicht verarbeiten können. Sie werden nicht abschließen können. Schon deswegen sind die formulierten Fragen, die Frau Kubaşık seit 2006 bewegen, verfahrensrelevant; man hätte sich zumindest bemühen müssen, sie zu beantworten.

Dazu kommt allerdings auch im Hinblick auf die Aufklärung dieser Gesichtspunkte ein weiteres ganz grundsätzliches Problem hinzu: Der Senat hat zwar – das wird hier durchaus anerkannt – einige Anträge der Nebenklage aufgenommen und ist diesen, gerade was die Beteiligung des Neonazi-Netzwerkes »Blood & Honour« betrifft, nachgekommen. Nicht zu vergessen, sind auch die ideologischen Grundlagen, wie etwa die so genannten Turner Tagebücher, eingeführt worden. Wesentlichen weiteren Beweisanträgen und Ermittlungsbegehren wurde jedoch nicht entsprochen. Immer dann, wenn es auch um Erkenntnisse von verschiedenen Verfassungsschutzbehörden ging, wurde letztlich darauf verwiesen, dass wir, als Vertreter der Familie Kubaşık, nicht konkret genug vortragen, was sich in bestimmten, bislang nicht zur hiesigen Verfahrensakte gereichten Aktenbestandteilen – beispielsweise des Bundesamtes für Verfassungsschutz – befindet. Damit hat das Gericht natürlich erst einmal nicht Unrecht: Wir wissen es nicht genau. Und: Wir wollten damit auch seriös umgehen.

Wir haben in diesem Verfahren nie konkret etwas behauptet, was wir nicht auch konkret belegen konnten, haben stets klargemacht, was Schlussfolgerungen und was belegte Tatsachen sind. Und dennoch: Man hätte diesen Spuren nachgehen sollen – gerade, weil es die Hinterbliebenen und Verletzten des NSU-Terrors selbst nicht können und es nirgendwo anders geschehen wird. Um es plastisch zu machen: Dass die Sache stinkt, kann jeder riechen, auch wenn man nicht genau sagen kann, woher und warum. Wir wollten es herausfinden und sind dabei an vielen Punkten gescheitert. Der Gestank indes bleibt.

Zahlreiche V-Personen, auf die ich gleich noch eingehe, waren im Umfeld von Zschäpe, Mundlos und Böhnhardt aktiv. Sie hatten auch nachweislich Kontakt mit diesen Personen. Nachweislich sind verschiedene Akten gerade zu diesen V-Personen durch das Bundesamt für Verfassungsschutz, aber auch in anderen Landesämtern für Verfassungsschutz, vernichtet worden, und zwar im unmittelbaren Bezug zu Ereignissen nach dem 4. November 2011, also nach der Selbstenttarnung des selbst ernannten Nationalsozialistischen Untergrundes durch Versenden der Bekenner-DVDs u.a. durch Beate Zschäpe. Folgt man den anerkannten Regeln zu den Darlegungserfordernissen im Rahmen von Beweis- oder Beweisermittlungsanträgen, mag die Begründung des Senats im Einzelnen durchaus diesen rechtlichen Grundsatzregelungen entsprechen. Die Frage ist aber vorliegend, ob das Gericht nicht wegen der offenkundigen Vernichtung und Vertuschung von wesentlichem Aktenmaterial auch ohne einen weitergehenden detaillierten und konkreten Vortrag, was der Inhalt dieser Akten ist, hätte tätig werden müssen.

Nach meiner Auffassung ist in diesem Verfahren in eklatanter Weise gerade durch die Bundesanwaltschaft sowie auch durch Verfassungsschutzbehörden der Aufklärungsanspruch, der Frau Kubaşık als Nebenklägerin – wie gerade dargestellt – zusteht, vereitelt worden. Wesentliche Erkenntnisse, die – würde man derartigen Behörden vertrauen – von Amts wegen hätten dem Senat und damit den Verfahrensbeteiligten im Rahmen der Akteneinsicht kenntlich gemacht werden müssen, wurden verheimlicht. Immer nur stückchenweise – in einer Art Salamitaktik – und nur nach entsprechenden Erkenntnissen der Untersuchungsausschüsse oder aber Presseveröffentlichungen wurde mehr und mehr zugegeben, welche Erkenntnisse hier noch vorliegen. Es sei nur beispielsweise an die Deckblattmeldungen und Treffberichte bezüglich des V-Manns Carsten Szczepanski, alias »Piatto«, oder aber an die erst kürzlich bekannt gewordene V-Mann-Tätigkeit des »Blood & Honour«-»Divisions«-Leiters Stephan Lange, alias »Pinocchio«, alias V-Mann »Nias«, verwiesen.

Der Zeuge Lange hatte in diesem Verfahren auf unsere konkrete Rückfrage abgestritten, jemals für ein Amt für Verfassungsschutz gearbeitet zu haben. Letztlich wurde inzwischen nach seriösen Medienberichten etwa der *ARD* bekannt, dass Lange seit mindestens 2002-2010, nach weiteren Medienrecherchen sogar schon seit dem Jahr 1997 im Dienst des Bundesamtes für Verfassungsschutz Informationen geliefert hatte. Wenn der Zeuge Lange also schon zu seiner Tätigkeit überhaupt hier gelogen hatte, stellt sich die Frage, welche Informationen er zu Mundlos, Böhnhardt und Zschäpe, ihrer Rollenverteilung untereinander, ihrer Bewaffnung und ihrer Verankerung im weiteren Unterstützernetzwerk verheimlicht hat. Natürlich können wir, kann ich, nicht im Detail sagen, was in den Akten des Bundesamtes für Verfassungsschutz dazu niedergeschrieben steht. Natürlich kann ich hier nicht aus der Aussage des Stephan Lange zitieren, was er für Informationen weitergegeben hat und inwiefern diese relevant für die Ermittlung des Mordes an Mehmet Kubaşık im Rahmen dieses Verfahrens gewesen wären. Das liegt aber daran, dass der Zeuge Lange offensichtlich gelogen hat und sich immerhin das Bundesamt für Verfassungsschutz nicht bemüßigt gefühlt hat, dies den Verfahrensbeteiligten, dem Senat oder aber auch nur einem Untersuchungsausschuss mitzuteilen. Vielmehr konnten Medienvertreter diese – inzwischen bestätigten – Informationen überraschenderweise erst aufdecken, nachdem der letzte Tag der Beweisaufnahme des Untersuchungsausschusses des Bundestages der letzten Legislaturperiode zum NSU-Komplex abgelaufen war. Wie also soll nach den allgemeinen Beweisregeln konkret zu Sachverhalten vorgetragen werden, wenn diese im kollusiven Zusammenwirken durch den Zeugen einerseits und insbesondere das Bundesamt für Verfassungsschutz anderseits im Vorfeld vertuscht werden?

Zudem kann aufgrund der Geheimhaltung der Verfahrensinhalte der weiteren im NSU-Komplex geführten Verfahren des Generalbundesanwalts noch nicht einmal mit Sicherheit gesagt werden, ob in diesen Verfahren nicht Erkenntnisse des Bundesamtes für Verfassungsschutz gerade zum Zeugen Stephan Lange angefordert und überreicht wurden, die wir wegen verweigerter Akteneinsicht bis heute nicht kennen. Denn – wenn man ehrlich ist – muss man konstatieren, dass nicht das Gericht, sondern die Bundesanwaltschaft in diesem Verfahren entscheidet, was von Relevanz sein soll und was nicht. Sie verwaltet die Akten und sortiert nach eigenem Gusto, was zur hiesigen Verfahrensakte gereicht wird oder was in dem Aktengrab des sogenannten Unbekannt-Verfahrens in wahrscheinlich ewiger Unkenntnis der Nachwelt versinken wird.

Gerade deswegen wäre – und dazu haben wir ja auch ausführlich unter Berücksichtigung der Rechtsprechung auch des Europäischen Gerichtshofs für Menschenrechte vorgetragen – der Senat gehalten gewesen, wenn Anzeichen dafür vorliegen, dass Behauptungen aus unseren Anträgen zutreffend sein können, gerade weil staatliche Stellen versuchen, sie zu vertuschen, diesen Ansätzen auch nachzugehen, ohne dass hierzu nähere Details vorgetragen werden.

Zwischenfazit: Berücksichtigt man also diese Grundsätze und die vom Gesetz gedeckte – und gewollte – starke Verfahrensposition von Gamze Kubaşık als Nebenklägerin, was ihr Aufklärungsinteresse betrifft, so ist das Ergebnis der Beweisaufnahme insoweit mehr als enttäuschend. Zwar konnte – insofern würde ich dem Generalbundesanwalt folgen – festgestellt werden, dass die hier Angeklagten im Rahmen der Anklagevorwürfe schuldig sind. Damit bleiben aber immer noch eine ganze Reihe von Fragen, die gerade auch den Mord an Mehmet Kubaşık betreffen, offen.

Aufklärungsanspruch nicht erfüllt – ein Schlussstrich kann nicht gezogen werden

Wenn also der Senat am Ende ein Urteil fällen wird, dann wäre es zumindest ehrlich, wenn er einräumt, dem Aufklärungsanspruch von Gamze Kubaşık und vielen weiteren Nebenklägerinnen und Nebenklägern in diesem Verfahren nicht gerecht geworden zu sein. Es wäre ehrlich, zu sagen, dass man zwar die Verantwortlichkeit der hier Angeklagten hat feststellen können, aber nicht weiß, ob es weitere Mittäter, Beihelfer oder Unterstützer gegeben hat. Anhaltspunkte dafür gibt es – darauf gehen meine Kollegen und ich noch ein –, nachgegangen wurde ihnen in diesem Verfahren nicht. Es wäre auch ehrlich zu sagen, dass es massive und konkrete Anhaltspunkte dafür gibt, dass es im Unterstützernetzwerk des Nationalsozialistischen Untergrundes eine ganze Reihe von V-Personen gegeben hat, es für dieses Gericht aber nicht darauf ankam, ob diese V-Personen Informationen über Mundlos, Böhnhardt und Zschäpe gesammelt und an Verfassungsschutzbehörden weitergegeben haben.

Es kam dem Senat auch nicht darauf an, ob nicht bereits vor dem ersten Mord eine Festnahme der drei abgetauchten Mitglieder des NSU hätte mit an Sicherheit grenzender Wahrscheinlichkeit erfolgen können. Wenn man weiter ehrlich ist, müsste man auch sagen, dass das Gericht es nicht für aufklärungswürdig hielt, ob und ggf. wann Verfassungsschutzbehörden von den Zielen und möglicherweise auch konkreten Tatvorbereitungen der drei abgetauchten Mitglieder des NSU wussten und warum sie ggf. diese Informationen nicht an die Ermittlungsbehörden weitergegeben haben oder selbst eingeschritten sind.

Wenn man weiterhin ehrlich ist, wird man wohl feststellen müssen, dass es diesem Gericht auch nicht darauf ankam, ob gerade die Aufbauarbeit von Verfassungsschutzbehörden in den 1990er Jahren und Anfang der 2000er in der rechten Szene insbesondere in Thüringen dazu führte, dass sich die Mitglieder des NSU erst organisieren und formieren konnten. Ob insbesondere auch staatliche finanzielle Zuwendungen an V-Personen wie etwa Tino Brandt, Kai Dalek, Carsten Szczepanski, Ralf Marschner oder Stephan Lange dazu beigetragen haben, dass die Mordtaten und Anschläge überhaupt erst begangen werden konnten, wollte der Senat nicht weiter aufklären.

All diese Fragen werden am Ende dieses Verfahrens offen bleiben. Ehrlich wäre ein Urteil, was das auch so offen benennt und es entgegen dem hier dargestellten Anspruch von Gamze Kubaşık als Nebenklägerin dann wenigstens auch bekennend für nicht verfahrensrelevant beschreibt. Alles andere wäre auch deshalb fatal, weil es das Narrativ einer streng abgekapselten Gruppe von drei untergetauchten Personen mit einem engsten Unterstützerkreis ohne Hilfe und Erkenntnisse von außen, welches der Generalbundesanwalt uns hier entgegen dem Ergebnis der Beweisaufnahme auftischen will, noch verstärken würde.

Es hätte zahlreiche weitere Möglichkeiten der Aufklärung gegeben. Wir haben in vielen Anträgen versucht, darauf hinzuwirken, dass diese auch erfolgen. Wenn der Senat schon meint, dem nicht folgen zu wollen, weil es für die anklagegemäße Verurteilung der hier Angeklagten nicht nötig wäre, dann möge er es bitte auch so im Urteil sagen. Grundsätzlich falsch wäre nämlich die Auffassung, es würde feststehen, dass man die brennenden Fragen von Frau Kubaşık nicht hätte aufklären *können*. Man hätte durchaus die Hintergründe der Morde, die konkrete Opferauswahl, die Involvierung weiterer Tatbeteiligter und die Kenntnis staatlicher Stellen aufklären können. Es war keine Frage des Nicht-*Könnens*. Vielmehr ist es ausdrücklich eine Frage des Nicht-*Wollens*.

Nun könnte man dem entgegenhalten, dass zunächst zwei – mittlerweile drei – Angeklagte in diesem Verfahren in Untersuchungshaft sind und auch das Gebot der Verfahrensbeschleunigung dazu zwingt, eine »ausufernde« Aufklärung der Taten zu vermeiden. Dem wäre aber einerseits entgegenzusetzen, dass es bei den berechtigten Fragen auch von Frau Kubaşık nicht um eine ausufernde Aufklärung, sondern um gerade essentielle Verfahrensbestandteile geht, die – weil der Nebenklage auch ein eigener Aufklärungsanspruch nach dem Gesetz zugebilligt wird – hier hätten ermittelt werden müssen.

Daneben wäre es aber nach meiner Auffassung auch so gewesen, dass gerade die von hier vorangetriebene notwendige Aufklärung das Verfahren nicht etwa verzögert, sondern – einmal ihre effektive Durchführung unterstellt – vielleicht sogar beschleunigt hätte. Dazu ist zunächst rückblickend zu schauen, warum die Beweisaufnahme vorliegend nun über 370 Verhandlungstage angedauert hat. Dies liegt zum einen – das mag jedem einleuchten – an dem fast unvorstellbaren Umfang der Morde, Mordanschläge und Raubtaten für einen Strafprozess. Schon aufgrund eines einzelnen Mordvorwurfs kann durchaus eine über 100 Verhandlungstage lange Beweisaufnahme erforderlich sein. Ich will in Erinnerung rufen, dass wir vorliegend aber allein zehn vollendete Morde, zwei Sprengstoffanschläge, die über 30 versuchte Mordtaten darstellen, die Mitgliedschaft in einer terroristischen Vereinigung, die Beteiligung an 15 Raubüberfällen sowie die Brandstiftung der Angeklagten Zschäpe in der Frühlingstraße, die sich ebenfalls als mehrfach versuchter Mord darstellt, verhandeln. Der Aktenumfang ist mit bislang keinem Verfahren, in dem ich tätig geworden bin, vergleichbar. Zwei Mittäter sind tot. Eine dritte Mittäterin hat die meiste Verfahrenszeit geschwiegen und sich dann mit konstruierten Schutzbehauptungen versucht aus der Verantwortung zu stehlen. Insofern war schon bei dieser Ausgangslage eine langwierige Hauptverhandlung zu erwarten.

Nicht verschwiegen werden soll auch, dass es im Rahmen der Hauptverhandlung zu erheblichen Verzögerungen gekommen ist. Diese hatten zum einen den Ursprung, gerade was die Anfangszeit des Prozesses betrifft, in dem Aussageverhalten von Zeugen aus dem rechten Szeneumfeld der Angeklagten. Diese Zeugen waren mehrheitlich – wenn überhaupt – nur mehr als widerwillig überhaupt zu Angaben bereit. Sie haben sich – wie sich in vielen Einzelfällen herausstellte – ungerechtfertigt auf Erinnerungslücken berufen. Nur im Rahmen von langwierigen und zähen Befragungen mit Vorhalten konnten überhaupt belastbare Informationen erlangt werden. In mehreren Fällen haben diese Zeugen auch belegbar und ganz offensichtlich gelogen.

Hinzu kam, dass sich gerade dann, wenn Zeugen zugleich auch V-Personen von Landesämtern für Verfassungsschutz oder des Bundesamtes für Verfassungsschutz gewesen sind, die Befragung auch deswegen besonders schwierig gestaltete, weil keine bzw. nicht rechtzeitig die entsprechenden Akteninhalte, die für notwendige Vorhalte erforderlich gewesen sind, zur Verfügung gestellt wurden.

Ein weiterer Punkt der Verfahrensverzögerung liegt in dem Verhalten der Angeklagten Zschäpe. Diese hat ihre ursprünglich verteidigenden Rechtsanwälte Heer, Stahl und Sturm nach über 200 Hauptverhandlungstagen auswechseln wollen. Sie hat sogar Strafanzeige gegen diese erstattet. Dabei waren es gerade diese Anwälte, die sie sich vor dem Verfahren selbst ausgesucht hatte und die ihr – nach eigenen Angaben – ganz offensichtlich zum Schweigen geraten hatten. Nachdem nunmehr bekannt ist, was die Angeklagte Zschäpe über ihre neuen Verteidiger dann ausgesagt hat, war dieser Rat rückblickend betrachtet auch durchaus nachvollziehbar.

Der Senat hat dann aus Gründen, die für mich ehrlich gesagt bis heute nicht nachvollziehbar sind, mit Rechtsanwalt Grasel einen vierten Pflichtverteidiger beigeordnet, der die Akten dieses Verfahrens und die vorangegangene Beweisaufnahme in über 200 Hauptverhandlungstagen naturgemäß nicht kannte und der sich erst im Rahmen einer Unterbrechung der Hauptverhandlung versuchen musste einzuarbeiten. Das weitere Verfahren war insofern immer wieder von Konflikten geprägt, die die Angeklagte Zschäpe zum einen selbst mit ihren alten Verteidigern Heer, Stahl und Sturm und zum anderen aber auch über die neuen Verteidiger Grasel und Borchert gegenüber den alten Verteidigern ausgetragen hat. Dies hat nicht nur für Irritationen gesorgt. Es hat auch zu erheblichen Verfahrensverzögerungen geführt, die nach meiner Auffassung vermeidbar gewesen wären.

Zwar steht jedem Angeklagten natürlich das Recht auf eine effektive Verteidigung zu. Das heißt aber nicht, dass nach eigenem Gusto in der Hauptverhandlung nach über 200 Verhandlungstagen immerhin drei beigeordnete Verteidiger, die vorher selbst ausgewählt wurden, ohne Nennung von nachvollziehbaren Gründen verfahrensdestruktiv geschasst werden können. Wenn Frau Zschäpe meint, dass sie mit diesen Anwälten keine Kommunikation mehr pflegen will, ist das ihre Sache. Nichtsdestotrotz hat dieser Streit gerade im letzten Jahr die Hauptverhandlung nicht unerheblich verzögert.

Hinzu kam eine ganze Reihe von Befangenheitsgesuchen und teilweise auch Beweisermittlungs- oder Beweisanträgen der Verteidigung des Angeklagten Wohlleben, die sich zum Teil als reine Propagandaanträge erwiesen haben. Man denke allein an den Antrag, der den Selbstmord von Rudolf Heß als vermeintlichen Mord verklären sollte. Eine These, die in der rechten Szene mit erheblicher Propagandawirkung verbreitet wird. Nicht zuletzt sei auf die Kaskade von Befangenheitsgesuchen des Angeklagten Eminger hingewiesen, die diesen Prozess um weitere zwei Monate verzögert haben und offensichtlich auch allein dieses Ziel verfolgten.

Wir, die Vertretung der Familie Kubaşık aus Dortmund, haben immer schnellstmöglich und mit einem konkret dargelegten Aufklärungsanspruch Beweisanträge und Stellungnahmen in dieses Verfahren eingebracht. Soweit diesen Anträgen nachgekommen wurde, haben sie in überschaubarer Zeit wichtige Erkenntnisse erbracht. Nur beispielhaft sei auf die eingeführten Inhalte des Fanzines »Aryan Law and Order« verwiesen, auf die sich nun auch der Generalbundesanwalt in seinem Plädoyer gestützt hat. Vielen wichtigen Anträgen ist durch den Senat allerdings nicht nachgekommen worden, weshalb schwerlich behauptet werden kann, dass wir im Rahmen der Nebenklagevertretung irgendetwas zu einer Verzögerung des Verfahrens beigetragen hätten.

Hätte man hingegen konsequent Akten des Bundesamtes für Verfassungsschutz, der Landesämter für Verfassungsschutz, wie wir es beantragt haben, beigezogen, hätte man mit der notwendigen Konsequenz und Nachhaltigkeit Vorhalte gerade bei Szene-Zeugen durchgeführt, hätte man die V-Leute in diesem Verfahren nicht geradezu mit Samthandschuhen auch durch den Generalbundesanwalt angefasst und wäre konsequent auch dem nachvollziehbaren Aufklärungsanspruch unter anderem von Frau Kubaşık nachgekommen worden, so wäre meines Erachtens das Verfahren nicht nur schneller zu Ende gegangen, es hätte auch eine Aufklärung der Tat stattfinden können, die dem Anspruch aller Verfahrensbeteiligten – jedenfalls so wie ihn das Gesetz eigentlich vorsieht – hätte gerecht werden können.

Denn wenn tatsächlich V-Personen im Umfeld der Angeklagten und der drei abgetauchten Mitglieder des NSU über diese Informationen erlangt und ggf. auch an die Verfassungsschutzbehörden weitergegeben haben, so hätte mittels entsprechender Aktenvorhalte im Rahmen von Zeugenbefragungen wesentlich konkreter auch zur Rollenverteilung innerhalb dieser drei Personen oder auch zum Tatbeitrag der Angeklagten Wohlleben, Carsten Sch., Gerlach und Eminger nachgefragt werden können.

Nun mag der Generalbundesanwalt meinen, dass dies alles reine Spekulation sei, weil ich – das muss ich zugeben – natürlich hier wesentliche Aktenbestandteile, die Verfassungsschutzämter zurückhalten, nicht kenne. Nicht kennen kann. Warum sich jedoch schon aus den bekannten äußeren Umständen wesentlich mehr als eine reine Spekulation ergibt, will ich gern noch einmal detailliert darstellen.

Was ergibt sich also für eine Bedeutung der V-Personen im Umfeld der hier Angeklagten zumindest am Ende dieses Verfahrens?

Um zu verdeutlichen, welches Netzwerk allein an V-Personen im Umfeld des NSU tätig war, will ich anhand von wenigen *Schaubildern* erklären, was die Beweisaufnahme zum einen ergeben hat und was zum anderen durch Beweisanträge letztlich erfolglos versucht wurde, in dieses Verfahren einzuführen. Hierbei geht es im Übrigen nicht um die Darstellung des ermittelten ideologischen Unterstützernetzwerkes des NSU – dazu wird der Kollege Hoffmann etwas sagen – nein, es geht zunächst einmal nur um Informanten und V-Personen im direkten Umfeld von Mundlos, Böhnhardt und Zschäpe. Ich werde hierbei klar zwischen erwiesenen und unter Beweis gestellten Tatsachen differenzieren. Dabei soll es zunächst bei einer allgemeinen Übersicht bleiben, auf die weiteren Details wird die Kollegin von der Behrens in ihrem Schlussvortrag noch weiter eingehen.

Aufklärungsanspruch nicht erfüllt – ein Schlussstrich kann nicht gezogen werden

Schaubild 1

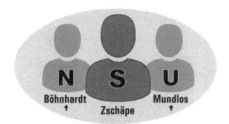

Im *Schaubild 1* sehen wir den NSU als terroristische Organisation aus Sicht des Generalbundesanwaltes oder sagen wir jedenfalls nach den Schlussvorträgen von Herrn Dr. Diemer und Frau Greger: Also eine isolierte Gruppe von allein drei Mitgliedern. Böhnhardt und Mundlos sind nach ihrem gemeinsamen Suizid am 4. November 2011 ausgeschieden. Alleinige Überlebende – aus Sicht des Generalbundesanwaltes – ist die Angeklagte Zschäpe.

Schaubild 2

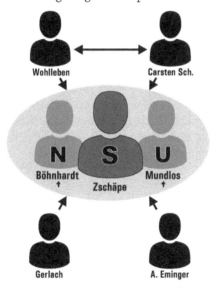

Im *Schaubild 2* sehen wir nun aus Sicht des Generalbundesanwaltes das einzig anklagewürdige Unterstützerumfeld des NSU, bestehend aus Ralf Wohlleben, dem »Mastermind« der Unterstützungskoordination, insbesondere zur Beschaffung der Tatwaffe »Česká 83«. Carsten Sch., dessen Rolle Herr Oberstaatsanwalt Weingarten durchaus nachvollziehbar herausgearbeitet hat, fungierte als Mittelsmann auf Anweisung von Wohlleben, beschaffte die Tatwaffe »Česká 83« und leitete sie an die drei Abgetauchten weiter.

Holger Gerlach und André Eminger erbrachten zu unterschiedlichen Zeitpunkten unterschiedliche Unterstützungsleistungen, etwa durch die Bereitstellung von Dokumenten oder aber konkret als Beihilfehandlung durch André Eminger zu zwei Raubtaten und dem Sprengstoffanschlag in der Probsteigasse in Köln. Soweit zum Bild des Generalbundesanwaltes.

Schaubild 3

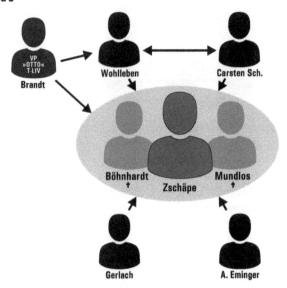

Schaubild 3: Schon nicht mehr in dieses Bild passt der Zeuge Tino Brandt. Denn Brandt leistete unverzichtbare Aufbauarbeit im Rahmen der rechtsextremistischen Szene Thüringens aus Sicht der später von den Ermittlungsbehörden ermittelten Abgetauchten Mundlos, Böhnhardt und Zschäpe. Tino Brandt war Mitbegründer des »Thüringer Heimatschutzes«, in dem auch die »Sektion Jena« integriert gewesen ist. Brandt war Vordenker und Propagandist der Gruppe. Ob ohne Tino Brandt eine derartige gewaltbereite Radikalisierung der Gruppe denkbar gewesen wäre, weiß ich nicht. Jedenfalls hatte Tino Brandt auch durch seine tatkräftige finanzielle Unterstützung – etwa von Propagandatätigkeiten – einen nicht unerheblichen Anteil daran.

Brandt war gleichzeitig V-Mann des Thüringer Landesamtes für Verfassungsschutz. Unter dem Decknamen »Otto« gab er Informationen weiter. Informationen, die sich in den meisten Fällen bereits aus anderen Quellen erschließen ließen, oder Informationen, bei denen sich durch die Weitergabe – nach eigenen Angaben – vor allem Vorteile für die eigene Betätigung in der rechten Szene ergaben. Nicht nur die üppige finanzielle Entlohnung für seine Tätigkeit, sondern auch den Grundsatz des Landesamtes für Verfassungsschutz »Quellenschutz vor Strafverfolgung« machte sich Brandt für sich und die radikale Szene von Neonazis in Thüringen zu Nutze. Noch nach dem Abtauchen der drei war Brandt – nach eigenen Angaben – in deren logistische Unterstützung eingebunden, ohne dass er den konkreten Aufenthaltsort – damals in Chemnitz – erfahren haben will. Die Angaben von Tino Brandt als Zeugen sind insofern zwar durchaus relevant für dieses Verfahren. Sie sind aber mit Vorsicht zu genießen, insbesondere dann, wenn man feststellen muss, dass Tino Brandt gerade für die Radikalisierung der Szene und den Aufbau von Netzwerken in Thüringen federführend mitverantwortlich war.

Aufklärungsanspruch nicht erfüllt – ein Schlussstrich kann nicht gezogen werden

Zwar hat Brandt hier behauptet, immer wahrheitsgemäß gegenüber seinen Kontaktpersonen beim Verfassungsschutz berichtet zu haben, allerdings keinesfalls vollständig. Brandt, der im Verfahren versuchte, auch seine eigene Militanz zu leugnen – ich erinnere insoweit an die wahrheitswidrige Behauptung, nie an Schießübungen teilgenommen zu haben –, hat nach dem Ergebnis der Beweisaufnahme die Entstehung und Radikalität auch des NSU erheblich gefördert. Auf die weiteren Einzelheiten dazu werden, wie gesagt, die Kollegin von der Behrens einerseits und andererseits zur Entstehungshistorie des NSU auch der Kollege Dr. Stolle eingehen.

Schaubild 4

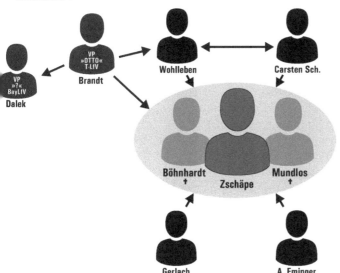

Schaubild 4: Neben der Rolle von Tino Brandt muss man die Rolle des Zeugen Kai Dalek ebenfalls in den Fokus nehmen. Viele werden sich noch an die denkwürdigen Auftritte dieses Zeugen im hiesigen Verfahren am 14. und 19. November 2014 erinnern. Dalek wirkte selbstherrlich und besserwisserisch. Er versuchte ebenfalls – wie Brandt –, seine eigene Rolle in der damaligen Szene herunterzuspielen. Seine Aussage ist sicherlich nur begrenzt glaubhaft gewesen, kann jedoch im Ergebnis keinesfalls vernachlässigt werden. Denn nur in Gesamtschau der beiden Aussagen von Dalek und Brandt ergibt sich nach meiner Auffassung ein durchaus rundes Bild der militanten Entwicklung der rechtsextremen Szene in Thüringen rund um den »Thüringer Heimatschutz«, aus dem letztlich die von der Bundesanwaltschaft benannten drei Kernmitglieder des NSU stammen.

Dalek hat hier behauptet, dass er quasi erst auf Weisung des bayerischen Landesamtes für Verfassungsschutz in die fränkische und in die bundesweite Neonazi-Szene eingestiegen sei. Er stilisierte sich quasi selbst als eine Art privat agierender verdeckter Ermittler, also kein Beamter des Verfassungsschutzes, sondern eine

Privatperson, die mit einem bestimmten Auftrag erst in eine Szene eingeschleust worden sei. Ob das letzten Endes so zutrifft, konnten wir in diesem Verfahren nicht ermitteln. Richtig ist aber, dass Dalek über mindestens elf Jahre einerseits Führungskader in der gesamtdeutschen Naziszene und gleichzeitig Spitzel für den Verfassungsschutz war. Innerhalb der sogenannten »Gesinnungsgemeinschaft der Neuen Front«, kurz »GdNF«, einer Gruppierung, die sich als Folgeorganisation der SA in den Traditionen der NSDAP sieht, war er relativ schnell in den Führungskreis aufgestiegen. Bereits Anfang der 1990er Jahre wurde er ebenfalls in die Thüringer Naziszene, dort in den »Thüringer Heimatschutz«, integriert. Er gab selbst an, dazu ca. einmal pro Woche nach Thüringen gefahren zu sein.

Dalek sprach davon, dass der »Thüringer Heimatschutz« sich wie eine »Krake« dann irgendwann auch nach Bayern ausgedehnt habe. Die Gruppe sei sehr militant und radikal gewesen. Dalek selbst trug erheblich zur bundesweiten Vernetzung der Gruppe des »Thüringer Heimatschutzes« um den Zeugen Brandt bei. Ohne ihn wären beispielsweise die vielfältigen Kontakte nach Bayern, hier insbesondere nach Franken, nur schwer vorstellbar. Dalek beschrieb seinen Auftrag vom Verfassungsschutz dahingehend, dass er entsprechenden Einfluss auf die Szene nehmen sollte. Dabei ging es also nicht um Beobachtung. Folgt man dem Zeugen Dalek in diesem Punkt, hat der Verfassungsschutz die Szene, aus der der NSU stammt, nicht nur überwacht. Er saß in der Person von Kai Dalek selbst in entscheidender Position mit am Tisch.

Schaubild 5: Hinzu kommt die V-Person Michael See bzw. heute Doleisch von Dolsperg des Bundesamtes für Verfassungsschutz mit dem dortigen Decknamen »Tarif«. Er ist entgegen unseren Anträgen nicht als Zeuge in der Hauptverhandlung gehört worden. Nach unserem Beweisantrag vom 18. März 2014 hätte der Zeuge See bei wahrheitsgemäßer Aussage hier bekundet, dass er nicht nur V-Mann des Bundesamtes für Verfassungsschutz war, sondern im Jahre 1998 die Gründung von autonomen Zellen innerhalb der militanten Naziszene und den Aufruf zum Wirken im Untergrund nach dem Prinzip des führerlosen Widerstandes inklusive bewaffneter Aktionen propagierte. Er hätte bekundet, dass er nicht nur André Kapke und Ralf Wohlleben, sondern auch Uwe Mundlos und Uwe Böhnhardt und weitere Personen des »Thüringer Heimatschutzes« von Veranstaltungen her kannte. 1998 hätte ihn André Kapke gefragt, ob er die bereits aus Jena abgetauchten Zschäpe, Mundlos und Böhnhardt unterbringen könnte, was Michael See seinem V-Mann-Führer meldete. Der wiederum gab die Anweisung, dass See dies bei einer erneuten Anfrage von Kapke ablehnen sollte. Diese Beweisergebnisse wären für dieses Verfahren nach all dem, was ich eben schon dargestellt habe, von erheblicher Bedeutung gewesen. Sie wären auch deswegen von hoher indizieller Aussagekraft, weil sich daraus ergeben hätte, dass das Bundesamt für Verfassungsschutz nicht nur aus Schlamperei oder Fahrlässigkeit die Möglichkeit, den Aufenthaltsort der drei in Erfahrung zu bringen, nicht genutzt hat. Noch für die Zeit vor dem ersten Mord wäre nach dieser Beweisaufnahme nämlich klar gewesen, dass das Bundesamt für Verfassungsschutz trotz der naheliegenden Möglich-

Schaubild 5

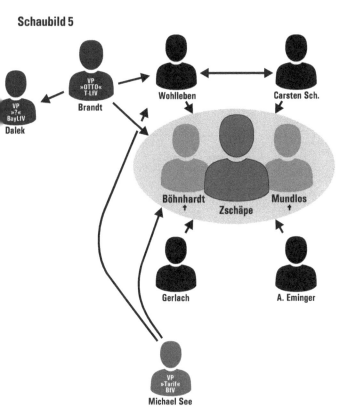

keit, über den V-Mann See an die drei vermeintlich Untergetauchten heranzukommen, die Chance ganz bewusst ungenutzt ließ, immerhin drei Personen aus der rechtsextremistischen Szene, die zuvor mit TNT-Sprengstoff im Kilogrammbereich und Rohrbomben aufgefallen waren, dingfest zu machen. Auf weitere Einzelheiten hierzu wird die Kollegin von der Behrens noch eingehen.

Schaubild 6

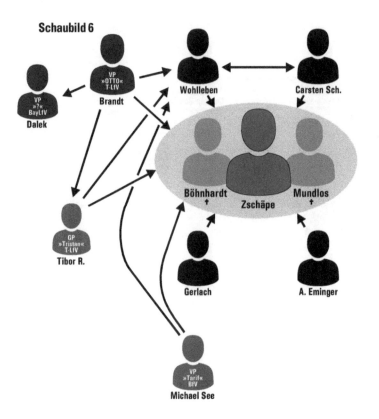

Schaubild 6: Auch die Rolle des Zeugen Tibor R. als Gewährsperson des Thüringer Landesamtes für Verfassungsschutz mit dem Decknamen »Tristan« ist bemerkenswert. Tibor R. arbeitete nach dem von uns gestellten Beweisantrag vom 28. Mai 2014 ebenfalls für das Thüringer Landesamt für Verfassungsschutz. Dort gab er im Jahr 2000 und 2001 mehrfach relevante Hinweise. Im März 2001 soll er erklärt haben, dass er die drei flüchtigen Personen, also Mundlos, Böhnhardt und Zschäpe, alle persönlich kennen würde und diese nach Szeneinformationen vermutlich in Chemnitz untergetaucht seien. Auch dem militärischen Abschirmdienst gab Tibor R. nach unserem Beweisantrag den Hinweis, dass Kapke und Wohlleben mehr über den Verbleib der drei Personen wissen müssten. All diese Hinweise waren genauso zutreffend, wie sie ignoriert worden sind. Trotz dieser nach meiner Auffassung auch für die Frage des subjektiven Vorstellungsbildes des Angeklagten Wohlleben nicht unerheblichen Bedeutung der unter Beweis gestellten Tatsachen wurde der Zeuge Tibor R., Deckname »Tristan«, hier nicht gehört.

Schaubild 7: Hinzu kommt die Rolle von Thomas Dienel als V-Mann »Küche« des Thüringer Landesamtes für Verfassungsschutz. Dienel spielte hier im Rahmen der Inaugenscheinnahme eines *SPIEGEL TV*-Videos eine nicht unbedeutende Rolle gerade für die Zeit im Vorlauf der Entstehung des Thüringer Heimatschutzes.

Aufklärungsanspruch nicht erfüllt – ein Schlussstrich kann nicht gezogen werden

Schaubild 7

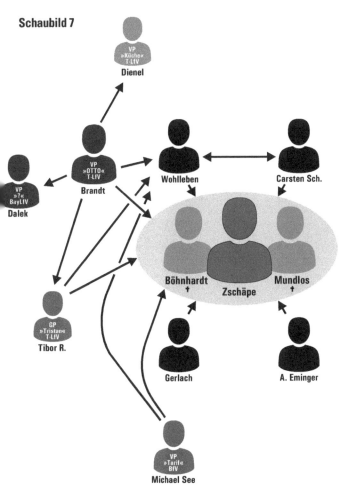

Er hatte nicht nur bei einer auf dem Video dokumentierten hetzerischen Rede die Existenz des Konzentrationslagers Auschwitz mit den Worten geleugnet, dass dort »leider« niemand umgebracht worden sei. Vielmehr hatte er auch den bewaffneten Untergrundkampf propagiert und den Einsatz von Sprengstoff als Mittel zur Umsetzung politischer Vorstellungen auch öffentlich thematisiert. Direkte Kontakte von Dienel zu Mundlos, Böhnhardt und Zschäpe sind in diesem Verfahren zwar nicht belegt worden.

Was allerdings feststeht ist, dass der Zeuge Brandt in regem Kontakt mit diesem Propagandisten der frühen Thüringer Naziszene stand und der V-Mann Dienel die radikale Naziszene zu gewalttätigen Aktionen angestachelt hat. Dagegen sprechen auch die Verharmlosungstendenzen von Zeugen aus der rechten Szene, die im Rahmen des Vorhalts mit den hier in Augenschein genommenen Videoaufnahmen konfrontiert wurden, nicht. Zu diesem Kontext wird insbesondere auch der Kollege Dr. Stolle noch weiter ins Detail gehen.

Schaubild 8

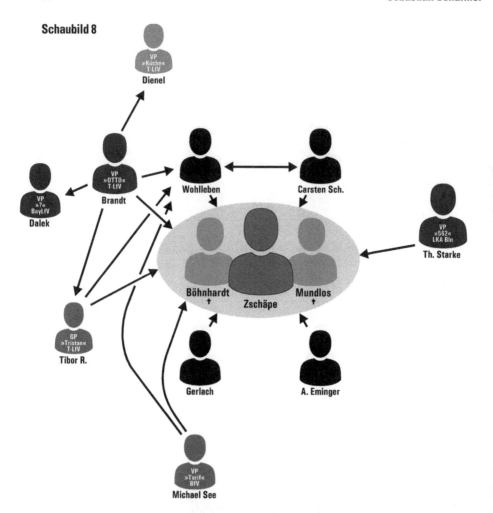

Schaubild 8: Dazu kommt der V-Mann Thomas Starke, der heute M. heißt, alias VP 562 des Landeskriminalamtes Berlin, dem bei der Unterstützung von Mundlos, Böhnhardt und Zschäpe eine Schlüsselrolle zukam. Der Zeuge Starke, alias VP 562, hat sich in diesem Verfahren vollumfassend auf sein Auskunftsverweigerungsrecht nach § 55 StPO berufen. Insofern konnte allein die polizeiliche Vernehmung insbesondere durch Vernehmung des Zeugen KOK Sch. am 122. Hauptverhandlungstag hier eingeführt werden. Daraus und aus den weiter eingeführten Beweismitteln in diesem Verfahren ergibt sich, dass Starke einer der wichtigsten Unterstützer der drei abgetauchten Personen, insbesondere in der Anfangszeit in Chemnitz, gewesen ist. Starke, der vormals eine kurzzeitige Beziehung zu der Angeklagten Zschäpe gepflegt hatte, war fester Bestandteil der rechtsextremistischen Strukturen in Chemnitz und darüber hinaus. Als »Blood & Honour«-Aktivist war er deutschlandweit vernetzt. Gegenüber dem Zeugen Degner, ebenfalls

Aufklärungsanspruch nicht erfüllt – ein Schlussstrich kann nicht gezogen werden

V-Mann des Thüringer Verfassungsschutzes, wusste Starke zu berichten, dass die drei kein Geld mehr bräuchten, da sie nun »jobben« würden.

Bereits im Jahr 2000 gab Starke als VP 562 belastende Hinweise zur Struktur der konspirativ agierenden Berliner Neonazi-Band »Landser« und wurde zumindest seitdem als Vertrauensperson geführt. Ob und inwieweit von Starke insoweit auch über Zschäpe, Mundlos und Böhnhardt weitergegebene Informationen tatsächlich Berücksichtigung bei einer möglichen Suche nach den dreien fanden, konnte in der Hauptverhandlung – auch weil dazu keine weiteren Ermittlungen angestellt worden sind – nicht geklärt werden.

Schaubild 9

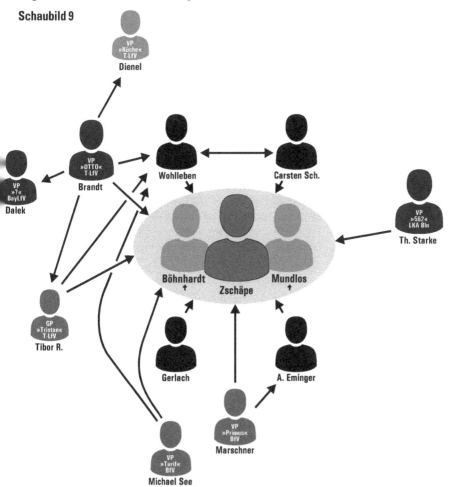

Schaubild 9: In diesem Zusammenhang ist ebenfalls in einer Schlüsselrolle der V-Mann Ralf Marschner, alias VP »Primus«, des Bundesamtes für Verfassungsschutz zu sehen, den wir hier – entgegen unseren mehrfachen Versuchen – ebenfalls leider nicht als Zeugen vernommen haben. Mein Kollege Ilius hat in diesem

Zusammenhang bereits die besondere Bedeutung von Marschner auch hinsichtlich seiner Verbindungen nach Nordrhein-Westfahlen thematisiert.

Marschner hätte entsprechend unserer Beweisanträge und Beweisermittlungsanträge in diesem Prozess eine ganz entscheidende Aussage machen können. Nach allem, was insbesondere auch durch den zweiten NSU-Untersuchungsausschuss des Bundestages in der letzten Legislaturperiode zum V-Mann Marschner ermittelt worden war, hätte sich bei wahrheitsgemäßer Aussage in seiner Vernehmung ergeben können, dass er aktiv auch in die Unterstützung von Mundlos, Böhnhardt und Zschäpe in der Zeit in Zwickau eingebunden gewesen ist. Dabei ist Ralf Marschner, alias »Primus«, nicht irgendwer. Er war bis 2007 quasi die Galionsfigur der Zwickauer Neonazi-Szene. Mit seinem auch in der Szene bekannten Bekleidungsgeschäft, seiner Baufirma und seinem ansonsten ebenfalls imposanten Erscheinungsbild kam man – so wäre die Beweisaufnahme zu werten gewesen – in der Zwickauer Szene nicht um den Zeugen Marschner herum. Beate Zschäpe soll zumindest mehrfach in seinem Geschäft gewesen sein – auch und gerade hinter dem Verkaufstresen. Sie soll dort ggf. auch gearbeitet haben. Mundlos soll zeitweise in der Baufirma von Marschner gearbeitet haben. Die Anmietungen von Fahrzeugen durch Marschner korrespondieren in zwei Fällen zumindest insoweit mit den Mordtaten des NSU, dass es naheliegend ist, dass Transportfahrzeuge des Baubetriebes von Marschner, insbesondere solche, mit denen auch Fahrräder transportiert werden können, für die Morde genutzt wurden, während Marschner selbst in dieser Zeit ein Mietfahrzeug für sich in Anspruch nahm. Dies würde im Übrigen auch zu den Aussagen von Nachbarn, insbesondere der Zeugin Sindy H., passen. Danach soll mindestens einer der beiden Männer regelmäßig auf Montage gearbeitet haben und ein Fahrzeug benutzt haben, was für diese Tätigkeit gedacht gewesen sei.

Auch hätte ermittelt werden können, warum bereits im Jahr 2011 – vor Selbstenttarnung des NSU – ggf. im Zwickauer rechten Szeneladen »Eastwear« T-Shirts mit dem Paulchen Panther-Motiv und der Aufschrift »Staatsfeind« verkauft worden waren. Dass diese T-Shirts von Mundlos entworfen wurden, liegt nahe. Schließlich hatte er nach den Angaben der Zeugen M.-F.B. und Hendrik Lasch bereits 1998 T-Shirts für den Verkauf in der rechten Szene entworfen.

Festzuhalten bleibt für mich, dass Marschner und seine V-Mann-Führer bzw. ggf. teilweise wieder rekonstruierte Akten von erheblicher Bedeutung hätten sein können. Wir haben in diesem Verfahren fast alle Urlaubsbekanntschaften von Zschäpe, Mundlos und Böhnhardt vernommen, selbst zu der Frage, welche Freizeitaktivitäten von wem jeweils initiiert worden sind – bis hin zum Bratwurstkauf. Da hätten sich doch die Fragen nach dem in Zwickau sicherlich stadtbekanntesten Neonazi, dessen Kontakt zu den NSU-Mitgliedern, den Gesprächen über auch politische Inhalte, der Beschäftigung von Beate Zschäpe oder Uwe Mundlos oder überhaupt den zwischenmenschlichen Kontakten zur Einordnung auch möglicher Hierarchieverhältnisse im Rahmen der Dreiergruppe, in dieser Beweisaufnahme mehr als aufgedrängt. Warum dies letztlich nicht erfolgt ist, warum es nicht wenigstens versucht wurde, bleibt für mich bis heute unerfindlich. Festzuhalten bleibt allerdings nach unserem Beweisantrag und den darin auch verarbeiteten

Aufklärungsanspruch nicht erfüllt – ein Schlussstrich kann nicht gezogen werden

Erkenntnissen des Untersuchungsausschusses des Bundestages, dass Marschner, alias V-Mann »Primus«, eine der Topquellen des Bundesamtes für Verfassungsschutz war. Er hatte nach unabhängigen Zeugenaussagen als Szenegröße in Zwickau mit den drei NSU-Mitgliedern Mundlos, Böhnhardt und Zschäpe Kontakt. Seine V-Mann-Akte ist im Bundesamt für Verfassungsschutz irregulär vernichtet worden. Entweder also hätte danach »Primus« trotz engem Kontakt zu den drei gesuchten Personen das Bundesamt für Verfassungsschutz bewusst im Dunkeln gelassen oder aber entsprechende Informationen von »Primus« wurden zwar durch das Bundesamt erhoben, jedoch nicht weiterverfolgt. Beides wäre ein handfester Skandal auch für das Bundesamt für Verfassungsschutz.

In beiden Fällen wären das allerdings auch Anhaltspunkte, um aufzuklären, warum der NSU als mordende Terrororganisation 13 Jahre lang ungestört in Deutschland mindestens zehn Menschen hinrichten, drei Sprengstoffanschläge verüben und zahlreiche Banküberfälle begehen konnte.

Schaubild 10

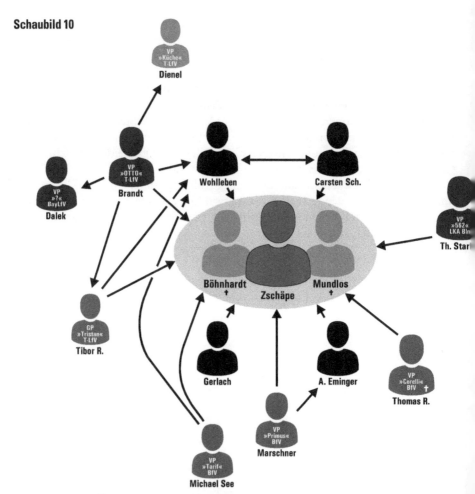

Schaubild 10: Ähnlich ungeklärt wird die Frage zu den Kontakten und der Kenntnislage des V-Manns mit dem Decknamen »Corelli« des Bundesamts für Verfassungsschutz, alias Thomas Richter, bleiben. Denn er ist kurz vor seiner geplanten weiteren Zeugenbefragung durch das Bundeskriminalamt vermeintlich an einer bis dahin unbekannten Diabetes-Erkrankung verstorben. Dabei befand er sich in einer Art Nachsorgeprogramm des Bundesamtes für Verfassungsschutz – ähnlich einem Zeugenschutzprogramm. Auch bezüglich »Corelli« waren von hier aus Beweisermittlungsanträge gestellt worden, aus denen sich u.a. ergeben hätte, dass Thomas Richter bereits im Jahre 2005 dem Bundesamt für Verfassungsschutz eine DVD mit rechtsextremem Material und dem Titel »NSU/NSDAP« übergeben hatte. »Corellis« Klarname, Thomas Richter, befand sich zudem auf einer Liste mit u.a. hochrangigen rechten Szenepersönlichkeiten, die in der Garage in Jena sichergestellt wurde, in der neben zahlreichem Propagandamaterial auch die in Bau befindlichen Rohrbomben sowie der TNT-Sprengstoff lagerten.

Aufklärungsanspruch nicht erfüllt – ein Schlussstrich kann nicht gezogen werden

Schaubild 11

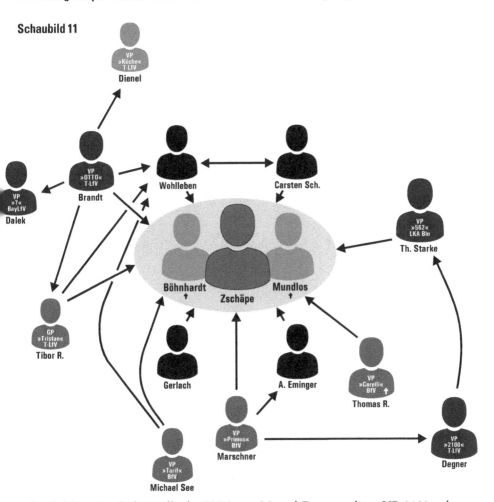

Schaubild 11: Auch die Rolle des V-Manns Marcel Degner, alias »VP 2100«, des Thüringer Landesamtes für Verfassungsschutz konnte hier nur ein Stück weit aufgeklärt werden. Der Zeuge Degner hatte hier in der Hauptverhandlung zunächst abgestritten, überhaupt V-Person des Thüringer Landesamtes für Verfassungsschutz zu sein und sich dann später auf ein vermeintliches Auskunftsverweigerungsrecht nach § 55 StPO berufen. Eine konfrontative Befragung von Degner war allerdings nicht nur aufgrund seiner offensichtlich wahrheitswidrigen Angaben zu seinem V-Mann-Status in diesem Prozess nicht möglich. Vielmehr fehlten dafür eine ganze Reihe von Deckblattmeldungen, deren Beiziehung wir am 229. Hauptverhandlungstag beantragt hatten und deren Vorhandensein sich zwanglos aus der Aussage des V-Mann-Führers, des Zeugen Zweigert, ergab. Auch dieser Zeuge vermochte sich im Übrigen nur bruchstückhaft zu erinnern. Konkrete Vorhalte konnten auch insofern nicht gemacht werden, weil die Beiziehung der vom Zeugen benannten Deckblattmeldungen – wie bei allen von hier beantragten Un-

terlagen des Verfassungsschutzes zu Degner – abgelehnt wurde. Zuvor waren im Übrigen nach unserer Aktenlage durch die Bundesanwaltschaft auch keine Ermittlungen dazu betrieben worden. Dabei wären die Angaben von Degner zur Unterstützung von Mundlos, Böhnhardt und Zschäpe durch das »Blood & Honour«-Netzwerk auch deswegen von Bedeutung gewesen, weil sich daraus ergeben hätte, dass wiederum ein hochrangiger V-Mann des Thüringer Landesamtes für Verfassungsschutz entweder konsequent zu konkreten Details des Aufenthaltsortes dieser drei geschwiegen hätte oder aber – was der wahrscheinlichere Fall ist – entsprechende Angaben des Zeugen Degner gegenüber seinen V-Mann-Führern nicht zur Ergreifung der drei abgetauchten Personen genutzt worden sind.

Schaubild 12

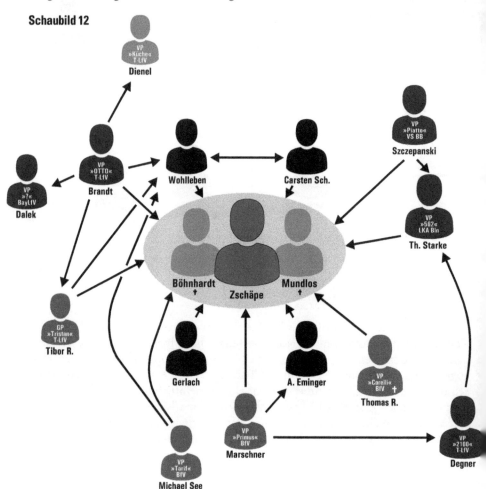

Aufklärungsanspruch nicht erfüllt – ein Schlussstrich kann nicht gezogen werden

Schaubild 12: Von entscheidender Bedeutung war auch die Rolle des Zeugen Carsten Szczepanski, alias V-Mann »Piatto«, des Brandenburger Verfassungsschutzes. Auch damit wird sich die Kollegin von der Behrens noch im Detail beschäftigen. Vorweg sei aber in Erinnerung gerufen, dass Szczepanski schon frühzeitig Hinweise zur Bewaffnung, zum Aufenthaltsort und zur Unterstützung von Zschäpe, Mundlos und Böhnhardt durch »Blood & Honour«-Aktivisten gegeben hatte.

Auch aufgrund dieser Informationen sei – so hat sich in der Beweisaufnahme ergeben – eine gemeinsame Besprechung von mindestens fünf Verfassungsschutzbehörden abgehalten worden. Es war nämlich spätestens danach klar, dass die drei abgetauchten Personen sich entsprechender Hilfe aus dem rechtsextremistischen und besonders gefährlichen Netzwerk von »Blood & Honour« bedienten und jedenfalls auch auf der Suche nach Waffen sind. Nähere Details konnten im Rahmen dieser Hauptverhandlung auch hierzu nicht erfragt werden, da der Zeuge Szczepanski sich immer dann, wenn es für ihn und seine damalige Informationsweitergabe kritisch wurde, auf vermeintliche Erinnerungslücken berufen hat.

Aus meiner Sicht hätten nur konkrete Vorhalte aus weiteren Deckblattmeldungen gegenüber dem Zeugen Szczepanski zu vollständigen wahrheitsgemäßen Angaben führen können. Diese wurden aber – trotz unserer Anträge hierzu – durch Versagung der Beiziehung dieser Aktenbestandteile unmöglich gemacht. Gleiches gilt im Übrigen auch für die Vernehmung der V-Mann-Führer von Szczepanski, alias »Piatto«, der Zeugen Görlitz und Meyer-Plath. Letzterer wurde trotz seiner mehr als kritikwürdigen Tätigkeit während seiner Zeit beim Brandenburger Verfassungsschutz inzwischen zum Präsidenten des sächsischen Landesamtes für Verfassungsschutz ernannt.

Schaubild 13

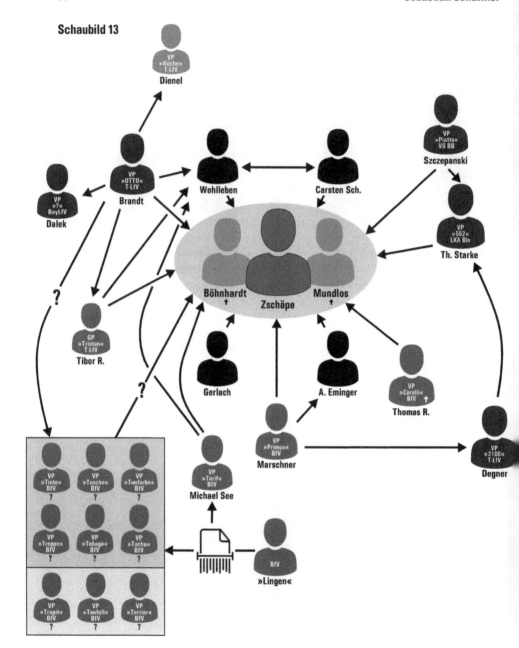

Aufklärungsanspruch nicht erfüllt – ein Schlussstrich kann nicht gezogen werden

Schaubild 13: In diesem Verfahren weiter nicht aufgeklärt werden konnten die Angaben von mindestens neun V-Personen aus dem Umfeld des Thüringer Heimatschutzes. Die Akten des Bundesamtes für Verfassungsschutz zu mindestens fünf dieser V-Leute mit den Decknamen »Tinte«, »Tusche«, »Treppe«, »Tobago« und »Tonfarbe«, wurden auf Anweisung des Zeugen mit dem Tarnnamen »Lothar Lingen«[1] geschreddert. Der Inhalt der weiteren Akten der so genannten »Operation Rennsteig« zu den V-Personen »Terrier«, »Tonfall« und »Trapid« ist ferner bis heute unbekannt. Hinzu kamen außerhalb der »Operation Rennsteig« noch die V-Mann-Akten zu den Decknamen »Tacho« und »Tarif«. Von Letzterem wissen wir, dass es sich dabei um Michael See handelt. All diese mindestens sieben Akten wurden in einer später so bezeichneten »Operation Konfetti« am 11. November 2011 – also kurz nach der Selbststellung der Angeklagten Zschäpe und am Tag der Übernahme der Ermittlungen durch den Generalbundesanwalt – extralegal vernichtet. Wir haben in diesem Prozess mit großem Engagement darum gekämpft, dass der Zeuge mit dem Tarnnamen »Lothar Lingen« hier vernommen wird.

Natürlich können wir nicht mit Sicherheit sagen, was sich in den vom Zeugen »Lingen« vernichteten Akten an Informationen befunden haben. Der Zeitpunkt der Vernichtung kurz nach Selbstenttarnung des NSU und die genauen Umstände, soweit sie bekannt sind, lassen allerdings deutlich darauf schließen, dass es sich bei diesen Akten um Beweismaterial handelte, deren Inhalt mehr als relevant für das hiesige Verfahren ist. Ich erinnere insofern auch an unseren Antrag vom 3. August 2015 sowie die erhobene Gegenvorstellung vom 2. Juni 2016 gegen die Ablehnung eben dieser Beweisermittlungen.

Natürlich ist es uns bis heute nicht möglich, konkrete Inhalte eben dieser vernichteten Akten als Beweistatsachen zur beantragten Vernehmung des Zeugen »Lingen« vorzutragen. Nun wird der Inhalt dieser Akten wahrscheinlich auch für immer ungeklärt bleiben. Damit fehlt eine wichtige Möglichkeit zu ergründen, warum der NSU letztlich über 13 Jahre lang ohne Festnahme mordend und raubend durchs Land ziehen konnte.

Auch am Beispiel des Zeugen »Lingen« wird – wie meine Kollegin von der Behrens noch detaillierter ausführen wird – deutlich, wie durch die selektive Vorlage von Aktenmaterial und teilweise auch bewusste Desinformation im Rahmen von Stellungnahmen durch den Generalbundesanwalt versucht wurde, genau diesen thematischen Ansatz aus dem Verfahren mit allen Mitteln herauszuhalten.

---

[1] Referatsleiter im Bundesamt für Verfassungsschutz.

Schaubild 14

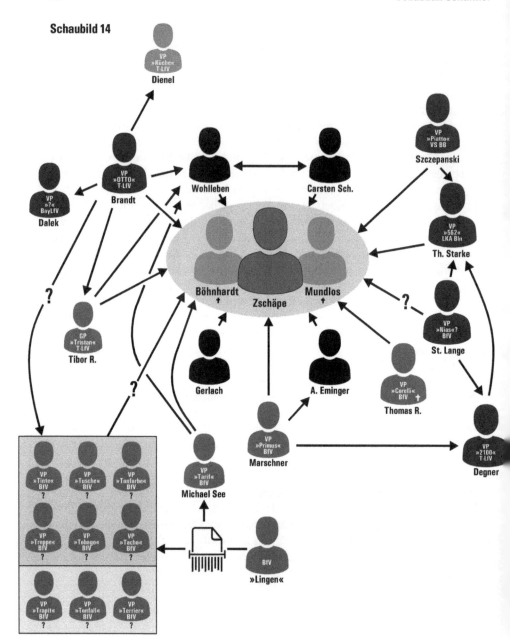

Schaubild 14: Nicht zuletzt sei auch auf unsere Aufklärungsbemühungen hinsichtlich des mutmaßlich unter dem Decknamen »Nias« geführten V-Mannes Stephan Lange hingewiesen. Hierzu hatte ich bereits eingangs Ausführungen gemacht.

Aufklärungsanspruch nicht erfüllt – ein Schlussstrich kann nicht gezogen werden 99

Schaubild 15

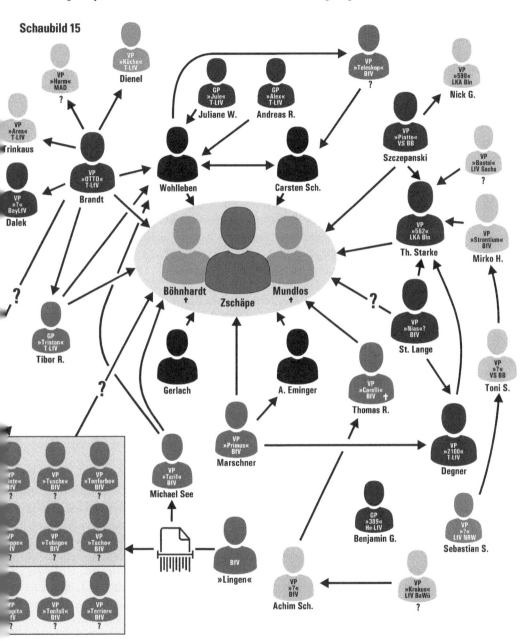

Schaubild 15: Letztlich ist zu einer ganzen weiteren Reihe von V-Personen hier durch uns kein Beweisantrag mehr gestellt worden, obgleich der Untersuchungsausschuss des Bundestages in der letzten Legislaturperiode beispielsweise ausgeführt hat, dass er von über insgesamt 30 V-Personen im Umfeld von Mundlos, Böhnhardt und Zschäpe ausgeht. Wenn man jedoch zusammennimmt, welche

Informanten und V-Personen im Rahmen dieses Verfahrens in Stellungnahmen, Beweisanträgen sowie auch durch Thematisierung der Erkenntnisse der Untersuchungsausschüsse im Bund und in den Ländern eine Rolle gespielt haben, so kommt man zumindest noch auf 13 weitere Quellen, deren Informationen auch über diese drei Personen, deren Aufenthaltsort und die Planung der Morde und Anschläge hier nicht ausreichend ermittelt werden konnten.

Festzuhalten bleibt damit, dass in diesem Verfahren zahlreiche Chancen ungenutzt geblieben sind, aufzuklären, wer wann von den Taten des NSU wusste und sie ggf. durch was gefördert hat. Und dies wäre nicht nur deshalb von erheblicher Bedeutung gewesen, weil dadurch hätte geklärt werden können, warum die Taten nicht rechtzeitig verhindert worden sind und welche staatliche Mitverantwortung dies bedeutet. Es wäre auch deshalb von Bedeutung gewesen, weil V-Personen und entsprechende Akteneinträge zu diesen wichtige Beweismittel in einem der größten Indizienprozesse der deutschen Geschichte gewesen wären, die auch die Tatbeiträge der hier fünf Angeklagten näher hätten beleuchten können.

Wer also angesichts allein dieses Netzwerkes von V-Personen mit ihren direkten Verbindungen auch zu Mundlos, Böhnhardt und Zschäpe glauben will, dass es sich um eine abgeschottete, auch im Rahmen der rechten Szene autark agierende Terrorzelle gehandelt hat, der mag das tun. Realistisch ist das nicht.

Die unter Beweis gestellten Tatsachen, aber auch die in der Hauptverhandlung erhobenen Beweise zu den hier dargestellten Verbindungen legen jedenfalls mehr als nahe, dass V-Personen von den Aktivitäten des Terrornetzwerkes wussten und diese entweder konsequent nicht weitergemeldet haben oder aber etwaige Meldungen bei der Fahndung nach den drei abgetauchten NSU-Mitgliedern und bei der Frage der Verhinderung von Morden und Anschlägen nicht berücksichtigt wurden.

Letztlich bleiben Gamze Kubaşık nach der knapp 400 Tage umfassenden Hauptverhandlung in diesem Verfahren ein Appell und zwei Hoffnungen:

Der Appell richtet sich zunächst an den Senat. Dieses Verfahren, Hoher Senat, kann keinen Schlussstrich unter den gesamten NSU-Komplex bedeuten. Es kann hier – und insofern richtet sich der Appell an Ihre Ehrlichkeit in den Urteilsgründen – allein zu der Frage der eng umgrenzten Schuld dieser fünf Angeklagten eine Entscheidung ergehen. Die Geschichtsschreibung, wie sie die Bundesanwaltschaft gern hätte, verbunden mit einem Persilschein für Polizei, Verfassungsschutz und nicht zuletzt für den Generalbundesanwalt selbst, kann es von Ihnen nicht geben. Wenn eine Aufklärung zu den von Frau Kubaşık für so wichtig benannten Themen in diesem Verfahren als nicht verfahrensrelevant unterbunden wurde, kann man nicht – wie der Generalbundesanwalt – im Nachhinein unterstellen, dass keine Hinweise auf weitere Mittäter, Beihelfer oder Unterstützer des NSU-Terrors gefunden worden wären. Das ginge an den Grenzen der hier erfolgten Beweisaufnahme vorbei.

Die Hoffnungen richten sich auf weitere Aufklärung. Denn die Aufklärung kann mit diesem Verfahren nicht vorbei sein. Eine Hoffnung bleibt, dass ein Mitarbeiter oder eine Mitarbeiterin mit Gewissen – etwa beim Bundesamt für Verfassungsschutz – aufdeckt, warum geschreddert, warum vertuscht, warum gelogen wurde. Jemand, der ungeachtet der Konsequenzen aufklärt, was das Bundesamt für Verfassungsschutz vor und nach Begehung der Morde und Anschläge wusste.

Eine weitere und letzte Hoffnung auf Aufklärung könnte die Angeklagte Zschäpe bieten. Sie könnte sagen, wer involviert war, wer Bescheid wusste, geholfen und unterstützt hat. Warum sollte die Angeklagte Zschäpe das tun?

Nun, wenn es hier zu einer anklagegemäßen Verurteilung kommt – und davon gehe ich aus –, ist die einzig denkbare, nach dem Gesetz gegebene Strafe eine lebenslange Gesamtfreiheitsstrafe. Bei der mittäterschaftlichen Begehung von zehn Morden, zwei Anschlägen, einer Brandstiftung mit weiteren drei Mordversuchen und 15 Raubüberfällen dürfte bei einer Gesamtbetrachtung zudem eine Feststellung der besonderen Schwere der Schuld unabwendbar sein.

Wenn das so kommt – so zumindest eine Hoffnung –, wird Frau Zschäpe spätestens nach Rechtskraft des Urteils verstehen müssen, dass ihre Strategie oder ggf. die ihrer neueren Anwälte, zu versuchen, sich mit strategisch verfassten Formulierungen aus der Verantwortung zu ziehen, gescheitert ist.

Es wird nach etwa 13 Jahren Gesamtvollzug der lebenslangen Freiheitsstrafe ein weiteres gerichtliches Verfahren hier vor diesem Gericht geben, in dem es dann um die Frage der Feststellung der Mindestverbüßungsdauer der lebenslangen Freiheitsstrafe gehen wird – also um den Zeitpunkt, an dem die Angeklagte im Falle ihrer Verurteilung das erste Mal versuchen können wird, eine Bewährungsentlassung zu erwirken. Eine solche Mindestverbüßungsdauer kann zwischen 15, 20, 25 oder auch 30 Jahren und höher liegen. Wie viele Jahre es letztlich werden, hängt dann nämlich auch davon ab, wie sich die Angeklagte Zschäpe vor und nach ihrer Verurteilung verhält.

Und hierin ist die Hoffnung von Gamze Kubaşık zu sehen. Frau Kubaşık würde sich selbst bei dem dann entscheidenden Gericht dafür einsetzen, dass die Mittäterin des Mordes an ihrem Vater insgesamt vielleicht weniger von ihrer lebenslangen Freiheitsstrafe verbüßen muss, wenn sie alle weiteren beteiligten Unterstützer, Beihelfer oder gar Mittäter offenbart, wenn sie Ross und Reiter nennt, wenn sie sich ernsthaft von den Taten distanziert und dies durch ihre rückhaltlose Mitarbeit zur Aufklärung demonstriert.

Frau Zschäpe, Sie sollten diese Worte zumindest die nächsten sieben Jahre Ihrer Haft nicht vergessen. Sie haben – nach meiner Auffassung – in diesem Verfahren gelogen. Sie haben Verantwortung von sich weggeschoben. Wenn Sie bereit sind, Verantwortung zu übernehmen und alle zu benennen, die hier auf der Anklagebank fehlen, wird sich Gamze Kubaşık an ihr heute abgegebenes, mehr als großzügiges Versprechen halten und sich persönlich auch bei dem Gericht, was über die Länge Ihrer Mindestverbüßungsdauer entscheidet, dafür einsetzen, dass die spätere Aufklärung der Taten angemessen honoriert wird.

Ich habe großen Respekt vor diesem Angebot von Frau Kubaşık. Überlegen Sie es sich gut, Frau Zschäpe.

Meine Damen und Herren, vielen Dank für Ihre Aufmerksamkeit. Nun möchte Frau Kubaşık selbst noch einige Worte sprechen.

Gamze Kubaşık
Sie haben das Versprechen gebrochen!
Plädoyer vom 22. November 2017

Mein Name ist Gamze Kubaşık. Ich möchte am Ende dieses Prozesses auch noch etwas sagen: Vor über vier Jahren, als das hier angefangen hat, habe ich gehofft, dass alle, die mit dem Mord an meinem Vater zu tun haben, auch verurteilt werden und eine gerechte Strafe bekommen. Heute, am Ende dieses Prozesses, weiß ich immer noch nicht, wer außer den Angeklagten alles noch beteiligt gewesen ist. Ich weiß auch nicht, warum ausgerechnet mein Vater ausgewählt wurde. Ich weiß auch bis heute nicht, wer in Dortmund geholfen hat oder aber wer unseren Kiosk vor dem Mord ausspioniert hat. Auch verstehe ich bis heute nicht, warum diese Menschen nicht gestoppt worden sind. Man kannte sie doch und wusste, wo sie sind.

Das einzige, was ich nach diesem Prozess weiß, ist, dass diese fünf Menschen hier schuldig sind.

Holger Gerlach: Ich glaube, dass er wusste, was Mundlos, Böhnhardt und Zschäpe 13 Jahre lang gemacht haben. Er ist kein Trottel, der nur alten Freunden helfen wollte. Ich glaube, er wusste genau, was die vorhatten, und er wollte das auch so. Ich finde gut, dass er hier überhaupt etwas gesagt hat. Ob ich das aber glaube, ist eine andere Sache. Er hat nach meiner Meinung versucht, sich hier »gut zu reden«. Das hat nicht funktioniert. Weil er denen geholfen hat, ist er mit schuld am Tod von meinem Vater. Er hätte die drei ja auch damals verpfeifen können. Dann hätte er verhindert, dass so viele Menschen sterben müssen. Er sollte sich klarmachen, dass er auch dafür verantwortlich ist, dass ich meinen Vater verloren habe und meine Geschwister ohne Vater aufwachsen mussten.

Andre Eminger: Ich habe keinen Zweifel, dass er ganz eng mit dabei war. Er war so eng mit diesen drei Leuten, dass er gewusst hat, was die machen, dass die Morde begehen. So wie er heute hier sitzt, bin ich auch davon überzeugt, dass er an seiner Nazi-Einstellung nicht ein bisschen geändert hat. Er ist für mich der Schlimmste von allen Helfern des NSU. Ich glaube außerdem, dass er nicht nur Unterstützer war, sondern eigentlich mit denen auf einer Stufe.

Carsten Sch.: Er ist der einzige, dem ich hier persönlich abnehme, dass ihm das, was hier passiert ist, leidtut. Er war damals auch noch jung. Er hat hier das Mindeste getan, was er heute tun kann. Er hat geholfen, die Wahrheit zu finden. Auch wenn ich glaube, dass er seine Nazi-Einstellung von früher hier nicht schonungslos und offen erzählt hat, bin ich bereit, seine ehrliche Reue anzuerkennen.

Ralf Wohlleben: Er ist dafür verantwortlich, dass der NSU eine Waffe mit Schalldämpfer bekommen hat. Mit dieser Waffe wurde mein Vater ermordet. Er war Helfer der ersten Stunde für diejenigen, die diese ganzen Menschen umgebracht haben. Die anderen Ermordeten und auch mein Vater haben ihm überhaupt nichts getan. Er kannte sie gar nicht. Ich verstehe diese ganze Nazi-Ideologie nicht. Für mich ergibt das keinen Sinn. Wohlleben ist schlau und gefährlich. Er war der, der alles mitorganisiert hat. Wie er sich in diesem Prozess hier verhalten hat, zeigt mir, dass er an seiner Einstellung nichts geändert hat.

Beate Zschäpe: Sie ist für mich genauso schuldig wie diejenigen, die mit eigener Hand auf meinen Vater geschossen haben. Sie hat alles mitgeplant. Was ich bis heute nicht verstehe, ist, warum sie dann nicht auch zu ihren Taten steht. Das finde ich feige! Sie hat doch selbst dieses Video verschickt. Ich bin mir sicher, dass sie es auch kannte und wollte, dass wir Familien noch einmal darunter leiden. Wenn sie das aber alles so wollte, warum stellt sie sich dann hier nicht hin und sagt das wenigstens?

Ich glaube auch kein Wort von dem, was ihre Anwälte hier für sie vorgelesen haben. Das macht überhaupt keinen Sinn und war auch total unpersönlich. Wenn ich hier höre, dass Zschäpe das Haus in Zwickau angezündet hat, wo beinahe drei Menschen ums Leben gekommen wären und nur ihre Katzen retten wollte, zeigt mir das, was für eine Persönlichkeit sie hat.

Und wenn sie sich wirklich für die Morde schämen würde, wenn sie Reue zeigen würde – warum hilft sie uns dann nicht? Warum sagt sie nicht, wie es passiert ist? Warum sagt sie nicht, wer alles noch mitgeholfen hat? Warum sagt sie nicht, warum unbedingt mein Vater umgebracht werden musste? Warum beantwortet sie all unsere Fragen nicht?

Frau Zschäpe, wenn Ihnen wirklich irgendwann leidtut, was passiert ist, dann antworten Sie! Das geht auch dann noch, wenn dieser Prozess hier vorbei ist.

Ich habe immer noch so viele Fragen, auf die ich keine Antworten bekommen habe. Daran sind aber auch die Ankläger hier Schuld. Frau Merkel hatte mir persönlich versprochen, dass alles unternommen wird, um die Taten vollständig aufzuklären und alle Täter einer gerechten Strafe zuzuführen.

Sie haben vielleicht viel dafür getan, dass diese fünf hier verurteilt werden. Aber was ist mit den ganzen anderen? Ich glaube nicht daran, dass Sie noch irgendwann jemanden anderes anklagen. Für Sie ist die Sache doch hier abgeschlossen.

Für mich und meine Familie bleibt es aber ein Leben lang so, dass ich mit quälenden Fragen leben muss. Ich hatte am Anfang von diesem Prozess so viel Hoffnung, dass nach so langer Zeit jetzt endlich Gewissheit kommt, dass es eine Sicherheit gibt. Diese Hoffnung gibt es nicht mehr. Wir werden wahrscheinlich nie zur Ruhe kommen.

Sie haben das Versprechen gebrochen!

Peer Stolle
Die Entstehung des NSU
Jugendcliquen, Diskurse, Ideologie, »Heimatschutz«
Plädoyer vom 23. November 2017

I. Vorbemerkung

Am 4. April 2006 wurde Mehmet Kubaşık, der Vater meines Mandanten, in seinem Geschäft in der Mallinckrodtsraße in Dortmund von den NSU-Mitgliedern Uwe Mundlos und Uwe Böhnhardt ermordet. Diese Tat – die achte der rassistischen »Česká-Mordserie« – brachte nicht nur unermessliches Leid über die Familie Kubaşık, seine Frau und seine drei Kinder, sondern löste auch Ermittlungen aus, die von rassistischen Vorurteilen der ermittelnden Beamten und einem institutionellen Rassismus bei der Dortmunder Polizei geprägt waren und das Leid der Familie noch verschlimmerten. Gamze und Elif Kubaşık und meine Kollegen Ilius und Scharmer haben dazu das Erforderliche gesagt.

Mein Mandant, der älteste Sohn von Mehmet Kubaşık, möchte nicht im Zusammenhang mit diesem Verfahren im Mittelpunkt der Öffentlichkeit stehen – deswegen ist er heute nicht hier.

Der Wunsch der Familie – so haben es uns die Mandanten von Anfang an gesagt – ist Aufklärung. Aufklärung nicht nur der jeweiligen Tatbeiträge der hier Angeklagten und ihrer individuellen Schuld, sondern auch Aufklärung über staatliches Mitwissen und staatliche Verantwortung, Aufklärung über das Unterstützernetzwerk in Dortmund, Jena und an anderen Orten und Aufklärung über die Frage, wie es überhaupt dazu kommen konnte, dass hier eine Zelle entstehen konnte, die in einem Zeitraum von 13 Jahren nicht nur den Ehemann und Vater ermordete, sondern u.a. weitere acht rassistische Morde und einen Mord an einer Polizeibeamtin, zwei Sprengstoffanschläge und mehrere Banküberfälle begehen konnte, ohne dass der Staat eingriff und dies verhinderte.

Zum Wissen der Behörden und der staatlichen Mitverantwortung hat bereits mein Kollege Rechtsanwalt Scharmer hier plädiert; darauf wird auch noch meine Kollegin Rechtsanwältin von der Behrens eingehen. Der Kollege Rechtsanwalt Ilius hat in seinem Plädoyer auf das in diesem Verfahren nicht aufgeklärte Unterstützernetzwerk in Dortmund hingewiesen.

Ich werde in meinem Plädoyer das Augenmerk auf die Entstehung des NSU richten, auf das Umfeld, in dem die hier Angeklagten und die Verstorbenen Mundlos und Böhnhardt aufwuchsen, sich der rechten Szene anschlossen und sich radikalisierten.

II. Einleitung

Der NSU war kein Trio, keine Vereinigung aus drei Personen, die sich aus sich selbst heraus radikalisierte und daraufhin aus eigenem solitären Entschluss die hier anklagegegenständlichen Taten beging, wie es der Generalbundesanwalt glauben machen will.

Der NSU und die von ihm begangenen Taten sind Folge einer spezifischen gesellschaftlichen Situation, die man in den 1990er Jahren in Ostdeutschland und speziell in Thüringen vorfand. Sie sind Folge der Zeit, in der Mundlos, Böhnhardt, Zschäpe, Wohlleben und Gerlach ihre Jugend verbrachten; einer Zeit, die hochpolitisch war, in der aber nicht nur massenhaft die Forderung nach Demokratie, Freiheit und Gerechtigkeit erhoben wurde, sondern es gleichzeitig zu einer seit dem Ende des Zweiten Weltkrieges auf deutschem Boden bis dahin nicht dagewesenen rassistischen und nationalistischen Stimmung kam.

Diese äußerte sich nicht nur in einer vielerorts hegemonialen und gewalttätigen Jugendsubkultur – die Zeugin Jana J. hat es hier in der Hauptverhandlung für einen späteren Zeitpunkt in den 1990er Jahren als normal beschrieben, dass alle in ihrem Stadtteil rechts waren und sie sich deshalb auch der rechten Szene anschloss. Diese Stimmung äußerte sich auch in einer breiten Zustimmung zu rassistischen Einstellungen und Handlungen in der Bevölkerung und in der Öffentlichkeit, wie sie sich beispielsweise in dem Titelbild des Magazins *Der Spiegel* mit der Schlagzeile »Das Boot ist voll« niederschlug. Herausragende und im allgemeinen Gedächtnis eingebrannte Symbole dafür waren die pogromartigen Ausschreitungen in Hoyerswerda 1991 und in Rostock-Lichtenhagen 1992, wo Hunderte von Neonazis unter dem Beifall der Bevölkerung Wohnhäuser von Migrantinnen und Migranten angriffen.

Allerdings: Eine extrem rechte Jugendszene und eine entsprechende gesellschaftliche Stimmung – dies allein lässt keinen Rechtsterrorismus wie den NSU entstehen. Für das Entstehen einer engen Vertrauensbeziehung und Verbundenheit in einem kleinen Kreis von Personen über einen Zeitraum von 15 bis 16 Jahren – davon 13 Jahre unter den Bedingungen der Illegalität –, dazu bedarf es auch ideologischer Festigkeit und Entschlossenheit. Dazu bedarf es weiter eines Netzwerkes, auf das man zählen, Kontakte, auf die man im Ernstfall zurückgreifen kann. Und man benötigt entsprechende Konzepte, die man vorher in der Szene, mit den Kameraden, diskutiert hat.

Es bedarf ferner einer gemeinsamen und verbindenden Ideologie, die sich nicht auf eine diffuse Ablehnung von sogenannten »Ausländern« reduziert, sondern einer Ideologie, die es ernst meint mit – ich zitiere den sogenannten NSU-Brief – der »energischen Bekämpfung der Feinde des deutschen Volkes«. Es bedarf auch des Wissens, dass man den Kampf für die »Reinhaltung der deutschen Nation« und für die Schaffung einer am historischen Nationalsozialismus angelehnten Gesellschaftsordnung nicht alleine führt; der Gewissheit, dass auch andere Kameraden – vielleicht mit anderen Mitteln, aber mit derselben Ernsthaftigkeit und Entschlossenheit – für das gemeinsame Ziel kämpfen. Und schließlich bedarf es staatlicher

Sicherheitsbehörden – in unserem Fall vor allem verkörpert durch die Ämter für Verfassungsschutz –, die den von der Szene ausgehenden Gefahren nicht adäquat begegnen, sondern vielmehr ihre schützende Hand über sie halten.

In meinem Plädoyer werde ich aufzeigen, dass die Gründung des NSU und die von seinen Mitgliedern und Unterstützern begangenen Straftaten keinen Bruch, keinen Sonderweg einiger weniger, besonders radikalisierter Mitglieder der rechten Szene Thüringens darstellen, sondern die logische Folge einer Situation sind, die in den 1990er Jahren in Thüringen und speziell in Jena bestand.

Die Entwicklung von Böhnhardt, Mundlos und Zschäpe und den weiteren hier Angeklagten zu überzeugten Neonazis und Rassisten, das Abtauchen der Drei, die von ihnen mit anderen »Kameraden« vor und nach dem Abtauchen begangenen Straftaten; dies alles kann nicht verstanden, nicht nachvollzogen werden, wenn man nicht die persönliche und politische Entwicklung der Akteure und das Umfeld, in dem diese Entwicklung stattfand, nachvollzieht. Eine solche Auseinandersetzung mit der Vorgeschichte der Taten, den Beweggründen der Täter, ihren persönlichen Verhältnissen, ihrem Werdegang und der für die Tat wesentlichen Anlagen und Umwelteinflüsse – dies fordert das Gesetz. Das Nachzeichnen dieser Entwicklung ist aber auch wichtig für die Bestimmung des Vorsatzes der hier Angeklagten in Bezug auf die ihnen vorgeworfenen Taten. Für den hiesigen Fall gilt das in ganz besonderem Maße. Ein Fall, in dem nicht nur eine Vielzahl von schweren Straftaten begangen worden ist, sondern diese sich auch über einen ungewöhnlich langen Zeitraum abspielten und an denen eine Vielzahl von Akteuren beteiligt waren.

Im Folgenden werde ich zunächst die gesellschaftliche Situation Anfang der 1990er Jahre in Erinnerung rufen, kurz auf einzelne biografische Eckpunkte der Verstorbenen Mundlos und Böhnhardt sowie der Angeklagten eingehen, die Entwicklung der extrem rechten Szene in Thüringen nachzeichnen, deren Ideologie und Handlungskonzepte darstellen und daran aufzeigen, dass der NSU nicht als mörderisches Projekt einiger Weniger, die abgeschottet von der Szene agierten, sondern als logisches Produkt der in der Szene diskutierten Konzepte zu verstehen ist.

Dabei werde ich gleichzeitig der hier von Oberstaatsanwältin Greger in ihrem Plädoyer aufgestellten Behauptung, dass der »Thüringer Heimatschutz«, der Zeuge Tino Brandt und der Verfassungsschutz auf die Entstehung des NSU »keinen Einfluss gehabt« hätten, entgegentreten.

III. Chronologie

1. Die Zeit nach der Wende

Anfang der 1990er Jahre, das war die Zeit, in der Uwe Mundlos, Uwe Böhnhardt und die Angeklagten Beate Zschäpe, Ralf Wohlleben und Holger Gerlach aufwuchsen. Es war die Zeit ihrer Jugend und gleichzeitig die Zeit tiefgreifender gesellschaftlicher Umbrüche. Scheinbar allgemeingültige Gewissheiten galten nicht mehr; ein festgefügtes Norm- und Wertesystem, das schon in den 1980er Jahren zunehmend an Akzeptanz und Gültigkeit verloren hatte, fiel komplett weg. Ehemalige Autoritäten, wie »die Partei«, die »gesellschaftlichen Massenorganisationen«, das Elternhaus, die Schule, die Polizei – sie alle gab es nicht mehr oder sie hatten zumindest erheblich an Bedeutung verloren.

Es war die Zeit, in der sich ein Gesellschaftssystem auflöste und ein neues altes eingeführt werden sollte: Eine Zeit, die sehr schnelllebig war und die viele Freiräume bot, die ganz unterschiedlich genutzt wurden. Es war eine Zeit, in der nicht nur eine Vielzahl von gesellschaftlichen und staatlichen Institutionen, sondern auch von Betrieben und Arbeitsplätzen abgewickelt wurde. Ein immer größer werdender Teil der Bevölkerung verlor seinen Arbeitsplatz; viele mussten zum Teil entwürdigende und degradierende »Umschulungs- und Qualifizierungsmaßnahmen« durchlaufen oder gleich in den Westen gehen, um ihr Glück zu versuchen. Andere wiederum konnten die neuen Freiheiten nutzen, um sich persönlich und/oder beruflich weiterzuentwickeln.

2. Die persönlichen und familiären Umstände

Es waren aber nicht die sozialen Umstände, die die hier Angeklagten und die Verstorbenen Mundlos und Böhnhardt dazu brachten, sich der rechten Szene anzuschließen. Von einem wendebedingten Gefühl bzw. einer Erfahrung der sozialen Degradierung oder Deklassierung; dazu haben wir hier in der Hauptverhandlung von und zu keinem der Angeklagten etwas gehört. Etwa, dass der Konflikt um das Kali-Bergwerk in Bischofferode, dessen Schließung 1993 durch die Treuhand zu einer weit über Thüringen hinaus reichenden Solidarisierung mit den sich im Hungerstreik befindlichen Kali-Kumpels geführt hatte; dass dieses oder ähnliche Ereignisse irgendetwas mit der eigenen Entwicklung zu tun hatten; so etwas hat hier keiner der Zeugen oder der sich äußernden Angeklagten behauptet.

Für eine solche Erklärung wären auch die Biografien zu unterschiedlich. Sie oder ihre Familien waren nicht diejenigen, die herkömmlich als »Wendeverlierer« bezeichnet worden sind. Die Lebensläufe von Mundlos und Böhnhardt und den Angeklagten bis zum Jahr 1998 sind in ihrer Unterschiedlichkeit und in ihren Gemeinsamkeiten für die damalige Zeit im Osten Deutschlands eher typisch.

Die Unterschiedlichkeit zeigt sich zum Beispiel, wenn man Mundlos' und Böhnhardts Entwicklung bis zum Abtauchen gegenüberstellt: auf der einen Seite Mundlos – der Professorensohn vertrat schon während der Schulzeit in der DDR rechte Positionen, verfolgte aber noch bis zum Abtauchen einen sehr geregelten Ausbildungsweg, beginnend mit Schule, einer Lehre als Datenverarbeitungskaufmann und schließlich der Vorbereitung auf die Hochschulreife im Ilmenau-Kolleg –; und auf der anderen Seite Böhnhardt, der trotz Unterstützung seiner Familie schon Schwierigkeiten hatte, überhaupt einen Schulabschluss zu erreichen und die ersten Jahre nach der Wende mit ihren Freiräumen dazu nutzte, seinen Hang zu Devianz und Delinquenz und seine Gewalttätigkeit auszuleben; partiell im völlig unpolitischen Rahmen, indem er Autos knackte und ähnliches.

Auch Zschäpes Probleme mit ihrer Mutter, die der befangene Gutachter aus Freiburg so wichtig genommen hat, bestanden ganz unabhängig von den Zeitläufen und nicht darin, dass die Mutter Anfang der 1990er Jahre ihren Job verlor. Dass Zschäpe keine Lehre zu Ende führte, hat auch die Angeklagte selbst, die gern die Verantwortlichkeit bei anderen sucht, nicht mit den wirtschaftlichen Verhältnissen der damaligen Zeit erklärt.

Der Angeklagte Wohlleben hat wiederum wie Mundlos eine Lehre abgeschlossen und sein Elternhaus als intakt, nur als zu streng bezeichnet. Der Angeklagte Gerlach hatte zunächst wie Böhnhardt Probleme in der Schule, dann aber eine Lehre geschafft und war schließlich – anders als alle anderen – mit seiner Familie in den Westen gezogen, um dort zu arbeiten. Der Angeklagte Carsten Sch. hat wiederum wie Böhnhardt, allerdings nicht im Osten, sondern im Westen während seiner Ausbildungszeit Autoaufbrüche und andere Delikte der Kleinkriminalität begangen, ist dann aber nach Jena zurückgekehrt und hat eine Ausbildung abgeschlossen.

Der Angeklagte Eminger hatte bis zur 8. Klasse sogar das Gymnasium besucht und die direkt nach dem Realschulabschluss begonnene Lehre erfolgreich abgeschlossen – auch er kann damit wie die anderen sicherlich nicht als »Wendeverlierer« bezeichnet werden.

Schon diese kursorische Darstellung zeigt die Unterschiedlichkeit der biografischen Eckdaten und der persönlichen und familiären Bedingungen, die nicht von den Zeitläufen diktiert waren.

3. Die Zugehörigkeit zu rechten Jugendcliquen

Verbindendes Glied der Biografien ist allerdings die frühe Zugehörigkeit zu einer sich rechts verstehenden Jugendclique. Wie wir aus den Vernehmungen der Zeugen A.R. und A.H. erfahren haben, beließ es Uwe Mundlos nicht bei der Übernahme der gegenüber dem SED-Regime kritischen Positionen seines Vaters. Seine Opposition zum gesellschaftlichen und politischen System in der DDR und dem darin staatlich verordneten Antifaschismus äußerte sich – insofern auch nicht untypisch – durch die Artikulierung einer rechten Ideologie. Schon früh zeichnete er sich durch Äußerungen aus, die den historischen Nationalsozialismus verherrlichten und dessen Verbrechen relativierten. Gleich nach der Wende – so der Zeuge A.R. – zeigte er seine rechte Gesinnung immer offener, rutschte immer tiefer in die Szene hinein. Über eine der rechten Jugendcliquen in Jena-Winzerla lernte er die Angeklagte Zschäpe kennen.

Auch Uwe Böhnhardt verbrachte die Zeit nach der Wende nicht nur mit Autos Klauen und anderen Formen der Delinquenz, sondern zeigte seine rechte Gesinnung durch das Tragen der damaligen Markenzeichen der rechten Szene – Springerstiefel, Bomberjacke und Glatze – und das Ausleben seiner Gewalttätigkeit und Aggressivität gegenüber dem politischen Gegner, womit er in seiner Clique nicht allein war.

Auch von den Angeklagten Zschäpe, Wohlleben und Gerlach wissen wir, dass diese sich unmittelbar nach der Wende in Jugendcliquen wiederfanden, deren Mitglieder eine rechte Gesinnung hatten oder diese nach und nach übernahmen.

4. Die politischen Rahmenbedingungen

Warum sich so viele Jugendliche Anfang der 1990er Jahre rechten Jugendcliquen anschlossen; das hat viel mit dem damaligen politischen Klima zu tun. Die Zeit der Wende und die Jahre danach waren hochpolitische Zeiten. Es war die Zeit der Suche, der (Neu-)Orientierung und des Ausprobierens, nicht nur, aber gerade auch für Jugendliche. Wo gehöre ich hin, wo will ich hin, wozu zähle ich mich, was ist mir wichtig? Das sind Fragen, die Jugendliche und Jungerwachsene immer beschäftigen. Fragen, die in der damaligen Zeit des gesellschaftlichen Umbruchs und der persönlichen Brüche aber noch mal eine ganz andere Dimension erhalten haben, da gewachsene Leitbilder verschwanden und etablierte Milieus sich auflösten.

Gerahmt wurde diese Zeit durch schwarz-rot-goldene Fahnenmeere auf den Montagsdemonstrationen; die Abänderung der Parole »Wir sind das Volk« in »Wir sind ein Volk«; durch eine Zunahme von Alltagsdiskursen, die von rassistischen Positionen, nationalem Überlegenheitsdenken und xenophoben Einstellungen geprägt waren, die auch in der medialen und politischen Öffentlichkeit Resonanz fanden.

Diese Stimmung in der Bevölkerung fand auch Ausdruck in einem massiven öffentlichen Auftreten einer damals noch von der Skinhead- und Hooligan-Kultur geprägten extrem rechten und zum Teil neonazistischen, vor allem aber rassistischen Jugendbewegung. Sie zeichnete sich durch eine permanente Gewaltbereitschaft und exzessive Gewalttätigkeit aus, die sich gegen alle richtete, die nicht in ihr Weltbild passten.

Fast täglich wurde irgendwo auf dem Gebiet der ehemaligen DDR jemand aus einer rassistischen und/oder extrem rechten Motivation heraus zusammengeschlagen, ein Jugendclub oder ein alternatives Wohnprojekt oder ein Flüchtlingsheim angegriffen. Allein in den Jahren 1990 bis 1994 sind laut Recherchen des *Tagesspiegels* und der *Zeit* 59 Menschen durch rechtsextreme Gewalt ums Leben gekommen.

Dieser Szene ging es nicht – wie es der Zeuge André Kapke und andere ehemalige Wegbegleiter der hier Angeklagten uns glauben machen wollten – um Umweltschutz und sie agierte nicht vorrangig mit Demonstrationen, Flugblättern und Aufklebern. Vielmehr war es eine zutiefst rassistische und gewalttätige Szene, die in dieser Zeit den Alltag in Ostdeutschland prägte.

Für alle diejenigen, die diese Zeit Anfang der 1990er Jahre in Ostdeutschland erlebt oder die sich mit dieser Zeit beschäftigt haben, sind diese Bilder immer noch präsent: Bilder von der Alltäglichkeit der rassistischen und rechtsextremistischen Gewalt, von wehenden Reichskriegsflaggen, von brennenden Häusern, von Skinheadhorden, die den Hitlergruß zeigend, mit Baseballschlägern bewaffnet durch die Straße ziehen, »Deutschland den Deutschen, Ausländer raus« brüllen und alle, die nicht in ihr beschränktes Weltbild passen, brutal zusammenschlagen: linke, alternative Jugendliche, Homosexuelle und vor allem Migranten oder »nicht deutsch« aussehende Menschen.

Diese Stimmung, die damals herrschte, wurde fast vollständig in diesem Verfahren ausgeblendet. Stattdessen wurde sich mit wenigen scheinbaren Einzelfällen von körperlichen Angriffen auseinandergesetzt. Die Angeklagten wissen, von welcher Stimmung ich hier rede. Sie haben sie selber miterlebt und selber mitgeschaffen. In ihren Einlassungen haben sie dazu geschwiegen oder diese Zeit beschönigt. Die Zeugen, die wir dazu in dieser Hauptverhandlung gehört haben, taten es ihnen gleich; zu offensichtlich manifestierte sich in den 1990er Jahren der Zusammenhang zwischen extrem rechtem Gedankengut, rassistischen Einstellungen und brutaler, menschenverachtender Gewalt.

Ob man sich dieser Jugendbewegung zugehörig fühlte oder nicht – das war trotz allem eine ganz persönliche Entscheidung. Die Frage, ob für einen selbst eine grundsätzlich humanistische Einstellung, Begriffe wie »Menschenwürde«, »Gerechtigkeit« und »Gleichberechtigung« Parameter für das eigene Handeln und für Vorstellungen von Gesellschaftlichkeit sind; oder ob dies Antihumanismus, Ungerechtigkeit und eine unterschiedliche Wertigkeit von Leben sind – das musste auch damals jede und jeder für sich selbst entscheiden. Wer sich damals der rechten Szene anschloss, wusste um die brennenden Flüchtlingsheime und die vielen Toten, die die Szene zu verantworten hatte; der oder die hatte somit Kenntnis von den mörderischen Folgen einer rassistischen Ideologie.

Inwieweit eine hegemoniale Jugendkultur und ein gesellschaftlicher Diskurs die eigenen Entscheidungsparameter – vor allem in der Jugendzeit – beeinflussen können – das haben wir hier in der Hauptverhandlung von einigen Zeugen gehört. Ich beziehe mich wieder auf die Aussage der Zeugin Jana J., die sehr plastisch beschrieb, dass Rassismus in ihrem Umfeld üblich war; dass die Auffassung Konsens war, dass »Asylanten Arbeitsplätze gefährden, alles in den Hintern geschoben kriegen«. Dass es in der Szene, in die sie hineinkam, keines »Gesinnungsupdates« bedurfte – die Meinung, Deutscher sei man nur von Geburt, das hätten alle vertreten, darüber müsse man nicht diskutieren, so die Zeugin Jana J., die die Szene in den Jahren 1996/97 beschreibt, also zu einer Zeit, in der sie in Stadtvierteln wie Winzerla und Lobeda schon hegemonial war. Das war sie in den Jahren Anfang der 1990er Jahre, als die Angeklagten Zschäpe und Wohlleben sowie die Verstorbenen Mundlos und Böhnhardt sich der rechten Szene anschlossen, noch nicht. Und – auch ein wichtiger Unterschied – die Zeugin Jana J. erkannte nach ca. zwei Jahren, welcher Ideologie sie aufgesessen war, und verließ die Szene, auch wenn sie nicht sämtliche Kontakte abbrach. Die Verstorbenen und die hier Angeklagten – mit Ausnahme des Angeklagten Carsten Sch. – taten diesen Schritt nicht. Tatsächlich reinen Tisch machte hier in der Hauptverhandlung eigentlich nur der Zeuge K.S.

Zentraler Bezugspunkt für diese rechten Cliquen, in denen die hier Angeklagten und die Verstorbenen Mundlos und Böhnhardt ihre Jugendjahre verbrachten, war der sich in kommunaler Hand befindliche »Winzerklub« in Jena-Winzerla. Er war Anlauf- und Kristallisationspunkt für rechte Jugendliche. Der Jugendklub wurde betrieben nach dem Konzept der akzeptierenden Sozialarbeit; ein Konzept, das eigentlich für den Umgang mit drogenkonsumierenden Jugendlichen entwickelt wurde und jetzt für die Arbeit mit rechten Jugendlichen angewandt wurde. Flankiert wurde der Jugendklub von einem Streetworker-Projekt, das gefördert wurde durch Mittel aus dem Aktionsprogramm gegen Aggression und Gewalt. Ein Jugendförderprogramm, das die damalige Bundesministerin für Jugend, Dr. Angela Merkel, nach den rassistischen Ausschreitungen von Hoyerswerda zur Finanzierung von Jugendklubs und Jugendsozialarbeit mit rechten Jugendlichen aufgelegt hatte.

Hier traf man sich als Rechter, hier konnte man sich frei bewegen; Grenzen wurden nicht gesetzt – weder von Sozialarbeitern noch von der Polizei. Rechte Bands konnten den Proberaum nutzen, auch Rechtsrockkonzerte konnten stattfinden. Der Winzerklub war ein Ort, von dem aus die rechte Szene ihren Hegemonieanspruch im Viertel mit Gewalt durchsetzen konnte. Von den Zeugen Mike M. und A.R. wissen wir, dass der Winzerklub Ausgangspunkt für die dort ansässige rechte Jugendclique war, um rechte Parolen grölend »Jagd auf Linke« zu machen oder Vietnamesen anzugreifen.

Der hier in der Hauptverhandlung gehörte Zeuge B.W. musste die Gewalttätigkeit der rechten Jugendlichen am eigenen Leib erfahren, als er an der in der Nähe gelegenen Straßenbahnhaltestelle Opfer eines brutalen Überfalls wurde. An dem Angriff beteiligt waren unter anderem die Angeklagten Wohlleben und Carsten Sch. Er wurde Opfer einer rechten Clique, mit der – wie der Zeuge es formulierte – »man nicht spielt, vor denen man vorsichtig sein muss; wenn man die gesehen hat, war Ärger vorprogrammiert«, so der Zeuge. Den Hegemonieanspruch durch Schaffung von Angsträumen durchsetzen – Angsträume für alternative, linke Jugendliche oder Migrantinnen und Migranten – das war die Strategie.

Dieser Angriff – auch das typisch für die Zeit – wurde eigentlich erst hier in der Hauptverhandlung aufgeklärt. Die Polizei hat damals nicht ermittelt – aus Desinteresse, aber wohl auch aufgrund des Umstandes, dass solche Übergriffe alltäglich waren.

5. Die »Gesinnungsgemeinschaft der Neuen Front« und die »Anti-Antifa Ostthüringen«

Es sollte allerdings nicht bei rechten Jugendcliquen bleiben. Schon gleich nach der Maueröffnung kamen Kader der extremen Rechten nach Ostdeutschland, um dort Ableger ihrer jeweiligen Organisation aufzubauen. So auch nach Thüringen. Der Zeuge Kai Dalek kam aus Franken nach Thüringen. Der V-Mann des bayerischen Verfassungsschutzes war Kader der GdNF, der »Gesinnungsgemeinschaft der Neuen Front«. Im Auftrag von Christian Worch sollte er in Thüringen – wie der Zeuge und V-Mann des thüringischen Verfassungsschutzes Brandt hier bekundete – einen Ableger dieser Organisation aufbauen.

Die »Gesinnungsgemeinschaft der Neuen Front« war nicht irgendeine rechte Organisation. Sie wurde – wie mein Kollege Hoffmann noch ausführlicher darstellen wird – 1984 von Michael Kühnen, Thomas Brehl und Christian Worch gegründet. Sie berief sich auf das »25-Punkte-Programm der NSDAP« und sah sich selbst in der Tradition der SA und des sogenannten »revolutionären« Flügels der NSDAP.

Mit Prospekten der GdNF unter dem Arm – so der V-Mann Brandt – kam der V-Mann Dalek Anfang der 1990er Jahre nach Thüringen und traf – wie er es selbst hier in der Hauptverhandlung angab – auf eine Szene, die sich bereits zunehmend radikalisierte. Sein erster Ansprechpartner war der spätere THS-Aktivist Sven Rosemann aus Rudolstadt, zu dessen Umfeld auch der weitere spätere THS-Aktivist Andreas Rachhausen gehörte. Zunächst baute Dalek mit Thomas Dienel und Rosemann einen Ableger der Partei »Deutsche Alternative« auf, einer der Vorfeldorganisationen der GdNF. Die Partei wurde bereits 1991 verboten, die Strukturen – so Dalek – bestanden aber weiter.

Dann kam der August 1992. Während bundesweit alle Versammlungen im Gedenken an den Hitler-Stellvertreter Rudolf Heß, der 1987 Suizid beging, verboten waren, gelang es der örtlichen Nazi-Szene, einen Aufmarsch in Rudolstadt stattfinden zu lassen. Um die 2.500 Neonazis aus dem gesamten Bundesgebiet und dem europäischen Ausland und aus sämtlichen damals bestehenden extrem rechten und neonazistischen Organisationen zogen unbehelligt von der Polizei durch Rudolstadt. Angemeldet wurde dieser Heß-Marsch in Rudolstadt nach dessen eigener Aussage von dem Zeugen Andreas Rachhausen im Auftrag des bereits erwähnten Thomas Dienel. Der V-Mann Dalek hatte eine koordinierende Funktion.

Die noch relativ junge Thüringer Szene erlangte auf einmal bundesweite und internationale Aufmerksamkeit. Sie hatte gezeigt, dass es hier vor Ort, in Thüringen, in Saalfeld-Rudolstadt, eine Szene gab, die in der Lage war, ohne Eingreifen der Polizei und der städtischen Behörden einen Nazi-Aufmarsch von enormer Größe durchzuführen. Und die Szene verfügte nun über weitreichende Kontakte. Das »Who is who« der bundesweiten und internationalen Nazi-Szene war in dem beschaulichen Rudolstadt versammelt – das kann und wird für die dortige Szene nicht ohne Folgen bleiben.

Nach Erkenntnissen des Bundeskriminalamtes kam es im Raum Rudolstadt im Zeitraum nach dem Aufmarsch zu einer Zunahme von Straftaten wie Landfriedensbruch, gefährlicher Körperverletzung, Widerstand gegen Vollstreckungsbeamte, Sachbeschädigung und Bedrohung, wofür die Gruppe um Rosemann verantwortlich gemacht wurde. Der Kreis um Rachhausen und Rosemann konnte die offensichtlich durch den Heß-Marsch 1992 entstandenen internationalen Kontakte auch bald nutzen. Sie ermöglichten es Rachhausen, sich 1995 nach einem gewaltsamen bewaffneten Übergriff der Strafverfolgung durch eine Flucht ins Ausland zu entziehen. Er floh über die USA und Belgien nach Dänemark zu dem international bekannten Holocaust-Leugner Thies Christoffersen.

Für die Saalfelder Gruppe von Relevanz war auch die von Thomas Dienel 1992 gegründete »Deutsche Nationale Partei«. Auch die »DNP« orientierte sich in ihrem Programm an der NSDAP. Aus dem hier in der Hauptverhandlung gezeigten *SPIEGEL-TV*-Beitrag vom 23. Juli 2014 wissen wir, dass die Gruppe um Dienel, Rachhausen, Rosemann und Hubeny auf einem alten NVA-Häuserkampf-Truppenübungsplatz Angriffe auf Flüchtlingsheime mit selbstgebauten Sprengkörpern übte.

Der frühe Kontakt zu GdNF-Strukturen und die plötzliche bundesweite Bekanntheit nach dem Heß-Marsch 1992 beeinflussten die Thüringer rechte Szene insgesamt. Sie begann sich insgesamt schnell zu professionalisieren und zu vernetzen. Kamen anfangs noch die Weisungen von Christian Worch an Kai Dalek und von dort an die Thüringer, nahm Tino Brandt bald selbst einen direkten Kontakt zu Christian Worch und anderen bundesweiten Szenegrößen auf, wie der V-Mann Dalek hier berichtete. Man war selbstbewusst geworden nach dem Heß-Gedenkmarsch und konnte auf eine gewisse Reputation in den bundesweiten Nazi-Strukturen setzen. 1994 kam es dann zur Gründung der »Anti-Antifa Ostthüringen«. Initiatoren der »Anti-Antifa Ostthüringen« waren u.a. Tino Brandt, sein faktischer Stellvertreter Mario Brehme, Sven Rosemann und André Kapke. Die Gründung der »Anti-Antifa Ostthüringen« war keine alleinige Idee der benannten Rechtsextremisten, sondern ein damals von dem Hamburger Neonazi Christian Worch entwickeltes neonazistisches Aktionskonzept, mit dem systematisch und bundesweit Aktionen gegen den politischen Gegner koordiniert und intensiviert werden sollten. Die »Anti-Antifa« wurde vor allem bekannt mit dem von ihr 1993 herausgegebenen Blatt »Der Einblick«, in dem Namen und Adressen von politischen Gegnern und Politikern, aber auch von Journalisten, Richtern und Staatsanwälten gesammelt wurden. Auch die »Anti-Antifa Ostthüringen« ging so vor, sammelte Material über die linke Szene und nutzte dieses für Angriffe auf den politischen Gegner, wie wir aus dem Abschlussbericht des Thüringer LKA zum Ermittlungsverfahren wegen Bildung einer kriminellen Vereinigung in Bezug auf den THS wissen. Die »Anti-Antifa Ostthüringen« sah der V-Mann Brandt als Möglichkeit, zwar ideologisch an die GdNF angelehnte, aber organisatorisch selbständigere Strukturen zu schaffen. Doch damit nicht genug. Sie wollten – wie es der V-Mann Brandt formulierte – »ihr eigenes Ding machen«, oder – in den Worten des Zeugen Brehme – »den regionalen Zusammenhang hinter sich lassen und sich gau-weit organisieren«. Aus dem bereits bestehenden Netzwerk wurde der »Thüringer Heimatschutz«, ein für damalige Verhältnisse hervorstechender Versuch einer landesweiten Organisierung von Kameradschaften.

6. Der »Thüringer Heimatschutz«

»Die Errichtung einer multikulturellen Gesellschaft ist eines der größten Verbrechen, was an der Menschheit verübt wurde und wird. Das ist die systematische Ausrottung kultureller Identitäten und somit ganzer Völker«, so stand es – eingerahmt von einem Foto ihrer in Tarnkleidung abgebildeten Mitglieder – noch im Jahre 2000 programmatisch auf der Homepage des »Thüringer Heimatschutzes«.

Der »Thüringer Heimatschutz« diente zunächst als Dachverband der Kameradschaften Saalfeld-Rudolstadt, Jena und Sonneberg, später kamen die Kameradschaften Gera, Eisenach und Weimar hinzu. Die Bezeichnung »Anti-Antifa Ostthüringen« wurde nur noch bei Angriffen auf den politischen Gegner benutzt.

Der THS war ein landesweiter Verbund von militanten Kameradschaften, nicht Partei und nicht nur Bewegung, mit einer klaren Hierarchie, gegründet mit dem expliziten Ziel, ein professioneller politischer Faktor zu werden, weg von dem dumpfen Straßenimage, wie es der Zeuge André Kapke formulierte. Aus den Kameradschaften wurden »Sektionen« des »Thüringer Heimatschutzes«. Diese hatten jeweils einen »Sektionsführer« und einen Stellvertreter. Der THS bestand laut Angaben des Zeugen KK E. anfangs aus 70 bis 80 Personen, später dann sogar aus bis zu 170 Personen.

Die Mitglieder des THS trafen sich zu einem wöchentlichen Stammtisch, immer mittwochs, zuerst im »Goldenen Löwen« in Rudolstadt, dann in wechselnden Gaststätten in Rudolstadt, Saalfeld, Schwarza und schließlich in Heilsberg. An den Mittwochtreffen nahmen teilweise bis zu 100 Personen teil, an die Propagandamaterial verteilt wurde. Daneben gab es noch regelmäßige Treffen der Führungsgruppe, zu der ca. sieben bis acht Personen gehörten; neben Tino Brandt waren das u.a. Mario Brehme und André Kapke, aus Jena wurde Kapke von Wohlleben und/oder Mundlos und Böhnhardt begleitet. Auf den Führungstreffen wurden die Entscheidungen, wie über die Teilnahme an Demonstrationen, getroffen, die dann den Mitgliedern auf den Mittwochsstammtischen bekannt gegeben wurden.

Der THS war ein Verbund von Kameradschaften, dessen Führungskräfte, wie Brandt, Kapke und wohl auch Mundlos, an dem Zeitungsprojekt »Neue Thüringer Zeitung« von Frank Schwerdt mitarbeiteten, gemeinsam Aktionen abstimmten, Demonstrationen durchführten, Schulungsveranstaltungen organisierten und bundesweit und international über Kontakte zu verschiedenen Netzwerken und Organisationen der extrem rechten Szene verfügten. So war beispielsweise der V-Mann Brandt angestellt bei dem rechten Verlag »Nation und Europa« aus Coburg. Brandt hatte auch Zugang zu dem damals entstandenen und extrem elitären »Thule-Netz«, einem Mailbox-Netz der extrem rechten Szene. Es bestanden enge Kontakte zu Frank Schwerdt, zu Thorsten Heise, zu Claus Nordbruch in Südafrika und selbst nach Skandinavien und in die USA.

Diese Kontakte zu den Führungsfiguren der rechten Szene waren für die damalige Zeit nicht selbstverständlich; sie boten Gewähr eines regelmäßigen Austausches an Informationen, Konzepten und Strategien. Der »Thüringer Heimatschutz« war aber nicht nur eine politische Veranstaltung, sondern auch ein Katalysator bei der Radikalisierung der Thüringer Neonazi-Szene, sowohl ideologisch als auch strategisch.

Die Anzahl der Gewalt- und Propagandastraftaten, die von THS-Mitgliedern ausgingen, stieg stetig an. Aktionsschwerpunkte waren das Ausspähen von und die Angriffe auf den politischen Gegner, die Machtdemonstration durch sichtbare Präsenz auf der Straße oder die Teilnahme an Demonstrationen und Aufmärschen in geschlossener Formation und mit Trommlern, das Verbreiten von Propagandamaterial durch Plakat- und Flugblattaktionen. Durch Nutzung einer Vielzahl von Mobiltelefonen und von vielen PKW war eine hohe Einsatzmobilität gewährleistet. Wie wir aus den Vernehmungen der Zeugen Brandt und Kapke wissen, verfügten sie auch über ein konspiratives Kommunikationssystem mittels Telefonzellen – ein System, das später auch nach dem Abtauchen von Böhnhardt, Mundlos und Zschäpe eingesetzt wurde.

Nach der Aussage des V-Mann Dalek versuchte der V-Mann Brandt, einen militärischen Flügel des THS aufzubauen. Tatsächlich führten auch Führungskader des THS Schießübungen und Wehrsportübungen durch, u.a. auf dem Grundstück des verurteilten Rechtsterroristen Karl-Heinz Hoffmann in Kahla und auf dem ehemaligen NVA-Truppenübungsplatz Milbitz im Landkreis Saalfeld-Rudolstadt; teilgenommen haben u.a. Brandt, die Brüder Kapke, Rosemann und

Böhnhardt. Brandt, Kapke und Brehme nahmen darüber hinaus an Schießübungen in Südafrika teil.

Die Mitglieder des »Thüringer Heimatschutzes« machten dabei die Erfahrung, dass ihnen selten Grenzen gesetzt wurden – etwa durch die kommunale Politik, die Zivilgesellschaft oder die Sicherheitsbehörden. Ganz im Gegenteil. Wie gering der Verfolgungsdruck durch die Sicherheitsbehörden war – darauf wird noch meine Kollegin von der Behrens eingehen. Wie effektiv die schützende Hand des Verfassungsschutzes war, auch dazu werden wir noch etwas hören.

Aber das war nicht alles. Wir kennen noch alle die Bilder aus Hoyerswerda und Rostock-Lichtenhagen, als Neonazis unter dem Beifall von Bürgerinnen und Bürgern Flüchtlingsheime angriffen, ohne dass die Polizei einschritt. Wir wissen, dass es sich dabei nicht um singuläre Ereignisse handelte, sondern um ein polizeiliches Verhalten, das oft bei solchen Angriffen zu beobachten war. Mangelnder Fahndungsdruck durch die Polizei, offen gezeigte Zustimmung aus der Bevölkerung und die Erfahrung, durch Gewalt gegen Migrantinnen und Migranten mit zu einer Änderung des Grundrechtes auf Asyl im Jahre 1993 beigetragen zu haben; solche Erfahrungen und Erfolge lassen eine Szene selbstbewusster werden. Der Zeuge Brehme hat es in Bezug auf die Auseinandersetzung mit Antifaschistinnen und Antifaschisten etwas großspurig so formuliert: »Als die Viktimisierungserfahrungen abgeschlossen waren, mussten wir uns nicht mehr um die Linken kümmern, sondern hatten als ›Thüringer Heimatschutz‹ andere Zielrichtungen, den Kampf um ein besseres Deutschland.« Die Weichen waren also gestellt – für den Kampf um und gegen das System.

7. Die »Sektion Jena«

Auch in Jena spiegelte sich die Professionalisierungs- und Organisierungstendenz der rechten Szene wider. Dort wurde in dem Zeitraum 1994/95 die »Kameradschaft Jena« gegründet, die nach Aufnahme in den »Thüringer Heimatschutz« zur »Sektion Jena« des THS wurde. Diese »Sektion Jena«, die der Zeuge André Kapke verharmlosend und wahrheitswidrig als strukturlose Gruppe umweltfreundlicher, systemkritisch-provokanter Jugendlicher darzustellen versucht hat, bestand aus den Gründungsmitgliedern André Kapke, Uwe Mundlos, Uwe Böhnhardt, Beate Zschäpe, Ralf Wohlleben, Holger Gerlach und Tom T. Weitere Mitglieder bzw. enges Umfeld waren unter anderem Marc-Rüdiger H., Sven L. und der Zeuge Stefan A. Sie hatte ein eigenes Regelwerk und verfügte über eigene Strukturen wie ein Postfach, ein Mobiltelefon, eine Kameradschaftsfahne und einen Kassenwart. Sie konnte sich ungestört in dem bereits erwähnten kommunalen »Winzerklub« treffen und dort ihre Strategien und Konzepte diskutieren und entwickeln.

Diese »Kameradschaft Jena« war als »Sektion Jena« von Anfang an Teil des »Thüringer Heimatschutzes«. Wie der V-Mann Brandt berichtete, handelte es sich bei der »Sektion Jena« nicht um einen losen Haufen, sondern um eine eingeschworene Gemeinschaft, die auf Qualität statt Quantität und damit auf weniger, dafür aber gefestigte Leute setzte. Tino Brandt beschrieb die Kameradschaft als elitär. Ihre Mitglieder seien durch persönliche Freundschaft und ein gefestigtes ideologisches

Selbstverständnis miteinander verbunden gewesen. Wie verschiedene Zeugen berichteten, setzte sich die Kameradschaft gewollt von der »Sauf- und Straßenrandale«-Fraktion der damaligen rechten Szene ab und versuchte, politische Aktionen zu initiieren. Sie sollen zur »Scheitel«-, nicht zur »Skinhead«-Fraktion gehört haben.

Der – hier in der Hauptverhandlung von verschiedenen Zeugen berichtete – Gegensatz zwischen einer »Scheitel«- und »Skinhead«-Fraktion war ein scheinbarer. Die Mitglieder der »Sektion Jena« zeichneten sich durch ein hohes ideologisches Bewusstsein *und* eine Bereitschaft zu gezielten gewalttätigen politischen Aktionen aus. Der Gegensatz war somit nicht auf der einen Seite die gewalttätige »Skinhead-Fraktion«, und auf der anderen Seite die gewaltlose »Scheitel-Fraktion«, sondern spontane, situativ bedingte Übergriffe und Aktionen einerseits und geplantes zielgerichtetes Handeln – das Gewalt nicht ausschloss – andererseits. Die »Sektion Jena« stand für Letzteres. Ein Gewaltverzicht lag nicht vor.

So haben – um nur einige Beispiele zu nennen – die Zeugen T.B. und A.R., aber auch der Angeklagte Gerlach, nicht nur die Gewaltbereitschaft und Gewalttätigkeit von Uwe Böhnhardt beschrieben, sondern auch die von Uwe Mundlos, der auch selbst geäußert haben soll, dass es immer wieder zu Auseinandersetzungen und Schlägereien unter seiner Beteiligung gekommen ist. Selbst der Angeklagte Carsten Sch., der sich nach seinen eigenen Angaben der sogenannten »Scheitel-Fraktion« zugehörig fühlte, äußerte, dass selbst zu der Zeit, als er in die Neonazi-Szene einstieg, also ab 1996/97, es samstags abends immer wieder Aktionen nach der Party gab: Randale, Schlägereien auf Dorffesten und Angriffe gegen Döner-Buden; das waren seine Beispiele. Vor diesem Hintergrund gehört die Selbstinszenierung des Angeklagten Wohlleben als »Friedensengel« ins Reich der Legenden – wie nicht zuletzt seine im Verfahren sehr eindrucksvoll nachgewiesene Beteiligung an der »Schlägerei an der Endhaltestelle« belegt.

Es ging aber bei der »Sektion Jena« nicht vorrangig um Schlägereien, sondern um öffentlichkeitswirksame Aktionen, die auch das Element der Bewaffnung und der Anschläge mit einschloss. Wie bereits erwähnt nahmen mindestens Böhnhardt und Kapke an den Wehrsportübungen des THS teil. Darüber hinaus ist bekannt, dass sich die Mitglieder der »Sektion Jena« mit Schreckschusswaffen, Messern, Morgensternen u.ä. bewaffneten und Mundlos Sprengübungen durchführte.

Es ging bei der Gründung des THS – wie der V-Mann Brandt hier äußerte – vielleicht um die Abkehr vom »Gewaltimage« in der Öffentlichkeit, nicht aber um die Abkehr von der Gewalt. Vielmehr waren der »Thüringer Heimatschutz« und mit ihm die »Sektion Jena« Ausdruck des Willens – und auch der Erkenntnis –, dass ein angestrebter Systemumsturz, der in der Szene als »Tag X« bezeichnet wurde, nicht allein durch unkoordinierte Straßengewalt herbeigeführt werden kann. Dieser kann nur durch die Verfolgung verschiedener ineinandergreifender Taktiken und Strategien und deren Einbettung in ein politisches Konzept erfolgen.

Folgerichtig fanden in der »Kameradschaft Jena« Richtungsdiskussionen statt, in denen es auch um die Option des bewaffneten Kampfes ging. Eine Richtungsdiskussion, an der nach Angaben des Angeklagten Gerlach André Kapke, Ralf Wohlleben, Uwe Mundlos, Uwe Böhnhardt, Beate Zschäpe und – und das ist hervorzuheben – Tino Brandt teilnahm. Auch André Kapke bestätigte diese Diskussionen hier in der Hauptverhandlung. Man habe immer über Gewaltanwendung geredet; es habe auch immer Leute gegeben, die gesagt hätten, man müsse Zellen bilden – ohne es namentlich zu konkretisieren.

Auf Gerlachs Angabe, er und Wohlleben seien gegen die Aufnahme des bewaffneten Kampfes gewesen, kann man nichts stützen. Sein ständiges Bemühen, sich und andere im besseren Licht stehen zu lassen, ist durch die Beweisaufnahme mehr als deutlich geworden. Hätte Gerlach zugegeben, dass auch er sich für den bewaffneten Kampf ausgesprochen hat, hätte dies einen Anfangsverdacht auf Mitgliedschaft im NSU begründet.

Tino Brandt, der Führungskopf des »Thüringer Heimatschutzes« war, hat an der Diskussion teilgenommen – obwohl er gar nicht Mitglied der »Kameradschaft Jena« war. Warum Brandt an dieser Diskussion teilnahm, dazu hat er sich weder selbst erklärt, noch wurde der Angeklagte Gerlach dazu in seiner polizeilichen Vernehmung befragt. Man kann aber davon ausgehen, dass er diese Diskussion mit den Mitgliedern der »Sektion Jena« als Führungskopf des »Thüringer Heimatschutzes« geführt hat. Die Führungsebene des THS war somit an der Richtungsdiskussion beteiligt; vermutlich hat sie diese auch mitinitiiert.

Zschäpe, Mundlos und Böhnhardt waren Gründungsmitglieder der »Kameradschaft Jena«. Sie wurden – so haben es hier verschiedene Zeugen berichtet – damals als Autorität wahrgenommen. Mundlos, der Ideologe, der überzeugte Nationalsozialist, an dessen argumentative Stärke und Durchsetzungskraft sich noch einige Zeugen erinnern konnten, Böhnhardt, die »tickende Zeitbombe«, wie es der Vater Mundlos beschrieb, der extrem aggressiv und gewalttätig war, und die Angeklagte Zschäpe, die von den hier vernommenen Zeugen als eine Frau beschrieben wurde, die durchsetzungsstark war, die eine eigene Meinung hatte und – wie es der Zeuge André Kapke bezeichnet hatte – »immer dabei« war oder – wie es der Zeuge Stefan A. formulierte – die immer einen großen Mund gehabt und sich nicht über den Mund fahren lassen habe, die sich von niemandem etwas aufzwingen oder aufdrängen ließ; eine Person, die gesagt hat, so geht es lang und nicht so, wie du willst; eine, die auch mal zulangte. Zusammen entwickelten und spielten sie das den historischen Nationalsozialismus verherrlichende und den Völkermord an den europäischen Juden verhöhnende Spiel »Pogromly«. Mitgespielt haben auch der Angeklagte Wohlleben und die Zeugin Juliane W.

Zschäpe war zuerst mit Mundlos, dann mit Böhnhardt liiert. Ihrer Freundschaft mit Mundlos tat das keinen Abbruch. Im Gegenteil, aus den fast viereinhalb Jahren Beweisaufnahme ergab sich das Bild einer engen und festen, auf Vertrauen basierten Freundschaft von Böhnhardt, Mundlos und Zschäpe – unabhängig von einer bestehenden Liebesbeziehung.

Den Schluss, den die Bundesanwaltschaft aus dieser engen Verbindung zieht, nämlich, dass sich Böhnhardt, Mundlos und Zschäpe von der Szene abgewandt hätten, weil diese ihr zu unpolitisch gewesen sei, ist durch die Beweisaufnahme widerlegt und dient offensichtlich nur der Unterfütterung der »Trio-These« der Bundesanwaltschaft.

Die drei traten oft zusammen auf, aber nicht nur. Zschäpe war keine Mitläuferin oder ein Anhängsel der beiden Uwes. So meldete sie beispielsweise zusammen mit dem Angeklagten Wohlleben in Jena eine rechte »Anti-EU«-Demonstration an – im Namen des »Thüringer Heimatschutzes« –, zu einer Zeit, als dieser Begriff nur in der rechten Szene kursierte. Ohne Mundlos und Böhnhardt, aber zusammen mit André Kapke und Sven L. besuchte sie die 7. Hetendorfer Tagungswoche im Juni 1997 – eine der zentralen Veranstaltungen der militanten und organisierten Nazi-Szene, veranstaltet von dem völkischen und rassistischen Verein »Heide-Heim«.

Wie wir von dem Zeugen Christian Kapke wissen, spähten Mundlos, Böhnhardt und Zschäpe auch Zivilfahrzeuge aus. Der Rückspiegel von Mundlos' Auto war zu diesem Zweck – wie der Zeuge A.H. berichtete – auf Zschäpe als Beifahrerin eingestellt.

Die »Sektion Jena« pflegte auch die von Mundlos ausgehenden bundesweiten Kontakte insbesondere nach Sachsen, Bayern und Ludwigsburg. Sie fuhren gemeinsam zu verschiedenen Veranstaltungen in ganz Thüringen, regelmäßig nach Sachsen zu Konzerten und zu anderen Treffen nach Chemnitz und Zwickau.

Spätestens von Februar 1995 bis März 1997 machten die Sektionsmitglieder Mundlos, Böhnhardt, Zschäpe und Gerlach Haftbetreuung für in Sachsen inhaftierte Rechtsextremisten, wie Thomas Starke, Torsten Sch. und Enrico Ri. – sie schrieben ihnen Briefe und besuchten sie regelmäßig. Zumindest Mundlos vernetzte sich auch mit Inhaftierten in anderen Bundesländern – in Brandenburg, Bayern, Baden-Württemberg – und diskutierte mit ihnen politische Strategien. Es wurden untereinander Flugblätter ausgetauscht und versucht, zusammen einen Verein zu gründen.

Aus den Briefen an die Inhaftierten, die Teil der Verfahrensakte geworden sind, gehen die vielfältigen Aktivitäten und Vernetzungen der »Sektion Jena« hervor. Dazu gehörte – so ergibt es sich aus den sichergestellten Briefwechseln mit Starke und Torsten Sch. – auch die Diskussion des Zellenkonzeptes. Aus den Briefen geht zudem hervor, dass schon im Frühjahr 1996 neben den Inhaftierten auch Kontakt zu weiteren Mitgliedern der Chemnitzer »Skinhead 88er«- bzw. »Blood & Honour«-Szene bestand, die später Böhnhardt, Mundlos und Zschäpe maßgeblich unterstützen sollten.

Zschäpe war auch kurzzeitig liiert mit dem Chemnitzer »Blood & Honour«-Mitglied Thomas Starke. Er war es auch, der von Mundlos angesprochen wurde, ob er Sprengstoff besorgen könne – erfolgreich. Thomas Starke besorgte 1996/97 mindestens 1,4 Kilogramm TNT – über die »Blood & Honour«-Mitglieder Jörg Winter und Giso T., und zwar kostenlos. Die Kontakte nach Chemnitz waren von zentraler Bedeutung. »Blood & Honour« war eine Organisation, die ihre Botschaft vom »Rassenkrieg« über rechte Musik transportierte, in deren Strukturen das Zellenkonzept diskutiert und propagiert wurde, die mit der Unterorganisation »Combat 18« über eine Struktur verfügte, die eine Blaupause für den NSU darstellte. Es ist daher auch kein Zufall, dass Böhnhardt, Mundlos und Zschäpe nach den Durchsuchungen im Januar 1998 in Chemnitz abtauchten und dort nach Waffen fragten.

8. Die verbindende Ideologie

Es ist in diesem Saal in den letzten viereinhalb Jahren viel gelogen worden. Von Zeugen, die versucht haben, ihre Einbindung in die rechte Szene und die dort virulente Ideologie zu relativieren. Es war für alle Verfahrensbeteiligten die Unglaubwürdigkeit dieser Zeugen und die Unglaubhaftigkeit ihrer Aussagen erkennbar. Besonders deutlich wurde dies an der Aussage von André Kapke, der behauptete, dass es bei der von der »Kameradschaft Jena« betriebenen Politik aus nationaler Sicht um Umweltpolitik wie in Gorleben, um die Kritik an der EU und den Kommunen, die linksradikale Projekte fördern würden, gegangen sei. Auch der Angeklagte Wohlleben versuchte in seiner Einlassung, seine Politik als eine darzustellen, die nicht gegen »Ausländer« gerichtet sei, sondern nur gegen die Politik der Regierung, die einen Zuzug von »Ausländern« ermöglichen würde. Trotz dieser Lügen und Relativierungen ergab die Beweisaufnahme ein klares Bild von der Ideologie und Weltanschauung der Mitglieder der damaligen rechten Szene in Thüringen und speziell in Jena.

a. Rassismus und Bezugnahme auf den historischen Nationalsozialismus
Wie die Beweisaufnahme ergeben hat, waren die Mitglieder des »Thüringer Heimatschutzes« Verfechter einer völkischen Rassenideologie und Anhänger einer nach dem historischen Vorbild zu schaffenden nationalsozialistischen Gesellschaftsordnung. Der Angeklagte Gerlach kam in seiner am Anfang der Hauptverhandlung abgegebenen Erklärung der Wahrheit sehr nahe: »Wir betrachteten uns als Neonazis«, so seine Selbstbeschreibung.

Die Zeugin Jana J., die sich Mitte/Ende der 1990er Jahre in der rechten Szene in Jena/Thüringen aufhielt und nach ein paar Jahren davon löste, sprach deutliche Worte. Auch sie sprach nicht nur von einer rechten Szene, sondern von einer Nazi-Szene. Sie bezeichnete den Zeugen André Kapke, ihren damals engen Freund, als Neonazi, der ganz klar nationalistisch, fremdenfeindlich und rassistisch eingestellt war. Sie sprach von einer Szene, die den historischen Nationalsozialismus verherrlichte. Ziel ihres damaligen politischen und sozialen Umfeldes – also des »Thüringer Heimatschutzes« – war die Schaffung eines nationalsozialistischen Systems. Diese Szene – so die Zeugin weiter – sei nicht nur irgendwie rechts gewesen, sondern sie verstand sich in der Tradition des historischen Nationalsozialismus, bezog sich positiv auf Adolf Hitler und das Deutsche Reich. Wenn man sich kapitalismuskritisch gegeben hat, dann war das auch immer antisemitisch. Es gab – so die Zeugin Jana J. – einen ideologischen Konsens.

In dem der Zeugin hier in der Hauptverhandlung vorgehaltenen *BBC*-Interview bringen es die THS-Führungsaktivisten auf den Punkt: Der V-Mann Brandt sah Adolf Hitler als einen »großen Deutschen« wie Friedrich den Großen, Kapke bezeichnet die Mitglieder des THS als nationale Sozialisten und Brehme bezog sich auf das Deutsche Reich. Der Zeuge Christian Kapke schilderte in der Hauptverhandlung den völkischen und antisemitischen Charakter der in der Jenaer Nazi-Szene vertretenen Ideologie. Rassismus und Antisemitismus seien allgegenwärtig gewesen. Es sei häufig über den »Tag X« gesprochen worden – also den Tag, an dem das »System« zusammenbreche und die Nazis die Macht übernähmen. Es sei ihnen eingeschärft worden, sich darauf vorzubereiten. Der Zeuge Andreas Rachhausen, »Anti-Antifa Ostthüringen« und THS-Aktivist der ersten Stunde, sagte hier aus, dass es bei dem Kampf um das »biologische Überleben des deutschen Volkes« gegangen sei. Der Zeuge Brehme nannte in dem bereits erwähnten *BBC*-Interview die multikulturelle Gesellschaft eine Form der »Volksvernichtung«.

Uwe Mundlos wurde von dem V-Mann Brandt als nationaler Sozialist beschrieben, der sich für die damaligen Ideale der NSDAP eingesetzt und diese für gut befunden hatte, der seine Ideologie in einer uniformähnlichen Kleidung nach außen trug, das hieß schwarze Kleidung, Koppel, Lederriemen. Auch der nicht der Szene zugehörige Zeuge A.R., ein Kinder- und Jugendfreund von Uwe Mundlos, hat sehr eindrücklich die ideologische Entwicklung von Mundlos nachgezeichnet: Angefangen mit einer Bezugnahme auf den historischen Nationalsozialismus – vorwiegend noch in Opposition zum DDR-Regime und als Provokation. Eine Einstellung, die sich nach der Wende zu einer festen Ideologie entwickelt hatte und sich in einer permanenten und ausufernden Verherrlichung des Nationalsozialismus und in der Relativierung seiner Verbrechen ausdrückte.

Wie dargelegt vertrat Uwe Mundlos schon vor der Gründung der Kameradschaft klare rassistische und antisemitische Positionen und bezog sich positiv auf den Nationalsozialismus. Der Zeuge Tom T. beschrieb die Einstellung von Mundlos wie folgt: »Wenn es um die politische Einstellung gegangen ist, dann veränderte sich [Mundlos'] Gesichtsausdruck. Bei ihm gab es Null-Toleranz und keine Kompromisse. Er hatte ernste Absichten und mir war damals klar, dass es bei ihm nie aufhören würde. Er hat von der ersten bis zur letzten Minute daran geglaubt. [...] Er war davon überzeugt, dass man den Nationalsozialismus wieder einführen könne. Rudolf Heß war sein großes Vorbild. Für ihn stand die Reinhaltung der Rasse im Vordergrund. Den Multikulti-Schmelztiegel in Deutschland hat er gehasst.« Tom T. fügte hinzu: »Die gleiche Einstellung hatten meiner Meinung nach auch Ralf Wohlleben und André Kapke. Diese Einstellung hatte Mundlos schon in der Zeit, als ich ihn kennenlernte. Kapke und Wohlleben mussten sich zu dieser Einstellung erst hin entwickeln.«

Der Zeuge Jürgen H. hat zu Böhnhardt geäußert, dass dieser vor seinem Abtauchen nicht nur ihm gegenüber, sondern auch anderen Personen gegenüber von seinen Vernichtungsphantasien gegenüber Migranten gesprochen hatte und seinem Ausländerhass freien Lauf ließ, auch wenn andere Personen mit dabei waren. »Ausländer« gehörten nicht ausgewiesen, sondern in Konzentrationslager interniert und vergast. Der Hass auf »Ausländer« und dieser gewalttätige Rassismus spiegelten sich auch in der Musik wider, die damals in der Szene gehört worden ist, wie wir von den hier vernommenen Zeugen erfahren haben. Lieder von den »Zillertaler Türkenjägern«, den »Böhsen Onkelz« wie »Türke, Türke, was hast du getan«, das Lied »Zehn kleine Negerlein« oder der Song der maßgeblichen »Blood & Honour«-Band »Skrewdriver« »Barbecue in Rostock«, mit dem die rassistischen Angriffe von Rostock-Lichtenhagen gefeiert wurden, sprechen für sich. In dieser Musik ging es niemals um einen Appell an staatliche Institutionen oder um eine

Kritik an der Politik, die einen »massenhaften Zuzug von Ausländern« erlauben würde, sondern immer um puren Rassismus und gewalttätige Aktionen, die sich gegen alle richteten, die nicht in das beschränkte Weltbild der rechten Szene passten. Das in der Garage gefundene »Ali-Gedicht« ist dafür ein weiteres beredtes Beispiel.

Trotzdem wurde hier immer wieder ein tief eingebrannter Rassismus der THS-Mitglieder verneint. So leugnete beispielsweise der Zeuge André Kapke, dass es in der »Kameradschaft Jena« neben der Ablehnung des Systems, das für die »Ausrottung« von »ganzen Völkern« verantwortlich sei, auch einen konkreten, gegen einzelne Migranten gerichteten Rassismus und Hass gegeben hätte. Diese Behauptung wollte er mit dem für sich allein schon entlarvenden Satz untermauern: »Wenn sie was gegen Unkraut machen möchten, können sie nicht einzelne Blätter rauszupfen.«

Auch die Behauptung, es hätte keine Gewalt gegen »Ausländer« gegeben, weil es – so wie es einige Zeugen behauptet haben – gar keine »Ausländer« gegeben hätte, ist nicht nur historischer Unsinn, sondern widerspricht auch Aussagen von hier in der Hauptverhandlung gehörten Zeugen. Zu DDR-Zeiten gab es eine Vielzahl von sogenannten Vertragsarbeitern aus Vietnam, Kuba, Angola, Mosambik u.a. Die mit diesen Ländern bestehenden Arbeiteraustauschverträge wurden zwar im Rahmen der Vereinigung der beiden deutschen Staaten aufgelöst. Die Arbeiterinnen und Arbeiter sind aber zu einem nicht unwesentlichen Teil in Deutschland verblieben. Auch kam es im Zuge des Jugoslawien-Krieges zu einer großen Fluchtbewegung, in deren Rahmen in den Jahren 1991, 1992 und 1993 jeweils ca. 400.000 Flüchtlinge nach Deutschland kamen. Der Migrantenanteil in Ostdeutschland war zwar immer noch deutlich geringer als der in den westlichen Bundesländern; gerade aber ihre geringe Anzahl und ihre damit verbundene »Auffälligkeit« und »Identifizierbarkeit als Hassobjekte« machte die Flüchtlinge und die ehemaligen Vertragsarbeiter*innen sowie die wenigen Migranten, die nach der Wende aus beruflichen Gründen in den Osten Deutschlands zogen, zum bevorzugten Zielobjekt des von der Szene vertretenen gewalttätigen Rassismus.

Der Zeuge Stefan A. sprach es auch aus: Die Aktivitäten der rechten Szene richteten sich gegen »Ausländer«, gegen den Staat, gegen Linke, gegen alles. Auch der Zeuge A.R. gab an, dass in der Clique, in der er sich zusammen mit Uwe Mundlos und Beate Zschäpe aufhielt, mit Angriffen gegen Vietnamesen geprahlt wurde. Der Zeuge Mike M. bekundete, dass sie, als sie damals in der Gruppe unterwegs waren, auch immer Parolen wie »Deutschland den Deutschen! Ausländer raus!« gerufen hätten, auf den Wochenmärkten die dort tätigen Vietnamesen angepöbelt, beklaut und angegriffen hätten. Auch der Angeklagte Carsten Sch. beschrieb – wie bereits erwähnt – in seiner Einlassung einen Angriff auf einen Döner-Stand. Der Zeuge KHK K. von der KPI Jena, der damals als Staatsschutzbeamter für die Szene verantwortlich war, sprach von einem allgemeinen Tenor, dass es zu viele Ausländer in Jena und Thüringen gegeben habe. Dabei zitierte er auch eine Umfrage in der Stadt Jena, wonach ein Viertel aller Schüler bereit war, Gewalt gegen Ausländer zu begehen oder zumindest zu tolerieren, und beschrieb auch massive Angriffe gegen Migranten, die in Thüringen zu Besuch waren.

b. Das Zellenkonzept

Es blieb nicht bei extrem rechten und rassistischen Einstellungen und Aktionen. Es ging auch um die Umsetzung der eigenen Weltanschauung. Das Zellenkonzept als Mittel dazu, das der NSU auf perfide und mörderische Weise in die Praxis umsetzte – auch das wurde in der Hauptverhandlung mehrfach belegt –, war fester Bestandteil der Diskussionen in der rechten Szene der 1990er Jahre.

Wir wissen, wie verbreitet die Turner-Tagebücher waren, die zu Recht als Handlungsanleitung für den führerlosen Widerstand und den Aufbau von Zellen gelten. Propagiert wurde dieses Konzept nicht nur von »Blood & Honour«, sondern auch in Artikeln des »Sonnenbanners«, einem von dem Rechtsextremisten und V-Mann Michael Doleisch v. Dolsperg, geb. See, herausgegebenen Fanzine, das wiederum in der Garage gefunden wurde.

Propagiert wurde das Konzept auch in Artikeln der Zeitschrift »Aryan Law and Order«, herausgegeben von der »Weißen Bruderschaft Erzgebirge«, der Kameradschaft des Angeklagten Eminger und seines Bruders. Und wie wir wissen, wurde ja auch in der »Sektion Jena« über die Frage bewaffneter Kampf ja oder nein diskutiert. Zu den in der rechten Szene diskutierten Konzepten und der dort vorherrschenden Ideologie wird sich noch mein Kollege Hoffmann ausführlich äußern.

IV. Taten statt Worte – die Umsetzung des Konzeptes

Lassen Sie mich jetzt zur Umsetzung des Konzeptes und zur Gründung der Vereinigung kommen. Vorweg: Die Gruppe, die verantwortlich ist für die hier in der Hauptverhandlung gegenständlichen Taten, für neun rassistische Morde, für den Mord an Mehmet Kubaşık, den Ehemann von Elif Kubaşık und den Vater meines Mandanten, seines jüngeren Bruders und Gamze Kubaşık; diese Gruppe wurde nicht erst Mitte des Jahres 1998 gegründet, wie es die Bundesanwaltschaft in ihrem Plädoyer behauptet hat. Wir gehen auch nicht davon aus, dass die Gruppe nur aus Mundlos, Böhnhardt und Zschäpe bestand. Und wir gehen ferner nicht davon aus, dass die Gruppe abgeschottet von der Szene gewesen ist.

Die Ermittlungen der Bundesanwaltschaft und des Bundeskriminalamtes und in dessen Folge auch ein Großteil der Beweisaufnahme hier in der Hauptverhandlung gingen immer von zwei Prämissen aus. Erstens, dass das Abtauchen von Böhnhardt, Mundlos und Zschäpe nach der Garagendurchsuchung eine zwingende Bedingung für die Gründung der terroristischen Vereinigung NSU darstellt. Und zweitens, dass sich der Umfang der Taten des NSU aus dessen Bekennervideo ergibt. Diese Verengung der Ermittlungen führte dazu, dass naheliegende Hinweise auf eine alternative Interpretation der Erkenntnisse nicht wahrgenommen oder diese sogar bewusst außer Acht gelassen wurden.

Unsere viel zu früh verstorbene Kollegin Angelika Lex, Vertreterin der Nebenklägerin Yvonne Boulgarides, der Witwe des vom NSU ermordeten Theodoros Boulgarides, hat zu diesem verengten Blick Folgendes gesagt:

»Wir haben nur fünf Angeklagte, aber diese Strukturen umfassen natürlich viel mehr Leute. Es gäbe noch jede Menge anderer Leute, die auch auf die Anklagebank gehören würden. Da hat man sich das natürlich relativ einfach gemacht von Seiten der Bundesanwaltschaft; da muss ich jetzt erstens nicht weiter ermitteln in Richtung weitere terroristische Vereinigung; ich habe was getan, um die Bevölkerung zu befrieden, sag also ›Gefahr des NSU – alles erledigt: zwei sind tot, eine ist im Knast, keine Gefahr mehr!‹« Sie hatte Recht: Wir Nebenklägervertreter*innen haben in diesem Verfahren durchgehend versucht, den verengten Blickwinkel zu erweitern, mit zu geringem Erfolg. Ich werde im Folgenden erläutern, wer und was aus unserer Sicht mit einbezogen werden muss:

1. Zum Zeitpunkt der Gründung der Vereinigung

»Taten statt Worte« – so lautete der Leitspruch des NSU. Durch Aktionen Fanale setzen; die eigenen rassistischen und neonazistischen Vorstellungen in die Tat umsetzen – und nicht mehr nur darüber zu reden. Das war das Leitbild, die Handlungsanweisung des NSU. »Taten statt Worte« – oder wie es im sogenannten »NSU-Brief« hieß: »Worte sind genug gewechselt, nur mit Taten kann ihnen Nachdruck verliehen werden.« Diese Worte waren schon gefallen – im »Thüringer Heimatschutz«, in der »Sektion Jena«, in den einschlägigen Fanzines.

Die Umsetzung dieser Programmatik erfolgte allerdings nicht erst nach dem Abtauchen von Böhnhardt, Mundlos und Zschäpe. Erste Propagandataten der »Sektion Jena« sind bereits aus dem Jahr 1995 bekannt. So brachte die »Sektion Jena« anlässlich der Rudolf-Heß-Aktionswoche im August 1995 ein großes Transparent mit Doppel-Siegrunen an der Brücke an, an der ein Jahr später die Puppe mit dem Davidstern und der Bombenattrappe aufgehängt wurde.

Im Sommer 1995 veranstaltete die »Sektion Jena« zwei Kreuzverbrennungen in der Nähe von Jena, deren Bilder später bei der Angeklagten Zschäpe sichergestellt wurden. Zum Jahrestag der antisemitischen Pogrome wurde am 9. November 1995 eine erste Puppe mit einem Davidstern an einem Rohr der Stadtwerke Jena aufgehängt. Einen Tag später wurde in einem Wohnheim für bosnische Bürgerkriegsflüchtlinge in Jena ein mit einem Selbstlaborat gefüllter Sprengkörper aufgefunden.

Auch außerhalb von Jena tauchten Bombenattrappen auf. Rosemann bekannte sich zu einer Bombenattrappe, die er anlässlich der Heß-Gedenkwoche 1995 an der Heidecksburg bei Rudolstadt platzierte; eine Aktion, über die er nach eigenen Angaben auch mit Böhnhardt und Mundlos sprach. Wenig später, am 10. September 1995, wurde eine Bombenattrappe am Mahnmal der Opfer des Faschismus in Rudolstadt anlässlich einer Gedenkveranstaltung für die Opfer des Konzentrationslagers Buchenwald platziert. Zu der Tat bekannte sich damals das THS-Mitglied Danny S. Noch am selben Tag wurden das Mahnmal aus Autos heraus mit Eiern beworfen und Flugzettel mit nationalistischen und antisemitischen Parolen abgeworfen. Als Täter wurden u.a. André Kapke, Holger Gerlach, Uwe Böhnhardt, Beate Zschäpe und Sven Rosemann festgestellt.

Am 13. April 1996 wurde an einer Autobahnbrücke nahe Jena eine zweite Puppe aufgehängt – mit einer Schlinge am Hals, versehen mit einem Davidstern und der Aufschrift »Jude«. Mit der Puppe verbunden war eine Bombenattrappe. Im August 1996 mietete dann die Angeklagte Zschäpe die Garage Nr. 5 An der Kläranlage an. Diese Garage – wie von Anfang an beabsichtigt – diente nicht nur der Deponierung von Unterlagen und Material, das vor Durchsuchungen und Beschlagnahmungen geschützt werden sollte, sondern in erster Linie der Durchführung konspirativer Aktivitäten – dem Bau von Bombenattrappen und später auch von grundsätzlich zündfähigen Rohrbomben.

Am 6. Oktober 1996 wurde eine Kiste mit schwarzen Hakenkreuzen und der Aufschrift »Bombe« im Ernst-Abbe-Sportfeld in Jena abgelegt. In der Kiste befand sich eine Bombenattrappe. Ende 1996 wird durch Uwe Mundlos über die Chemnitzer Kontakte – die »Blood & Honour«-Aktivisten Starke, Winter und Giso T. – mindestens 1,4 Kilogramm zündfähiges TNT besorgt. Nach Sprengversuchen wird seitens Mundlos versucht, über diese Kontakte auch Zünder zu bekommen.

Um den Jahreswechsel 1996/1997 werden Briefbombenattrappen an die Polizei, die Stadtverwaltung von Jena und an die Lokalredaktion einer Thüringer Zeitung verschickt. Das Begleitschreiben an die Lokalredaktion lautete: »Von Lüge und Betrug haben wir genug! Das wird der letzte Scherz jetzt sein ab 97 haut es richtig rein.« Das Begleitschreiben an die Polizei und Stadtverwaltung enthielt folgende Worte: »Mit Bombenstimmung in das Kampfjahr 97 – Auge um Auge Zahn um Zahn – dieses Jahr kommt Dewes [bzw. Bubis] dran !!!«

Dann am 2. September 1997 wird auf dem Vorplatz des Theaterhauses in Jena ein Koffer abgelegt; in roter Farbe, in der Mitte ein schwarzes Hakenkreuz in einem weißen Kreis. Der Koffer enthielt eine selbstgebaute, allerdings nicht zündfähige Rohrbombe, diese gefüllt mit Schwarzpulver und 10 Gramm TNT. Schließlich der 26. Dezember 1997. Wiederum wird ein Koffer abgestellt – wiederum rot, bemalt mit einem schwarzen Hakenkreuz in einem weißen Kreis – diesmal vor der Gedenkbüste des Widerstandskämpfers Magnus Poser auf einem Friedhof in Jena.

Im Rahmen der am 26. Januar 1998 durchgeführten Durchsuchung in der Garage Nr. 5 An der Kläranlage wurden neben einer Vielzahl rechtsradikaler Propagandazeitschriften, Briefen, Telefon- und Adresslisten von Rechtsextremisten auch eine fertige und vier im Bau befindliche Rohrbomben gefunden. Des Weiteren eine aus einer Blechdose gefertigte Bombe, Zündvorrichtungen mit Wecker, 60 Superböller, ein Schwarzpulvergemisch und ca. 1,4 Kilogramm TNT-Gemisch. Außerdem wurden Ausspähnotizen von Zivilfahrzeugen der Polizei und Unterlagen der »Sektion Jena« gefunden. Daraus kann nur ein Schluss gezogen werden. Bei der Garage handelte es sich offenbar um eine Bombenwerkstatt. Nachdem zunächst lediglich Bombenattrappen ohne Sprengstoff verwandt worden sind, wurden dann Bombenattrappen abgelegt, die zwar nicht zündfähig waren, aber bereits Sprengstoff enthielten – verbunden mit der unmissverständlichen Ankündigung »Mit Bombenstimmung in das Kampfjahr 97.« Es kann davon ausgegangen werden, dass diejenigen, die die Vielzahl der aufgelisteten Aktionen begangen und die in der Garage befindliche Bombenwerkstatt betrieben haben, auch vorhatten, die dort gebastelten Bomben zünd- und sprengfähig einzusetzen.

Ermittelt wurde wegen dieser Aktionen nicht nur gegen Böhnhardt, Mundlos und Zschäpe, sondern auch gegen die weiteren Mitglieder der »Kameradschaft Jena«. Und – der Einsatz von Bombenattrappen war kein Alleinstellungsmerkmal der Jenaer Szene. Bombenattrappen wurden auch schon von anderen THS-Mitgliedern verwendet.

»Taten statt Worte« – nach diesem Motto wurde offensichtlich in Jena schon seit 1995 gehandelt, also schon vor dem Abtauchen von Böhnhardt, Mundlos und Zschäpe am 26. Januar 1998. Die Bundesanwaltschaft schrieb selbst in der Anklageschrift auf Seite 95 unter Verweis auf die Funde in der Bombenwerkstatt: »Bereits Ende 1997 waren Zschäpe, Mundlos und Böhnhardt bereit, einen aktiven Kampf gegen Staat und Gesellschaft zu führen.« Auch in ihrem Plädoyer führt die Bundesanwaltschaft aus, dass ein besonders aussagekräftiges Bild des Ausmaßes und der Ernsthaftigkeit, die der Extremismus von Mundlos, Böhnhardt und der Angeklagten Zschäpe bereits vor ihrem Untertauchen angenommen hatte, sich nicht nur aus der Schilderung ihres Auftretens, sondern vor allem auch aus den politisch motivierten Delikten in Jena 1996 und 1997 und dem Garagenfund 1998 ergebe. Die entsprechenden Schlussfolgerungen werden aber nicht gezogen.

Für die Annahme einer Vereinigung im Sinne der §§ 129, 129a StGB bedarf es keiner begangenen Straftat; es reicht der vom gemeinsamen Willen getragene Zusammenschluss, um in Zukunft Straftaten – bzw. für § 129a StGB bestimmte qualifizierte Straftaten – zu begehen. Diese Bereitschaft und dieser Zusammenschluss lagen bereits vor dem Abtauchen vor. Das Ablegen von Bombenattrappen, das Einrichten einer Garage als Bombenwerkstatt, das Besorgen von zündfähigem Sprengstoff, die Ankündigung eines »Bombenjahres« und das Herstellen von mit TNT gefüllten Rohrbomben – welcher Schluss kann daraus gezogen werden außer, dass in der »Sektion Jena« schon 1996 der Entschluss gefasst wurde, als ein vom gemeinsamen Willen getragener Zusammenschluss Straftaten – hier zumindest in Form vom Androhen von Straftaten im Sinne des § 126 StGB und von entsprechenden Propagandadelikten – zu begehen.

Zu berücksichtigen ist ferner, dass die begangenen Taten offensichtlich einem Schema der Eskalation folgten. Wurden zunächst nur Bombenattrappen abgelegt, folgten mit den versendeten Briefbomben nicht nur Morddrohungen, sondern auch die Ankündigung eines »Bombenjahres«. Die nächste Stufe war die Verwendung von TNT und Schwarzpulver. Die gesamte Serie war darauf angelegt, dass als nächstes ein richtiger Sprengsatz zum Einsatz kommen sollte. Dies ergibt sich nicht nur aus den Funden in der Garage, sondern auch aus der dargestellten Eskalationsstrategie, die von den handelnden Personen verfolgt wurde.

Vor dem Hintergrund der geschilderten Beweislage sehen wir – spätestens mit der Anmietung der Garage – die Tatbestandsmerkmale der Bildung einer Vereinigung im Sinne des § 129 StGB als bewiesen an.

Die Entstehung des NSU

2. Die Mitglieder

Wir gehen nicht davon aus, dass zu diesem Vorläufer des NSU lediglich Böhnhardt, Mundlos und Zschäpe gehörten, sondern wir meinen, dass sich dieser aus den Mitgliedern der »Sektion Jena« zusammensetzte. Wie die Bundesanwaltschaft zu der Bewertung gelangen konnte, die drei, also Böhnhardt, Mundlos und Zschäpe hätten sich von der Szene abgesondert, weil diese ihr zu unpolitisch gewesen sei, ist anhand der Beweisaufnahme nicht nachvollziehbar.

Die Ermittlungen haben das Abtauchen von Böhnhardt, Mundlos und Zschäpe immer als Zäsur und wesentliches Element für die Entstehung des NSU angesehen. Die bisher vorliegenden Erkenntnisse lassen aber einen anderen Rückschluss zu. Dazu ist es noch mal erforderlich, sich die Vor- und Nachgeschichte des 26. Januar 1998 genauer anzusehen. Wir wissen, dass Böhnhardt auf keinen Fall wieder ins Gefängnis gehen würde und sich demnach seinem bevorstehenden Haftantritt durch Flucht entziehen würde. Auch Mundlos hat sich gegenüber A.H. schon dahingehend geäußert, dass er wohl demnächst abtauchen müsse. Auch die Flucht an sich spricht eher dafür, dass es in der »Sektion Jena« Vorbereitungen für einen derartigen Fall gegeben hat. Das Abtauchen nach Chemnitz stellte daher keine Zäsur da. Die aufgebauten Strukturen bestanden weiter.

Zu berücksichtigen ist ferner, dass sich an der Diskussion über die Aufnahme des bewaffneten Kampfes alle Mitglieder der »Sektion Jena« sowie der Zeuge Tino Brandt beteiligt haben. Dies belegt einerseits, dass die geführte Richtungsdiskussion über den bewaffneten Kampf – ja oder nein – keine reine Diskussion innerhalb der »Sektion Jena« war, sondern auch innerhalb des THS geführt wurde. Aus dem, was wir wissen, ergibt sich andererseits, dass die Entscheidung für die Aufnahme des bewaffneten Kampfes von den anderen Mitgliedern der »Sektion Jena« mitgetragen wurde. Aus der Beweisaufnahme hat es keinerlei Hinweise dafür gegeben, dass es nach dieser Richtungsdiskussion zu einem Bruch innerhalb der »Sektion Jena« entlang dieser Frage gekommen wäre. Ganz im Gegenteil: Die »relativ geschlossene Gruppe«, wie der Zeuge Brandt die »Sektion Jena« beschrieb, blieb zusammen. Auch waren die Mitglieder der »Sektion Jena« – inklusive Mundlos, Böhnhardt und Zschäpe – weiterhin an Aktivitäten des THS beteiligt.

Und ein weiterer Umstand ist von Bedeutung: Bei dem Aufhängen der zweiten Puppe war nachgewiesenermaßen auch der Angeklagte Wohlleben dabei. Dass an den weiteren Aktionen, die vor dem Abtauchen begangen worden sind, nur Mundlos, Böhnhardt und Zschäpe beteiligt waren; für diese Annahme haben sich in der Beweisaufnahme keine Indizien ergeben. Die polizeilichen Ermittlungen in diesen Fällen richteten sich auch gegen die weiteren Mitglieder der Sektion Jena.

Schließlich ist zu berücksichtigen, dass am 26. Januar 1998 Böhnhardt nicht nur Mundlos und die Angeklagte Zschäpe über die Durchsuchungsmaßnahmen informierte, sondern auch den Zeugen André Kapke und den Angeklagten Wohlleben. Von der Zeugin Juliane W. wissen wir, dass Böhnhardt sie extra aus dem Unterricht holte mit dem Auftrag, ihren damaligen Freund Wohlleben zu warnen. Die Information, die sie von Böhnhardt und Volker H. bekam, war: Wohlleben müsse ins Gefängnis. Erst im Laufe des Tages stellte sich heraus, dass sich die polizeilichen Maßnahmen nicht auch gegen ihn richteten. Aus der Vernehmung von Kapke wissen wir wiederum, dass Böhnhardt ihn über die Durchsuchung informierte; auf der Straße, neben seinem Haus, während der laufenden Maßnahme.

Nach Böhnhardts Einschätzung waren also nicht nur Mundlos und Zschäpe konkret gefährdet, sondern zumindest auch Kapke und Wohlleben. Zu dieser Risikoeinschätzung konnte Böhnhardt nur aufgrund des Umstandes kommen, dass Wohlleben und Kapke nicht nur von der Garage wussten, sondern auch mit den in der Garage vorbereiteten Straftaten etwas zu tun hatten. Laut dem Angeklagten Gerlach soll der Angeklagte Wohlleben froh gewesen sein, dass die drei weg wären, sonst wäre er auch deswegen angeklagt worden.

Auch nach dem Abtauchen sind es – neben den Mitgliedern der »Blood & Honour«-Sektion in Chemnitz – die Mitglieder der »Sektion Jena« Wohlleben, Gerlach und Kapke sowie Tino Brandt, die von den Abgetauchten wegen Unterstützung kontaktiert wurden. Dass irgendjemand der Genannten sich, wie es der Zeuge K.S. tat, der Unterstützung verweigert hätte – dazu ist nichts bekannt. Die wie selbstverständlich gewährte Unterstützung umfasste nicht nur die Beschaffung von Geldmitteln, sondern auch von Waffen.

Das Verhältnis blieb eng. Und die Bereitschaft zu helfen groß. So groß, dass Wohlleben sogar Leute, die nicht Mitglied in der »Sektion Jena« waren, mit Unterstützungshandlungen beauftragt hatte. Involviert waren nicht nur die Mitglieder der »Sektion Jena«, wie die Angeklagten Gerlach und Wohlleben, sondern auch der Angeklagte Carsten Sch., den die drei nur flüchtig kannten, der Zeuge Jürgen H., aber auch der Waffenbeschaffer Andreas Schultz vom Madley.

Für eine Einbindung der in Jena verbliebenen Mitglieder der »Sektion Jena« auch nach dem Abtauchen von Böhnhardt, Mundlos und Zschäpe spricht weiterhin, dass diese den in Jena Zurückgebliebenen gegenüber von ihren Taten berichtet haben. Erinnert sei nur an das Telefonat mit Wohlleben – »Wir haben jemanden angeschossen« – und die Selbstverständlichkeit, mit der Mundlos und Böhnhardt gegenüber dem Angeklagten Carsten Sch. von ihrer Bewaffnung, ihrem mutmaßlich ersten rassistischen Anschlag nach dem Abtauchen und ihrer Finanzierung durch Banküberfälle berichteten. Sie vertrauten dem Helfer von Wohlleben blind.

Diese Erkenntnisse lassen den folgenden Schluss zu. Die Vereinigung, die später zum NSU wurde, wurde bereits in Jena gegründet und nicht nur von Böhnhardt, Mundlos und Zschäpe, sondern war identisch mit der »Sektion Jena« des »Thüringer Heimatschutzes«. Auch Kapke und Wohlleben waren ihre Mitglieder. Die Entscheidung zur Bildung dieser Vereinigung wurde in Absprache mit Tino Brandt getroffen und damit in Abstimmung mit dem THS. Die Möglichkeit, auch in den Untergrund zu gehen, war Teil der Diskussion innerhalb der »Sektion«. Die Entscheidung von Böhnhardt, Mundlos und Zschäpe, nach den Durchsuchungen in der Garage abzutauchen und nach Chemnitz zu gehen, ist zu verstehen als Reaktion auf die konkrete Gefahrensituation, die für sie bestand. Für die anderen Mitglieder der »Sektion« bestand diese Gefahr in der konkreten Situation nicht; ein Abtauchen ihrerseits war daher nicht erforderlich.

Die Verbundenheit bestand nach dem Abtauchen fort – und äußerte sich in vielfältigen Unterstützungshandlungen über einen Zeitraum von mehreren Jahren. Böhnhardt, Mundlos und Zschäpe waren somit vor und nach ihrem Abtauchen weder isoliert noch abgesondert. Die Ideologie, die Bereitschaft und die Entschlossenheit zur Begehung rechtsterroristischer Taten – die waren spätestens 1996 bei den Mitgliedern der »Sektion Jena« vorhanden. Ab Ende 1996 verfügten sie auch über die Mittel – die Garage als Werkstatt, das TNT als Tatmittel –, um Sprengstoffanschläge zu begehen. Dass die konkreten Entschlüsse für die Morde, für die Anschläge in der Keupstraße und der Probsteigasse und die Raubüberfälle erst nach dem Abtauchen getroffen worden sind – davon gehen auch wir aus. Dass die Gründung der Vereinigung aber schon vorher – noch in der Zeit der Legalität in Jena – erfolgt ist, davon sind wir nach dem Schluss der Beweisaufnahme überzeugt.

V. Zusammenfassung

Zusammengefasst muss also festgehalten werden:
Der NSU kann nicht ohne den »Thüringer Heimatschutz« verstanden werden. Wenn die Bundesanwaltschaft in ihrem Plädoyer zu der Einschätzung kommt, weder der »Thüringer Heimatschutz«, noch Tino Brandt, noch der Verfassungsschutz hätten Einfluss auf den NSU gehabt, dann ist das nicht nur falsch, sondern mutet als weiterer Versuch an, nicht nur das Umfeld aus der Verantwortung zu entlassen, sondern auch die Verfassungsschutzbehörden, zu deren Verantwortung meine Kollegin von der Behrens noch Ausführungen in ihrem Plädoyer machen wird.

Wenn die Angeklagten, die sich hier in der Hauptverhandlung eingelassen hatten, glauben machen wollten, sie wären nur etwas rechts gewesen, hätten mit Gewalt eigentlich nichts zu tun gehabt oder die Folgen ihres Handelns nicht vorhergesehen; dann sind diese Einlassungen durch die Beweisaufnahme widerlegt.

Mundlos, Böhnhardt, die Angeklagten Zschäpe, Wohlleben, Gerlach und zeitversetzt die Angeklagten Carsten Sch. und Eminger schlossen sich der rechten Szene in einer Zeit an, in der gewalttätige Übergriffe auf Migranten und Angriffe auf Flüchtlingsheime an der Tagesordnung waren und rassistische und nationalistische Positionen in vielen Teilen der Bevölkerung und der Öffentlichkeit geteilt wurden. Einer rechten Szene, die in Thüringen schon früh an überregionale Strukturen und Netzwerke angebunden war, und die sich zum historischen Nationalsozialismus bekannte. Sie blieben Teil der Szene, als diese sich Mitte der 1990er Jahre radikalisierte, professionalisierte und organisierte. Über die »Kameradschaft Jena« waren sie eingebunden in den »Thüringer Heimatschutz«, dessen explizites Ziel es war, zu einem festen und wahrnehmbaren politisch extrem rechten Faktor in Thüringen zu werden. Sie waren vernetzt und informiert. Sie waren Teil einer Szene, in der an verschiedenen Stellen über führerlosen Widerstand, Zellbildung und den bewaffneten Kampf gesprochen und Entsprechendes dann auch umgesetzt wurde.

Als sie sich entschlossen, ihr eigenes politisches Handeln nach diesem Konzept auszurichten, setzten sie nur das konsequent um, was vorher in der Szene diskutiert und propagiert wurde. Der Schritt zur Zellenbildung war damit nicht Ausdruck einer eigenen, isolierten Radikalisierung, sondern einer Entschlossenheit, das vorher Diskutierte auch umzusetzen. »Taten statt Worte«. Wie wir zu der Zeit vor und nach dem Abtauchen wissen, war damit keineswegs eine Abkehr von der Szene verbunden, sondern ihr konspirativer Lebensstil war Folge der Umsetzung des Konzeptes der Zellenbildung unter den Bedingungen, unter denen ein Leben im Untergrund organisiert werden muss.

Diese Erfahrung, die Mundlos, Böhnhardt und Zschäpe in den 1990er Jahren in Jena und Thüringen gemacht haben – weitgehende ideologische Übereinstimmung nicht nur unter sich, sondern mit vielen Akteuren aus der damaligen Szene, eine Verbundenheit und Verlässlichkeit, die über die freundschaftliche Ebene hinausging, ein für damalige Verhältnisse hoher Organisierungsgrad, wie man an dem »Thüringer Heimatschutz« ablesen kann, und eine weitreichende Vernetzung in die Nazi-Szene über Thüringen hinaus – diese Umstände sind maßgebliche Faktoren dafür, dass sich einige entschlossen haben, ihre rassistischen Ziele auch mit dem Mittel des bewaffneten Kampfes zu verfolgen.

Bei dem NSU handelte es sich um eine professionelle rechtsterroristische Vereinigung, deren Mitglieder es geschafft haben, eine unglaubliche Vielzahl von schweren Verbrechen zu begehen und 13 Jahre abgetaucht im Untergrund zu leben. Wenn man sich das noch einmal vor Augen führt und vergleicht mit anderen rechtsterroristischen Taten – das Oktoberfestattentat, die Taten des Kay Diesner, der 1997 zuerst einen linken Buchhändler in Berlin niederschoss und dann auf der Flucht zwei Polizisten erschoss, oder der Amoklauf vom letzten Jahr vor dem Olympia-Einkaufszentrum in München – das waren terroristische Anschläge und Taten, deren zeitnahe Aufdeckung schon in der Art und Weise ihrer Begehung begründet war.

Nein, die Entschlossenheit und die Ausdauer, mit der der NSU auf mörderische Weise seine an den historischen Nationalsozialismus angelehnte Ideologie ausgelebt hatte, basierte einerseits auf der festen ideologischen Verbundenheit der Mitglieder und andererseits auf einem Glauben, mit derartigen Taten tatsächlich dem von der Vereinigung verfolgten politischen Fernziel näherzukommen. Das waren hier keine Taten, die situativ bedingt aus Wut und Hass begangen worden sind; das waren Taten, die als lange Serie angelegt waren; die akribisch vorbereitet waren, die offensichtlich Teil eines größeren Plans gewesen sind und die auch ihre Vorläufer hatten. Derart handelt aber niemand, der isoliert ist, der nur für sich selbst denkt und handelt; so handelt man, wenn man weiß, dass man nicht alleine ist, sondern sich als Teil einer größeren Bewegung versteht, die zusammengehalten wird von einer verbindenden Ideologie und einem gemeinsamen politischen Ziel – der Schaffung eines »ausländerfreien« Deutschlands und der Errichtung eines an dem historischen Nationalsozialismus angelehnten Gesellschaftssystems.

Ich zitiere noch mal den Leitspruch des THS: »Die Errichtung einer multikulturellen Gesellschaft ist eines der größten Verbrechen, was an der Menschheit verübt wurde und wird. Das ist die systematische Ausrottung kultureller Identitäten und somit ganzer Völker«, so hieß es wie bereits erwähnt auf der Homepage des »Thüringer Heimatschutzes«. Ähnlich umreißt auch der Angeklagte Wohlleben seine Einstellung in dem Beweisantrag vom 25. Januar 2017. Es ginge, so die Ausführungen in dem Antrag, schlicht um die Wahrung der Identität des deutschen Volkes, wenn man die Forderung erhebt, den »Volkstod zu stoppen«.

Wer seine politische Programmatik so umschreibt; wer den Tod, sogar die Ausrottung eines Volkes herbeihalluziniert, dem er sich selbst zugehörig fühlt, der bezieht zwangsläufig alle Mittel ein, um das angeblich bedrohte Überleben des eigenen Volkes zu sichern, also den »Volkstod« zu stoppen. Was soll es denn auch sonst anderes heißen, außer »mit allen notwendigen Mitteln«. Wer glaubt, der Tod des eigenen Volkes drohe, der sieht auch alle Handlungen, die diesem vermeintlichen Sterben entgegenwirken, als gerechtfertigt an. Deswegen wird in der extrem rechten Szene auch jede Gewalttat gegen den politischen Gegner und gegen Migrantinnen und Migranten als Notwehr beschrieben. Die Paulchen-Panther-Figur im NSU-Bekennervideo begründete die rassistischen Verbrechen folgerichtig mit dem Ausspruch: »Jetzt seht ihr, wie ernst es dem Paulchen mit dem Erhalt der deutschen Nation ist.«

Der THS, der NSU, die Kampagne »Volkstod stoppen« – es ist derselbe völkische, gewalttätige, mörderische Rassismus. Ein Rassismus, dem der Vater meines Mandanten, der Vater seines jüngeren Bruders und der Vater von Gamze Kubaşık und der Ehemann von Elif Kubaşık, Herr Mehmet Kubaşık, zum Opfer gefallen ist. Der Wahn, eine vermeintliche Identität eines Volkes zu bewahren, die deutsche Nation zu erhalten, zeigte dadurch seine mörderische Konsequenz.

TATORTE
Fotos und Bildunterschriften von
Mark Mühlhaus / attenzione

An dieser Verbindungsstraße im Nürnberger Süden wurde am 9. September 2000 der Blumenverkäufer Enver Şimşek vom »Nationalsozialistischen Untergrund« ermordet. Ein anderer Blumenstand an gleicher Stelle erinnert im Sommer 2012 an den Nazimord – sonst nichts.

Beim Sprengstoffanschlag des »Nationalsozialistischen Untergrunds« am 19. Januar 2001 auf ein Kölner Lebensmittelgeschäft wurde die deutsch-iranische Tochter der Besitzer schwer verletzt.

Das zweite Mordopfer, Abdurrahim Özüdoğru, wurde am 13. Juni 2001, erschossen vom »Nationalsozialistischen Untergrund«, in seinem Geschäft aufgefunden. Seine Änderungsschneiderei befand sich inmitten eines Wohngebietes in der Nürnberger Südstadt.

Süleyman Taşköprü wurde am 27. Juni 2001 in Hamburg, also nur 14 Tage nach dem zweiten Mord in Nürnberg, vom »Nationalsozialistischen Untergrund« erschossen. Sein Vater fand ihn im Lebensmittelladen der Familie im Stadtteil Bahrenfeld.

An dieser vierspurigen Straße im Münchener Stadtteil Ramersdorf ermordeten die Nazis des »Nationalsozialistischen Untergrunds« am 29. August 2001 Habil Kılıç in seinem Gemüsegeschäft. Hier befindet sich auch heute noch in unmittelbarer Nähe eine Polizeiwache.

Mehmet Turgut wurde am 25. Februar 2004 in Rostock vom »Nationalsozialistischen Untergrund« ermordet. Am Ende einer antifaschistischen Gedenkveranstaltung im Stadtteil Toitenwinkel im Frühjahr 2012 versuchten Nazis diese anzugreifen. Vorher sprühten sie am Tatort »DÖNER MORD HA HA«.

Mit einer Nagelbombe des »Nationalsozialistischen Untergrunds« wurden am 9. Juni 2004 in der Kölner Keupstaße 23 Menschen zum Teil lebensgefährlich verletzt. Durch die Wucht der Bombe wurde ein Friseursalon fast vollständig zerstört, durch die herumfliegenden Nägel gab es viele Opfer in der belebten Einkaufsstraße.

Auch hier erinnert nichts an den 9. Juni 2005. An dem Tag wurde İsmail Yaşar in seinem Dönerimbiss von den Nazis des »Nationalsozialistischen Untergrunds« ermordet – auf dem Gelände eines Supermarktes, wieder in der Südstadt von Nürnberg.

Eine Bushaltestelle direkt vor dem Eingang, angrenzend an die Schnellstraße Mittlerer Ring, an der Kreuzung zu einer vierspurigen Hauptstraße mit ständigem Straßenbahnverkehr – mitten in München wurde am 15. Juni 2005 Theodoros Boulgarides in seinem Laden vom »Nationalsozialistischen Untergrund« ermordet.

Mehmet Kubaşık wurde am 4. April 2006 in Dortmund vom »Nationalsozialistischen Untergrund« ermordet. Ein Gedenkstein erinnert seit September 2012 an die Opfer der Neonazi-Mordserie.

Vom Internetcafé, in dem die Nazis am 6. April 2006 den Besitzer Halit Yozgat ermordeten, sind es nur wenige Meter zur nächsten Polizeidienststelle. Besonders brisant bei diesem Mord in Kassel: Ein ehemaliger Mitarbeiter des Verfassungsschutzes war zur Tatzeit im Café und hat angeblich nichts von der Tat des »Nationalsozialistischen Untergrunds« mitbekommen.

Das letzte bekannte Opfer der Nazi-Terroristen vom »Nationalsozialistischen Untergrund« ist die Polizistin Michèle Kiesewetter, die am 25. April 2007 in Heilbronn auf Streife in ihrem Dienstwagen ermordet wurde. Ihr Kollege überlebte schwer verletzt.

Alexander Hoffmann
Nebenkläger*innen aus der Keupstraße und die Ideologie des NSU-Netzwerkes
Plädoyer vom 5. und 13. Dezember 2017

Sehr geehrte Damen und Herren,
lassen Sie mich zunächst erläutern, mit welchen Themen ich mich in den nächsten zwei Stunden beschäftigen werde.[1] Zunächst werde ich einige Ausführungen zu meinen beiden Mandanten – Nebenklägern aus der Kölner Keupstraße – machen. Ich werde versuchen, nicht zu viel von dem vorwegzunehmen bzw. zu wiederholen, was die Kollegen Kuhn und Fresenius bereits ausgeführt haben oder was an späterer Stelle von Kolleginnen und Kollegen zu der Nagelbombe in der Keupstraße auszuführen sein wird – zu den Folgen der Explosion für die einzelnen Menschen und für die Gemeinschaft in der Keupstraße, zum Umgang von Polizei und Justiz mit dem Anschlag, damals bis heute durch die Bundesanwaltschaft. Es gibt aber einige Besonderheiten, die meine Mandanten betreffen, die hier nicht unerwähnt bleiben können. Dies ist notwendig, weil die Nebenklageberechtigung meiner Mandantin in diesem Verfahren massiv angegriffen wurde.

Im Anschluss werde ich mich der Ideologie des NSU zuwenden, der Ideologie, die die politische Rechtfertigung geliefert hat für eine ganze Mordserie, für versuchte Morde an einer großen Zahl von Menschen durch Bombenanschläge, für Botschaftsverbrechen, die einem ganzen Teil der Bevölkerung symbolisch und ausdrücklich das Lebensrecht in Deutschland absprechen sollten. Die Ideologie, die gleichzeitig die Motivation für diese unvorstellbaren Taten geliefert hat, ohne die selbst Menschen, die eine extreme Gewaltaffinität hatten, wie Böhnhardt und Mundlos, keine innere Rechtfertigung für diese Taten gehabt hätten.

Diese Auseinandersetzung ist notwendig, weil es einerseits wichtig ist, zu verstehen, auf welcher Ideologie die hier angeklagten Straftaten basieren. Andererseits hat der Angeklagte Wohlleben bestritten, überhaupt jemals gewaltbefürwortende, rassistische Politik vertreten und betrieben zu haben. Stattdessen versuchte die Verteidigung Wohlleben, jegliche Verantwortung auf Böhnhardt und Mundlos abzuwälzen und diese zu psychiatrisieren. Die Behauptung, Mundlos und Böhnhardt hätten an einer schweren dissozialen Persönlichkeitsstörung gelitten, die für Dritte – also für Wohlleben – nicht erkennbar gewesen sei, ist ein ebenso verzweifelter wie ungeeigneter Versuch, die eigene Verantwortung zu verbergen. Gleichwohl brauchte es natürlich Menschen wie Böhnhardt und Mundlos, die of-

---

[1] Für anregende Diskussionen und etliche Hinweise, die in dieses Plädoyer eingeflossen sind, bedanke ich mich an dieser Stelle bei Dr. Gideon Botsch und Dr. Fabian Virchow, meinen großartigen Kolleg*innen im NSU-Prozess, aber auch im Prozess gegen die »Gruppe Freital« in Dresden sowie den Freund*innen von NSU-Watch.

fensichtlich jegliche Tötungshemmung und jegliches Mitgefühl in sich selbst zerstört und mit rassistischem, faschistischem Hass überlagert hatten. Selbst wenn es so sein sollte, dass nur diese beiden die Tötungsdelikte begangen haben, wären diejenigen nicht zu entschuldigen, die – ohne selbst an den konkreten Taten beteiligt zu sein – jahrelang systematisch eine Ideologie von Hass, Gewalt und Erbarmungslosigkeit verbreitet haben und für die solche Gewaltmenschen, wie es Böhnhardt und Mundlos waren, ideale Vollstrecker ihrer eigenen Handlungsanweisungen waren.

I. Niemand wird vergessen – Hiç unutmadık, hiç unutmayacagız[2]

Die Bundesanwaltschaft hat in ihrem Plädoyer beantragt, die Angeklagte Beate Zschäpe wegen des Bombenanschlages auf die Keupstraße am 9. Juni 2004 und wegen versuchten Mordes in 32 Fällen zusammentreffend mit 23 Fällen der gefährlichen Körperverletzung zu einer lebenslangen Freiheitsstrafe zu verurteilen. Mit keinem Wort hat einer der Vertreter des Generalbundesanwaltes erwähnt, dass in der ursprünglichen Anklageschrift nur von einem versuchten Mord in 22 Fällen die Rede war. Meine Mandanten tauchen beide in der Anklageschrift nicht als Opfer des Bombenanschlages auf.

Ende 2012 meldete ich mich für meine Mandantin erstmals beim Oberlandesgericht. Im Januar meldete sich das Gericht bei mir und erklärte, eine Nebenklageberechtigung meiner Mandantin sei nach der Akte nicht erkennbar. Der Generalbundesanwalt führte damals als Reaktion auf meinen Antrag aus: »An der Verletzteneigenschaft fehlt es nach derzeitigem Kenntnisstand auch im Fall von Frau Se.S. Sie befand sich – worauf der Senat bereits hingewiesen hat – ausweislich der polizeilichen Zusammenfassung ihrer Befragung zum Zeitpunkt des Anschlags in ihrem nach hinten gelegenen Wohnzimmer, als ihr Schwiegervater gekommen sei, um nach ihr zu schauen, da sie im 8. Monat schwanger gewesen sei. Aus dem nach vorne gelegenen Schlafzimmerfenster habe sie wegen kaputter Rollläden nichts sehen können, weshalb sie etwa eine halbe Stunde nach der Explosion nach unten gegangen sei. ... Ihr Name ist zwar auf der Liste der nach dem Anschlag mit einem Rettungswagen abtransportierten Personen verzeichnet; am Abend des Tattages war er im Krankenhaus Kalk allerdings nicht nachvollziehbar.«

Zu diesem Zeitpunkt war der rechtliche Standpunkt des GBA also ein anderer als zum Zeitpunkt des Plädoyers, nämlich, kurz zusammengefasst: Wer nicht offensichtlich und unmittelbar durch die Bombe verletzt wurde, wurde nicht als Opfer der Bombenexplosion betrachtet. Diese Sichtweise war falsch, und die Hauptverhandlung hat dies bestätigt.

---

[2] Refpolk & Kutlu: Niemand Wird Vergessen/Hiç unutmadık, www.youtube.com/watch?v=FopN3nFv4B0

Weil ich und meine Mandantin davon überzeugt waren, dass die Rechtsauffassung des Generalbundesanwalts falsch war, begründete ich den Antrag daraufhin ausführlich, allerdings ohne vorher Akteneinsicht erhalten zu haben:
»Zum Tatzeitpunkt am 9. Juni 2004 gegen 15:58 Uhr ereignete sich in Köln Mülheim auf dem Gehweg der Keupstraße in Höhe der Häuser 29 und 31 sowie (auf der anderen Straßenseite) 58 und 56 eine Explosion.
Der 9. Juni 2004 war ein sehr heißer Sommertag. Zum Tatzeitpunkt hatten viele Anwohner, darunter auch die Nebenklägerin Se.S., ihre Fenster geöffnet und die Rollläden teilweise heruntergelassen. Frau Se.S. befand sich bereits vor dem Tatzeitpunkt die ganze Zeit in ihrer Wohnung, gemeinsam mit ihrem damals sieben Jahre alten Sohn. Sie war hochschwanger. Die Wohnung ist so geschnitten, dass das Schlafzimmer der Eltern sowie das Kinderzimmer mit Fenstern zur Keupstraße hin liegen, während die Küche und das Wohnzimmer, in dem sich die Nebenklägerin im Moment der Explosion befand, nach hinten weggehen.
Die Explosion führte zu immensen Schäden. In der Wohnung meiner Mandantin entstanden im Flur, der die zur Keupstraße hin liegenden Kinder- und Schlafzimmer mit der Küche und dem Wohnzimmer verbindet, Risse in der Wand. Frau Se.S. spürte die erhebliche Wucht der Explosion so stark, dass sie zunächst glaubte, ihr Gasboiler in der anliegenden Küche sei explodiert. Sie erlitt einen erheblichen Schock und weitere Verletzungen. Jedenfalls befand sich Frau Se.S. aufgrund ihrer Verletzungen und des Schocks in einem Zustand, der dazu führte, dass sie von den Rettungskräften ins Krankenhaus gebracht wurde.
Auf die objektive Situation zum Zeitpunkt der Explosion, nämlich den Umstand, dass sich Frau Se.S. zu diesem Zeitpunkt im hinteren Teil ihrer Wohnung aufhielt und in diesem Teil der Wohnung keine unmittelbaren Schäden durch Bombensplitter entstanden, kommt es vorliegend nicht an.
Vielmehr kommt es darauf an, ob die Täter bei ihrer Tatbegehung eine mögliche Tötung der Bewohner des gegenüber des Ablageorts der Bombe gelegenen Wohnhauses der Nebenklägerin in der Keupstraße 58 für möglich hielten und jedenfalls billigend in Kauf nahmen. Dies war der Fall: Die Täter hatten hier ganz bewusst eine so genannte Nagelbombe, also eine Bombe mit besonderer Lebensgefährlichkeit auch für Personen, die sich in größerer Entfernung zu der Bombe selbst aufhalten, gewählt. Die Täter zielten darauf, neben der Explosionswirkung durch den verwendeten Sprengstoff besondere Schäden durch die umherfliegenden Metallnägel zu bewirken. Die Schäden an den umstehenden Häusern, auch am Wohnhaus meiner Mandantin, an ihren Wohnungsfenstern und Rollläden zeigen, dass diese sowohl durch die Explosionswirkung selbst als auch durch umherfliegende Metallteile beschädigt wurden. Die Explosion war damit geeignet, Personen in den zur Keupstraße liegenden Schlaf- und Kinderzimmern lebensgefährlich zu verletzen und zu töten.
Durch die Wahl des Zeitpunkts für die Zündung der Bombe um 15:58 Uhr wählten die Täter eine Tageszeit, zu der eine maximale Anzahl der in den angrenzenden Wohnhäusern wohnenden Menschen, jedenfalls aber die Mehrzahl der Kinder mit den sie betreuenden Elternteilen, in den Wohnungen anwesend sein

mussten. Ihnen ging es daher genau darum, durch die Explosion der Nagelbombe möglichst viele Anwohner lebensgefährlich zu verletzen und zu töten.

Die gesamte Tatserie sowie die später bekannt gewordene Propaganda des NSU zeigen auch, dass es den Tätern gerade auf den Tod einer möglichst großen Zahl von Anwohnern in dem überwiegend von türkeistämmigen Menschen bewohnten Stadtteil ging.

Der Bundesgerichtshof schränkt durch die Hemmschwellentheorie die Annahme von Vorsatz insoweit ein, als dass alleine die Vornahme einer lebensgefährlichen Handlung noch keinen Schluss auf das Vorliegen eines Tötungsvorsatzes zulassen soll. Aber auch unter Anwendung der Hemmschwellentheorie ist hier ein Tötungsvorsatz der Täter gegenüber der Nebenklägerin anzunehmen.

Bei einem Täter, dem es gerade darauf ankommt, durch den Einsatz einer unkalkulierbaren, für alle in der Umgebung befindlichen Menschen lebensgefährlichen Nagelbombe, um jeden Preis Angst und Schrecken unter Migranten bzw. Personen mit Migrationshintergrund zu verbreiten, und der nach der Tat seine Motive auch noch propagandistisch anpreist, ist Tötungsvorsatz gerade deshalb anzunehmen, weil es ihm offensichtlich gerade auf den Tod einer Vielzahl von Menschen ankam, um das angepriesene Ziel, die Vertreibung von nicht ›Blutsdeutschen‹, zu erreichen.

Vorliegend zeigen die bekannt gewordenen Details der Tötungsserie des NSU, insbesondere aber auch das als DVD versandte Propagandamaterial, das die Morde und auch den Anschlag in der Keupstraße als Taten von Beate Zschäpe, Uwe Mundlos und Uwe Böhnhardt darstellt und die Getöteten und Tatopfer verhöhnt, dass hier als Tatmotiv ein rassistischer und auf nationalsozialistischer Weltanschauung beruhender Vernichtungswille gegen bestimmte Bevölkerungsteile, nämlich türkeistämmige Migranten, vorliegt. Insbesondere das Propagandavideo, aber auch die offene Bezugnahme auf den Nationalsozialismus machen deutlich, dass die Tatmotivation hier tatsächlich auf eine körperliche Vernichtung – also die Tötung – der aus rassistischen Gründen abgelehnten Tatopfer zielte.

Je gefährlicher die (Gewalt-)Handlung, desto niedriger sollen nach der BGH-Rechtsprechung die Anforderungen an die Beweiswürdigung bei der Annahme von Tötungsvorsatz sein.[3] Der Schluss auf billigende Inkaufnahme wird sich allerdings bei Gewalthandlungen, bei denen das Ausbleiben des Todeserfolges unter Berücksichtigung der Kenntnis des Täters von den objektiven Tatumständen nur als glücklicher Zufall erscheinen kann, oft aufdrängen.[4] Für Täter, die eine Splitterbombe an einer Stelle ablegen, in deren Umgebung die Fenster von Wohnungen geöffnet sind, sich also erkennbar Menschen in den Wohnungen befinden, liegt die Möglichkeit tödlicher Verletzungen dieser Menschen auf der Hand. Der reine Zufall, der hier dazu geführt hat, dass sich meine Mandantin zum Zeitpunkt der Bombenexplosion im hinteren Teil der Wohnung und nicht am Fenster des Kinderzimmers befand, war für die Täter nicht vorherzusehen.

---

[3] Vgl. Fischer, § 212 StGB, Rn. 8
[4] Fischer, § 212 StGB, Rn. 8; NStZ 2007, 150f.

Bei einem versuchten Tötungsdelikt, wie dem vorliegenden, kommt es damit ausschließlich darauf an, ob die Täter den Tod von den in den umliegenden Wohnungen befindlichen Personen für möglich halten mussten und auch anstrebten. Dies ist bei der gewählten Sprengvorrichtung und der hier erfolgten Platzierung offensichtlich.«

Auf diese Begründung hin ließ der Senat die Nebenklage meiner Mandantin zu. In der Begründung wurde knapp ausgeführt:

»Am 9. Juni 2003 hätten die Mitglieder der Vereinigung einen Sprengsatz mit Splittermaterial in der Keupstraße 29 in Köln abgestellt. Gegen 16.00 Uhr hätten sie diesen ferngezündet zur Detonation gebracht. Sie hätten beabsichtigt, so viele Kunden und Passanten wie möglich zu verletzen oder zu töten. Die Antragstellerin befand sich zum Anschlagszeitpunkt im Bereich der Keupstraße 29.«

Eine Woche später ließ das OLG die Anklage mit erheblichen Veränderungen zu. Es wurde ein rechtlicher Hinweis erteilt, aus dem sich ergab, dass nicht nur unmittelbar Verletzte der Bombe Opfer eines versuchten Mordes geworden sein können. In der Folge schlossen sich weitere Betroffene, darunter auch mein zweiter Mandant, Herr Arif S., der Anklage an und nahmen ihre Rechte als Nebenkläger wahr.

Der Umstand, dass nunmehr eine Verurteilung der Angeklagten Zschäpe wegen einer Tat des versuchten Mordes in 32 Fällen, zulasten von 32 Menschen zu erwarten ist, ist ein Verdienst der Nebenkläger, die sich nicht abschrecken ließen, die auf ihrem Recht beharrten. Der Generalbundesanwalt wollte diese weiteren zehn Fälle nicht anklagen, er hat nachhaltig versucht, diesen Menschen ihre Rechtsposition und damit auch die staatliche Anerkennung als Opfer des NSU vorzuenthalten.

Die auf den Anschlag folgenden Ermittlungen und auch der Prozess selbst haben meinen beiden Mandanten viel abverlangt. Herr Arif S. befand sich während der Explosion in seinem Laden, der schräg gegenüber, etwas mehr als 20 Meter vom Explosionsort entfernt liegt. Er hat in seiner Vernehmung am 27. Januar 2015 hier ausgesagt: »Wir haben dann versucht, wieder aufzuräumen, dann kamen Zivilbeamte, die haben gefragt, ob es die Mafia gewesen sein kann, ob es Schutzgelderpressungen gab, kann es Hizbullah sein. Innerlich wusste ich das, aber ich konnte das nicht zum Ausdruck bringen, ich hatte Angst, dann kamen sie ein zweites Mal und haben die gleichen Fragen gestellt. Sie haben uns nicht gefragt, sind Sie in der Lage eine Vernehmung zu machen, wie ist Ihre psychische Situation, die Wirkung dessen war immer noch in meinem Körper und meinem Geist. Ich sagte meinem Neffen, warum schieben sie das auf die lange Bank, ich weiß doch, welche Leute das gemacht haben. Ich sagte, es waren die Neonazis, der Polizeibeamte hat mir das Zeichen ›Psst‹ gemacht, danach habe ich nicht mehr weiter gesprochen.«

Meine Mandantin Se.S. wurde in der Hauptverhandlung massiv angegriffen. Die Verteidigung Zschäpe zog nicht nur ihre Nebenklageberechtigung in Zweifel, sondern stellte sogar den Antrag, »den Beschluss des Senats vom 25. Januar 2013 – Zulassung der Nebenklage von Frau Se.S. und Bestellung von Herrn Rechtsanwalt Hoffmann – aufzuheben.« Dieser Antrag erfolgte kurz vor der Erstattung des Gutachtens des Sachverständigen zur Wirkung der Bombe, um von der bereits durch die Einvernahme der Betroffenen als Zeugen offensichtlich gewordenen Monstrosität des Anschlages abzulenken. Ziel war es, die noch in der Anklageschrift vom Generalbundesanwalt formulierte These, der Anschlag habe sich gegen den Friseursalon, vor dem die Bombe gezündet wurde, gerichtet, aufrecht zu erhalten.

Das Kalkül war: Wenn man behaupten kann, dass eine Person, die sich während des Bombenanschlages in unmittelbarer Nähe der Bombe aufhielt und nur durch Zufall nicht den Bombensplittern ausgesetzt war, keine Geschädigte der Bombe ist, dann tritt in den Hintergrund, dass dieser Anschlag sich gegen alle Bewohnerinnen der Keupstraße und damit gegen eine gesamte Bevölkerungsgruppe richtete.

Mit der Behauptung, nur wer direkt und unmittelbar körperliche Verletzungen erlitten hat, sei ein »legitimes Opfer«, wurden zahlreiche Nebenkläger, aber auch andere von der Tat Betroffene herabgesetzt. Gleichzeitig sollte damit die Bedeutung des Anschlags geschmälert werden. Es sollte davon abgelenkt werden, was der Nagelbombenanschlag in der Keupstraße war: Terror im eigentlichen und ursprünglichen Sinne des Wortes. Er richtete sich gegen alle Menschen, die in der Keupstraße lebten, arbeiteten, diese besuchten. Er war eine Hassbotschaft an alle, die in dem von völkischem Wahn geprägten Denken des Nationalsozialistischen Untergrundes kein Lebensrecht in Deutschland haben sollen.

Mit dem Antrag auf Aufhebung der Zulassung der Nebenklage wollte die Verteidigung Zschäpe durch eine öffentlichkeitswirksame Demütigung einer Nebenklägerin die terroristische Dimension des Anschlages in Abrede stellen und ein Bild der sich angeblich unberechtigt in den Prozess drängenden Nebenkläger aus der Keupstraße in der Öffentlichkeit entstehen lassen. Dies wurde von einigen Presseorganen leider auch dankbar aufgegriffen. Als Nebeneffekt sollten die Nebenklagevertreter eingeschüchtert werden, indem man an einem ein Exempel statuiert. All dies ist gescheitert, wie die gesamte Strategie der Verteidigung Zschäpe.

Der Senat hat zuletzt noch den Hinweis erteilt, dass im Falle des versuchten Mordes an Frau Se.S. auch zusätzlich die Verurteilung wegen gefährlicher Körperverletzung in Betracht kommt. Dies zeigt, dass auch der Versuch der Verteidigung Zschäpe, zu behaupten, die Angstzustände und psychischen Probleme meiner Mandantin stünden in keinerlei Zusammenhang zu dem Bombenanschlag, gescheitert ist.

Die Vernehmung meiner Mandantin, die Vernehmung der sie behandelnden Ärzte war demütigend. Aber ich sage Ihnen: Meine Mandantin ist daran nicht zerbrochen, sondern gewachsen, weil sie in diesem Prozess nicht nur als Objekt der Beweisaufnahme, sondern auch als handelnde Person ihren Platz gefunden hat, die durch die Anträge, Fragen und Interventionen ihres Nebenklagevertreters diesen Prozess beeinflussen konnte. Sowohl Herr Arif S. als auch Frau Se.S. wollen erreichen, dass mit diesem Prozess die berechtigten Fragen nach den Hintergründen, der Verstrickung des Verfassungsschutzes, nach weiteren Mittätern und Netzwerken nicht beerdigt werden. Sie wollen, dass um ein Maximum an Aufklärung gekämpft wird und dies nicht mit dem Urteil endet.

Mein Mandant, Herr Arif S., hat dies in einem Interview folgendermaßen formuliert: »Ich erträume mir, dass diejenigen, die diese zehn Morde begangen haben, zur Rechenschaft gezogen werden. Nicht nur die Frau, die gerade vor Gericht sitzt, sondern auch all die anderen, die diese Menschen unterstützt haben. Ich wünsche mir, dass sie ihre gerechte Strafe bekommen und absitzen, das will ich. Und ich fordere ein Deutschland, in dem niemand aus dem Rechtssystem ausgegrenzt wird. Ich wünsche mir ein Rechtssystem, das für alle Menschen gleichermaßen bereitsteht und nicht eine Gruppe von Menschen außen vor lässt. So ein Deutschland wünsche ich mir. Ich wünsche mir auch, dass sich Menschen in den Straßen Deutschlands ohne Vorstellungen von Ungleichheit und Ausgrenzung begegnen. Ohne herabschauende Blicke und ausgrenzendes Verhalten. Ich wünsche mir, dass nicht auf Menschen aufgrund ihrer Herkunft herabgeschaut wird oder sich einer über jemand anderes stellt. Ich wünsche mir mehr Miteinander. Das wäre meine Vorstellung einer idealen Gesellschaft.«

II. Die Ideologie der NSU-Mitglieder und ihrer Unterstützer

>*»Die Menschen an den Grenzen sind die Geister, die wir riefen,*
>*es weiß doch jedes Kind, Geister kann man nicht erschießen«*[5]

Die Auseinandersetzung mit der Ideologie der NSU-Mitglieder, der Ideologie, die aus den Taten, zu denen sich der NSU in dem Bekennervideo bekannt hat, die aus dem Film selbst, aber auch aus den wenigen Texten des NSU spricht, ist eine Auseinandersetzung mit einer Wahnvorstellung, der Vorstellung, es gäbe »Rassen«, es gäbe ethnisch definierbare Völker und die Kultur einer Bevölkerung sei in irgendeiner Weise mit der Zugehörigkeit zu einer »Rasse« verknüpft. Diese völlige Verweigerung einer aufgeklärten, an naturwissenschaftlichen Erkenntnissen und humanistischen Werten ausgerichteten Weltsicht ist ein besonderes Merkmal nationalsozialistischer und rassistischer Ideologie.

Der NSU entstand aus der »Sektion Jena« des »Thüringer Heimatschutzes«. Nach dem Abtauchen, also dem Umzug von Böhnhardt, Mundlos und Zschäpe nach Chemnitz und deren Annahme von Tarnidentitäten, waren es die Mitglieder von »Blood & Honour« Chemnitz und Sachsen, die ohne Zögern Unterstützung jeglicher Art boten. Daneben schloss sich der Angeklagte André Eminger der Gruppe an, der Zschäpe, Mundlos und Böhnhardt kurz nach deren Ankunft in Chemnitz über Mandy Struck kennenlernte. Dessen eigenständige Aktivitäten in seiner »Weißen Bruderschaft Erzgebirge« und mit dem von den verwendeten Parolen und Symbolen eher an der Propaganda der »Hammerskins« orientierten Fanzine »Aryan Law and Order« waren politisch deckungsgleich mit der Ausrichtung der »Blood & Honour«-Sektion Sachsen.

Nach dem nächsten Umzug nach Zwickau und dem Verbot von »Blood & Honour« im September 2000, dem die sächsische Sektion durch eine angebliche Selbstauflösung zuvorgekommen und daher nicht von Repression betroffen war,

---

[5] Slime: Sie wollen wieder schießen (dürfen), erschienen als Single und auf der aktuellen CD: Hier und Jetzt. www.slime.de/video_sie_wollen/SLIME-Sie_wollen_wieder-720p_low.mp4

blieben diese Unterstützer erhalten, ihre Netzwerke existierten auch in Zwickau. Darüber hinaus waren Böhnhardt, Mundlos und Zschäpe mobil und verfügten sowohl vor als auch nach 1998 über bundesweite Kontakte.

Der in Jena verbliebene Angeklagte Wohlleben bewegte sich ab 1999 zwischen den Freien Kameradschaften, den ehemaligen »Blood & Honour«-Strukturen, »Hammerskins« und der NPD. Ganz im Einklang mit der Ideologieschule der NPD präsentierte sich der Parteimann Wohlleben nach außen hin legalistisch, prototypisch für viele Funktionäre der viele Jahre lang unter Verbotsdruck stehenden Partei. In seiner Erklärung in der Hauptverhandlung vom 16. Dezember 2015 hat er angegeben: »Wir Nationalisten sind keine Ausländerfeinde, wie es die Presse gerne behauptet, wir achten jede Kultur und jeden Menschen, jedoch sind wir der Meinung, dass jeder Mensch und jede Kultur ihren angestammten Platz in dieser Welt hat, dieser muss auch von jedem respektiert werden.«

Im Folgenden wird dargelegt, dass die nach außen hin unterschiedlich wirkenden politischen Organisationen, von der »Sektion Jena« des »Thüringer Heimatschutzes«, der »Kameradschaft Jena«, deren Mitglieder im SA-Look auftraten, über die spießig wirkende NPD, deren Anhänger lange als »Scheitel« in Anspielung auf »Seitenscheitel« bezeichnet wurden, bis zu »Blood & Honour«, deren Anhänger subkulturell geprägt und tätowiert sind, im Kern die gleiche Ideologie verbindet. Eine Ideologie, die die imaginierte weiße Rasse oder das angeblich existierende und durch – wahlweise – Blut, Gene oder die Hautfarbe zusammengehörige deutsche Volk in einer permanenten Notwehrsituation gegen den herbeiphantasierten Volkstod, in einem beständig geführten »Heiligen Rassekrieg« sieht, in dem die Verteidigung des Bestandes des eigenen Kollektivs nur über die Vertreibung oder die Vernichtung der angeblichen Bedrohung erfolgen kann.

Die NPD-Zeitschrift »Deutsche Stimme« veröffentlichte in ihrer Ausgabe Nr. 10 von 2001 einen Aufruf unter der Überschrift »Den Völkern die Freiheit – Den Globalisten ihr globales Vietnam!« Die Erstunterzeichner waren unter anderem: Udo Voigt, Horst Mahler, Friedhelm Busse, Manfred Roeder, Manfred Börm, Dieter Kern (»Bündnis Rechts«), Hendryk Silwar und Dirk Müller (»Kameradschaft Germania«), Oliver Schweigert (»Nationales und soziales Aktionsbündnis Mitteldeutschland«), André Kapke (»Thüringer Heimatschutz«). Damit war deutlich, dass dieser Aufruf sich nicht nur an NPD-Mitglieder, sondern auch an die mit der Partei nur lose verbundenen, militanten, sogenannten »Freien Kräfte« richtete und die Erstunterzeichner für die von ihnen vertretenen Gruppierungen standen, um die Geschlossenheit der Bewegung zu demonstrieren.

In diesem Aufruf heißt es: »Das Deutsche Reich befindet sich im Krieg seit 1914. Seine Feinde sind entschlossen, das Reich zu vernichten und das Deutsche Volk auszulöschen. Wir Deutsche als Angegriffene, die zum Reich stehen, haben nur das eine Kriegsziel: die Bewahrung des Deutschen Reiches und des Deutschen Volkes als selbstbeherrschter Staat.« »Der Nationale Widerstand ist sich darin einig, daß die ethnische Durchmischung des Deutschen Volkes erzwungen ist, daß unser Volk in der Gefahr ist, das Opfer eines Völkermordes zu werden.« »Wenn ›Völkermord‹ dann ist da ein Mörder, ein Feind, ein planvolles Vorgehen der Feindmacht in der Absicht, den Volkstod herbeizuführen. Dieses planmäßige Vorgehen – in welcher Gestalt es auch immer in Erscheinung treten mag – ist Kriegshandlung gegen das Deutsche Volk.«

Der Angeklagte Wohlleben war bereits im Jahr 2001 Führungsmitglied des »Thüringer Heimatschutzes – Sektion Jena«,[6] sodass der Inhalt der von seinem engen Kameraden Kapke für die gemeinsame Organisation gezeichneten Erklärung auch seine Einstellung widerspiegelt beziehungsweise ihm zuzurechnen ist.

Auf Basis dieser Ideologie scheinen die Morde und Verbrechen des selbstauserkorenen Nationalsozialistischen Untergrundes sinnvoll, klar kalkuliert und letztlich sogar erfolgreich, weil sie dazu geführt haben, die Spaltung der Gesellschaft in sogenannte Deutsche und Fremde zu vergrößern. In einer Zeit, in der die Parole »Ausländer raus« überholt ist, was daran zu erkennen ist, dass etliche der Opfer der Verbrechen des NSU die deutsche Staatsangehörigkeit hatten und trotzdem nach Vorstellung der Täter in Deutschland kein Lebensrecht haben sollten, geht für Vertreter einer solchen Ideologie die größte Gefahr für ihr Volk von einem Zusammenwachsen aller hier lebenden Menschen zu einer sozialen, politischen Einheit aus. Indem der NSU seine Morde vornehmlich gegen aus der Türkei stammende Menschen richtete und dabei klar einkalkulierte, dass der bestehende institutionelle Rassismus die Opfer zu Tätern machen und eine Aufklärung ohne Selbstbekennung nicht erfolgen würde, wurde das Vertrauen von Menschen mit Migrationshintergrund in den deutschen Staat in nie dagewesener Weise angegriffen. Es entstand für diese Menschen das Gefühl, nicht schützenswerter Teil der deutschen Gesellschaft und damit aus der gesellschaftlichen Solidargemeinschaft ausgeschlossen zu sein. An den Demonstrationen »Kein 10. Opfer« in Kassel und Dortmund haben fast nur türkeistämmige Menschen teilgenommen. Wahrgenommen wurde sie in der Öffentlichkeit so gut wie nicht. Dafür aber vom NSU, dessen Mitglieder die Verunsicherung und Isolierung der türkeistämmigen Bevölkerung beabsichtigt hatten.

Diese Spaltung der Gesellschaft entspricht zu 100% der Ideologie aller bekannten Mitglieder und Unterstützer des NSU. Diese Tatmotivation findet sich in den Propagandaschriften sowohl des Netzwerkes um den »Thüringer Heimatschutz«, bei »Blood & Honour«, Emingers »Weißer Bruderschaft Erzgebirge«, in der Propaganda der »Hammerskins«, der NPD, die das Ganze als »Europa der Vaterländer« verkauft, aber auch in Höckes und Gaulands AfD, die zur Zeit die deutsche Gesellschaft nach rechts treibt.

1. Die »Kameradschaft Jena« als »Sektion Jena« des »Thüringer Heimatschutzes«

Die »Kameradschaft Jena« entstand als »Sektion Jena« des »Thüringer Heimatschutzes«, auf Initiative des V-Mannes Tino Brandt, der seine Organisation überregional aufstellen und landesweit lokal verankern wollte. Hierzu hat mein Kollege Peer Stolle bereits Ausführungen gemacht. Sowohl Tino Brandt als auch der

---

[6] Vgl. hierzu auch Anklageschrift, S. 75ff., und den Auswertevermerk des BKA zum »Thüringer Heimatschutz«, Stand 20. Dezember 2011, KHK Ku., SAO 108, Bl. 31ff., 36.

weitere V-Mann Kai Dalek schilderten den »Thüringer Heimatschutz« als Teil des Netzwerkes der »Gesinnungsgemeinschaft der Neuen Front«. In den frühen 1990er Jahren war diese ursprünglich in der alten Bundesrepublik entstandene Organisation eine der Schlüsselorganisationen der neonazistischen Szene in ganz Deutschland.

Die »Gesinnungsgemeinschaft der Neuen Front« wurde 1984 durch die Neonazis Michael Kühnen, Thomas Brehl und Christian Worch gegründet. Nach dem Verbot der rechtsextremistischen »Aktionsfront Nationaler Sozialisten/Nationaler Aktivisten (ANS/NA)« Ende 1983 entstanden zunächst eine Reihe von Organisationen ohne feste Strukturen, z.B. um den Leserkreis der Zeitschrift »Die Neue Front (NF)« herum, um ein Folgeverbot zu verhindern. Anschließend wurden diese in der »GdNF« vereint und die Mitglieder der »ANS/NA« weitestgehend übernommen. Die »GdNF« bekannte sich offen zum »25-Punkte-Programm der NSDAP« und stellte sich selbst in die Tradition der SA und des sogenannten revolutionären Flügels der NSDAP. Adolf Hitler galt ihnen als »Heilsgestalt der arischen Rasse«.

Mitte der 90er Jahre lösten sich die Strukturen der Organisation langsam auf, sie war allerdings immer noch in der Lage, bundesweite Kampagnen wie die Heß-Märsche zu organisieren. Die V-Leute Brandt und Dalek schilderten übereinstimmend, dass die Organisation stark hierarchisch gegliedert war. Als Brandt direkten Kontakt zum »Chef« Christian Worch aufnehmen wollte, verhinderte dies Dalek unter Verweis auf die einzuhaltende Hierarchie. Ob es sich hierbei allerdings um eine politische Auseinandersetzung oder bloß um die Konkurrenz zweier V-Männer gegenüber ihren Geldgebern handelte, ist unklar geblieben. Die »GdNF« brachte Menschen aus verschiedenen Organisationen zusammen, die alle bereits seit den 1970er Jahren bewaffnete Aktionen, aber auch Mord und Totschlag als Mittel der politischen Auseinandersetzung akzeptierten und teilweise einsetzten. Ihr Hauptziel war die Propaganda. Die »GdNF« war gleichzeitig die erste Naziorganisation, die sich gegenüber den subkulturell geprägten Skinheads öffnete und massiv in Fußballstadien Mitglieder rekrutierte.

Tino Brandt agierte nach seiner eigenen Aussage, die von Kai Dalek bestätigt wurde, als Chef des gesamten THS, sein weisungsbefugter sogenannter Führungskamerad war Dalek. Dieses System von hierarchischem Befehl und Gehorsam wurde nach Aussagen, beispielsweise von Mario Brehme, auch innerhalb des THS umgesetzt. Es ist also absurd anzunehmen, die »Sektion Jena« hätte irgendwie machen können, was sie wollte. Brandt als Chef will – wie er heute sagt – angeblich ein gewisses Unbehagen gespürt haben, weil die sogenannten Jenaer so radikal waren. Wie auch immer man die Wahrhaftigkeit von Brandts Distanzierungen bewerten mag, legt diese Angabe doch offen, dass Brandt bis zu seiner Enttarnung als V-Mann über alle Aktivitäten der Sektion bzw. Kameradschaft Jena informiert war und auf diese maßgeblichen Einfluss hatte.

In der von der »Sektion Jena« des »Thüringer Heimatschutzes« genutzten Garage wurde bei der Durchsuchung am 26. Januar 1998 in den dort vorhandenen Papieren unter anderem auch eine Ausgabe des regelmäßig erscheinenden Heftes

»Sonnenbanner« gefunden. Diese Zeitschrift wurde von Michael See, heute Doleisch von Dolsperg, herausgegeben, ebenfalls V-Mann, Deckname »Tarif«. Michael See hatte bereits im Jahr 1991 gemeinsam mit Mitgliedern der »Freiheitlichen Arbeiterpartei FAP«, die ebenfalls dem »GdNF«-Netzwerk angehörte, in Nordhausen ein »Ausländerbegegnungscafé« angegriffen und dabei einen Menschen so stark verletzt, dass er wegen versuchter gefährlicher Körperverletzung zu einer Jugendstrafe von 3½ Jahren verurteilt wurde. Während der Haft wurde er von dem von Ernst Tag geleiteten »Internationalen Hilfskomitee für nationale politische Verfolgte und deren Angehörige e.V.« (IHV) und der »Hilfsorganisation für nationale politische Gefangene und deren Angehörige e.V.« (HNG) betreut. Er schrieb für deren Blätter sowie für die »Deutsche Rundschau«. Nach vorzeitiger Haftentlassung am 1. September 1993 übernahm See die Führung der »Kameradschaft Leinefelde«. See war damals einer der führenden Neonazis in Nord-Thüringen. Zusammen mit neun anderen Neonazis wurde er im August 1994 aufgrund geplanter Aufmärsche zum siebten Todestag des Hitler-Stellvertreters Rudolf Heß als Rädelsführer festgenommen. Bei den anschließenden Hausdurchsuchungen fand die Polizei unter anderem Propagandamaterial und Waffen. Zudem wurden Fotos beschlagnahmt, die eine Schändung der KZ-Gedenkstätte Buchenwald dokumentieren. Zusammen mit anderen Neonazis posierte See dort im Braunhemd und soll zum Hitlergruß animiert haben. See war aktiv in Thüringen, er kannte alle bedeutenden Nazifunktionäre, er war Teil des »GdNF«-Netzwerkes, hatte Kontakt zu »Blood & Honour« und dessen bewaffnetem Arm »Combat 18«, aber auch zum »Thüringer Heimatschutz«, dort insbesondere zu Tino Brandt, André Kapke und Ralf Wohlleben. Ein Mann also ganz nach dem Geschmack der »Sektion Jena«, deren Mitglieder zu all diesen Organisationen ebenfalls Kontakt hatten. Insofern ist es kein Wunder, dass sein Heft »Sonnenbanner« von den »THS«-Mitgliedern gelesen und diskutiert wurde und sich im Archiv der Sektion in der Garage wiederfand. Dies ist umso bedeutender, weil sich Böhnhardt, Mundlos und Zschäpe nach ihrem Abtauchen über André Kapke wahrscheinlich hilfesuchend an See wandten, wie dieser selbst angibt.

In der aufgefundenen Ausgabe des »Sonnenbanners« findet sich ein Artikel zur sogenannten Zellenbildung und der Arbeit im Untergrund. Die Anleitung zur Zellenbildung ist dem aus der Schweiz stammenden, militärischen Ratgeber eines Major Hans von Dach entlehnt, ein Buch, das seit den 1960ern in der militanten Naziszene große Verbreitung hat. Das Buch beschreibt die Möglichkeiten und Methoden eines Partisanenwiderstandes gegen eine Besatzungsmacht, angelehnt an militärische Analysen des Partisanenkampfes. Aus der Masse der Unzufriedenen, die individuell und unorganisiert passiven Widerstand leisten, sollten sich die »Energischsten« absondern und so den Kern des späteren aktiven Widerstandes bilden. Nach einer mehr oder weniger langen Zeitspanne des Abwartens solle man Gleichgesinnte um sich scharen und so den Widerstand verstärken. Eine Zelle solle aus drei bis zehn Personen bestehen: »Bildet Zellen durch Zusammenschluss einiger Personen, die sich gegenseitig gut kennen. ... Man unterscheidet Zellenchef und Zellenmitglieder. Knüpfe Verbindungen zu anderen Zellen. Fasse mehrere Zellen unter einem Leiter zusammen. Diese bilden dann einen Kreis. Sobald mehrere Kreise bestehen und die Untergrundorganisation einen gewissen Umfang angenommen hat, beginne Spezialsektionen zu schaffen.« »Innerhalb der Zelle kennt jeder jeden. Der Zellenchef kennt die Chefs einiger Nachbarzellen, jedoch nicht deren Mitglieder. Die Zellenmitglieder kennen niemand in den Nachbarzellen. Diese weitgehende Trennung der einzelnen Zellen ist unbedingt notwendig. Gewisse minimale Kontakte müssen aber bestehen, sonst ist keine Zusammenarbeit möglich. Und ohne Zusammenarbeit kann keine größere Aktion durchgeführt werden. Überbetonte Sicherheit führt zur Wirkungslosigkeit der Organisation. Leichtsinnigkeit führt zur sicheren und raschen Vernichtung. Es geht darum, ein ausgewogenes Verhältnis zwischen Sicherheit und praktischer Arbeitsmöglichkeit zu schaffen.«

Auch wenn er anschließend noch versucht hat, seine Aussage zu relativieren, hat der Zeuge André Kapke in seiner Vernehmung in der Hauptverhandlung vom 5. Februar 2014 von sich aus berichtet, dass es Diskussionen um »Zellenbildung« im »THS« gab. Die Existenz solcher Diskussionen im »Thüringer Heimatschutz« und der Umstand, dass die Jenaer Sektion in der Garage genau das Heft des »Sonnenbanners« aufbewahrt hatte, das sich mit Zellenbildung beschäftigt, ist ein klarer Hinweis darauf, dass deren Mitglieder sich schon vor der Durchsuchung der Garage und der Entdeckung der Rohrbomben am 26. Januar 1998 mit solchen Konzepten beschäftigten, den Schritt zum bewaffneten Kampf diskutierten und entsprechende Planungen machten. Dass der bewaffnete Kampf, aber auch das Leben unter Tarnidentitäten geplant waren, ergibt sich auch daraus, dass zum Zeitpunkt des Abtauchens für Uwe Böhnhardt unmittelbar der Haftantritt anstand, sich eine fertige Rohrbombe und TNT in der Garage befanden, sowie die Telefonliste mit Kontaktadressen. Der Entschluss, als bewaffnete Gruppe Anschläge und Morde zu begehen, war – wie schon mein Kollege Peer Stolle ausführlich dargelegt hat – also bereits vor dem 26. Januar 1998 in den Diskussionen der »Sektion Jena«, eingebunden in die Diskussionen des gesamten »Thüringer Heimatschutzes«, getroffen worden. Die Garagendurchsuchung hat die Umsetzung dieser Pläne höchstens beschleunigt.

In der von dem V-Mann Michael See herausgegebenen Zeitschrift »Sonnenbanner« fanden sich neben den praktischen Tipps zur Zellenbildung oder zur Vermeidung von Fingerabdrücken auch ideologische Diskussionsbeiträge. In einem Artikel wird unter der Überschrift »Wenn ein Volk stirbt!« die angeblich von der Bundesregierung betriebene Beendigung der Existenz des deutschen Volkes beklagt. Es wird dort ausgeführt: »Fazit ist, daß das III. Reich, selbst unter den bezeichneten Bedingungen, eine weitaus kinderfreundlichere Politik betrieb, als es die BRD in der heutigen kriegsfreien Zeit tut.« Und weiter: »Das ›Nicht-Wollen‹ des Systems beweist sich damit selbst! Die stetige Schwächung der Volkssubstanz ist Programm. Ist es doch letztlich wesentlich einfacher und vor allem ›preisgünstiger‹, Ausländer, in bereits arbeitsfähigem Alter, nach Deutschland zu holen, als die naturgemäß anfallenden Kosten für Betreuung, Erziehung und Ausbildung deutscher Kinder zu tragen. Das kapitalistische Prinzip der ständigen Kostensenkung hat längst auf die Bevölkerungspolitik übergegriffen. Wenn dem nicht umgehend entgegengewirkt wird, so ist die Existenz des deutschen Volkes bald nur noch völkerrechtlich, jedoch nicht mehr biologisch gegeben.«

Die behauptete »stetige Schwächung der Volkssubstanz« und das explizite Lob der »Bevölkerungspolitik des Dritten Reiches« als vorbildliche und erfolgreiche Familienpolitik ist Teil der seit den 1920er Jahren in unterschiedlicher Vehemenz geführten »Volkstodkampagne« der völkisch-rassistischen Bewegung. Der Politik wird in dem zitierten Artikel nicht nur vorgeworfen, die Bevölkerungspolitik aus falscher Rücksicht auf die Vergangenheit zu vernachlässigen, sondern man wittert eine gezielte Strategie der Vernichtung des »deutschen Volkes« und phantasiert damit wahnhaft ein Recht zur Notwehr hiergegen herbei, mit der sich jedes beliebige eigene Handeln rechtfertigen lassen soll.

Damit war auch die ideologische Triebfeder der späteren Verbrechen des NSU, der wahnhafte »Erhalt der deutschen Rasse«, für den in den Augen der wahnhaften Neonazis die als nichtdeutsch definierten Menschen mindestens vertrieben werden »müssen«, bereits ein Thema, das im »Thüringer Heimatschutz« und dessen »Sektion Jena« diskutiert wurde und verankert war. Die Mitglieder der »Sektion Jena«, darunter auch die Angeklagten Gerlach und Wohlleben, führten ihre Diskussionen über die Notwendigkeit bewaffneter Aktionen – über die Gerlach berichtete – auf der Basis einer Ideologie, nach der das eigene Überleben, der eigene Fortbestand nur durch die Vertreibung von erheblichen Bevölkerungsgruppen gesichert werden kann, und nach der jede Handlung, die zur Sicherung des Fortbestands des herbeiphantasierten eigenen Volkes dient, als Notwehr gegen einen »Völkermord« gerechtfertigt wäre.

2. »Blood & Honour« Chemnitz und Sachsen – »Weiße Bruderschaft Erzgebirge«
Nach ihrem Umzug nach Chemnitz fanden Böhnhardt, Mundlos und Zschäpe massive Unterstützung durch die ihnen teilweise schon länger bekannten Mitglieder von »Blood & Honour« Chemnitz, die ihrerseits fest eingebunden waren in den sächsischen Landesverband, die »Sektion Sachsen«, der international organisierten Bundesorganisation »Blood & Honour«. »Blood & Honour« war und ist eine der am aggressivsten auftretenden und handelnden Naziorganisationen weltweit.

»Blood & Honour« Deutschland entwickelte sich ab seiner Gründung Anfang bis Mitte der 1990er Jahre rasant. Es gab einen festen Mitgliederstatus, Aufnahmeregeln und klar geregelte Hierarchien. Die internen Regeln wurden nach innen und außen schlagkräftig durchgesetzt. Der Deutschlandchef war ein V-Mann, ebenso der Chef der »Sektion Thüringen«, Marcel Degner, genau wie das Chemnitzer Mitglied Thomas Starke. Die Organisation war von Anfang an international aufgestellt. So berichtete die Zeugin Antje Probst, Mitglied der Ortsgruppe Chemnitz, von einem Konzertbesuch in Dänemark 1994, zu dem sie mit anderen Mitgliedern ihrer damaligen Chemnitzer Nazigruppe gefahren war. Das Konzert blieb ihr in Erinnerung, weil der Reisebus vor Ort von Antifaschist*innen abgebrannt wurde. Die Chemnitzer hatten dort den auch danach noch langjährigen Chef von »Blood & Honour« Scandinavia, den Brandenburger Marcel Schilf, kennengelernt.

Schilf vertrieb über seinen Postversand »NS 88« europaweit Nazimusik, Bekleidung und Videos. Die bekanntesten Videos waren die »Kriegsberichter« genannten Videomagazine, in denen teilweise im Comicstil zum bewaffneten Kampf, zur Ermordung politischer Gegner und zum Mord an nichtweißen Menschen aufgerufen wurde. Wegen der Bezugsmöglichkeiten von CDs und Ähnlichem war Schilf mit Wohnsitz in Dänemark und später Schweden eine wichtige Figur: In diesen Ländern ist NS-Propaganda nicht strafbar. Das Einschmuggeln solcher Produkte von Dänemark bzw. über Osteuropa über die sogenannte »Versorgungslinie Nord« war ein Kinderspiel. Schilf war auch wichtig, da er ein Protagonist von »Combat 18« war, des bewaffneten Arms von »Blood & Honour«.

»Combat 18« oder »C18« war zunächst von der englischen »Blood & Honour«-Sektion gegründet worden und hatte seine Gefährlichkeit frühzeitig bewiesen: 1996 sollte dann eine ganze Serie von Briefbomben, die »C18 England« hergestellt hatte, von einem dänischen Vertrauten Schilfs aus dem schwedischen Malmö verschickt werden, an interne Gegner, politische Gegner und eine Prominente, die mit einem nichtweißen Mann verheiratet war. Die Aktion scheiterte nur, weil auch der Chef der englischen Sektion für den britischen Geheimdienst arbeitete. Schilf verbreitete das politische Manifest »The Way foreward« und das »Field Manual«, die beide von seinem Vertrauten, dem Norweger Erik Blücher bzw. Nielsen, unter dem Pseudonym Max Hammer geschrieben worden waren und die ganz gezielt den Aufbau bewaffneter Gruppen propagieren, er verbreitete aber auch zahlreiche andere Medien, die zum sogenannten »Heiligen Rassenkrieg« aufriefen.

In Deutschland waren bei »Blood & Honour« auf der einen Seite eher subkulturell geprägte Mitglieder aktiv, wie sie sich in der sächsischen Sektion zusammengefunden hatten. Die Sektion verdiente mit Konzerten sehr viel Geld und war massiv auf den bewaffneten Kampf fokussiert, wie es der V-Mann Carsten Szczepanski aus eigener Erfahrung schilderte. Auf der anderen Seite standen Personen und Zusammenhänge, die aus der »Gesinnungsgemeinschaft der Neuen Front« kamen und für die »Blood & Honour« die Möglichkeit bot, sich über die Konzerte und Musik eine Massenbasis für ihre Politik zu erschließen, wie der Hamburger »Blood & Honour«-Aktivist Torben Klebe, ein Zögling des »GdNF«-Chefs Christian Worch.

Die sächsische »Blood & Honour«-Sektion stand bereits mit ihrer Gründung sowohl in engem Kontakt zu den anderen deutschen Sektionen, aber auch zu »Blood & Honour Scandinavia« und den englischen Mitgliedern, vor allem den englischen »Combat 18«-Mitgliedern. Dies bestätigte auch der V-Mann Carsten Szczepanski, der selbst in engem persönlichen Kontakt zu diesen Personen stand.

Nach dem Umzug von Böhnhardt, Mundlos und Zschäpe nach Chemnitz diskutierten sie mit Thomas Starke, Antje Probst, Jan Werner, Mandy Struck und anderen Chemnitzer und sächsischen »Blood & Honour«-Mitgliedern und Sympathisanten die Frage des bewaffneten Kampfes, baten – dies ist bereits im Plädoyer der Bundesanwaltschaft geschildert worden – Jan Werner um Hilfe bei der Besorgung von Waffen. Sie erhielten falsche Ausweispapiere, eine Wohnung, vermutlich 20.000 DM aus der Konzertkasse von »Blood & Honour« und vieles mehr. Auch nach dem angeblichen Austritt der »Sektion Sachsen« aus dem »Blood & Honour«-Verband Deutschland und dessen Verbot im Jahr 2000 gaben die Chemnitzer ihre Szene-Aktivitäten nicht auf. Viele ehemalige Mitglieder sind bis heute aktive Neonazis. Der Chemnitzer »Blood & Honour«-Mann Thomas Rothe hat bestätigt, dass er noch in Zwickau bei Böhnhardt, Mundlos und Zschäpe zu Besuch war. Engen Kontakt zur Chemnitzer »Blood & Honour«-Gruppe hatte über gemeinsame Konzertorganisation und Ähnliches nachweislich auch der V-Mann Ralf Marschner aus Zwickau.

Im Archiv der »Sektion Jena« des »Thüringer Heimatschutzes«, in der Garage, fand sich bereits die Ausgabe Nr. 2 des »Blood & Honour-Magazins« aus dem Jahr 1996.[7] In diesem waren unter anderem eine Werbung für den Versand von »Blood & Honour« Scandinavia »NS 88« enthalten, aber auch ein Artikel mit dem Titel »Politik«. In diesem wird die Strategie der sogenannten »Leaderless Resistance« politisch und praktisch dargestellt und beworben. Der Artikel enthält einen explizit auffordernden Aufruf und ein Zitat des amerikanischen Neonazis Louis Beam, der als erster das Konzept des »führerlosen Widerstandes« propagiert hat. Der Artikel führt alle ideologischen und strategischen Bestandteile auf und zeigt dabei auch, wie eng die von »Blood & Honour« verbreitete Jugendkultur durch Songtexte und Symbolik mit der terroristischen Propaganda des weltweiten Nazi-Netzes verknüpft ist.

Luis Beam war ab 1976 Mitglied bei den »Knights of the Ku Klux Klan«, wurde wegen seiner militärischen Erfahrung Trainer für Guerilla-Taktiken und stieg bis zum »Grand Dragon« auf. Am 24. April 1987 wurde Beam gemeinsam mit dreizehn anderen Mitgliedern rassistischer Gruppen, unter anderem der bereits von Oberstaatsanwalt Weingarten angeführten Gruppe »The Order«, wegen Verschwörung angeklagt. Beam selbst wurde freigesprochen. Schon wegen seines direkten Kontakts zu der berüchtigten Terrorgruppe »The Order« hat Beam heute noch Kultstatus in der internationalen Nazi-Szene.

Beam beschreibt mit seiner Idee einer »leaderless resistance«, also eines »führungslosen Widerstandes«, einzelne Kampftruppen, sogenannte Zellen, die organisatorisch unabhängig voneinander existieren und deren einzige Gemeinsamkeit die Ideologie ist. Die »leaderless resistance« soll ohne Befehlskette und Hierarchie auskommen. Die autonomen Aktionen sollen einerseits den Staat erschüttern und schwächen, sie sollen andererseits auch Auseinandersetzungen zwischen europäischstämmigen »Weißen« und afroamerikanischen Menschen provozieren. Diese Auseinandersetzungen sollen, bei gleichzeitiger Schwächung des Staates, so eskaliert werden, dass sie in einem Bürgerkrieg enden, auf den sich die zahlreichen Nazigruppen und Militias vorbereiten – der durch die Nazi-Subkultur von einer amerikanischen Sekte adaptierte »Racial Holy War« – der »Heilige Rassenkrieg«.

Wenn der »Racial Holy War«, der in den Turner-Diaries beschrieben wird, nach dieser Ideologie das Ziel ist, dann ist die »leaderless resistance« die Strate-

---

[7] Asservat Nr. 59.72.42, Fanzine »Blood & Honour«-Ausgabe Nr. 2/96

gie, diese Kampfsituation zu erreichen. Die Methode, durch Anschläge ohne Bekennung Auseinandersetzungen zwischen verschiedenen Bevölkerungsgruppen zu provozieren, ist Teil der Strategie der »leaderless resistance«. Die Jenaer Sektion des »Thüringer Heimatschutzes« kannte ausweislich des in der Garage gefundenen »Blood & Honour«-Magazins diese Strategie bereits vor dem Schritt Böhnhardts, Mundlos' und Zschäpes in die Illegalität. Es ist davon auszugehen, dass sie bereits in der sogenannten Richtungsdiskussion besprochen wurde, die mindestens Böhnhardt, Mundlos, Zschäpe, Gerlach und Kapke auch mit Tino Brandt geführt haben. In Chemnitz angekommen, wurden diese Diskussionen fortgeführt.

Wenn »leaderless resistance« die vom NSU und seinem Netzwerk beinahe prototypisch umgesetzte Strategie für den imaginierten »Racial Holy War« war, die auch von den sächsischen Unterstützern propagiert wurde, so lässt sich das politische Ziel kaum treffender ausdrücken als durch die in der »Blood & Honour«-Bewegung omnipräsente Parole »14 Words«, die sich, wie vom GBA dargestellt, auch in dem widerlichen Selbstbekenntnis-Video des NSU wiederfindet. »14 Words« steht bei den »Blood & Honour-Divisionen« für den Slogan: »We must secure the existence of our people and a future for white children«; auf Deutsch: »Wir müssen die Existenz unseres Volkes und eine Zukunft für weiße Kinder sichern.« Die Parole stammt von dem US-amerikanischen Mitglied der bereits erwähnten Gruppe »The Order«, David Lane. Dieser beteiligte sich unter anderem 1984 an der Ermordung des jüdischen Radiomoderators Alan Berg.

Es war die aus der sächsischen »Blood & Honour«-Szene stammende Musikgruppe »14 Nothelfer«, die im Fanzine »White Supremacy« auch interviewt wurde, die ab Mitte der 1990er Jahre die »14-Words«-Ideologie propagierte und in Sachsen bekannt machte. In ihrem Lied »14 Words« heißt es: »Es gibt einen Satz, den vergesse nie! Kämpfe, lebe, streite nach ihm! 14 words, never forget!«

Die sächsische »Blood & Honour«-Gruppe verstand diese Parolen nicht nur als Pop-Art. Antje Probst, Teil der Gruppe und Diskussionspartnerin von Zschäpe, Mundlos und Böhnhardt, die Zschäpe nach Angaben des V-Mannes Szczepanski ihren Pass angeboten hat, berichtete hier in der Hauptverhandlung, dass die Frage der »Weißen Überlegenheit«, »White Power«, eine »Weiße Welt«, für Jan Werner, aber auch für die ganze Gruppe ein Ziel gewesen wäre. Und der V-Mann Carsten Szczepanski berichtet, dass einer der »Drei« einen Artikel »Gedanken zur Szene« für das Blatt »White Supremacy« geschrieben hat. In der Ausgabe Nr. 3 des Hefts »White Supremacy« erschien unter dem Autorennamen Uwe Unwohl ein Artikel mit dem Titel »Die Farbe des Rassismus«. Vor dem Hintergrund der besonderen Nähe Zschäpes, Mundlos' und Böhnhardts zur herausgebenden sächsischen »Blood & Honour«-Gruppe und Szczepanskis Hinweis ist die Annahme des BKA, der Artikel stamme von Uwe Mundlos, sehr realistisch. In dem Artikel wird ausgeführt: »Während die weiße Bevölkerung weltweit immer mehr abnimmt (durch geförderte Multikultur und Mischehen), hat sie nicht das Recht, sich öffentlich auf die Erhaltung ihrer Art aufmerksam zu machen, würde es doch Rassismus sein, in den Augen derjenigen, die glauben die Herrscher zu sein. Jede aussterbende Tierart ist besser geschützt. Wissenschaftler bestätigten in der offiziellen Presse, dass es in ein paar Jahren keine blonden Menschen mehr geben wird. Natürlich gibt es noch eine Gruppe, welche Multikultur und Vermischung fordert, dies aber von der eigenen Gruppe fernhält. Ich nenn diese Gruppe nicht, um nicht rassistisch zu sein. Sie kennt ja sowieso jeder.«

Die omnipräsente Angst, die herbeihalluzinierte »Weiße Rasse« stünde kurz vor dem Aussterben, gepaart mit dem für den »Thüringer Heimatschutz« von Anfang an selbstverständlichen und tief verwurzelten aggressiven Antisemitismus, der bereits vor 1998 Motiv zahlreicher widerlicher Aktionen gewesen war, ist eines der tragenden Momente dieses Textes. Die offensichtliche ideologische Übereinstimmung zwischen den NSU-Mitgliedern und den sächsischen »Blood & Honour«-Mitgliedern ist die Grundlage für deren beständige Unterstützung und die daran anknüpfende Zusammenarbeit.

Im Magazin »Aryan Law and Order« der von André Eminger und seinem Bruder gegründeten »Weißen Bruderschaft Erzgebirge« wird das Bekenntnis zum »Heiligen Rassenkrieg« und den »14 Words« geradezu religiös beschworen: »Die 14 Words sind der heilige Schlachtruf unserer Sache und die einzige Entscheidung für jeden weißen Mann heutzutage. Denn politische und religiöse Institutionen können zerstört und wieder geschaffen werden. Doch der Tod einer Rasse ist für immer.«

Die Ausführungen der Bundesanwaltschaft zu der Ideologie André Emingers können angesichts der Inhalte der Veröffentlichungen von »Blood & Honour«, sei es der verschiedenen Magazine, sei es der Liedtexte, eins zu eins übernommen werden. Musik-CDs mit dem Titel »Anthems of Ethnic cleansing« also »Hymnen der ethnischen Säuberung« oder des auch in den 2000ern immer noch beliebten Albums »Barbecue in Rostock« illustrieren die Lobpreisung der Mördergruppe »The Order«, der »14 Words« und anderer Aufrufe zum bewaffneten Kampf gegen »Nicht-Weiße« und bezogen auf Deutschland, gegen alle Nicht-Deutschen.

Praktisch wird das Ganze nicht nur in den Turner-Diaries beschrieben, zu denen der GBA ebenfalls bereits vieles gesagt hat, sondern auch in den beiden tragenden Veröffentlichungen »The Way forward« und dem »Field Manual« aus den Jahren 1999 und 2001, die – wie bereits dargestellt – von Marcel Schilf, dem alten Bekannten von »Blood & Honour« Sachsen und seit den frühen 1990ern Chef von »Blood & Honour« Scandinavia, straffrei vertrieben wurden und zusammen mit allem möglichen anderen Propagandamaterial nach Sachsen kamen. Hier wird die Gruppe »Combat 18« als bewaffneter Arm von »Blood & Honour« und der »führerlose Widerstand« mit den Ikonen »The Order« beworben, aber auch ganz praktisch die Mordserie des als »Laserman« bekannt gewordenen deutschstämmigen schwedischen Nazis John Ausonius, der jahrelang unerkannt und ohne Bekennerschreiben Morde an Migranten durchführte und gegen den jetzt, im Dezember 2017, in Frankfurt ein Prozess wegen eines in Deutschland verübten Mordes begonnen wird – so viel zur Aktualität dieses Prozesses.

»The Way Foreward« beklagt einen Mangel an Mut, Durchsetzungskraft und Wut in den Aktivitäten der nationalsozialistischen Bewegung nach dem zweiten Weltkrieg und nennt Personen, wie den Begründer von »The Order«, Robert Mattews, in einer Reihe mit »Blood & Honour«-Gründer Ian Stuart Donaldson als positive Ausnahmen. Als Strategie zur Überwindung des sogenannten »Zionistischen Besatzungsregimes« wird der Auf- und Ausbau von »Combat 18«-Zellen vorgeschlagen, die nach den Regeln des »führerlosen Widerstandes« agieren sollen.

Als im Jahr 1998 Zschäpe, Mundlos und Böhnhardt nach Chemnitz umzogen und bei »Blood & Honour« Sachsen, bei Mandy Struck, Thomas Starke, Thomas Rothe, Andreas Graupner, Hendrik Lasch, Jan Werner und vielen anderen Unterschlupf und Unterstützung fanden, trafen sich Menschen, die dasselbe wollten und was im Schlusssatz von »The Way Foreward« so formuliert ist: »So lasst uns nun aufstehen und auf die Straße gehen, um gegen das Multi-Kulti, multikriminelle ZOG-Inferno zu kämpfen. In diesem Moment sind schon Kameraden dort draußen – in Britannien und Irland, in Deutschland und Polen, in der Slowakei und Ungarn, in der tschechischen Republik und Slowenien, in Kroatien und Serbien, in Dänemark und Schweden, in Norwegen und Finnland, in Amerika und Australien – und sie versuchen alles, damit unsere arische Rasse weiter existiert. Lasst uns ihnen eine kompromisslos harte und helfende Hand entgegenstrecken, um ihnen Hilfe in diesem unseren gemeinsamen Kampf für eine weißere und strahlendere Welt anzubieten – WHATEVER IT TAKES!«

Politisch wie ideologisch bestand eine völlige Übereinstimmung zwischen den durch die Diskussion im »Thüringer Heimatschutz« geprägten Mitgliedern der »Sektion Jena« und den eher subkulturell geprägten »Blood & Honour«-Mitgliedern, was den bewaffneten Kampf für den Erhalt ihres herbeihalluzinierten deutschen Volkes betraf. Kein Wunder, dass ohne das geringste Zögern unmittelbare Unterstützung erfolgte, die bis heute anhält, wie wir am Prozessverhalten der »Blood & Honour«-Mitglieder hier in der Hauptverhandlung gesehen haben.

Die tiefe Verwurzelung der Angeklagten in dieser völkisch-rassistischen Ideologie wird auch durch die Teilnahme von Beate Zschäpe an der Hetendorfer Tagungswoche deutlich. Diese Tagungswoche wurde von dem inzwischen verstorbenen Nazi Jürgen Rieger initiiert. Rieger vertrat Rassenkunde in der Tradition des nationalsozialistischen Rassenideologen Hans F.K. Günther, war Vorsitzender der völkisch-neuheidnischen »Artgemeinschaft – Germanische Glaubens-Gemeinschaft wesensgemäßer Lebensgestaltung« und Hauptorganisator des Rudolf-Heß-Gedenkmarsches. Bereits 1972 wurde er Vorstandsmitglied im Nordischen Ring, Vorsitzender der »Gesellschaft für biologische Anthropologie, Eugenik und Verhaltensforschung« und war – bis zu seinem Tod – Herausgeber deren Zeitschrift »Neue Anthropologie«. Und genauso passt es, dass der Angeklagte Eminger an Treffen der »Artgemeinschaft« teilgenommen hat. Rieger selbst hat auf einem vom Angeklagten Ralf Wohlleben veranstalteten »Fest der Völker« eine widerlich rassistische Rede gehalten. Die Angst vor dem »Volkstod«, eine mörderische rassistische Ideologie, ist die Grundlage der Zusammenarbeit der Beteiligten.

3. NPD – Nationaler Widerstand – »Fest der Völker« – Europa der Vaterländer

Ralf Wohlleben bestreitet die ihm von der Anklage vorgeworfenen Taten. Er habe zwar Zschäpe, Mundlos und Böhnhardt, die er in seiner Einlassung wohlweislich »Freunde« nennt und nicht Kameraden, beim Untertauchen geholfen, es aber niemals für möglich gehalten, dass diese solche Straftaten begehen. Er habe auch einen Tipp gegeben, wo Carsten Schultze nach einer Waffe fragen könnte, er sei aber davon ausgegangen, dass Uwe Böhnhardt diese Waffe nur haben wollte, um sich im Falle einer Festnahme selbst zu töten. Im Gegenteil habe er sich in seiner politischen Arbeit, aber auch privat immer gegen die Anwendung von Gewalt, insbesondere sogar grundsätzlich gegen »Fremdenfeindlichkeit« ausgesprochen. Schon André Kapke hatte als Zeuge Wohlleben, offensichtlich abgesprochen, als »Friedenstaube« charakterisiert. Ralf Wohlleben inszeniert sich als Opfer: Als Opfer der Wende, die nicht die von ihm gewünschte nationalistische Ausrichtung brachte, sondern Globalisierung, Migration und Kapitalismus. Als Opfer der Polizei, die willkürlich gegen »Nationalisten« vorgegangen sei. Als Opfer der Antifa, die ihn und seine Kameraden immer wieder angegriffen habe. Als Opfer der Mitangeklagten Gerlach und Schultze, die nicht nur sich selbst, sondern auch ihn belasten.

Wichtig ist, dass Wohlleben selbst zugegeben hat, Zschäpe, Mundlos und Böhnhardt mehrfach in Chemnitz und einmal, nach der Enttarnung Tino Brandts als V-Mann im Mai 2001, sogar noch in Zwickau getroffen zu haben, also nach Begehung der ersten Tötungsverbrechen. Mit diesen Angaben bestätigt er seine wichtige Funktion für die drei, auch bei der Frage, ob diese durch Brandt gefährdet seien. Wohlleben war auch nach seinen eigenen Angaben derjenige, der ganz zentral den Umzug von Böhnhardt, Mundlos und Zschäpe nach Chemnitz, ihre Rechtsberatung, Wissenstransfer beispielsweise über Telefonzellen, Kontaktbeschaffung, die Lieferung zweier Waffen und die strategische Diskussion der beispielsweise durch die Aufdeckung des V-Mannes Brandt veränderten Situation organisierte.

Bemerkenswert an der Erklärung Wohllebens ist, dass sie, ähnlich der Erklärung Zschäpes, stark auf dem angeblichen Selbstmordplan Böhnhardts aufbaut. Wo Zschäpe allerdings abstruse Erklärungen für bestimmte Behauptungen gesucht hat, beschränkt sich Wohlleben auf das bloße Leugnen. Wichtigster Unterschied ist aber der Folgende: Wo Zschäpe ihre politische Einstellung zu verbergen versucht hat, nutzte Wohlleben den Auftritt im Gerichtssaal für politische Propaganda. Er verlas ausführlich Teile des Aufrufs zu dem von ihm mitveranstalteten »Fest der Völker« und ließ sogar ein Neonazi-Propaganda-Video abspielen, das Theorien des »Ethnopluralismus« darstellt.

Allerdings zeigte sich schon bei der allerersten Frage der Nebenklage an Wohlleben, dass seine angebliche Offenheit nichts als Heuchelei ist: Gefragt nach dem Passwort einer verschlüsselten Festplatte, weigerte er sich, dieses herauszugeben, behauptete, die Daten seien identisch mit denen auf der nicht verschlüsselten Platte. Eine wenig plausible Erklärung – wenn die Dateien mit den schon bekannten identisch wären, wäre es ja kein Problem gewesen, das Passwort herauszugeben.

Tatsächlich zeigt auch eine genauere Betrachtung der von Wohlleben innerhalb wie außerhalb der NPD vertretenen Ideologie, die als »Ethnopluralismus« verkauft wird, dass die von Wohlleben und der NPD vertretene »Volkstodkampagne« nichts anderes ist als die vom »Thüringer Heimatschutz« wie von »Blood & Honour« gleichermaßen verkündete Ideologie, nach der der Tod der deutschen, weißen Rasse nur durch Notwehr verhindert werden kann. Wohllebens Propaganda für ein »Europa der Vaterländer« ist seine Methode, zu versuchen, in einem vereinigten Europa eine Bewegung zu schaffen, die seinen Kampf für das Überleben des deutschen Volkes und der »weißen Rasse« europaweit führen soll.

In seiner Erklärung in der Hauptverhandlung hat der Angeklagte Ralf Wohlleben sich explizit auf einen ethnischen Volksbegriff gestützt. Er beklagt die »Zerstörung ethnischer und kultureller Eigenarten«. Jahrtausende lang gewachsene natürliche Strukturen würden in naher Zukunft vollkommen ausgelöscht sein. Er fordert: »Kultur und Gesellschaften sollten natürlich wachsen und gedeihen, aber nicht zum Spielball internationaler Industriemanager werden.« Er behauptet, er und seine Kameraden seien keine Ausländerfeinde, wie es die Presse gerne behaupte, sie würden jede Kultur und jeden Menschen achten, jedoch seien sie der Meinung, dass jeder Mensch und jede Kultur ihren angestammten Platz in dieser Welt hat. Dieser müsse auch von jedem respektiert werden. Diese angebliche »Achtung« ist allerdings tatsächlich eine Drohung, lebensbedrohend und vom Vernichtungswillen getragen.

Das Bundesverfassungsgericht hat in seiner Entscheidung vom 17. Januar 2017 zu diesem ethnischen Volksbegriff, der ja auch von der NPD vertreten wird, ausgeführt: »Das politische Konzept der Antragsgegnerin ist mit der Garantie der Menschenwürde im Sinne von Art. 1 Abs. 1 GG nicht vereinbar. Sie akzeptiert die Würde des Menschen als obersten und zentralen Wert der Verfassung nicht, sondern bekennt sich zum Vorrang einer ethnisch definierten ›Volksgemeinschaft‹. Der von ihr vertretene Volksbegriff negiert den sich aus der Menschenwürde ergebenden Achtungsanspruch der Person und führt zur Verweigerung elementarer Rechtsgleichheit für alle, die nicht der ethnischen ›Volksgemeinschaft‹ angehören. Ihr Politikkonzept ist auf die Ausgrenzung, Verächtlichmachung und weitgehende Rechtlosstellung von Ausländern, Migranten, Muslimen, Juden und weiteren gesellschaftlichen Gruppen gerichtet.«[8]

Das Verfassungsgericht hatte sich bei der NPD mit den gleichen Ausreden zu beschäftigen wie wir hier bei den Ausführungen des Angeklagten Wohllebens zu seiner angeblichen menschenfreundlichen Haltung gegenüber Migranten. Es führt dazu aus: »Die Unvereinbarkeit der von der Antragsgegnerin verfolgten Ziele mit der Menschenwürdegarantie des Art. 1 Abs. 1 GG wird auch durch ihr zurechenbare Publikationen und Äußerungen führender Funktionäre bestätigt. Dabei wird deutlich, dass die Formulierungen des Parteiprogramms die von der Antragsgegnerin verfolgten Ziele nur zurückhaltend beschreiben beziehungsweise kaschieren. Das von ihr vertretene Konzept ethnischer Definition der ›Volksgemeinschaft‹ hat das Bekenntnis zum Vorrang dieser Gemeinschaft als obersten Wert und die rassistische Ausgrenzung aller ethnisch Nichtdeutschen zur Folge. Gleichzeitig beinhaltet die Programmatik der Antragsgegnerin auch das Ziel einer Rückführung eingebürgerter Deutscher mit Migrationshintergrund in ihre Herkunftsländer.«[9]

Damit ist klar: Wer, wie der Angeklagte Wohlleben in seiner Erklärung, auf einen ethnischen Volksbegriff abstellt, will die in Deutschland lebenden, aber von

---

[8] Bundesverfassungsgericht, Urteil v. 17. Januar 2017, Aktenzeichen 2 BvB 1/13, Rn. 635.
[9] Ebenda, RN 653.

»Rasse«-Ideologen als nicht zur deutschen Rasse gerechneten Minderheiten ausgrenzen und letztlich vertreiben. Der ethnische Volksbegriff entspringt einem völkisch-rassistischen Menschenbild, das älter ist als der Nationalsozialismus, aber von beängstigender Aktualität. Diese Motivlage verbindet die Ideologie des »Thüringer Heimatschutzes« mit der von »Blood & Honour« und der inhaltlichen Position, die Ralf Wohlleben hier im Prozess dargestellt hat.

Die hier mehrfach thematisierte Volkstodkampagne, die der Angeklagte Wohlleben und seine Verteidigung in seiner Erklärung erneut präsentiert haben, basiert auf den Grundannahmen eines ethnischen Volksbegriffes, des völkischen Rassismus und der paranoiden Wahnvorstellung einer weltweiten Verschwörung des Großkapitals bzw. des Judentums, die auf eine Vernichtung der deutschen, der weißen Rasse ziele.

Ich möchte diesen Begriff hier aufgrund seiner Bedeutung für die Bewertung der Ideologie des Angeklagten Wohlleben genauer darstellen: Die sprachliche Metapher »Volkstod« verweist auf biologische Sachverhalte. Dem sterbenden Volk entspricht in dieser Ideologie ein »Volkskörper«, die »Heimat« ist die Umwelt, in der dieser Körper gedeiht oder vegetiert, die Angehörigen des Volkes sind Zellen des Körpers. Da das »Leben« des Volkes als so verstandener Körper das Leben der einzelnen Zelle überdauert, ist der oder die Einzelne nur als Glied einer »Ahnenkette« von Wert. Für die »Volkstod«-Bekämpfer kann der Organismus »Fremdartiges« nur in kleinen Mengen vertragen, er muss Fremdzellen abstoßen oder wird von ihnen dauerhaft geschädigt werden. Die Vorstellung vom Volk als Organismus und vom »Volkstod« als biologischem Ende seiner Existenz bleibt dabei für die Angehörigen des ethnischen Nationalismus und Rassismus nicht eine Metapher, sie wird sehr ernst genommen.

Der Angeklagte Ralf Wohlleben hat als NPD-Aktivist die oben dargestellte Ideologie nicht nur verbreitet, sondern auch mitgestaltet. Nun will ich nicht behaupten, dass jeder, der eine völkisch-rassistische Volksdefinition vertritt, wie der Angeklagte Wohlleben, die Mordideologie des NSU teilt. Aber:

- Der Angeklagte Wohlleben war Mitglied der Jenaer Sektion des »Thüringer Heimatschutzes«. In dieser »Kameradschaft Jena« war er, das hat die Hauptverhandlung bewiesen, beteiligt an massiven Angriffen gegen vermeintliche oder tatsächliche politische Gegner, an strafbaren Aktionen, am Aufbau einer politischen Kultur von Einschüchterung und Bedrohung, die bis heute nachwirkt. NPD, »Thüringer Heimatschutz«, Naziskins und die staatlichen Stellen, die von irrwitzigem Antikommunismus getrieben waren, terrorisierten in der Gesamtwirkung politisch Missliebige. Wohlleben konnte sich eine sehr persönliche Machtposition sichern, mit den nötigen Fußtruppen, die er heute als geistesgestört diffamieren will.
- Der Angeklagte Wohlleben wollte nach der Durchsuchung der Garage zunächst selbst fliehen, er identifizierte sich mit den vorangegangenen Anschlägen, mit den gefundenen Rohrbomben und befürchtete, strafrechtlich zur Verantwortung gezogen zu werden.
- Der Angeklagte Wohlleben war zentrale Gestalt der Unterstützung von Zschäpe, Mundlos und Böhnhardt. Er besuchte die drei mehrfach in Chemnitz und

auch in Zwickau, um Themen mit zentraler Bedeutung für deren Lebenssituation mit ihnen zu besprechen.
- Der Angeklagte Wohlleben beschaffte zwei oder drei Waffen und organisierte die Übergabe an Böhnhardt, Mundlos und Zschäpe.
- Der Angeklagte Wohlleben setzte seine politische Arbeit fort, indem er beispielsweise mit dem »Fest der Völker« eine Veranstaltung von europaweiter Bedeutung durchführte, bei der Bands aus dem »Blood & Honour«-Spektrum spielten, die mit Musik und Texten die Ideologie des »leaderless resistance«, des »Rassenkrieges« und des militanten Nationalsozialismus verbreiteten.
- Beim »Fest der Völker« 2008 veranlasste Wohlleben, dass auf der Bühne ein ca. 10 Meter breites Transparent hing, auf dem unter dem Spruch »Europa ist angetreten – für die Freiheit« mehrere Männer in Waffen-SS-Uniform mit Schilden abgebildet sind, auf denen sich die Fahnen verschiedener europäischer Staaten befinden. Den Ausführungen des Angeklagten Wohlleben, der diese Fahne als unverfänglich erklären wollte, ist entgegen zu halten: Die SS ist kein Symbol für ein irgendwie positiv zu bewertendes Zusammenleben verschiedener Nationen. Sie ist Symbol für eine menschenverachtende deutsche Rassen- und Herrschaftspolitik, für die industriell betriebene Vernichtung der europäischen Juden, für die gnadenlose Verfolgung und Vernichtung von sogenannten »Volksschädlingen«. Sie steht symbolhaft für die aggressivsten, sadistischsten und gnadenlosesten Vollstrecker der nationalsozialistischen Idee. Wohllebens Propaganda war keine Aufforderung, das eingebildete Volkstodproblem allein durch gezielte Kinderproduktion zu beheben. Seine Propaganda ermutigte alle Anhänger der Idee des bewaffneten Kampfes, die Vertreibung von Nichtdeutschen zu erzwingen.
- Der Angeklagte Wohlleben umgab sich auch in seinem engsten Kreis mit Menschen, die genau diese Propaganda des bewaffneten Rassenkampfes auf ihrer Agenda hatten. Die Hochzeitsfotos mit Thomas Gerlach und seinen »Hammerskins«-Freunden sind eindeutig. Die »14 Words«, der »Heilige Rassekrieg«, waren Teil der politischen Agenda des nach außen hin »sauber« auftretenden Ralf Wohlleben.

Auch der Angeklagte Wohlleben hatte die Ideologie des Thüringer Heimatschutzes, die Ideologie von »Blood & Honour«, ausgedrückt durch die Parole »14 Words«, verinnerlicht. Eine Ideologie des völkischen Rassismus, in der sich die Protagonisten in einer permanenten Notwehrsituation gegen den herbeiphantasierten Volkstod, in einem beständig geführten »Heiligen Rassekrieg« sehen, in dem die Verteidigung des Bestandes des eigenen Kollektivs nur über die Vertreibung oder die Vernichtung der angeblichen Bedrohung erfolgen kann. Auch wenn Wohlleben nicht nachgewiesen werden kann, dass er sich selbst die Hände schmutzig gemacht hat, dass er persönlich an den einzelnen Morden und Anschlägen beteiligt war, hat er ideologisch alles getan, damit seine Kameraden mit reinem Gewissen die unter dem Namen NSU begangenen Verbrechen begehen konnten. Umgekehrt konnten sich seine Kameraden bei der Begehung der Verbrechen unter dem Namen NSU seines ideologischen Einverständnisses gewiss sein.

Arif S.
Solange die wahren Täter nicht gefasst worden sind, werden meine Ängste weiterbestehen
Plädoyer vom 28. November 2017[1]

Sehr geehrter Herr Richter,
ich möchte meine Rede mit folgenden Worten anfangen: Als erstes wünsche ich allen im Saal außer dieser Mörderin, ihren Unterstützern und Verteidigern, also Anwälten, einen guten Morgen.

Wir wussten, dass an dem Tag, an dem die Bombe geworfen wurde, der Umstand, dass sowohl die Polizei als auch die Krankenwagen zu spät kamen, darauf zurückzuführen war, dass in unserer Straße Ausländer die Mehrheit darstellten. Dazu noch die Worte des damaligen Innenministers, es sei kein Terroranschlag gewesen,[2] dies enttäuschte uns alle, die Betroffenen in unserer Straße.

Dass nach der Bombe weder der Bürgermeister noch ein hochrangiger Polizist noch irgendein sozialer Dienst kam, dass die Straße und die Betroffenen sich selbst überlassen wurden, führte uns vor Augen, wie stark der Rassismus in diesem Land geworden war.

Die Keupstraße ist eine Straße in Köln, sie ist ein Ort, der zu Köln gehört, eine Straße dieses Staates. Und aus diesem Grund hat der Staat sich um uns zu kümmern. Wir zweifeln an der Justiz, an Gerechtigkeit und an Gleichheit, an der Demokratie eines Staates, der sich nicht um uns kümmert.

Es ist unfassbar, dass die Zivilpolizisten beim Verhör die Ereignisse absichtlich in eine andere Richtung lenkten und uns verdächtigten. Die barschen Gesichtsausdrücke der Polizisten, ihr unmenschliches Verhalten passten überhaupt nicht zu Polizisten dieses Landes. Den Polizisten, die ständig die gleichen Fragen stellten, sagte ich, dass ich wusste, wer die Täter waren. Und der Polizist fragte mich, wer sie waren. Ich sagte, dass die Täter Neonazis waren. Der Gesichtsausdruck des Polizisten veränderte sich und er sagte mir »Pscht!« Er änderte seinen Gesichtseindruck und sagte mir, dass ich schweigen sollte, indem er seinen Zeigefinger zu seinem Mund führte und »Pscht« sagte. Und ich sprach nie wieder.

Danach wurde ich viereinhalb bis fünf Monate lang von meinem Laden bis in meine Wohnung verfolgt.

---

[1] Der Schlussvortrag wurde auf Türkisch gehalten. Der nachfolgende Text ist die in der Hauptverhandlung verlesene deutsche Übersetzung des Textes.
[2] Der vollständige Wortlaut der Äußerung Schilys lautet: »Die Erkenntnisse, die unsere Sicherheitsbehörden bisher gewonnen haben, deuten nicht auf einen terroristischen Hintergrund, sondern auf ein kriminelles Milieu, aber die Ermittlungen sind noch nicht abgeschlossen, so dass ich eine abschließende Beurteilung dieser Ereignisse jetzt nicht vornehmen kann.«

Dieser psychische Druck ruinierte mein Leben. Ich konnte es meiner Frau nicht sagen. Mein Sohn war damals drei Jahre alt, ich konnte mich nicht mehr um ihn kümmern. Ich konnte nicht mehr mit meiner Frau sprechen. Ich war wie ein Geist in unserer Wohnung und zog mich aus meinen sozialen Aktivitäten zurück. Es gab zahllose Tage, an denen ich nachts im Bett schreiend aufwachte. Während alle schliefen, konnte ich um Mitternacht nicht einschlafen. Manchmal ging ich hinaus und lief eine halbe oder ganze Stunde in den Straßen herum. Ich fing an, unter Panikattacken zu leiden, und bekam es mit Flugangst zu tun. Überall, wo ich hingehe, spaziere, herumlaufe, bin ich immer noch in Furcht. Denn solange die wahren Täter nicht gefasst und der Justiz übergeben worden sind, werden meine Ängste weiterbestehen. Solange der Staat ihnen Toleranz entgegenbringt, werden sie ungestört tun und lassen, was sie wollen.

Für mich sind alle, die in ihren Organisationsstrukturen sind, schuldig und sollten bestraft werden.

Hochachtungsvoll.

Stephan Kuhn
Der Anschlag auf die Keupstraße und die Ermittlungen gegen die Betroffenen (»Bombe nach der Bombe«)
Plädoyer vom 28. November 2017

Hoher Senat,
verehrte Nebenklägerinnen und Nebenkläger,
meine Damen und Herren

I.

Am 9. Juni 2004 um 15.56 Uhr explodierte vor dem Friseursalon Özcan in der Kölner Keupstraße ein mit circa 5,5 kg Schwarzpulver und um die 800 Zimmermannsnägeln von 10 cm Länge befüllter Sprengsatz. Jeder dieser 5 mm starken Nägel wies ein Gewicht von etwas mehr als 11 g auf, sodass diese insgesamt fast 9 kg wogen. 9 kg Stahl, die dazu bestimmt waren, Fleisch zu durchbohren, wie das NSU-Bekennervideo mit seiner Bezeichnung »Aktion Dönerspieß« für den Anschlag auf der Keupstraße noch einmal mit dem das eigene Menschenbild treffend ausdrückenden »Humor« verdeutlicht.

Das Fahrrad, auf welchem sich der Sprengsatz von insgesamt 18 kg befand, hatte nach Aussage des Zeugen H.Y. kurz zuvor ein hellhäutiger Mann mit blonden Koteletten – heute wissen wir, es war Mundlos – vor dem Friseurgeschäft abgestellt. Nicht ohne sich zuvor durch einen ausgiebigen Blick hinsichtlich der im Laden aufhaltenden Menschen versichert zu haben. Was er sah, dürfte ihm gefallen haben, befanden sich doch dort zur Tatzeit – so die Zeugin B.A. in ihrer polizeilichen Vernehmung vom 10. Juni 2004 – ausschließlich Menschen mit türkischem oder kurdischem Migrationshintergrund.

In Sekundenbruchteilen brach an diesem wunderschönen Sommertag ein Inferno über die belebte Straße herein. Mindestens 23 Menschen wurden, teilweise schwer, verletzt. Es ist ganz allein dem Zufall geschuldet, dass keine Todesopfer zu beklagen waren.

Die Einvernahme der vor Ort ermittelnden Tatortbeamten, die Inaugenscheinnahme der in der Keupstraße nach der Tat gefertigten Lichtbilder und die gehörten Sachverständigengutachten haben uns ein eindrucksvolles Bild von der Sprengkraft der Bombe und den durch sie in der Keupstraße hervorgerufenen Schäden vermittelt: Der Sachverständige Dr. Mölle berichtete, das mittels eines Glühdrahts zur Reaktion gebrachte Schwarzpulver habe ein Gasvolumen von 1.800 l entwickelt, welches einen erheblichen Druck in der Gasflasche erzeugte. Dieser habe zu einem explosionsartigen Freiwerden einer über 2.000 Grad heißen Gaswolke und schlagartiger Beschleunigung der Zimmermannsnägel, der Splitter im räumlichen Umfeld und der Fragmente des Sprengsatzes selbst geführt.

Splitter des Sprengsatzes wurden bis zu 55 Meter weit geschleudert, Stahlnägel flogen mit bis zu 215 Meter pro Sekunde durch die Straße und wurden bis zu 100 Meter vom Sprengzentrum entfernt aufgefunden. Schaufenster barsten noch in 150 Meter Entfernung von dem Friseursalon, Gebäudeschäden waren noch in 250 Meter Entfernung festzustellen.

Wie wir aus den Sprengversuchen Dr. Ibischs, aber auch von den Sachverständigen Mölle und Peschel wissen, bestand für die Menschen auf der Keupstraße im Umkreis von mindestens 50 Metern um die Nagelbombe herum die konkrete Gefahr, getötet oder lebensgefährlich verletzt zu werden.

II.

Unmittelbare Täter des Sprengstoffanschlags waren Mundlos und Böhnhardt, die Angeklagte Zschäpe war, wie von der Bundesanwaltschaft ausführlich und zutreffend dargestellt, Mittäterin dieses versuchten Mordes in 32 Fällen, der in Tateinheit mit gefährlicher Körperverletzung in 23 Fällen und der Herbeiführung einer Sprengstoffexplosion steht.

Ich persönlich glaube, dass auch der Angeklagte Eminger vor dem Anschlag in die Tatplanung eingeweiht war und der Angeklagte Wohlleben zumindest in den Monaten nach der Tat von diesem Werk des NSU erfuhr. Ich schließe dies aus der Anwesenheit Emingers in Euskirchen, also der Nähe des Tatorts in der Nacht vor dem Anschlag sowie aus dem E-Bay-Verkauf Wohllebens, bei welchem er einige Monate nach der Tat Elektroteile desselben Modellflugzeugherstellers, wie sie bei dem Bau des Sprengsatzes Verwendung fanden, auf seinem Konto »Wolle33« als »nagelneu« feilbot – meines Erachtens Ausdruck des menschenverachtenden »Humors« Wohllebens, wie er bereits in der Geburtstagszeitung für Andre Kapke seinen Ausdruck fand. Doch richtigerweise wird man diesen beiden Angeklagten nach der hiesigen Beweisaufnahme in Bezug auf den Anschlag in der Kölner Keupstraße eine Beteiligung nicht nachweisen können.

Einen Grenzfall stellt insoweit der Angeklagte Gerlach dar. Eine objektive Förderung des Anschlags in der Keupstraße und damit u.a. eines versuchten Mordes in einer Vielzahl von Fällen, liegt in der Zurverfügungstellung der zur Anmietung des Tatfahrzeugs notwendigen Identitätspapiere unzweifelhaft vor. Die durch Oberstaatsanwalt Weingarten hinsichtlich der subjektiven Tatseite erfolgte Differenzierung zwischen Eminger und Gerlach begründet sich letztlich so, dass Gerlach zwar auch für möglich gehalten habe, dass mittels seiner Identitätspapiere gemietete Fahrzeuge zur An- und Abreise von und zu vereinigungsbezogenen Betätigungshandlungen genutzt werden würden. Dem Angeklagten Gerlach habe jedoch das Bewusstsein des ganz konkreten Risikos der durch die Übergabe seiner Papiere geförderten Anmietung von Fahrzeugen bei der Vor- und Nachbereitung der vom NSU durchgeführten Vereinigungsdelikte nicht nachgewiesen werden können.

Das lässt sich grundsätzlich gut hören und ich will hierzu auch gar keine Gegenrede erheben, sondern lediglich auf einen durch die Bundesanwaltschaft nicht erörterten Aspekt eingehen: Letztlich dürfte doch maßgeblich sein, ob der Senat zu der Überzeugung gelangt, Gerlach sei davon ausgegangen, Mundlos, Zschäpe und Böhnhardt hätten zu diesem Zeitpunkt über weitere Identifikationspapiere, die zur Anmietung der Fahrzeuge geeignet waren, verfügt. Sollte eine solche Vorstellung Gerlachs nicht bestanden haben, dürfte sich die Risikoeinschätzung des Angeklagten Gerlach derart konkretisiert haben, dass der subjektive Tatbestand der Beihilfe erfüllt ist.

III.

Doch auch wenn die skizzierten Indizien für Tatwissen Emingers und Wohllebens unabhängig von der rechtlichen Bewertung ein weiteres Mal auf die Unhaltbarkeit der vielfach beschworenen Mär von der abgeschotteten Dreierzelle hinweisen, will ich diesen Punkt nicht weiter vertiefen, sondern insoweit auf die Plädoyers meiner Kollegen, insbesondere die zutreffenden Ausführungen von Rechtsanwalt Dr. Stolle zu Umfang und Gründungszeitpunkt der terroristischen Vereinigung, verweisen. Ich will lieber die Gelegenheit nutzen, um von den Geschädigten zu sprechen und ihre Worte in Erinnerung zu rufen.

Mein Mandant, Herr A.Y., hat sein Erleben des Anschlags innerhalb des Friseursalons in hiesiger Hauptverhandlung vom 22. Januar 2015 wie folgt beschrieben: Er sei drei Tage vor der Tat aus dem Urlaub gekommen und habe sich frisieren lassen wollen. Da seine Frau Friseurmeisterin sei, schneide sie ihm gewöhnlich die Haare. An diesem Tag aber habe er Abwechslung gewollt und seine Frau schonen wollen, weshalb er gegenüber in den Friseurladen gegangen sei. Es sei nicht gleich ein Friseur frei gewesen, weshalb er noch einmal für etwa eine halbe Stunde weggegangen sei. Nach seiner Wiederkehr habe er am Ende des Haarschnitts noch um eine Korrektur gebeten. Es habe dann einen Knall gegeben. Die Druckwelle durch die Bombe habe ihm enorme Schmerzen zugefügt. Seine Ohren hätten am meisten wehgetan. Der Friseur, Herr L.K., habe genau zwischen der Bombe und ihm gestanden und ihn so geschützt. Es sei daher reiner Zufall gewesen, dass er außer einem Schaden am Ohr nur Kratzer abbekommen habe.

Er habe versucht, mit den anderen im Hof Schutz zu suchen, dorthin sei aber kein Durchkommen gewesen. Aus seiner polizeilichen Vernehmung vom 29. Juni 2004 wissen wir: Dies lag daran, dass verletzte Menschen vor der Hintertür lagen. Daher sei er auf die Straße gelaufen, dort habe er blutende Menschen wahrgenommen und auch realisiert, dass seine weiße Hose blutgetränkt gewesen sei. Es sei nicht sein eigenes Blut, sondern das anderer Menschen aus dem Friseurladen gewesen. Er sei dann in das Krankenhaus Hohlweide eingeliefert und dort ambulant behandelt und versorgt worden.

Zu den Folgen der Tat bekundete er, er habe einen dauerhaften Gehörverlust von 15 bis 20% erlitten und habe seit dem Anschlag psychische Beschwerden dergestalt, dass er stets auf Verdächtiges achten müsse, er sei »paranoid« geworden. Das sei bis heute so.

IV.

Herr A.Y. hatte großes Glück, dass der Geschädigte L.K. just in dem Moment, in dem die Bombe explodierte, noch Korrekturen an seinem Haarschnitt vornahm, deshalb zwischen ihm und der Bombe stand und ihn so vor den glühenden Nägeln und Splittern schützte. Manche hatten ähnliches Glück, wie der Nebenkläger Ayazgün, über dessen Kopf ein Nagel in einer Regenrinne einschlug, oder H.Y., der gerade heißes Wasser für eine Rasur aus dem hinteren Teil des Salons holte. Andere Geschädigte hatten großes Pech, dass die Zubereitung der bestellten Döner nicht wenige Minuten länger dauerte. Viele von denjenigen, die weniger Glück hatten als mein Mandant, leiden bis heute an den körperlichen Verletzungen, die sie durch den Anschlag erlitten.

Von nahezu allen der hier gehörten Geschädigten aus der Keupstraße haben wir jedoch gehört, wie sie psychisch unter der Tat litten und meist immer noch leiden. Sie schilderten uns, welch seelischer Schmerz es ist, zu sehen, dass der eigene Körper kaputt ist, wie sie noch immer von Schlafstörungen, Alp- und Tagträumen geplagt werden, über Jahre die Öffentlichkeit mieden und sich zu Hause einschlossen, wie sie aus körperlichen oder psychischen Gründen ihrer Arbeit nicht mehr nachgehen konnten oder ihre Ausbildung abbrechen mussten. Sie bekundeten, seit dem Anschlag unter Depressionen, Panikattacken, Konzentrationsstörungen und Schweißausbrüchen zu leiden.

V.

Die Tat war also ein Erfolg!

1. Das BKA hat in seiner Fallanalyse vom 25. Februar 2005 überzeugend dargestellt, dass die Täter ihr bei der Tat verfolgtes Ziel erreicht haben. Ich zitiere: »Vor dem Hintergrund, dass im Hinblick auf diesen Anschlag keine Bekennung durch die Täter vorliegt, ist das Anschlagsziel aus den objektiven Daten des Anschlags abzuleiten. Demnach kam es den Tätern bei dem Anschlag darauf an, durch die Verwendung einer relativ großen Menge Schwarzpulver, deren Wirkung durch ca. 800 Nägel noch erhöht wurde, eine möglichst breite, Aufsehen erregende Wirkung zu erzielen. Es sollten so viele türkische Personen wie möglich getroffen werden, ob diese Personen dabei verletzt oder getötet werden, bzw. um welche Personen es sich dabei im Einzelnen handelte, war den Tätern gleichgültig.

Die Stelle vor dem Frisörsalon wurde deshalb als Ablageort für die Bombe gewählt, da sich darin von außen erkennbar zum Tatzeitpunkt zahlreiche Personen in Schaufensternähe aufhielten. Zusätzlich wurde die Explosionswirkung nicht durch einen hohen Sockel und/oder Regale im Schaufenster beeinträchtigt, sondern konnte sich leicht ins Ladeninnere entfalten. Darüber hinaus liegt der Frisörsalon in Bezug auf die Beobachtungs-, Deckungs- und Fluchtmöglichkeit für die Zündung des Sprengsatzes vom Durchgang im Haus Nr. 60 aus sehr günstig. Der Frisörsalon liegt auch weit genug von der Schanzenstraße entfernt, um eine Gefährdung des dort befindlichen zweiten Täters zu vermeiden. Bedingt durch die Bauart der Bombe wurde jedoch darüber hinaus auch die Verletzung oder Tötung von Passanten außerhalb des Frisörladens beabsichtigt.

Die Wirkungsweise des Tatmittels drückt eine hohe Menschenverachtung aus. Sieht man diese in direktem Zusammenhang mit der Auswahl des Anschlagsortes, der Keupstraße als herausragendes Beispiel türkischer Kultur und Lebensart, so lässt dies einen ausgeprägten Hass auf die zum Zeitpunkt der Tat im Frisörsalon und auf der Straße aufhältigen Personen vermuten.

Durch den Anschlag wurden insgesamt 22 Personen verletzt, vier davon schwer. Bei den Opfern handelt es sich mehrheitlich um Menschen türkischer Abstammung. Der Anschlag erregte überregionales Medieninteresse und sorgte insbesondere bei den Anwohnern und Geschäftsleuten in der Keupstraße sowie deren Kunden längere Zeit für Furcht, die teilweise zu erheblichen Umsatzeinbußen führte. Die Täter setzten sich über mehrere Wochen hinweg mit der Planung der Tat auseinander und scheuten zum Erwerb der Tatmittel auch keine finanziellen Aufwendungen. Das ›Kosten-Nutzen-Verhältnis‹ der Tat ist aus Sicht der Täter aufgegangen. Das von den Tätern angestrebte Ziel wurde erreicht.«

2. Die Tat war aus Sicht der Täter ein Erfolg, weil die Leiden der Geschädigten zeigen, dass bei ihnen allen die Botschaft angekommen ist, die die Täter durch die Tat verkündeten. Die Operative Fallanalyse des LKA Nordrhein-Westfalen, deren Ergebnisse am 20. Juli 2004 vorgestellt wurden, interpretierte deren Aussage treffend so: »Wir zünden die ›Bombe‹ mitten in eurem ›Wohnzimmer‹ – Ihr werdet euch dort nie mehr so wohl, so sicher wie früher fühlen und besorgt sein, dass das noch mal passiert.«

3. Die zuvor ausführlich zitierte Fallanalyse des BKA führt, auch wenn sie am Ende mit hanebüchenen Schlussfolgerungen alles einreißt, was sie zuvor analytisch aufgebaut hat, allein aus der Betrachtung der objektiven Daten des Anschlags, namentlich Tatzeit, Tatort und Tatmittel, zu entscheidenden Einsichten:

- Erstens: Es sollten so viele türkisch- oder kurdischstämmige Personen wie möglich getroffen werden.
- Zweitens: »Um welche Personen es sich dabei im Einzelnen handelte, war den Tätern gleichgültig.«
- Drittens: Der Friseurladen wurde als Ablageort des Sprengsatzes gewählt, »da sich darin von außen erkennbar zum Tatzeitpunkt zahlreiche Personen in Schaufensternähe aufhielten.« Wie wir wissen, ausschließlich türkisch- und kurdischstämmige Menschen.
- Viertens: »Auch die Verletzung oder Tötung von Personen außerhalb des Friseurladens war beabsichtigt.«

- Fünftens: »Die Wirkungsweise des Tatmittels drückt eine hohe Menschenverachtung aus.«
- Sechstens: Der Anschlag wurde überregional medial verbreitet und sorgte bei Anwohnern, Geschäftsleuten und Kunden der Keupstraße für Furcht.

Ich betone diese Punkte aus zwei Gründen: Einerseits, weil die Faktoren, maximal möglicher Schaden, Zufälligkeit der konkreten Opfer, aus der Tatortwahl ableitbare und in den konkreten Geschädigten verwirklichte Opferauswahl nach deren Herkunft und eine kommunikative Absicht hinter der Tat geradezu prototypisch den terroristischen Charakter der Tat und des NSU sowie die Menschenverachtung der von ihm verkörperten Ideologie ausdrücken. Andererseits, weil all diese Faktoren sofort, d.h. unmittelbar nach der Tat, offensichtlich und den ermittelnden Beamten bekannt waren.

Ein weiterer wichtiger Umstand war ebenfalls kurz nach der Tat bekannt: Der die Bombe platzierende Täter war dem äußeren Erscheinungsbild nach mutmaßlich Deutscher, jedenfalls kein Türke oder Kurde! Hierauf deuteten bereits in den ersten Tagen nach der Tat mehrere Zeugenaussagen hin. Demgegenüber sprachen 21 der 22 in der Akte aufgelisteten Namen der Menschen, die an dem Tattag aufgrund ihrer Verletzungen in ein Krankenhaus eingeliefert wurden, für einen Migrationshintergrund der Betroffenen.

VI.

1. Entsprechend gaben verschiedene Anwohnerinnen und Anwohner kurz nach der Tat in ihren polizeilichen Vernehmungen an, angesichts der Zufälligkeit der individuellen Geschädigten lasse sich die Tat nur als eine rassistische erklären: So ein Schwerverletzter noch vom Krankenbett auf die Frage, »haben Sie sich Gedanken darüber gemacht, wie das einzustufen ist, aus welcher Richtung das kommen könnte?« »Klar, man macht sich schon seine Gedanken. Ich weiß ja nicht, wem das Attentat gelten sollte, auf die Leute davor oder auf den Friseurladen. Was ich mir so überlegt habe, vielleicht so Nazis, die so viele Ausländer mit in den Graben nehmen wollten. Da waren ja irgendwie so tausend Nägel oder so 500 Nägel, wie ich gehört habe. Danach habe ich gehört, mit dem Friseurladen war irgendwas gewesen. So irgendwie, dass so Kunden von dem weggenommen wurden. Aber das kann ich mir auch nicht erklären, was soll so ein Friseur verdienen. Wenn das dem Friseur galt, dann würde der reingehen und den Friseur abknallen und nicht vor der Türe, das sind ja alles unschuldige Menschen. Der größte Teil sind ja nun mal Türken und Kurden und Ausländer. Die einzige Möglichkeit, die ich mir denken kann, ist ein Ausländerhasser. Ich habe im Videotext gelesen, es war wohl ein Blonder. Was anderes kann ich mir eigentlich nicht erklären.«

Oder mein Mandant Herr Y., auf offensichtlich mit ganz anderer Zielrichtung gestellte Fragen: »Frage: Kennen Sie die Besitzer und Mitarbeiter vom Friseurgeschäft ›Özcan‹? Antwort: Nein, gar nicht, nur vom Sehen. Ich verkehre nicht mit den Geschäftsleuten dort. Ich kann nicht viel mit ihnen anfangen. Frage: Haben Sie schon einmal etwas über die Leute gehört? Antwort: Vorher nicht, aber jetzt gibt es natürlich Gerüchte im Zusammenhang mit dem Anschlag. Man sagt, es waren die Türsteher, aber das glaube ich nicht. Wenn jemand es auf den Besitzer des Geschäftes abgesehen hätte oder auf das Geschäft selbst, wäre man konkret darauf zugegangen. Keiner hätte die Allgemeinheit in Betroffenheit gezogen. Außerdem war der Besitzer des Geschäftes wohl gar nicht im Laden an diesem Tag. Ich denke, es hat eher einen rechtsradikalen Hintergrund. Man will das Zusammenleben der Türken dort stören.«

2. Auch innerhalb der Sicherheitsbehörden wurden sehr schnell nach der Tat die richtigen Schlüsse aus dem Offensichtlichen gezogen:

a) Etwa eine Stunde nach der Explosion unterrichtete das LKA Nordrhein-Westfalen eine Vielzahl von Behörden, u.a. alle Landeskriminalämter, das Innenministerium Nordrhein-Westfalen, den GBA, das BKA, das BfV und das BMI, mit Fernschreiben von dem Nagelbombenanschlag und bezeichnete diesen als »terroristische Gewaltkriminalität«.

b) Noch am Tatabend rief der Beschaffungsleiter »Rechtsextremismus« des BfV im polizeilichen Lagezentrum an und bat um Kontaktherstellung mit dem Leiter des Beschaffungsreferats »deutscher Extremismus« des Innenministeriums Nordrhein-Westfalen. Auch wenn der Gesprächsinhalt nicht mehr aufzuklären war: Allein, dass seitens des BfV unmittelbar nach dem Anschlag nicht ein Mitarbeiter aus den Abteilungen »Ausländerextremismus« oder »Islamismus« anrief, sondern ein hochrangiger Mitarbeiter des Bereiches »Rechtsextremismus«, der dienstlich u.a. mit den in diesem Verfahren relevanten V-Leuten »Corelli«, »Tarif« und »Primus« zu tun hatte, veranschaulicht, dass auch vonseiten des Inlandsgeheimdienstes zu einem sehr frühen Zeitpunkt die richtigen Schlüsse aus dem objektiven Tatbild gezogen wurden.

c) Das BfV verfasste am 8. Juli 2004 zudem eigeninitiativ ein Dossier zum Sprengstoffanschlag vom 9. Juni 2004, in dem es eine »rechtsextremistische Motivation der Tat« nicht ausschloss und bereits einleitend darauf hinwies, dass es im Jahr 2001 in Köln einen Sprengstoffanschlag auf ein Lebensmittelgeschäft einer iranischstämmigen Familie in der Probsteigasse in Köln gegeben habe und auch damals die Hintergründe der Tat nicht hätten geklärt werden können. Das BfV verglich den Nagelbombenanschlag in der Kölner Keupstraße mit einer Serie von Nagelbombenanschlägen, die sich im April 1999 in London ereignet hatten und die als Muster gedient haben könnten. Diese Anschlagsserie sei zunächst mit der militanten neonazistischen Organisation »Combat 18« in Verbindung gebracht worden. Das BfV stellte insoweit fest: »Der Anschlag in Köln erinnert wegen der Verwendung einer Nagelbombe und des Tatortes in einem vorwiegend von Ausländern bewohnten Stadtteil an diese Anschlagsserie.« Das Bundesamt betonte auch die Angaben zur Nationalität des Täters: Der vom Zeugen als ca. 25 Jahre alter *Deutscher* bezeichnete Täter konnte bis zum heutigen Tage nicht gefasst werden.[1]

---
[1] Vgl. Aust/Laabs, Heimatschutz, München 2014, S. 594.

d) Die bereits zitierte Operative Fallanalyse des LKA Nordrhein-Westfalen beinhaltete über das Dargestellte hinaus unter anderem die folgenden Angaben: »Bei den Opfern handele es sich um Zufallsopfer. Am wahrscheinlichsten sei ein persönliches Motiv mit örtlichem Bezug in Kombination der Faktoren ›Politisch motiviert (unorganisiert/fremden- bzw. türkenfeindlich)‹ und ›Machtausübung/ Machtmotiv‹. Die Gesamtbewertung rechtfertige die Annahme, dass es sich bei den Tätern mit hoher Wahrscheinlichkeit um Deutsche handele.«

3. Diese frühe richtige und nach den objektiven Tatumständen auch äußerst naheliegende Einschätzung verschiedener Sicherheitsbehörden hat sich weder in dem der Öffentlichkeit kommunizierten Bild noch in dem Umgang mit den Betroffenen des Anschlags niedergeschlagen. Vielmehr erscheint es so, als habe man seitens der Behörden durchweg vermeiden wollen, dass der wahrscheinliche rassistische und neonazistische Hintergrund der Tat öffentlich bekannt würde. Hierfür einige Belege:

a) Das LKA Nordrhein-Westfalen hat, mutmaßlich auf Weisung des Landesinnenministeriums, die erwähnte Lageerstmeldung durch ein weiteres Fernschreiben um 17.45 Uhr korrigiert und gab nunmehr an, es lägen keine Hinweise auf terroristische Gewaltkriminalität vor. Eine zwischenzeitliche Änderung der Erkenntnislage, die diese Korrektur begründet hätte, war nicht eingetreten.

b) Der ehemalige Bundesinnenminister Otto Schily äußerte am Tag nach dem Anschlag gegenüber der Tagesschau: »Die Erkenntnisse, die unsere Sicherheitsbehörden bisher gewonnen haben, deuten nicht auf einen terroristischen Hintergrund, sondern auf ein kriminelles Milieu, aber die Ermittlungen sind noch nicht abgeschlossen, so dass ich eine abschließende Beurteilung dieser Ereignisse jetzt nicht vornehmen kann.« Das war nicht nur objektiv falsch, es war – von wem auch immer – gelogen: Es gab keinerlei Erkenntnisse, die auf ein kriminelles Milieu hindeuteten, und alle Erkenntnisse sprachen schon zu diesem Zeitpunkt für einen terroristischen Hintergrund. Mein Kollege Fresenius wird hierzu noch das Notwendige sagen.

c) Der Pressesprecher des BfV erklärte trotz der oben geschilderten Aktivitäten der Abteilung »Rechtsextremismus« bereits am 10. Juni 2004, die Ermittlungen gingen in Richtung Organisierte Kriminalität.[2]

d) Auch in der Lageübersicht des BMI vom 10. Juni 2004 wurde ein terroristischer Hintergrund des Anschlags »derzeit« ausgeschlossen.[3]

e) Aus einem Schreiben der Bezirksregierung Köln an das Innenministerium Nordrhein-Westfalen vom 29. Juli 2004 geht hervor, dass das Polizeipräsidium Köln eine laut OFA-Ergebnissen möglicherweise vorliegende rassistische Motivation im Rahmen eines Pressetermins am 30. Juli 2004 nicht thematisieren werde. Diese taktische Vorgehensweise sei mit dem LKA Nordrhein-Westfalen abgestimmt.[4]

---

[2] Deutscher Bundestag, Drs. 18/12950, Bericht des 3. Untersuchungsausschusses, S. 706
[3] Abschlussbericht, a.a.O., S. 710
[4] Ebenda, S. 688

Diese durch Politik und Behörden aktiv betriebene Verschleierung des Offensichtlichen hat das Feld bestellt, auf welchem die Saat des polizeilichen und medialen Alltagsrassismus gedeihen konnte.

4. Entsprechend dieser Informationspolitik gestalteten sich dann auch die Ermittlungen gegenüber den Verletzten und den Anwohnerinnen und Anwohnern der Keupstraße. Wie diese durch die Ermittlungsbehörden behandelt wurden und welche psychischen Folgen dies auslöste, hat die hiesige Beweisaufnahme eindrücklich gezeigt. Es seien hier nur wenige Beispiele aus der Polizeiarbeit aufgeführt:

a) Direkt nach der Tat erhält PHK P. durch den Einsatzleiter am Tatort bereits den Auftrag, einen Vermerk zu fertigen, der die kriminalpolizeilichen Erkenntnisse zu Personen und Geschäften in der Keupstraße enthält. Noch am Tattag tut er, wie ihm geheißen, sodass die Ermittlungsakten Keupstraße mit Spekulationen über Kunden des Friseursalons, die dem äußeren Eindruck nach der »türkischen Türsteherszene« angehören, einen zur Tatzeit inhaftierten mutmaßlichen Nachbarn des Ladeninhabers, eine folgenlose Schussabgabe in der Keupstraße zwei bis vier Jahre vor der Tat, Anzeigen über Schutzgelderpressungen, von Grauen Wölfen, Kurden oder Heroinhändlern frequentierte Geschäfte und durch Strohmänner gehaltenes Grundeigentum beginnen. Es ist dabei grundsätzlich gar nicht zu beanstanden, dass in einem Verfahren aufgrund eines Bombenanschlags Fragestellungen in diese Richtung gingen. Bemerkenswert ist jedoch, dass dieser in der Sache völlig substanz- und beleglose Vermerk den Anfang der dokumentierten kriminalpolizeilichen Ermittlungen darstellt, dass die Akte deshalb ohne irgendeinen außerhalb der polizeilichen Gedankenwelt herrührenden Anlass mit der Verkehrung der Täter- und Opferseite beginnt, während die dargestellten offensichtlichen Fakten und die sich aus ihnen aufdrängenden Schlüsse ignoriert wurden.

b) Als Folge dieser Weichenstellung wurde der Geschädigte H.Y. noch mehr als zwei Jahre nach der Tat unter Umgehung der gesetzlichen Voraussetzungen einer heimlichen längerfristigen Observation ausgesetzt, weil »auf Grund der bisherigen Ermittlungen der Verdacht, dass der Zeuge und sein Bruder Ö.Y. Kenntnis über Machenschaften und Hintergründe des Anschlags haben, die zur Aufklärung der Straftat, insbesondere zum Verhältnis der beiden Brüder untereinander, beitragen können«, bestünde.[5]

c) Auf Grundlage des geschilderten polizeilichen Vorverständnisses wurden in der Keupstraße vom 7. Juni 2005 bis zum 14. Februar 2007 insgesamt fünf türkeistämmige Vertrauenspersonen bzw. verdeckte Ermittler zur verdeckten Erkenntnisgewinnung eingesetzt, »um die Strukturen der untereinander konkurrierenden türkischen Gruppierungen, deren Angehörige sowie mögliche Beziehungen zu den möglichen deutschen Tatverdächtigen zu erhellen und diesbezügliche Beweismittel zu beschaffen. Durch die eingesetzten Verdeckten Ermittler und Vertrauenspersonen wurde Kontakt zu und später das Vertrauen der Geschäftsleute auf der Keupstraße aufgebaut.«[6]

---

[5] Altakte Keupstraße Bd. 4, Bl. 688f.
[6] Altakte Keupstraße Bd. 4, Bl. 718

d) Um einen Statuswechsel von Mitgliedern der Familie Y. von Zeugen zu Beschuldigten zur Ermöglichung weitergehender strafprozessualer Maßnahmen herbeizuführen, wurde das Umfeld der Familie durch verschiedene offene und verdeckte Ermittlungsmaßnahmen ausgeforscht. Zudem wurden den Familienmitgliedern in stundenlangen Vernehmungen unwahre und ehrenrührige Vorhalte gemacht sowie Falschbehauptungen über jeweils andere Familienmitglieder aufgestellt.

5. Von den Folgen, die die in der Keupstraße auch als »Bombe nach der Bombe« bezeichneten Handlungen der Ermittlungsbehörden und der Presse auslösten, haben viele Betroffene in der hiesigen Hauptverhandlung berichtet. Auch hierzu nur einige Beispiele: So berichteten zwei schwerverletzte Zeugen in der Hauptverhandlung vom 20. Januar 2015, sie seien wie Verdächtige behandelt worden, hätten im Krankenhaus nicht einmal miteinander sprechen dürfen – der eine Zeuge wusste nicht einmal, ob der Freund noch am Leben war.

Der Zeuge H.Y. schilderte am 21. Januar 2015 Folgendes: »Als ich wiederkam, fingen die Vernehmungen der Polizei an. Die waren nicht derart, als würden wir als Zeugen vernommen werden, sondern als Beschuldigte, das war für uns eine zweite Verletzung. Es wurden unvorstellbare Vernehmungen durchgeführt, als hätten wir die selbst gelegt, um einen Versicherungsbetrug zu begehen. Zum Glück hatten wir keine Versicherung abgeschlossen gehabt. […] Die Polizei kam zu uns in Haus herein, mir wurde vorgehalten, Du hast einen LCD-Fernseher, einen Laptop, als ob kein Mensch so etwas hätte. Wir wurden mitgenommen mit der Begründung, wir haben noch einige Fragen, jedes Mal, wenn wir hingefahren sind, wurden wir drei Stunden, vier, sechs Stunden vernommen.«

Der Zeuge E.T. berichtete am 22. Januar 2015: »Ein paar Tage später hat mich die Polizei eingeladen und vernommen. Da war ich wirklich sehr enttäuscht, es wurde von Anfang an darauf hingearbeitet, dass da irgendwie ein Machtkampf war mit türkischer Mafia oder Türsteherszene, es wurde versucht, das in diese Schiene zu leiten. […] Die Ladeninhaber hatten Angst, wenn sie etwas sagen, dass sie dann verfolgt werden. Durch die Behandlung der Polizei war das forciert, es sah so aus, als wollten die einem von uns was in die Schuhe schieben.«

Der Zeuge Arif S. gab hier am 27. Januar 2015 zu seiner damaligen Vernehmung an: »Ich sagte, es waren die Neonazis, der Polizeibeamte hat zu mir das Zeichen ›Psst‹ gemacht, danach habe ich nicht mehr weiter gesprochen. […] Es kamen immer die gleichen Fragen, sie haben immer andere beschuldigt, sie haben uns beschuldigt, sie haben mich hart behandelt, ich habe gezittert.«

6. Der Schlussbericht des parlamentarischen Untersuchungsausschusses des Landtags NRW fasst den Gang der Ermittlungen und deren Folgen für die Betroffenen wie folgt zusammen: »Da man beim PP Köln und der StA Köln nicht von einem rechtsmotivierten Terrorakt ausging, sondern vielmehr glaubte, dass Ausgangspunkt der Tat Rivalitäten zwischen Kurden und Türken oder Revierkämpfe zwischen Schutzgelderpressern oder Türstehern oder Rauschgifthändlern war, misstraute man auch den Opfern. PP Köln, StA Köln und auch das AG Köln gingen davon aus, dass die Opfer etwas über Tat und Täter wüssten, ihr Wissen

jedoch nicht preisgeben wollten. So wurden im weiteren Gang der Ermittlungen die Opfer zu Objekten der Ermittlungen.« »Die noch nahezu zwei Jahre nach der Tat durchgeführten Vernehmungen dürften bei den Opfern den tiefen Eindruck hinterlassen haben, dass Polizei und Justiz ihnen einfach nicht glaubten, dass sie wirklich ›nur Opfer‹ waren und nicht in geringster Weise zur Aufklärung des Nagelbombenanschlags beitragen konnten.« »Das Verhalten der Polizei führte zu einer erneuten Viktimisierung der Opfer.«

7. Die vollständige Ignoranz der Ermittlungsbehörden gegenüber den überdeutlichen Hinweisen auf einen rechtsterroristischen Anschlag bei gleichzeitiger beharrlicher und völlig anlassloser Verdächtigung der Opferseite beruht auf einer allein aus der Gedankenwelt der ermittelnden Personen herrührenden Zuschreibung aufgrund der als Milieu verbrämten Herkunft der Betroffenen. Im Abschlussbericht der Macpherson-Kommission (The Stephen Lawrence Inquiry Report by Macpherson of Cluny, 1999, Cm 4262-I), der die fehlgeschlagene polizeiliche Aufklärung der Ermordung des schwarzen College-Schülers Stephen Lawrence untersuchte, wird institutioneller Rassismus definiert als das »kollektive Versagen einer Organisation, Menschen aufgrund ihrer Hautfarbe, Kultur oder ethnischen Herkunft eine angemessene und professionelle Dienstleistung zu bieten. Er [institutioneller Rassismus] kann in Prozessen, Einstellungen und Verhaltensweisen gesehen und aufgedeckt werden, die durch unwissentliche Vorurteile, Ignoranz und Gedankenlosigkeit zu Diskriminierung führen und durch rassistische Stereotypisierungen die Angehörige ethnischer Minderheiten benachteiligen.«

Die Art und Weise der Ermittlungen zum Nagelbombenanschlag in der Keupstraße stellt ein eindrückliches Beispiel von institutionellem Rassismus dar. Aufgrund ihrer Herkunft, wegen tatsächlicher oder vermeintlicher kultureller Unterschiede und hierauf gegründeter Vorurteile wurden die Menschen aus der Keupstraße zweimal verletzt. Für die erste Bombe, das hat die Beweisaufnahme gezeigt, trägt die Verantwortung der NSU, für die zweite, trägt sie der deutsche Staat.

Leider war die Keupstraße insoweit kein Einzelfall. Die Beweisaufnahme hat auch bei mehreren Taten der »Česká-Serie« gezeigt, dass die dortigen Ermittlungen aufgrund strukturell rassistischer Vorannahmen in eine falsche Richtung gingen und das Leid der betroffenen Familien durch ihre Behandlung seitens der Angehörigen der Sicherheitsbehörden, aber auch der Öffentlichkeit noch vertieft wurde. Ich verweise auch insoweit auf die Plädoyers meiner Kollegen, insbesondere dasjenige von Rechtsanwalt Ilius.

Auch der Kollege Dr. Daimagüler hat bereits zu diesem Themenkreis plädiert und dabei auch die dritte Operative Fallanalyse des LKA Baden-Württemberg aus dem Jahr 2007 erwähnt, in der es heißt: »Vor dem Hintergrund, dass die Tötung von Menschen in unserem Kulturkreis mit einem hohen Tabu belegt ist, ist abzuleiten, dass der Täter hinsichtlich seines Verhaltenssystems weit außerhalb des hiesigen Werte- und Normensystems verortet ist.« Ich wiederhole dieses Zitat hier, weil es verdeutlicht, dass das Phänomen der Ignoranz gegenüber offensichtlichen Tatsachen nicht auf die konkreten Ermittlungshandlungen beschränkt war, sondern auch das Geschichtsbild ermittelnder Beamten prägte. Die kontrafaktische moralische Überhöhung des eigenen Kulturraums ist nicht nur Ausdruck von Rassismus, sie ist zugleich konstituierendes Merkmal jeder rechtsradikalen Ideologie.

In diesem Kontext hat die Kollegin Angelika Lex uns durch ihre Befragung eines mit den Ermittlungen zum Mord an Frau Kiesewetter betrauten Beamten am 81. Hauptverhandlungstag eindrücklich vorgeführt, dass Begriffe wie »Neger« und »Zigeuner«, wie auch das zutiefst rassistische Klischee, die Lüge wäre wesentliches Merkmal der Sozialisation von Roma, sich über Jahre in den Polizeiakten wiederfanden – anscheinend ohne dass hieran jemand Anstoß nahm. Angesichts solcher Unfassbarkeiten mag man sich gar nicht wundern, dass noch im Jahr 2014 nicht etwa der Angeklagte Gerlach, sondern sein Vernehmungsbeamter den Begriff der »Dönermorde« in die Vernehmung einführte.

VII.

Ich erzähle Ihnen dies, weil ich überzeugt bin, dass gesellschaftlich wirkungsmächtiger Rassismus regelmäßig zugleich offenkundig und verdeckt auftritt. Der NSU-Komplex zeigt uns beide Formen und wie sie zueinander in Beziehung stehen: Zum einen die individuelle Form des Rassismus, die die hiesigen Angeklagten verkörperten und verkörpern, der sich in offen rassistischen Aktionen und Handlungen gegen einzelne Personen oder Gruppen offenbart. Zum anderen sind es die Handlungen oder Unterlassungen der Gesellschaft gegenüber ebenjenen Minderheiten, die den offenen Rassismus flankieren und so seine Macht und Bedeutung steigern. »Aktion Dönerspieß« und »Dönermorde« gehen nicht nur sprachlich Hand in Hand!

Alle Formen des Rassismus entspringen derselben geistigen Wurzel, sie dienen notwendig und unabhängig vom konkreten Willen der Akteure demselben Ziel. Die Kommunikationspolitik der Behördenleitungen und der (bewusste oder unbewusste) Alltagsrassismus ihrer Untergebenen haben objektiv mitgeholfen, dass der Anschlag in der Keupstraße für den NSU zum Erfolg wurde. Beide haben dazu beigetragen, dass sich die Betroffenen nicht nur in ihrem Wohnzimmer, sondern in diesem Staat nie wieder so wohl und sicher fühlen werden wie vor dem Anschlag.

Hieran etwas zu ändern, eine Form von Rechtsfrieden wiederherzustellen, erfordert, dass man beides benennt: Es ist unredlich, den plumpen, mörderischen Rassismus der Emingers, Wohllebens, Gerlachs und Zschäpes zu geißeln, institutionellen Rassismus jedoch zu verschweigen. Ein solches Schweigen perpetuiert den Alltagsrassismus und dient damit den Gesinnungsgenossen des NSU, anstatt sie zu bekämpfen. Ich glaube kaum, dass man so einen demokratischen oder gar einen antirassistisch verfassten Rechtsstaat schützen kann.

Vielen Dank!

Berthold Fresenius
Die Keupstraße und das Verhalten des Innenministers Otto Schily
Plädoyer vom 28. November 2017

Hoher Senat,
nachdem mein Kollege Kuhn Ausführungen zu dem Anschlag vom 9. Juni 2004 in der Keupstraße getätigt hat, will ich mich als Nebenklagevertreter des Herrn Muhammet Ayazgün – sozusagen beispielhaft – anhand seines Schicksals, seiner Sicht der Dinge in aller Kürze mit dem Terroranschlag in der Keupstraße in Köln befassen.

Eine Vorbemerkung: Dem Nebenklägervertreter stellten sich die fünf Angeklagten dar als

- Zschäpe, die anwaltlich beraten eine Einlassung hat vortragen lassen, die nur als Beleidigung der Intelligenz der anderen Verfahrensbeteiligten gewertet werden kann;
- Wohlleben und dessen ihm verbundene Verteidigung schwadronieren vom Volkstod, vom vermeintlichen Schicksal des Kriegsverbrechers Rudolf Heß;
- Gerlach, der sich frühzeitig dem Zeugenschutz entzog, er weiß, dass ihm von Neonazis nichts droht,
- Eminger, den sein Verteidiger als Idiot bezeichnet,[1] als ob Intelligenz bei Neonazis ein konstitutives Merkmal für die Begehung bzw. Zurechnung von Verbrechen wäre,
- und schließlich der therapieerfahrene Angeklagte Schultze, der sich bis heute dem öffentlichen Eingeständnis verweigert, als Rassist unterwegs gewesen zu sein.

Zur Keupstraße

Muhammet Ayazgün ist eines der 32 Opfer eines versuchten Mordes, einer der 23 Fälle, in denen Tateinheit mit einer gefährlichen Körperverletzung vorliegt. Der Mordanschlag traf ihn am 9. Juni 2004, als er mit seinem Bekannten S.E. neben Herrn M.I. vor dessen Geschäft in der Keupstraße stand. Alle drei waren Geschäftsinhaber auf der Keupstraße oder arbeiteten dort seit Jahren. Der Mordanschlag traf sie zwar als zufällig Anwesende zum Tatzeitpunkt gegenüber dem

---
[1] Konkret hatte der Verteidiger Eminger als »nützlichen Idioten« bezeichnet und in diesem Zusammenhang auf Zeugenberichte hingewiesen, nach denen Eminger »nicht unbedingt das hellste Licht am Baum der rechten Szene war«.

Friseurgeschäft des Y., es war aber kein Zufall, dass sie als Migranten Opfer des Mordanschlages wurden, der terroristische Anschlag war zielgerichtet auf Menschen mit Migrationshintergrund.

Ein Bombenanschlag mit etwa 800 Zimmermannsnägeln ist der Natur der Sache nach nicht gezielt auf ein Objekt (hier Friseurladen) oder eine konkrete Person, sondern auf eine Vielzahl in der weiteren Umgebung des Sprengsatzes befindlicher Personen gerichtet. Den Tätern kam es darauf an, möglichst viele Personen zu töten oder schwer zu verletzen, dahingehend wählten sie auch den konkreten Ort der Platzierung der Bombe und den Zeitpunkt der Zündung der Bombe. Für die rassistischen Täter waren die Anwesenden das, was sie als »Ausländer« verstehen, mit dem Anschlag wollten sie nicht nur Menschen, die sie als »Ausländer« empfinden, töten, sondern auch langfristig Angst als Folge des Terrors unter ihnen verbreiten.

Der terroristische Charakter des Anschlages war offenkundig. Dementsprechend erging die Lageerstmeldung durch das LKA NRW auch mit dem Betreff »terroristische Gewaltkriminalität«. Mein Kollege Rechtsanwalt Kuhn hat bereits ausführlich dargelegt, wie der weitere Gang der Ermittlungen zu bewerten ist. Vorliegend möchte ich lediglich einen Aspekt näher betrachten, die Rolle der Politik in dem Terroranschlag und seinen Folgen in der Person des damaligen Innenministers Schily.

Dessen Rolle hat Herr Ayazgün frühzeitig – auch als Zeuge in dieser Hauptverhandlung – problematisiert. Für den Mandanten stellte sich damals Deutschland als ein modernes Land dar, in dem Aussagen des Innenministers eine wichtige Bedeutung zukommt. Nachdem der damalige Innenminister Schily bereits wenige Stunden nach dem terroristischen Mordanschlag in der Keupstraße erklärte, nicht ein terroristischer Hintergrund läge nahe, sondern die Tat deute auf ein »kriminelles Milieu«,[2] empfand dies Herr Ayazgün als Angriff auf die Opfer, er sah sich als potenzieller Täter gebrandmarkt und lebte in der Folge unter der Angst, von der Polizei als Täter verdächtigt zu werden. Seine Angst war so groß, dass er einen HNO-Arzt wegen seiner Verletzung erst nach dem 4. November 2011 wagte aufzusuchen. Leider – und dies sei auch den Vertretern des Generalbundesanwalts sehr deutlich gesagt – war diese Angst eines Opfers neonazistischen Terrors nicht nur nachvollziehbar, sondern berechtigt. Die Aussage des damaligen Innenministers Schily mag nicht der Startschuss zur Verfolgung der Opfer gewesen sein, er legitimierte aber die an rassistischen Vorstellungen und Mythen orientierte Vorgehensweise staatlicher Strafverfolgungsbehörden.

Die Keupstraße ist und war ein kulturelles und geschäftliches Zentrum einer migrantischen türkischen und kurdischen Gemeinde. Diesen Menschen war klar, dass der Mordanschlag mit den nahezu 800 Zimmermannsnägeln nicht

---

[2] Der vollständige Wortlaut der Äußerung Schilys lautet: »Die Erkenntnisse, die unsere Sicherheitsbehörden bisher gewonnen haben, deuten nicht auf einen terroristischen Hintergrund, sondern auf ein kriminelles Milieu, aber die Ermittlungen sind noch nicht abgeschlossen, so dass ich eine abschließende Beurteilung dieser Ereignisse jetzt nicht vornehmen kann.«

einem Geschäft, einer Person, sondern der Straße und ihren Bewohnern und Gewerbetreibenden galt.

Diese Migranten – so auch Herr Muhammet Ayazgün – mussten aber sehr rasch erfahren, dass die deutsche Polizei, die deutschen Strafverfolgungsbehörden, die Täter nicht in neonazistischen Kreisen, sondern unter ihnen – den Migranten – suchten. Die Erklärung des Innenministers Schily verstand Herr Ayazgün dahingehend, dass diese Verfolgungspraxis auch von der deutschen Regierung – der Politik – legitimiert wurde. Auch durch die Medien wurde dies gedeckt. In der Presse wurde bereits am 10.6.2004 verbreitet: »Kein Anzeichen für einen terroristischen Hintergrund – das bestätigte auch Innenminister Schily.«

Zum Verhalten von Innenminister Otto Schily

Ob der Innenminister Schily sich dabei von seinem Amtseid – »Ich schwöre, dass ich meine Kraft dem Wohle des deutschen Volkes widmen ... Schaden von ihm wenden werde ...« (Art. 64 Abs. 2, 56 GG) – leiten ließ, er diesen so wertete, dass Deutschland im Ausland nicht als ein Land betrachtet werden sollte, in dem Neonazis Mordanschläge auf »Ausländer« verüben können, sei offen gelassen. Objektiv trug er mit dazu bei, den rassistischen Charakter des Mordanschlages zu negieren.

Otto Schily war Innenminister von 1998 bis Oktober 2005. In diese Zeitphase fallen das Abtauchen von Zschäpe, Mundlos und Böhnhardt, die Mordanschläge auf Enver Simşek, der Sprengstoffanschlag auf das Lebensmittelgeschäft der Familie M. in der Probsteigasse, die Morde an Abdurrahim Özüdoğru, Süleyman Taşköprü, Habil Kılıç, Mehmet Turgut, der Anschlag mit einer Nagelbombe in der Keupstraße, die Morde an İsmail Yaşar und Theodoros Boulgarides.

Die Tatsache, dass Herr Schily in dieser Zeitphase Exponent einer für damalige Verhältnisse extrem harten Linie in der Ausländer- und Flüchtlingspolitik war, stellt zu der zuletzt ausgeführten Schlussfolgerung sicherlich keinen Widerspruch dar (Zitat Schily: »Keine Flüchtlinge mehr nach Deutschland« [*Spiegel Online* 29.4.1999]; Zitat Schily: »Nur 3% der Flüchtlinge sind asylwürdig – 97% sind Wirtschaftsflüchtlinge«, angemerkt sei, dass der Fraktionschef der Grünen im NRW-Landtag, Roland Appel, damals kommentierte: »Schily macht sich zum ›Affen der Rechtsradikalen‹«. [*Spiegel Online* 21.11.1999]; »Schilys beinharte Linie – beim Gerangel um Einwanderung und Integration stellt sich Innenminister Schily stur ... Vor allem beim Asylrecht will er hart bleiben« [*Spiegel Online* 3.7.2001]; »Bundesinnenminister Schily hält an seinen Plänen fest, Flüchtlingslager in Nordafrika zu errichten« [*Spiegel Online* 11.2.2005]).

Wie allgemeinkundig – und in dieser Hauptverhandlung auch angesprochen –, verklagte Herr Schily noch im Jahre 2017 Cem Özdemir wegen dessen Kritik an Schily. Cem Özdemir schrieb im Vorwort des Buches mit dem Titel »Die haben gedacht, wir waren das – MigrantInnen über rechten Terror und Rassismus« u.a. Folgendes: »Auch hier (Keupstraße) war die Stoßrichtung der polizeilichen Ermittlungen klar. Ein terroristischer Hintergrund wurde dagegen bereits einen

Tag nach dem Anschlag ausgeschlossen – von keinem geringeren als dem damaligen Bundesinnenminister Otto Schily.«

Eine Abwendung, Einsicht oder gar Entschuldigung des Herrn Schily steht somit aus. Herr Schily verteidigt bis heute den Hinweis auf die Täter aus dem »kriminellen Milieu«. Als Zeuge vor dem Bundestagsuntersuchungsausschuss am 15. März 2013 war Herr Schily allerdings nicht in der Lage mitzuteilen, worin diese »Erkenntnisse« bestanden haben sollen. Richtig ist vielmehr, dass die Sicherheitsbehörden ohne tatsächliche Grundlage und auf Weisung »von oben« unterstellten, dass gegen Migranten gerichtete Straftaten ihre Ursache nur im so genannten kriminellen Milieu haben könnten. Gerade weil es keinerlei Hinweis auf einen solchen kriminellen Hintergrund gab, hätte sich den Ermittlungsbehörden eine rechtsterroristische Tat schon zum damaligen Zeitpunkt aufdrängen müssen. Durch seine Klage noch aus dem Jahre 2017 gegen Kritiker seiner damaligen Politik perpetuiert Otto Schily jenen Rassismus, unter dem die Opfer des NSU schon viel zu lange gelitten haben, nur um sich selbst und die deutschen Sicherheitsbehörden von jedem Fehlverhalten reinzuwaschen.

Der institutionelle Rassismus, die »Bombe nach der Bombe«, wurde von meinem Kollegen Rechtsanwalt Kuhn angesprochen und dargelegt. Ich erlaube mir nur noch ergänzend darauf hinzuweisen, dass das Regierungspräsidium Köln dem Innenministerium NRW anlässlich einer von der Staatsanwaltschaft einberufenen Pressekonferenz für den 30. Juli 2004 mitteilte: »Das Polizeipräsidium Köln wird den Aspekt einer laut OFA-Ergebnissen (operative Fallanalyse) möglicherweise vorliegenden fremdenfeindlichen Motivation im Rahmen des Pressetermins ... nicht thematisieren. Die taktische Vorgehensweise des PP Köln ist mit dem LKA NRW abgestimmt.«

Eine weitere Folge des staatlichen Vorgehens gegen die Opfer des Keupstraßen-Attentats war der von Herrn Ayazgün auch hier in der Hauptverhandlung bekundete Umstand, dass die Menschen in der Keupstraße begannen, einander zu misstrauen. Aktionen der Strafverfolgungsbehörden gegen Anwohner bzw. Gewerbetreibende der Keupstraße hinterließen ihre Spuren. Wie sich aus der aktenkundigen Verfügung des OStA Wo. der StA Köln vom 24. Juni 2008 entnehmen lässt, wurden verdeckte Ermittler und fünf türkische Vertrauenspersonen zur verdeckten Erkenntnisgewinnung in der Keupstraße eingesetzt. In der Einstellungsverfügung heißt es: »Die in diesem Zusammenhang geäußerten Meinungen/Mutmaßungen über die Hintergründe des Anschlags sind vielfältig gewesen und haben sich in reinen Gerüchten und Vermutungen (reine Spekulationen, Verschwörungstheorien o.ä.) erschöpft, die von einem fremdenfeindlichen Hintergrund über Milieustreitigkeiten, Schutzgelderpressungen bis zu einem Zusammenhang zu den Serienmorden an türkischen Geschäftsleuten in Deutschland reichten. Konkrete Anhaltspunkte für die Richtigkeit auch nur einer dieser Theorien haben sich jedenfalls nicht ergeben.«

Gerichtet haben sich die Ermittlungen der Strafverfolgungsbehörden entsprechend der politischen Orchestrierung durch das NRW-Innenministerium und den Bundesinnenminister gegen die Menschen in der Keupstraße. Das so staatlicherseits geschaffene Klima der Verdächtigungen, des Misstrauens, der Angst traf die Bewohner und Gewerbetreibenden der Keupstraße massiv. OStA'in Greger trug in ihrem Plädoyer bezüglich der Keupstraße sinngemäß vor: »Die Keupstraße wurde laut übereinstimmenden Aussagen der Bewohner durch den Nagelbombenanschlag entseelt.«

OStA'in Greger kann aber nur den Anschlag vom 9. Juni 2004 als Ursache erkennen, staatliches Handeln als Ausgangspunkt einer Beeinträchtigung, ja Verletzung der Sphäre der Opfer ist für die Sitzungsvertreterin des Generalbundesanwalts nicht einmal zu thematisieren. Sie vertritt damit die Linie der Bundesanwaltschaft. Der Generalbundesanwalt ist als »politischer Beamter« (§ 54 Abs. 1 Nr. 5 BBG) weisungsgebunden. Als »politischer Beamter« hat der Generalbundesanwalt darauf Bedacht zu nehmen, dass die grundlegenden staatsschutzspezifischen Ansichten der Regierung umgesetzt werden. Bundesanwalt Diemer hat im Rahmen des Schlussvortrages am Sitzungstag vom 12. September 2017 sinngemäß vorgetragen: »Auch die von einigen Vertretern der Opfer dieser Taten zugunsten der Angeklagten thematisierte Mitverantwortung staatlicher Behörden lässt die Schuld der Beate Zschäpe nicht in einem milderen Licht erscheinen; denn außer Theorien, Behauptungen und Spekulationen haben sich zu keinem Zeitpunkt tatsächliche Anhaltspunkte für eine solche strafrechtlich relevante Verstrickung von Angehörigen staatlicher Behörden ergeben.« Diese Aussage mag seinem Verständnis von gelebtem Staatsschutz entsprechen.

Die Tatsache, dass Sitzungsvertreter des Generalbundesanwalts die durch die Strafverfolgungsbehörden, die öffentlichen Erklärungen politisch Verantwortlicher erfolgte Verletzung der Persönlichkeitsrechte zahlreicher Opfer nicht einmal ansprechen, kann auf Herrn Ayazgün nur deprimierend wirken. Dies lässt ihn daran zweifeln, dass sich die dargelegten staatlichen Übergriffe in Zukunft nicht wiederholen können.

Ich gebe das Wort jetzt weiter an den Mandanten – an den Nebenkläger, Herrn Muhammet Ayazgün.

Muhammet Ayazgün
Abschreckend wirkt nicht nur die Strafverfolgung, sondern auch die Aufklärung
Plädoyer vom 28. November 2017[1]

Hohes Gericht,
liebe anwesende Angehörige der Opfer der Neonazis.

Ich heiße Muhammet Ayazgün. Seit über 20 Jahren ist die Keupstraße einer meiner Lebensmittelpunkte. Ich habe dort gearbeitet und heute betreibe ich dort ein Café. Am 9. Juni 2004 hielt ich mich bei dem Nagelbombenanschlag der Neonazis gegenüber dem Friseurladen meines Bekannten auf. Ich hatte Glück – ein Nagel schoss knapp an meinem Kopf vorbei in ein Regenrohr; durch die Wirkung der Bombe bin ich zu Boden gefallen und mein Trommelfell ist geplatzt.

Mit dem Anschlag war der Angriff aber nicht zu Ende. Auch in der Hauptverhandlung dieses Verfahrens haben Nebenkläger und deren Anwälte immer wieder auf die Leiden und Übergriffe auf sie – die Opfer, die hinterbliebenen Familienmitglieder – hingewiesen.

Wie konnte es dazu kommen, dass Neonazis über so viele Jahre so viele Menschen, die sie als »Ausländer« bezeichnen, umbringen konnten bzw. Opfer von Mordversuchen wurden, wie konnte es dazu kommen, dass über Jahre unzählige Verfassungsschützer im Umkreis der Neonazis wirkten, wie konnte es dazu kommen, dass die Opfer von der deutschen Polizei als Täter, als Kriminelle behandelt, diskriminiert und in ihrer Ehre verletzt wurden? Die Anwälte der Nebenklage, der Opfer des NSU, haben hierzu viele Anträge gestellt – die meisten wurden abgelehnt. Einige Anwälte von Opfern der Keupstraße – auch mein Anwalt – hatten Beweisanträge zum erkennbaren Charakter des Nagelbombenanschlages auf die Keupstraße gestellt. Auch dieser Antrag wurde abgelehnt. Warum wird staatliche Verantwortung nicht übernommen, warum gibt es hier immer noch ein Tabu? Dieses Gericht muss die rassistischen Morde als solche bewerten, dabei muss es auch das Verhalten der Polizei und des Verfassungsschutzes seinem Urteil zugrunde legen.

Dazu gehören die Missbilligungen, die Übergriffe, die wir und die Opfer der Neonazis durch die staatlichen Strafverfolgungsbehörden und in deren Folge durch die Medien erleiden mussten. Ich will mich hier auf die Menschen der Keupstraße beschränken: In der Beweisaufnahme haben wir alle hören können, was die Geschädigten des Anschlages auf die Menschen in der Keupstraße erlebt haben, wie

---
[1] Der Schlussvortrag wurde auf Türkisch gehalten. Der nachfolgende Text ist die in der Hauptverhandlung verlesene deutsche Übersetzung des Textes.

sie von der Polizei als Schuldige behandelt und unter Druck gesetzt wurden. Mir persönlich haben mehrere Bekannte in den Tagen nach dem Anschlag der Neonazis berichtet, wie sie von der Polizei behandelt wurden, dass sie als Verdächtige und nicht als Opfer angesehen wurden, dass man Druck auf sie ausgeübt hat, dass man ihnen einfach nicht glaubte. Ich erinnere mich auch, dass ich am Tage nach dem Anschlag hörte, der Innenminister habe gesagt, der Anschlag habe keinen terroristischen Hintergrund.[2] Wenn der Innenminister einen terroristischen Anschlag auf uns – die wir als Ausländer gelten –, auf die Keupstraße als Zentrum von türkischen und kurdischen Geschäften, als nicht gegeben ausgibt, sondern auf uns – wie er es nannte, ein »kriminelles Milieu« – verweist, war klar, was wir zu erwarten hatten. Später habe ich mir diese schnelle Schuldzuweisung so erklärt, dass er Deutschland schützen wollte. Rechtsradikale oder eine private Sache, das ist ein großer Unterschied. Wenn ich damals auf die Straße gegangen wäre und gesagt hätte: »Der ist ein Lügner«, hätten die Leute über mich gesagt: »Ach, der ist bekloppt. Der hat doch keine Ahnung. Der phantasiert.« Ein Mann, der so eine Position wie Schily hat, hätte so etwas nicht behaupten dürfen.

Der Druck auf uns in der Keupstraße durch die Polizei – die, wie wir heute wissen, auch zahlreiche V-Leute zu uns schickte, um uns konspirativ auszuforschen – hielt jahrelang an. Ich bin von der Polizei nie als Geschädigter befragt worden – warum, ist mir bis heute nicht klar. Ich habe mich aber auch selber nie an die Polizei gewandt – ich hatte einfach Angst vor der Polizei, ich hatte Angst, von dieser als Täter behandelt zu werden. Die Atmosphäre unter uns Menschen aus der Keupstraße war so, dass ich trotz meiner Verletzung – dem geplatzten Trommelfell – nicht wagte, zu einem Arzt zu gehen, da ich dachte, dieser würde mich dann der Polizei melden. Erst nach dem 4. November 2011 war mir klar, dass die Polizei uns – mich – jetzt nicht mehr für einen Terroristen hält, und ich ging zu einem HNO-Arzt. Dafür war es – natürlich – zu spät. Ich schildere dies, um deutlich zu machen, wie wir Opfer die Zeit nach dem gegen uns gerichteten Terroranschlag erlebt haben.

Mir wurde berichtet, was die Bundesanwaltschaft plädiert hat. Da wurde oft von Anschlägen auf »den Staat« berichtet, dass der NSU den deutschen Staat bekämpft hätte, dann wurde wiederholt erklärt, staatliche Stellen hätten mit dem NSU nichts zu tun gehabt. Davon, was wir Opfer – wir Migranten, mit welchem Pass auch immer – auch die Eingebürgerten unter uns werden ja offenbar auch von der Bundesanwaltschaft weiter als Ausländer bezeichnet – nach den Anschlägen der Neonazis durch die staatlichen Organe, durch die Polizei, erleiden mussten, davon wird immer noch nicht gesprochen. Da beschränkt sich die Bundesanwaltschaft auf eine Beschimpfung unserer Nebenklagevertreter*innen.

---

[2] Der vollständige Wortlaut der Äußerung Schilys lautet: »Die Erkenntnisse, die unsere Sicherheitsbehörden bisher gewonnen haben, deuten nicht auf einen terroristischen Hintergrund, sondern auf ein kriminelles Milieu, aber die Ermittlungen sind noch nicht abgeschlossen, so dass ich eine abschließende Beurteilung dieser Ereignisse jetzt nicht vornehmen kann.«

Rassismus stellt eine Krankheit dar. Ich bin Kurde aus der Türkei. Ich weiß, wie es ist, wenn ein Mensch nur nach seiner Volkszugehörigkeit behandelt wird. Denn ich weiß, wie es ist, wenn Kurden im Irak, in Syrien ermordet werden. Alle Menschen müssen gleichbehandelt werden, als Individuum mit gleichen Rechten und demselben Recht auf Achtung der Menschenwürde.

Wie hoch Zschäpe und ihre Mitkämpfer hier verurteilt werden, ist nicht entscheidend. Entscheidend ist, die Hintergründe aufzuklären – abschreckend wirkt nicht nur die Strafverfolgung, sondern auch die Aufklärung, das heißt die Verhinderung weiterer Taten dieser Neonazis. Ich glaube, die Ärzte dieser Krankheit sind wir hier. Diese Ärzte müssen diese Krankheit behandeln, damit sie sich nicht weiter ausbreitet.

Ich fühle mich in Deutschland nicht fremd. Ich fühle mich wie ein Deutscher aus der Türkei. Ich bedanke mich bei dem Hohen Gericht.

Gerechtigkeit, Gerechtigkeit, Gerechtigkeit!

Björn Elberling
Die Raubüberfälle des NSU
Insbesondere der Überfall auf einen Chemnitzer Edeka-Markt am 18. Dezember 1998 und der versuchte Mord an F. K.
Plädoyer vom 5. Dezember 2017

Hoher Senat,
liebe Kolleginnen und Kollegen aus der Nebenklage,
meine Damen und Herren,

Einleitung

Bevor ich mich in meinem Plädoyer einigen Aspekten zuwende, die mit den Raubtaten des NSU im Zusammenhang stehen, will ich mich ausdrücklich auf die Ausführungen der Kolleginnen und Kollegen beziehen, die vor mir plädiert haben, und mein Plädoyer in den Zusammenhang zu diesen Ausführungen stellen – zu den Ausführungen zur Ideologie und zur Netzwerkstruktur des NSU, zum Problem des institutionellen Rassismus in den Strafverfolgungs- und anderen Behörden und zur Rolle des Inlandsgeheimdienstes Verfassungsschutz. Es wird sich zeigen, dass viele dieser Aspekte uns auch bei einem Blick auf die Raubtaten des NSU und auf die Ermittlungen hierzu wieder begegnen werden.

In meinem Plädoyer soll es also um die Raubtaten des NSU gehen, insbesondere den Raubüberfall auf den Edeka-Markt in Chemnitz am 18. Dezember 1998 und den versuchten Mord an meinem damals 16-jährigen Mandanten F.K. Diese Raubtaten standen – völlig zu Recht – nicht im Zentrum dieses Verfahrens. Das gilt besonders für meinen Mandanten – der im Übrigen, das sei hier kurz erwähnt, ausdrücklich nicht wünscht, dass in der Berichterstattung zum heutigen Prozesstag sein Name genannt wird. Er hatte das große Glück, dass die Schüsse, die Böhnhardt, Mundlos und der unbekannte dritte Täter auf ihn abgaben, ihn verfehlten, er also körperlich unverletzt blieb. Und er hatte, mit der Resilienz der Jugend ausgestattet, weiter das Glück, den Mordversuch auch psychisch bald verarbeitet zu haben – auch wenn er noch des Öfteren zu dem Edeka-Markt zurückkehrte und sich die Einschusslöcher in der Außenwand des Gebäudes anschaute. Diese Verarbeitung ist ihm auch deswegen geglückt, weil er – anders als die anderen Nebenklägerinnen und Nebenkläger – von den Tätern nicht gezielt als Opfer ausgesucht worden war.

Die Raubtaten des NSU standen zu Recht nicht im Zentrum des Verfahrens – es lassen sich gleichwohl aus den Ermittlungen und der Beweisaufnahme zu diesen Taten einige wichtige Schlüsse ziehen, die zum einen den NSU, seine Struktur und seine Taten betreffen, zum anderen die Rolle von Polizei, Bundesanwaltschaft und Inlandsgeheimdienst vor wie nach dem 4. November 2011.

1. Nachweis der Raubtaten

Nicht allzu viele Worte will ich darauf verlieren, dass die Beweisaufnahme den eindeutigen Nachweis der angeklagten Taten ergeben hat: Die Mitglieder des NSU – Böhnhardt und Mundlos unmittelbar vor Ort, Beate Zschäpe als Mittäterin durch die von der Bundesanwaltschaft im Einzelnen dargestellten Beiträge zur Tarnung, Verwaltung und Aufrechterhaltung des Systems NSU, das durch diese Taten finanziert wurde – haben sämtliche der hier angeklagten Raubtaten begangen. Zu diesem Nachweis hätte es auch nicht der insoweit weitgehend geständigen Einlassung der Angeklagten Zschäpe bedurft: Zu eindeutig ist die Zuordnung der Taten anhand der in der Frühlingsstraße aufgefundenen Tatwaffen, Tatkleidung, Tatbeute – bis hin zu völlig wertlosen Souvenirs wie den Blankosparbüchern aus dem Raub vom 25. September 2002. Zu eindeutig sind auch die teils sehr detaillierten Ausspähnotizen, die die überfallenen Geldinstitute zeigen. Und zu klar sind die Übereinstimmungen im Modus Operandi bei den vielen Taten dieser Serie, endend mit dem Überfall auf die Sparkasse in Eisenach am 4. November 2011 und dem Suizid von Mundlos und Böhnhardt.

Nach dem Ergebnis der Beweisaufnahme steht also fest, dass die Mitglieder des NSU zwischen 1998 und 2011 zur Finanzierung ihres Lebens und der Morde und Anschläge mindestens 15 Raubüberfälle unter Einsatz von scharfen Schusswaffen begangen haben und dass sie dabei zweimal mit Tötungsvorsatz auf Zeugen geschossen haben.

Es steht weiterhin fest, dass André Eminger für zwei dieser Überfälle, die Taten in Chemnitz am 30. November 2000 und am 23. September 2003, die Tatfahrzeuge gemietet hatte – und dass er dabei mit einem *bewaffneten* Raub rechnete. Zum Beleg dieses Vorsatzes muss man, anders als das OStA Weingarten in seinem Plädoyer getan hat, auch gar nicht auf das besondere Vertrauensverhältnis abstellen, das zweifellos zwischen Böhnhardt, Mundlos und Zschäpe einerseits und Eminger und seiner gesondert verfolgten Frau Susann andererseits herrschte. Denn wie ich gleich noch ausführen werde, war die Bewaffnung des NSU-Kerntrios unter allen sächsischen Unterstützern schon viel früher allgemein bekannt.

Damit sind Beate Zschäpe und André Eminger also auch hinsichtlich der angeklagten Raubtaten und der hierbei begangenen Mordversuche im vollen Umfang nach der Anklage und den kürzlich erteilten Hinweisen zu verurteilen. Einen konkreten Strafantrag werde auch ich nicht stellen.

2. Zu Mundlos und Böhnhardt: Brutalität/Psychologisierung

Die Beweisaufnahme hat des Weiteren ergeben, dass Böhnhardt und Mundlos bei diesen Raubtaten mit äußerster Brutalität vorgingen. Wir haben die Aussagen der zahlreichen Kundinnen und Kunden sowie Angestellten gehört, die verletzt wurden, weil die NSU-Mitglieder ihnen Waffen und andere Gegenstände auf den Kopf schlugen, wahllos Reizgas auf sie versprühten. Wir haben von der Traumatisierung vieler Betroffener gehört, die noch bei den Vernehmungen hier im Gerichtssaal, ein Jahrzehnt oder mehr nach den Taten, deutlich zu spüren war.

Böhnhardt und Mundlos begingen eben bei den Rauben auch zwei Mordversuche: Am 18. Dezember 1998 schossen sie mehrfach auf F.K., der Zeuge des Raubes geworden und ihnen hinterhergelaufen war. Dabei schossen sie nicht etwa in die Luft, was sicher gereicht hätte, den damals Sechzehnjährigen von der weiteren Verfolgung abzubringen, sondern bewusst und gezielt auf seinen Kopf und Oberkörper. Die Einschusslöcher in der Wand des Edeka-Marktes hat sich mein Mandant, wie bereits erwähnt und wie er hier geschildert hat, nach der Tat noch häufig angeschaut.

Und am 5. Oktober 2006, beim Überfall auf die Sparkassenfiliale in der Zwickauer Kosmonautenstraße, schoss Uwe Böhnhardt dem Azubi N.R., der den Überfall verhindern wollte, aus nächster Nähe in den Bauch. Er fügte dem Zeugen R. lebensgefährliche Verletzungen zu, die eine sofortige Operation erforderlich machten und an deren Folgen der Zeuge sein Leben lang leiden wird.

Die Schilderungen von der Brutalität dieser Raubtaten, die wir hier im Gerichtssaal gehört haben, waren auch deswegen so eindrücklich, weil wir hier eben, anders als bei den Morden, Zeuginnen und Zeugen hören konnten, die die Taten unmittelbar erlebt hatten. Und das Ausmaß der Brutalität schon bei diesen bloßen Logistikdelikten erlaubt mittelbar einen Einblick in die Brutalität und Menschenverachtung, mit der die NSU-Mörder ihre ideologisch motivierten Taten begingen, mit der sie sich daran machten, verhasste »Ausländer« mit Kopfschüssen und Nagelbomben umzubringen.

Was sagt es nun über die Mitglieder des NSU aus, dass sie eine solche Brutalität selbst bei Logistikdelikten an den Tag legten? Die Verteidigung Wohlleben hat mit ihrem Antrag auf Einholung eines Sachverständigengutachtens den Versuch unternommen, die Taten von Böhnhardt und Mundlos zu psychologisieren: Das waren halt Psychopathen, die die Morde aus reiner Mordlust begangen haben; der Rassismus und die Menschenverachtung, die aus dem mit viel Aufwand erstellten Paulchen-Panther-Video sprechen, sind bloße Maskerade für diese Mordlust. Es verwundert, dass in diesem Antrag die massive Brutalität auch bei bloßen Logistikstraftaten keine Erwähnung fand.

Diese Form der Psychologisierung rassistischer Angriffe ist nichts Neues, sondern ein altbekanntes Phänomen – sie gehört zu den Verdrängungsmechanismen, den Abwehrreaktionen in der Folge von rassistischen Verbrechen, auf die Mehmet Daimagüler hier eingangs schon hingewiesen hat. Nur zwei Beispiele hierzu:

Wir haben solche Reaktionen beim Attentat auf das Olympia-Einkaufszentrum im Sommer 2016 erlebt, das bis vor kurzem allenthalben, auch von der Polizei

München, als »Amoklauf« eines psychisch labilen Mobbingopfers dargestellt wurde – obwohl der Täter eindeutige Äußerungen von sich gegeben hatte, die ein rassistisches und antiziganistisches Motiv mehr als nahelegen, obwohl er die Tat genau am fünften Jahrestag des Massenmordes von Anders Breivik beging, obwohl er augenscheinlich gezielt auf Menschen schoss, die seinen Vorstellungen von »ausländischen Untermenschen« entsprachen.

Wir haben solche Reaktionen auch schon beim Anschlag auf das Oktoberfest 1980 gesehen, den etwa Helmut Kohl, einem *Spiegel*-Bericht vom 6. Oktober 1980 zufolge, als das Werk eines Wahnsinnigen beschrieb, »nur noch mit medizinischen Dimensionen zu messen«. Und die »Wehrsportgruppe Hoffmann«, eine nationalsozialistische Kampfgruppe, deren Anhänger der vermeintliche Alleintäter Gundolf Köhler gewesen war, war vom Ministerpräsidenten Franz-Josef Strauß zuvor als Gruppe von »Spinnern« und »Verrückten« verharmlost worden, so der *Spiegel* weiter. Weitere Beispiele für diesen Mechanismus ließen sich zuhauf finden.

Ich denke, es ist wichtig, diesem Versuch der Psychologisierung und Entpolitisierung entgegenzutreten – ja, der Entpolitisierung, denn, das an die Verteidigung Zschäpe, es handelt sich hier angesichts der Taten, ihrer gesellschaftlichen Bedeutung und der staatlichen Reaktion natürlich um einen politischen Prozess. Um also diesem Versuch der Psychologisierung und Entpolitisierung deutlich entgegenzutreten, will ich auf das verweisen, was Yavuz Narin hier am 21. Juni 2017 ausgeführt hat als Reaktion auf den Antrag der Verteidigung Wohlleben: dass nämlich genau die Aspekte, die in den Taten zu Tage traten und die die Verteidigung Wohlleben im Antrag zur Begründung ihrer pseudo-psychiatrischen »Diagnose« angeführt hat – die Entmenschlichung der Opfer, das völlige Fehlen von Empathie, der Hang zur »Selbststilisierung bzw. Selbsttheroisierung« – schlicht Kernstücke nationalsozialistischer Ideologie sind. Einer Ideologie, der Böhnhardt und Mundlos anhingen – und der auch die anderen Mitglieder und Unterstützer des NSU anhingen, nicht zuletzt Wohlleben, wie etwa das 2011 bei ihm gefundene »Eisenbahnromantik«-T-Shirt zeigt.

Also: Entmenschlichung, Menschenverachtung, Empathielosigkeit sind Ausdruck nationalsozialistischer Ideologie. Und zur Umsetzung dieser Ideologie braucht es dann eben einerseits die Buchhalter, die Funker, die Zentralfiguren der Unterstützerszene und die Stallwachen im Hauptquartier, und es braucht andererseits diejenigen, die die menschenverachtende Ideologie in ganz konkrete Taten, in Morde und Sprengstoffanschläge umsetzen – und eben auch in Raubtaten.

3. Zur Einbindung in die Szene

Die Raubtaten des NSU, und hier konzentriere ich mich wieder auf den Edeka-Überfall vom 18. Dezember 1998 und den Mordversuch an meinem Mandanten, erlauben daneben auch Rückschlüsse auf die Einbindung der NSU-Kernmitglieder in die Unterstützer-Szene und auf den Kenntnisstand dieser Unterstützerinnen und Unterstützer:

Der Überfall am 18. Dezember 1998 auf den Edeka-Markt in der Irkutsker Straße in Chemnitz war die erste bekannte Tat der NSU-Mitglieder nach dem Untertauchen von Böhnhardt, Mundlos und Zschäpe. Ob er tatsächlich die erste Tat nach dem 26. Januar 1998 war, lässt sich wohl nicht mehr aufklären. Deckblattmeldungen vom V-Mann Szczepanski aus dem Sommer 1998, in denen von einem »weiteren« Überfall die Rede ist, sprechen etwa für vorherige Taten. Und die Tatsache, dass das BKA keine weiteren möglichen Taten identifiziert hat, hat wenig Aussagekraft, dazu später mehr. Aber sei es drum, es handelt sich jedenfalls um die erste *bekannte* Tat nach dem Untertauchen – den Sprengstoffanschlag in Nürnberg mit der in einer Taschenlampe versteckten Rohrbombe begingen die NSU-Mitglieder ein halbes Jahr später im Juni 1999, den Mord an Enver Şimşek eindreiviertel Jahre später im September 2000.

Zum Zeitpunkt des Überfalls wohnten Zschäpe, Mundlos und Böhnhardt in einer Einzimmerwohnung in der Altchemnitzer Straße 12 in Chemnitz, die Carsten Richter angemietet hatte, Mundlos wohnte zeitweilig auch bei Thomas Rothe. Unter anderem mit der Beute aus dem Überfall finanzierten die drei Untergetauchten im April 1999 den Umzug in die größere Wohnung in der Wolgograder Allee 76, die der Angeklagte Eminger für sie angemietet hatte.

Mundlos, Böhnhardt und Zschäpe waren damals offen in der Chemnitzer »Blood & Honour«- und »88er«-Szene unterwegs, waren Gesprächsthema innerhalb dieser Szene, trafen sich mit Szenemitgliedern und führten mit ihnen politische Diskussionen, ließen sich von ihnen beim Umzug in die Altchemnitzer Straße helfen, erhielten von ihnen auch Besuch – das wissen wir u.a. aus den Aussagen von M.F.B. und Thomas Starke, eingeführt über die Vernehmungsbeamten, sowie von weiteren Szenemitgliedern wie etwa Carsten Richter, Mandy Struck, Thomas Rothe. Diese Kontakte waren auch nicht etwa auf einen irgendwie beschränkten Kreis wichtiger Unterstützer beschränkt – auch die damals 16jährige, der Nazi-Szene sonst nicht verbundene Freundin André Emingers, die Zeugin Sp., besuchte die drei Untergetauchten mehrfach zum Kaffeetrinken in der Altchemnitzer Straße, wie sie hier berichtete. Und – davon sind wir als Vertreterinnen und Vertreter der Nebenklage überzeugt – die drei Untergetauchten brachten sich auch politisch in die Szene ein, Stichwort etwa: die Artikel in der ersten Ausgabe der Publikation »White Supremacy«. Zu all dem hat Antonia von der Behrens schon ausführlich vorgetragen.

In dieser Situation also begingen Böhnhardt und Mundlos den ersten Raubüberfall auf eine Kaufhalle in weniger als 3 km Entfernung von ihrer Wohnung. Sie begingen diesen Überfall mit einer Waffe, die sie, dafür spricht sehr vieles, von einem der Chemnitzer Unterstützer erhalten hatten.

Und sie wurden bei diesem Überfall vor Ort von einem Mitglied der Szene unterstützt. Das ergibt sich aus den Angaben meines Mandanten, der, selbst vor dem Markt stehend, insgesamt drei Täter beobachtete, die vor dem Markt standen bzw. aus dem Markt gelaufen kamen und dann zusammen flohen. Das wird auch bestätigt durch die Angaben der Kassiererinnen, die zwar aus ihrer Perspektive im Markt nicht alle drei Personen gesehen haben, denen zufolge aber jedenfalls einer der Täter recht klein und kräftig war, also nicht Böhnhardts oder Mundlos' Statur hatte. Ich gehe dabei davon aus, dass es sich bei diesem dritten Täter nicht um Beate Zschäpe gehandelt hat, sondern um einen der zahlreichen Unterstützer aus der Chemnitzer »Blood & Honour«- bzw. »88er«-Szene. Und, ich hatte es bereits erwähnt, Böhnhardt und Mundlos begingen bei diesem Anschlag eben auch einen versuchten Mord – was zur Folge hatte, dass die Tat nicht nur in der Chemnitzer Presse, sondern auch im MDR in der Sendung Kripo Live ausführlich thematisiert wurde.

All dies kann den Unterstützern der drei nicht entgangen sein. Die drei lebten in der Stadt, waren dort in der Szene breit bekannt. Der brutale Überfall, an dem sich ein Szenemitglied beteiligt hatte, war Thema in der Stadt. Und Böhnhardt und Mundlos machten aus dieser Art der Geldbeschaffung kein Geheimnis, wie sich etwa aus den schon genannten Angaben von Carsten Szczepanski oder aus denen von Thomas Starke zum Thema »Jobben« ergibt. Auch dem Jenaer Carsten Schultze war diese Methode der Geldbeschaffung nicht verborgen geblieben, wie er selbst hier in der Hauptverhandlung berichtet hat. Schließlich und endlich kannten auch diese Unterstützer die Ideologie der drei Untergetauchten, teilten sie, kannten die Strategiepapiere zum »führerlosen Widerstand«, die logischer Ausfluss dieser Ideologie waren, das haben Peer Stolle und Alexander Hoffmann hier ausführlich dargestellt.

Aus all dem folgt: Nach dem Überfall auf den Edeka-Markt und dem versuchten Mord an meinem Mandanten kann keinem der Unterstützer der Untergetauchten, kann keinem Unterstützer des NSU mehr verborgen geblieben sein, dass Böhnhardt, Mundlos und Zschäpe über scharfe Waffen verfügten und bereit waren, diese selbst bei Logistikstraftaten in tödlicher Weise einzusetzen.

Das gilt natürlich auch für André Eminger, der damals bereits zum Unterstützerkreis gehörte und der für Böhnhardt, Mundlos und Zschäpe im April 1999 die genannte Wohnung in der Wolgograder Allee anmietete – die Wohnung, in der sie sehr wahrscheinlich konkret mit der Planung der rassistischen Morde und Sprengstoffanschläge begannen und aus der heraus sie im Sommer 1999 den ersten bekannten Bombenanschlag in Nürnberg begingen.

4. Zur Engführung der Ermittlungen durch die GBA

Meine Damen und Herren, wo wir gerade bei dem Überfall am 18. Dezember 1998 und den Unterstützern von Zschäpe, Mundlos und Böhnhardt sind, stellt sich eine weitere Frage, und damit komme ich zum Thema »Rolle der staatlichen Behörden«.

Wie sieht es denn mit der Beschaffung der Waffe aus, die bei dem versuchten Mord an meinem Mandanten verwendet wurde? Ich habe schon ausgeführt, dass sie sehr wahrscheinlich von einem der sächsischen Unterstützer kam. OStA Weingarten hat in seinem Plädoyer am 31. Juli 20017 hier vertreten, diese Waffe könnte eine Leihgabe von einem unbekannt gebliebenen Chemnitzer Unterstützer gewesen sein. Diese These würde erklären, warum die Waffe sich 2011 nicht im Arsenal des

NSU befand, sie lässt sich auch mit der Anwesenheit eines dritten Täters am Tatort in Einklang bringen, der dann vielleicht seine eigene Waffe mitgebracht hätte.

Sie ist aber wohl mit anderen Beweismitteln nicht in Einklang zu bringen: Denn in der Frühlingsstraße wurden zwei Munitionsteile, Spur 41.5. und 67.1., gefunden, die nach dem Gutachten des Waffen-Sachverständigen D. mit der Tatwaffe des Edeka-Überfalls abgefeuert worden sind. Hätte es sich bei dieser Waffe tatsächlich um eine kurzzeitige Leihgabe gehandelt, dann ließen sich diese Funde nur damit erklären, dass Böhnhardt, Mundlos und Zschäpe damit in der Einzimmerwohnung in Chemnitz Schussübungen durchgeführt und die hierbei angefallenen Munitionsteile dann bei mehreren Umzügen mitgenommen hätten, obwohl sie die Waffe selbst gar nicht mehr im Besitz hatten – bei aller Sammelleidenschaft des NSU, das halte ich dann doch für kaum vorstellbar.

Ich halte es für deutlich wahrscheinlicher, dass die Waffe über Carsten Szczepanski und Jan Werner und zur dauerhaften Verwendung durch die NSU-Mitglieder beschafft worden war. Denn wie wir aus der ausführlichen Befassung mit diesen beiden wissen – ich erinnere insoweit nur an die viel zitierte SMS »Was ist mit den Bums?« –, war Werner im Spätsommer 1998 mit Hochdruck damit beschäftigt, für die drei Untergetauchten eine scharfe Schusswaffe zu besorgen, damit diese Raubüberfälle begehen können. Und dann geschah etwa drei Monate später der erste bekannte Raubüberfall, mit einer scharfen Waffe – das spricht natürlich dafür, dass Werner in der Zwischenzeit erfolgreich gewesen war und eben die hier verwendete Waffe besorgt hatte.

In dieser Annahme sah und sehe ich mich bestätigt durch die Verfügung vom 23. Januar 2012, mit der die Bundesanwaltschaft ein Ermittlungsverfahren gegen Jan Werner eingeleitet hat wegen des Verdachts der Unterstützung einer terroristischen Vereinigung und der Beihilfe zum schweren Raub. Das wurde damit begründet, dass »Anhaltspunkte dafür vorliegen, dass der Beschuldigte Werner im Zeitraum um den Monat September 1998 oder später für die Gruppierung um Zschäpe, Böhnhardt und Mundlos eine Schusswaffe besorgte und diese im Anschluss den Mitgliedern des NSU zur Verfügung stellte, damit diese einen Raubüberfall zur Deckung ihres Finanzbedarfs für ihre Lebenshaltungskosten und eine Flucht durch Ausreise nach Südafrika begehen konnten. Es besteht der Verdacht, dass die Mitglieder des NSU in der Folgezeit tatsächlich mit dieser Waffe einen oder mehrere Raubüberfälle auf Banken begingen.«

Diese Verfügung findet sich in dem äußerst schmalen Sachaktenband zu Jan Werner, Band 39 unserer Sachakte.

Wer aber eine scharfe Schusswaffe für einen Raubüberfall besorgt, wer zudem die Ideologie und Gewaltbereitschaft der Haupttäter kennt, mindestens ersteres auch teilt, der macht sich verdächtig, auch billigend in Kauf genommen zu haben, dass die Waffe konkret zur Abwehr von Verfolgern, also für versuchte oder vollendete Verdeckungsmorde verwendet wird. Mit anderen Worten: Jan Werner ist nicht nur verdächtig, die terroristische Vereinigung NSU unterstützt zu haben und Beihilfe zum schweren Raub geleistet zu haben, sondern er ist auch verdächtig, Beihilfe zum versuchten Mord an meinem Mandanten geleistet zu haben.

Ob Bundesanwaltschaft und BKA diesem Verdacht nachgegangen sind, das hätte ich gerne überprüft, und deshalb habe ich als Nebenklägervertreter für Herrn K. bei der Bundesanwaltschaft Einsicht in die Akte des Ermittlungsverfahrens gegen Werner beantragt. Die Antwort ließ keine Woche auf sich warten: keine Akteneinsicht, weil kein Anfangsverdacht. Begründung dieser These: Fehlanzeige.

Diese Blockadehaltung erinnert an die sonstigen Anstrengungen der Bundesanwaltschaft, Ermittlungsergebnisse, die nicht zu ihrer These von der isolierten Dreierzelle passen, aus diesem Verfahren herauszuhalten – durch das Parken von Vernehmungsprotokollen im Unbekanntverfahren, durch die Verweigerung von Akteneinsicht an andere Verfahrensbeteiligte, Sebastian Scharmer und Antonia von der Behrens haben das hier ja ausführlich dargestellt.

Ich habe daher Beschwerde zum Bundesgerichtshof erhoben. Der konnte der – vorsichtig gesagt – gewagten Rechtsauffassung der Bundesanwaltschaft, es gäbe keinen Anfangsverdacht gegen Jan Werner, nicht folgen, bestätigte aber leider die Versagung von Akteneinsicht, und zwar mit einem anderen Argument: Es stünden überwiegende schutzwürdige Interessen des Beschuldigten Werner am Schutz seiner Privatsphäre entgegen – auch diese Begründung finde ich alles andere als überzeugend, angesichts der hier vielfach dargestellten massiven Eingriffe in die Privat- und Intimsphäre der Opfer und Überlebenden des NSU durch die Ermittlungsorgane, die allesamt in unserer Akte dokumentiert sind, fast schon zynisch.

Nebenbei teilte der Bundesgerichtshof übrigens mit, dass aus den Ermittlungsakten zwischen dem letzten Sachstandsbericht aus Oktober 2014 – auch den haben wir in Kopie in unseren Akten – und dem Zeitpunkt seiner Entscheidung, Februar 2016, keine weiteren Ermittlungshandlungen zu erkennen seien. Und schon der Ermittlungsbericht fasst praktisch nur Ermittlungshandlungen aus 2012 zusammen – Anfang 2016 dürfte also schon etwa drei Jahre lang nahezu völliger Stillstand der Ermittlungen gegen Werner geherrscht haben.

Dieser Stillstand der Ermittlungen, verbunden mit der dreisten Blockadehaltung der Bundesanwaltschaft, ist für mich Ausdruck und Folge der bewussten Engführung der Ermittlungen durch die Bundesanwaltschaft, die den NSU-Komplex erkenntniswidrig auf eine isolierte Dreierzelle beschränkt wissen will – Carsten Ilius hat uns ausführlich erläutert, wie diese Ausrichtung der Ermittlungen mit der Staatsräson, u.a. mit dem Schutz des Bildes vom »freien, freundlichen Land«, das Bundesanwalt Dr. Diemer hier zu zeichnen versucht hat, zusammenhängt.

Diese Engführung der Ermittlungen wird, so fürchte ich, dazu führen, dass das Verfahren gegen Jan Werner irgendwann nach dem Urteil des Senats sang- und klanglos eingestellt werden wird, dass auch die anderen Ermittlungsverfahren wegen Unterstützung des NSU sang- und klanglos eingestellt werden – ohne dass die Geschädigten auch nur erfahren werden, was die Ermittlungen ergeben haben.

5. Zu den Ermittlungen des BKA nach 2011

Die These von der isolierten Dreierzelle spiegelt sich auch in den Ermittlungen des BKA nach dem 4. November 2011 wider: Was nicht strikt zur Bestätigung der Anklagethese gebraucht wird, dem wird gar nicht oder so unmotiviert und dilettantisch nachgegangen, dass es manchmal wirklich kaum zu glauben ist.

Das zeigt sich am Beispiel meines Mandanten: Denn der war in der Anklage nur als »etwa 16-jähriger Jugendlicher« beschrieben, weil die ursprüngliche Ermittlungsakte bei der Staatsanwaltschaft Chemnitz im Jahre 2005 vernichtet worden war und man ihn daher nicht namhaft machen konnte. Nun sollte man denken, dass dem BKA und der Bundesanwaltschaft daran gelegen wäre, herauszufinden, wer denn eigentlich das Opfer dieser Tat war – immerhin eines versuchten Mordes, der Teil des Anklagevorwurfs war. Sollte man denken – aber das Gegenteil war der Fall.

Klar, dass die Ermittlungsakte bei der Staatsanwaltschaft Chemnitz im Jahre 2005 vernichtet wurde, weil der Vorgang dort nur als Raub eingestuft wurde, ist angesichts des Sachverhalts zwar grotesk, aber natürlich nicht dem BKA anzulasten. Dass aber nach 2011 jahrelang nicht ernsthaft versucht wurde, den Geschädigten dieses Mordversuchs ausfindig zu machen, dass auch nach Erhebung der Anklage, die diesen Mordversuch als Fall I.13 enthielt, keine solchen Versuche unternommen wurden, das halte ich sehr wohl für vorwerfbar.

Erst nach einem Beweisantrag von Eberhard Reinecke vom 17. Dezember 2014 und einer Bitte des Vorsitzenden vom 3. März 2015, entsprechende Ermittlungen vorzunehmen, begann das BKA mit ernstzunehmenden Ermittlungen. Und erst nach einer erneuten Bitte des Vorsitzenden vom 17. April 2015 wurde mein Mandant endlich am 20. April 2015, zweieinhalb Jahre nach Anklageerhebung, als der Geschädigte des angeklagten versuchten Mordes ermittelt. Das war dann auch gar nicht besonders schwer gewesen: Ein Chemnitzer Polizeibeamter hatte auf den Kollegen verwiesen, der damals mit den Zeugen ein Phantombild der Täter erstellt hatte, dieser wiederum hatte sich die Namen der Zeugen notiert, Ende der Ermittlungen.

Dann ging es schnell: Am 29. April 2015 wurde mein Mandant vom BKA vernommen – übrigens ohne dass er dabei auf seine Nebenklagebefugnis hingewiesen worden wäre –, und am 23. Juni 2015, sechs Wochen nach den anderen Zeuginnen zum Überfall vom 18. Dezember 1998, sagte er hier im Gericht aus.

Fazit: Selbst bei der Aufklärung der Frage, wer denn das Opfer eines hier angeklagten Mordversuchs war, musste das BKA zum Jagen getragen werden. Dass von dieser Behörde die Aufklärung von Umständen, die auch nur potenziell über eine Bestätigung der viel zu engen Anklage hinausgehen, erst recht nicht zu erwarten ist, liegt auf der Hand.

Das zeigte sich dann auch in anderen Ermittlungen des BKA – und auch wenn das jetzt nicht mehr die Raubtaten betrifft, will ich noch auf ein weiteres Beispiel eingehen. Ich will eingehen auf die Ermittlungen zu dem Angriff mehrerer Jenaer Neonazis, darunter Carsten Schultze, auf M.K. und B.W. am 12. Juli 1998 – das ist der Angriff an der Straßenbahnendhaltestelle, der uns hier in der Hauptverhandlung monatelang beschäftigt hat. Über Monate haben wir uns Szenezeugen mit mehr oder weniger – meist weniger – glaubhaften Erinnerungslücken angehört, haben diverse Grundstücke auf die mögliche Anwesenheit eines Holzhäuschens im Jahr 1998 abgeklopft – alles nur, weil das BKA einfach nicht in der Lage war, die Tat und damit die verletzten Tatzeugen zu identifizieren. Selbst als der Nebenklägervertreter Hardy Langer mittels einer Zeitungsrecherche nicht nur den genauen Tattag herausgefunden hatte, sondern auch, dass einer der Geschädigten ins Krankenhaus eingeliefert worden war, selbst da kam das BKA nicht weiter: Man beschäftigte sich monatelang mit den Einsatzprotokollen des städtischen Rettungsdienstes, war aber nicht auf die Idee gekommen, auch bei Organisationen wie dem Arbeiter-Samariter-Bund anzufragen – deren Rettungsdienst hatte den erheblich verletzten M.K. damals versorgt.

Dass sich auch in diesen Ermittlungen wieder Vorurteile und Verharmlosungen rechter Angriffe zeigten, rundet das Bild ab: So machte das BKA in seiner Anfrage an die lokalen Behörden aus einem Angriff von sechs Neonazis auf zwei Männer, von denen einer *vielleicht* »Scheiß Nazi« gesagt haben sollte, eine »Schlägerei« mit »Linksextremisten«. Das entsprach auch dem Vorgehen der Jenaer Polizei 1998, die den Angriff als »Schlägerei« aufgenommen hatte, wie uns der Zeuge K. hier berichtet hat, Peer Stolle hat auf diesen Gesichtspunkt hingewiesen.

Noch mehr als diese entlarvenden Einstufungen aber sticht hervor, wie unglaublich dilettantisch hier ermittelt wurde. Und weitere Beispiele solcher wahrlich kein Vertrauen erweckenden Ermittlungen zu Aspekten, die über die enge Anklage hinausführen könnten, finden sich zuhauf: etwa das Nichtermitteln des Sprengstoffanschlags in Nürnberg als mögliche Tat des NSU oder die Ermittlungen zu möglichen Schussabgaben durch Böhnhardt und Mundlos – ich erinnere nur an den Auftritt des Zeugen KOK Sch. in der Hauptverhandlung vom 1. September 2016, wo deutlich wurde, dass er schlicht völlig disparate Berichte der einzelnen LKAs zusammengefasst und abgeheftet hatte.

Kurzum: Auch die Ermittlungen des BKA nach 2011 waren hinsichtlich aller Aspekte, die hinausgehen über die reine Bestätigung der von der Bundesanwaltschaft vorgegebenen Linie »Dreier-Zelle mit ein paar Unterstützern, die von den Taten selbst nichts wissen«, von absolutem Desinteresse geprägt. Nicht nur zu dem Asservatenauswerter, für den islamische und islamistische Einrichtungen irgendwie dasselbe waren, sondern auch zu vielen anderen BKA-Beamten und ihren Ermittlungen fällt mir daher der Satz ein, den unsere verstorbene Kollegin Angelika Lex 2015 mit Blick auf einen Bayerischen Staatsschutzbeamten äußerte, der mal wieder einen Nazi-Angriff verharmlost hatte:

»Bitte schickt diesen Menschen an einen Baumarkt-Parkplatz und lasst ihn dort Autos nach rechts und nach links einweisen, aber nehmt ihm seinen Titel als ›Staatsschutzbeamter‹ weg!«

Das war ein Zitat aus der Rede von Angelika Lex anlässlich der Verleihung des Georg Elser-Preises der Stadt München am 11. November 2015.

6. Vergleich zwischen Raub- und Mordermittlungen, Rolle des Verfassungsschutzes

Dieses Ermittlungsverhalten des BKA, das in mancher Hinsicht die logische Fortführung der Mordermittlungen vor dem 4. November 2011 darstellt, ist auch deswegen so auffällig, weil sich die Ermittlungen der mit den Raubtaten befassten Ermittlerinnen und Ermittler davon deutlich unterscheiden: Die hatten nämlich schon frühzeitig den Seriencharakter dieser Taten begriffen und versucht, die Ermittlungen daran auszurichten. Sie hatten das auch über Landesgrenzen hinweg hinbekommen, wie etwa die Ermittlungen zu den Überfällen auf die Sparkasse in Stralsund zeigen.

In Thüringen schließlich hatte der Leitende Polizeidirektor Menzel von der Polizeidirektion Gotha nach dem missglückten Überfall in Arnstadt vom 7. September 2011 mit einem weiteren Überfall gerechnet und seine Leute vorgewarnt – und tatsächlich wurden Böhnhardt und Mundlos ja wenige Wochen später am 4. November 2011 nach dem Raubüberfall in Eisenach, der demselben Modus Operandi folgte wie die Überfälle zuvor, gestellt und konnten sich der Festnahme nur noch durch Suizid entziehen.

Ich will damit jetzt nicht vor allem das Hohelied des einfachen Kripo-Beamten singen – zumal gerade die Aussage Menzels Auffälligkeiten aufweist, wie Antonia von der Behrens geschildert hat. Aber es bleibt doch festzuhalten: Die Raubermittler waren in der Lage, mit ganz normalen kriminalistischen Methoden – Auswertung von Zeugenaussagen, Überprüfung des Modus Operandi, Vergleich mit anderen Taten – den Tätern recht nahe zu kommen. Der Gegensatz zum Vorgehen der Mordermittler, die nicht einmal in der Lage waren, eine Serientat wie eine Serientat zu behandeln, ist genau Folge und Ausdruck des institutionellen Rassismus, der bei den Mordermittlungen zum Tragen kam.

Und schließlich: wir wissen z.B. aus der Befassung mit dem V-Mann Carsten Szczepanski, dass auch der Inlandsgeheimdienst wusste, mit welchen Methoden die Untergetauchten ihren Lebensunterhalt finanzierten – Antonia von der Behrens hat das dargestellt. Es findet sich aber keinerlei Hinweis darauf, dass die Verfassungsschutzbehörden irgendwann einmal den mit den Ermittlungen in der Raubserie betrauten Beamten einen Hinweis erteilt hätten, wer als Verantwortlicher für diese Taten in Frage kommt. Auch ein solcher Hinweis hätte natürlich Möglichkeiten eröffnet, der Räuber und damit der NSU-Mörder habhaft zu werden und weitere Taten zu verhindern – auch hier wirkte sich also die mit dem Argument »Quellenschutz« begründete Blockadehaltung des Inlandsgeheimdienstes wiederum tatermöglichend aus. Die Forderung, die Angelika Lex bei ihrer Rede vor Beginn des Prozesses völlig zu Recht aufgestellt hat, aus dem NSU-Komplex »die einzige denkbare Konsequenz« zu ziehen, nämlich »die Abschaffung des Verfassungsschutzes jetzt und sofort«, wird daher auch durch die Erfahrungen aus den Raubtaten bestätigt.

Zusammenfassung

Ich komme zum Schluss und zum Fazit: Ein Blick auf die Raubtaten des NSU zeigt, dass viele der Aspekte, die die Nebenklage in diesem Verfahren immer wieder betont hat und die die Kolleginnen und Kollegen in den Plädoyers zu den Morden und Sprengstoffanschlägen dargestellt haben, sich hier noch einmal, sozusagen im Kleinen, wiederfinden:
- die erschütternde Brutalität und Enthemmtheit der NSU-Mitglieder,
- ihre Eingebundenheit in ein Netzwerk eingeweihter Unterstützer,
- die der Staatsräson geschuldete Einengung der Ermittlungen anhand der These von der isolierten Dreier-Zelle,
- und die Rolle des Verfassungsschutzes, der eine Aufklärung auch der Raubtaten – und damit möglicherweise auch insoweit die Verhinderung weiterer Morde – vereitelte.

Antonia von der Behrens

Das Netzwerk des NSU, staatliches Mitverschulden und verhinderte Aufklärung

Plädoyer vom 29. November und 5. Dezember 2017[1]

Hoher Senat,
liebe Familie Kubaşık, meine Damen und Herrn,
beauftragt von Elif Kubaşık vertrete ich die Interessen des jüngsten Sohns von Mehmet Kubaşık. Individuelle Ausführungen zu ihm werde ich im Folgenden jedoch nicht machen, denn mein Mandant möchte mit seiner Person nicht in der Öffentlichkeit stehen – und auch nicht, dass sein Name in der Presse genannt wird. Allein die Schilderungen von Elif und Gamze Kubaşık und den Kollegen Ilius und Scharmer dürften ausreichen, um eine Ahnung zu vermitteln, was der Mord an seinem Vater für ihn als damals Sechsjährigen bedeutet hat und was er in Folge auch aufgrund der Art der polizeilichen Ermittlungen erleiden musste.

Soweit ich im Folgenden von »uns« als Nebenklagevertretern spreche, sind wir vier Anwälte gemeint, die die Interessen der Familie Kubaşık aus Dortmund, also von Elif und Gamze Kubaşık und den beiden Söhnen, vertreten.

Mein Plädoyer setzt die Plädoyers der Kollegen Ilius, Scharmer, Dr. Stolle, Kuhn, Fresenius, Hoffmann und Dr. Elberling voraus; ich fasse mich deshalb an Stellen kurz, die diese schon ausgeführt haben.

I. Auftrag der Familie

Wie die Kollegen Ilius und Scharmer schon dargestellt haben, hat die Familie uns als ihren Vertretern von Anbeginn an deutlich gemacht, dass für sie, neben der wichtigen Frage nach der Verantwortlichkeit der hier Angeklagten, weitergehende Aufklärung wesentlich ist. Dabei sind für sie zwei Punkte zentral: erstens die Frage nach dem Netzwerk der für den Mord an ihrem Vater und Ehemann Verantwortlichen – insbesondere auch vor Ort in Dortmund – und zweitens die Frage nach dem staatlichen Mitverschulden. Die Familie hat von Anfang an gesagt, dass es für sie unvorstellbar ist, dass eine Mordserie wie die des NSU ohne staatliches Mitverschulden unentdeckt bleibt. Diese Einschätzung speist sich nicht nur aus der Tatsache, dass Mehmet Kubaşık das achte Mordopfer des NSU war, sondern auch aus den Erfahrungen, die die Familienangehörigen mit den deutschen

---

[1] Aus den vielen, die zu diesem Text beigetragen haben, möchte ich ganz besonders meine Kollegin Anna Luczak hervorheben und mich bei ihr bedanken. Sie hat zu unserer Arbeit während des Verfahrens und vor allem zu diesem Plädoyer auf allen Entstehungsstufen Entscheidendes beigetragen.

Strafverfolgungsbehörden nach dem Mord an ihrem Vater und Ehemann gemacht haben – insbesondere aus der Abwehr ihrer frühen Hinweise auf ein mögliches rassistisches Motiv.

Die beiden Kernanliegen der Familie, die Identität und die Rolle möglicher Helfer in Dortmund und das staatliche Mitverschulden aufzuklären, sind nicht voneinander zu trennen. Ein großes Netzwerk macht es sehr viel unwahrscheinlicher, dass es keine staatliche Mitwisserschaft und kein daraus resultierendes Mitverschulden gab. Wer von einer im Geheimen agierenden, vom politischen Umfeld abgeschotteten Kleingruppe, vom sogenannten Trio, ausgeht, kann sehr viel einfacher sagen, dass auch die staatlichen Stellen diese geheime Kleingruppe nicht kannten, als derjenige, der meint, dass ein Netzwerk von Personen in verschiedenen Städten von den Taten wusste und diese unterstützt hat. Dies gilt natürlich erst recht, wenn man zusätzlich davon ausgeht, dass zu diesem Netzwerk von Personen auch V-Leute des Verfassungsschutzes zählten.

Die von der Familie begehrte Klärung dieser beiden Punkte hätte auch in diesem Verfahren erfolgen können und müssen. Die rechtliche Begründung dafür haben die Kollegen Dr. Daimagüler und Scharmer schon gegeben, ich möchte sie nur noch einmal aus meiner Sicht zusammenfassen:

1. Aufklärung des Netzwerks
Drei der fünf Angeklagten in diesem Verfahren wird mit der Anklage Mitgliedschaft oder Unterstützung der terroristischen Vereinigung Nationalsozialistischer Untergrund vorgeworfen. Aus Rechtsgründen muss bzw. kann daher geklärt werden, wie groß und gefährlich diese Vereinigung eigentlich war oder noch ist. Es macht einen juristischen Unterschied, ob eine Vereinigung aus drei oder 30 Personen besteht, ob sie nur wenige, nicht um ihre Taten wissende Unterstützer hat oder ob es ein überregionales Netzwerk von wissenden Unterstützern gibt. Der Generalbundesanwalt – kurz GBA – hat seine Aufgabe offenbar so verstanden, dass es ausreiche, eine Vereinigung im Rechtssinne, also von mindestens drei Mitgliedern, nachzuweisen. Das greift zu kurz. Feststellungen zur Größe und zur Gefährlichkeit der Vereinigung gehören zum Tatbestand des § 129a StGB und sind auch relevant für die Strafzumessung.

2. Aufklärung der staatlichen Mitverantwortung
Hinsichtlich der staatlichen Mitverantwortung ergibt sich die Notwendigkeit der Aufklärung aus dem entsprechend der Europäischen Menschenrechtskonvention (EMRK) ausgelegten Aufklärungsgrundsatz der Strafprozessordnung.[2] Das Recht auf Leben aus Art. 2 EMRK beinhaltet eine verfahrensmäßige Verpflichtung, nicht nur die Tatumstände – wie die Unterstützung bei der Auswahl des Tatorts oder

---

[2] Ausführlich haben wir diesen Aufklärungsanspruch entwickelt und dargestellt in dem Beweisantrag von Nebenklagevertretern, gestellt am Hauptverhandlungstag v. 3.8.2015, zur Beiziehung der im Bundesamt für Verfassungsschutz ab dem 11.11.2011 geschredderten und anschließend teilrekonstruierten Akten.

bei der Durchführung der Tat –, sondern auch Kenntnisse staatlicher Behörden von Tätern und Tat aufzuklären.

Der Europäische Gerichtshof für Menschenrechte hat in seiner Rechtsprechung zum Recht auf Leben aus Art. 2 EMRK in mehreren Schritten folgendes Schutzregime entwickelt: Aus dem Recht auf Leben leitet er zunächst ab, dass Staaten selbst nicht vorsätzlich und rechtswidrig töten dürfen. Er geht dann weiter und schreibt den Staaten eine positive Verpflichtung zu, das Leben der in seinem Herrschaftsgebiet befindlichen Personen auch vor Angriffen von Dritten zu schützen.[3] Der Staat ist demnach verpflichtet, Präventivmaßnahmen zu ergreifen, damit Personen in seinem Herrschaftsgebiet nicht von Dritten angegriffen werden, aber auch zu reagieren, wenn dies doch geschehen sollte.[4] Damit kommt der Gerichtshof in einem letzten Schritt zu einer Verpflichtung des Staates, Straftaten gegen das Leben von Personen in seinem Herrschaftsgebiet effektiv aufzuklären.[5]

Der vom Gerichtshof entschiedene Fall des in Istanbul ermordeten armenischstämmigen Publizisten Hrant Dink ist dabei in Zusammenhang mit dem hiesigen Verfahren besonders instruktiv: Obwohl derjenige, der den Mord an Hrant Dink ausgeführt hat, vor Gericht stand und verurteilt worden ist, entschied der Gerichtshof, dass die Ermittlungen nicht effektiv waren, weil die Hintergründe und die polizeiliche und geheimdienstliche Verstrickung nicht effektiv ermittelt worden waren.

Das Verfahren vor dem Oberlandesgericht München gegen Zschäpe, Wohlleben, Eminger, Gerlach und Schultze ist bislang das einzige Strafverfahren, in dem Angeklagten der Vorwurf der Täterschaft und Teilnahme am Mord an Mehmet Kubaşık gemacht worden ist. Und so ist es eben dieses Verfahren, in dem auch die weiteren Umstände des Mordes an Mehmet Kubaşık effektiv aufgeklärt werden müssen. Der Staat erfüllt seine verfahrensmäßige Verpflichtung aus dem Recht auf Leben nicht, solange Tatumstände – wie die Unterstützung bei der Auswahl des Tatorts oder bei der Durchführung der Tat – sowie Kenntnisse staatlicher Behörden von Tätern und Tat unaufgeklärt und unberücksichtigt bleiben.

3. Zusammenfassung der rechtlichen Begründung

Beide Punkte, Netzwerk und staatliches Mitverschulden, hätten also aus Rechtsgründen in diesem Verfahren behandelt werden müssen. Da insbesondere der GBA diesen Aufklärungsanspruch aktiv oder durch aussagevolle Inaktivität in Abrede gestellt hat, war das hiesige Verfahren über die letzten vier Jahre hinweg auch von einem grundlegenden Antagonismus zwischen Bundesanwaltschaft und Teilen der Nebenklage geprägt.

---

[3] Mahmut Kaya v. Turkey, no. 22535/93, 28.3.2000 ECHR 2000-III, Rn. 85; Kılıç v. Turkey, no. 22492/93, 28.3.2000, ECHR 2000-III, Rn 62; Ilhan v. Turkey, no. 22277/93, 27.6.2000 Rn 76.
[4] Mahmut Kaya v. Turkey, no. 22535/93, 28.3.2000 ECHR 2000-III, RnN85; Osman v. The United Kingdom, no. 87/1997/871/1083, 28.10.1998, Rn 115.
[5] Finucane v. United Kingdom, no. 29178/95, 1.10.2003, Rn 67.

II. Zum Inhalt meines Plädoyers

Vor dem Hintergrund, dass für uns Netzwerk und staatliche Mitwisserschaft respektive Mitverschulden Teil dieses Verfahrens hätten sein müssen, werde ich im Folgenden diesen beiden Themen nachgehen.

Dabei werde ich im ersten Teil meines Plädoyers den diesbezüglichen Kenntnisstand darstellen: Was wissen wir über die Entstehung und Geschichte des NSU und dessen Netzwerk auf der einen Seite und über die Kenntnisse und Aktivitäten der Verfassungsschutz- und der Polizeibehörden des Bundes und der Länder auf der anderen Seite?

Ich werde bei dieser Darstellung chronologisch vorgehen und den Zeitraum von 1990 bis 2011 in zehn einzelnen Abschnitten überblicks- und schlaglichtartig beleuchten. Es würde den Rahmen des Plädoyers sprengen, das gesamte Wissen um das Netzwerk des NSU, einschließlich der vielen mit diesem Netzwerk verknüpften V-Leute, und das Wissen um die Überwachung des Netzwerks durch die unterschiedlichen Behörden darzustellen. Ebenso würde der Rahmen gesprengt werden, wenn das gesamte Wissen über die uns vorenthaltenen oder vernichteten Informationen dargestellt würde. In unseren innerhalb und außerhalb der Hauptverhandlung gestellten Anträgen und Erklärungen in diesem Verfahren haben wir das, was im Folgenden überblicksartig dargelegt wird, an Beispielen detailliert ausgeführt und belegt.

Am Schluss der zehn Abschnitte fasse ich zusammen, was nach unserer Ansicht in Bezug auf die aufgeworfenen Fragen mindestens als feststehend betrachtet werden muss und worauf wir – darüber hinaus aufgrund der wiederkehrenden Muster in dem Verhalten der Sicherheitsbehörden – Hinweise haben.

Im zweiten Teil meines Plädoyers werde ich anhand ausgewählter Beispiele darstellen, wie die weitere Aufklärung und strafprozessuale Aufarbeitung der Ereignisse nach der Selbstenttarnung des NSU im Jahr 2011 be- und verhindert worden ist. Ich werde mich hier den einzelnen Akteuren widmen, die die Möglichkeit gehabt hätten, den NSU-Komplex zu erhellen, die aber im Gegenteil die Aufklärung behindert haben. Dies sind insbesondere die Verfassungsschutzbehörden und der GBA, aber auch das Oberlandesgericht (OLG).

Denn das, was über das Netzwerk und die Rolle der Sicherheitsbehörden bekannt ist, wissen wir trotz und nicht wegen der Verfassungsschutzämter und trotz der insoweit obstruierenden Ermittlungen des GBA. Das diesbezüglich vorhandene Wissen beruht auf der engagierten Arbeit von einzelnen Obleuten in parlamentarischen Untersuchungsausschüssen und von Journalisten sowie auf antifaschistischer Recherche vor und nach der Selbstenttarnung des NSU.

Folgendes sei vorab deutlich gesagt: Die bisher bekannte Aufbauarbeit des Verfassungsschutzes in der rechten Szene und das bisher bekannte staatliche Mitverschulden vermindern für uns keineswegs die Schuld der hier Angeklagten. Sie bedeutet für uns nicht, dass die Neonazi-Szene nicht auch ohne diese Unterstützung radikal und militant gewesen wäre und sie ohne den Verfassungsschutz ihren mörderischen Rassismus und Antisemitismus nicht in Taten umgesetzt hätte – Taten, die seit 1990 fast 200 Todesopfer zur Folge hatten.[6] Der rassistische Hass, der die Mitglieder und Unterstützer des NSU auch zu dem Mord an Mehmet Kubaşık angetrieben hat, geht nicht auf den Verfassungsschutz zurück.

TEIL I: DAS AUSMASS DES NETZWERKES DES NSU UND DES STAATLICHEN MITVERSCHULDENS

Ich komme nunmehr zu meinem ersten Teil, in dem ich versuchen werde, das Ausmaß des Netzwerks des NSU und des staatlichen Mitverschuldens im Hinblick auf die zehn Morde, 43 Mordversuche[7] und 15 Raubüberfälle und das damit verursachte unermessliche Leid aufscheinen zu lassen.

Erster Abschnitt: Die Zeit von 1990 bis 1996 in Thüringen, Aufbau des THS und der »Blood & Honour«-Sektion Thüringen

Ich werde zuerst darstellen, was wir über die Aktivitäten der späteren NSU-Mitglieder und ihres Umfelds in dieser Zeit wissen, um anschließend darzulegen, was die Sicherheitsbehörden davon wussten bzw. welchen Anteil sie daran hatten.

1. Was wir über diese Zeit wissen

Wie Dr. Stolle dargelegt hat, ist der NSU kein – wie es die Anklage und die Plädoyers der Bundesanwaltschaft suggerieren – ahistorisches Phänomen, entstanden in einem politik- und ideologiefreien Raum. Vielmehr prägten die Ereignisse der frühen 1990er Jahre das ideologische und strategische Selbstverständnis der Angeklagten und der weiteren Mitglieder des NSU maßgeblich. Die politische Rechte interpretierte den Zerfall der Sowjetunion und das Ende der DDR als die »globale Durchsetzung des ›völkischen Prinzips‹«.[8] Sie hoffte auf Machtzuwachs, auch ganz konkret, denn die Wiedervereinigung bot die Möglichkeit, die ostdeutsche Skinhead- und Neonazi-Szene durch westdeutsche Neonazi-Kader zu organisieren.[9]

---

[6] F. Jansen, H. Kleffner, J. Radke und T. Staud: 156 Schicksale. Sie starben, weil sie anders waren. *Zeit online* vom 30.6.2015, Quelle: www.zeit.de/gesellschaft/zeitgeschehen/2010-09/todesopfer-rechte-gewalt; Anna Brausam, Todesopfer rechter Gewalt seit 1990, in: *Mut gegen rechte Gewalt* v. 14.6.2017, Quelle: www.mut-gegen-rechte-gewalt.de/news/chronik-der-gewalt/todesopfer-rechtsextremer-und-rassistischer-gewalt-seit-1990.

[7] Es sind mehr Mordversuche aufgeführt als angeklagt, da hier auch der Mordversuch an dem Inhaber der Gaststätte »Sonnenschein« in Nürnberg im Jahr 1999 aufgenommen worden ist, der nicht Gegenstand der Anklage war, da er damals nicht bekannt war. Nach dem Bekanntwerden dieses mutmaßlichen ersten Anschlages sind Ermittlungen aufgenommen worden, das Verfahren ist nach Abschluss der Ermittlungen nach § 154 StPO im Hinblick auf die übrigen angeklagten Delikte eingestellt worden.

[8] Fabian Virchow, Nicht nur der NSU, Erfurt 2016, S. 53.

[9] Zeugenvernehmung (OLG) Kai Dalek am Hauptverhandlungstag v. 12.11.2014; Thüringer Landtag, Drucksache 5/8080, Bericht des Untersuchungsausschusses 5/1 »Rechtsterrorismus und Behördenhandeln«, Rn 200, 205.

In dieser Zeit der drastischen Zunahme von mörderischer und öffentlich inszenierter rechter Gewalt – für die Hoyerswerda, Mölln[10] und Solingen beispielhaft stehen – politisierten sich die späteren NSU-Mitglieder und ihr Umfeld.[11] Ihre ideologische Ausrichtung und insbesondere die Erwartung, die politische Situation in Deutschland durch Morde und Anschläge so zuspitzen zu können, dass ein Tag X, ein Tag des Systemumsturzes und des Bürgerkriegs bevorsteht, haben ihren Ursprung in dieser Zeit. Denn genau das hatten sie gerade erlebt, dass sich Morde und Anschläge in Regierungshandeln – sprich die faktische Abschaffung des Asylrechts im Jahr 1993 – übersetzten.[12] Aus dieser Konstellation heraus entstanden Ende der 1990er Jahre neben dem NSU auch weitere rechtsterroristische Organisationen und Strukturen.[13]

Die politische und ideologische Entwicklung der Neonazi-Szene in Thüringen und insbesondere in Jena in der Zeit vor dem Abtauchen hat bereits mein Kollege Dr. Stolle ausführlich erläutert. Ich möchte nur noch einmal die für meine Darstellung des Wissens der Sicherheitsbehörden wichtigsten Punkte hervorheben.

Anfang der 1990er Jahre hatten die gewalttätigen Neonazi-Cliquen in Thüringen noch einen sehr geringen Organisationsgrad. Dies änderte sich in Ostthüringen, als allen voran der Zeuge Kai Dalek, Kader der »Gesinnungsgemeinschaft der Neuen Front« (GdNF), ausgehend von dem Kreis um Sven Rosemann Strukturen schuf,[14] aus denen heraus der Zeuge Tino Brandt später die »Anti-Antifa Ostthüringen« bzw. den »Thüringer Heimatschutz« (THS) aufbaute. Dalek war der

---

[10] In der Frühlingsstraße 26 wurde ein Zeitungsartikel aus der *Freien Presse Zwickau* v. 9.12.1993 zur Verurteilung der Täter von Mölln sichergestellt, ob dieser vom NSU stammt oder zu anderen sich auch im Brandschutt befindlichen, aber aus der Zeit vor dem Einzug von Mundlos, Böhnhardt und Zschäpe stammenden Dokumenten gehört, ist unbekannt und erschließt sich auch nicht, BKA, Vermerk v. 6.2.2012 (Auswertung des Asservates 2.12.783.5), SAO 398, Bl. 81.

[11] Vgl. zur Darstellung der einzelnen Phasen: Heike Kleffner, Gesellschaftlicher und staatlicher Umgang mit NSU und rechter Gewalt, in: Dossier Nr. 77, Beilage zu *Wissenschaft & Frieden* Nr. 2015-1; Quelle: wissenschaft-und-frieden.de/seite.php?dossierID=081.

[12] Ich folge insofern der Einteilung der verschiedenen Phasen hin zur Herausbildung rechtsterroristischer Organisationen und Strukturen von Gideon Botsch, dargestellt unter anderem in: Gideon Botsch: Präsentation beim Sachverständigengespräch des Parlamentarischen Untersuchungsausschusses 6/1 des Landtages Brandenburg: »Organisierte rechtsextreme Gewalt und Behördenhandeln, vor allem zum Komplex Nationalsozialistischer Untergrund (NSU)« aufgrund des Beweisbeschlusses vom 12.7.2016 zum Thema Organisierte rechte Gewalt im Land Brandenburg 1991 bis heute, v. 18.11.2016, Quelle: nsu-watch Brandenburg.

[13] In dieser Zeit gegründete rechtsterroristische Organisationen und Strukturen waren u.a. die »Nationalrevolutionären Zellen«, die »Nationale Bewegung« oder die »Kameradschaft Süd«, und es gab mehrere Terroranschläge, wie den Anschlag auf die Wehrmachtsausstellung 1999 in Saarbrücken oder den Anschlag im Jahr 2000 in Düsseldorf-Wehrhahn (vgl. hierzu und auch hier zur Verstrickung eines V-Mannes: Deutscher Bundestag, Drs. 18/12950, a.a.O., S. 65 und Sondervotum Fraktion Die Linke, S. 1288; nsu-watch NRW: Wehrhahn-Anschlag 2000: (Nicht-)Aufklärung mit vielen Fragen v. 26.4.2017; Quelle: nrw.nsu-watch.info/wehrhahn-anschlag-2000-nicht-aufklaerung-mit-vielen-fragen/).

[14] Zeugenvernehmung (OLG) Kai Dalek am Hauptverhandlungstag v. 12. und 19.11.2014; Zeugenvernehmung Brandt am Hauptverhandlungstag v. 23 und 24.9.2014; Zeugenvernehmung (BKA) Dalek v. 30.10.2012, Nachlieferung 5, pdf-Seite 87.

GdNF-Führungskamerad von Brandt, der ihn mit dem ideologischen und organisatorischen Rüstzeug versorgte.[15] Zum Gründungskreis des eigenständigen, wenn auch ideologisch der GdNF verbundenen[16] THS gehörten unter anderem Sven Rosemann und die späteren Unterstützer, die Zeugen Andreas Rachhausen und André Kapke.[17] Der THS war die Dachorganisation, unter der sich ostthüringische Kameradschaften zusammenschlossen, die sich dann »Sektionen« des THS nannten. Die »Kameradschaft Jena« war eine der Gründungskameradschaften des THS. Der THS organisierte, radikalisierte und schulte die Mitglieder der ihm angeschlossenen Sektionen, veranstaltete Wehrsportübungen für seinen Führungskreis[18] und besorgte terroristische Literatur.[19] Brandt, der selbst auch an Schießübungen im Ausland teilnahm,[20] hatte ein politisches Interesse an der Radikalisierung des THS und am Ausbau von dessen Schlagkraft.[21] Erst im Jahr 2001, mit der Enttarnung von Brandt als V-Mann, kamen die Aktivitäten des THS zum Erliegen.

Spätestens 1997 begann sich auch das militante neonazistische Musiknetzwerk »Blood & Honour« in Thüringen zu organisieren. »Blood & Honour« und auch dessen terroristischer Arm »Combat 18« waren spätestens seit 1995 in Deutschland aktiv. Gegründet wurde die deutsche »Division« von »Blood & Honour« in Berlin unter anderem von dem späteren V-Mann des Bundesamts für Verfassungsschutz (BfV) Stephan Lange. Dieser beauftragte den Neonazi und Zeugen Marcel Degner aus Gera mit der Gründung und Leitung einer thüringischen »Blood & Honour«-Sektion.[22] Der Schwerpunkt der Sektion lag in Gera, wo es personelle Überschneidungen mit dem THS[23] gab. So gehörte etwa Degners Stellvertreter Mike Bär schon seit 1995 auch dem THS an[24] und hatte enge Verbindungen nach

---

[15] Zeugenvernehmung (OLG) Tino Brandt am Hauptverhandlungstag v. 23.9.2014.
[16] Zeugenvernehmung (OLG) Tino Brandt am Hauptverhandlungstag v. 24.9.2014.
[17] BKA, Vermerk v. 20.12.2011, SAO 2, Bl. 342ff.
[18] Zu den Wehrsportübungen: Zeugenvernehmung (OLG) Kai Dalek am Hauptverhandlungstag v. 12.11.2014; TLfV-Schlussvermerk v. 20.10.1997 von KHK Dressler, SAO 43.11, Bl. 210. Vgl. auch die Zeugenaussagen von Nachbarn des Grundstücks in Kahla zu den dort stattfindenden Schießübungen von Brandt u.a., Kahla, Beiakte III StA Gera 114 Js 37149/97, Bd. I, Bl. 223, 238ff. sowie die eigenen Aussagen Brandts in der Vernehmung durch den GBA, SAO 43.3, Bl. 368; Zeugenvernehmung Tom T., Nachlieferung 18, Bl. 85; Zeugenvernehmung (BKA) Ray Sch., SAO 204, Bl. 295; Vermerk des TLKA v. 16.10.1997, Beiakte III StA Gera 114 Js 37149/97, Bd. I, Bl. 223f.; Zeugenvernehmung (GBA) Tino Brandt v. 26.11.2012, SAO 43.3, Bl. 368: »Ich bin fest davon überzeugt, dass Böhnhardt und Rosemann, bei denen es sich übrigens jeweils um Waffennarren handelte, gemeinsam Wehrsportübungen durchführten. So kann ich mich etwa daran erinnern, dass beide in Begleitung Jugendlicher paramilitärisch gekleidet auf dem Weg von oder zu einer Wehrsportübung waren, als ich sie an einer Tankstelle traf.«
[19] Thüringer Landtag, Drs. 5/8080, a.a.O., Sondervotum der Abgeordneten König und Hausold (Fraktion Die Linke), S. 1795.
[20] Zeugenvernehmung (OLG) Tino Brandt am Hauptverhandlungstag v. 24.9.2014.
[21] Zeugenvernehmung (OLG) Kai Dalek am Hauptverhandlungstag v. 12.11.2014.
[22] Zeugenvernehmung (OLG) Marcel Degner am Hauptverhandlungstag v. 11.3.2015.
[23] Mike Bär befindet sich auf der Liste der »Anti-Antifa Ostthüringen« Aktivisten, die im Zuge der »Operation Rennsteig« – also zur Anwerbung von V-Leuten – angefertigt wurde, SAO 9, Bl. 207.19; vgl. auch Zeugenvernehmung (BKA) Bär, SAO 617, Bl. 6795.
[24] TLfV, Erkenntniszusammenstellung zu Mike Bär v. 31.8.2015, SAO 642, Bl. 18220ff.

Jena, u.a. zu Mundlos, Böhnhardt, Zschäpe, Wohlleben und Kapke.[25] Zugleich hatte Degner auch enge Kontakte zu »Blood & Honour« Sachsen, insbesondere nach Chemnitz. Es bestand schon Mitte und Ende der 1990er Jahre eine personelle und strukturelle Überschneidung der thüringischen Kameradschaftsszene – zu der der THS gehörte – und der thüringischen und sächsischen »Blood & Honour«-Szene.

2. Zu dem Wissen und den Aktivitäten der Sicherheitsbehörden in der Zeit 1990 bis 1996
Bereits unmittelbar nach der Wende hatte der Verfassungsschutz das Gefahrenpotenzial der rechten Szene in Ostdeutschland erkannt und begonnen, in dieser Szene V-Männer einzusetzen.[26] Diese leisteten allerdings faktisch wichtige Struktur- und Aufbauarbeit. Auch in Thüringen nahmen Mitte der 1990er Jahre der Verfassungsschutz und der polizeiliche Staatsschutz das Entstehen organisierter rechter Strukturen wie des THS und von »Blood & Honour« ernst. Deren Radikalität und Aktionsspektrum waren den Sicherheitsbehörden von Anfang an bekannt.

Die Gewalttätigkeit und das Drohpotenzial des THS hatten so schnell zugenommen, dass im November 1995 beim Staatsschutz des Landeskriminalamts (LKA) Thüringen eine SoKo »REX« eingerichtet[27] und ein Ermittlungsverfahren gegen zwölf Führungsmitglieder des THS, u.a. gegen Kapke und Dalek, wegen Mitgliedschaft in einer kriminellen Vereinigung gemäß § 129 StGB eingeleitet wurde.[28]

Der thüringische Verfassungsschutz »überwachte« diese Entwicklungen, indem er – seinem generellen Konzept für den Umgang mit der rechten Szene folgend –

---

[25] Bär kannte Mundlos, Böhnhardt, Zschäpe, Wohlleben und Kapke, Zeugenvernehmung (BKA) Bär v. 3.9.2013, SAO 614, Bl. 6793ff. und: Vermerk zu den »Gefängnisbriefen«, SAO 499, Bl. 183; Bild von Bär mit Zschäpe, Nachlieferung 6, Bl. 209; Beschuldigtenvernehmung (TLKA) Zschäpe v. 5.8.1996, Beiakte StA Gera 114 Js 20864/96, SA Bd. 1, Bl. 50 (52); Degner selbst hat zugegeben, Wohlleben und Kapke gekannt zu haben, Zeugenvernehmung (OLG) Degner am Hauptverhandlungstag v. 11.3.2015.

[26] Der Zeuge und V-Mann Kai Dalek gab in seiner Vernehmung durch das BKA ausführlich Auskunft zu dem Motiv des Einsatzes von westdeutschen V-Männern im Osten nach der Wende. Ob diese Angaben zutreffend sind, ist höchst fraglich, nicht nur weil Dalek V-Mann war, sondern die Hauptverhandlung ergeben hat, dass er die Tendenz hat, sich aufzuspielen, und dass er sich selbst für einen Verfassungsschützer hält. Dies vorausgeschickt, sollen hier seine Angaben wiedergeben werden: »Wie mir bekannt wurde, hatten westdeutsche Sicherheitsbehörden daran großes Interesse, die rechte militante Szene in den neuen Bundesländern unter Kontrolle zu bekommen und mögliche gewalttätige Eskalationen gegenüber den abziehenden sowjetischen Streitkräften zu verhindern. Durch die Kontaktaufnahme des Tino Brandt habe ich meine politischen Aktivitäten zusätzlich nach Thüringen und in andere Bundesländer verlagert – Sachsen kam dann auch noch dazu – und meinen Beitrag dazu geleistet, dass keine Schusswaffen gegenüber den abziehenden sowjetischen Streitkräften und anderen Mitgliedern des ehemaligen Regimes eingesetzt wurden. Der Kontakt von BRANDT zu meiner Person wurde von dessen Seite in der Folge intensiviert, um die Szene unter Kontrolle zu halten. Es waren damals viele Waffen im Umlauf und – wie mir gesagt wurde – Sprengstoff aus Beständen der NVA.« (Zeugenvernehmung (BKA) Dalek v. 30.10.12, Nachlieferung 5, pdf-Seite 87)

[27] Ausführlich zur Gründung der SoKo REX: Thüringer Landtag, Drs. 5/8080, a.a.O., Rn 317ff.

[28] Der Einleitungsvermerk des TLKA vom 13.11.1995 ist zitiert in: Thüringer Landtag, Drs. 5/8080, a.a.O., Rn 947.

die Gründungs- und Führungspersonen als V-Männer anwarb.[29] Dabei trieb der Verfassungsschutz den Strukturaufbau durch die Straffreiheit der V-Leute und deren finanzielle und logistische Ausstattung noch voran. Der Verfassungsschutz glaubte, auf diese Art Kontrolle über die rechten Strukturen zu haben. Das Bundeskriminalamt (BKA) beschrieb dieses Vorgehen aber schon 1997 als »Brandstiftereffekt«, nachdem seine Ermittlungen in der rechten Szene aufgrund des Verfassungsschutzes ständig ins Leere liefen und das BKA beobachtet hatte, wie V-Leute sich gegenseitig zu zunehmender Radikalität und Straftaten aufstachelten.[30]

a) Zu Kai Dalek, dem V-Mann des bayerischen Verfassungsschutzes
Der gezielte Aufbau von rechten Strukturen in Ostdeutschland nach der Wende lässt sich am Beispiel des V-Manns Kai Dalek,[31] Deckname »Tassilo«,[32] zeigen. Dalek hat in dieser Hauptverhandlung angegeben, dass er ab 1987 als V-Mann für das bayerische Landesamt für Verfassungsschutz tätig war[33] und diesem bis 1997[34] auch Informationen zu den Entwicklungen in Thüringen lieferte.

Er hat die Gründung und den Aufbau des THS als GdNF-Führungskader von Brandt begleitet und unterstützt. Die Militanz, die Radikalität und der Machtanspruch des THS in Thüringen war Dalek wohl bekannt, ohne dass er dort steuernd eingegriffen hätte. Deckblattmeldungen und Treffberichte des bayerischen Verfassungsschutzes, also die Niederschriften über die von Dalek gelieferten Informationen, lagen weder hier im Verfahren vor, noch hat der bayerische Untersuchungsausschuss umfassend Einsicht in diese erhalten.[35] Es kann aber von Daleks Wissen über den THS, über dessen zunehmende Radikalisierung und über

---

[29] Deutscher Bundestag, Drs. 18/12950, Bericht des 3. Untersuchungsausschusses der 18. Wahlperiode gemäß Artikel 44 des Grundgesetzes, Sondervotum Fraktion Die Linke, S. 1191, FN 3533: So erklärte der ehemalige stellvertretende Leiter des nordrhein-westfälischen Verfassungsschutzes Burkhard Schnieder am 20. August 2015 als Zeuge vor dem NSU-Untersuchungsausschuss im nordrhein-westfälischen Landtag, »dass damals eine etwas andere Philosophie geherrscht hat, Organisationen von oben herab zu steuern und sie zu befrieden oder in irgendeiner Form unter Kontrolle zu bekommen«.

[30] Deutscher Bundestag, Drs. 17/14600, Bericht des 2. Untersuchungsausschusses nach Artikel 44 des Grundgesetzes S. 218; Maik Baumgärtner, Sven Röbel und Holger Stark, Der Brandstifter-Effekt – ein Geheimpapier des BKA zeichnet ein desaströses Bild der Nachrichtendienste: Haben die vielen V-Leute die rechtsextreme Szene erst stark gemacht?, in: *Der Spiegel* 45/2012, S. 41; Quelle: www.spiegel.de/spiegel/print/d-89470525.html.

[31] Thüringer Landtag, Drs. 5/8080, a.a.O., Sondervotum Fraktion Die Linke, S. 1797f.

[32] Stefan Aust, Dirk Laabs, Heimatschutz, 2014, S. 197.

[33] Die für Kai Dalek zuständigen V-Mann-Führer waren – nach dem Ergebnis der Hauptverhandlung v. 19.11.2014 – in der Hauptsache ein Beamter mit dem Decknamen Reimann, ansonsten zwei Beamte mit den Decknamen Hofbeck (phon.) und Früh (phon.).

[34] Zeugenvernehmung (OLG) Kai Dalek am Hauptverhandlungstag v. 19.11.2014. Möglicherweise flossen sogar noch Informationen bis zum Jahr 2000, als die sogenannte Nachbetreuung endete, so Maik Baumgärtner, Sven Röbel und Holger Stark, Der Brandstifter-Effekt – ein Geheimpapier des BKA zeichnet ein desaströses Bild der Nachrichtendienste: haben die vielen V-Leute die rechtsextreme Szene erst stark gemacht?, in: *Der Spiegel* 45/2012, S. 41; Quelle: www.spiegel.de/spiegel/print/d-89470525.html

[35] Bayerischer Landtag, Drs. 16/17740, S. 16 ff, 33ff. auch: SAO 611, Bl. 5723.

den Versuch, einen militärischen Flügel des THS aufzubauen, auf den Inhalt seiner Meldungen geschlossen werden. Diese Meldungen wurden – der Kooperation unter den Verfassungsschutzbehörden entsprechend – an die betroffenen Landesbehörden und teilweise auch an das Bundesamt für Verfassungsschutz weitergeleitet. Somit kannten die Verfassungsschutzbehörden von Anfang an die in Ostthüringen entstehenden militanten Strukturen und deren zentrale Akteure und waren durch Dalek am Aufbau dieser Strukturen beteiligt.

b) Zu Tino Brandt, dem V-Mann des LfV Thüringen
Von exemplarischer Bedeutung ist auch der V-Mann des Landesamtes für Verfassungsschutz (LfV) Thüringen Tino Brandt, alias VM »2450«, alias »Otto«. Er war nach eigenen Angaben seit 1991 in der rechten Szene in Ostthüringen aktiv[36] und hatte früh Kontakte in die Szene in Jena.[37] Im Sommer 1994 wurde er von dem Beamten des LfV Thüringen Norbert Wießner als V-Mann angeworben.[38] Brandt berichtete bis zu seiner Abschaltung und Enttarnung Anfang des Jahres 2001[39] seinen V-Mann-Führern wöchentlich[40] und galt als quellenehrlich,[41] das heißt, die von ihm gelieferten Informationen wurden als zuverlässig und zutreffend eingeschätzt. Er erhielt vom Verfassungsschutz Computer, Mobiltelefone und rund 200.000 DM Honorar und Auslagen. Dieses Geld steckte er zu einem Gutteil wieder in die Szene, was dem Landesamt bekannt war. Sämtliche der 30 gegen ihn laufenden strafrechtlichen Ermittlungsverfahren wurden eingestellt. Vor Durchsuchungen wurde er gewarnt.[42] Engagierte Ermittler des polizeilichen Staatsschutzes wurden vom Verfassungsschutz aufgefordert, die »Hexenjagd« auf Brandt einzustellen.[43] Das LfV Thüringen steuerte über Tino Brandt faktisch den Aufbau des THS und duldete Brandts Bemühungen um Radikalisierung und Militarisierung des THS.[44]

---

[36] Zeugenvernehmung (OLG) Tino Brandt am Hauptverhandlungstag v. 24.9.2014.
[37] Beiakte II StA Gera 114 Js 1212/97, Spurenband, Bl. 78; die Demonstration wurde für den 13.8.1994 angemeldet und hatte das SED-Vermögen zum Thema.
[38] TLfV, Vermerk zu Tino Brandt v. 13.11.2011, SAO 501, Bl. 114, 115; Gerhard Schäfer, Volkhard Wache, Gerhard Meiborg, Gutachten zum Verhalten der Thüringer Behörden und Staatsanwaltschaften bei der Verfolgung des »Zwickauer Trios«, 2012, Rn 303ff. bzw. SAO 604, Bl. 3088f.: August 1994 erste Ansprache, ab Januar 1995 regelmäßige Berichte, ab Juni 1997 förmliche Verpflichtung und Einstufung als C-Quelle, ab September 1999 Einstufung als B-Quelle, mit Unterbrechung von 29.5.2000 bis 12.7.2000 wurde er bis Januar 2001 geführt.
[39] TLfV, Vermerk zu Tino Brandt v. 13.11.2011, SAO 501, Bl. 114, 115.
[40] Zeugenvernehmung (OLG) Norbert Wießner an den Hauptverhandlungstagen v. 1.10.2014 und 27.3.2014; Zeugenvernehmung (OLG) Jürgen Zweigert an den Hauptverhandlungstagen v. 27.3.2014 und 30.9.2014, Zeugenvernehmung (OLG) Reiner B. an den Hauptverhandlungstagen v. 1.4.2014 und 30.9.2014.
[41] Thüringer Landtag, Drs. 5/8080, a.a.O., R N 1508.
[42] Zeugenvernehmung (OLG) EKHK Dressler am Hauptverhandlungstag v. 4.9.2014.
[43] Thüringer Landtag, Drs. 5/8080, a.a.O., Rn 842.
[44] Die vernommenen V-Mann-Führer von Brandt berichteten zumindest von so einer Untersagung nichts. Kai Dalek gab aufgrund seiner eigenen Erfahrung an, er gehe davon aus, dass Brandt seine politischen Aktionen und seine Militarisierung mit seiner »vorgesetzten Behörde«

c) Zu Marcel Degner, dem V-Mann des LfV Thüringen

Marcel Degners Funktion in der »Blood & Honour«-Sektion war vergleichbar mit der Brandts im THS: Degner hatte die Sektion nicht nur aufgebaut, sondern führte sie auch und war vielfältig vernetzt. Wie auch Brandt war Degner von dem Beamten Norbert Wießner – der später bei der Suche nach den drei Abgetauchten eine entscheidende Rolle einnehmen sollte – unmittelbar nach der Gründung der Sektion angeworben worden. Degner wurde von Mai 1997[45] an unter dem Decknamen »Hagel« bzw. »2100« durch den Beamten des LfV Thüringen Jürgen Zweigert bis zu seiner Abschaltung im Oktober 2000 geführt. Auch Degner wurde im Vorfeld von polizeilichen Durchsuchungen gewarnt und erhielt ähnlich hohe Honorarzahlungen wie Brandt.[46] Er stieg später zum mitteldeutschen Chef von »Blood & Honour« und zum Kassenwart der Bundesdivision auf, eine Topquelle also; er hatte Kontakt und Zugang zu anderen »Blood & Honour«-Sektionen, insbesondere nach Sachsen. So kannte er unter anderem die sächsischen »Blood & Honour«-Mitglieder und Zeugen Thomas Starke,[47] Jan Werner und Antje Probst.[48] Auch zu Ralf Marschner, dem V-Mann »Primus« des BfV, hatte Degner gute Kontakte.[49]

Ob und was Degner bei den rund 150 Treffen seinem V-Mann-Führer über den THS, die »Sektion Jena« und insbesondere über Mundlos, Böhnhardt und Zschäpe berichtet hat, wissen wir nicht. Die Personenakte Degners mit den Deckblattmeldungen wurde nur kurze Zeit nach seiner Abschaltung irregulär und ohne Anfertigung einer Vernichtungsverhandlung vernichtet.[50] Lediglich aus späterer Zeit sind uns drei einzelne Meldungen Degners zu den abgetauchten Mundlos, Böhnhardt und Zschäpe bekannt. Allerdings muss es auch aus der Zeit vor dem Abtau-

---

abgestimmt hat, wenn es nicht so hätte sein sollen, dann hätte man ihm gesagt, so geht es nicht, Zeugenvernehmung (OLG) Dalek am Hauptverhandlungstag v. 12.11.2014.

[45] Zeugenvernehmung (OLG) Norbert Wießner am Hauptverhandlungstag v. 22.4.2015, dort gab Wießner an, bei der Vorbereitung auf die Vernehmung habe er noch einmal in die Akte gesehen und dort stünde, dass Degner das erste Mal im Mai 1997 von ihm angesprochen worden sei. Eine förmliche Verpflichtungserklärung unterzeichnete Degner erst sehr viel später, nämlich am 7. Januar 1999.

[46] Thüringer Landtag, Drs. 5/8080, a.a.O., Rn 862.

[47] Thomas Starke trägt heute den Nachnamen »M.« und wurde auch als Thomas M. als Zeuge vom OLG München gehört.

[48] Antje Probst trägt heute den Nachnamen »B.« und wurde auch als Antje B. als Zeugin vom OLG gehört.

[49] Zeugenvernehmung (ThPUA) Jürgen Zweigert, 17. Sitzung des ThPUA am 8. Oktober 2012, S. 231; Sören Frerks, Marcel Degner, in: *der rechte rand* 150/2014, S. 20. Bei dem Konzert in Schorba kam es zu mindestens zwei bekannten Gesprächen über die drei: Einmal sprachen Degner und Starke (vgl. TLfV, Deckblattmeldung von Degner, Nachlieferung 26, Bl. 254) über die drei und Schultze berichtete, ebenfalls dort gewesen zu sein und über die drei gesprochen zu haben, mit wem ist nicht bekannt; Einlassung Schultze am Hauptverhandlungstag v. 11.6.2013.

[50] Thüringer Landtag, Drs. 5/8080, a.a.O., Rn 130, 859, 867. Soweit beim BfV noch 69 Kopien von Deckblattmeldungen von Degner aus der Zeit 1997 bis 2000 existieren, ist auch deren Inhalt den Prozessbeteiligten vorenthalten worden (Antwort der Bundesregierung in der Fragestunde im Deutschen Bundestag am 25. März 2015, Plenarprotokoll 18/96, Deutscher Bundestag, Stenografischer Bericht, 96. Sitzung, Berlin, Mittwoch, 25.3.2015, S. 9133).

chen Meldungen zu den dreien und deren späterer Unterstützerstruktur, den Führungspersonen des THS, der »Sektion Jena« und der »Blood & Honour«-Sektion Sachsen, gegeben haben. Degner kannte diese Kreise gut und wurde von seinen V-Mann-Führern als quellenehrlich beschrieben. Soweit er nicht schon sein Wissen über die Personen und Strukturen von alleine weitergeleitet hat, musste das LfV Thüringen Degner jedenfalls zur Überprüfung der Quellenehrlichkeit des V-Manns Brandt zu diesen Zusammenschlüssen intensiv befragen. Über Marcel Degner steuerte das LfV Thüringen also faktisch den Aufbau der »Blood & Honour«-Sektion Thüringen und hatte Einfluss auf die Bundesdivision.

d) Was wir nicht wissen
Diese drei Beispiele zeigen, welche Rolle V-Männer beim Aufbau der Strukturen hatten, aus denen später der NSU und sein Unterstützernetzwerk entstanden, und dass die Gefährlichkeit dieser Strukturen bekannt war. Und all dies wissen wir, obwohl ein Teil der Meldungen der V-Männer vernichtet wurde oder nicht zugänglich ist. Das gesamte Ausmaß der Steuerung und der bei den Verfassungsschutzbehörden vorhandenen Erkenntnisse über diese Strukturen können wir nur erahnen: Die Verfassungsschutzbehörden halten bis heute einen Großteil ihrer Erkenntnisse und Operationen im Umfeld des THS und seiner Sektionen – also auch der »Sektion Jena« – geheim. So wissen wir zum Beispiel nicht, wie viele V-Personen tatsächlich bei der vom Bundesamt für Verfassungsschutz, von den Landesämtern Thüringen und Bayern, dem Militärischen Abschirmdienst (MAD) und dem BKA[51] gemeinsam geführten Operation »Rennsteig« im Jahr 1997 angeworben worden sind.[52] Gerichtet war die Operation auf den THS und sein Umfeld, die Liste für Werbungsfälle umfasste 73 Personen, darunter auch Mundlos, Böhnhardt, Wohlleben, André Kapke und Marc-Rüdiger H., der zum unmittelbaren Umfeld der »Sektion Jena« gehörte. Ein Teil der Akten der in dieser Operation angeworbenen V-Männer wurde im Zug der sogenannten Operation »Konfetti« im Bundesamt für Verfassungsschutz am 11. November 2011 vernichtet.

---

[51] Die Teilnahme des BKA ergibt sich aus dem Protokoll eines Treffens der beteiligten Verfassungsschutzbehörden im Rahmen der Operation Rennsteig am 20.3.1997 in München (SAO 9, Bl. 207.3), an der als Teilnehmer auch die Personen H. und G. aufgeführt sind; hinter ihren Namen steht »SG 70«. Laut der Aussage des Zeugen Wießner am Hauptverhandlungstag v. 23.11.2014 steht die Abkürzung »SG 70« für den Staatsschutz des BKA.
[52] BfV, Besprechungsvermerk v. 21.3.1997, SAO 9, Bl. 207.3ff. Das BfV gibt an, acht V-Leute im Rahmen der Operation geworben zu haben, wie viele V-Personen das TLfV und der MAD geworben haben, wissen wir nicht. Auch die Angabe des BfV ist zweifelhaft, weil danach die erste Anwerbung 1999 stattgefunden habe, was sehr spät wäre, wenn die Operation bereits seit 1997 lief; vgl. Deutscher Bundestag, Drs. 17/14600, a.a.O., S. 757.

Zweiter Abschnitt: Gründung und Aufbau der Kameradschaft bzw. Sektion Jena in den Jahren 1994 bis 1996

1. Was wir über diese Zeit wissen

Mein Kollege Dr. Stolle hat bereits ausführlich dargestellt, was über die 1994 gegründete Kameradschaft bzw. die Sektion Jena des THS bekannt ist. Zu dem Kern gehörten Kapke, Mundlos, Böhnhardt, Wohlleben, Gerlach und Zschäpe, um sie herum gab es einen größeren, bis 30 Personen starken Kreis von weiteren Mitgliedern oder der Sektion zumindest nahestehenden Personen, wie z.B. Marc-Rüdiger H., Sven L. und der Zeuge Volker H. Die Aktionsfähigkeit und ideologische Radikalität der Sektion trat früh zu Tage: So im September 1995 bei der bereits mehrfach erwähnten Propagandaaktion der Sektion Jena und anderer THS-Mitglieder anlässlich einer Gedenkveranstaltung am Mahnmal der Opfer des Faschismus in Rudolstadt.[53] Am Tag der Reichspogromnacht im November 1995 wurde in Jena eine Puppe mit einem Davidstern aufgehängt.[54] Einen Tag später wurde u.a. von Böhnhardt eine Bombenattrappe in einem Wohnheim für bosnische Bürgerkriegsflüchtlinge in Jena platziert. Im selben Zeitraum wurden u.a. von Mundlos die Wachabläufe in einem Asylbewerberheim in Jena ausgespäht.[55] Schließlich hängten die Mitglieder der Sektion Jena im April 1996 eine mit einer Bombenattrappe verbundene Puppe, die erneut einen Davidstern trug, an einer Autobahnbrücke auf, unter der Ignatz Bubis am nächsten Tag auf dem Weg zur KZ-Gedenkstätte Buchenwald durchfahren sollte.[56]

Die Aktionen der Sektion Jena waren damals schwerpunktmäßig antisemitisch und den historischen Nationalsozialismus verherrlichend. So war Bubis immer wieder Ziel der Sektion, er wurde bei einer Veranstaltung in Jena ausgespäht,[57] es wurde versucht, ihn nach Jena »einzuladen«, und er wurde in einem der Schrei-

---

[53] TLKA, Schlussvermerk v. 20.10.1997, SAO 43.11, Bl. 165ff.
[54] Vgl. hierzu den Beweisantrag von Nebenklagevertretern vom 29.3.2017 auf Beiziehung der Akten der damaligen Ermittlungsverfahren. Die *Bild*-Zeitung berichtete über das Bekennerschreiben im Zusammenhang mit einem Artikel über die Puppe am 16.4.1996: Beiakte III StA Gera 114 Js 37149/97 Bd. VI, Bl. 1735; Mundlos berichtet in einem Brief von dieser Rede: BfV, Vermerk zur Auswertung des Briefwechsels von Mundlos mit Starke/Torsten Sch./Enrico Ri. v. 22.6.2012, Nachlieferung 20, Bl. 312, 341. In dem Artikel des *Spiegel* »Lebende Zeitbomben« von 1997 heißt es sogar, dass die Bombe in dem Flüchtlingsheim explodiert sei, darauf gibt es aber ansonsten keine weiteren Hinweise: o. V., Rechtsextremisten. Lebende Zeitbomben: Der Fall des Neonazis Kay Diesner, der einen Polizisten tötete und ein PDS-Mitglied durch Schüsse schwer verletzte, verweist auf neue Gefahren von rechts. Nach Organisationsverboten treten Einzeltäter auf den Plan, unberechenbar und hemmungslos, in: *Der Spiegel* 10/1997 v. 3.3.1997, S. 34.
[55] Zeugenvernehmung (BKA) Tibor R. SAO 201, Bl. 171, 178f. Bei einer vorangegangenen Befragung gab Tibor R. noch an, dass Mundlos gesagt habe, die Beeinträchtigung der körperlichen Unversehrtheit des Wachpersonals sei von Mundlos als möglicher »Kollateralschaden« bezeichnet worden; SAO 539, Bl. 72.
[56] Zeugenvernehmung (OLG) K. S. am Hauptverhandlungstag v. 29.4.2015. Ignatz Bubis (1927-1999) war zu jener Zeit Vorsitzender des Zentralrats der Juden in Deutschland.
[57] TLKA, Vermerk v. 10.4.1997, Beiakte Staatsanwaltschaft Gera, Az. 114 Js 20864/96, Bd. II, Bl. 375.

ben bedroht, die um die Jahreswende 1996/1997 herum mit Briefbombenattrappen zusammen in Jena versandt worden waren.[58]

2. Zu dem Wissen und den Aktivitäten der Sicherheitsbehörden in Bezug auf die Kameradschaft bzw. »Sektion Jena« in den Jahren 1994 bis 1996

Der Verfassungsschutz – auf Bundes- und auf Landesebene – und der thüringische polizeiliche Staatsschutz hatten ab spätestens 1995 von der Gründung der »Kameradschaft Jena« als Sektion des THS Kenntnis. Dabei war den Behörden nicht nur die personelle Zusammensetzung der Sektion, sondern auch ihre zunehmende Radikalisierung und ihr erhebliches Aktionspotenzial bekannt.

Durch das bereits erwähnte Strafverfahren nach § 129 StGB gegen Mitglieder des THS, unter anderem gegen den Führer der »Sektion Jena«, André Kapke, war der polizeiliche Staatsschutz bestens über die Sektion Jena informiert. Das LfV Thüringen verfügte zudem über die Informationsquelle Brandt. Jedoch erhielt auch das Bundesamt für Verfassungsschutz durch seinen V-Mann Thomas Richter, Deckname »Corelli«, frühzeitig Kenntnis von der Sektion und ihrer Ausrichtung.

Bereits am 21. Februar 1995 meldete Richter seinem V-Mann-Führer telefonisch, was er bei einem persönlichen Treffen von Uwe Mundlos erfahren hatte: Es sei von ca. 30 Personen eine neue Kameradschaft in Jena gegründet worden, die im Wesentlichen sogenannte Anti-Antifa-Arbeit betreibe und die zwei Ansprechpartner habe, die er mit Namen und Telefonnummer nannte. Noch am Tag der Meldung durch Richter wurde Mundlos' Name vom Bundesamt in der Verbunddatei NADIS, dem Nachrichtendienstlichen Informationssystem der Verfassungsschutzämter, erfasst. Auf einem an das Bundesamt übersandten Befragungsprotokoll von Mundlos durch den MAD,[59] das ebenfalls aus dem Jahr 1995 stammt, ist handschriftlich neben dem Namen von Mundlos »KS Jena!« – also Kameradschaft Jena – vermerkt.[60] Diese Anmerkung und die Eintragung in NADIS zeigen, dass die Kameradschaft Jena bereits 1995 vom BfV erfasst und Informationen zu der Kameradschaft und deren Mitgliedern zusammengeführt wurden. Zschäpe und Böhnhardt wurden nur wenige Monate später ebenfalls in NADIS erfasst.[61] Auch suchten Beamte des BfV in regelmäßigen Abständen den Staatsschutz der KPI Jena auf und befragten die Staatsschutzbeamten nach der Entwicklung in der rechten Szene in Jena und insbesondere zu der Kameradschaft Jena.[62] Selbst das

---

[58] Vgl. handschriftlicher Zettel von 1995 – in der Handschrift von Mundlos verfasst –, für Bubis, er solle einem »Ingo« Bescheid geben, ob er zu einer Veranstaltung nach Jena kommen werde, Beiakte II StA Gera 114 Js 1212/97, Bd. III (Spurenband), Bl. 81. Am 26.3.1999 wurde eine Briefbombenattrappe an Bubis geschickt, »Um 11.00 Uhr geht die Bombe hoch«, die österreichische Briefmarke war nicht abgestempelt und laut einem BKA-Vermerk hatte die Briefbombenattrappe Ähnlichkeit mit jenen aus Jena, BKA, Vermerk v. 30.3.1999, Nachlieferung 27, Bl. 150; Deutscher Bundestag, Drs. 17/14600, a.a.O., S. 389.
[59] Befragung von Mundlos durch den MAD v. 8./9.3.1995; SAO 503.1, Bl. 191ff., 193.
[60] Schreiben des MAD v. 27.6.1995 an das BfV u. a., SAO 503.1, Bl. 191ff., 172.
[61] Deutscher Bundestag, Drs. 17/14600, a.a.O., S. 91.
[62] Zeugenvernehmung (OLG) KHK K. am Hauptverhandlungstag v. 2.8.2016.

BfV war also seit 1995 über die Gründung der Kameradschaft Jena und deren weitere Entwicklung informiert; erst recht galt dies für die thüringischen Behörden.

Dritter Abschnitt: Von der Gründung der Vereinigung Sektion Jena des THS im Jahr 1996 bis zum Herbst 1997

1. Was wir über diese Zeit wissen

Im Jahr 1996 fand die Umformung der »Sektion Jena« des THS zu einer mindestens kriminellen Vereinigung statt, aus der später der NSU hervorgehen sollte. Der ideologische Kern für die weitere Radikalisierung der »Sektion Jena«, die von der Drohung mit Gewalt zur Vorbereitung terroristischer Taten überging, ist ein von Vernichtungswillen getragener völkischer Rassismus und Antisemitismus, das Ziel war die Schaffung einer am historischen Nationalsozialismus angelehnten Staats- und Gesellschaftsordnung. Dafür wurde innerhalb der neonazistischen Szene in Musik, in Fanzines und Propagandafilmen geworben.

Die Frage der Umsetzung dieser Ideologie wurde in der Szene Mitte der 1990er Jahre breit diskutiert, insbesondere ging es um die Notwendigkeit von Bewaffnung und um eigene Terrorkonzepte, wie die von »Combat 18«, dem terroristischen Arm von »Blood & Honour«. Dies zeigt sich unter anderem in den Diskussionen des THS um das Zellenkonzept,[63] der Beschaffung von Literatur zu Terrorkonzepten wie dem Fanzine »Sonnenbanner«,[64] im ideologischen Austausch der »Sektion Jena« mit inhaftierten Neonazis in Sachsen[65] und im Konsum der den Rassenkrieg und gezielte Morde an politischen Gegnern propagierenden »Kriegsberichter«-Videos.[66] Es ist bekannt, dass diese Auseinandersetzung in der Sektion Jena zu sogenannten Richtungsdiskussionen führte, die Bewaffnung und konkrete politische Gewalt zum Thema hatten. Als in diesen Diskussionen ent-

---

[63] Zeugenvernehmung (OLG) André Kapke am Hauptverhandlungstag v. 5.2.2014.

[64] Brandt versorgte den THS außerdem mit Literatur für den Aufbau von konspirativen Untergrundzellen durch das Bestellen von mehreren Exemplaren des indizierten Handbuchs »Der totale Widerstand, Kleinkriegsanleitung für Jedermann« des ehemaligen Majors der Schweizer Volksarmee Hans von Dach, vgl. Thüringer Landtag, Drucksache 5/8080, a.a.O., Sondervotum Fraktion Die Linke, S. 1795. Zu dieser Literatur gehört u.a. auch das in der Garage am 26.1.1998 sichergestellte Fanzine des V-Mannes Michael See »Sonnenbanner«; vgl. die Verlesung der Artikel aus dem »Sonnenbanner« am Hauptverhandlungstag v. 17.12.2014 (vgl. den entsprechenden Beweisantrag von Nebenklagevertretern, gestellt am Hauptverhandlungstag vom 18.3.2014). Auch dazu gehört das ebenfalls in der Garage gefundene »Blood & Honour«-Magazin Nr. 2, vgl. Verlesung von Artikeln aus dem »Blood & Honour«-Magazin Nr. 2 mit Texten über Terrorkonzepte am Hauptverhandlungstag v. 26.11.2015 (vgl. den entsprechenden Beweisantrag von Nebenklagevertretern, gestellt am Hauptverhandlungstag v. 11.5.2015).

[65] So Mundlos in einem Brief aus dem Sommer 1995 an Starke/Torsten Sch./Enrico Ri: BfV v. 22.6.2012, Vermerk zur Auswertung des Briefwechsels von Mundlos mit Starke/Torsten Sch./Enrico Ri., Nachlieferung 20, Bl. 337.

[66] Zeugenvernehmung (OLG) Tom T. am Hauptverhandlungstag v. 16.9.2015; Beweisantrag von Nebenklagevertretern zu den »Kriegsberichter«-Videos, gestellt am Hauptverhandlungstag v. 22.10.2015.

schieden wurde, sich mit Schusswaffen für politische Gewaltaktionen auszurüsten, waren hieran nicht nur die Mitglieder der Sektion beteiligt, sondern laut Gerlach auch Tino Brandt.[67]

In einer einige Jahre später gefallenen Bemerkung Brandts gegenüber dem Neonazi Thorsten Heise bezeichnet Brandt den THS als den legalen Arm einer Terrorbewegung. Mit der »Terrorbewegung« meinte Brandt dabei die Sektion Jena.[68] Damit hat er zutreffend das damalige Verhältnis und Selbstverständnis von THS und »Sektion Jena« beschrieben. Auf diese Entwicklung hat die Führung des THS, also auch Brandt, mit der systematischen Professionalisierung und Radikalisierung des THS von Anfang an hingearbeitet.

Die in den Richtungsdiskussionen gefällte Entscheidung für eine Bewaffnung der »Sektion Jena« wurde ab Frühsommer 1996 umgesetzt, indem unter anderem die logistischen Voraussetzungen für das Begehen politischer Gewalttaten geschaffen wurden. Hierfür wurde von der »Sektion Jena« im Sommer 1996 eine Garage gesucht, um dort Bombenattrappen und echte Sprengkörper bauen zu können.[69] Es wurde die Garage Nr. 5 des Garagenvereins »An der Kläranlage« gefunden und von Zschäpe angemietet. Anschließend besorgte Mundlos über den Chemnitzer Thomas Starke mehr als ein Kilogramm TNT.[70] Seit 1994 verfügten Mundlos und Zschäpe und später auch die übrigen Mitglieder der Sektion Jena über enge Kontakte nach Chemnitz. Thomas Starke war um die Jahreswende 1996/1997 für einige Monate mit Zschäpe liiert.[71] An der Beschaffung des TNT waren außer Starke die zwei weiteren sächsischen »Blood & Honour«-Mitglieder und Zeugen Jörg

---

[67] Beschuldigtenvernehmung (BKA) Holger Gerlach v. 17.1.2012, SAO 34, Bl. 122 (133), eingeführt durch Zeugenvernehmung (OLG) KHK Schartenberg am Hauptverhandlungstag vom 16.7.2013; weitere Angaben Gerlachs zu den »Richtungsdiskussionen« Beschuldigtenvernehmung (BKA) Holger Gerlach v. 13.11.2011, SAO 34, Bl. 31 (35); eingeführt durch Zeugenvernehmung (OLG) KOK Ho. am Hauptverhandlungstag v. 23.7.2013.

[68] Aussage von Brandt gegenüber Heise im Gespräch am 20.1.2007, SAO 600, Bl. 1318: Brandt: »(unverständlich, evtl. ›dadran lag‹) natürlich für die der Wert, und natürlich ... keine Ahnung ... vielleicht ham die auch in ... in Richtung damals äh ... der drei ... äähhh ... verschwundenen Jenaern gedacht, äh ... dass der Thüringer Heimatschutz die äh ... (unverständlich, evtl. ›wie die Sinn Fein‹) der legale Arm einer Terrorbewegung werden könnte, womöglich also.«

[69] Zeugenvernehmung (OLG) EKHK Dressler am Hauptverhandlungstag v. 3.9.2014; Einlassung Zschäpe am Hauptverhandlungstag v. 9.12.2015, im Selbstleseverfahren eingeführt: Garagenmietvertrag aus SAO 172, Bl. 162; Polizeiliche Zeugenvernehmung (BKA) K.A. v. 28.1.1998 (SAO 172, Bl. 159ff.). Dass die Einlassung Zschäpes nicht stimmt, sie hätte die Garage angemietet, um von Böhnhardt wieder akzeptiert zu werden, zeigt sich nicht nur daran, dass sie die Garage zusammen angemietet haben, sondern auch daran, dass sie am 2. August 1996 zusammen auf einem Rennicke-Konzert waren; TLfV v. 30.11.2011, SAO 9, Bl. 121, 123.

[70] Beschuldigtenvernehmung (BKA) Thomas Starke v. 25.1.2012, SAO 40, Bl. 56 (74), eingeführt durch Zeugenvernehmung (OLG) KHK Ben. am Hauptverhandlungstag v. 2.4.2014.

[71] Beschuldigtenvernehmung (BKA) Thomas Starke v. 25.1.2012, SAO 40, Bl. 40 (56), eingeführt durch Zeugenvernehmung (OLG) KHK Ben. am Hauptverhandlungstag v. 2.4.2014; auch Torsten Sch. berichtet über die Liaison Zschäpe – Starke in einem Brief an Mundlos im März 1997, Auswertungsvermerk des BfV zu dem Briefwechsel v. 22.6.2012, Nachlieferung 20, Bl. 350.

Winter[72] und Giso T.[73] beteiligt. Allein schon die Menge des TNT zeigt, dass es nicht als »ultimative Drohung«[74] – wie Gerlach behauptete – dienen sollte, sondern zum Bau von Rohrbomben. Die Garage der Sektion Jena war einem größeren Kreis von Personen bekannt. Dies zeigt die von Mundlos, Böhnhardt und Zschäpe nach dem Abtauchen geäußerte Vermutung, Grund für die Durchsuchung der Garage sei ein szeneinterner Verrat gewesen.[75] Da die drei den übrigen Mitgliedern der »Sektion Jena«, aber auch Tino Brandt nach dem Abtauchen weiter vertrauten, müssen sie einen Verrat und damit entsprechendes Wissen bei einer entfernteren Person für möglich gehalten haben.

Nach dem Anmieten der Garage im August 1996 bis kurz vor dem Abtauchen demonstrierte die »Sektion Jena« mit dem Platzieren bzw. Verschicken von vier Bombenattrappen ihre logistischen Fähigkeiten und ernsthafte Gewaltbereitschaft.[76] Das betrifft insbesondere die im September 1997 vor dem Theater in Jena in einem Koffer abgelegte funktions-, aber nicht zündfähige, mit 10 Gramm TNT und Schwarzpulver gefüllte Rohrbombe.[77] Alle Bombenattrappen wurden anonym verschickt bzw. platziert, waren aber mit Hakenkreuzen und zum Teil

---

[72] Zeugenvernehmung (OLG) Jörg Winter am Hauptverhandlungstag v. 25.2.2015. Dort gab er an, Mitglied bei »Blood & Honour« gewesen zu sein.

[73] Zeugenvernehmung (OLG) Giso T. am Hauptverhandlungstag vom 15.2.2015. Dort gab er an, Mitglied bei »Blood & Honour« gewesen zu sein.

[74] Beschuldigtenvernehmung (BKA) Holger Gerlach vom 17.1.2012, SAO 34, Bl. 122 (128), eingeführt durch Zeugenvernehmung (OLG) KHK Schartenberg am Hauptverhandlungstag vom 16.7.2013.

[75] Beschuldigtenvernehmung (GBA) M.-F.B. v. 5.1.2012, SAO 37, Bl. 114 (116), eingeführt durch Zeugenvernehmung (OLG) KOK V. am Hauptverhandlungstag v. 25.3.2014.

[76] Der Zeuge K.S. berichtete erstmals in der Hauptverhandlung, dass Mundlos, Böhnhardt, Zschäpe, Wohlleben und er für das Aufhängen der Puppe am 16.4.1996 verantwortlich waren; diese Aussage ist relevant, weil er der einzige Szenezeuge ist, der sich selbst belastet hat, um zur Aufklärung beizutragen, und einen wichtigen Beitrag geleistet hat. Bis zu seiner Aussage gab es keine direkten Zeugen für die Täterschaft von Angehörigen der »Kameradschaft Jena« für das Aufhängen der Puppe und die Platzierung bzw. Versendung der Bombenattrappen; Zeugenvernehmung (OLG) K.S. am Hauptverhandlungstag v. 29.4.2015. Aus den Angaben des Zeugen A.H. ergibt sich, dass z.B. über das Abstellen des Koffers offen in der Kameradschaft gesprochen wurde, es also eine gemeinsame Aktion war: Zeugenvernehmung (OLG) A.H. am Hauptverhandlungstag v. 15.4.2015: »Bei den letzten Besuchen habe ich auch Wohlleben und Kapke gesehen, in dieser Runde hat man relativ offen über den Koffer und so weiter gesprochen, dabei hat man auch darüber gesprochen, dass brenzlige Situationen entstehen könnten, in der er – also Mundlos – sich möglicherweise der Gerichtsverhandlung entziehen möchte.« (Hauptverhandlungstag v. 15.4.2015) Vgl. auch Erklärung nach § 257 Abs. 2 StPO zur Vernehmung des Zeugen A.H. von Nebenklagevertretern am Hauptverhandlungstag v. 14.7.2015. Auch der Zeuge und gesondert Verfolgte M.-F.B. berichtete, dass die drei ihm von den Aktionen in Jena erzählt haben und es klar war, dass alle drei hinter diesen standen, Beschuldigtenvernehmung (GBA) M.-F.B. v. 5.1.2012, SAO 37, Bl. 114 (116), eingeführt durch Zeugenvernehmung (OLG) KOK V. am Hauptverhandlungstag v. 25.3.2014.

[77] Zeugenvernehmung (OLG) EKHK Dressler am Hauptverhandlungstag v. 4.9.2014; BKA, Vermerk v. 4.3.1999, SAO 43.11, Bl. 223ff.; Staatsanwaltschaft Gera v. 12.5.1998, Beiakte III StA Gera 114 Js 37149/97 Bd. III, Bl. 597, 599.

mit Drohschreiben versehen.[78] Diese Serie folgte einer klaren Strategie der Eskalation und sollte nach dem Willen der Sektion Jena in dem Einsatz von echten Sprengsätzen münden.[79]

2. Zu dem Wissen und den Aktivitäten der Sicherheitsbehörden in der Zeit 1996 bis Herbst 1997

Die zunehmende Radikalisierung und die terroristischen Tendenzen des THS waren den thüringischen Sicherheitsbehörden bekannt. Ebenfalls war bekannt, dass die »Sektion Jena« mit der Anmietung der Garage und der Sprengstofflieferung zum militanten Arm des THS geworden war. Diese Kenntnis führte bis zur Durchsuchung der Garage am 26. Januar 1998 zu einer erheblichen Überwachung der Sektion und des harten Kerns des THS, wenn auch nicht zu einer Unterbindung der von ihnen verübten Straftaten.

a) Zu der Kenntnis von der Radikalisierung des THS und dessen »Sektion Jena«
Der THS und die »Sektion Jena« wurden weiterhin durch das LfV Thüringen und durch den Staatsschutz des LKA Thüringen in erheblichem Ausmaß überwacht. Dies zeigen neben dem weiterlaufenden § 129-Verfahren gegen die THS-Führung auch die Vielzahl einzelner Strafverfahren gegen die Mitglieder des THS bzw. der Sektion Jena.[80] Im Zuge dieser Verfahren kam es zu vielen verdecken und offenen Strafverfolgungsmaßnahmen, wie Durchsuchungen. Durch diese waren den Sicherheitsbehörden insbesondere auch die stetige Radikalisierung der »Sektion Jena« und ihr konspiratives Agieren bekannt.[81] Erkenntniszusammenstellungen des thüringischen LKA zu Mundlos und Böhnhardt aus dem Jahr 1997 belegen

---

[78] Vgl. den ausdrücklichen Hinweis auf das Ausbleiben von Bekennerschreiben in Jena in: BKA-Unterrichtung des GBA v. 16.1.1998, SAO 43.11, Bl. 219ff.; dort auch Hinweis auf BfV Nr. 7/98.

[79] Offen ist, ob ggf. schon funktionsfähige Sprengsätze eingesetzt wurden; bis heute ist der versuchte Sprengstoffanschlag in einer Unterkunft portugiesischer Gastarbeiter mit einem zündfähigen Sprengsatz, bei dem nur der Zünder nicht funktioniert hatte, in Stadtroda am 18. November 1997 nicht aufgeklärt, vgl. Zeugenvernehmung (thPUA) KOK Mario Melzer, Protokoll 20. Sitzung am 12. November 2012, S. 278; Zeugenvernehmung (thPUA) EKHK Har., Protokoll 36. Sitzung vom 15.4.2013 im thüringischen PUA, Bl. 205; Thüringer Landtag, Drs. 5/8080, a.a.O., Rn 117, 693.

[80] Die Zeugin PM'in Sch. sprach von horrend vielen, ca. 300 Verfahren der SoKo »REX« im Bereich des THS, Zeugenvernehmung (OLG) Sch. am Hauptverhandlungstag v. 22.10.2014. Gegen die »Sektion Jena« bzw. deren Mitglieder liefen folgende Verfahren: Verfahren wegen der Stadionbombe v. 6.10.1996, StA Gera 114 Js 20801/96; Verfahren wegen der Briefbombenattrappen v. 31.12.1996, StA Gera 114 Js 1212/97; Verfahren wegen der Theaterbombenattrappe v. 2.9.1997, StA Gera 114 Js 37149/97; Verfahren wegen der Bombenattrappe vom Nordfriedhof v. 26.12.1997, StA Gera 114 Js 17681 /98. Die Verfahren wurden am 7.5.1998 unter dem führenden Aktenzeichen StA Gera 114 Js 37149/97 verbunden.

[81] Z.B. Vermerk des BKA zu den am 18.12.1996 sichergestellten Asservaten, SAO 624, Bl. 9944 und 9951; u.a. Handscanner zum Abhören des Polizeifunks.

den Umfang des dort vorhandenen Wissens.[82] Dieses Wissen wurde regelmäßig mit dem Verfassungsschutz geteilt.[83] Wie umfassend die »Sektion Jena« observiert wurde, zeigt eine bei einer Hausdurchsuchung im Jahr 1996 bei Böhnhardt aufgefundene Liste. Auf dieser Liste hatten die Mitglieder der Sektion Jena über zwei Jahre hinweg Kennzeichen und Fahrzeugbeschreibungen der ihnen bei Observationen aufgefallenen Zivilfahrzeuge von Sicherheitsbehörden, in der Regel des LKA und LfV Thüringen, notiert. Die dort aufgeführten 58 Kennzeichen lassen auf eine weit größere Anzahl von Observationen, als aus den Akten bekannt sind, schließen.[84] Der Eindruck der Mitglieder des THS, überwacht zu werden, von dem wir in der Hauptverhandlung viel gehört haben, war durchaus zutreffend. Allerdings wurde das Erstarken und Treiben des THS bzw. der Sektion trotz des vorhandenen Instrumentariums nicht wesentlich behindert, die Sicherheitsbehörden wollten offenbar nur informiert sein.[85]

Ob das LfV Thüringen über die Richtungsdiskussionen aus erster Hand, nämlich durch seinen V-Mann Tino Brandt, informiert war, ist nicht bekannt. Dass bislang nicht bekannt ist, ob Brandt sein Wissen um die Bewaffnungsdiskussionen weitergegeben hat oder nicht, hängt auch mit einem taktischen Verhältnis zur Wahrheit zusammen – sowohl auf Seiten der Verfassungsschützer des LfV Thüringen als auch auf Seiten des V-Mannes Brandts. Der Verfassungsschutz gibt von seinem Selbstverständnis her keine Informationen preis und erst recht nicht solche, die für ihn problematisch sein können. Brandt ist es als V-Mann gewohnt, ein doppeltes Spiel zu spielen und seine unterschiedlichen persönlichen und politischen Interessen zu verschleiern.

b) Zu der Kenntnis der Verfassungsschutzbehörden von der Anmietung der Garage und der Kenntnis vom TNT
Böhnhardts Telekommunikation wurde im Frühsommer 1996 durch die SoKo »REX« des LKA Thüringen überwacht. Hintergrund war, dass an der im April 1996 an der Autobahn aufgehängten Puppe mit dem Davidstern und einer Bombenattrappe ein Fingerabdruck Böhnhardts gesichert werden konnte.[86] Aus vier abgehörten Telefonaten von Böhnhardt ergab sich, dass er nach einer Garage such-

---

[82] Zwei Vermerke der KPI Jena, einer zu Böhnhardt o.D. (wohl auch 6.8.1997) und einer zu Mundlos vom 6.8.1997, SAO 9, Bl. 58 (63).
[83] Zeugenvernehmung (OLG) EKHK Dressler am Hauptverhandlungstag v. 4.9.2014.
[84] LKA Thüringen, Vermerk v. 15.1.1997, Beiakte Staatsanwaltschaft Gera, Az. 114 Js 20864/96, Bd. 1, Bl. 217 und 224.
[85] Thüringer Landtag, Drs. 5/8080, a.a.O., Rn 946ff. Vgl. insofern auch die Bekundungen des Zeugen KOK Hag. vor dem Thüringer NSU-Untersuchungsausschuss: »Über die Situation in Saalfeld-Rudolstadt sei der Zeuge KOK Hag. erschrocken gewesen. Er habe auch aus dem fahrlässigen Umgang mit den Ermittlungen der SoKo REX den Eindruck gewonnen, für viele sei die Sache okay gewesen, solange keine Häuser brannten.«, Thüringer Landtag, Drs. 5/8080, a.a.O., Rn 230.
[86] Die TKÜ war vom 8.5. bis 24.6.1996 im Rahmen des Verfahrens 114 Js 7630/96 (Puppentorso) geschaltet. Die noch vorhandenen Akten wurden zu dem hiesigen Verfahren nicht beigezogen, so dass der Inhalt der TKÜs nur indirekt über den Schäfer-Bericht bekannt ist.

te, die nicht für sein Auto bestimmt sein sollte.[87] Durch die regelmäßige Weiterleitung der Informationen des Staatsschutzes[88] muss auch das LfV Thüringen über diese Erkenntnis aus der Telefonüberwachung informiert gewesen sein. Die dargestellte Dichte der Observationen von Mitgliedern der »Sektion Jena«, die Nähe des V-Mannes Brandt zur Sektion und die Existenz weiterer noch unbekannter V-Männer im oder um den THS lassen nur den Schluss zu, dass die Garage Nr. 5 dem thüringischen Verfassungsschutz bereits lange vor deren »offiziellem Auffinden« im November 1997 bekannt war und dieses Wissen nicht an das LKA Thüringen weitergeleitet wurde.

Wahrscheinlich ist auch, dass das BfV und das LfV Thüringen von der Lieferung des TNT an Mundlos Kenntnis hatten. In die Beschaffung des Sprengstoffs waren, wie dargelegt, drei sächsische »Blood & Honour«-Mitglieder aus Chemnitz involviert. Das Bundesamt für Verfassungsschutz hatte seit 1992 mit Ralf Marschner einen V-Mann im benachbarten Zwickau. Dieser kannte die drei Sprengstofflieferanten ebenfalls und wurde im Frühjahr 1998 explizit von seinem V-Mann-Führer gefragt, ob er von Jörg Winter wisse, dass dieser Sprengstoff beschaffen könne.[89] Diese Nachfrage bei Marschner lässt nur den Schluss zu, dass das Bundesamt durch einen anderen V-Mann von der Sprengstoffbeschaffung durch Winter und Starke wusste.

c) Zur Einschätzung der neonazistischen Szene durch thüringische Behörden
Wie ernst die Entwicklung des THS als Ganzes und der »Sektion Jena« im Besonderen genommen wurden, zeigt exemplarisch ein Artikel aus dem *Spiegel* vom März 1997. Den Journalisten gegenüber brachten der damalige thüringische Innenminister Dewes und der thüringische LKA-Präsident Kranz offen ihre Sorge über das Erstarken der rechten Szene in Thüringen zum Ausdruck.[90] Laut Dewes müsse der Staat sich auf »Terroranschläge aus der Neonazi-Szene« einstellen.

Die Struktur des THS kommentierte der LKA-Präsident Kranz so: »Die Rechte löst sich ganz bewusst in eine Art brauner Zellen auf. [...] Sie schotten sich ab und sind dabei, Befehls- und Kommandostrukturen aufzubauen.« Bebildert war der Artikel mit einem bei Zschäpe sichergestellten Foto von der Kreuzverbrennung bei Jena. Als Beispiel für die Entwicklungen in Thüringen wurden unter anderem die Bombenattrappen in Jena angeführt. Die Behörden nahmen also

---

[87] Zeugenvernehmung (OLG) EKHK Dressler am Hauptverhandlungstag v. 4.9.2014; Schäfer, Wache, Meiborg, Gutachten, a.a.O., Rn 33 bzw. SAO 604, Bl. 2941; vgl. auch den außerhalb der Hauptverhandlung gestellten Beweisermittlungsantrag v. 11.3.2014 auf Beiziehung der TKÜ-Akten (SAO 631, Bl. 13300ff.), Stellungnahme des GBA (SAO 632, Bl. 14450f.), der mit Beschluss vom 25. Februar 2015 (SAO 636, Bl. 16089ff.) abgelehnt wurde.

[88] Zeugenvernehmung (OLG) EKHK Dressler am Hauptverhandlungstag v. 4.9.2014.

[89] Deutscher Bundestag, Drs. 18/12950, a.a.O., Sondervotum Fraktion Die Linke, S. 1231.

[90] o.V., Rechtsextremisten. Lebende Zeitbomben: Der Fall des Neonazis Kay Diesner, der einen Polizisten tötete und ein PDS-Mitglied durch Schüsse schwer verletzte, verweist auf neue Gefahren von rechts. Nach Organisationsverboten treten Einzeltäter auf den Plan, unberechenbar und hemmungslos, in: *Der Spiegel* 10/1997 v. 3.3.1997, S. 34.

die Entwicklung in Thüringen schon damals sehr ernst und wiesen – untypisch für die damalige Zeit – auf sie hin, anstatt sie zu verharmlosen.[91] Diesen Feststellungen folgte jedoch keine effektive Bekämpfung genau dieser als im Ansatz terroristisch beschriebenen Strukturen. Im Gegenteil: Brandt sorgte weiterhin für ein Anwachsen und die Radikalisierung des THS. Die schon nur mäßig effektive SoKo REX wurde 1997 durch die noch schlechter ausgestattete und ineffektivere EG TEX ersetzt.[92] Das genannte § 129er-Verfahren gegen führende THS-Mitglieder wurde mit rechtlich fragwürdiger Begründung ausgerechnet im Oktober 1997 – als mit Hochdruck nach den Tätern der Bombenattrappen in Jena gesucht wurde – nach § 170 Abs. 2 StPO eingestellt.[93]

Vierter Abschnitt: Die Durchsuchung der Garage und das Abtauchen – die Zeit von November 1997 bis zum 26. Januar 1998

1. Was wir über diese Zeit und die Aktivitäten der Sicherheitsbehörden wissen

Böhnhardt war am 16. Oktober 1997 in zweiter Instanz vom Landgericht Gera unter anderem wegen Volksverhetzung zu einer Jugendstrafe von zwei Jahren und drei Monaten ohne Bewährung verurteilt worden. Dieses Urteil wurde am 10. Dezember 1997 rechtskräftig.[94] Nach Angaben der Zeugin Brigitte Böhnhardt erwartete ihr Sohn ab Weihnachten 1997 die Ladung zum Strafantritt.[95] Tatsächlich erfolgte diese aber erst nach der Durchsuchung der Garage am 26. Januar 1998 und damit auch nach dem Abtauchen. Zschäpe war in dieser Zeit arbeitslos und hatte keine bekannten Pläne für die Zukunft.[96] Mundlos besuchte das Ilmenau-Kolleg zum Nachholen der Hochschulreife, hatte aber spätestens seit dem 16. Januar 1998 nicht mehr am Unterricht teilgenommen und war nur noch zum Postabho-

---

[91] Zu dem Ergebnis, dass die thüringischen Behörden vor einer Entstehung terroristischer rechter Strukturen gewarnt waren, kommt auch der Sachverständige Quent, vgl. Thüringer Landtag-Drs. 5/8080, Rn 570.
[92] Thüringer Landtag, Drs. 5/8080, a.a.O., Rn 317ff.
[93] Der Einleitungsvermerk des TLKA vom 13.11.1995 ist zitiert unter: Thüringer Landtag, Drs. 5/8080, a.a.O., Rn 947; TLKA, Schlussvermerk v. 20.10.1997, SAO 43.11, Bl. 206ff.; Thüringer Landtag, Drs. 5/8080, a.a.O., Rn 259f. 336ff.
[94] Verlesung des Urteils vom 16.10.1998 samt Rechtskraftvermerks am Hauptverhandlungstag v. 15.10.2014; Beiakte I, StA Gera 114 Js 7630/96, Bd. V, Bl. 863; die Verfügung, mit der die Revision zurückgenommen wird, stammt vom 8.12.1997; eingegangen beim LG Gera ist sie am 10.12.1997.
[95] Zeugenvernehmung (OLG) Brigitte Böhnhardt am Hauptverhandlungstag v. 19.11.2013; aus der Aktenlage lässt sich nicht genau ersehen, wann Böhnhardt von der Rechtskraft wusste: Nach der Aktenlage erhielten Rechtsanwalt Thaut und Uwe Böhnhardt spätestens durch Zustellung des Kostenbeschlusses bzgl. der Revisionskosten am 9. Januar 1998 Kenntnis von der Rechtskraft (Beiakte I, StA Gera 114 Js 7630/96, Bd. V, Bl. 864). Vgl. zum Ablauf auch: Schäfer, Wache, Meiborg, Gutachten, a.a.O., Rn 31 bzw. SAO 604, Bl. 2940.
[96] BKA, Vermerk v. 24.4.2012, SAO 5, Bl. 29 (34).

len erschienen.[97] Im Herbst 1997 berichtete Mundlos seinem damaligen Freund, dem Zeugen A.H., er rechne mit einer Festnahme wegen eines Paragraphen, »der mit Terrorismus zu tun habe«, und er müsse vielleicht im Dezember oder Januar weg.[98] Mehrere Zeugen bekundeten in hiesiger Hauptverhandlung, Böhnhardt habe wegen Misshandlungen während einer früheren Haft[99] gesagt, er würde keinesfalls noch einmal ins Gefängnis gehen.[100]

Diese Umstände lassen in der Zusammenschau mit der Richtungsdiskussion in der »Sektion Jena« nur den Schluss zu, dass Böhnhardt zu keinem Zeitpunkt beabsichtigte, seine Jugendstrafe anzutreten. Vielmehr plante er, sich deren Vollstreckung rechtzeitig durch Abtauchen zu entziehen. Auch Mundlos sah sich aufgrund der Vorbereitungen für die Sprengstoffanschläge und seiner Beteiligung an den vorausgegangenen Taten als sehr gefährdet an und plante deshalb, mit Böhnhardt abzutauchen. Wann die damals perspektivlose Zschäpe den Entschluss fasste, sich den beiden anzuschließen, ist nicht bekannt.

Die reibungslose Organisation des Abtauchens am 26. Januar 1998 zeigt, dass es entsprechende Vorabsprachen mit den anderen Sektionsmitgliedern gegeben haben muss. Möglicherweise war es sogar das Ziel der Sektion gewesen, die Rohrbomben noch vor dem anstehenden Strafantritt und damit dem Abtauchen von Böhnhardt und Mundlos fertigzustellen, damit diese mitgenommen oder sogar noch vorher bei Anschlägen der Sektion eingesetzt werden konnten.

Wahrscheinlich ist darüber hinaus, dass auch mit der Führung des THS entsprechende Vereinbarungen getroffen worden waren. Ende Dezember 1997, nach der Rechtskraft von Böhnhardts Jugendstrafe, gab es eine zweitägige Zusammenkunft der THS-Führungspersonen in einer thüringischen Jugendherberge, unter anderem von Mundlos, Böhnhardt, Brandt und Wohlleben[101] – Gerlach war damals, schon im Juli 1997, nach Hannover umgezogen.[102] Trotz Brandts Teilnahme ist nicht bekannt, was bei der Zusammenkunft besprochen wurde.

---

[97] Verlesung eines Schreibens des Ilmenau Kollegs v. 19.1.1998 am Hauptverhandlungstag v. 3.9.2015 (SAO 3, Bl. 172); vgl. auch die E-Mail der Schulleiterin (SAO 3, Bl. 177); Schäfer, Wache, Meiborg, Gutachten, a.a.O., Rn 219 bzw. SAO 604, Bl. 3027; LKA Thüringen, Vermerk v. 23.2.1998, Beiakte III StA Gera 114 Js 37149/97 Bd. III, Bl. 705.

[98] Zeugenvernehmung (OLG) A.H. am Hauptverhandlungstag v. 15.4.2015; vgl. Erklärung nach § 257 Abs. 2 StPO zur Vernehmung des Zeugen A.H. von Nebenklagevertretern am Hauptverhandlungstag v. 14.7.2015.

[99] Zeugenvernehmung (OLG) Brigitte Böhnhardt am Hauptverhandlungstag v. 19.11.2013, zumindest Ilona Mundlos (Zeugenvernehmung (OLG) Ilona Mundlos am Hauptverhandlungstag v. 3.4.2014) sprach auch über die negativen Hafterfahrungen von Uwe Böhnhardt.

[100] Zeugenvernehmung (OLG) Ilona Mundlos am Hauptverhandlungstag v. 3.4.2014; Zeugenvernehmung (OLG) Brigitte Böhnhardt am Hauptverhandlungstag v. 19.11.2013.

[101] Das Treffen fand vom 20. bis 21. Dezember 1997 in der Jugendherberge in Schnett statt, vgl. PAD Komplettinformation zur Person Ralf Wohlleben vom 10.6.1998, Nachlieferung 26, Bl. 77 (79); PAD Komplettinformation zur Person André Kapke vom 3.8.1998, Nachlieferung 26, Bl. 95 (99); PAD Komplettinformation zur Person Mario Brehme vom 28.7.1998, Nachlieferung 26, Bl. 101 (104).

[102] BKA, Vermerk v. 5.3.2012, SAO 512, Bl. 32.

Die bedingungslose Unterstützung der drei Abgetauchten nach deren Weggang aus Jena durch die in Jena verbliebenen Sektionsmitglieder ist ein weiterer Hinweis darauf, dass es eine gemeinsame Entscheidung der »Sektion Jena« war, dass Angehörige der Sektion aus der Illegalität heraus mit Bomben und Waffen gezielt politische Gewalt ausüben sollten.

Nach September 1997, nach der vor dem Theater aufgefundenen Rohrbombenattrappe, suchte der Staatsschutz verstärkt nach den Tätern der in Jena abgestellten und verschickten Bombenattrappen. Dabei galten dem LKA die Angehörigen der »Sektion Jena«, allen voran Böhnhardt, als Hauptverdächtige. Dass die »Sektion Jena« von diesem Fahndungsdruck wusste, geht unter anderem aus der zitierten Bemerkung Mundlos' gegenüber A.H. zu den Ermittlungen wegen eines Terrorismusparagraphen hervor.

Im Zuge der Intensivierung der Ermittlungen begann das LKA Thüringen im Oktober 1997 auch nach der Garage zu suchen, über die Böhnhardt schon eineinhalb Jahre zuvor in seinen überwachten Telefonaten gesprochen hatte. Eine für vier Wochen genehmigte Observation Böhnhardts durch das LKA erfolgte allerdings nur an drei Tagen und wurde abgebrochen, als eine parallel vom Landesamt für Verfassungsschutz Thüringen durchgeführte Observation bemerkt wurde.[103] Daraufhin bat der Staatsschutz das LfV Thüringen, die Observation von Böhnhardt zu übernehmen und die Ergebnisse in gerichtsverwertbarer Form an das LKA weiterzuleiten.[104] Bereits am zweiten Tag der Observation des LfV Thüringen, am 26. November 1997, will das Amt Mundlos und Böhnhardt erstmals dabei beobachtet haben, wie sie nach verdächtigen Baumarkt-Einkäufen die Garage Nr. 5 betreten und sich dabei konspirativ verhalten haben.[105] Zu diesem Zeitpunkt wurde aktenkundig gemacht, dass das LfV Thüringen Kenntnis von der Garage hatte; dass das LfV wahrscheinlich schon früher zu dieser Kenntnis kam, wurde bereits dargelegt.

Das Auffinden dieser Garage wurde dem LKA Thüringen jedoch vom Verfassungsschutz offiziell[106] erst am 8. Januar 1998 in Form eines Vermerks mitgeteilt. Weder für die eineinhalbmonatige Verspätung der Mitteilung noch für die Ein-

---

[103] Zeugenvernehmung (OLG) EKHK Dressler am Hauptverhandlungstag v. 4.9.2014; Schäfer, Wache, Meiborg, Gutachten, a.a.O., Rn 81 bzw. SAO 604, Bl. 2971; Thüringer Landtag, Drs. 5/8080, a.a.O., Rn 995ff., 1007ff.

[104] Zeugenvernehmung (OLG) EKHK Dressler am Hauptverhandlungstag v. 4.9.2014.

[105] Schäfer, Wache, Meiborg, Gutachten, a.a.O., Rn 82 bzw. SAO 604, Bl. 2971. Das Auffinden der Garage durch die Observation am 26.11.1997 ist auch deshalb zweifelhaft, weil die Observation so, wie sie im Observationsbericht beschrieben wird, nicht stattgefunden haben kann, weil die Observanten des LfV die Garage Nr. 5 gar nicht hätten sehen und identifizieren können, wenn es so gewesen wäre, wie schriftlich niedergelegt, sie hätten höchstens feststellen können, dass Mundlos und Böhnhardt in eine Garage, deren Lage nur ungefähr hätte bestimmt werden können, gegangen sind, vgl. Beiakte III StA Gera 114 Js 37149_97 Bd. II, Bl. 310ff. (Skizze und Lichtbilder).

[106] Der Zeuge EKHK Dressler gab in der Hauptverhandlung an, dass er von dem Observationsleiter Asch. bereits im Dezember 1997 inoffiziell von dem Aufspüren der Garage unterrichtet worden war; Zeugenvernehmung (OLG) EKHK Dressler am Hauptverhandlungstag v. 4.9.2014.

stufung dieses Vermerks als »VS vertraulich – amtlich geheim gehalten«,[107] die zur Folge hatte, dass er nicht gerichtsverwertbar war, sind bislang befriedigende Erklärungen gefunden worden. Auch nach der Logik des Landesamtes für Verfassungsschutz gibt es keinerlei erkennbaren Anlass für diese Einstufung, da die Information zu der Garage Nr. 5 nicht auf einer menschlichen Quelle, sondern nach Angaben des Landesamtes auf einer Observation beruhen soll. Zudem wusste das Amt, dass das LKA für die Durchsuchung einen gerichtsverwertbaren, also nicht eingestuften Vermerk benötigte.[108]

Gleichwohl war das Landesamt auch nach einer Intervention des Staatsschutzes auf Abteilungsleiterebene nicht bereit, diesen Vermerk herabzustufen.[109] Die Tatsache, dass der Durchsuchungsbeschluss dennoch zügig am 19. Januar 1998 ausgestellt wurde,[110] wird den Verfassungsschutz verwundert haben und hatte mehr mit persönlichen Beziehungen zwischen dem Staatsanwalt und dem Richter zu tun[111] als mit rechtsstaatlichen Vorgaben.

Im Rahmen der Vorbereitung der Durchsuchung gab der zuständige Staatsanwalt Schultz die explizite Anordnung, dass vorläufige Festnahmen von Böhnhardt und Mundlos nur bei Auffinden von Beweismitteln und nur nach Anordnung durch ihn erfolgen sollten. Er hielt die Beweislage vor der Durchsuchung nicht für ausreichend für die Anordnung einer Festnahme.[112] Anweisungen oder Absprachen dazu, wie mit Mundlos und Böhnhardt umzugehen sei, falls tatsächlich Sprengstoff – der gesucht wurde – in der Garage aufgefunden werden würde, erfolgten nicht. Auch nicht im Hinblick darauf, dass bei Böhnhardt aufgrund dessen unmittelbar bevorstehender Ladung zum Strafantritt – was Staatsanwalt Schultz und dem Ermittlungsleiter des LKA KHK Dressler bekannt war –, ein besonders hoher Fluchtanreiz bestand. Sie wussten auch, dass allein im letzten halben Jahr 1997 gegen Böhnhardt vier neue Anklagen unter anderem wegen Widerstands und Körperverletzung erhoben worden waren, die den Fluchtanreiz noch erhöhten.[113]

---

[107] Beiakte III StA Gera 114 Js 37149/97 Bd. III, Bl. 572f.

[108] Bei dem Vermerk handelte es sich um ein Kondensat eines Observationsberichts; der damals gefertigte Vermerk enthielt weder Wissen um Quellen noch um Methoden, die hätten geschützt werden können/müssen. Die zweckwidrige Einstufung des Vermerks zeigte sich endlich auch an der problemlosen Herabstufung des Vermerks nach der erfolgten Durchsuchung der Garage, vgl. Schreiben LfV Thüringen vom 9.1.1998, Beiakte III StA Gera 114 Js 37149/97 Bd. III, Bl. 572.

[109] Zeugenvernehmung (OLG) EKHK Dressler am Hauptverhandlungstag v. 4.9.2014.

[110] Beiakte StA Gera, Az.: 114 Js 37149/97, Band II, Bl. 293f. (Durchsuchungsanregung des LKA v. 12.1.1998 an die StA Gera), 295f. (Antrag auf Erlass eines Durchsuchungsbeschlusses vom 16.1.1998), 297f. (Durchsuchungsbeschluss des AG Jena vom 19.1.1998); Thüringer Landtag, Drs. 5/8080, a.a.O., Rn 1042ff.

[111] Thüringer Landtag, Drs. 5/8080, a.a.O., Rn 1044ff.

[112] An der Vorbereitung waren u. a. der Einsatzleiter KHK Fa. und StA Schultz beteiligt; LKA EG TEX, Vermerk v. 23.2.1998 (Umfassender Vermerk), Nachlieferung 27, Bl. 99, 103; Schäfer, Wache, Meiborg, Gutachten, a.a.O., Rn 90 bzw. SAO 604, Bl. 2975.

[113] Anklage v. 17.7.1997 u.a. gegen Mundlos, Böhnhardt und Kapke wegen des Eindringens auf das Gelände der und des Ausspähens der PD Jena, SAO 624, Bl. 9951; Anklage vom 12.8.1997

Während der Durchsuchung am 26. Januar 1998 waren sowohl KHK Dressler als auch Staatsanwalt Schultz weder anwesend und noch erreichbar.[114] An diesem Tag wurden insgesamt drei Garagen durchsucht, zwei, die Böhnhardts elterlicher Wohnung zugerechnet wurden, und die Garage Nr. 5. Allerdings gab es nur in Bezug auf die Garage Nr. 5 Anhaltspunkte dafür, dass sich dort Sprengstoff und Rohrbomben befinden könnten. Ausgerechnet die Durchsuchung dieser Garage verzögerte sich aufgrund mangelnder Vorbereitung. Ein großes Vorhängeschloss musste erst durch die herbeigerufene Feuerwehr geöffnet werden,[115] wodurch es zu einer erheblichen Verzögerung kam. Böhnhardt konnte dem Durchsuchungsbeschluss gleich zu Beginn der Durchsuchung der zwei Garagen bei seiner elterlichen Wohnung entnehmen, dass auch die Garage Nr. 5 durchsucht werden sollte. Durch den verspäteten Beginn von deren Durchsuchung blieb ihm ausreichend Zeit: Er konnte noch Kapke,[116] der bei ihm in der Nähe wohnte, persönlich warnen und sich anschließend noch vor dem Ende Durchsuchung der Garage Nr. 5 von der Durchsuchung entfernen.[117] Umgehend sorgte er auch dafür, dass die übrigen von ihm für gefährdet gehaltenen Kameradschaftsmitglieder Zschäpe, Wohlleben[118] und Mundlos[119] gewarnt wurden.

In der schließlich geöffneten Garage Nr. 5 wurden u.a. mehrere funktions-, nur noch nicht zündfähige Rohrbomben sichergestellt.[120] Sie waren mit 1,4 Kilogramm

---

gegen Böhnhardt wegen Widerstands gegen Vollstreckungsbeamte, SAO 624, Bl. 9957, StA Gera Az. 113 Js 21167/96; Anklage vom 15.8.1997 u.a. gegen die Mitglieder der Kameradschaft Jena nach § 86a StGB wegen des Hitler- bzw. Kühnen-Grußes bei der Kreuzverbrennung, SAO 624, Bl. 9952, und Anklage vom 29.9.1997 gegen Kapke und Böhnhardt wegen Körperverletzung im Jugendclub Modul zum Nachteil von M.B. am 19.4.1997, SAO 624, Bl. 9951, StA Gera 511 Js 30539/97 und Nachlieferung 6, Bl. 182. Im November wurde dann noch ein Strafbefehl wegen des Verstoßes gegen das Waffengesetz erlassen, Beiakte V Vollstreckungsakte Böhnhardt, Bewährungsheft, Bl. 62.

[114] Zeugenvernehmung (OLG) EKHK Dressler am Hauptverhandlungstag v. 4.9.2014: Dressler selbst war auf einer lang geplanten Fortbildung und StA Schultz war krank.

[115] Schäfer, Wache, Meiborg, Gutachten, a.a.O., Rn 140 bzw. SAO 604, Bl. 2993; Thüringer Landtag, Drs. 5/8080, a.a.O., Rn 1048.

[116] Vgl. Zeugenvernehmung (OLG) André Kapke am Hauptverhandlungstag v. 5.2.2014.

[117] Beiakte III StA Gera 114 Js 37149/97 Bd. II, Bl. 347f.; Schäfer, Wache, Meiborg, Gutachten, a.a.O., Rn 97 bzw. SAO 604, Bl. 2978. Es ist nicht abschließend geklärt, ob Böhnhardt sich tatsächlich vor der Öffnung der Garage Nr. 5 und dem Fund der Rohrbomben entfernt hat oder erst nach deren Auffinden; ein Zeuge geht davon aus, dass sich Böhnhardt erst nach dem Fund der Rohrbomben entfernt hat.

[118] Zeugenvernehmung (OLG) Volker H. am Hauptverhandlungstag v. 15.12.2015; Zeugenvernehmung (OLG) Juliane W. am Hauptverhandlungstag v. 26.3.2014.

[119] Zschäpe behauptet in ihrer Einlassung vom 9.12.1997, dass Böhnhardt sie informiert habe. Ob das zutreffend ist, ist nicht bekannt. Genauso gut könnte auch André Kapke sie informiert haben. Wie Mundlos, der in Jena war und sogar noch zum Arzt ging, informiert wurde, ist nicht bekannt.

[120] Beiakte III StA Gera 114 Js 37149/97 Bd. II, Bl. 308; vgl. zu dem Ablauf auch: Beweisantrag von Nebenklagevertretern gestellt am Hauptverhandlungstag v. 26.1.2017; Schäfer, Wache, Meiborg, Gutachten, a.a.O., Rn 96 bzw. SAO 604, Bl. 2978.

TNT und teilweise Muttern und Schrauben gefüllt. Es dauerte sechs Stunden,[121] bis die Fahndung nach Mundlos, Böhnhardt und Zschäpe – die inzwischen als Mieterin der Garage festgestellt worden war – eingeleitet wurde und ihre Wohnungen durchsucht wurden.

Während dieser sechs Stunden konnten die drei und die übrigen Mitglieder der »Sektion Jena«[122] die Pläne für das Abtauchen umsetzen. Unter anderem Volker H., Wohlleben und seine damalige Freundin, die Zeugin Juliane W.,[123] waren eng eingebunden.[124] Das LKA und die Staatsanwaltschaft wiesen sich nachträglich gegenseitig die Verantwortung für die verzögerten Maßnahmen zu.[125] Aber auch nach dem Sprengstofffund in der Garage und der Zuordnung der Garage zu Zschäpe, Mundlos und Böhnhardt wurde nur punktuell und nicht konsequent nach den dreien in Jena gesucht.[126] Daher konnten sie wohl noch am 26. Januar 1998 in Wohllebens Auto Jena ungestört verlassen.

2. Zu den Schlüssen aus dem Verhalten der Sicherheitsbehörden in Zusammenhang mit der Durchsuchung der Garage

Das LfV Thüringen, die Staatsanwaltschaft Gera und das LKA Thüringen haben eine Festnahme von Böhnhardt vor oder während der Garagendurchsuchung aktiv behindert. Die Gründe dafür konnten weder unmittelbar nach der fehlgeschlagenen Polizeiaktion noch 15 Jahre später aufgeklärt werden. Es ist nach wie vor vollkommen unklar, ob das Handeln der beteiligten Akteure intendiert war, ob es auf denselben Motiven basierte, ob es gar abgesprochen war oder ob es sich einfach nur um ein Zusammentreffen unglücklicher Umstände handelt. Die erstaunliche Kumulation der irregulären Verhaltensweisen im Zusammenhang mit der Durchsuchung legt allerdings nahe, dass zumindest das Untertauchen von Böhnhardt einkalkuliert war. Für diese Einschätzung spricht auch, dass es keinerlei Vorbereitung für den Fall gab, dass genau das in der Garage gefunden wird, was das LKA dort suchte, nämlich Sprengstoff und die Rohrbombenwerkstatt.[127] Und dies, obwohl

---

[121] Thüringer Landtag, Drs. 5/8080, a.a.O., Rn 2427.
[122] Allerdings ohne Gerlach, der schon in Hannover wohnte.
[123] Zeugenvernehmung (OLG) Juliane W. am Hauptverhandlungstag v. 26.3.2014; Zeugenvernehmung (OLG) Volker H. am Hauptverhandlungstag v. 15.12.2015.
[124] Zeugenvernehmung (OLG) Volker H. am Hauptverhandlungstag v. 15.12.2015; Volker H. wurde auch im Untersuchungsausschuss des 18. Bundestags am 19.1.2017 in nichtöffentlicher Sitzung als Zeuge vernommen, vgl. Deutscher Bundestag, Drs. 18/12950, a.a.O., S. 1154ff., 1839.
[125] Thüringer Landtag, Drs. 5/8080, a.a.O., Rn 1089, 1095.
[126] LKA Thüringen, Vermerk v. 27.1.2017, Beiakte III StA Gera 114 Js 37149/97 Bd. III, Bl. 556f.; Schäfer, Wache, Meiborg, Gutachten, a.a.O., Rn 105ff. bzw. SAO 604, Bl. 2980; so wurde z.B. nicht bei Volker H. gesucht, wo sich die drei und die übrigen Kameradschaftsmitglieder getroffen hatten, um das Abtauchen zu besprechen, obwohl es in einem Observationsbericht des LfV, in dem auch über die Garage berichtet wird, sogar einen Hinweis auf das enge Verhältnis zu Volker H. gibt; vgl. Beiakte III StA Gera 114 Js 37149/97 Bd. III, Bl. 572f.
[127] Dass es Sprengstoff und Bomben waren, die in der Garage vermutet wurden, ergibt sich u.a. aus der Zeugenaussage des KOK Roberto T. vor dem ersten Thüringer Untersuchungsausschuss, der angab, er hätte bei der Öffnung der Garage Angst gehabt, da völlig unklar gewesen sei, was nach der Öffnung passieren würde: Thüringer Landtag, Drs. 5/8080, a.a.O., Rn 1996f.

dem LKA und der Staatsanwaltschaft Mundlos' und Böhnhardts Professionalität im Umgang mit den Sicherheitsbehörden und ihre radikale Einstellung sowie die zur Vollstreckung ausstehende Freiheitsstrafe und die weiteren Strafverfahren gegen Böhnhardt bekannt waren.

Die irregulären Umstände der Durchsuchung am 26. Januar 1998 sind vom ersten Thüringer Untersuchungsausschuss zutreffend wie folgt bewertet worden: »Die Häufung falscher oder nicht getroffener Entscheidungen und die Nichtbeachtung einfacher Standards lassen aber auch den Verdacht gezielter Sabotage und des bewussten Hintertreibens eines Auffindens der Flüchtigen zu. Die Geschichte der von 1998 bis 2003 von allen daran Beteiligten betriebenen bzw. nicht betriebenen Fahndung ist im Zusammenhang betrachtet ein einziges Desaster.«[128]

Fünfter Abschnitt: Das erste halbe Jahr des Abtauchens der drei in Chemnitz 1998

1. Was wir über diese Zeit wissen

Mundlos, Böhnhardt und Zschäpe begaben sich nach der Garagendurchsuchung nach Chemnitz. Wohllebens Auto blieb auf der Autobahn Jena-Dresden auf der Höhe von Chemnitz unfallbeschädigt[129] liegen und wurde Mitte Februar von Andreas Rachhausen und Wohlleben abgeschleppt.[130]

Mundlos und die weiteren Mitglieder der Sektion Jena hatten seit Anfang der 1990er Jahre enge Kontakte zur Neonazi-Szene[131] in Chemnitz.[132] In den 1990er

---

[128] Thüringer Landtag, Drs. 5/8080, a.a.O., Rn 2426ff.

[129] Es ist weder damals noch heute ermittelt worden, ob es auf der fraglichen Strecke am 26.1.1998 oder kurz danach einen Unfall gab, an dem Wohllebens Auto beteiligt war bzw. nach dem Fahrerflucht begangen worden war.

[130] Es ist unklar, wer das Auto genau abgeholt hat, entweder Rachhausen und Wohlleben oder Rachhausen und Conny C.; vgl. auch Zeugenvernehmung (OLG) Andreas Rachhausen am Hauptverhandlungstag v. 23.7.2014; Zeugenvernehmung (OLG) Jürgen H. am Hauptverhandlungstag v. 19.5.2014, Jürgen H. gab an, Conny C. hätte ihm erzählt, er sei zusammen mit Rachhausen das Auto abholen gefahren; Zeugenvernehmung (OLG) Tino Brandt am Hauptverhandlungstag v. 15.7.2014, Brandt gab an, daran keine Erinnerung mehr zu haben; Conny C. gab in der Vernehmung durch das BKA an, Jürgen H. hätte ihm gesagt, er hätte damals das Auto in Hohenstein-Ernstthal, das kurz vor Chemnitz liegt, abgeschleppt, Zeugenvernehmung (BKA) Conny C. v. 31.5.2012, SAO 176, Bl. 440 und 447.

[131] Zu »Blood & Honour« und den ideologischen und personellen Verbindungen zum NSU vgl. die ausführliche Darstellung in: Michael Weiss, Der NSU im Netz von Blood & Honour und Combat 18 – Gesamtversion, in: nsu-watch vom 8.6.2015, Quelle: www.nsu-watch.info/2015/06/der-nsu-im-netz-von-blood-honour-und-combat-18-gesamtversion/.

[132] Zeugenvernehmung (BKA) Tibor R. v. 13.12.2011, SAO 201, Bl. 171 und 172: »Mundlos ist dann später, so 1994 und 1995, quasi regelmäßig am Wochenende nach Chemnitz auf irgendwelche rechten Konzerte gefahren. Ich war auch 1-2 Mal mit. Darüber hinaus hatte Mundlos auch rechte Kontakte nach Hof und Erlangen«; TLfV, Deckblattmeldung von »Tristan« (Tibor R.) v. 28.3.2001, Nachlieferung 26, Bl. 322; Zeugenvernehmung (BKA) Kathrin D., SAO 178, Bl. 153; Zeugenvernehmung (BKA) Torsten Sch., SAO 220.2, Bl. 267: »Die drei habe ich etwa 1992 oder 1993 durch Besuche von Konzerten und sonstigen Treffen kennengelernt. Wir haben uns etwa einmal monatlich in Chemnitz getroffen. Ich muss mich korrigieren, Böhnhardt habe ich

Jahren hatte sich in Chemnitz eine der größten und bedeutendsten Neonazi- und Skinhead-Szenen Deutschlands entwickelt. Kontakt hatten die Jenenser zu einem Kreis von ca. 30 bis 40 Personen um Thomas Starke und Hendrik Lasch,[133] die entweder der sächsischen »Blood & Honour«-Sektion oder ihrer faktischen Jugendorganisation, den Chemnitzer »88ern«, angehörten. Die Liaison zwischen Thomas Starke – neben dem Zeugen Jan Werner das wichtigste »Blood & Honour«-Mitglied in Sachsen – und Zschäpe hatte diese Verbindung noch verstärkt.

Es war dann auch Starke, der nach der Ankunft der drei in Chemnitz die Unterstützung für sie aus diesem Kreis der »Blood & Honour«-Sektion und der »88er« organisierte. Der Wohnungsgeber für die ersten Wochen war der Zeuge Thomas Rothe;[134] er kannte Mundlos, Böhnhardt und Zschäpe bereits aus der Zeit vor dem Abtauchen.[135] Anschließend organisierte Starke mithilfe der »88er«, der Zeugen Armin Fiedler, Gunter Frank Fiedler[136] und Mandy Struck, eine Unterkunft in der Wohnung von Strucks damaligem Freund, dem Zeugen M.-F.B., in der Limbacher Straße 96.[137] Dort wohnten die drei bis Ende August 1998 und verkehrten zu dieser Zeit noch unter ihren richtigen Namen in der Chemnitzer Szene.[138] Spätestens mit der Ausstrahlung der *Kripo live*-Sendung Ende Februar 1998, in der nach den drei flüchtigen »Bombenbastlern« aus Jena gesucht wurde, wusste die ganze Chemnitzer Neonazi-Szene – von denen viele die drei persönlich kannten

---

erst kennengelernt, als ich schon im Gefängnis saß.« Vgl. auch die Angaben von Enrico Ri., der Wohlleben auf einem Foto als »Wolle« erkannte und von den frühen Kontakten nach Chemnitz berichtete, Zeugenvernehmung (OLG) Enrico Ri. am Hauptverhandlungstag v. 3.5.2015 und Zeugenvernehmung (BKA) Enrico Ri. v. 27.6.2012, SAO 201, Bl. 208, 287 und 289. M.-F.B. gab an, dass die drei aus Chemnitz wegziehen mussten, weil sie dort zu viele kannten, eingeführt durch Zeugenvernehmung (OLG) KHK Ben. am Hauptverhandlungstag v. 25.3.2014 über Beschuldigtenvernehmung (BKA) M.-F.B. v. 21.12.2011, SAO 37, Bl. 107.

[133] Zeugenvernehmung (OLG) Hendrik Lasch am Hauptverhandlungstag v. 5.3.2015; M.-F.B., der sich nur am Rande in der Szene bewegte, beschrieb einen freundschaftlichen Kreis um Starke, Werner, Rothe, die Fiedler-Brüder, Kathrin D. u. a.: Beschuldigtenvernehmung (BKA) M.-F.B. v. 21.12.2011, Bl. 108, eingeführt durch Zeugenvernehmung (OLG) KOK Ben. am Hauptverhandlungstag v. 25.3.2014.

[134] Beschuldigtenvernehmung (BKA) Thomas Starke v. 25.1.2012, SAO 40, Bl. 45, eingeführt durch Zeugenvernehmung (OLG) KOK Ben. am Hauptverhandlungstag v. 2.4.2014.

[135] Zeugenvernehmung (OLG) Thomas Rothe am Hauptverhandlungstag v. 1.4.2014.

[136] Zeugenvernehmung (OLG) Achim Armin Fiedler am Hauptverhandlungstag v. 26.2.2015; Zeugenvernehmung (OLG) Gunter Frank Fiedler am Hauptverhandlungstag v. 25.2.2015.

[137] Nach Angaben von M.-F.B. müssten die drei bei ihm ca. am 15.2.1998 eingezogen sein, als er von einem Konzert in Ungarn zurückkam; nach Angaben von Rothe waren die drei noch bei ihm, als die Kripo-live-Sendung mit der Suche nach den drei Abgetauchten am 22.2.1998 ausgestrahlt wurde. Demzufolge wären sie erst danach bei M.-F.B. eingezogen.

[138] Beschuldigtenvernehmung (BKA) M.-F.B. v. 7.11.2011 durch KPI Gotha (SAO 37, Bl. 25 und 26ff.), eingeführt durch Zeugenvernehmung (OLG) KOK Pe. am Hauptverhandlungstag v. 20.2.2011; Zeugenvernehmung (OLG) Carsten Richter am Hauptverhandlungstag v. 19.3.2014.

– von ihrem dortigen Aufenthalt.[139] Sie waren Gesprächsthema[140] und fanden neue Freunde und ideologisch Gleichgesinnte, wie zum Beispiel André Eminger.[141] Dass die drei gesucht wurden, hinderte sie nicht daran, sich auf der Straße und in der Szene zu zeigen.[142] Wir wissen aufgrund von Eigen- und Fremdbekundungen allein von acht Besuchern aus Chemnitz und Umgebung in ihrer Wohnung in der Limbacher Straße.[143] Zu den Besuchern gehörten auch ihnen nicht nahestehende Personen wie etwa die damalige Freundin von André Eminger. Einzige Bedingung für einen Besuch war, vorher den Akku aus dem Handy zu nehmen.[144] Die drei Abgetauchten wurden nicht nur besucht, sondern besuchten auch andere Szeneangehörige, wo sie häufig auf weitere Personen stießen.[145] Der Zeuge Lasch gab sogar an, für ihn hätte zwischen der Zeit vor und nach dem Abtauchen kein großer Unterschied bestanden.[146]

---

[139] Zeugenvernehmung (OLG) Rothe am Hauptverhandlungstag v. 1.4.2014; Beschuldigtenvernehmung (BKA) Thomas Starke v. 25.1.2012, SAO 40, Bl. 34 (46), eingeführt durch Zeugenvernehmung (OLG) KOK Ben. am Hauptverhandlungstag v. 2.4.2014.

[140] Beschuldigtenvernehmung (GBA) M.-F. B. v. 5.1.2012, SAO 37, Bl. 118, eingeführt durch Zeugenvernehmung (OLG) KOK V. am Hauptverhandlungstag v. 25.3.2014: Dieser berichtete über mehrere Gespräche zwischen ihm und Achim Armin Fiedler über die drei; Zeugenvernehmung (OLG) Mandy Struck am Hauptverhandlungstag v. 26.2.2014.

[141] Wahrscheinlich entstand der Kontakt über Mandy Struck und M.-F.B., mit denen Eminger damals befreundet war; er hatte – zumindest später – Kontakt zu der gesamten »Blood & Honour«-Sektion, so Zeugenvernehmung (OLG) Jörg Winter am Hauptverhandlungstag v. 25.2.2015; Erklärung nach § 257 Abs. 2 StPO zur Vernehmung von Jörg Winter von Nebenklagevertretern am Hauptverhandlungstag v. 12.3.2015.

[142] Zeugenvernehmung (OLG) Hendrik Lasch am Hauptverhandlungstag v. 5.3.2015: Lasch gab an, die drei hätten sich völlig normal bewegt, es habe keinen Unterschied zu vorher gegeben. Seine Angaben waren davon geprägt, begründen zu wollen, dass er gar nicht gemerkt habe, dass die drei untergetaucht waren, und das Ganze deshalb auch kein Gesprächsthema gewesen wäre. Das macht aber nicht seine gesamten Angaben zu dieser Frage, die mit denen Enrico Ri.s übereinstimmen, unglaubwürdig, vgl. auch die entsprechende Aussage von Enrico Ri., Zeugenvernehmung (BKA) Enrico Ri. v. 27.6.2012, SAO 201, Bl. 282, die er in der Hauptverhandlung v. 3.2.2015 zu relativieren suchte; Zeugenvernehmung (OLG) Thomas Rothe am Hauptverhandlungstag v. 7.10.2014.

[143] Besucher waren in jedem Fall: Struck, M.-F. B., André Eminger, A. Sp., Rothe, Starke, die Fiedler-Brüder, Besuche liegen nahe von: Jan Werner, Hendrik Lasch, Ralph H.; vgl. u.a. Zeugenvernehmung (OLG) Mandy Stuck am Hauptverhandlungstag v. 10.4.2014; Zeugenvernehmung (OLG) A. Sp. am Hauptverhandlungstag v. 8.4.2014; Zeugenvernehmung (OLG) Thomas Rothe am Hauptverhandlungstag v. 1.4.2014; Beschuldigtenvernehmung (BKA) Thomas Starke v. 25.1.2012, SAO 40, Bl. 34 (53), eingeführt durch Zeugenvernehmung (OLG) Ben. am Hauptverhandlungstag v. 2.4.2014; Beschuldigtenvernehmung (BKA) M.-F.B. v. 21.12.2011, Bl. 109, eingeführt durch Zeugenvernehmung (OLG) KOK Ben. am Hauptverhandlungstag v. 25.3.2014; Zeugenvernehmung (OLG) Achim Armin Fiedler am Hauptverhandlungstag v. 26.2.2015; Zeugenvernehmung (OLG) Gunter Frank Fiedler am Hauptverhandlungstag v. 25.2.2015.

[144] Beschuldigtenvernehmung (BKA) Thomas Starke v. 25.1.2012, SAO 40, Bl. 53, eingeführt durch Zeugenvernehmung (OLG) KOK Ben. am Hauptverhandlungstag v. 2.4.2014; Beschuldigtenvernehmung (BKA) M.-F.B. v. 21.12.2011, Bl. 106, eingeführt durch Zeugenvernehmung (OLG) KOK Ben. am Hauptverhandlungstag v. 25.3.2014.

[145] Zeugenvernehmung (OLG) Enrico Ri. am Hauptverhandlungstag v. 3.2.2015.

[146] Zeugenvernehmung (OLG) Hendrik Lasch am Hauptverhandlungstag v. 5.3.2015.

Gleichzeitig bestand die enge Verbindung der drei nach Jena fort. Der nicht abgetauchte Teil der Vereinigung steuerte auf der Grundlage der Richtungsdiskussionen seinen Teil zur Umsetzung der gemeinsamen Pläne bei. Wohlleben organisierte zusammen mit Kapke die Unterstützung von Jena aus, wobei die beiden in Kontakt mit den sächsischen Unterstützern standen.[147] Sie sorgten für die finanzielle Ausstattung: Sie trieben hierfür mit Nachdruck Spenden ein,[148] sammelten auf Konzerten, nahmen eigene Kredite auf[149] und verkauften die von den dreien in Chemnitz hergestellten menschenverachtenden sogenannten »Pogromly«-Spiele.[150] Geld kam auch vom Verfassungsschutz: Das LfV Thüringen kaufte Brandt in dem Wissen um die Hersteller der Spiele sieben Stück für 700 DM ab.[151] Als André Kapke versuchte, falsche Pässe zu besorgen, stellte auch hier der Verfassungsschutz Thüringen dafür über Brandt 2.000 DM zur Verfügung.[152]

Eine längerfristige Unterkunftsmöglichkeit für die drei Abgetauchten wurde sowohl von den Unterstützern in Chemnitz als auch von den Jenensern gesucht. André Kapke fragte – nach allem, was wir wissen – mehrere Neonazi-Größen nach Unterbringungsmöglichkeiten, so den Berliner Frank Schwerdt[153] und

---

[147] Über Kapke sagte Brandt im November 1998, dass er derjenige aus dem THS sei, der in erster Linie »zu den B & H-Leuten in Chemnitz« Kontakt habe (SAO 43.3, Bl. 350). Der Kontakt zwischen Thomas Starke und André Kapke – und auch Jana J. – ergibt sich auch aus dem am 13.11.2000 sichergestellten Adressbuch von Starke, in dem beide verzeichnet sind, André Kapke sogar mehrfach (SAO 43.17, Bl. 352, 378, 385 und 393). Über Ralf Wohlleben berichtete Tino Brandt, dass Wohlleben – nachdem der Kontakt zu den dreien kurzzeitig abgerissen schien – diesen über »Kameraden in Sachsen« wiederhergestellt habe (SAO 525, Bl. 242). Und der Zeuge Tibor R. (GP »Tristan« des LfV Thüringen) gab an, dass Mundlos vor dem Untertauchen vor allem mit Enrico Ri. und Katrin D. (»Mappe«) aus Chemnitz befreundet war, diese auch häufig in Jena waren und dort Ralf Wohlleben und André Kapke vorgestellt wurden (N 26, Bl. 322).

[148] Zeugenvernehmung (OLG) K.S. am Hauptverhandlungstag v. 29.4.2015; Zeugenvernehmung (OLG) Mike M. am Hauptverhandlungstag v. 18.3.2015; Zeugenvernehmung (OLG) Stefan A. am Hauptverhandlungstag v. 27.11.2013.

[149] Meldung von Brandt v. 29.7.1998, SAO 43.3, Bl. 305: Wohlleben und zwei weitere Kameraden hätten vor längerer Zeit bereits einen Kredit für die drei aufgenommen. Auch nahm Gerlach einen Kredit auf, nachdem Kapke ihn von dem Untertauchen informiert hatte: Beschuldigtenvernehmung (GBA) Gerlach v. 25.11.2011, SAO 34, Bl. 56, eingeführt durch Zeugenvernehmung (OLG) KOK V. am Hauptverhandlungstag v. 20.2.2014, Beschuldigtenvernehmung (BKA) Holger Gerlach v. 1.12.2011, SAO 34, Bl. 80 (90), eingeführt durch Zeugenvernehmung (OLG) KOK Schartenberg am Hauptverhandlungstag v. 16.7.2013.

[150] Zeugenvernehmung (OLG) Jürgen H. am Hauptverhandlungstag v. 19.5.2014; Zeugenvernehmung (BKA) Jürgen H. v. 28.2.2012, SAO 43.10, Bl. 357ff.

[151] Thüringer Landtag, Drs. 5/8080, a.a.O., Rn 2444.

[152] TLfV, Deckblattmeldung von Brandt v. 10.8.1998, Nachlieferung 26, Bl. 109 (112) (Kapke fährt zu Dehoust, um 1.800 DM für die Pässe abzuholen). Später behauptete Kapke, dass ihm das Geld aus dem Auto geklaut worden sei. Im September 1998 erhielt Brandt vom TLfV 2.000 DM zur Weiterleitung an die drei für falsche Pässe; was mit dem Geld geschehen ist, ist nach Aktenklage völlig unklar; Schäfer, Wache, Meiborg, Gutachten, a.a.O., Rn 309 bzw. SAO 604, Bl. 3091; Thüringer Landtag, Drs. 5/8080, a.a.O., Sondervotum Fraktion Die Linke, S. 1757; Thüringer Landtag, Drs. 5/8080, Rn 2289 (2449).

[153] Im Falle des verstorbenen Frank Schwerdt gibt es immer wieder Hinweise auf eine mögliche V-Mann-Tätigkeit; eindeutige Beweise/Indizien gibt es dafür allerdings bisher nicht; Alexan-

wahrscheinlich auch den nordthüringischen V-Mann Michael See,[154] den Erfurter V-Mann Thomas Dienel[155] und den in Südafrika lebenden rechtsextremen Publizisten Claus Nordbruch.[156] Im Sommer 1998 fuhren Kapke und der Zeuge Mario Brehme nach Südafrika, um vor Ort Unterbringungsmöglichkeiten abzuklären.[157] Mario Brehme war damals die rechte Hand Tino Brandts und gehörte zur THS-Führung, die somit in die Unterstützung eingebunden war.

Der für all diese Unterstützungsleistungen notwendige Kontakt zu den Abgetauchten wurde von Wohlleben und Kapke über Telefonzellen,[158] Mittelsmänner und Kuriere und über persönliche Treffen aufrechterhalten. Wohlleben übertrug seinem Freund und Szeneangehörigen, dem Zeugen Jürgen H., für das erste Jahr des Untertauchens die Rolle des Kuriers und Nachrichtenmittlers. Jürgen H. nahm regelmäßig Telefonanrufe der drei für Wohlleben auf seinem Anrufbeantworter in Empfang.[159] In diesem ersten halben Jahr 1998 fand außerdem mindestens ein Besuch von André Kapke bei den dreien in der Limbacher Straße statt,[160] Wohlleben besuchte sie zweimal.[161]

Wie in Chemnitz waren auch in Jena neben den Kernunterstützern weitere Personen eingebunden.[162] Während in Sachsen die Unterstützer hierfür auf die

---

der Fröhlich, Verfassungsschutz Brandenburg: War NPD-Funktionär Frank Schwerdt V-Mann?, PNN vom 3.2.2017, Quelle: www.pnn.de/brandenburg-berlin/1154054/

[154] Zeugenvernehmung (GBA) Michael Doleisch v. Dolperg, geb. See v. 10.3.2014, SAO 625, Bl. 10539 (10546).

[155] Zeugenvernehmung (BKA) Thomas Dienel v. 7.3.2012, SAO 177, Bl. 223ff.; die Glaubwürdigkeit der Person Dienel ist allerdings sehr zweifelhaft. Gesichert ist aber eine Bekanntschaft zwischen ihm und zumindest Mundlos, vgl. die verschiedenen Passagen in den Briefen von Mundlos u.a. an Starke, in denen Thomas Dienel eine Rolle spielt: BfV, Vermerk v. 22.6.2012, Nachlieferung 20, Bl. 312, 319 und 330ff.

[156] TLfV v. 3.5.1998, Quellenmeldung von Tino Brandt, SAO 43.3., Bl. 297 (298).

[157] Zeugenvernehmung (OLG) André Kapke am Hauptverhandlungstag v. 21.11.2013, der nur die Reise nach Südafrika zugab, aber nicht, dass diese dem Zweck der Unterbringung dienen sollte; Einlassung Carsten Schultze am Hauptverhandlungstag v. 5.6.2013, der angab, dass Kapke u.a. zum Zweck der Unterbringungssuche in Südafrika war.

[158] Zeugenvernehmung (OLG) André Kapke am Hauptverhandlungstag v. 21.11.2013.

[159] Zeugenvernehmung (OLG) Jürgen H. am Hauptverhandlungstag v. 9.5.2015; Zeugenvernehmung (GBA) Jürgen H. v. 14.3.2012, SAO 43.10, Bl. 387 und 393. Es stehen Anrufe für die folgenden Daten fest: 11.4.1998, 16.4.1998, 20.4.1998 und 22.4.1998.

[160] Beschuldigtenvernehmung (BKA) Holger Gerlach v. 1.12.2011, SAO 34, Bl. 80 (85), eingeführt durch Zeugenvernehmung (OLG) KOK Schartenberg am Hauptverhandlungstag v. 16.7.2013.

[161] Ein Besuch fand wohl am 23. oder 30.3.1998 statt. Das Datum ist ein Rückschluss aus dem Inhalt eines Anrufs bei Jürgen H.: Dort ging am 11.4.1998 (Samstag) eine Nachricht ein, wonach Wohlleben vor zwei Wochen die drei Abgetauchten schon einmal getroffen habe, vgl. die Liste der Meldungen, LKV-Vermerk v. 23.7.1998, SAO 43.10, Bl. 96. Ein weiteres Treffen hat vermutlich am 19.4.1998 stattgefunden, wie sich aus den Telefonaten vom 16. und 22.4.1998 schließen lässt. Wohlleben gab in seiner Einlassung vom 9.12.2015 an, nur einmal in Chemnitz bei den dreien gewesen zu sein.

[162] So hoben weitere unbekannt gebliebene Unterstützer unter anderem mit Böhnhardts EC-Karte 1.800 DM von dessen Konto ab (Beiakten StA Gera 114 Js 37149/97, Bd. III, Bl. 820, 962 und 967) und waren für das regelmäßige Nachrichtenüberbringen an die Familie zustän-

»Blood & Honour«-Strukturen zurückgreifen konnten, waren es in Thüringen die THS-Strukturen. Allein aufgrund des beharrlichen Eintreibens von Spenden durch Wohlleben wusste die halbe Szene in Jena,[163] wer die Unterstützung organisierte. Durch die Anfragen André Kapkes nach Unterbringungsmöglichkeiten wurde das Abtauchen der drei in der Szene bundesweit bekannt. Die drei führten also kein Leben im Untergrund, sondern waren höchstens abgetaucht: Sie hielten sich in einer nur 100 Kilometer entfernten Stadt in einem ihnen ideologisch und freundschaftlich verbundenen, von Sicherheitsbehörden gut überwachten Neonazi-Netzwerk auf und beachteten dabei nur einige Vorsichtsmaßnahmen.

Aufgrund des Charakters der »Sektion Jena« und der bereits vor der Durchsuchung bestehenden Pläne zum Abtauchen kann nur davon ausgegangen werden, dass spätestens seit dem Abtauchen der drei die kriminelle Vereinigung »Sektion Jena« zu einer terroristischen Vereinigung wurde. Die aus der »Sektion Jena« geleisteten Tatbeiträge beruhten auf dem schon vor dem Abtauchen gemeinsam in Jena gefassten Entschluss, Anschläge mit scharfen Rohrbomben zu begehen. Das Konzept, ihren völkischen Rassismus durch bekennerlose Rohrbombenanschläge auf Menschen, die von ihnen aufgrund rassistischer Kriterien ausgewählt wurden, durchzusetzen, hatten die Mitglieder der Vereinigung also bereits aus Jena mit nach Chemnitz gebracht. Auch die Selbstbeschreibung der terroristischen Vereinigung »der nationalsozialistische Untergrund ist ein Netzwerk von Kameraden mit dem Grundsatz – Taten statt Worte«[164] entstammt aus Diskussionen aus der Zeit vor dem Abtauchen. Dies zeigt das Transparent, das u.a. Mundlos, Böhnhardt, Zschäpe und möglicherweise Mandy Struck auf einer Demonstration gegen die Ausstellung »Vernichtungskrieg. Verbrechen der Wehrmacht 1941 bis 1944« in Dresden nur zwei Tage vor dem Abtauchen getragen haben und auf dem stand: »Nationalismus eine Idee sucht Handelnde«.[165]

Es ist nicht bekannt, wann der konkrete Plan entwickelt wurde, sich als Tatorte westdeutsche Städte mit einem hohen Migrantenanteil auszusuchen und zusätzlich zu den Anschlägen männliche Mitglieder der von ihnen aus rassistischen Gründen bestimmten Gruppe mit immer derselben Waffe hinzurichten. Das Ziel der Hinrichtungen wie der Anschläge war dasselbe: Neben der konkreten Ermordung einzelner Mitglieder der von ihnen definierten Gruppe ging es der Vereinigung um die öffentlichkeitswirksame Einschüchterung und letztendlich Vertreibung insbesondere türkeistämmiger Menschen aus Deutschland. Möglicherweise wurde auch dieser Plan schon in Jena diskutiert, denn die Richtungsdiskussion drehte sich um die Bewaffnung mit scharfen Schusswaffen und nicht »nur« um

---

dig, die die drei mit Gegenständen und Geld unterstützte und mindestens zweimal jährlich nach Vermittlung durch einen Helfer mit diesen telefonierte.

[163] Zeugenvernehmung (OLG) K.S. am Hauptverhandlungstag v. 29.4.2015, der berichtete, wie er und Stefan A. von Wohlleben angehalten wurden zu spenden, die Familie Böhnhardt ihm sogar seine »Spende« vorstreckte, die er ihnen dann zurückzahlen sollte.

[164] BKA, Vermerk v. 13.11.2011, SAO 229, Bl. 94 (95).

[165] Bernhard Honnigfort, Spurensuchen in Zwickau, in: *Berliner Zeitung* v. 17.11.2011, SAO 487, Bl. 327.

Bomben. Entsprechende Terrorkonzepte von »Combat 18« oder Beispiele wie den sogenannten »Laserman« gab es bereits. Diese konkrete Ausrichtung der Vereinigung – Anschläge und Morde in westdeutschen Städten auf türkeistämmige Menschen – stand aber spätestens im Juni 1999 fest, als die Vereinigung den ersten diesem Konzept entsprechenden Sprengstoffanschlag in Nürnberg verübte. Nachdem insbesondere Mundlos schon in der »Sektion Jena« besonderen Wert auf Struktur, Organisation und systematisches Vorgehen gelegt hatte, ist es sehr wahrscheinlich, dass der Name der Vereinigung – Nationalsozialistischer Untergrund – schon kurz nach dem Abtauchen entstand und fortan von den Vereinigungsmitgliedern benutzt wurde.

2. Zu dem Wissen und den Aktivitäten der Sicherheitsbehörden im ersten Halbjahr 1998
Nicht nur der Aufenthaltsort, sondern auch die Umstände des Abtauchens waren den Sicherheitsbehörden weitgehend bekannt. Nachdem die Haftbefehle gegen Mundlos, Böhnhardt und Zschäpe mit Verzögerung am 28. Januar 1998 wegen Vorbereitung einer Sprengstoffexplosion erlassen worden waren,[166] wurde die Fahndung vom LKA Thüringen wenig später intensiv aufgenommen. Das LfV Thüringen war – regelwidrig – ebenfalls maßgeblich an der Suche beteiligt: Zentrale Erkenntnisse des Landesamts waren der Aufenthalt der drei in Chemnitz sowie die Identität der wichtigsten Unterstützer. Der Umgang mit relevanten Informationen lässt nur den Schluss zu, dass es nicht im Interesse des LfV Thüringen und wohl auch nicht im Interesse des Staatsschutzes des thüringischen LKA lag, dass die Zielfahndung des LKA die drei Gesuchten wirklich findet bzw. dass ihr festgestellter Aufenthaltsort aktenkundig wird.

a) Zu der gezielten Behinderung der Zielfahndung des LKA
Das LfV Thüringen und der Staatsschutz des LKA Thüringen behinderten die Zielfahndung des LKA bei dem Versuch, die drei Abgetauchten ausfindig zu machen – und zwar gezielt und nachhaltig. Nur wenige Tage nach der Garagendurchsuchung kam es zu einer rechts- und sachwidrigen Aufgabenverteilung zwischen dem LKA und dem LfV Thüringen bezüglich der Suche nach den drei Abgetauchten.[167]

Obwohl das Landesamt als Verfassungsschutz keine Strafverfolgungskompetenz hat, war es in die polizeiliche Suche eingebunden. Die »Drilling« genannte Operation des LfV Thüringen wurde faktisch von Norbert Wießner geleitet. Der Informationsfluss gestaltete sich allerdings sehr einseitig: Während die Zielfahndung ihre Erkenntnisse an den Verfassungsschutz weiterleitete, übermittelte der Verfassungsschutz die insbesondere von Brandt und Degner generierten Erkenntnisse über den Verbleib der drei Abgetauchten nur zu einem Bruchteil an

---
[166] AG Jena, Haftbefehl vom 28.1.1998, Beiakte III StA Gera 114 Js 37149/97 Bd. III, Bl. 578 (586) und neu gefasster Haftbefehl des AG Jena v. 23.6.1998, Beiakte III StA Gera 114 Js 37149/97 Bd. III, Bl. 602; Vorwurf gem. §§ 311 b I Nr. 2 a. F., 126 I Nr. 6, 86 I Nr. 1, II i. V. m. 86 I Nr. 4 StGB, 40 I Nr. 4 i. V. m. 27 I Nr. 2, 40 I Sprengstoffgesetz, 52, 53 25 II StGB.
[167] Thüringer Landtag, Drs. 5/8080, Rn 1305.

die Zielfahndung.[168] Es kam sogar zu regelrechter Desinformation auch anderer Verfassungsschutz- oder Polizeibehörden. Das LfV Thüringen verbreitete unter anderem, die drei seien auf dem Weg in die USA[169] oder befänden sich in Norddeutschland.[170] Zu keiner dieser an andere Sicherheitsbehörden weitergeleiteten Behauptungen des LfV Thüringen gibt es einen Aktenrückhalt, der die Herkunft der angeblichen Information erklären würde.

Auch der Staatsschutz des LKA unter KHK Dressler, der mit den strafrechtlichen Ermittlungen wegen der Rohrbombenfunde befasst war, trug dazu bei, dass die Zielfahndung der eigenen Behörde nicht mit den für eine Zielfahndung nötigen Informationen ausgestattet wurde. Ein anschauliches Beispiel hierfür ist der Umgang mit der Adressliste von Mundlos, die zusammen mit dem umfangreichen Briefwechsel mit inhaftierten Chemnitzer Neonazis – unter anderem mit Starke[171] – bei der Garagendurchsuchung sichergestellt worden war. Diese Liste enthielt von Mundlos verfasste, nach Städten geordnete Einträge zu seinen damaligen rechten Freunden und Bekannten in Thüringen, Sachsen, Bayern und Ros-

---

[168] Schäfer, Wache, Meiborg, Gutachten, a.a.O., Rn 358 bzw. SAO 604, Bl. 3114: »Von nahezu 50 beim TLfV eingegangenen Mitteilungen von V-Leuten und Informanten zum Trio ist nur in fünf Fällen eine Weiterleitung der Erkenntnisse an das TLKA dokumentiert. Dabei handelt es sich um die Meldungen vom 16.2.1998, 12.5.1998, 29.7.1998, 14.9.1998 und 22.12.1999. Sie betrafen unter anderem das Szenespiel »Pogromly«, mutmaßliche Fluchtpläne des Trios sowie den angeblichen Tod der Drei auf Kreta.« Vgl. im Übrigen die Liste in: Thüringer Landtag, Drs. 5/8080, Rn 2339; ebenfalls die detaillierte Auswertung in: Schäfer, Wache, Meiborg, Gutachten, a.a.O., Rn 301 bzw. SAO 604, Bl. 3057ff.

[169] So z.B. die Meldung vom 28.1.1998, die drei würden über Belgien in die USA/Tennessee fliehen. Die Herkunft dieser Meldung konnte nie geklärt werden. Der Vermerk v. 28.10.1998 von KOK Fa. (TLKA) findet sich in: Beiakte III StA Gera 114 Js 37149/97 Bd. III, Bl. 577; vgl. auch Thüringer Landtag: Drs. 5/8080, a.a.O. Rn 1161 und 2288. Formal war diese Meldung des TLfV eine Begründung für den Erlass des Haftbefehls wegen Fluchtgefahr (vgl. Vermerk v. Nachlieferung 27, Bl. 103); dafür wäre diese Meldung aber nicht notwendig gewesen, da die drei seit 26.1.1998 nicht mehr in ihren Wohnungen anzutreffen waren; Schäfer, Wache, Meiborg, Gutachten, a.a.O., Rn 301ff./S. 172 bzw. SAO 604, Bl. 3079.

[170] In einem vorläufigen Abschlussvermerk des Referatsleiters des TLfV Schrader zum Fall »Drilling«, der an das Bundesamt für Verfassungsschutz und nach Sachsen »gesteuert« wurde, heißt es, dass es Hinweise auf den Aufenthalt der drei im Raum Chemnitz gegeben habe, aber jetzt eindeutige Hinweise darauf vorlägen, dass die »Drillinge nunmehr im nördlichen Bereich der Bundesrepublik untergebracht werden sollen«, das zuständige LfV Mecklenburg-Vorpommern sei schon informiert worden. In den Akten fehlt aber jeglicher Rückhalt zu einem solchen »eindeutigen Hinweis« (Vorläufiger Abschlussvermerk im USBV Jena/Fall »Drilling« v. 3.6.1999, Nachlieferung 26, Bl. 228ff.). Der einzige Hinweis in diese Richtung ist die Angabe von Ilona Mundlos (Hauptverhandlungstag v. 3.4.2014), Frau Böhnhardt hätte ihr und ihrem Mann gesagt, die drei seien bei Verwandten der Fam. Böhnhardt in Mecklenburg untergekommen; wann Frau Böhnhardt dies gesagt hat, ist nicht bekannt. Frau Böhnhardt hat diesen Umstand bestritten, was allerdings für sich allein nicht glaubhaft ist, weil sie auch andere Unterstützungsleistungen nicht oder nur sehr zögerlich offengelegt hat.

[171] BfV, Vermerk zur Auswertung des Briefwechsels von Mundlos mit Starke/Torsten Sch./Enrico Ri. v. 22.6.2012, Nachlieferung 20, Bl. 312 (341).

tock.¹⁷² Unter diesen befanden sich allein vier heute bekannte V-Männer¹⁷³ sowie die späteren Unterstützer Thomas Starke¹⁷⁴ und Hendrik Lasch. Auch aus dem sichergestellten Briefverkehr geht u.a. die enge Verbindung der drei Abgetauchten zu Starke, der Mitte 1997 aus der Haft entlassen worden war, und Lasch und deren Kreis in Chemnitz hervor.

Zur Unterstützung des Staatsschutzes des LKA Thüringen bei der Ermittlung wegen den Rohrbomben waren Beamte des BKA kurzzeitig nach Thüringen abgeordnet worden. Dort waren sie u.a. mit der Auswertung der Asservate aus der Garage befasst. Der verantwortliche BKA-Beamte wies den die Ermittlungen leitenden LKA-Beamten KHK Dressler mehrfach – sowohl mündlich als auch in zwei schriftlichen Vermerken – nicht nur auf Mundlos' Adressliste, sondern explizit auch auf Starke als möglichen Unterkunftsgeber hin.¹⁷⁵ Dass der Staatsschutz die Liste zur Kenntnis genommen und sie nicht in den Asservaten übersehen hat, zeigt sich auch daran, dass eine Kopie zur damaligen Ermittlungsakte genommen wurde. Allerdings wurde diese Adressliste ebenso wie der Briefverkehr offiziell nie ausgewertet. Sie wurde auch nicht an die Zielfahndung weitergegeben.¹⁷⁶ Die Liste hätte die Zielfahndung jedoch schon im Februar 1998 zu Starke – dem Koordinator der Unterstützung in Chemnitz – geführt.

b) Zu den Hinweisen des V-Mannes Tino Brandt auf Sachsen als Aufenthaltsort
Der Hinweis auf Sachsen als Fluchtort war bereits im Februar 1998 beim LfV Thüringen aktenkundig. Die entsprechende Information wurde aber gezielt abgewertet und nicht an die Zielfahndung weitergeleitet:¹⁷⁷ Tino Brandt hatte dem Landesamt am 20. Februar 1998 im Zusammenhang mit der Flucht der drei gemeldet, Rachhausen und Wohlleben seien Mitte Februar nach Dresden gefahren, um das

---

¹⁷² Beiakte III StA Gera 114 Js 37149/97 Bd. II, Bl. 404 (411).
¹⁷³ Tino Brandt, Thomas Richter, Kai Dalek und Thomas Starke, vgl. Kopie der Garagenliste in SAO 470, Bl. 103.
¹⁷⁴ Starke war später ebenfalls Polizei-Informant.
¹⁷⁵ Zeugenvernehmung (BT-PUA) KHK Brümmendorf, 2. Bundestagsuntersuchungsausschuss, 17. WP, Protokoll-Nr. 54, Bl. 70ff.; EKHK Dressler leugnete in seiner Vernehmung durch den Untersuchungsausschuss, Kenntnis von der Adressliste gehabt zu haben. Dies ist allerdings wenig glaubhaft. Ggf. erinnert sich der Zeuge Dressler einfach nicht mehr, denn die Erinnerung des Zeugen Brümmendorf ist sehr detailliert und konsistent (Zeugenvernehmung (BT-PUA) EKHK Dressler, 2. Bundestagsuntersuchungsausschuss, 17. WP, Protokoll-Nr. 54, Bl. 70ff.); siehe Thüringer Landtag, Drs. 5/8080, Rn 1507; es gab auch einen schriftlichen Vermerk: Beiakte III StA Gera 114 Js 37149/97 Bd. II, Bl. 404 und 411; Thüringer Landtag, Drs. 5/8080, Rn 1507; der zweite Vermerk fehlt in den uns vorliegenden Akten, in welchem Aktenbestand er sich findet und warum er nicht bei den Auswertungsvermerken zu den Asservaten ist, ist unbekannt; vgl. z.B. Vermerk von Brümmendorf v. 19.2.1998, Beiakte III StA Gera 114 Js 37149/97 Bd. II, Bl. 403. Den Schluss auf die möglichen Unterschlupfgeber Starke und Torsten Sch. hat das BKA wohl aus einer Zusammenschau von Liste und Briefwechsel zwischen Mundlos und Starke bzw. Torsten Sch. gezogen; auch der Briefwechsel war der Zielfahndung nicht bekannt.
¹⁷⁶ Thüringer Landtag, Drs. 5/8080, Rn 2291; dort Verweis auf die Zeugenaussagen des KHK Wunderlich.
¹⁷⁷ Schäfer, Wache, Meiborg, Gutachten, a.a.O., Rn 301 bzw. SAO 604, Bl. 3057.

unfallbeschädigte Fluchtauto abzuschleppen.[178] Diese Meldung von Brandt wertete Wießner in einem Vermerk ab. Rachhausen wurde in der fraglichen Zeit ebenfalls durch Wießner als Gewährsperson »Alex« geführt. Gewährspersonen leiten gegen Honorar Informationen an den Verfassungsschutz weiter, ohne als V-Mann verpflichtet zu sein. Rachhausen hatte gegenüber Wießner nun auf Nachfrage hin behauptet, nicht an dem Abschleppen des Fluchtautos beteiligt gewesen zu sein. Dieses Bestreiten von Rachhausen hielt Wießner laut eines Vermerkes – angeblich – für glaubhafter als die Meldung seines langjährigen und als quellenehrlich geltenden V-Manns Brandt.[179] Durch die Abwertung von Brandts eigentlich zutreffendem Hinweis gab es einen aktenkundigen Grund, diesen nicht weiterzuleiten.

c) Zu den Erkenntnissen des LKA Thüringen zu dem Aufenthaltsort der drei in Chemnitz
Die Zielfahndung des LKA war durch eigene Maßnahmen in die richtige Richtung gelenkt worden. Damit hätte die Zielfahndung trotz der fehlenden Informationen des thüringischen Verfassungs- und Staatsschutzes den Aufenthaltsort der drei in Chemnitz feststellen können. Die Zielfahndung ging den eigenen Erkenntnissen aber nicht effektiv nach. Bei der Überwachung des Telefonanschlusses des Nachrichtenmittlers Jürgen H.[180] waren im März und April 1998 fünf Anrufe mit Bezug zu Mundlos, Böhnhardt und Zschäpe feststellt worden. Vier der Anrufe kamen aus Telefonzellen in Chemnitz, einer aus der Schweiz.[181] Obwohl die Nachrichten konkrete Datums- und Zeitangaben und – allerdings kodierte – Treffpunkte für Treffen zwischen Wohlleben und den drei Abgetauchten beinhalteten, wurde Wohlleben nur bei einem der mitgeteilten Termine für fünf Stunden observiert, allerdings ohne Ergebnis.[182] Offenbar hat Wohlleben diese Observati-

---

[178] TLfV, Deckblattmeldung von Brandt v. 20.2.1998, SAO 43.3, Bl. 295 und Nachlieferung 26, Bl. 90.

[179] TLfV, handschriftlicher Vermerk v. 20.2.1998, Nachlieferung 26, Bl. 90: »GP ›Alex‹ teilte glaubhaft mit, dass Rachhausen das Auto nicht aus dem Raum Sachsen/Dresden abgeschleppt habe«; Zeugenvernehmung (OLG) Norbert Wießner am Hauptverhandlungstag v. 27.3.2014; dieser Vermerk war insbesondere auch deshalb nicht nachvollziehbar – und diente damit ganz offensichtlich einem anderen Zweck –, weil Rachhausen nach Aktenlage keine einzige werthaltige Information geliefert hat, sondern nur offensichtlich Falschinformationen, wie z.B., dass die »Pogromly«-Spiele in Spanien hergestellt werden; TLfV, Deckblattmeldung von »GP Alex« (Andreas Rachhausen) v. 17.7.1998, Nachlieferung 27, Bl. 142ff.).

[180] Die Zielfahndung war auf ihn durch konspirative Nachrichten an Wohlleben aufmersam geworden: Beschlussanregung für eine TKÜ bei Jürgen H. durch die LKA-Zielfahndung vom 9.3.1998 und Beschluss des AG Jena 114 Js 37149/97, 7 Gs 99/98, mit dem die Überwachung bei Jürgen H. ab dem 10.3.1998 angeordnet wurde, Beiakte III StA Gera 114 Js 37149/97 Bd. IV, Bl. 1079ff. Wohllebens Anschluss wurde seit dem 4.3.1998 überwacht. In dieser Zeit hatte es mehrfach den Versuch von Jürgen H. gegeben, Wohlleben Nachrichten zu übermitteln, wobei dieser immer darauf verwiesen hatte, dass sein Telefon nicht sicher ist.

[181] Vermerk des LKA Thüringen v. 23.7.1998 zu den Anrufen am 17.3.1998 und am 16., 20. und 22.4.1998, SAO 43.10, Bl. 96f.

[182] Diese Observation fand am 22.4.1998 statt; Schäfer, Wache, Meiborg, Gutachten, a.a.O., Rn 202 bzw. SAO 604, Bl. 3021; Thüringer Landtag-Drs. 5/8080, a.a.O., Rn 2259.

on bemerkt, denn das Treffen fand nicht statt und in der Folge gingen bei Jürgen H. auch keine weiteren telefonischen Nachrichten aus Chemnitz ein.[183] Eine konsequente Observation Wohllebens, die sich an den abgehörten Informationen zu den Treffdaten orientiert hätte, hätte zu den dreien führen können. Es ist von wenigstens zwei auf diese Art zustande gekommenen Treffen auszugehen, die aber – soweit bekannt – nicht observiert wurden.

Da die Zielfahndung ihr Wissen mit dem LfV Thüringen teilte, musste dieses auch von konkreten Verabredungen zu Treffen zwischen den drei Abgetauchten und Wohlleben wissen; ob es insofern zu eigenen Observationen des LfV gekommen ist, ist nicht bekannt.

3. Was wir über diese Zeit alles nicht wissen

Diese Beispiele belegen nur schlaglichtartig, welches Wissen bei den an der Suche nach den Abgetauchten beteiligten Behörden vorlag. Das Ausmaß der tatsächlich vorhandenen Erkenntnisse lässt sich nur erahnen: Sowohl die Akte der Zielfahndung des LKA Thüringen[184] als auch die »Drillings«-Akte des LfV Thüringen sind unstrukturiert und äußerst unvollständig. Es gibt in der Akte immer wieder zutreffende Erkenntnisse zu den dreien, deren Herkunft unklar ist. Der Aktenbestand des BfV zu der Suche nach den drei Abgetauchten ist bis heute nicht bekannt. Es muss jedoch beim BfV und beim LfV Thüringen weitere Informationen gegeben haben, wenn man sich nur einige der zu dieser Zeit um die drei Abgetauchten und ihre Unterstützer herum postierten V-Leute vergegenwärtigt: Marcel Degner, der »Blood & Honour«-V-Mann des LfV Thüringen, war an beiden Unterstützerszenen unmittelbar dran und hat selbst Unterstützung geleistet. Er muss gerade in dieser ersten Zeit des Untertauchens sowohl aus Thüringen als auch aus Sachsen viel über die Unterstützung der drei erfahren haben. Degners Akten wurden – wie bereits erwähnt – jedoch kurz nach der im Jahr 2001 erfolgten Abschaltung vernichtet.[185] Die Akten des V-Mannes Michael See, der damals mindestens Kontakt zu André Kapke und Brandt hatte, wurden kurz nach dem 4. November 2011 vernichtet. Schließlich fehlt auch Ralf Marschners V-Mann-Akte, d.h. seine Personenakte. Sie wurde irregulär im Jahr 2010 vernichtet.[186] Seine Kontakte zu den Chemnitzer »Blood & Honour«-Unterstützern waren fast genauso gut wie diejenigen Degners.

Es gab also drei V-Männer mit direktem Kontakt zu den Unterstützern der drei Abgetauchten, deren zentrale Personenakten sämtlich nicht mehr vorhanden sind, weil sie vor oder nach dem 4. November 2011 irregulär vernichtet wurden.

---

[183] Beiakte ZF 6 (Ordner der Zielfahndungsermittlungen des TLKA mit S-Records), ohne Paginierung, pdf-Seite 24ff.
[184] Schäfer, Wache, Meiborg, Gutachten, a.a.O., Rn 16. bzw. SAO 604, Bl. 2930.
[185] Es wurden sowohl die Personenakte (P-Akte) als auch die Akte mit den Deckblattmeldungen vernichtet.
[186] Deutscher Bundestag, Drs. 18/12950, a.a.O., S. 492: Die P-Akte von Marschner wurde im »Oktober 2010 gelöscht«.

Sechster Abschnitt: Das zweite Halbjahr 1998

1. Was wir über diese Zeit wissen

Auch im zweiten Halbjahr 1998 waren Mundlos, Böhnhardt und Zschäpe weiterhin in die sächsische »Blood & Honour«-Szene eingebunden und alles andere als abgeschottet. M.-F.B. und Gunter Frank Fiedler ließen für Mundlos bzw. Böhnhardt im Sommer 1998 Reisepässe auf ihre Namen, aber mit deren Bildern ausstellen.[187] Zschäpe erhielt wahrscheinlich von dem »Blood & Honour«-Mitglied Antje Probst ebenfalls einen Reisepass.[188] Auch Krankenkassenkarten für Böhnhardt und Zschäpe wurden für notwendig gewordene Arztbesuche organisiert.[189] Schließlich gab es gemeinsame Geselligkeiten wie die Feier von Mundlos' Geburtstag.[190] Hendrik Lasch vertrieb zur Unterstützung der drei ein von Mundlos entworfenes und in der Szene beliebtes T-Shirt mit einem zum Skin stilisierten Bart Simpson.[191]

An dieser Unterstützung änderte sich auch nichts, als sich die sächsische »Blood & Honour«-Sektion im Oktober 1998 formal von der Bundesdivision trennte. Fortan firmierte die sächsische Gruppe unter dem Namen von Jan Werners Plattenlabel »Movement Records«. Sie blieb »Blood & Honour« ideologisch verbunden und die Mitglieder der Gruppe hielten ihren persönlichen Kontakt zu den

---

[187] Zeugenvernehmung (OLG) Gunter Frank Fiedler am Hauptverhandlungstag v. 25.2.2015. Beschuldigtenvernehmung (KPI Gotha) M.-F. B. v. 7.11.2011, eingeführt durch Zeugenvernehmung (OLG) KOK Pe. am Hauptverhandlungstag v. 20.2.2014.

[188] IM Brandenburg, Deckblattmeldung von Szczepanski v. 9.9.1998 bzw. 11.9.1998 mit Meldung von Szczepanski, Nachlieferung v. Bl. 47 (55).

[189] Zeugenvernehmung (BKA) Brigitte Böhnhardt v. 24.1.2012, SAO 175, Bl. 22, die angab, dass Böhnhardt ihr gesagt habe, er sei mal beim Zahnarzt gewesen; IKK-Krankenkassenkarte ausgestellt auf M.S., gültig bis Juli 2001, gefunden in der Frühlingsstraße 26, Asservat-Nr. 2.12.355; Zeugenvernehmung (LKA BW) M. S. v. 4.9.2012, SAO 220.3, Bl. 240. Mandy Struck hatte Zschäpe ihre Krankenkassenkarte geliehen; Beschuldigtenvernehmung M.-F. B. v. 25.11.2011, SAO 37, Bl. 61, eingeführt durch Zeugenvernehmung (OLG) KOK V. am Hauptverhandlungstag v. 20.2.2014.

[190] Auch wurde in der Szene offen besprochen, M.-F. B. Fahrgeld zu erlassen, weil er sich für die Kameraden aufgeopfert habe. Die Geburtstagsfeier und das Gespräch über M.-F. B. ergeben sich aus den SMS, die das Chemnitzer Unterstützerumfeld ausgetauscht hat, während deren Telefone mit mehreren TKÜ durch die Zielfahndung des LKA Thüringen belegt waren, vgl. Beweisantrag von Nebenklagevertretern auf Beiziehung der S-Records gestellt am Hauptverhandlungstag vom 6.11.2014 und vgl. die fraglichen Verbindungen in Beiakte ZF 1, Überwachte Nummer 0172/3735657, Verbindungen Nr. 307, 339 und 343.

[191] Das Interesse an den T-Shirts kann man u.a. ablesen an dem intensiven SMS-Austausch über die T-Shirts: vgl. die Nachfrage von Starke bei Lasch am 6.8.1998 per SMS nach einem sog. »Skinson-T-Shirt«, Beiakte ZF 1, Bl. 340; am 7.8.1998 fragte Werner bei Lasch, was mit den T-Shirts sei, ZF1, Bl. 341; Lasch antwortete am selben Tag, dass in der Druckerei in Burgstadt niemand zu erreichen sei, er es aber noch diese Woche veranlassen würde, Beiakte ZF 1, Bl. 342; Werner schrieb am 6.11.1998 an Michael Probst, dass er ein Skinson-T-Shirt benötige, Beiakte ZF 2, Bl. 117.

Bands und den anderen Sektionen aufrecht, unter anderem auch zu dem Divisions-Chef und V-Mann des BfV Stephan Lange.[192]

Die drei Abgetauchten brachten sich in der Chemnitzer Szene auch politisch ein. Im Herbst 1998 erschien die erste Ausgabe des Magazins der sächsischen Ex-»Blood & Honour«-Sektion mit dem rassistischen Titel »White Supremacy« und einem klaren Bekenntnis zur »Blood & Honour«-Ideologie. Mundlos schrieb für die erste maßgeblich von Werner und Starke produzierte Ausgabe mehrere politische Artikel und war am Layout beteiligt.[193] Auch Thomas Rothe half Mundlos mit seinen Computerkenntnissen beim Layout von dessen Skin-Magazin[194] und schließlich schrieb er möglicherweise auch für das Fanzine von Marschner »The Voice of Zwickau« einen Artikel.[195] Die drei Abgetauchten führten auch politische Diskussionen in ihrem sächsischen Umfeld.[196] So machten sie ihrem Wohnungsgeber M.-F.B. klar, dass sie keine typischen Skinheads seien, sondern an »größeren Sachen« interessiert, wie dem »Kampf gegen das böse System«.[197] Der Drang und die Fähigkeit von Mundlos, andere zu agitieren und von seinen politischen Positionen zu überzeugen, waren schon in Jena sehr wirkungsvoll zur Geltung

---

[192] Zeugenvernehmung (OLG) Stephan Lange am Hauptverhandlungstag v. 28.4.2015; Erklärung nach § 257 Abs. 2 StPO zur Vernehmung des Zeugen Stephan Lange von Nebenklagevertretern am 11.5.2015; vgl. auch die Ausführungen in dem Beweisantrag von Nebenklagevertretern gestellt am Hauptverhandlungstag v. 18.9.2014 auf Verlesung von Artikeln aus dem Heft *White Supremacy*.

[193] IM Brandenburg, Deckblattmeldung von Szczepanski v. 16./18.9.1998, Nachlieferung 26, Bl. 264ff.

[194] Beschuldigtenvernehmung (BKA) M.-F. B. v. 25.11.2011, SAO 37, Bl. 55 (63), eingeführt durch Zeugenvernehmung (OLG) KOK V. am Hauptverhandlungstag v. 20.2.2014; vgl. auch Zeugenvernehmung (OLG) Thomas Rothe am Hauptverhandlungstag v. 1.4.2014 und 7.10.2014, der die direkte Mitarbeit von Mundlos zwar leugnete, aber gleichzeitig auch nicht erklären konnte, mit wessen Hilfe die vierte Ausgabe des Fanzines von Rothe *Sachsens Glanz* 1998 layoutet worden war; auch die Frage von RA'in Sturm nach dem von Mundlos an den Zeugen verkauften Computer deutet auf die Zusammenarbeit hin.

[195] Beweisantrag auf Verlesung des fraglichen Artikels gestellt von Nebenklagevertretern am Hauptverhandlungstag v. 29.9.2016; vermutlich war Mundlos Autor des Artikels »Pressefreiheit, das Recht zu lügen …?« auf Seite 39f. in der Ausgabe Nr. 4 von »The Voice of Zwickau«; vgl. auch NSU-watch: Marschner und die Mitglieder des späteren NSU, v. 7.9.2016, Quelle; www.nsu-watch.info/2016/09/marschner-und-die-mitglieder-des-spaeteren-nsu/, wo über entsprechende BKA-Ermittlungen berichtet wird. In der Hauptverhandlung erklärte der GBA, das sei ein Fehler des BKA gewesen, tatsächlich gäbe es keine Anhaltspunkte für die Autorschaft von Mundlos; entsprechend wurde der Antrag vom OLG am 23.11.2016 abgelehnt.

[196] Die weitergeführten persönlichen Kontakte mit Mitgliedern der Sektion Jena und die Fortsetzung der Diskussionen über den bewaffneten Kampf auch in Chemnitz zeigt, dass die Einschätzung der Anklage nicht zutrifft, dass sich die drei »nach ihrem Untertauchen […] von ihren bisherigen Freunden weitgehend abgekapselt [hätten und] ihre Diskussionsprozesse fortan nur noch unter sich führten«, Anklage des GBA ./. Zschäpe u.a., S. 99f.

[197] Beschuldigtenvernehmung (GBA) M.-F. B. v. 5.1.2012, SAO 37, Bl. 116, eingeführt durch Zeugenvernehmung (OLG) KOK V. am Hauptverhandlungstag v. 25.3.2014; Beschuldigtenvernehmung (BKA) M.-F. B. v. 24.11.2011, SAO 37, Bl. 34 (39), eingeführt durch Zeugenvernehmung (OLG) KOK V. am Hauptverhandlungstag v. 20.2.2014; Zeugenvernehmung (BKA) A. L. v. 6.3.2012 (SAO 192, Bl. 199, 201f. und 205).

gekommen.[198] Nun setzte er seine Überzeugungsarbeit in Sachsen fort.[199] Auf entsprechenden Erfolg weist eine Information des LfV Sachsen von Juni 1998 hin, die wohl auf die Meldung eines unbekannten V-Manns mit direktem Zugang zur »Blood & Honour«-Sektion zurückgeht. Nach dessen Schilderung hatte die Zeugin Antje Probst auf einem »Blood & Honour«-Sektionstreffen im Juni 1998 – ergebnislos – vorgeschlagen, die »politische Arbeit im Untergrund solle in Form von Anschlägen« durchgeführt werden.[200]

In Umsetzung der in Jena geführten und für den bewaffneten Kampf entschiedenen Richtungsdiskussionen begannen mindestens Mundlos, Böhnhardt und Zschäpe in dieser Zeit, die notwendigen Voraussetzungen für den »bewaffneten Kampf« zu schaffen. Sie besorgten sich mithilfe von Starke und den Chemnitzer Neonazis und Zeugen Ralph H. und Carsten Richter eine feste eigene Unterkunft in der Altchemnitzer Straße 12. In diese zogen sie am 30. August 1998 mithilfe mehrerer Unterstützer ein.[201] Von dieser neuen Wohnung wussten die Anmietungs- und Umzugshelfer und die späteren Besucher.[202] Schließlich zog Mundlos für einige Zeit erneut zu Thomas Rothe[203] und muss dort Kontakt zu dessen

---

[198] Zeugenvernehmung (BKA) Lars R., Nachlieferung 5, pdf-Seite 248 (250): Der Zeuge gibt zu einem Besuch in Jena – wohl im Sommer 1995 (vgl. insoweit Zeugenvernehmung [BKA] Marcus B. Nachlieferung 5, pdf-Seite 69, 3) – bei Uwe Mundlos und Beate Zschäpe an, dass Uwe Mundlos ihm seine politischen Ansichten, die eindeutig rechts waren, dargelegt hat, dass er das unheimlich gut rüberbringen konnte und dass, selbst wenn man nichts gegen Ausländer hatte, man im Anschluss an seine Ausführungen eigentlich davon überzeugt war, dass er recht hat.

[199] Zeugenvernehmung (OLG) Rocco E. am Hauptverhandlungstag v. 16.6.2015 (vgl. insofern insbesondere die Vorhalte aus seiner polizeilichen Vernehmung): »Die Art von MUNDLOS, wie er in dieser Runde erzählte, ist mir in guter Erinnerung ... Er hat da eine krasse Botschaft rübergebracht, dass man gegen die Juden viel härter vorgehen sollte. ... Ich hatte schon den Eindruck, dass er die anwesenden Personen mit seinen hetzerischen und rassistischen Äußerungen zu unterhalten wusste«, Zeugenvernehmung (BKA) Rocco E., SAO 220.1, Bl. 102.

[200] Mitteilung des LfV Sachsen; die Information muss höchstwahrscheinlich von einer V-Person stammen, ansonsten ist nur das Abhören des Treffortes der Sektion als Quelle für die Information denkbar, vgl. BfV, Erkenntniszusammenstellung zu Antje Probst und dort Mitteilung des LfV Sachsen v. 14.6.1998 und v. 31.12.2012, SAO 43.16, Bl. 61 (63). Die Zeugin Probst bestritt, solch eine Äußerung gemacht zu haben und dass »Blood & Honour« mehr als eine Musikbewegung sei. Widerlegt wird sie aber von anderen Zeugen, z.B. ihrem Ex-Mann, Michael Probst, und Robby H. und Thomas Starke (vgl. Zeugenvernehmung [BKA] Robby H. v. 7.10.12, Nachlieferung 5, pdf-Seite 101 [108], Zeugenvernehmng [BKA] Thomas Starke v. 15.2.2012, SAO 227, Bl. 150 [155]).

[201] Vgl. Beweisantrag von Nebenklagevertretern gestellt am Hauptverhandlungstag vom 6.11.2015 und Gegenvorstellung von Nebenklagevertretern erhoben vom 2.6.2016; diese Schlussfolgerungen ergeben sich aus den S-Records Nr. 154, 167, 172, 177, 185-187; 189-192, 539-542, 578, 722, 725, 729, 876-888 der Beiakte ZF1, pdf-Seite 359ff.

[202] Zeugenvernehmung (OLG) Hendrik Lasch am Hauptverhandlungstag v. 5.3.2015: Er bezeichnet die Wohnung als die Wohnung am Südbahnhof; von den Chemnitzer Wohnungen der drei liegt nur die in der Altchemnitzer Straße am Südbahnhof.

[203] Beschuldigtenvernehmung (BKA) Holger Gerlach v. 17.1.2012, SAO 34, Bl. 122 (134), eingeführt durch Zeugenvernehmung (OLG) KOK Schartenberg Hauptverhandlungstag v. 16.7.2013; vgl. auch die indirekte Angabe aus einem Vorhalt von RA'in Sturm gegenüber dem Zeugen Rothe, Zeugenvernehmung (OLG) Thomas Rothe am Hauptverhandlungstag v. 7.10.2014.

regelmäßigen Besuchern gehabt haben.[204] Dass Wohlleben wahrscheinlich ebenfalls von dem Umzug wusste, ergibt sich aus einem Anruf von Wohllebens Telefon bei Starke am Tag nach dem Umzug.[205]

Zudem besorgte der NSU sich in diesem zweiten Halbjahr 1998 mindestens eine scharfe Schusswaffe. Sie kam bei dem versuchten Mord im Zuge des ersten bekannten Raubüberfalls,[206] des Überfalls auf den Edeka-Markt im Dezember 1998 zum Einsatz. Eine Waffenlieferung erfolgte höchstwahrscheinlich über Jürgen H. und Wohlleben. Jürgen H. bekundete in der Hauptverhandlung, er gehe nach den gesamten Umständen davon aus, dass er 1998 ein Paket mit einer scharfen Waffe von Wohlleben erhalten und diese entsprechend Böhnhardts Anweisungen an eine dritte Person zur Weiterleitung an die drei Abgetauchten überbracht hat.[207] Zu einer weiteren Waffenlieferung kam es wahrscheinlich über Werner und den Zeugen und V-Mann des Brandenburger Verfassungsschutzes Carsten Szczepanski. Hierfür sprechen die bekannt gewordenen Deckblattmeldungen Szczepanskis und die im August 1998 von Werner an Szczepanski geschickte SMS mit dem Inhalt »Hallo. Was ist mit den Bums«.[208] Es ist unklar, ob Werner oder Szczepanski der Waffenbeschaffer war. Sicher ist jedoch, dass die Szene in Chemnitz wusste,

---

[204] Zeugenvernehmung (OLG) Thomas Rothe am Hauptverhandlungstag vom 1.4.2014 und 7.10.2014, in der er über die vielen Besucher in seiner Wohnung berichtete, aber abstritt, Mundlos dort längere Zeit alleine untergebracht zu haben.

[205] Die S-Records der Überwachung des Telefonanschlusses von Thomas Starke (Nummer 49172/3735657) ergeben, dass am 31.8.1998 der Angeklagte Ralf Wohlleben bei Thomas Starke von einer auf André Kapke zugelassenen Mobilnummer aus angerufen hat (Verbindung Nr. 951); vgl. Beweisantrag von Nebenklagevertretern gestellt am Hauptverhandlungstag v. 6.11.2014.

[206] Möglicherweise begingen die drei auch schon im Sommer 1998 einen ersten, noch immer unbekannten Raubüberfall, worauf die Meldung von Szczepanski hindeutet. Vgl. Innenministerium Brandenburg, Deckblattmeldung von Szczepanski v. 9.9.1998, Nachlieferung 26, Bl. 48 (50); dort heißt es: »Nach der Entgegennahme der Waffen – noch vor der beabsichtigten Flucht nach Südafrika – soll das Trio einen weiteren Überfall planen, um mit dem Geld sofort Deutschland verlassen zu können.« Alle übrigen Meldungen Szczepanskis haben sich als richtig erwiesen, allerdings beruhten diese – wohl – auf Hörensagen und der interpretatorische Anteil des V-Mann-Führers ist auch nicht bekannt. Die Geschichte mit dem Ausland diente möglicherweise in der Szene dazu, die Unterstützer mit Skrupeln, wie M.-F. B., bei der Stange zu halten und zu vertrösten. Es gibt so gut wie keine Hinweise, dass die drei jemals ernsthaft daran dachten, ins Ausland zu gehen.

[207] Zeugenvernehmung (OLG) Jürgen H. am Hauptverhandlungstag v. 9.5.2015; Zeugenvernehmung (GBA) Jürgen H. v. 14.3.2012, SAO 43.10, Bl. 387 (397f.); die erste Kurierfahrt war zu einer nicht mehr genau bestimmbaren Zeit im Jahr 1998 und die zweite Fahrt Ende des Jahres 1998, auf jeden Fall vor dem Eintritt in die Bundeswehr von Jürgen H. am 1.1.1999. Die Übergabe des fraglichen Päckchens, das mutmaßlich die Waffe enthielt, fand in der Felsenkellerstraße in Jena an eine bis heute unbekannte Person statt.

[208] Die SMS stammt aus einer TKÜ des LKA Thüringen/Zielfahndung: S-Records der TKÜ bei Werner, Beiakte ZF 2, pdf-Seite 275; diese SMS wurde in dem Verfahren in vielen Anträgen, u.a. Antrag auf Aktenbeiziehung von Nebenklagevertretern vom 16.9.2015, und bei Zeugenbefragungen, u.a. von Rainer Görlitz am 1.7.2015, 29.7.2015, 2.3.2016, thematisiert.

dass die drei Abgetauchten bewaffnet waren und Waffen zumindest für die Begehung von Raubüberfällen benutzten.[209]

Wie dargelegt ist davon auszugehen, dass spätestens ab Herbst 1998 die seit 1996 bestehende Vereinigung den Charakter einer terroristischen Vereinigung annahm und spätestens zu diesem Zeitpunkt von ihren Mitgliedern als NSU bezeichnet wurde. Der Umzug in eine eigene Wohnung und die Beschaffung einer oder mehrerer scharfer Waffen schafften die Voraussetzungen für die Begehung rassistischer Morde und Anschläge.

2. Zum Wissen und den Aktivitäten der Sicherheitsbehörden im zweiten Halbjahr 1998

Im zweiten Halbjahr 1998 gab es zwei weitere konkrete Möglichkeiten für die thüringischen Behörden, sowohl den genauen Aufenthaltsort der drei Abgetauchten festzustellen als auch konkrete Informationen über deren Umfeld zu erlangen. Beide Möglichkeiten wurden jedoch nicht genutzt bzw. wenn sie genutzt wurden, wird das Ergebnis bis heute geheim gehalten. Darüber hinaus hatten die Verfassungsschutzbehörden des Bundes und der Länder Thüringen, Brandenburg und Sachsen in diesem Zeitraum bereits nachweislich Kenntnis davon, dass sich Mundlos, Böhnhardt und Zschäpe mit Unterstützung der »Blood & Honour«-Sektion Sachsen scharfe Schusswaffen besorgen wollten, schon einen Raubüberfall begangen hatten und einen weiteren begehen wollten. Da die Informationen, die bereits 1998 vorlagen, durch den Fund der Rohrbomben bestätigt worden waren und somit die Gefahr, die von den dreien konkret ausging, auf der Hand lag, muss auch das Bundesamt für Verfassungsschutz spätestens ab Herbst 1998 eigene operative Maßnahmen zur Aufklärung durchgeführt haben.

a) Zur Möglichkeit der Feststellung des Aufenthaltsortes durch Observation von Jürgen H.

Eine weitere Möglichkeit, den konkreten Aufenthaltsort der drei zu ermitteln, ergab sich aus der Beobachtung des Kuriers Jürgen H. Dieser wurde nicht nur vom LKA und im Sommer 1998 auch vom LfV Thüringen abgehört,[210] sondern er wurde auch observiert. Zu einer nicht mehr aufklärbaren Zeit Mitte 1998 unternahm Jürgen H. im Auftrag von Wohlleben eine weitere Kurierfahrt zur Übergabe von Gegenständen und Geld an die drei Abgetauchten.[211] Diese Gegenstände

---

[209] Innenministerium Brandenburg, Deckblatt mit Meldung von Szczepanski/Piatto v. 9.9.1998, N 12, Bl. 253f. bzw. Nachlieferung 26, Bl. 50.

[210] TLfV v. 3.2.2004, SAO 602, Bl. 2127: Beschränkungsmaßnahme (G-10) Nr. 3 des TLfV für die Zeit vom 19.8.1998 bis zum 14.11.1998 u.a. bei Jürgen H., Wohlleben, Nico E. Die handschriftlichen Notizen von Wießner zu anscheinend live abgehörten Telefongesprächen beziehen sich wohl auf diese G-10-Maßnahmen, da im Zentrum dieser Aufzeichnungen Nico E., Jürgen H. und Wohlleben stehen, vgl. insofern: Nachlieferung 26, Teil II, Bl. 38aff. Die Löschung der Daten erfolgte am 14.7.2000, TLfV v. 3.2.2004, SAO 602, Bl. 2127.

[211] Möglicherweise war diese die beobachtete Übergabe am 9.8.1998 von Gegenständen auf einem Autobahnrastplatz. In einem Vermerk des TLKA/Wunderlich (Vermerk v. 11.8.1998, SAO 43.10, Bl. 99) heißt es: »Desweiter wurde am 9.8.1998 auf einem Autobahnrastplatz der A 4 in der Nähe von Jena eine Übergabe von bisher unbekannten Gegenständen durchgeführt. Or-

überbrachte er weisungsgemäß auf einem Parkplatz bei Zwickau einem weiteren, immer noch unbekannten Unterstützer.[212] Bei dieser Übergabe wurde er aus der Luft observiert. Es wurden Bilder von ihm und dem Gegenkurier gemacht. Zu dieser durch Jürgen H. glaubhaft berichteten Luftobservation[213] ist kein Aktenrückhalt vorhanden und es wird bis heute von allen für die Observation infrage kommenden Behörden geleugnet, diese durchgeführt zu haben. Allerdings gesteht das BfV zu, in Amtshilfe für das LfV Thüringen Luftobservationen vorgenommen zu haben, nur angeblich nicht bezüglich Jürgen H.[214] Dies ist nicht verwunderlich, hätte doch die Abklärung des Autos des Gegenkuriers und dessen Observation die Behörde mit großer Sicherheit zu den drei Abgetauchten geführt. Beide Maßnahmen wurden also entweder gezielt unterlassen oder die Ergebnisse sind nicht in den im Verfahren und in den Untersuchungsausschüssen vorgelegten Akten aktenkundig gemacht worden.

---

ganisiert wurde diese Übergabe von einem S. Sch., Siegfried, der ebenfalls der rechten Szene in Chemnitz angehört.« Bei S. Sch. handelt es sich um einen Arbeitskollegen des Gunter Frank Fiedler (Zeugenvernehmung [OLG] Gunter Frank Fiedler am Hauptverhandlungstag v. 25.2.2015) und Hausmeister in der Altchemnitzer Str. 12, der selber in der Altchemnitzer Str. 16 wohnte. Nur der Ort »nähe von Jena« passt nicht ganz zu den Angaben von Jürgen H. »Zwickau«, sodass unklar bleibt, ob es sich hierbei um eine weitere Übergabe handelt oder nicht. Aus dem Vermerk des LKA vom 11.8.1998 ergibt sich zudem – unabhängig davon, ob dieser nun Jürgen H. betraf oder nicht –, dass Kurierfahrten beobachtet wurden und die Akten zu diesen Observationen offensichtlich extrem lückenhaft sind.

[212] Diesen Gegenkurier erkannte Jürgen H. bei einer Lichtbildvorlage im Jahr 2012 spontan als Matthias Dienelt wieder, vgl. Zeugenvernehmung (BKA) Jürgen H. v. 28.2.2012, SAO 43.10, Bl. 350; Jürgen H. betonte mehrfach, dass er nach Zwickau gefahren ist, TLKA/Wunderlich, Vermerk über Befragung Jürgen H. v. 25.5.1999, SAO 43.10, Bl. 101f.

[213] Zeugenvernehmung (OLG) Jürgen H. am Hauptverhandlungstag v. 19.5.2015; Zeugenvernehmung (GBA) Jürgen H. am 14.3.2012, SAO 43.10, Bl. 387 (396): »Die Polizeibeamten haben mir damals ein Bild von Ralf Wohlleben vorgelegt und mir gesagt, dass sie mich beobachten. Darüber hinaus haben sie mir auch Bilder von der Übergabe in Zwickau vorgelegt, auf denen mein Auto, das Auto der anderen Person sowie wir beide zu sehen waren. Außerdem meinten die Polizisten, dass sie auch die Autobahn überwacht hätten mit dem Zusatz: Sie waren der Schnellste auf der Autobahn, aber wir waren dran.«

[214] Zeugenvernehmung (OLG) Jürgen H. am Hauptverhandlungstag v. 19.5.2015; Zeugenvernehmung (GBA) Jürgen H. v. 14.3.2012, SAO 43.10, Bl. 387 (396); SAO 43.10, Bl. 101 und 291. Nach den Angaben von Jürgen H. war das die Befragung durch das LKA u.a. von KOK Wunderlich am 27.5.1999, SAO 43.10, Bl. 101f.; das BfV, LfV und LKA Thüringen bestreiten, dass es diese Observation gegeben hat. Auch ist die Darstellung von Jürgen H. sehr spontan und glaubhaft, da diese Information keine ist, die er aus den Medien haben kann, da über eine Luftobservation vor seiner Vernehmung nicht berichtet wurde, zugleich schloss der damalige Zielfahnder nicht aus, dass Jürgen H. Fotos vorgelegt wurden; vgl. Zeugenvernehmung (BKA) KHK Wunderlich, SAO 43.10, Bl. 113 (116). Der Hauptsachbearbeiter des BfV-Observationsreferats bestätigt allerdings, im Jahr 1998 im Wege der Amtshilfe für das TLfV mit dem Auftrag, durch Observationsmaßnahmen von Kontaktpersonen des Trios deren Versteck zu finden, auch Spurfolgetechnik einschließlich des Flugzeugs eingesetzt zu haben (Deutscher Bundestag, Drs. 18/12950, a.a.O., S. 300f.)

b) Zu weiteren Kenntnissen der thüringischen Behörden
Ab Juli 1998 hatten die thüringischen Sicherheitsbehörden von den sächsischen Unterstützern Thomas Starke, Jan Werner und Hendrik Lasch aktenkundig Kenntnis.[215] Zwei dieser drei Personen sollen von V-Männern[216] anhand ihrer Stimmen als Anrufer bei Jürgen H. identifiziert worden sein, ein Aktenrückhalt hierzu fehlt allerdings.[217] Woher das Wissen über die dritte Person stammt, ist anhand der Akteninhalte nicht nachvollziehbar. Dies zeigt erneut und beispielhaft das wiederkehrende Muster, dass sich – wie wir heute wissen – zutreffende Informationen in den Akten des LfV und LKA Thüringen finden, ohne dass die Herkunft der Informationen aktenkundig ist. Ab dem 4. August 1998 begann das LKA Thüringen mit Telekommunikationsüberwachungsmaßnahmen (TKÜ) bei diesen drei Personen, also bei Starke, Werner und Lasch.[218] In einem Vermerk des LKA Thüringen vom August 1998 heißt es dann auch, bei der Überwachung der Anschlüsse

---

[215] Nachlieferung 26, Bl. 64ff., 67ff. und 74ff.

[216] Dass Degner einer dieser V-Männer gewesen sein muss, ergibt sich daraus, dass Schrader in dem Vermerk v. 11.8.1998, Nachlieferung 26, Bl. 55ff., schreibt, dass zwei V-Männer, einer davon aus Thüringen, die Stimmen identifiziert haben, und Degner Starke – und damit auch seine Stimme – gut kannte, vgl. Zeugenvernehmung (OLG) Degner am Hauptverhandlungstag v. 11.3.2015: Degner gab an, mit Starke ca. alle zwei Wochen Kontakt gehabt zu haben; auch sind entsprechende Telefonate zwischen beiden durch die TKÜ von Starke dokumentiert; vgl. z.B. Beiakte ZF 1, pdf-Seite 329.

[217] TLKA/KOK Wunderlich, Vermerk v. 11.8.1998, SAO 43.10, Bl. 99; Zeugenvernehmung (BKA) KHK Wunderlich v. 12.4.2012, SAO 220, Bl. 86 (89); TLfV/Schrader, Vermerk v. 11.8.1998, Nachlieferung 26, Bl. 55f.: Entscheidend ist der Vermerk des von Schrader verfassten Vermerkes des TLfV v. 11.8.1998, Nachlieferung 26, Bl. 55f., in dem es heißt, dass durch Telefonüberwachungsmaßnahmen unter Beteiligung von Quellen des TLfV und des sächsischen LfV zwei Anrufer in Chemnitz ermittelt werden konnten, die seit dieser Zeit ebenfalls abgehört werden. Das LfV Sachsen bestritt im ersten sächsischen Untersuchungsausschuss, an der Identifizierung durch einen V-Mann mitgewirkt zu haben: »Das kann ich Ihnen nicht sicher sagen. Also, die Information, dass Jan Werner von einer Telefonzelle in Chemnitz aus angerufen haben soll, stammt vom LKA. Sie ist uns erstmalig zugegangen, nachdem diese Besprechung zu der Quellenmeldung, die vorhin schon häufiger Thema war, von ›Piatto‹, eingegangen ist. Danach haben wir ja geprüfte Maßnahmen gegen Werner. Und dazu sind uns die Informationen übermittelt worden – die aus dem LKA Thüringen stammten. Wie das LKA Thüringen darauf gekommen ist, dass Werner derjenige war, der telefoniert hat, das weiß ich nicht, das kann ich nicht sagen.« (Zeugenvernehmung Reinhard Boos, Sächsischer PUA, Protokoll v. 19.6.2017, S. 11; vgl. auch Zeugenvernehmung Boos, Untersuchungsausschuss des Bundestags der 17. WP., Protokoll v. 21.3.2013, S. 90; Zeugenvernehmung Joachim T., sächsischer PUA, Protokoll v. 28.8.2017, S. 11). Zumindest ist die Lage unklar, da auch anfänglich ein R.F. (Zeugenvernehmung [BKA] Wunderlich v. 12.4.2012, SAO 220, Bl. 86 [88]; TLfV, handschriftlicher Vermerk v. 31.7.1998, Nachlieferung 26, Bl. 63) auf einer unbekannten Grundlage als angeblicher Anrufer identifiziert worden war; zugleich wäre nicht nachvollziehbar, warum das TLfV im August 1998 schreiben sollte, dass ein thüringischer und sächsischer V-Mann beteiligt waren, wenn es beide Stimmenerkennungen für sich hätte reklamieren können, weil tatsächlich kein sächsischer V-Mann beteiligt war.

[218] Vgl. die Übersicht über die vom TLKA geschalteten TKÜs in der Beiakte III, StA Gera 114 Js 37149/97, Bd. IV 164, Bl. 1004. Die Überwachung bei Lasch lief allerdings nur eine Woche, obwohl sie für vier Wochen bewilligt war; diese Abschaltung ist nicht plausibel, vgl. Beiakte ZF 1, pdf-Seite 3 und 316 (Beschluss) und dagegen: Beiakte ZF 1, pdf-Seite 332-343.

sei bekannt geworden, dass in der Chemnitzer »Blood & Honour«-Szene über die drei gesprochen werde.[219] Wer in der Szene was über die drei gesprochen hat und vor allem welche Fahndungsansätze sich daraus ergeben haben, ist nicht bekannt. Es sind keine Protokolle der fraglichen Gespräche oder auch nur Vermerke dazu erhalten. Dies ist sachlich nicht erklärlich, war doch die Telekommunikationsüberwachungsmaßnahme zu dem Zweck geschaltet worden, Informationen über die drei zu erlangen.

Erhalten sind zum Teil die sogenannten S-Records dieser Gespräche, also die Verbindungsdaten und SMS. Allein aus diesen ergibt sich mindestens eine Möglichkeit, den Aufenthaltsort der Abgetauchten festzustellen: Aus den SMS des überwachten Anschlusses von Starke geht hervor, dass die Szene für die drei eine neue Wohnung suchte und dass am 30. August 1998 der Umzug stattfinden sollte. Die Umzugshelfer, Datum und Uhrzeit des Umzuges ergaben sich aus den SMS. Eine Observation der Umzugshelfer hätte zu der neuen Wohnung geführt, gleichwohl ist solch eine Maßnahme nicht aktenkundig. Wahrscheinlich enthielten die S-Records noch weitere relevante Informationen, da die S-Records der TKÜ von Werner und S. Sch., der ebenfalls im Zuge der Telekommunikationsüberwachung des LKA Thüringer als möglicher Unterstützer aufgefallen war, an entscheidenden Stellen lückenhaft sind.[220]

c) Zu der Kenntnis der Verfassungsschutzbehörden von der Bewaffnung und den Raubüberfällen
Wichtigste Quelle für das Wissen der Behörden um die konkrete Gefährlichkeit der drei waren die Meldungen der V-Männer Carsten Szczepanski, Deckname »Piatto«, und Marcel Degner. Szczepanski war nach Angaben des Verfassungsschutzes des Landes Brandenburg im Jahr 1994 – tatsächlich aber wohl früher – angeworben worden.[221] Seit April 1998 wurde er gezielt in der sächsischen »Blood & Honour«-Szene eingesetzt.[222] Spätestens ab August 1998 übermittelte er dem Verfassungsschutz Brandenburg in mindestens fünf Meldungen Kenntnisse zur Unterbringung von Mundlos, Böhnhardt und Zschäpe in der rechten Szene in Chemnitz und zu deren dortigen Aktivitäten. Der entscheidende Hinweis Szczepanskis

---

[219] KOK Wunderlich, Vermerk v. 7.10.1998: »In Auswertung der bereits angeordneten Überwachung der einzelnen Anschlüsse und umfangreicher Ermittlungen wurde festgestellt, daß in der rechten Chemnitzer Szene (Blood and Honour) über die gesuchten Personen gesprochen wurde.« (Beiakte III StA Gera 114 Js 37149/97 Bd. IV, Bl. 1242.) Die Auswertung der Asservate aus der Garage nahm das thüringische LKA vor und griff zur Unterstützung auf das BKA zurück.
[220] Deutscher Bundestag, Drs. 18/12950, a.a.O., S. 1153f.
[221] von der Behrens, Schriftliches Gutachten im Anschluss an die Ladung als Sachverständige für die Sitzung des PUA 6/1 des Landtages Brandenburg am 24. Februar 2017 vom 21. März 2017, S. 16ff.
[222] Vgl. die Ausführungen in der Gegenvorstellung v. 2.6.2016. In dieser Szene machte Szczepanski auch selbst Terrorpropaganda, wie z.B. mit dem Verbreiten der Turner-Tagebücher, Zeugenvernehmung (OLG) Michael Probst am Hauptverhandlungstag v. 16.12.2014.

stammt vom 9. September 1998:²²³ Er berichtete, dass Jan Werner den Auftrag habe, mit von »Blood & Honour« aus Konzerteinahmen bereitgestellten Geldern Waffen für die drei Abgetauchten zu beschaffen, damit diese einen weiteren Überfall begehen und sich ins Ausland absetzen könnten. Antje Probst behauptete zwar, nichts von dieser Unterstützung gewusst zu haben, berichtete aber – Szczepanskis Meldung bestätigend – von 20.000 DM, die in der sächsischen »Blood & Honour«-Kasse gefehlt hätten.²²⁴

Sämtliche dieser Mitteilungen von Szczepanski gingen auch an das Bundesamt für Verfassungsschutz,²²⁵ das bereits die erste Meldung, in der noch von »drei sächsischen Skinheads« die Rede war, sogleich Mundlos, Böhnhardt und Zschäpe zuordnete.²²⁶ Dies ist ein Beleg dafür, dass im BfV die Informationen mit Bezug zu Mundlos, Böhnhardt und Zschäpe, auch wenn dieser Bezug nicht offensichtlich war, erkannt und zusammengeführt wurden.

Das LfV Thüringen wurde vom Verfassungsschutz in Brandenburg ebenfalls über die Meldungen von Szczepanski in Kenntnis gesetzt.²²⁷ Mit Marcel Degner, dem thüringischen und zugleich mitteldeutschen Sektionschef von »Blood & Honour«, hatte das LfV Thüringen einen eigenen, direkten Zugang zur sächsischen »Blood & Honour«-Sektion. Angeblich machte Degner, befragt durch den eigentlich nicht für dessen Führung zuständigen Norbert Wießner, erstmals 1998 Angaben zu den dreien. Der Umstand, dass er diese Angaben prompt einen Tag nach dem Eingang der ersten Mitteilung Szczepanskis im Amt machte, kann kein Zufall sein. Degners Angaben stimmten mit denen Szczepanskis überein: Er wies auf »Blood & Honour«-Chemnitz, insbesondere auf Werner, Probst und Starke, als Unterstützungsstruktur hin und auf die guten Kontakte zwischen André Kapke und Thomas Starke, der mit Zschäpe liiert gewesen sei. Außerdem berichtete er, dass bei einem von »Blood & Honour« veranstalteten Konzert in Thüringen im Frühsommer 1998 Spendenkästen für die drei aufgestellt worden waren und Kapke das Geld erhalten hatte.²²⁸ Der Inhalt und der Zeitpunkt der Meldung lässt kei-

---

²²³ IM Brandenburg, Deckblattmeldung von Szczepanski v. 9.9.1998 bzw. v. 11.9.1998, Nachlieferung 26, Teil 2, Bl. 47 (50). Auch ergab sich aus einer Meldung, dass die drei mit dem erbeuteten Geld ins Ausland wollten. Auch Tino Brandt und der Zeuge Gunter Frank Fiedler (Zeugenvernehmung [OLG] Gunter Frank Fiedler am Hauptverhandlungstag v. 25.2.2015.) behaupteten entsprechende Pläne. Konkrete Anstrengungen, tatsächlich ins Ausland zu gehen, sind nicht bekannt, möglicherweise war dies auch eine Legende, also Desinformation zum Schutz vor V-Leuten.

²²⁴ Zeugenvernehmung (OLG) Antje B., gesch. Probst, am Hauptverhandlungstag v. 20.11.2014 und v. 10.12.2014.

²²⁵ Zeugenvernehmung (BT-PUA) Jörg Milbradt, Protokoll der 45. Sitzung vom 19. Januar 2017 des 3. BT-PUA der 18. WP.

²²⁶ Vgl. entsprechenden Hinweis auf die Deckblattmeldung des IM Brandenburg v. 2.9.1998 (ursprünglich 19.8.1998), Nachlieferung 27, Bl. 149 bzw. Nachlieferung 26, Teil II, Bl. 42f.

²²⁷ Vgl. handschriftlichen Vermerk von Wießner über das Gespräch vom 7.9.1998, Nachlieferung 26, Teil 2, Bl. 43, Mitteilung erfolgte auch über den Wohnort Chemnitz.

²²⁸ TLfV, Deckblattmeldung von Szczepanski, Nachlieferung 26, Teil II, Bl. 44. Degner muss über seine sächsischen Kontakte noch viel weiter gehendes Wissen gehabt haben, als in der Deckblattmeldung steht. Zum Beispiel musste er – als eher harmlose Information – wissen,

nen anderen Schluss zu, als dass Degner schon lange Informationen zu dem Abtauchen der drei in Chemnitz und der Unterstützung durch Kapke hatte, sie beim LfV Thüringen aber nicht förmlich aktenkundig gemacht wurden, möglicherweise, um exklusiv über dieses Wissen verfügen zu können. Auch die ab September 1998 aktenkundigen Hinweise Degners wurden ohne sachlichen Grund nicht an das LKA Thüringen oder andere Verfassungsschutzbehörden weitergegeben.[229]

Als Reaktion auf die Meldung von Szczepanski gab es kurzfristige Treffen und intensive Kommunikation zwischen den Verfassungsschutzbehörden Thüringens, Sachsens und Brandenburgs, die jedoch – jedenfalls soweit bekannt – ohne Ergebnis blieben. Brandenburg schob Quellenschutzgründe vor,[230] weshalb die Informationen Szczepanskis nicht an Strafverfolgungsbehörden weitergegeben werden könnten. Einzig bekannte Folgemaßnahme der Informationen Szczepanskis war, dass Werner und Probst kurzzeitig vom sächsischen LfV observiert wurden.[231]

---

dass Mundlos oder die drei hinter dem Entwurf des »Skinson-T-Shirts« standen, das für Aufsehen in der Szene gesorgt hatte. Nicht nur, weil er ausgerechnet Anfang August, als Lasch sich um die Herstellung des T-Shirts kümmerte, mehrfach mit ihm telefonischen Kontakt hatte (Beiakte ZF 2, pdf-Seite 35ff.), sondern auch, weil das T-Shirt ausgerechnet auf der Website der aus Gera stammenden und zu »Blood & Honour« gehörenden Band »Eugenik« beworben wurde, die sich unter maßgeblicher Mitwirkung von Marcel Degner entwickelte (die Seite ist heute nur noch z.T. abrufbar unter: web.archive.org/web/20010718141958/http://www.emucities.com.au/member/eugenik/tattoo.htm.).

[229] Vgl. die entsprechende Auswertung im Schäfer-Gutachten über die Weitergabe bzw. Nichtweitergabe der Informationen von Degner: Schäfer, Wache, Meiborg, Gutachten, a.a.O., Rn 301 (S. 158) bzw. SAO 604, Bl. 3065.

[230] Vgl. Vermerke des LfV Sachsen und Thüringen SAO 644, Bl. 19168 und Bl. 19173f.; vgl. Beweisantrag der Nebenklage Yozgat (RA Bliwier u. a.) vom 15. März 2016 und 13. April 2015. Das BfV sollte an dem Treffen auch teilnehmen, woran das scheiterte, ist nicht klar; vgl. Deutscher Bundestag, Drs. 17/14600, a.a.O., S. 402f.: Danach konnte die abgesandte Leiterin des Referats »Rechtsterrorismus« beim BfV nicht teilnehmen, weil sie von einer (angeblich) kurzfristigen Verlegung des Tagungsorts zu spät informiert wurde. Vgl. die detaillierte Darstellung des Ablaufes des oder der Treffen und der Kommunikation, soweit er bekannt ist, in der Zeit vom 16.-21.9.1998 in der Gegenvorstellung von Nebenklagevertretern vom 2.6.2016 bzgl. der Ablehnung des Antrages auf Beiziehung von acht Aktenordnern zu Szczepanski. Dass die Quellenschutzbehauptung nur vorgeschoben war, ergibt sich daraus, dass andere Informationen Szczepanskis, die für seine Enttarnung mindestens genauso gefährlich waren, wenig später offengelegt wurden; vgl. Zeugenvernehmung (OLG) Gordian Meyer-Plath am Hauptverhandlungstag v. 22.4.2015; Zeugenvernehmung (BT-PUA) Gordian Meyer-Plath, 64. Sitzung PUA-BT v. 15.4.2013, öffentlich, S. 6 »Fall Odeon« [Beschlagnahme der CD erfolgte am 16.10.1998]; auch das Verbot der »Kameradschaft Oberhavel« am 14.8.1997 stützte sich schon auf Informationen von Szczepanski.

[231] Fall »Glockenspiel«: Observation von Jan Werner und Antje Probst vom 25.-28.9.1998 und Fall »Pappmaché« Observation von Jan Werner vom 15.-16.10.1998 (Sächsischer Landtag, Drs. 5/14688, 5. Legislaturperiode, 3. Untersuchungsausschuss, Abschlussbericht sowie abweichende Berichte, Bd. II, Abweichender Bericht der Fraktion Die Linke, der SPD-Fraktion und der Fraktion Bündnis 90/Die Grünen, S. 53).

d) Zu den bis heute nicht bekannten Maßnahmen des Bundesamts für Verfassungsschutz

Wie beim LfV Thüringen mit der Operation »Drilling« muss es auch beim Bundesamt für Verfassungsschutz Maßnahmen oder Operationen zum Auffinden und Überwachen von Mundlos, Böhnhardt und Zschäpe gegeben haben. Das Bundesamt hat die Planungen von politischen Gewalttaten durch die Sektion Jena von Anfang an ernst genommen. Unmittelbar nach der Flucht aus Jena veröffentlichte das Bundesamt einen Text zum Fall »Rohrbomben in Jena« in seinem wöchentlichen Rundschreiben, dem zufolge es von dem Amt für möglich gehalten wurde, dass die Flüchtigen eine systematische Begehung von Gewalttaten planten.[232] Nach dem Abtauchen der drei bearbeitete das Bundesamt für Verfassungsschutz den Fall zutreffend in der für Rechtsterrorismus zuständigen Abteilung II 2 F und führte dort die zu den dreien eingehenden Meldungen unter anderem aus Thüringen und Brandenburg zusammen.[233] Auch wurde dem LfV Thüringen in erheblichem Umfang bei der Fahndung, insbesondere bei Observationen der Unterstützer in Jena, Amtshilfe geleistet.[234]

Gleichzeitig hatte das Bundesamt ein hohes eigenes Aufkommen an Informationen aus dem unmittelbaren Unterstützerumfeld. So hörte es aufgrund der zahlreichen G-10-Maßnahmen die gesamte Telefonkommunikation dieses Unterstützerkreises mit. Es gab mehrere V-Männer des BfV mit direktem Kontakt zu den Chemnitzer Unterstützern. Zu den V-Männern Marschner in Zwickau und Thomas Richter[235] in Halle kam 1999 der Chemnitzer »Hammerskin« Mirko Hesse, Deckname »Strontium«,[236] hinzu, der ebenfalls enge Verbindungen zur sächsi-

---

[232] Schäfer, Wache, Meiborg, Gutachten, a.a.O., Rn 301 (S. 149) bzw. SAO 604, Bl. 3056; Deutscher Bundestag, Drs. 17/14600, a.a.O., S. 397: »Schreiben des BfV (wöchentliche Information) an das LfV Thüringen, u.a. zum Fall ›Rohrbomben in Jena‹.« (BfV aktuell Nr. 7/98) »Obwohl ein Teil der Angehörigen des ›THS‹ bereits durch Gewalttaten aufgefallen ist, liegen keine Hinweise vor, nach denen diese Gruppe systematisch Gewalt plant oder vorbereitet. Es ist daher – vorbehaltlich der weiteren Ermittlungen – davon auszugehen, dass die drei Tatverdächtigen unabhängig vom ›THS‹ agieren.«

[233] Schäfer, Wache, Meiborg, Gutachten, a.a.O., Rn 301 bzw. SAO 604, Bl. 3057; dort findet sich eine Liste, welche Meldungen von Brandt oder anderen V-Leuten an das BfV weitergeleitet worden sind; das BfV hatte auch ein »Pogromly«-Spiel beschafft; vgl. Darstellung Deutscher Bundestag, Drs. 18/12950, a.a.O., S. 308; siehe auch Sondervotum Fraktion Die Linke, S. 1200.

[234] Deutscher Bundestag, Drs. 18/12950, a.a.O., S. 299f.: Die genaue Zahl der Observationen durch das BfV ist bis heute ungeklärt, sie sollen über einen Zeitraum von acht Monaten gelaufen sein und drei bis vier Personen betroffen haben, u.a. André Kapke; Schäfer, Wache, Meiborg, Gutachten, a.a.O., Rn 301 (S. 152) bzw. SAO 604, Bl. 3059; vgl. die Absprachen zu Observationen TLfV/Schrader, Schreiben v. 15.3.1999, Nachlieferung 26, Bl. 176; TLfV/Schrader, Vorläufiger Abschlussvermerk v. 3.6.1999, Nachlieferung 26, Bl. 228f.

[235] Unterrichtung durch den Sonderbeauftragten im Fall Corelli, Drs. 18/6545, a.a.O., S. 19; dort gibt Richter zumindest an, die Namen Struck und M.-F.B. gehört zu haben, da er aber auch ansonsten seine Rolle herunterspielt, ist davon auszugehen, dass er bei seiner bundesweiten Vernetzung noch weitere Kontakte nach Chemnitz hatte.

[236] Zeugenvernehmung (BKA) Mirko Hesse v. 6.6.2012, SAO 185, Bl. 78ff.; Deutscher Bundestag, Drs. 17/14600, a.a.O., S. 277 dort als »Q2« bezeichnet; Zeugenvernehmung (BT-PUA) Richard Kaldrak (V-Mann-Führer von Mirko Hesse) 70. Sitzung des 2. Parlamentarischen Un-

Das Netzwerk des NSU, staatliches Mitverschulden und verhinderte Aufklärung 245

schen »Blood & Honour«-Sektion hatte. Ob Thomas Richter nach dem Treffen mit Mundlos im Jahr 1995 vor oder nach dem Abtauchen noch weiteren direkten Kontakt hatte, ist nicht bekannt, er hatte aber vielfältige Kontakte in die Unterstützerszene in Sachsen und Thüringen.[237] Schließlich initiierte das BfV mehrere Werbungsmaßnahmen mit unklarem Ausgang im Kreis der sächsischen Ex-»Blood & Honour«-Sektion.

Bei der Fülle von Erkenntnisquellen in Bezug auf den Unterstützerkreis ist es nicht vorstellbar, dass keine originären Informationen zu den dreien und ihren Unterstützern im Bundesamt angefallen sein sollen. Die gegenteilige Behauptung des Bundesamtes, es gäbe keine eigenen Erkenntnisse zu Mundlos, Böhnhardt und Zschäpe nach dem Abtauchen ist deshalb völlig unglaubhaft. Sie lässt sich jedoch nicht nachprüfen, da die Akten entweder nicht geführt oder irregulär vernichtet wurden oder unvollständig oder als geheim eingestuft sind.[238] Selbst die parlamentarischen Untersuchungsausschüsse des Bundestages konnten bisher nicht vollständig klären, welche Akten konkret im Bundesamt zu Mundlos, Böhnhardt und Zschäpe existierten bzw. noch existieren.[239] Der GBA hat dies – soweit aus den Akten ersichtlich – noch nicht einmal versucht.

Somit lässt die Zusammenschau dieser Umstände nur den Schluss zu, dass es weitergehende Informationen im Bundesamt gab – und eventuell auch noch gibt – und dass vor allem auch bisher noch nicht bekannte Maßnahmen zum Auffinden der drei durch das Bundesamt ergriffen worden sind.

---

tersuchungsausschuss der 17. WP. Hesse wurde von 1999 bis 2002 durch das BfV geführt, ab 2001 war er aufgrund der Landser-Ermittlungen inhaftiert.

[237] Vgl. die leugnenden Angaben von Richter: Zeugenvernehmung (BKA) Thomas Richter, SAO 201, Bl. 265ff.

[238] So wurden nicht nur die Akten der Operation »Rennsteig« vernichtet, vielmehr fehlen zahlreiche Unterlagen zu der Unterstützung der Observationen in Bezug auf Mundlos, Böhnhardt und Zschäpe des TLfV, Deutscher Bundestag, Drs. 18/12950, a.a.O., S. 299ff; Schäfer, Wache, Meiborg, Gutachten, a.a.O., Rn 301 (S. 152) bzw. SAO 604, Bl. 3059. Es ist wahrscheinlich, dass es einen erheblichen informellen Austausch zwischen dem BfV und dem TLfV gab, so spekuliert der BfV-Zeuge Egevist über einen kurzen Draht zwischen dem LfV Thüringen und BfV, Deutscher Bundestag, Drs. 18/12950, a.a.O., S. 301; es gibt eine Vielzahl von Unterlagen, die sich in Akten finden müssten, so zum Beispiel Protokollierungen von Lichtbildvorlagen an V-Leute, von denen deren Führer behaupten, dass sie stattgefunden hätten.

[239] Vgl. Darstellung Deutscher Bundestag, Drs. 18/12950, Sondervotum Fraktion Die Linke, S. 1208 (1243). Entsprechend der Akte »Drilling« des TLfV gibt es auch eine BfV-Akte »Drilling«, deren Existenz bekannt geworden ist, die aber, anders als die Akte des LfV Thüringen, geheim eingestuft ist, Deutscher Bundestag, Drs. 18/12950, Sondervotum Fraktion Die Linke, S. 1199.

Siebter Abschnitt: Vom Raubüberfall im Dezember 1998 bis zur Lieferung der »Ceská« im Frühjahr 2000

1. Was wir über diese Zeit wissen

Der Überfall auf den Edeka-Markt und der versuchte Mord an dem den Tätern nacheilenden Jugendlichen am 18. Dezember 1998 war die erste bekannte Straftat der terroristischen Vereinigung unter dem Namen NSU. Nach der Beweisaufnahme steht die Beteiligung einer dritten und bis heute unbekannten männlichen Person an dem Raubüberfall fest, die Unterstützer oder Mitglied des NSU gewesen sein muss. Mein Kollege Dr. Elberling wird hierzu noch Ausführungen machen.

Mundlos, Böhnhardt und Zschäpe zogen mit den bei dem Raub erbeuteten rund 30.000 DM im April 1999 in eine größere, von Eminger angemietete Wohnung in der Wolgograder Allee 76,[240] wo Szeneangehörige sie fortgesetzt besuchten.[241] Im Frühjahr 1999 wurden mithilfe des der Ex-»Blood & Honour«-Sektion nahestehenden Neonazis Ralph H. außerdem weitere Ausrüstungsgegenstände für die Vereinigung besorgt, so zum Beispiel ein Nachtsichtgerät.[242]

Auch in dieser Zeit waren Austausch und Kontakt nach Thüringen intensiv, insbesondere zu Ralf Wohlleben und Carsten Schultze. Schultze hatte auf Bitten

---

[240] Möglicherweise erhielt Werner einen Teil des Geldes als Bezahlung für die Waffenbeschaffung oder als Unterstützung für seine Musikprojekte. In dem Beweisantrag von Nebenklagevertretern, gestellt am Hauptverhandlungstag v. 18.9.2014 auf Ladung Jan Werners wurde dargelegt: »Bei derselben Hausdurchsuchung wurden des Weiteren zwei Einzahlungsbelege gefunden. Aus diesen ergibt sich, dass Jan Werners damalige Freundin Stefanie F. am 14. und 25. Januar 1999 in zwei Tranchen einen Betrag von über 7.000 DM auf ihr Konto eingezahlt hatte (Aust/Laabs, Heimatschutz, S. 405f.). Am 18. Dezember 1998 hatte der mutmaßlich erste Raubüberfall des Trios auf einen Edeka-Markt in Chemnitz stattgefunden. Hierbei wurden ca. 30.000 DM erbeutet. Möglicherweise wurde ein Teil des Geldes an Werner übergeben. Diesbezüglich finden sich keine Ermittlungen in der Akte, vgl. Zeugenvernehmung (BKA) Stefanie F., SAO 179, Bl. 387ff.

[241] So besuchten sie dort z.B. M.-F.B. und Achim Armin Fiedler, Beschuldigtenvernehmung (BKA) M.-F.B. v. 21.12.2011, SAO 37, Bl. 109, eingeführt durch Zeugenvernehmung (OLG) KOK Ben. am Hauptverhandlungstag v. 25.3.2014.

[242] Zeugenvernehmung (BKA) Carsten Richter v. 9.5.2012 (SAO 201, Bl. 205): Dieser gibt an, der Kontakt zu Starke wegen der Wohnung sei durch Ralph H. hergestellt worden; Zeugenvernehmung (OLG) Ralph H. (SAO 185, Bl. 344); Beschuldigtenvernehmung (BKA) Thomas Starke v. 7.8.2012, SAO 227.1, Bl. 15 (26): Dieser gibt an, Ralph H. und die drei seien politisch auf einer Linie gewesen; Beschuldigtenvernehmung (GBA) M.-F.B. v. 5.1.2012, SAO 37, Bl. 114 (120) eingeführt durch Zeugenvernehmung (OLG) KOK V. am Hauptverhandlungstag v. 25.3.2014: Der enge Kontakt zwischen Ralph H. und den dreien noch in der Limbacher Str. 96 zeigt sich schon daran, dass die drei ihn in Gesprächen, die M.-F.B. bezeugt, mit seinem Spitznamen »SS-Ralle« erwähnten; Zeugenvernehmung (OLG) Ralph H. am Hauptverhandlungstag v. 8.3.2016: Dieser bestritt allerdings den Kontakt ebenso wie die Weitergabe seines Personalausweises. Möglicherweise kannte Mundlos Ralph H. schon aus der Zeit vor dem Abtauchen: Mundlos wurde bereits im Jahr 1994 vor der Kaufhalle in der Bruno-Ganz-Str. 22 – also gegenüber der Wohnung, in der Ralph H. damals wohnte – polizeilich kontrolliert, SAO 629, Bl. 12286.

Wohllebens und Kapkes[243] schon Ende 1998 oder Anfang 1999[244] die Aufgaben von dem zur Bundeswehr eingezogenen Jürgen H. als Nachrichtenmittler zwischen Wohlleben und Kapke auf der einen und den drei Abgetauchten auf der anderen Seite übernommen. Er erhielt ca. alle zwei Wochen telefonisch Aufträge von den Abgetauchten,[245] wie z.B. in Zschäpes Wohnung einzubrechen, um von dort Dokumente zu holen,[246] mit Wohlleben zusammen ein Motorrad zu stehlen[247] oder Spenden nach Sachsen auf das Konto eines bis heute unbekannten Unterstützers zu überweisen.[248]

Wohlleben besuchte die drei in dieser Zeit in Chemnitz, einmal sogar zusammen mit Frau Böhnhardt. Bei diesem gemeinsamen Treffen oder einem anderen in diesem Zeitraum überbrachte Familie Böhnhardt den drei Abgetauchten eine Art Vergleichsvorschlag vom LfV Thüringen, der in Abstimmung mit den Strafverfolgungsbehörden gemacht worden war. Die Behörden waren mit den Eltern Böhnhardt im Gespräch, um die drei Abgetauchten zurückzuholen; das Angebot lautete schließlich, bei einer freiwilligen Gestellung diese nach zweiwöchiger Untersuchungshaft und umfangreichen Geständnissen wieder zu entlassen.[249] Dieses »Angebot« lehnten Mundlos, Böhnhardt und Zschäpe jedoch rundheraus ab[250] – ein deutliches Zeichen für ihre Entschlossenheit, weiter in der Illegalität zu leben, um ihr Ziel, politische Gewalttaten zu verüben, umsetzen zu können. Anschließend brachen die Behörden Mitte März 1999 die Verhandlungen ab, da sie glaubten, die drei auch so festnehmen zu können.

Die Dichte der Kontakte zwischen Wohlleben und den drei Abgetauchten zeigt sich beispielhaft im Februar und März 1999, als Wohlleben Brandt mitteilte, die drei wollten mit ihm sprechen, und ihm hierzu mehrfach, in kurzen Abständen

---

[243] In seiner Einlassung vom 5.6.2013 berichtete Schultze, dass Wohlleben und Kapke ihn gemeinsam angesprochen haben.

[244] So Schultze in seiner Einlassung am Hauptverhandlungstag v. 4.6.2013; Brandt erwähnt Schultze erstmals Anfang 1999, dies passt auch zu dem Ende der Tätigkeit von Jürgen H. als Nachrichtenkurier.

[245] Einlassung des Angeklagten Schultze am Hauptverhandlungstag v. 4. und 5.6.2013; Bericht von Brandt vom 15.3.1999, Nachlieferung 26, Bl. 199f.

[246] Einlassung Carsten Schultze am Hauptverhandlungstag v. 4.6.2013; TLfV, Deckblattmeldungen von Brandt v. 10.5.1999, Nachlieferung 26, Bl. 221 (222); dies wurde von der Polizei bemerkt.

[247] Einlassung Carsten Schultze am Hauptverhandlungstag v. 5.6.2013.

[248] TLfV, Deckblattmeldung von Brandt v. 26.5.1999, Nachlieferung 26, Bl. 226f. Allerdings gibt Carsten Schultze in seiner Einlassung in der Hauptverhandlung an, dass er sich an Überweisungen nach Sachsen nicht erinnern könne. Da Schultze viel weitreichendere Unterstützungs- und Teilnahmehandlungen eingeräumt hat, ist seine Angabe ernst zu nehmen, d.h. entweder erinnert er sich schlicht nicht mehr oder Tino Brandt hat unrichtige Angaben gegenüber dem TLfV gemacht, z.B. eigene Unterstützungsleistungen als die von Carsten Schultze ausgegeben.

[249] TLfV/Nocken, Vermerk v. 15.3.1999, Nachlieferung 26, Bl. 177; TLfV/Nocken, Schreiben an RA Thaut vom 19.3.1999, Nachlieferung 26, Bl. 181.

[250] Zeugenvernehmung (OLG) Jürgen Böhnhardt am Hauptverhandlungstag vom 23.1.2014; vgl. auch Erklärung nach § 257 Abs. 2 StPO zur Vernehmung des Zeugen Jürgen Böhnhardt von Nebenklagevertretern am Hauptverhandlungstag v. 28.1.2014.

neue, von den dreien erhaltene Telefontermine mitteilte. Zumindest am letzten mitgeteilten Termin, am 8. März 1999, kam ein Telefongespräch zwischen Böhnhardt und Brandt zustande. In dem 15-minütigen Gespräch ging es insbesondere um von Kapke nicht weitergeleitete Geldspenden für die drei, mögliche Fluchtadressen und die Entwicklungen im THS.[251]

Auch Holger Gerlach, der bereits 1997 nach Hannover umgezogen war, stand mit Wohlleben in regelmäßigem Kontakt und wurde durch ihn in die Unterstützung eingebunden. Auf Bitten Wohllebens sprach er im Juni 1998 den in Niedersachsen wohnenden Thorsten Heise – einen bundesweit führenden und »Blood & Honour« nahestehenden Neonazi – hinsichtlich Unterbringungsmöglichkeiten für die drei (auch im Ausland) an.[252] Heise versprach, sich umzusehen.[253] Auch wenn immer wieder von den V-Männern Brandt und Szczepanski oder anderen Zeugen in der Hauptverhandlung berichtet wurde, die drei hätten ins Ausland gehen wollen, gibt es keinen Anhaltspunkt, dass sie dies ernsthaft überlegt oder gar geplant hätten. Die Behauptung, ins Ausland gehen zu wollen, scheint vor allem die Funktion gehabt zu haben, Unterstützer, wie M.-F.B. oder Gunter Frank Fiedler, zu beruhigen und zu vertrösten.

Um das Konzept des NSU, rassistische Morde durch Anschläge zu begehen, umzusetzen, verschafften sich seine Mitglieder irgendwann in der Zeit vor Juni 1999 Zugang zu größeren Mengen Schwarzpulver und fanden einen Ort, um dort Bomben zu bauen. Am 23. Juni 1999 platzierte der NSU eine in einer Taschenlampe versteckte Rohrbombe in der Gaststätte »Sonnenschein« in der Scheurlstr. 23 in Nürnberg. Die Bombe verletzte dort den türkeistämmigen Betreiber, der nur mit Glück überlebte.[254] Dies ist der erste bekannte Anschlag des NSU.[255]

---

[251] Vermerk zu dem Gespräch, Nachlieferung 26, Bl. 196 (198); Nachlieferung 26, Teil 2, Bl. 11.

[252] Das erste Gespräch zwischen Gerlach und Heise fand am 12. Juni 1999 anlässlich Heises Hochzeit, zu der auch Gerlach eingeladen war, statt, was den Status von Gerlach in der Szene zeigt; TLfV, Deckblattmeldung von Brandt v. 10.5.1999, Nachlieferung 26, Bl. 221; TLfV, Deckblattmeldung von Brandt vom 26.5.1999, Nachlieferung 26, Bl. 225f.; Beschuldigtenvernehmung (GBA) Holger Gerlach v. 1.12.2011, SAO 35, Bl. 80 (90), eingeführt durch Zeugenvernehmung (OLG) KOK Schartenberg am Hauptverhandlungstag v. 16.7.2013.

[253] Heise war damals wegen seines CD-Handels mit einer G-10-Maßnahme belegt, ob im Zuge dieser Maßnahme Erkenntnisse zu den Unterbringungs-/Unterstützungsbitten angefallen sind, ist nicht bekannt; Deutscher Bundestag, Drs. 17/14600, a.a.O., S. 793.

[254] Die Ermittlungen ähnelten in auffälliger Weise denen zu den späteren Mordtaten: Von Anfang an wurden der Verletzte und sein unmittelbares Umfeld verdächtigt; der Verletzte hatte sich u.a. »verdächtig« gemacht, weil er nicht die Polizei oder Feuerwehr, sondern seine Mutter angerufen hatte, die ihn ins Krankenhaus brachte. Außerdem wurde ihm und seinem Umfeld unterstellt, sie würden nicht kooperieren und nicht die Wahrheit sagen, weil sie keine sachdienlichen Hinweise auf die Täter lieferten. Dem Hinweis des Verletzten, dass am Abend vor der Explosion zum zweiten Mal ein deutscher Gast in der Gaststätte war, was sehr auffällig gewesen sei, wurde nicht nachgegangen. Es wurde nicht gefragt, wie dieser Gast ausgesehen hat, was er gemacht hat; vgl. Beiakte StA Nürnberg – 751 UJs 113177/99 – Bay. LKA, Vermerk v. 29.11.1999, Bl. 4ff.

[255] Es konnte bisher nicht geklärt werden, ob der NSU das bereits in Jena begonnene Verschicken von Briefbombenattrappen fortführte: Am 26.3.1999 wurde eine Briefbombenattrappe an Bubis geschickt, »Um 11.00 Uhr geht die Bombe hoch«, die österreichische Briefmarke war

Es ist kein Zufall, dass Nürnberg als Tatort ausgewählt wurde. Vielmehr spricht alles dafür, dass Neonazis aus Nürnberg den NSU auf den konkreten Anschlagsort aufmerksam gemacht haben. Der Verletzte hatte die Gaststätte »Sonnenschein« etwa drei Monate vor dem Anschlag übernommen, und erst seit dieser Zeit verkehrten dort ganz überwiegend türkeistämmige Gäste, was Personen ohne Ortskenntnisse nicht wissen konnten und was von außen auch nicht erkennbar war.

Der gesamte THS und insbesondere die »Sektion Jena« hatten sehr gute Kontakte nach Nürnberg.[256] Speziell Mundlos stand zum Beispiel ab Mitte der 1990er Jahre in Kontakt mit dem Nürnberger Matthias Fischer.[257] Dieser war eine zentrale Figur der militanten fränkischen Neonazi-Szene und ab Ende 1999 Herausgeber des Neonazi-Magazins »Der Landser«.[258] Der Freund von Fischer und ehemalige Herausgeber des »Landser«, Andreas K., wohnte zur Tatzeit in fußläufiger Nähe zur Gaststätte »Sonnenschein«.[259]

Nur wenige Monate nach dem Anschlag folgten im Oktober 1999 zwei weitere Raubüberfälle in Chemnitz, bei denen knapp 70.000 DM erbeutet wurden. Bei den Unterstützern war bekannt, dass die drei sich über Raubüberfälle finanzierten, diese Tatsache wurde herumerzählt. So äußerte Thomas Starke im November 1999 gegenüber dem spendenwilligen Marcel Degner offen, dass dessen

---

nicht abgestempelt und laut eines BKA-Vermerks hatte die Briefbombenattrappen Ähnlichkeit mit jenen aus Jena, BKA Vermerk v. 30.3.199, Nachlieferung 27, Bl. 150; Deutscher Bundestag, Drs. 17/14600, a.a.O., S. 389. Weitergehende Ermittlungen zu den Tätern sind nicht bekannt. Aufgrund der Fixierung der Mitglieder des NSU und der Sektion Jena auf Bubis und des ähnlichen Vorgehens ist eine Täterschaft des NSU durchaus möglich.

[256] Die Kontakte bestanden über Brandt, aber vgl. auch Zeugenvernehmung (BKA- RegEA Bay) Christian W. v. 27.2.2012, SAO 219, Bl. 14f.

[257] Zeugenvernehmung (BKA) Matthias Fischer v. 23.1.2013, Nachlieferung 12, Bl. 153ff. Fischer gab zu, zu Mundlos ab Mitte der 1990er Jahre Kontakt gehabt, ihn auch mal in der Gaststätte »Tiroler Höhe« getroffen zu haben; außerdem standen er und seine Schwägerin auf der in der Garage sichergestellten Adressliste von Mundlos.

[258] Zeugenvernehmung (BKA) Matthias Fischer v. 23.1.2013, Nachlieferung 12, Bl. 154: Fischer gab an, ab der dritten oder vierten Ausgabe des *Der Landser*, also ab Mai oder Oktober 1999, der Herausgeber gewesen zu sein. Tatsächlich wurde die Ausgabe Nr. 3 im Mai 1999 von Andreas K. und ihm gemeinsam herausgegeben, anschließend war nur noch Fischer verantwortlich. Mit Fischer als Herausgeber spielten Partythemen keine Rolle mehr, es wurden keine Namen mehr genannt, die Texte waren überwiegend politisch, viele mit Anti-Antifa-Inhalten. Der Kontakt zu *Der Landser* kann auch über Mandy Struck gelaufen sein. Heiko W., der Freund, zu dem Struck 2002 nach Nürnberg zog, hatte schon am »Landser«-Heft Nr. 4 mitgearbeitet, wie sich aus dem Inhalt und seiner Unterschrift ergibt. Mandy Struck sagte in der Hauptverhandlung, sie habe die Nürnberger (Fischer, Christian W., Heiko W.) von Chemnitz aus kennengelernt; Zeugenvernehmung (OLG) Mandy Struck am Hauptverhandlungstag v. 27.2.2014; in der Grußliste der Ausgabe »Der Landser« Nr. 4 wurden Ende 1999 »die Untergrundkämpfer« gegrüßt und die Rückseite des Hefts stellt ein Bild dar von zwei maskierten Männern mit Schusswaffen, die auf den Betrachter zielen, und darüber steht: »Ich seh' Dich« und unten »W.A.W.« als »Weißer arischer Widerstand«.

[259] Andreas K. wohnte von ca. 1997 bis ca. 2001 in der Harsdörffer Str. 8, Nürnberg, wenige Minuten von der Gaststätte »Sonnenschein« in der Scheurlstr. 23 entfernt; vgl. BfV v. 10.5.2012, SAO 499, Bl. 20 (23).

Spende nicht gebraucht würde, weil »die drei jobben« würden. Den Szenejargon für Raubüberfälle musste Degner verstanden haben.[260] Und sogar dem gar nicht mehr in der Szene verkehrenden M.-F.B. erzählten Mundlos und Böhnhardt von ihrer Art der Geldbeschaffung.[261]

2. Zum Wissen und den Aktivitäten der Sicherheitsbehörden in der Zeit Dezember 1998 bis Frühjahr 2000

Das LfV Thüringen wusste im Jahr 1999 von dem andauernden intensiven Kontakt von Wohlleben und Schultze zu den drei Abgetauchten. Es erhielt nicht nur Informationen, die die erhebliche Gefährlichkeit der drei nahelegten, sondern auch dazu, dass sie Raubüberfälle begangen hatten. Gleichzeitig wurde zum wiederholten Mal vom LfV Thüringen die Möglichkeit der Festnahme bzw. der konkreten Aufenthaltsermittlung nicht wahrgenommen. Das LKA Thüringen, insbesondere die Zielfahndung, ermittelte in dieser Zeit ebenfalls in Bezug auf viele der maßgeblichen Unterstützer in Thüringen und Chemnitz und erhielt dadurch die Bestätigung von deren Kontakten zu den Untergetauchten.

a) Zu dem Hinweis von Jürgen H.
Im Mai 1999 bestätigte Jürgen H. gegenüber Zielfahndern und Ermittlern des LKA Thüringen, die ihn aufsuchten und in Bezug auf die drei Abgetauchten befragten, seine Rolle als Mittler zwischen Wohlleben und den dreien. Obwohl sich Jürgen H. zur weiteren Zusammenarbeit bereit erklärte, sind keine weiteren Maßnahmen bekannt, um von diesem wichtigen Verbindungsmann weitere Informationen zu erlangen.[262]

In einer weiteren Befragung, dieses Mal durch den MAD, gab Jürgen H. Ende 1999 an, die drei hätten sich schon auf der Stufe von Rechtsterroristen bewegt, die eine Veränderung dieses Staates herbeiführen wollten.[263] Die damalige Einschätzung Jürgen H.s wurde vom MAD Ende 1999 auch an das LfV Thüringen weitergeleitet.[264] Damit hatte das Landesamt eine erneute Bestätigung der Gefährlichkeit der drei.

b) Zu dem Unterlassen von Fahndungsmöglichkeiten durch das LfV Thüringen
Das LfV Thüringen hatte darüber hinaus drei konkrete Informationen, die Ansätze für weitere Fahndungsmaßnahmen oder in einem Fall sogar für die Festnahme der drei boten, denen aber – jedenfalls nach Aktenlage – nicht nachgegangen worden ist.

---

[260] Meldung von Marcel Degner v. 24.11.1999, Nachlieferung 26, Bl. 254.
[261] Beschuldigtenvernehmung (BKA) M.-F.B. v. 24.11.2011, SAO 37, Bl. 34 (45), eingeführt durch Zeugenvernehmung (OLG) KOK V. am Hauptverhandlungstag v. 20.2.2014.
[262] Sächsischer Landtag, Drs. 5/14688, a.a.O., Abweichender Bericht Fraktion Die Linke, SPD und Grüne, S. 58; TLKA/KOK Wunderlich, Vermerk v. 27.5.1999, SAO 43.10, Bl. 101.
[263] LfV Thüringen v. 28.11.2011, SAO 43.10, Bl. 265 (268).
[264] Schäfer, Wache, Meiborg, Gutachten, a.a.O., Rn 301 bzw. SAO 604, Bl. 3078.

aa) Festnahmemöglichkeit: Telefonat von Brandt am 8. März 1999
Das erwähnte, von Wohlleben vermittelte Telefonat zwischen Brandt und Böhnhardt am 8. März 1999 und die diesem vorangegangenen, fehlgeschlagenen Gesprächsvereinbarungen[265] sind eines der am besten dokumentierten Beispiele dafür, dass es dem LfV Thüringen nicht auf eine aktenkundige Ermittlung des Aufenthalts der Abgetauchten ankam. Obwohl Brandt die Telefonzelle in Coburg, das Datum und die Uhrzeit des von den dreien erwarteten Anrufes rechtzeitig an das LfV Thüringen weiterleitete,[266] findet sich in den Akten kein Hinweis darauf, dass die fragliche Telefonzelle in Coburg mit einer G-10-Maßnahme belegt worden wäre. Während des Abhörens des ca. 15-minütigen Gesprächs hätte der Standort von Böhnhardt ermittelt und Böhnhardt auf dem Weg zurück zur gemeinsamen Wohnung observiert werden können. Genau dies ist aber nicht geschehen.

Aktenkundig geworden ist lediglich eine Observation von vier in Chemnitz befindlichen Telefonzellen zum Zeitpunkt des Anrufs. Woher die Information zu diesen Zellen kam, deren Observation vorher festgelegt worden war, ist nicht bekannt. Ausdrücklich sollten die darin telefonierenden Personen von den Observationsbeamten nur beschrieben, aber nicht verfolgt werden. Nach den dürren Personenbeschreibungen in den erhaltenen Observationsberichten ist es durchaus denkbar, dass es tatsächlich Böhnhardt war, der in der Telefonzelle in unmittelbarer Nähe zur ehemaligen Wohnung der drei in der Limbacher Straße 96[267] observiert wurde.[268] Ob aus dieser Beobachtung etwas folgte, ist aus den Akten nicht ersichtlich.

---

[265] Am 30. Januar 1999 bat Wohlleben Brandt, dieser solle die Telefonnummer einer anrufbaren Telefonzelle in Coburg mitteilen, da die drei mit ihm sprechen möchten (Nachlieferung, Bl. 164f.). Am 4. Februar 1999 übermittelte Brandt die Telefonnummer an Wohlleben, der ihm sagte, er solle mit einem Anruf in der 6. oder 7. KW (8.2.-21.2.1999) rechnen (Nachlieferung 26, Bl. 165). In der Zeit vom 5.-7.2.1999 gab es eine G-10-Beschränkungsmaßnahme Nr. 4 bei der Telefonzelle in Coburg, in der Brandt von Wohlleben angerufen wurde (SAO 503, Bl. 299ff. [G-10-Antrag des LfV Thüringen]; Deutscher Bundestag, Drs. 17/14600, a.a.O., S. 387), in der Zeit 5.2.-31.3.1999 G-10-Beschränkungsmaßnahmen gegen Telefonzellen in Chemnitz (Deutscher Bundestag, Drs. 17/14600, a.a.O., S. 387). Eine Mitteilung von Wohlleben an Brandt, das Gespräch solle am 17. oder 18.2.1999 stattfinden, ist belegt (Nachlieferung 26, Bl. 165), ob der Anruf zustande gekommen ist, ist nicht bekannt. Es gab dann eine schriftliche Mitteilung von Wohlleben an Brandt, das Gespräch solle nun am 22.2.1999 stattfinden (Nachlieferung 26, Bl. 166). Unklar ist, ob und wenn ja, zwischen wem das Gespräch zustande kam, da es offiziell kein Gespräch gibt (Nachlieferung 26, Bl. 166), allerdings gibt es eine Bandaufnahme von dem Gespräch, auf dem Brandt Böhnhardts Stimme identifiziert (TLfV, Deckblattmeldung von Brandt v. 22.3.1999, Nachlieferung 26, Bl. 294 und 296). Es folgte eine Mitteilung von Wohlleben an Brandt, der Anruf solle nun am 8.3.1999 erfolgen. In Erwartung dieses Telefonats wurden vier Telefonzellen in Chemnitz observiert (Deutscher Bundestag, Drs. 17/14600, a.a.O., S. 388).
[266] Vgl. die handschriftlichen Vermerke von Wießner, Nachlieferung 26, Bl. 165f.
[267] Die observierte Telefonzelle lag an der Kreuzung Ulmenstr./Weststr. in Chemnitz, die Limbacherstr. 96 ist von der Kreuzung nur zwei Querstraßen entfernt, außerdem ist die damalige Wohnung von Jan Werner in der Ulmenstr. 39 (Nachlieferung 26, Teil II, Bl. 33) nur 300 Meter von der Kreuzung entfernt.
[268] LfV Thüringen, Observationsbericht vom 9.3.1999, Nachlieferung 26, Teil II, Bl. 16f.; LfV Thüringen: Ergänzender Observationsbericht v. 11.3.1999, Nachlieferung 26, Teil II, Bl.

Die Umstände bezüglich des Telefonats zwischen Böhnhardt und dem V-Mann Brandt und der widersprüchliche Aktenrückhalt zu diesem Ereignis lassen keinen Schluss darauf zu, welche Maßnahmen das LfV Thüringen neben der Observation noch getroffen hat. Viel spricht für eine tatsächliche Überwachung des Gesprächs, ohne dass diese aktenkundig gemacht wurde, oder dafür, dass die entsprechenden Akten vernichtet wurden oder geheim gehalten werden. Dieser vorab bekannte Anruf bei dem V-Mann hat in jedem Fall dem LfV Thüringen die klare Möglichkeit eröffnet, den Aufenthaltsort der drei festzustellen. Der Umstand, dass das LfV Thüringen die Vergleichsverhandlungen eine Woche nach dem Anruf abbrach, weil es davon ausging, dass die drei aufgrund eigener Erkenntnisse festgenommen hätten werden können, spricht ebenfalls dafür.

bb) Weiteres Wissen über Raubüberfälle: Mitteilung übers »Jobben«
Ein weiteres Beispiel aus der langen Reihe von Beispielen für das nicht plausible Ausbleiben eines Fahndungserfolgs ist der Umgang des LfV Thüringen mit der Meldung von Degner vom November 1999, Thomas Starke habe auf sein Angebot einer Geldspende hin erklärt, die drei bräuchten kein Geld, da sie »jobben« würden. Das Wort »jobben« wurde von Wießner in der Deckblattmeldung unterstrichen, die Meldung wurde von ihm abgezeichnet. Nach der Meldung von Szczepanski vom 9. September 1998, die drei Abgetauchten würden Raubüberfälle begehen, musste die Verwendung des Wortes »jobben« als Synonym für »Raubüberfall« auch dem LfV Thüringen sofort klar sein. Gleichwohl hat das LfV Thüringen auch diese Nachricht nach Aktenlage nicht an das LfV Sachsen oder an die Polizeibehörden in Thüringen und Sachsen weitergeleitet.[269] Letztere hätten eine Verbindung zu der nicht aufgeklärten Serie von – bis dahin schon drei – Raubüberfällen in Chemnitz herstellen können.

c) Zu den Maßnahmen des LKA Thüringen in Bezug auf die Chemnitzer Unterstützer
Im April 1999 überprüfte die Zielfahndung die Chemnitzer Unterstützer und »Blood & Honour«-Mitglieder Starke, Lasch und Werner – also denselben Kreis, der bereits im Juli 1998 bekannt und mit TKÜs belegt worden war und von dem

---

19. In dem ergänzenden Observationsbericht mit der Personenbeschreibung heißt es, dass die Person von 18:07 bis 18:17 Uhr telefoniert hat, Brandt schreibt, der Anruf sei um 18:00 Uhr gekommen und um ca. 18:15 Uhr beendet gewesen; außerdem schreibt Brandt, Böhnhardt hätte nach dessen Aussage eine Telefonkarte benutzt, während der Observierungsbeamte berichtet, die Person hätte Geld nachgeworfen; Bericht von Brandt v. 8.3.1999, Nachlieferung 26, Bl. 198. Es ist somit unklar, ob hier Böhnhardt beobachtet wurde oder nicht, in jedem Fall wurde dem nicht nachgegangen und die Person wurde nach der Beendigung des Telefonats nicht weiter observiert. Die Personenbeschreibung passt auf Böhnhardt.

[269] Schäfer, Wache, Meiborg, Gutachten, a.a.O., Rn 301 (S. 171) bzw. SAO 604, Bl. 3078; Zeugenvernehmung (sächsPUA) Joachim T., 21. Sitzung des zweiten sächsischen Untersuchungsausschusses zum NSU am 28.8.2017; Quelle: sachsen.nsu-watch.info/index.php/2017/09/05/bericht-21-sitzung-28-august-2017/.

wir heute wissen, dass er maßgeblich in die Unterstützung eingebunden war.[270] Ergebnis der Ermittlungen war, dass ein Nachbar Starkes Mundlos als dessen Besucher identifizierte.[271] Trotz intensiver Ermittlungen in diesen Kreisen, an denen neben dem LKA Thüringen auch der Staatsschutz des LKA Sachsen beteiligt war,[272] wurden angeblich die vielfältigen Aktivitäten der drei – der Umzug im April 1999 in die Wolgograder Allee, die Beschaffung von weiteren Ausrüstungsgegenständen und die Vorbereitung des ersten Bombenanschlags – nicht bemerkt.

Der Zielfahnder des LKA Thüringen Wunderlich führte diesen Misserfolg in einem Schreiben aus dem Jahr 2001 auf den Verfassungsschutz zurück: »Die durch das LfV Thüringen an hiesige Dienststelle übermittelten Daten bzgl. der Aufenthaltsörtlichkeiten erwiesen sich stets zum Zeitpunkt der Überprüfungen als richtig, aber längst inaktuell. Die Zusammenarbeit mit dem LfV Sachsen ergab eine unterschiedliche Informationsübermittlung und den Verdacht, dass durch das LfV Thüringen wichtige Fahndungsdaten zurückgehalten werden.«[273] Bei allen auch durch die Zielfahnder gemachten Fehlern spricht viel dafür, dass diese Beschreibung richtig ist und nicht nur der Entlastung der erfolglosen Zielfahnder diente.

Wenn man sich vor Augen führt, wie offen und aktiv Mundlos, Böhnhardt und Zschäpe nach ihrem »Abtauchen« Teil der Chemnitzer Szene waren und wie groß gleichzeitig das Ausmaß der Überwachung der zahlreichen Chemnitzer und Thüringer Unterstützer und Kontaktpersonen durch die Sicherheitsbehörden war, ist es unter keinen Umständen nachvollziehbar und plausibel, dass angeblich von keiner Behörde der konkrete Aufenthaltsort der drei festgestellt wurde. Noch vor der Begehung des ersten Mordes an Enver Şimşek wäre den Strafverfolgungsbehörden eine Festnahme der drei mit den verfügbaren Informationen möglich gewesen.

---

[270] Sächsischer Landtag, Drs. 5/14688, a.a.O., Abweichender Bericht Fraktion Die Linke, SPD und Grüne, S. 58; TLKA/KOK Wunderlich, Vermerk v. 27.5.1999, SAO 43.10, Bl. 101.

[271] Diese Ansprachen erfolgten am 9. April 1999, Lasch leugnete, die drei zu kennen, Werner wurde nicht angetroffen und Starke war schon nach Dresden umgezogen; ein ehemaliger Nachbar gab jedoch an, Mundlos mehrfach als Besucher Starkes gesehen zu haben; Schäfer, Wache, Meiborg, Gutachten, a.a.O., Rn 224 bzw. SAO 604, Bl. 3029; Sächsischer Landtag, Drs. 5/14688, a.a.O., Abweichender Bericht Fraktion Die Linke, SPD und Grüne, S. 58ff.

[272] So fand z.B. ein Gespräch am 22.6.1999 – einen Tag vor dem Anschlag in Nürnberg – zwischen dem LKA Thüringen und dem Staatsschutz des LKA Sachsen über das weitere Vorgehen und die Überwachung dieses Kreises statt, so z.B. durch eine Durchsuchung bei Jan Werner und seiner Freundin Stefanie F., die einen anderen Hintergrund als die Suche nach den dreien hatte. Die bei dieser Durchsuchung am 27.3.1999 bei Stefanie F. gefundenen Kontoauszüge weckten beim LKA Sachsen den Verdacht, Werner könnte sie als Strohfrau für die Weiterleitung von Geldern für die drei nutzen; Sächsischer Landtag, Drs. 5/14688, a.a.O., Abweichender Bericht Fraktion Die Linke, SPD und Grüne, S. 59f.

[273] LKA/KOK Wunderlich, Vermerk v. 14.2.2001; Beiakte ZF 6, pdf-Seite 25.

Achter Abschnitt: Ceská-Lieferung und Umzug nach Zwickau im ersten Halbjahr 2000

1. Was wir über diese Zeit wissen

Im Januar 2000 kam es nachweisbar zu einem direkten Kontakt zwischen der thüringischen und der sächsischen Unterstützerszene. Bei einer von Tino Brandt mitorganisierten Schulungsveranstaltung in der Jugendherberge Froschmühle in Thüringen waren Mundlos, Böhnhardt und Zschäpe Thema:[274] Edda Schmidt aus Baden-Württemberg, eine der bekanntesten NPD-Frauen, vermittelte ein Gespräch über die aktuelle Situation der drei zwischen dem Bruder André Kapkes, dem Zeugen Christian Kapke, der die drei in einem Lied besungen hatte,[275] und einem sächsischen »Blood & Honour«-Mann, entweder Jan Werner oder Andreas Graupner.[276] Dieser teilte Kapke mit, den dreien ginge es gut, sie seien in einer Neubauwohnung in Chemnitz.[277]

Die drei bewegten sich auch in dieser Zeit weiterhin offen in Chemnitz, hatten entsprechende Szenekontakte und empfingen Besuch. Wie unbekümmert sie agierten, zeigt unter anderem auch ein Besuch von Zschäpe und Mundlos in Berlin am 7. Mai 2000,[278] wo sie Werner und eine Frau mit zwei Kindern an der Syn-

---

[274] Zeugenvernehmung (OLG) Christian Kapke am Hauptverhandlungstag v. 4.3.2015. Brandt meldete ein Gespräch während der Schulungsveranstaltung zwischen »dem Sachsen« und Wohlleben; Deckblattmeldung von Brandt v. 1.2.2000, Nachlieferung 26, Bl. 277f.; es ist nicht klar, ob es sich dabei um ein zweites Gespräch handelt oder ob Brandt von dem mit Edda Schmidt und »dem Sachsen« geführten Gespräch erfahren hat und in seiner Meldung die Situation verändert dargestellt hat. Es gibt keine Anhaltspunkte dafür, dass Christian Kapke unzutreffende Angaben macht, da er durch den Sachverhalt zumindest moralisch belastet fühlte und es ihm glaubwürdig schwer fiel, davon zu sprechen. Brandt behauptete nach einer Lichtbildvorlage, »der Sachse« sei nicht Werner gewesen, sondern identifizierte etwas später Andreas Graupner als den Sprecher – dieser passt allerdings von seinem äußeren Erscheinungsbild her nicht zu der ursprünglichen Beschreibung von Brandt; TLfV, Vermerk v. 23.2.2000, Nachlieferung 26, Bl. 285.
[275] Christian Kapke hatte mit seinem Duo »Eichenlaub« im Jahr 1999 mit dem Lied »5. Februar« die drei besungen, BKA Vermerk v. 6.6.2012, SAO 46, Bl. 183 und 191; in der Hauptverhandlung am 4.3.2015 gab Christian Kapke auf die Frage, worauf sich das Datum 5. Februar beziehe, – nicht glaubhaft – an, das Datum 5. Februar sei nur ein Fehler gewesen, es sei damit der Tag des Abtauchens gemeint gewesen. Es war bei dem Zeugen augenfällig, dass er glaubhaft bekundet, soweit dies die Ideologie der damaligen Szene betraf oder Handlungen anderer, sobald es jedoch um seine eigene Einbindung oder Unterstützung ging, einsilbig wurde und z.T. unglaubhafte Angaben machte, wie zu der Bedeutung des Liedes.
[276] Es wurde das Auto von Werner festgestellt und Kapke berichtete, dass zwei Sachsen da gewesen seien, die zusammen in einem Auto gekommen seien, aber mit nur einem habe er gesprochen.
[277] Zeugenvernehmung (OLG) Christan Kapke am Hauptverhandlungstag v. 4.3.2015.
[278] Möglicherweise auch vom 5. bis 7. Mai 2000, denn so lange war Werner in Berlin, die beiden könnten mit ihm gemeinsam von Chemnitz hin- und zurückgefahren sein. Dass sie mit ihm von Berlin zurückgefahren sein könnten, ergibt sich aus einem Vermerk des LfV Sachsen zu Werners Standortdaten am Abend des 7. Mai 2000, Nachlieferung 26, Bl. 314.

agoge in der Rykestraße trafen.[279] Den Umständen nach zu schließen, diente der Besuch zugleich auch dem Ausspähen der Synagoge.

Auch bestand im ersten Halbjahr 2000 weiterhin ein enger und direkter Kontakt der drei nach Thüringen,[280] hauptsächlich telefonisch zu Wohlleben und Schultze.[281] Von seiner Unterstützung berichtete Schultze unter anderem Jana J., Ronny A.[282] und Sandro Tauber.[283] Währenddessen waren die thüringischen Unterstützer weiter politisch sichtbar aktiv als »Sektion Jena« im THS bzw. später als Freie Kameradschaft mit dem Namen »Nationaler Widerstand Jena«. Zudem traten sie in die NPD ein. Da sie ein Verbot aufgrund eines erneut laufenden Verfahrens gegen den THS fürchteten, veröffentlichten sie im Jahr 2000 auf der Webseite des THS eine Erklärung, in der wahrheitswidrig behauptet wurde, alle tatsächlichen Führungspersonen außer Brandt seien keine Mitglieder des THS, und nannten dabei auch Böhnhardt, Mundlos und Zschäpe.[284] Damit legten sie indirekt offen, dass sie die drei auch nach deren Abtauchen noch zum engen Führungskreis des THS zählten.

Wichtigster Nachweis für die ungebrochene Unterstützung der Pläne, die die Abgetauchten nach dem gemeinsam gefassten Beschluss umsetzen sollten, ist das Besorgen der zukünftigen Tatwaffe durch Wohlleben. Wohlleben und in seinem Auftrag Schultze beschafften zwischen dem 3. April und dem 18. Mai 2000[285] auf

---

[279] Schreiben des LfV Sachsen an das LfV Thüringen v. 17.5.2000, in dem es heißt, dass im Rahmen einer G-10-Maßnahme der Aufenthalt von Werner am 7. Mai 2000 in Berlin sowie dessen telefonischer Kontakt mit einer Frau mit zwei Kindern festgestellt worden sei, bei der es sich möglicherweise um die von dem Zeugen Frank G. beschriebene weibliche Begleitperson der Angeklagten Zschäpe handele.

[280] Zeugenvernehmung (OLG) Brigitte Böhnhardt am Hauptverhandlungstag v. 20.11.2013; Zeugenvernehmung (BKA) Brigitte Böhnhardt, SAO 175, Bl. 22.

[281] TLfV, Deckblattmeldung von Brandt v. 4.5.2000; Nachlieferung 26, Bl. 297.

[282] TLfV, Deckblattmeldung von Brandt v. 1.2.2000, Nachlieferung 26, Bl. 277f. Schultze gibt allerdings in seiner Einlassung am Hauptverhandlungstag v. 12.6.2013 an, dass er nicht mit Ronny A. und Jana J. darüber gesprochen hat; ob Schultze keine Erinnerung mehr daran hat oder ob er die beiden, von denen zumindest Ronny A. bis heute sein Freund ist, schützen will, ist nicht bestimmbar. Auch Ronny A. leugnete in seiner Befragung durch den 2. Untersuchungsausschuss des Thüringer Landtages in seiner dortigen Vernehmung am 30.11.2017, von Carsten Schultze diese Informationen erhalten zu haben. Dieser Aussage kommt allerdings kein Wert zu, da Ronny A. systematisch sein Wissen und seine Aktivitäten heruntergespielte.

[283] Einlassung Schultze v. 18.6.2013: Dort gab er an, das Gespräch mit Sandro Tauber habe nach der Rückkehr vom Bundesvorstandstreffen, das nach einer von Schultze erstellten Zeittafel (übergeben in der Hauptverhandlung v. 11.6.2013 und Bestandteil des Hauptverhandlungsprotokolls) am 28.6.2000 war, stattgefunden; auf Taubers Fragen hin habe er von der Unterstützung berichtet und auch davon, dass Tino Brandt davon wusste.

[284] Pressemitteilung und Richtigstellung des THS, ausgedruckt am 10.11.2000, SAO 503, Bl. 336.

[285] Einlassung des Angeklagten Carsten Schultze am Hauptverhandlungstag v. 4.6.2013 und 11.6.2013: Er gab – glaubhaft – an, dass die Übergabe zwischen dem Erhalt seines Führerscheins und dem Beginn seiner Ausbildung am 19.5.2000 erfolgte, da er mit dem Auto zum Abholen der Waffe zu Andreas Schultz gefahren sei und damals arbeitslos gewesen sei, seine Arbeit habe am 17. oder 19.5.2000 begonnen. In die Hauptverhandlung eingeführte Ermittlungen (Zeugenverneh-

Aufforderung von Mundlos und Böhnhardt eine Schusswaffe mit Schalldämpfer und Munition, die offensichtlich zum Morden bestimmt war. Es wurde von allen Beteiligten großer Aufwand betrieben und viel kommuniziert, um die spätere Mordwaffe, die Česká 83, zu beschaffen. Insgesamt gab es nach Schultzes Angaben im Zusammenhang mit der Waffenbeschaffung mindestens zwei Telefonate mit den Abgetauchten und mindestens sechs Gespräche zwischen Schultze und Wohlleben auf der einen und dem Inhaber des Jenaer Neonazi-Szeneladens »Madley«, Frank Liebau, sowie dem Waffenverkäufer Andreas Schultz auf der anderen Seite.[286] Zudem waren wenigstens Jürgen Länger und Enrico Theile, zwei Personen aus den rechtsaffinen Strukturen der Organisierten Kriminalität in Jena, in die Waffenbeschaffung involviert.

Bei der Übergabe der Česká in Chemnitz erfuhr Schultze, dass Mundlos und Böhnhardt ständig bewaffnet waren und bereits über ein Maschinengewehr oder eine »Uzi« verfügten,[287] einen Anschlag mit einem in einer Taschenlampe verborgenen Sprengsatz in Nürnberg und mindestens einen Raubüberfall begangen hatten – ihm wurde noch mit Banderolen gebündeltes Geld übergeben.[288]

Wie offen und sorglos sich zumindest Mundlos und Böhnhardt sogar noch in der Zeit verhielten, als sie nach dem Erhalt der Česká unmittelbar vor der Umsetzung der geplanten Mordserie standen, zeigt nicht nur ihr offenes Kommunikationsverhalten, sondern auch ein weiterer Vorfall, von dem sie Wohlleben und Schultze am Telefon erzählten: Am 14. Juni 2000 schoss einer der beiden aus dem Fenster ihrer Wohnung in der Wolgograder Allee mit Diabolomunition einen Bauarbeiter an.[289] Ob die Schüsse damals polizeiliche Ermittlungen, möglicherweise sogar im Wohnhaus der drei, nach sich gezogen haben, wurde nicht aufgeklärt.

---

mung (OLG) KOK K. am Hauptverhandlungstag v. 30.6.2016; vgl. auch SAO 624, Bl. 10047ff.) ergaben, dass Carsten Schultze den Führerschein am 3.4.2000 erhalten hatte.

[286] Einlassung Carsten Schultze an den Hauptverhandlungstagen v. 4.6.2013, 13.6.2013, 18.6.2013; Zeugenvernehmung (BKA) Andreas Schultz eingeführt durch Zeugenvernehmung (OLG) KOK Ber. am Hauptverhandlungstag v. 25.2.2014; Zeugenvernehmung (OLG) KOK'in B. am Hauptverhandlungstag v. 25.2.2014; Zeugenvernehmung (OLG) KOK Ba. am Hauptverhandlungstag v. 19.3.2014.

[287] Die Herkunft dieser Waffen ist ebenso unbekannt wie die der Mehrzahl der im Wohnmobil und in der Frühlingsstraße nach dem 4.11.2011 aufgefundenen Waffen.

[288] Hinweis auf die Maschinenpistole oder Uzi erstmals durch die Einlassung Schultzes am Hauptverhandlungstag v. 11.6.2013. Dass ein Banküberfall stattgefunden haben musste, konnte Schultze daran erkennen, dass er ein banderoliertes Geldbündel erhielt.

[289] Einlassung Carsten Schultze an den Hauptverhandlungstagen v. 11.6.2013 und 12.6.2013 (und Beschuldigtenvernehmung [BKA] Carsten Schultze v. 2.7.2013, SAO 615, Bl. 6899ff. [6908]), dort hat dieser berichtet, dass Wohlleben nach einem Telefonat mit Böhnhardt und Mundlos, das nach der Lieferung der Česká stattgefunden hat, erzählt hat: »Die haben jemanden angeschossen«, in dem Sinne von: »Die Idioten haben jemanden angeschossen.« Zeugenvernehmung (OLG) KOK Sch. am Hauptverhandlungstag v. 13.12.2016; entgegen der Annahme des GBA spricht alles dafür, dass diese Schüsse von Mundlos oder Böhnhardt abgegeben worden sind; vgl. insofern die Darlegungen in dem Beweisantrag des Nebenklagevertreters RA Langer gestellt am Hauptverhandlungstag v. 21.9.2016. Das Argument des GBA gegen die Täter im Plädoyer von OStA Weingarten vom 1.8.2017 ist lediglich, dass die drei sich abgeschottet hätten

Unmittelbar nach der Beschaffung der Mordwaffe zogen die drei nach Zwickau,[290] von wo aus der NSU die Mordserie mit der Česká 83 beginnen sollte. Die erste Wohnung war die auf den Namen M.-F.B. angemietete Wohnung in der Heisenbergstraße 6 in Zwickau. M.-F.B. gegenüber sagten sie, sie müssten umziehen, weil zu viele Leute in Chemnitz von ihrer Anwesenheit wüssten.[291] Diese Bemerkung darf aber nicht so gedeutet werden, dass sie sich mit dem Umzug nach Zwickau von ihrer bisherigen Unterstützerszene abkapseln wollten. Allenfalls war eine Abkehr vom sehr großen Bekanntenkreis in Chemnitz gemeint. Für eine Abschottung gegenüber den Unterstützern und Bekannten aus Chemnitz war ein Umzug in die nur 50 km entfernte Kleinstadt Zwickau nicht geeignet. Zwickaus aktive Neonazi-Szene war auf das Engste mit der Chemnitzer verbunden. Die drei waren sogar vor ihrem Abtauchen bereits in Zwickau gewesen.[292] Dass ein Aufenthalt in der im Vergleich zu Chemnitz halb so großen Stadt unbekannt bleiben würde, war auch deshalb völlig unrealistisch, weil Ralf Marschner – der Mundlos, Böhnhardt und Zschäpe seit 1996 auf jeden Fall vom Sehen her kannte[293] – als Zentralfigur mit eigener Band, Fanzine und mehreren Läden in Zwickau allgegenwärtig war.[294] Gleichzeitig pflegte er engen Kontakt zu »Blood & Honour« in Sachsen und den Unterstützern um Thomas Starke und Jan Werner sowie zu »Blood & Honour« Thüringen und dort insbesondere zu Marcel Deg-

---

und sie deshalb nicht so leichtsinnig gewesen sein können, geschossen zu haben. Dieser Zirkelschluss kann die gesamten Indizien (u.a. zeitliche Einordnung des Schusses von Schultze, Gebrauch von Luftgewehren/Diabolo durch Böhnhardt) nicht entkräften.

[290] Das Bewerbungsschreiben um die neue Wohnung in Zwickau ist datiert auf den 31.5.2000, BKA Vermerk, SAO 71, Bl. 13. Das Kündigungsschreiben ging am 7.6.2000 bei der Wohnungsgenossenschaft ein, das Mietende war der 31.8.2000, Kündigungsschreiben, SAO 69, Bl. 154. Jedoch mieteten sie bereits am 9.6.2000 die Wohnung in der Heisenbergstraße 6 in Zwickau an, die auch sogleich übergeben wurde, sodass es zu überlappenden Mietzeiten von zwei Monaten kam; der Einzug war am 1.7.2000, wie der Abschluss des Vertrags mit dem Energieversorger v. 9.6.2000 zeigt, SAO 71, Bl. 46. Außerdem eröffneten sie auch ein Konto bei der Commerzbank auf den Namen M.-F.B. am 7.6.2000, Finanzermittlungen, Vermerk v. 5.12.2011, SAO 487, Bl. 105ff.

[291] Beschuldigtenvernehmung (BKA) M.-F. B. v. 21.12.2011, SAO 37, Bl. 107, eingeführt durch Zeugenvernehmung (OLG) KHK Ben. am Hauptverhandlungstag v. 25.3.2014.

[292] Zeugenvernehmung (OLG) A.H. am Hauptverhandlungstag v. 30.6.2015. Höchstwahrscheinlich hatten sie Bekannte dort, wie der Eintrag zu Stiev K., geb. 1997 in Zwickau, auf der in der Garage sichergestellten Adressliste zeigt; da dieser mit Haftbefehl gesucht wird und seine letzte Adresse in den Niederlanden hatte, hat das BKA nicht weiter zu der Person Stiev K. ermittelt; ob er z.B. 1998 noch in Zwickau wohnte, welche Szenekontakte er damals hatte und warum er heute gesucht wird, ist nicht bekannt; vgl. den dürren BKA Vermerk v. 30.5.2012, SAO 470, Bl. 461.

[293] Deutscher Bundestag, Drs. 18/12950, a.a.O., S. 1102: »Dem Ausschuss liegen aufgrund der Akten zahlreiche durchaus glaubhafte Aussagen vor, die auf ein Kennverhältnis zwischen M. einerseits und Böhnhardt, Mundlos und Zschäpe andererseits hinweisen«.

[294] Deutscher Bundestag, Drs. 18/12950, a.a.O., Sondervotum Fraktion Die Linke, S. 1300.

ner.[295] Dass es bei dem Umzug nicht um Abschottung ging, zeigen auch die Besuche von Unterstützern in Zwickau.[296]

Sowohl in Chemnitz als auch in Zwickau hatten die drei Abgetauchten regelmäßig Kontakt zu André Eminger, der damals noch im Erzgebirge wohnte und zusammen mit seinem Zwillingsbruder Maik Eminger Anfang des Jahres 2000 die Kameradschaft »Weiße Bruderschaft Erzgebirge« gegründet hatte. Zugleich waren beide Brüder mit Mitgliedern der ehemaligen »Blood & Honour«-Sektion Sachsen[297] und den »Hammerskins« verbunden.[298] Die »Weiße Bruderschaft« hatte rund 20 Mitglieder, unter ihnen der spätere Wohnungs- und Identitätsgeber Matthias Dienelt. André und Maik Eminger brachten im Jahr 2000 zwei als Rundschreiben der Bruderschaft bezeichnete Ausgaben der Zeitschrift »The Aryan Law and Order« heraus, in denen sie offen rassistische, antisemitische und Terror verherrlichende Artikel veröffentlichten.

2. Zum Wissen und den Aktivitäten der Sicherheitsbehörden im ersten Halbjahr 2000

Zum Zeitpunkt der Beschaffung der späteren Tatwaffe und der Vorbereitung der Morde im Frühjahr 2000 wurde das gesamte Umfeld des NSU dicht und zwar deutlich engmaschiger als im Jahr 1999 überwacht. Die Überwachungsmaßnahmen galten zum Teil direkt der Suche und Überwachung der Abgetauchten und zum Teil anderen Straf- und Verbotsverfahren, wie dem »Landser«-Verfahren, das sich gegen die Mitglieder der Band »Landser« und deren Vertrieb richtete, oder den »Blood & Honour«-, NPD- oder THS-(Verbots)Verfahren. Außerdem gab es im ersten Halbjahr des Jahres 2000 erneut konkrete Hinweise auf Werner als Kontaktperson. Entweder wurde diesen Hinweisen aus nicht nachvollziehbaren Gründen nicht nachgegangen oder die Ergebnisse werden bislang geheim gehalten. Insgesamt zeigt sich auch hier das bereits beschriebene Muster, dass entweder relevantes und zutreffendes Wissen nicht verschriftlicht wurde oder entsprechende Akten vernichtet wurden oder bis heute zurückgehalten werden.

a) Zu der Möglichkeit der Feststellung des Aufenthaltsortes bei dem Ausspähaufenthalt in Berlin
Am 7. Mai 2000 erfolgte ein zweiter öffentlicher Fahndungsaufruf nach den drei Abgetauchten in der Sendung *Kripo live*. Die Ausstrahlung der Sendung war un-

---

[295] Die enge Verbindung zwischen Zwickau und Gera ist auch geografisch bedingt, liegen doch Gera und Zwickau nur ca. 50 km voneinander entfernt.
[296] Nachweislich besuchten Thomas Rothe und M.-F.B. sowie Gerlach und Wohlleben sie dort.
[297] Zeugenvernehmung (OLG) Jörg Winter am Hauptverhandlungstag vom 25.2.2015; Erklärung nach § 257 Abs. 2 StPO zur Vernehmung des Zeugen Jörg Winter von Nebenklagevertretern am Hauptverhandlungstag v. 12.3.2015.
[298] Zeugenvernehmung (OLG) André Kapke am Hauptverhandlungstag v. 28.4.2015, Zeugenvernehmung (OLG) Steffen H. am Hauptverhandlungstag v. 11.3.2015, vgl. auch Beweisantrag von Nebenklagevertretern gestellt am Hauptverhandlungstag v. 9.7.2014 zu dem Fanzine »The Aryan Law and Order« der »Weißen Bruderschaft Erzgebirge«; LfV Sachsen v. 25.11.2011, SAO 500, Bl. 215f.

ter Beteiligung des LKA Thüringen und der Verfassungsschutzämter von Thüringen und Sachsen intensiv vorbereitet worden, unter anderem fanden Observationen bekannter Unterstützer – etwa Jan Werners, Thomas Starkes und Mandy Strucks – statt, zudem wurden deren Telefone abgehört.[299] Wann und warum Mandy Struck in den Fokus der Fahndung geraten ist, ist nicht aktenkundig, der erste Hinweis auf sie als potenzielle Unterstützerin kam aus Thüringen unmittelbar vor der *Kripo live*-Sendung.[300]

Aufgrund der Kripo-live-Sendung ergab sich ein zutreffender Hinweis: Der damalige Wachmann der Synagoge in der Rykestraße in Berlin, der Zeuge Frank G., erkannte am Tag der Ausstrahlung der Sendung Zschäpe und bei einer Lichtbildvorlage auch Mundlos als eine der männlichen Begleitpersonen aus der Gruppe wieder.[301] Aus Erkenntnissen einer G-10-Maßnahme zu Werner wusste das LfV Sachsen, dass der weitere Mann Jan Werner gewesen sein musste. Nach Erkenntnissen aus dieser Maßnahme hatte Werner Zschäpe und Mundlos noch am 7. Mai in seinem Auto mit zurück nach Chemnitz genommen. Das LfV Sachsen informierte das LfV Thüringen schriftlich über diese Erkenntnisse. Dem Zeugen Frank G. wurden jedoch nie, obwohl es sich aufgedrängt hätte, Bilder von Werner vorgelegt, um dessen Kontakt zu Mundlos und Zschäpe zu verifizieren. Auffällig in diesem Zusammenhang ist auch, dass das LfV Sachsen im Jahr 2016 versucht hat, das BKA bei entsprechenden Nachermittlungen hinzuhalten, und dann angab, ausgerechnet die fraglichen Datensätze aus Werners G-10-Überwachung seien vernichtet worden, während andere Daten für denselben Tag nach wie vor existieren.[302]

Über Werner hätte die Behörden damals unmittelbar an die drei herankommen können. Werner hatte auch bei nachfolgenden Ermittlungen in anderen Strafverfahren, insbesondere dem »Landser«-Verfahren, gezeigt, dass er keine Probleme mit der Zusammenarbeit mit Sicherheitsbehörden hat.

b) Zu der Möglichkeit der Kenntnis der Sicherheitsbehörden von der Beschaffung der Česká und dem Umzug der drei nach Zwickau

Die Überwachung sämtlicher Unterstützerkreise der drei Abgetauchten war im ersten Halbjahr 2000, also in der Zeit der Česká-Lieferung und des Umzugs nach Zwickau, aufgrund vieler parallel, aber aus anderen Anlässen laufender Strafverfahren gegen die Unterstützerkreise besonders intensiv. Allerdings sind nur sehr

---

[299] Sächsischer Landtag, Drs. 5/14688, a.a.O., Abweichender Bericht Fraktion Die Linke, SPD und Grüne, S. 70ff. (77). Hendrik Lasch, der erst auch für die G-10-Maßnahme vorgesehen war, wurde kurzfristig wieder aus dieser herausgenommen (vgl. Sächsischer Landtag, Drs. 5/14688, a.a.O., Abweichender Bericht Fraktion Die Linke, SPD und Grüne, S. 288; 1998 wurde eine TKÜ gegen Hendrik Lasch schon nach nur einwöchiger Laufzeit beendet.
[300] Sächsischer Landtag, Drs. 5/14688, a.a.O., Abweichender Bericht Fraktion Die Linke, SPD und Grüne, S. 83ff. und S. 288.
[301] Zeugenvernehmung (OLG) Frank G. am Hauptverhandlungstag v. 26.10.2016 und 23.11.2016.
[302] Vgl. Beweisermittlungsantrag von Nebenklagevertretern zur Namhaftmachung der Telefonpartnerin von Werner am 7.5.2000 in Berlin und Beiziehung der Vernichtungsverhandlung vom 24.1.2017.

wenige Ergebnisse aus dieser Überwachungsmaßnahme aktenkundig. Aufgrund der Dichte der Überwachung muss davon ausgegangen werden, dass die Behörden Kenntnis von der Beschaffung und/oder Lieferung einer scharfen Schusswaffe und von dem Wegzug aus Chemnitz bzw. Umzug nach Zwickau hatten.

aa) Zu den Erkenntnissen aus dem vom GBA und vom LKA Berlin geführten »Landser«-Verfahren
Im Zug des sogenannten »Landser«-Verfahrens wurden auch viele Unterstützer der drei und des NSU überwacht. Spätestens im Jahr 2000 wurde durch den GBA ein Ermittlungsverfahren nach § 129 StGB gegen die damals bekannteste Neonazi-Band »Landser« eingeleitet und die Ermittlungen dem LKA Berlin übertragen.[303] Im Fokus der Ermittlungen, der Telekommunikationsüberwachungsmaßnahmen und Observationen[304] stand bis zur Anklageerhebung im September 2002 neben den Bandmitgliedern auch Jan Werner als Produzent und Vertreiber der indizierten »Landser«-CD »Ran an den Feind«. Auch seine Helfer, unter anderem Thomas Starke, waren in die Ermittlungen einbezogen.[305] Wegen des Vertriebs von »Ran an den Feind« führte das LKA Sachsen parallel ein eigenes Verfahren, sodass Werner, Starke und deren Kreis zusätzlich durch das LKA Sachsen überwacht wurden.[306] Zudem unterhielt der Verfassungsschutz ein Netz von V-Leuten, die nicht nur direkt an der Produktion von »Ran an den Feind« beteiligt waren, sondern auch zum unmittelbaren Umfeld von Werner und Starke gehörten. Dies waren die V-Männer des BfV Mirko Hesse und Ralf Marschner. Außerdem war Toni Stadler aus Guben als V-Mann des Verfassungsschutzes Brandenburgs an der Herstellung beteiligt.[307] Zeitgleich versuchte das Bundesamt mit Hochdruck, weitere V-Leute in Chemnitz anzuwerben,[308] sehr wahrscheinlich auch den bereits erwähnten Unterstützer Ralph H.[309]

---

[303] Deutscher Bundestag, Drs. 17/14600, a.a.O., S. 298.

[304] Sächsischer Landtag, Drs. 5/14688, a.a.O., Abweichender Bericht Fraktion Die Linke, SPD und Grüne, S. 144f.

[305] Beschuldigtenvernehmung (BKA) Thomas Starke v. 25.1.2012, SAO 40, Bl. 34 (50); eingeführt durch Zeugenvernehmung (OLG) KOK Ben. am Hauptverhandlungstag v. 2.4.2014.

[306] Ab wann genau Thomas Starke Informant des LKA Berlin war, ist unklar; in dem Kontext der Ermittlungen zur Band Landser liegen Meldungen ab dem Jahr 2001 vor; außer ihm und der VP [Vertrauensperson] 620 gab es noch VP mit den Nummern 672 und 773.

[307] Stadler war im Sommer 2000 angeworben worden. Zeugenvernehmung (BKA) Toni Stadler v. 14.2.2012, Nachlieferung 6, Bl. 468ff.; Beschuldigtenvernehmung (GBA) Thomas Starke v. 1.4.2012, SAO 227, Bl. 175 (178); Deutscher Bundestag, Drs. 17/14600, a.a.O., S. 296; NSU-Watch Brandenburg: Dossier: Toni Stadler v. 1.7.2016, Quelle: brandenburg.nsu-watch.info/dossier-toni-stadler/.

[308] Zeugenvernehmung (BKA) Mirko Hesse v. 6.6.2012, SAO 185, Bl. 78 (81); Zeugenvernehmung (Staatsanwaltschaft Graubünden) Ralf Marschner v. 14.2.2013, SAO 603, Bl. 2488 (2490); ein Aktenvermerk des sächsischen LfV spricht von mehreren Werbungsvorhaben des BfV um das Jahr 2000 herum.

[309] Deutscher Bundestag, Drs. 18/12950, Sondervotum Fraktion Die Linke, S. 1193; vgl. zu Ralph H.: Zeugenvernehmung (OLG) Ralph H. am Hauptverhandlungstag v. 26.11.2014; das BfV hat dem BKA auf dessen zweimalige Anfrage keine Auskunft gegeben, BKA v. 25.9.2014,

Die zentrale Rolle, die Werner bei der Unterstützung der Vereinigung spielte, ergibt sich über das bereits Geschilderte hinaus aus dem, was er Thomas Starke berichtete: Er gab ihm gegenüber zu, von den Raubüberfällen des NSU und den Unterstützungshandlungen in Chemnitz gewusst zu haben,[310] und erzählte ihm von einer Begegnung mit Mundlos und Böhnhardt:[311] Nachdem Werner im März 2002 aus der Untersuchungshaft entlassen worden war,[312] hatten die beiden ihn aufgesucht, ihm eine Pistole an den Kopf gehalten und ihn gewarnt, er solle vorsichtig sein, wem er was erzähle.[313] Sie bezogen sich dabei auf das Protokoll der Beschuldigtenvernehmung Werners aus dem »Landser«-Verfahren vom Januar 2002, das ihnen offenbar vorlag und in dem Werner umfangreiche, andere belastende Angaben gemacht hatte.[314]

bb) Zu den Erkenntnissen aus dem »Blood & Honour«-Verbotsverfahren
Ebenfalls führte das »Blood & Honour«-Verbotsverfahren zu einer Überwachung des Unterstützerkreises in Sachsen. Im Jahr 2000 wurde durch das Bundesinnenministerium auf Grundlage der Erkenntnisse verschiedener Verfassungsschutzbehörden sowie von Erkenntnissen des BKA und LKA Berlin ein Verbotsverfahren gegen »Blood & Honour« Deutschland eröffnet. Das Verfahren endete am 14. September 2000 mit dem Verbot von »Blood & Honour« Deutschland und zahlreichen Durchsuchungen. Betroffen waren hiervon auch Marcel Degner und Mike Bär. Die ehemalige Sektion Sachsen war hingegen von dem Verbot und den Durchsuchungen ausgenommen, da sie sich – wie erwähnt – im Herbst 1998 formal von der Bundesdivision getrennt hatte. Es wurde aber eine Vielzahl von Erkenntnissen über die ehemaligen sächsischen »Blood & Honour«-Mitglieder generiert, auch über die Verbindung zwischen Jan Werner und dem Deutschland-Chef

---

SAO 632, Bl. 14480. Neben den Angaben von Ralph H. weist auf die Anwerbung ein Artikel bei *Spiegel Online* hin: o. V.: Verfassungsschutz wollte mutmaßliche NSU-Kontaktperson anwerben, *Spiegel Online* v. 30.9.2012, Quelle: www.spiegel.de/spiegel/vorab/verfassungsschutz-wollte-mutmassliche-nsu-kontaktperson-anwerben-a-858721.html.

[310] Beschuldigtenvernehmung (BKA) Thomas Starke v. 25.1.2012, SAO 40, Bl. 50; eingeführt durch Zeugenvernehmung (OLG) KOK Ben. am Hauptverhandlungstag v. 2.4.2014. Werner sagte nach Angaben Starkes damals weiter, er sei gespannt, wer jetzt was in Chemnitz aussage, und könne es den Mädels nicht verübeln, wenn die jetzt aussagen würden.

[311] Sächsischer Landtag, Drs. 5/14688, a.a.O., Abweichender Bericht Fraktion Die Linke, SPD und Grüne, S. 77, ebenfalls in SAO 629, Bl. 12208.

[312] Werner befand sich vom 4.10.2001 bis zum 19.3.2002 im »Landser«-Verfahren (GBA 3 BJs 22/00-4) in Untersuchungshaft.

[313] Beschuldigtenvernehmung (BKA) Thomas Starke v. 25.1.2012, SAO 40, Bl. 34 (50); eingeführt durch Zeugenvernehmung (OLG) KOK Ben. am Hauptverhandlungstag v. 2.4.2014.

[314] Das Protokoll wurde im Brandschutt in der Frühlingsstraße 26 sichergestellt; Protokoll der Beschuldigtenvernehmung Jan Werner durch das BKA v. 17.1.2002 (Ass. 2.12.285), SAO 341, Bl. 249; außerdem wurde noch ein Beschluss des Kammergerichts Berlin ebenfalls aus dem »Landser«-Verfahren sichergestellt; diese Funde zeigen erneut die Verbindung der drei zur Szene.

und V-Mann Stephan Lange.³¹⁵ Jedoch sind auch aus diesem Verfahren keine Erkenntnisse in Bezug auf die drei Abgetauchten bekannt.

cc) Zu den Erkenntnissen aus der Operation »Terzett« des LfV Sachsen
Eben diesen Unterstützerkreis beobachtete auch das LfV Sachsen intensiv. Ab Frühjahr 2000 stieg das LfV Sachsen »massiv« mit einer eigenen Operation in die Suche nach Mundlos, Böhnhardt und Zschäpe ein.³¹⁶ Anlass war die erwähnte Meldung über das Gespräch zwischen einem sächsischen »Blood & Honour«-Mann und Christan Kapke in der Jugendherberge Froschmühle.³¹⁷ Unter der Fallbezeichnung »Terzett« liefen in der Zeit von März bis Oktober 2000 mindestens zwölf Einzelmaßnahmen, wie Observationen und Telefonüberwachungen.³¹⁸ Im Fokus der Operation standen unter anderem Jan Werner, Thomas Starke, Hendrik Lasch, Andreas Graupner und Mandy Struck³¹⁹ – also mindestens vier nachweisliche Unterstützer der drei Abgetauchten. Wie intensiv die Suche nach den dreien angelegt war, lässt sich allein an der Anzahl der Personen ablesen: 58 Mitarbeiter des Amts waren an Maßnahmen beteiligt, darunter drei, die mit Aufklärungsarbeit im Bereich »Blood & Honour«-Sachsen und Werners Plattenlabel »Movement Records« befasst waren.³²⁰ Den sächsischen Quellen aus dem rechten Spektrum wurden Bilder der drei Abgetauchten vorgelegt. Insgesamt gab es – den Angaben des LfV zufolge – 50 erfolglose Werbungsversuche weiterer V-Per-

---

³¹⁵ Zeugenvernehmung (OLG) Stephan Lange am Hauptverhandlungstag v. 28.4.2015; vgl. auch Erklärung und Beweis von Nebenklagevertretern zu Stephan Lange am Hauptverhandlungstag v. 11.5.2015.
³¹⁶ Vgl. den entsprechenden Vermerk des TLfV mit der Formulierung, das LfV wolle »operativ massiv einsteigen«, Nachlieferung 26, Bl. 277 (handschriftlich).
³¹⁷ Sächsischer Landtag, Drs. 5/14688, a.a.O., Abweichender Bericht Fraktion Die Linke, SPD und Grüne, S. 286f.
³¹⁸ Sächsischer Landtag, 3. Untersuchungsausschuss, Abweichender Bericht Fraktion Die Linke, SPD und Grüne, Drs. 5/14688, S. 67; vgl. dort auch die Zeitleiste u.a. mit der Vorbereitung und den verschiedenen Ereignissen der »Terzett«-Fälle ab S. 286ff.
³¹⁹ Nur bei Andreas Graupner ist keine unmittelbare Unterstützungshandlung nachweisbar bzw. bekannt, es sei denn, er und nicht Werner wäre derjenige, der in der JH Froschmühle Christian Kapke über das Wohlbefinden der drei in Chemnitz informierte. Aufgrund seiner Nähe zu allen bekannten Unterstützern in Chemnitz ist jedoch in jedem Fall davon auszugehen, dass er sehr wahrscheinlich direkten Kontakt zu den dreien hatte und sie ebenfalls unterstützt hat.
³²⁰ In den G-10-Anträgen des LfV Sachsen, u.a. in einem vom 28.4.2000, der auf die Überwachung des Unterstützerumfelds abzielte, heißt es: »Das Vorgehen der Gruppe ähnelt der Strategie terroristischer Gruppen die durch Arbeitsteilung einen gemeinsamen Zweck verfolgen«, »Zweck der Vereinigung ist es, schwere Straftaten zu begehen«, bei »dem Trio« sei »eine deutliche Steigerung der Intensität bis hin zu schwersten Straftaten feststellbar«. Weiter heißt es darin: »Die Betroffenen stehen im Verdacht, Mitglieder einer Vereinigung zum Begehen von Straftaten gegen die freiheitliche demokratische Grundordnung und schwerer rechtsextremistischer Straftaten zu sein und drei flüchtige Straftäter in der Illegalität zu unterstützen.« (Bündnis 90/Die Grünen, Strafanzeige gegen Reinhard Boos und Dr. Olaf Vahrenhold wegen des Verdachts falscher uneidlicher Aussage v. 24.6.2013, SAO 629, 12356f.; Sächsischer Landtag, 3. Untersuchungsausschuss, Abweichender Bericht Fraktion Die Linke, SPD und Grüne, Drs. 5/14688, S. 288.)

sonen in der rechten Szene.³²¹ Auch wenn es im Zuge dieser Operation zu keinen weiteren Anwerbungen gekommen sein soll, müssen die Bemühungen doch wesentliche Erkenntnisse über die Unterstützerszene erbracht haben, da jedem Anwerbungsversuch die Aufklärung der Zielperson und des Umfelds, häufig durch Observationen, vorausgeht.³²²

dd) Zu den Erkenntnissen über die »Weiße Bruderschaft Erzgebirge«
Zugleich war das Landesamt für Verfassungsschutz Sachsen von Anfang an über die neu gegründete Kameradschaft »Weiße Bruderschaft Erzgebirge« der Eminger-Brüder informiert. Bereits im Juli 2000 wurde ein von der Kameradschaft organisierter sogenannter Konditionsmarsch observiert,³²³ an dem neben den Eminger-Brüdern Teile der Ex-»Blood & Honour«-Sektion Sachsen teilnahmen.³²⁴ Es gibt zudem Anhaltspunkte dafür, dass es mindestens eine V-Person in der oder im Umfeld der »Weißen Bruderschaft Erzgebirge« gab.³²⁵

ee) Zu den Erkenntnissen aus der Überwachung des thüringischen Unterstützerumfelds und des »Madley«
Parallel fand auch eine Überwachung der Thüringer Unterstützer statt. Die Suche nach den dreien wurde vom LfV Thüringen unter anderem mittels G-10-Maßnahmen weiter betrieben. Spätestens ab dem 5. Mai 2000 wurde unter anderem auch Carsten Schultze als bekannter Unterstützer im Rahmen der Vorbereitung der *Kripo live*-Sendung durch das Landesamt abgehört. Das Abhören und die Sendung fallen genau in den Zeitraum, in den auch die Česká-Beschaffung und -lieferung fällt, nämlich zwischen den 3. April und den 18. Mai 2000.³²⁶ Seit wann genau der Angeklagte Schultze überwacht wurde und was sich im Einzelnen daraus ergeben hat, ist wiederum nicht aktenkundig. Dem LfV Thüringen war jedenfalls über Meldungen von Brandt bekannt, dass Schultze ab Anfang 1999 die zentrale Kontaktperson war.

Gleichzeitig fand im Mai 2000 – das genaue Datum ist unbekannt – eine strafprozessuale Durchsuchung des »Madley« statt, wo der Waffenbeschaffer Andreas Schultz arbeitete und wo die Verkaufsverhandlungen mit Carsten Schultze und die Übergabe der Waffe stattfanden. Es ist durchaus möglich, dass etwa im Vor-

---

³²¹ Sächsischer Landtag, Drs. 5/14688, a.a.O., Abweichender Bericht Fraktion Die Linke, SPD und Grüne, S. 69.
³²² Vgl. die Darstellung des Ablaufs einer Werbung durch Karl-Friedrich Schrader, Thüringer Landtag-Drs. 5/8080, Rn 426.
³²³ LfV Sachsen, Observationsbericht v. 1.8.2000, SAO 500, Bl. 195ff.
³²⁴ Vgl. auch den Beweisantrag von Nebenklagevertretern gestellt am Hauptverhandlungstag v. 18.9.2014 zur Verlesung eines Artikels aus *White Supremacy*; in einem Artikel der Ausgabe Nr. 3, Seite 41, hatte Thomas Starke »Tom« über diesen Konditionsmarsch berichtet, an dem er teilgenommen hatte. Werner war zumindest bei der anschließenden Party anwesend.
³²⁵ BKA, Vermerk v. 9.7.2014, SAO 106.1, Bl. 4 (8).
³²⁶ LfV Sachsen, Protokoll einer Besprechung in Vorbereitung der *Kripo live*-Sendung v. 14.2.2000, Nachlieferung 26, Bl. 293; TLfV, Unterrichtung der G-10-Kommission v. 3.2.2004, SAO 602, Bl. 2129ff.

feld dieser Durchsuchung die Kontakte zwischen Carsten Schultze und Andreas Schultz beobachtet wurden.[327]

Zeitgleich wurde erneut ein THS-Verbot geprüft, in dessen Rahmen die thüringische Unterstützerszene intensiv überwacht wurde. Wohlleben und Kapke wurden in dem Strukturermittlungsverfahren des LKA Thüringen als Führungspersonen des THS bezeichnet.[328] Außerdem gab es eine Vielzahl von V-Personen bzw. »Aussteigern« in der Unterstützerszene: Der MAD hatte mit der »Harm« genannten Quelle einen V-Mann im THS, unter anderem mit guten Kontakten zu Sven Rosemann.[329] Von diesem ist jedoch nur eine Meldung mit indirektem Bezug zu Mundlos, Böhnhardt und Zschäpe von Januar 2000 bekannt.[330]

Auch das Bundesamt für Verfassungsschutz hatte im Jahr 2000 Quellen in Thüringen. Zum einen gab es »Teleskop«, der als »Aussteiger« über die NPD im Jahr 2001 in Jena berichtete[331] und Zugang zum Jenaer Unterstützerkreis, insbesondere zum Angeklagten Schultze hatte.[332] Möglicherweise ist diese Nähe der Grund dafür, dass seine Akte angeblich seit 2010 im Bundesamt nicht mehr aufzufinden ist und lediglich noch die Kopie einer Deckblattmeldung in thüringischen Akten vorliegt.[333] Ebenfalls im Jahr 2000 stieg Daniel S., der mit Schultze und Ronny A. zusammen die JN, die Jugendorganisation der NPD, in Jena aufgebaut hatte, mithilfe des BfV aus.[334] Bei einem Kontakt im Jahr 2001 oder 2002 fragte Daniel S. Carsten Schultze, ob er Kontakt mit Mundlos, Böhnhardt und Zschäpe nach deren Abtauchen gehabt hätte[335] – Schultze verneinte dies damals. Ob Daniel S. die Frage im Auftrag des Bundesamts stellte, ist nicht bekannt, aber aufgrund der Umstände ist dies anzunehmen, da es üblich ist, Aussteiger – wie es heißt – abzuschöpfen.[336]

Es ist nicht vorstellbar, dass die mit erheblichem logistischen Aufwand verbundene Beschaffung und Lieferung der Česká 83 sowie die Wohnungssuche und der Umzug nach Zwickau dem Verfassungsschutz bei dieser intensiven Überwachung

---

[327] BKA, Vermerk v. 15.1.2012, SAO 550, Bl. 141; BKA, Vermerk v. 10.8.2012, SAO 547.3, Bl. 3 (10), ein genaueres Datum der Durchsuchung wird in dem Vermerk nicht genannt.
[328] Thüringer Landtag, Drs. 5/8080, Rn 981ff.
[329] Deutscher Bundestag, Drs. 18/12950, Sondervotum Fraktion Die Linke, S. 1198.
[330] MAD, Deckblattmeldung von »Harm« v. 31.1.2000, Nachlieferung 26, Bl. 256.
[331] TLfV, Deckblattmeldung von Brandt v. 3.11.20000, Nachlieferung 27, Bl. 156 (159).
[332] Deutscher Bundestag, Drs. 18/12950, a.a.O., S. 308; Deutscher Bundestag, Drs. 18/12950, Sondervotum Fraktion Die Linke, S. 1147 (1212); laut dem Bericht soll Teleskop R.A., also Ronny A. sein; dies hat sich inzwischen bestätigt durch die Beweisaufnahme des zweiten Thüringischen Untersuchungsausschusses am 30.11.2017.
[333] Deutscher Bundestag, Drs. 18/12950, a.a.O., Sondervotum Fraktion Die Linke, S. 1147.
[334] Einlassung Carsten Schultze am Hauptverhandlungstag v. 4.6.2013 und 12.6.2013.
[335] Einlassung Carsten Schultze am Hauptverhandlungstag v. 18.6.2013.
[336] Zum Aussteigerprogramm des BfV: Deutscher Bundestag, Drs. 18/12950, a.a.O., S. 282: »Das Aussteigerprogramm des Bundesamtes für Verfassungsschutz wurde am 17. April 2001 implementiert. Von diesem Zeitpunkt an wurden bis zum 31. Dezember 2003 sieben Personen betreut, die nach der Kontaktaufnahme mit dem Bundesamt für Verfassungsschutz ihren Wohnsitz im Freistaat Thüringen hatten.« (Zitat aus der Antwort auf eine schriftliche Frage der Abgeordneten Petra Pau).

der Unterstützerszene in Thüringen und Sachsen verborgen geblieben sind. Bei welcher Behörde welche Erkenntnisse angefallen sind, wurde allerdings nicht aktenkundig gemacht bzw. wurden die Akten bis heute nicht bekannt.

Neunter Abschnitt: Vom ersten Mord im zweiten Halbjahr 2000 bis zur Veröffentlichung des NSU-Briefs im Frühjahr 2002

1. Was wir über diese Zeit wissen

Nach dem Umzug nach Zwickau begann der NSU unmittelbar, die Planung der rassistischen Mordserie weiter voranzutreiben. Wenn nicht schon 1999, dann spätestens jetzt entschieden die Mitglieder des NSU, dass sie sich in Form eines Videos später zu den Morden bekennen würden, die sie begehen wollten. Sie suchten als Tatort erneut Nürnberg aus.[337] Wie schon die Gaststätte »Sonnenschein« lag der Blumenstand, der Tatort ihres ersten, des Mordes an Enver Şimşek an einer Stelle, an die Ortsunkundige nicht zufällig geraten. Allerdings war Mitgliedern der Nürnberger Neonazi-Szene der Blumenstand bekannt, wie Christian W., der Ex-Freund von Mandy Struck, selbst zugab.[338] Am frühen Nachmittag des 9. September 2000 wurde Enver Şimşek an seinem Stand von Mundlos und Böhnhardt mit zwei Waffen hingerichtet, der Česká und einer umgebauten Schreckschusspistole, einer Bruni. Er starb am 11. September 2000. Die beiden Täter gingen schon bei diesem ersten Mord der Serie so kaltblütig vor, dass sie Fotos von dem Sterbenden machten, um sie später in dem Bekennervideo zu verwenden.

Bereits im Dezember 2000 folgte mithilfe des Angeklagten Eminger der Anschlag des NSU auf die Inhaberfamilie M. des »Lebensmittel-/Getränkeshop Gerd Simon« in der Probsteigasse in Köln, der ebenfalls für Ortsunkundige nur schwer als – aus Sicht der Vereinigung – geeignetes Anschlagsziel zu erkennen war.[339] Der dort in der Zeit zwischen dem 19. und 21. Dezember 2000 abgestellte Sprengsatz verletzte die Tochter der Inhaber M.M. schwer. Bereits drei Monate nach diesen zwei Taten, im März 2000, war die erste Version des Bekennervideos fertiggestellt, in dem sich die Vereinigung NSU zu den Taten bekennt.[340]

Es folgten dann innerhalb von nur sechs Wochen, von Mitte Juni bis Ende August 2001, drei weitere Morde des NSU in Nürnberg, Hamburg und München: Abdurrahim Özüdoğru, Süleyman Taşköprü und Habil Kılıç wurden in ihren Geschäften mit der Česká hingerichtet.

---

[337] Beiakte Altakte Mord zum Nachteil Enver Şimşek, Bd. 1, Bl. 103.
[338] Zeugenvernehmung (BKA-RegEA Bay) Christian W. v. 10.2.2012, SAO 219, Bl. 8 und 10: Er gab an, dort zweimal Blumen gekauft zu haben.
[339] Das Geschäft lag in einer Seitenstraße und von außen war nicht erkennbar, dass es von einer iranischstämmigen Familie betrieben wurde.
[340] BKA, Vermerk v. 6.6.2012, SAO 269, Bl. 269 (302); BKA, Vermerk v. 5.12.2011, SAO 44, Bl. 121 (127). Die Beschreibung der Ziele des NSU in diesem Video ist zum Teil identisch mit den Formulierungen im »NSU-Brief«. Diese Tatsache spricht dafür, dass auch das Video wie der Brief in jedem Fall zur szeneinternen Verbreitung bestimmt war.

Erstmals im Februar 2004 erhielt Böhnhardt einen Führerschein auf seinen Tarnnamen. Es war Holger Gerlach, der Böhnhardt nicht nur bereits 2001 einen Reisepass auf seinen Namen ausstellen ließ, sondern ihm drei Jahre später auch seinen Führerschein zur Verfügung stellte. Damit war Böhnhardt der einzige der drei Abgetauchten, der im Besitz eines Führerscheins war und mithilfe des Dokuments selbst Fahrzeuge anmietete. Mit welchen Fahrzeugen und Fahrern Mundlos und Böhnhardt zu den Tatorten der ersten vier Morde gelangten, hat das BKA nicht abschließend ermittelt.[341] Eine Möglichkeit ist, dass die Fahrzeugbeschaffung für den NSU unter anderem von Ralf Marschner und seinem Freund und Angestellten Jens G. erledigt wurde.[342] Es gibt bisher ermittelte Überschneidungen mit Fahrzeuganmietungen von Marschner für die Morde an Abdurrahim Özüdoğru, Habil Kılıç und Süleyman Taşköprü.[343] Zugleich ist nicht bekannt, wer die von Marschner bzw. Jens G. bzw. weiteren unbekannten Personen angemieteten Fahrzeuge gefahren hat. Angesichts der Umsicht von Mundlos und Böhnhardt ist es unwahrscheinlich, dass diese sich dem Risiko, entdeckt zu werden, ausgesetzt haben, indem sie ohne auf ihre Aliaspersonalien ausgestellten Führerschein selbst gefahren wären.

Zwischen dem Mord an Enver Şimşek und dem Anschlag in der Probsteigasse beging der NSU Ende November 2000 seinen vierten Raubüberfall. Ziel war die Postfiliale im Fritz-Heckert-Gebiet in Chemnitz, die sich um die Ecke von der ehemaligen Wohnung der drei Abgetauchten in der Wolgograder Allee befand. Zwischen den drei Morden im Sommer 2001 überfiel der NSU zudem ein Postamt in Zwickau in der Nähe der Heisenbergstraße, aus der Mundlos, Böhnhardt und Zschäpe erst wenige Monate zuvor ausgezogen waren. Wohlleben legte gegenüber Brandt offen, dass er von mehreren Raubüberfällen wusste.[344] Möglicherweise lief

---

[341] Anmietungen sind nicht bekannt für die Morde an Enver Şimşek, Abdurrahim Özüdoğru, Süleyman Taşköprü und Habil Kılıç, BKA, Übersichtsvermerk v. 1.4.2012, SAO 84, Bl. 2ff.

[342] Hierfür spricht u.a. auch, dass Marschner Dauergast bei der Autovermietung Stötzl war, bei der auch Böhnhardt später mit Gerlachs Führerschein Autos anmietete, BKA, Übersichtsvermerk zu den Anmietungen v. 1.4.2012, SAO 84, Bl. 2ff.

[343] Deutscher Bundestag, Drs. 18/12950, a.a.O., Sondervotum Fraktion Die Linke, S. 1219. Eine Überschneidung von Anmietungszeiten und Morden liegt für den Mord an Süleyman Taşköprü und Habil Kılıç vor, BKA Vermerk, SAO 603, Bl. 2463ff.; wahrscheinlich auch für den Mord an Abdurrahim Özüdoğru in Nürnberg, für den eine Fahrzeuganmietung durch Jens G. im Namen von Marschner vorliegt; zwar wäre nach dem Anmietungszeitpunkt das Erreichen des Tatorts zur Tatzeit nicht möglich gewesen, da die Anmietung des Transporters erst um 18:00 Uhr in Zwickau erfolgt sein soll, während die Tatzeit nach der Beweisaufnahme in der Hauptverhandlung und der Aktenlage wahrscheinlich zwischen 16:10 und 17:30 Uhr lag, vgl. zur Anmietung am 13.6.2001 um 18.00 h: Mietvertrag in: SAO 603, Bl. 2512; und zum wahrscheinlichen Tatzeitpunkt in Nürnberg: AA Özüdoğru Bd. 4, Bl. 1100f.; vgl. aber die Angaben Zeugenvernehmung Marschner (Staatsanwaltschaft Graubünden), SAO 603, Bl. 2559ff. Allerdings hat der Bundestags-Untersuchungsausschuss der 18. WP festgestellt, dass die Abhol- und Rückgabezeiten auf den Mietverträgen bei dem Dauerkunden Marschner nicht immer zutreffend eingetragen worden sind und man bei der Autovermietung generell bei Stammkunden großzügig verfuhr.

[344] TLfV, Deckblattmeldung von Brandt v. 10.4.2001, Nachlieferung 26, Bl. 325. Wohlleben sagte laut Brandt, die drei bräuchten kein Geld mehr, weil sie schon wieder viele »Sachen/Ak-

die Geldbeschaffung jenseits der Raubüberfälle in den Jahren 2000/2001 auch über eine Beschäftigung von Mundlos in Marschners Bauservice.[345]

Parallel zu Planung und Durchführung der Morde arbeitete der NSU weiter an seinem Bekennervideo. Es war nicht nur dazu bestimmt, die Wirkung der Taten des NSU in der rechten Szene zu verstärken, das heißt, die Ideologie des NSU zu verbreiten und für Unterstützung bzw. Nachahmung zu werben, sondern richtete sich auch direkt an die türkeistämmigen Communities. Die zweite Version des Videos, die im Oktober 2001 fertiggestellt wurde, enthält Bekenntnisse zu allen bis dahin begangenen Morden und Anschlägen. Soweit wir wissen, fehlt nur der Anschlag auf den Betreiber der Gaststätte »Sonnenschein«. Jedes Mordopfer und das Opfer des Sprengstoffanschlags in der Probsteigasse wird im Video namentlich angesprochen, jeweils mit demselben Satz: »E. Şimşek [bzw. M.M./A. Özüdoğru/S. Taşköprü/H. Kılıç] ist nun klar, wie ernst uns der Erhalt der Deutschen Nation ist.«[346] Das Video endet mit der Ankündigung weiterer Morde, eine entsprechende Grafik verweist auf insgesamt 14 geplante Morde.[347]

Zur Kommunikationsstrategie des NSU in dieser Zeit gehörte es auch, den Namen und das Logo des NSU in der Szene zu verbreiten, um für seine Ziele und die weitere Vernetzung zu werben. Diesem Zweck diente insbesondere auch das Verschicken des sogenannten NSU-Briefs, dem hohe Geldbeträge als Spenden beigefügt waren. In dem Brief, an dem bis März 2002 gearbeitet wurde,[348] werden die Ziele, denen sich der NSU verschrieben hat, wie folgt benannt: »DER ENERGISCHEN BEKÄMPFUNG DER FEINDE DES DEUTSCHEN VOLKES UND DER BESTMÖGLICHEN UNTERSTÜTZUNG VON KAMERADEN UND NATIONALEN ORGANISATIONEN«. Außerdem wird zwecks Kontaktaufnahme zur Gruppe auf das Internet, Zeitungen und Fanzines verwiesen. Der Brief wurde an mindestens zehn verschiedene Adressen von Neonazi-Pub-

---

tionen gemacht hätten, was er allerdings zu seinem Eigenschutz nicht wissen dürfe und soll«. Auch hatte Wohlleben von den dreien 10.000 DM erhalten, die nur aus einem Überfall stammen konnten.

[345] Auch wenn sich dies aufgrund des Zeitablaufs und des mangelnden Interesses des BKA und der Aufklärungsblockade des BfV nicht mehr endgültig klären lässt, sprechen gewichtige Indizien für eine solche Beschäftigung. Zu diesem Schluss kommt auch der zweite Bundestags-Untersuchungsausschuss zum NSU-Komplex. Deutscher Bundestag, Drs. 18/12950, a.a.O., S. 420, 433ff., 1099, 1100 (»Der Ausschuss hält den Zeugen Ernst für glaubwürdig.«).

[346] BKA, Vermerk v. 5.12.2011, SAO 44, Bl. 121 (129).

[347] Das Video zeigt in dieser Version ein Bild mit 14 Kästchen: In vier Kästchen sind die Daten der Morde eingetragen, zehn Kästchen sind frei. Darüber hinaus war dem Video eine Bedienungsanleitung beigelegt. Darin heißt es – als Warnung für Szenemitglieder, die den Film erhalten sollten: »ACHTUNG!!! Von der Speicherung des NSU-Films auf der Festplatte wird dringend abgeraten, da die im Film enthaltenen Daten sehr brisant sind.« BKA, Vermerk v. 6.5.2013, Nachlieferung 23, Bl. 101, 119; BKA, Vermerk v. 26.3.2012, SAO 389, Bl. 159ff. (Auswertungsvermerk zu Ass.-Nr. 2.12.708.55.1, eine stark beschädigte CD mit dem Titel »Video Aktuell«).

[348] BKA, Vermerk, SAO 45, Bl. 6ff.; SAO 16, 194ff., wonach die letzte Änderung der Datei »NSU Brief.cdr« auf dem in der Frühlingsstraße sichergestellten Computer zu diesem Zeitpunkt vorgenommen wurde.

likationen bzw. Organisationen versandt.³⁴⁹ Die konkreten Empfänger sprechen dafür, dass bei ihrer Auswahl auch die Kontakte und politischen Interessen von Eminger oder Starke berücksichtigt wurden.³⁵⁰

Dass die Briefe die Empfänger erreichten, für die sie bestimmt waren, steht für zwei Publikationen fest.³⁵¹ Im »Weißen Wolf« Nr. 18 aus September 2002 wurde der Empfang – wie das antifaschistische Archiv apabiz im März 2012 recherchiert hat³⁵² – sogar nach außen kommuniziert und durch das Layout hervorgehoben: »Vielen Dank an den NSU, es hat Früchte getragen ;-) Der Kampf geht weiter ...«³⁵³ Der Gruß an den NSU knüpft dabei direkt an den letzten Satz des Vorworts in dieser Ausgabe an, in dem es heißt: »Wenn die Zeiten härter werden – muß der Kampf es auch werden. Unterstützt die Kameraden in Haft, im Rechtskampf, auf der Straße, bildet Netzwerke – nur vom Musikhören und Feiern kommt die Wende nicht.«³⁵⁴

Auch noch 2002 blieb die enge Verbindung der drei Abgetauchten nach Jena bestehen. Zentral war dabei weiterhin der telefonische Kontakt zu Schultze und Wohlleben, erleichtert durch die Kommunikation per Handy. Auch Gerlach besaß für die direkte Kontaktaufnahme die Handynummer der drei Abgetauchten.³⁵⁵ Sowohl kurz vor als auch kurz nach dem Mord an Enver Şimşek kommunizierte Wohlleben noch per SMS mit den dreien.³⁵⁶ Auch Kontakte zur THS-Führung

---

³⁴⁹ BKA, Vermerk zu Ass.-Nr. 2.12.357 [Notizzettel mit den Empfängeradressen], SAO 45, Bl. 77; BKA, Vermerk v. 26.6.2013, Nachlieferung 25, Bl. 2ff. zu der Auswertung der Empfänger.

³⁵⁰ Zu Emingers Kontakt zur »Artgemeinschaft« vgl. Bundesamt für Verfassungsschutz v. 2.1.2012, SAO 20, Bl. 196 (198) und Starke bzgl. des Dresdner Fanzine »Foiersturm«.

³⁵¹ Zeugenvernehmung (OLG) David Petereit am Hauptverhandlungstag v. 13.7.2016; BKA-Auswertungsvermerk zum Asservat Nr. 75.1.2.7.1 (bei Petereit sichergestellter NSU-Brief) SAO 45, Bl. 58; Durchsuchung Petereit, SAO 153, Bl. 1ff.; Zeugenvernehmung (OLG) Thorsten A., geb. W. [im Folgenden Thorsten W.] am Hauptverhandlungstag v. 26.7.2016 und 19.9.2016 (vgl. auch Zeugenvernehmung (BKA) Torsten W., SAO 220.2, Bl. 331 und 333; Zeugenvernehmung (Polizeidirektion Sachsen-Anhalt Ost) D.K. v. 19.10.2012 (Freund von Thorsten W.) Nachlieferung 5, pdf-S. 172 (174); Zeugenvernehmung (Polizeidirektion Sachsen-Anhalt Ost) S.H. v. 16.10.2012 [Mutter von Thorsten W.] Nachlieferung 5, pdf-S. 144 [146]).

³⁵² NSU-watch, »Vielen Dank an den NSU« – Was wusste der »Weisse Wolf«?, online Veröffentlichung v. am 28. März 2012, Quelle: nsu-watch.apabiz.de, SAO 45, Bl. 45 (46).

³⁵³ BKA, Vermerk, SAO 45, Bl. 39 (44); BfV, Vermerk, SAO 498, Bl. 157ff.

³⁵⁴ BfV, Vermerk v. 28. März 2012, SAO 45, Bl. 39.

³⁵⁵ Beschuldigtenvernehmung (GBA) Holger Gerlach v. 25.11.2011, SAO 35, Bl. 52 und 59f., eingeführt durch Zeugenvernehmung (OLG) KOK Schartenberg am Hauptverhandlungstag v. 16.7.2013. Beschuldigtenvernehmung (GBA) Holger Gerlach v. 25.11.2011, SAO 35, Bl. 52 und 59, eingeführt durch Zeugenvernehmung (OLG) KOK Schartenberg am Hauptverhandlungstag v. 16.7.2013.

³⁵⁶ SMS von Wohlleben an die drei Abgetauchten vor dem Mord an Şimşek: BKA, Vermerk, Nachlieferung 6, Bl. 66; BKA, Vermerk, SAO 529, Bl. 69; BKA, Vermerk, SAO 529, Bl. 16 (70); SMS nach dem Mord an Şimşek: BKA, Vermerk v. 4.6.2012, SAO 529, Bl. 69ff., Wortlaut der SMS vom 15.9.2000: »Mir ist es zur Zeit nicht moeglich mit euch sprechen wegen NPD-, gestern B+H-, und bald Ths Verbot! Ich gehe davon aus das ich überwacht werde! Meld mich! Ralf«. Bereits im Sommer 1998 hatte Nico E. nach Aufzeichnungen des LfV Thüringen eine zentrale Stelle bei der Kommunikation zwischen Wohlleben, Jürgen H. und Kapke. Nico E. stand der

Das Netzwerk des NSU, staatliches Mitverschulden und verhinderte Aufklärung 269

bestanden. Im November 2000, also nach dem Taschenlampen-Anschlag und dem ersten Mord, diskutierten die Führungspersonen des THS, ob gegen eine Summe von 50.000 bis 60.000 DM die drei – ggf. im Ausland – ein Interview mit dem *Stern* führen sollten.[357]

Die aktive Unterstützung der Pläne und Ziele des NSU zeigt sich an weiteren Handlungen: So ermöglichte Holger Gerlach über Vermittlung von Wohlleben im Frühsommer 2001 die Erstellung eines Reisepasses auf seinen Namen mit Böhnhardts Bild. Gerlach erhielt außerdem 10.000 DM[358] zur Aufbewahrung, wie sie auch schon Wohlleben vor ihm von den dreien erhalten hatte.[359]

Wahrscheinlich im Juni oder Juli 2001[360] – möglicherweise auch etwas später – überbrachte Gerlach erneut auf Betreiben Wohllebens eine von diesem besorgte scharfe Schusswaffe. Dies war wahrscheinlich die dritte von Wohlleben für den NSU besorgte Waffe. Bei der Übergabe in Zwickau hat Gerlach nach eigenen Angaben zu Mundlos, Böhnhardt und Zschäpe gesagt, sie könnten sich nicht anmaßen, mit fünf Leuten die Welt zu retten.[361] Hier wird deutlich, dass der NSU für ihn aus mehr Mitgliedern als den drei Abgetauchten bestand und dass sowohl er als auch Wohlleben[362] wussten, wofür die Waffe bestimmt war.

Nach dem Anschlag in der Probsteigasse und vor den weiteren Morden im Sommer 2001 zogen Mundlos, Böhnhardt und Zschäpe in die Polenzstraße 2 um, die zentral in Zwickau unweit der damals von Ralf Marschner betriebenen Läden lag. Jens G., Mitarbeiter und Freund Marschners, wohnte der neuen Wohnung

---

Kameradschaft Jena auch nahe, wie die für André Kapke aus dem August 1998 stammende Geburtstagszeitung zeigt. Er findet dort Erwähnung, außer ihm sind dort ansonsten nur erwähnt: Ralf Wohlleben, Uwe Mundlos, Uwe Böhnhardt, Holger Gerlach, Tino Brandt und Mario Brehme, SAO 612, Bl. 6074.

[357] TLfV, Deckblattmeldung von Brandt v. 3.11.2000, SAO 503, Bl. 252, Nachlieferung 27, Bl. 155f.

[358] Beschuldigtenvernehmung (GBA) Holger Gerlach v. 25.11.2011, SAO 35, Bl. 52 (53), eingeführt durch Zeugenvernehmung (OLG) KOK Schartenberg am Hauptverhandlungstag v. 16.7.2013 (zu Reisepass); Beschuldigtenvernehmung (GBA) Holger Gerlach v. 1.12.2011, SAO 35, Bl. 80 (90), eingeführt durch Zeugenvernehmung (OLG) KOK Schartenberg am Hauptverhandlungstag v. 16.7.2013 (zu 3.000 DM).

[359] Beschuldigtenvernehmung (GBA) Holger Gerlach v. 12. Januar 2012, SAO 35, Bl. 107 (108), eingeführt durch Zeugenvernehmung (OLG) KOK Schartenberg am Hauptverhandlungstag v. 16.7.2013 (zu der Übergabe der 10.000 DM).

[360] Gerlach gibt an, es sei im Jahr 2001 oder 2002 gewesen, wahrscheinlich aber im Juni oder Juli 2002, weil er in dieser Zeit mangels Auto mit der Bahn gefahren sei, BKA, Vermerk v. 28.11.2011, SAO 35, Bl. 75f.

[361] Beschuldigtenvernehmung (GBA) Holger Gerlach v. 25.11.2011, SAO 35, Bl. 52 (59f.), eingeführt durch Zeugenvernehmung (OLG) KOK Schartenberg am Hauptverhandlungstag v. 16.7.2013.

[362] Gerlach gab an, Wohlleben hätte ihm auf Nachfrage zu der Waffe im Nachhinein gesagt, »die Drei bräuchten die Waffe. Es ist besser, wenn Du nicht weißt, was sie damit vorhaben. Frag nicht weiter nach. Es klang für mich so, dass Ralf mehr weiß.« Dass auch Gerlach mehr wusste, zeigt sein »Weltretten«-Satz, Beschuldigtenvernehmung (GBA) Holger Gerlach v. 25.11.2011, SAO 35, Bl. 52 (60), eingeführt durch Zeugenvernehmung (OLG) KOK Schartenberg am Hauptverhandlungstag v. 16.7.2013.

schräg gegenüber in der Polenzstraße 5.[363] Angemietet hatte die Wohnung der bereits erwähnte Matthias Dienelt, ein Freund Emingers. Dienelt und Eminger sowie andere Unterstützer[364] wurden von den drei Abgetauchten auch in der neuen Wohnung regelmäßig empfangen.[365] Dienelts fortgesetzte Besuche waren seinem Umfeld in Johanngeorgenstadt bekannt.[366] Dienelt erzählte von ihnen, er stellte zum Beispiel Zschäpe bei einer zufälligen Begegnung in Zwickau seiner Freundin vor[367] und vermittelte einen direkten Kontakt zwischen den drei Abgetauchten und Frank S., dem Ex-Freund von Mandy Struck,[368] wegen eines Computerproblems.[369] Der enge Kontakt zur Szene wird auch dadurch deutlich, dass das bereits erwähnte Protokoll der Beschuldigtenvernehmung von Werner im Januar

---

[363] SAO 603, Bl. 2505 (2512ff.); Zeugenvernehmung (Staatsanwaltschaft Graubünden) Ralf Marschner, SAO 603, Bl. 2560; BKA, Vermerk, SAO 603, Bl. 2463f.

[364] Susann Eminger, Thomas Rothe, Holger Gerlach, M.-F.B. (Beschuldigtenvernehmung (BKA) M.-F. B. v. 24.11.2011, SAO 37, Bl. 34 (44), eingeführt durch Zeugenvernehmung (OLG) KOK V. am Hauptverhandlungstag v. 20.2.2014.), möglicherweise auch Maik Eminger – Maik und André Eminger verkehrten 1998 beide in der Chemnitzer »Blood & Honour«-Szene, als nachweislich André Eminger schon Kontakt zu den drei Abgetauchten hatte. Bei der persönlichen und politischen Nähe zwischen Maik und André Eminger ist es fernliegend, dass André Eminger nicht von den dreien erzählt hat und nicht auch Maik zu ihnen Kontakt hatte. Auch hatte Maik Eminger ab Oktober 2000, also nur wenige Monate nach dem Umzug der drei nach Zwickau, einen Nebenwohnsitz in Zwickau angemeldet (LfV Sachsen v. 29.11.2011, SAO 500, Bl. 214ff.).

[365] Beschuldigtenvernehmung (BKA) M.-F.B. v. 24.11.2011, SAO 37, Bl. 34 (44), eingeführt durch Zeugenvernehmung (OLG) KOK V. am Hauptverhandlungstag v. 20.2.2014.

[366] Zeugenvernehmung (OLG) Marcel Sch. am Hauptverhandlungstag v. 14.7.2015; Zeugenvernehmung (BKA) R.H. v. 13.1.12, SAO 184, Bl. 67 (78); Zeugenvernehmung (BAO TRIO-RegEA BY) P.-A.B. v. 30.1.2012, SAO 174, Bl. 235 und 242f.; Zeugenvernehmung (BKA) K.H. v. 21.2.2012, SAO (BKA) 185, Bl. 210, 214 (218); Zeugenvernehmung (BKA) A.K. v. 21.2.2012, SAO 190, 171 (174); Zeugenvernehmung (BKA) Frank S. v. 14.12.11 SAO 207, Bl. 146 (153ff.); Zeugenvernehmung (GBA) Frank S. v. 26.3.2012, SAO 207, Bl. 192 (199). Über Dienelt bestand auch ein indirekter Kontakt zu Wohlleben, und zwar über Eric F. aus Sachsen, der sowohl Dienelt und dessen Umfeld kannte als auch Ralf Wohlleben; vgl. LfV Sachsen 5.12.2011, SAO 500, Bl. 254.

[367] Zeugenvernehmung (BKA) A.K. v. 21.2.2012, SAO 190, Bl. 171 (174); Zeugenvernehmung (BKA) K.H. v. 21.2.2012, SAO (BKA) 185, Bl. 210, 214 und 218.

[368] Es wurde in der Frühlingsstraße 26 eine Krankenkassenkarte von einem M.S. gültig bis 2001 gefunden, ob ein verwandtschaftliches Verhältnis zu Frank S. besteht, ist nicht bekannt, IKK-Krankenkassenkarte gültig bis Juli 2001, Asservat-Nr. 2.12.355; Zeugenvernehmung (GBA) Frank S. v. 26.3.2012, SAO 207, Bl. 192 und 199: Frank S. wurde vom GBA gefragt, ob er M.S. kenne, die Antwort »Nein« wurde nicht hinterfragt, z.B. wie seine Geschwister/Cousins etc. heißen. Auch entsprechende Ermittlungen finden sich nicht in der Akte; Zeugenvernehmung (LKA BW) M.S. v. 4.9.2012, SAO 220.3, Bl. 240, auch M. S. wurde nicht gefragt, ob er mit Frank S. verwandt sei; er gab nur an, sich nicht erklären zu können, wie seine Karte in die Frühlingsstraße 26 gelangt sei, weitere Nachfragen oder Ermittlungen erfolgten nicht; BKA-KTU Gutachten v. 2.5.2012, SAO 92, Bl. 166ff.: Daraus ergibt sich, dass M.S. damals in Wilkau-Hasslau wohnhaft war; BKA, Vermerk v. 3.4.2013, Nachlieferung 18, Bl. 33; BKA, Vermerk v. 8.4.2013, Nachlieferung 18, Bl. 36f.; eine Anregung zur richterlichen Anordnung bzgl. der Übermittlung der Abrechnungsdaten der Krankenkasse für die fragliche Karte wurde seitens der Bundesanwaltschaft am 5.4.2013 jedoch negativ beschieden.

[369] Zeugenvernehmung (BKA) Frank S. v. 14.12.2011 SAO 207, Bl. 146 (153ff.).

2002, das Anlass für die Bedrohung Werners war, in der Wohnung in der Frühlingsstraße sichergestellt wurde.[370]

Im Juni 2002, unmittelbar nach dem Versenden des NSU-Briefs, fand ein letztes Treffen zwischen den Eltern Böhnhardt und den drei Abgetauchten statt. Bei diesem letzten Treffen verabschiedeten sich die drei von den Eltern Böhnhardt mit den Worten, man werde sich nicht wiedersehen und keinen Kontakt mehr haben.[371] Was Ursache dieses Kontaktabbruchs war, ist nicht bekannt – sie hatten zu diesem Zeitpunkt schon vier Morde begangen.

Nach dem Verschicken des NSU-Briefs gab es in den Jahren 2002 und 2003 zwei Raubüberfälle, ansonsten jedoch eine Zäsur von zwei Jahren bis zum nächsten Mord an Mehmet Turgut am 25. Februar 2004 in Rostock. Die Gründe für diese Phase der echten oder scheinbaren Inaktivität des NSU in der Zeit von September 2001 bis Februar 2004 sind nicht bekannt. Sie könnte mit den zahlreichen enttarnten V-Leuten – Szczepanski im Jahr 2000, Brandt und Degner 2001, Stadler und Hesse 2002 – zu tun haben oder auch damit, dass die Reaktionen auf den NSU-Brief nicht so waren, wie die Vereinigung es sich erhofft hatte.

2. Zum Wissen und den Aktivitäten der Sicherheitsbehörden in der Zeit des zweiten Halbjahres 2000 bis Frühjahr 2002

Die intensive Überwachung des sächsischen Unterstützernetzwerkes dauerte auch im zweiten Halbjahr 2000, zum Zeitpunkt des ersten Mordes des NSU, an. Spätestens seit der Versendung des NSU-Briefs im Jahr 2002 war dem BfV und dem Landesamt Mecklenburg-Vorpommern die Existenz einer Organisation namens NSU bekannt, die Zugang zu illegalen Geldquellen hatte und hohe Summen zur Weiterführung ihres Kampfes verteilte.

a) Zu der Überwachung des Umfeldes in den Jahren 2000 und 2001

Ob die Verfassungsschutzbehörden von den einzelnen Anschlägen und Morden Kenntnis hatten, ist nicht bekannt. Allerdings wurde in dieser Zeit die dichte Überwachung der Szene nicht nur fortgesetzt, belegt sind darüber hinaus auch verschiedene Formen der Kooperation zwischen den Strafverfolgungsbehörden und zentralen sächsischen Unterstützern wie Jan Werner und Thomas Starke, die von den politischen Gewalttaten gewusst haben müssen.

---

[370] Das Protokoll wurde im Brandschutt in der Frühlingsstraße 26 sichergestellt; Protokoll der Beschuldigtenvernehmung Jan Werner durch das BKA v. 17.1.2002 (Ass. 2.12.285), SAO 341, Bl. 249; außerdem wurde noch ein Beschluss des Kammergerichts ebenfalls aus dem »Landser«-Verfahren sichergestellt; diese Funde zeigen erneut die enge Verbindung der drei zur Szene, da sie diese Dokumente 2002 bekommen haben.

[371] Zeugenvernehmung (OLG) Brigitte Böhnhardt am Hauptverhandlungstag v. 19.11.2013: Das Datum des Treffens konnte Frau Böhnhardt so konkret sagen, weil sie extra für diesen Zweck ein Foto von der Nichte Uwe Böhnhardts gemacht hatte; Zeugenvernehmung (BKA) Brigitte Böhnhardt v. 24.1.12, SAO 174, Bl. 23f.

aa) Mögliches Wissen des BfV über Marschner

Das BfV kann über Marschner von den Taten des NSU erfahren haben. Sollte Marschner, wofür viel spricht, Fahrzeuge für die drei Morde im Sommer 2001 angemietet haben bzw. Jens G. dies getan haben, ist schwer vorstellbar, dass Marschner diese Kontakte und Umstände vollständig vor seinem V-Mann-Führer geheim gehalten hat. Gleiches gilt für den Fall, dass Mundlos bei ihm gearbeitet hat.

bb) Zu den Erkenntnissen aus der Überwachung von Werner, Starke und ihrem Umfeld

Auch unabhängig von dem Wissen Marschners steht – wie dargelegt – fest, dass die engen Unterstützer entsprechende Kenntnis hatten und dass eben diese Personen in den Jahren ab 2000 weiterhin eng überwacht wurden. Die bereits dargestellte Überwachung des Kreises um Werner und Starke im Rahmen der Operation »Terzett«,[372] des »Landser«-Verfahrens[373] und der G-10-Maßnahmen des LfV Sachsen[374] dauerte auch in der Zeit unmittelbar vor und vor allem auch nach dem ersten Mord des NSU im September 2000 an. Thomas Starke war zudem seit seiner kurzzeitigen Gewahrsamnahme im November 2000[375] auch Informant des LKA Berlin.[376] Im Februar 2002 – also kurz vor dem Verschicken des NSU-Briefs – berichtete er (soweit bekannt) erstmals dem LKA indirekt von Mundlos, Böhnhardt und Zschäpe. Er teilte seinem V-Mann-Führer mit, Jan Werner habe derzeit Kontakt zu drei ihm (nach seiner Meldung angeblich) nicht weiter bekannten Personen aus Thüringen, die per Haftbefehl wegen Sprengstoff- und Waffenbesitzes

---

[372] LfV Sachsen, Übersicht über die »Terzett«-Observation u.a. v. 8.12.2011, SAO 500, Bl. 248 (251); Sächsischer Landtag, Drs. 5/14688, a.a.O., Abweichender Bericht Fraktion Die Linke, SPD und Grüne, S. 144f. (im Oktober 2000 war die Operation »Terzett« beendet).

[373] Sächsischer Landtag, Drs. 5/14688, a.a.O., Abweichender Bericht Fraktion Die Linke, SPD und Grüne, S. 144f.

[374] Ab 27.10.2000 lief die G-10-Maßnahme »Lagu« des LfV Sachsen gegen mehrere Exponenten des »Blood & Honour«-Spektrums und von »Movement Records«. Die Maßnahme dauerte an bis 27. Januar 2002, Sächsischer Landtag, Drs. 5/14688, a.a.O., Abweichender Bericht Fraktion Die Linke, SPD und Grüne, S. 177 (293).

[375] Zeitgleich erfolgte auch eine Durchsuchung bei Starke; bei der Durchsuchung sichergestellt wurde ein Adressbuch von Starke, in dem neben Mundlos und Zschäpe fast alle Unterstützer aus den zurückliegenden zwei Jahren verzeichnet waren, aus Thüringen André Kapke, Jana J. und Degner; BKA, Vermerk zu Ass.-Nr. 01.01.3.2 des LKA Sachsen v. 23.2.2012, Asservat SAO 43.17, Bl. 352ff., ab Bl. 354ff. die Kopie des Notizbuches; SAO 43.17, 385 (und vgl. dort die Einträge zu André Kapke, Jana J., und den Eminger-Brüdern).

[376] Das LKA Berlin führte in dem Kreis mindestens zwei weitere Informanten. Neben Starke und der VP 620 gab es beim LKA Berlin im Rahmen des »Landser«-Verfahrens noch die VP mit den Nummern 672 und 773. Es gibt Hinweise darauf, dass Sandro W. aus Bautzen eine dieser weiteren VP des LKA Berlin (VP 620) war. Auch Sandro W. hatte enge Kontakte zu Hesse und zu dem Kreis um Werner (Sandro W. ist ein Vertrauter von Mirko Hesse und kennt fast die gesamte »Blood & Honour«-Sektion Sachsen, u.a. Starke, Winter, Giso T., also die Sprengstofflieferanten zu Jenaer Zeiten, das Ehepaar Probst, Lasch und natürlich Werner, vgl. Zeugenvernehmung (BKA) Sandro W., SAO 215, Bl. 103ff.); zum Ablauf der Anwerbung vgl.: Sächsischer Landtag, Drs. 5/14688, a.a.O., Abweichender Bericht Fraktion Die Linke, SPD und Grüne, S. 149.

gesucht würden.³⁷⁷ Eine Anfrage des LKA Thüringen an das LKA Berlin, ob die Namen von Mundlos, Böhnhardt und Zschäpe in den dortigen »Landser«-Überwachungsmaßnahmen, insbesondere in der Überwachung der Telekommunikation von Werner, angefallen seien, wurde vom LKA Berlin nicht beantwortet.³⁷⁸ Es wurde auch nicht mitgeteilt, dass sein V-Mann Starke über eine Verbindung zwischen Werner und Mundlos, Böhnhardt und Zschäpe berichtet hatte. Die TKÜ-Protokolle aus dem »Landser«-Verfahren sind regulär vernichtet worden, sodass nicht mehr nachvollzogen werden kann, ob und wenn ja welche Hinweise sich daraus auf die drei ergaben.

Die Akten des Verfassungsschutzes Berlin zu der Gruppe »Landser«, in denen sich vielfältige Erkenntnisse zu Starke und den ehemaligen »Blood & Honour«-Strukturen in Chemnitz und somit potenziell auch Informationen zu den dreien befanden, wurden nach dem 4. November 2011 irregulär vernichtet. Grund war eine angeblich versehentliche Verwechslung von zu vernichtenden und aufzubewahrenden Akten im Sommer 2012.³⁷⁹

cc) Zu den Erkenntnissen aus der Überwachung von Eminger, Struck und ihrem Umfeld
Das LfV Sachsen überwachte auch den Kreis der Johanngeorgenstädter Unterstützer um André Eminger und Mandy Struck. Diese Überwachungen standen zum Teil im Zusammenhang mit der Operation »Terzett«, zum Teil mit der Überwachung der Kameradschaft »Weiße Bruderschaft Erzgebirge« oder mit Anwerbungsversuchen oder sonstigen unbekannten Anlässen. Anwerbungsversuche bzw. -vorbereitungen gab es 2001 hinsichtlich Mandy Strucks, 2002 hinsichtlich Maik Emingers und 2003 hinsichtlich André Emingers.³⁸⁰

Der Eingang des Wohnhauses von Mandy Struck wurde von Ende September bis Ende Oktober 2000 mit Unterbrechungen mithilfe einer Kamera überwacht.³⁸¹

---

³⁷⁷ Deutscher Bundestag, Drs. 17/14600, a.a.O., S. 303.
³⁷⁸ Zeugenvernehmung (OLG) KHK Th. (Leiter EG Rechts zum Zeitpunkt des Verfahrens gegen »Landser« des LKA Berlin) am Hauptverhandlungstag v. 15.6.2016; Deutscher Bundestag, Drs. 17/14600, a.a.O., S. 365f.
³⁷⁹ Deutscher Bundestag, Drs. 17/14600, a.a.O., S. 800f.; vgl. auch den Bericht des Sonderermittlers Feuerberg o.D. (wohl 11.1.2013), SAO 607, Bl. 4136-4222.
³⁸⁰ LfV Sachsen, Schreiben v. 24.11.2011, SAO 500, Bl. 206ff.
³⁸¹ LfV Sachsen, Übersicht über die Observationszeiten bei »Terzett« mit Erläuterungen v. 13.12.2011, SAO 500, Bl. 262 (265). Die Videoobservation der Wohnung Kai S./Mandy Struck sollte schon am 9.9.2000 beginnen, mit Verzögerung begann sie aber erst ab dem 29.9.2000. LfV Sachsen v. 13.12.2011, SAO 500, Bl. 262 und 265: »Aus einem Gesprächsvermerk (beigeheftet zur Anlage 27, Observationsauftrag Terzett 12) vom 28.9.2000 über ein Gespräch mit einer anderen Behörde ergibt sich, dass der S. nach neuesten TÜ-Erkenntnissen am 30.9.2000, 16:00 Uhr zur Wohnung der STRUCK kommen würde, um sich dort mit dem BÖHNHARDT zu treffen: Eventuell fahre man am Abend zu einer Skinparty nach Zwickau. Am Samstag könnte dann die Geburtstagsfeier sein. Hintergrund war der Geburtstag des BÖHNHARDTs (1.10.), welchen man gemeinsam feiern wollte.« Gesprächsvermerk unter SAO 502, Bl. 174, aus dem sich aber kein Hinweis auf Böhnhardt ergibt, möglicherweise ist das Ganze nur ein Schluss des TLKA wegen des Geburtstags von Böhnhardt am nächsten Tag.

Zu Kai S., dem damaligen Freund von Struck, hatte das LfV Sachsen im Rahmen seines Aussteigerprogramms Kontakt und führte ein Informationsgespräch. André Eminger wurde allein nach Mitteilung des LfV Sachsen in den Jahren 2002 und 2003 mehrfach angeblich oder tatsächlich ohne Ergebnis observiert;[382] eine weitere Observation erfolgte in den Jahren 2006-2007.[383]

Inwieweit Matthias Dienelt im Fokus des Verfassungsschutzes stand, wissen wir nicht. Er wurde bei der Observation des LfV Sachsen des sogenannten Konditionsmarsches der »Weißen Bruderschaft Erzgebirge« im Jahr 2000 festgestellt und identifiziert. Ob das Bundesamt für Verfassungsschutz Erkenntnisse zu ihm hatte, wissen wir nicht, da eine Antwort des Bundesamts auf eine entsprechende Anfrage des GBA fehlt. Aus einem Schreiben des Thüringer Verfassungsschutzes ist aber bekannt, dass es Informationen zu ihm beim BfV gegeben haben muss bzw. gibt.[384] Aufgrund der regelmäßigen wöchentlichen Besuche Dienelts in der Polenz- und Frühlingsstraße hätte auch eine nur kurzzeitige Observation seiner Person die Observanten zu Mundlos, Böhnhardt und Zschäpe führen müssen.

dd) Zu den Erkenntnissen aus Thüringen
Schließlich erhielt das LfV Thüringen im Jahr 2001 über den V-Mann Brandt und die Gewährsperson Tibor R. die Bestätigung des schon bekannten Wissens, dass die drei Geld über Raubüberfälle beschafften[385] und in Chemnitz lebten.[386]

b) Zu den Erkenntnissen im Zusammenhang mit dem »Weißen Wolf«
Im Frühjahr 2002 hatte das Bundesamt für Verfassungsschutz über den Verfassungsschutz aus Mecklenburg-Vorpommern eine Deckblattmeldung zu einer hohen Spende an den »Weißen Wolf« erreicht.[387] Daraufhin hatte das BfV seinem V-Mann »Corelli«, also Thomas Richter, den Auftrag erteilt, die entsprechende

---

[382] LfV Sachsen, Übersicht über Observationen von André Eminger v. 12.12.2011, SAO 500, Bl. 256ff.: Observation von André Eminger u.a. am 28./29.5.2002, 24./25.9.2002 (am 25.9.2002 war ein Raubüberfall von Mundlos und Böhnhardt in Zwickau, Karl-Marx-Str. 10), 9.-11.10.2002, 7./8.5.2003, 7.5.2003, 8.5.2003, 21.5.2003, 5.–8.12.2006 [die Ergebnisse der Operation »Grubenlampe« 2007 fehlen].

[383] LfV Sachsen v. 7.12.2011, Vermerk der PD Südwestsachsen Staatsschutz v. 3.11.2006: »Das Interesse des LfV Sachsen an der Person EMINGER wurde bekundet. Seitens der Polizei sind jedoch zunächst keine (operativen) Maßnahmen gegen Andre EMINGER geplant«, LfV Sachsen v. 2.12.2011, SAO 500, Bl. 219f.

[384] TLfV, Erkenntnismitteilung v. 28.11.2011, SAO 501, Bl. 79f.: Hinweis auf GDS-Daten (das »Generische Dateisystem« war die Vorgängerdatei von NADIS, der Verbunddatei der Verfassungsschutzbehörden) des Dienelt beim BfV.

[385] TLfV, Deckblattmeldung von Brandt v. 10.4.2001, Nachlieferung 26, Bl. 325.

[386] TLfV, Deckblattmeldung von »Tristan« (Tibor R.) v. 28.3.2001, Nachlieferung 26, Bl. 322; Tibor R. hatte mit Mundlos im Jahr 1996 die Wachabläufe in einem Asylbewerberheim in Jena ausgespäht und bereits Ende 2000 dem MAD gegenüber gesagt, dass Kapke und Wohlleben bestimmt mehr über den Verbleib der drei wüssten. R. berichtete Wießner von den gegenseitigen Kontakten zwischen Jena und Chemnitz und dass die drei wohl dort untergekommen seien, BKA, Vermerk v. 10.4.2012, SAO 539, Bl. 72f. (78f.).

[387] Deutscher Bundestag, Drs. 18/6545, a.a.O., S. 8.

Ausgabe Nr. 18 des »Weißen Wolfs« zu besorgen,[388] in der auf Seite zwei der bereits erwähnte, grafisch herausgehobene Gruß an den NSU steht, der direkt an den Aufruf zu Netzwerkbildung und »härterem Kampf« im Vorwort anknüpft.[389] Dass die zwei decknamentlich bekannten der 13 BfV-Mitarbeiter, die die Ausgabe auf dem Tisch hatten, den Gruß und seinen Kontext – wie sie behaupten – nicht wahrgenommen haben,[390] ist vollkommen unglaubhaft. Denn beide Auswerter waren Angehörige der fachkundigen Projekteinheiten, der eine für Neonazis, der andere für Rechtsterrorismus zuständig. Eine hohe Barspende in der ständig klammen Skinhead-Szene musste für das BfV so ungewöhnlich sein, dass sie nachverfolgt werden musste.

Dass der Brisanz der Spende und der Grüße an eine Organisation namens NSU im »Weißen Wolf« nachgegangen worden ist, auch wenn sie dem BfV vorher noch unbekannt gewesen sein sollte, zeigt sich auch daran, dass das vom V-Mann »Corelli« im Auftrag des BfV beschaffte und von 13 Auswertern markierte Heft heute angeblich nicht mehr auffindbar ist.[391]

Zehnter Abschnitt: Zu der Zeit 2002 bis zur Selbstenttarnung 2011: Der NSU führt die Serie fort

Ab dem Jahr 2002 nehmen das aktenkundige Wissen über den NSU und die Tätigkeiten und Kenntnisse des Verfassungsschutzes erheblich ab. Aus diesem Grund und um den Rahmen des Plädoyers nicht zu überschreiten, werde ich die Geschehnisse von 2002 bis 2011 im Folgenden nur skizzenhaft zusammenfassen. Die einzelnen Morde und der Sprengstoffanschlag in der Keupstraße sowie die Folgen für die Betroffenen wurden und werden von meinen Kolleginnen und Kollegen ausführlich dargestellt.

1. Was wir über den NSU in der Zeit von 2002 bis 2011 wissen

Nach den ersten vier Morden, zwei Anschlägen und dem Versenden des NSU-Briefes unterbrach der NSU seine Mord- und Anschlagsserie für zwei Jahre. Er setzte sie am 25. Februar 2004 mit dem Mord an Mehmet Turgut in Rostock fort. Der Tatort, ein abgelegener Imbisswagen am Rande von Rostock, war erneut von Ortsunkundigen kaum ausfindig zu machen.

---

[388] Deutscher Bundestag, Drs. 18/6545, a.a.O., S. 9f. Unmittelbar nach der Veröffentlichung der Grüße an den NSU im »Weißen Wolf« begann Richter die Webseite des »Weißen Wolfes« zu hosten. Es ist wahrscheinlich, dass dies auf einen Auftrag des BfV zurückgeht. Der Kontakt von Richter zu Petereit, d.h. dem »Weißen Wolf«, wurde über Neonazi Enrico M., der u.a. auch Besucher im hiesigen Verfahren war, hergestellt; BKA, Vermerk v. 8.7.2013, SAO 611, SAO 5578, 5583; vgl. auch Beweisantrag von Nebenklagevertretern auf Beiziehung von Akten zu Thomas Richter und der NSU/NDAP-CD gestellt am Hauptverhandlungstag v. 29.4.2014.
[389] BfV, Vermerk v. 28.3.2012 zum »Weißen Wolf«, SAO 45, Bl. 39.
[390] Deutscher Bundestag, Drs. 17/14600, a.a.O., S. 274.
[391] Deutscher Bundestag, Drs. 18/6545, a.a.O., S. 9.

Nur wenige Monate später, am 9. Juni 2004, folgte der Bombenanschlag in der Keupstraße. Die Fahrt des NSU nach Köln fand in einem Pkw-Touran[392] statt. Das Auto war am 6. Juni 2004 mithilfe des von Holger Gerlach im Februar 2004 zur Verfügung gestellten Führerscheins angemietet worden. Eminger hielt sich beruflich vom 8. auf den 9. Juni in Euskirchen bei Köln auf.[393] Dass er trotz seiner Vertrauensstellung bei Mundlos, Böhnhardt und Zschäpe von dem geplanten Anschlag des NSU in Köln nichts wusste und nur zufällig zur selben Zeit, gegebenenfalls sogar am selben Ort gewesen ist, ist nicht plausibel.[394] Wahrscheinlicher ist, dass sich Mundlos und Böhnhardt zeitlich nach Emingers Route als Lkw-Fahrer richteten. Wie die Nagelbombe nach Köln transportiert wurde bzw. wo sie zusammengebaut worden ist, ist nicht bekannt. Beides war gefährlich und der vom NSU angemietete Pkw hierfür nicht geeignet. Es muss also hierfür bisher nicht bekannte Helfer gegeben haben, wenn nicht Eminger diese Aufgabe in seinem Lkw übernommen hat. Wie ein Ebay-Verkauf von Modellbauteilen derselben Art, wie sie auch im Sprengsatz in der Nagelbombe verbaut waren, durch Wohlleben nahelegt, war dieser in die Vorbereitung einbezogen oder erhielt zumindest im Nachgang Kenntnis von dem Anschlag.[395]

Im Jahr 2004 wurde auch die Arbeit am Bekennervideo wieder aufgenommen. Dabei fanden auch Ausschnitte aus der Berichterstattung über den Anschlag in der Keupstraße Verwendung, die höchstwahrscheinlich Zschäpe in Zwickau mit einem Videorecorder aufgenommen hat.[396]

Gleichzeitig setzte der NSU das Ausspähen von möglichen Anschlagszielen in verschiedenen Städten fort und legte eine Sammlung von ca. 10.000 Adressen an, die die von den NSU-Mitgliedern als »Feinde des deutschen Volkes« angesehenen Personen und strategische Ziele umfasste. Die Auswahl der Adressen geht – wie der Kollege Dr. Daimagüler ausgeführt hat – zum Teil auf individuelle Recherchen, zum Teil auf vom NSU aufgestellte allgemeine Kriterien zurück,[397] die

---

[392] BKA, Vermerk v. 1.4.2012, SAO 84, Bl. 2 (5).

[393] BKA, Vermerk v. 4.6.2012 über die Aufenthaltszeiten von Eminger während der Taten, SAO 27, Bl. 348 (353):»Nach Angaben in seiner Steuererklärung ist Andre Eminger am 8.6.2004 um 18:00 Uhr aus Mainz kommend in Euskirchen eingetroffen. Am 9.6.2004, um 08:00 Uhr, fuhr er dann in Euskirchen in Richtung Irxleben ab, wo er um 22:00 Uhr ankam.«

[394] Hiergegen spricht nicht, dass Eminger zu dieser Zeit beruflich dort war, da die Abgetauchten immer darauf bedacht waren, für Alibis für sich und ihre Umgebung zu sorgen – wie ihr Verhalten schon in Jena anlässlich des Aufhängens der Puppe oder ihr Umgang mit M.-F.B. zeigen, mit dem sie besprachen, was er sagen soll, wenn er nach den dreien gefragt wird. So ist es wahrscheinlich, dass sich Mundlos und Böhnhardt nach dem Dienstplan von Eminger gerichtet haben.

[395] BKA, Vermerk v. 14.8.2012, SAO 112.1, Bl. 75ff.

[396] Vgl. Nachermittlungen des BKA infolge der Aussage von Zschäpe am 9.12.2015 und an weiteren Tagen; u.a. BKA, Vermerk v. 8.3.2016, SAO 647, Bl. 20040ff.

[397] BKA, Vermerk vom 27.6.2012, SAO 272, Bl. 468ff.; BKA, Vermerk v. 13.11.2011. Es wurden in der Frühlingsstraße insgesamt vielfältige Ausspähmaterialien und Adresssammlungen gefunden, in Papierform und elektronisch, gedruckt oder handschriftlich, auf einzelnen Notizzetteln oder in Listen. Dies zeigt den Stellenwert, den die Sammlung von Adressen für den NSU hatte, etwa die elektronischen Daten wie die sog. 10.000er-Liste. Diese Liste ist kein Asservat, sondern eine vom BKA zusammengeführte und um Dubletten bereinigte Liste der vom NSU

Aufschluss über das Denken und die Pläne des NSU geben. Die für die Adressen angelegten Kategorien sind: Abgeordnete, Amerika, Antifa, arabisch, Asyl, Ausländer, Bistum, Erzbisch[off], Flüchtlinge, Gemeinschaftsunterkünfte, Islam, Israelitische, Kasernen, Major, MdB, MdL, – also Mitglied des Bundestags und Landtags –, Migration, Militär, Moschee, Multikulti, Oberst, Offiz[ier], Sinti, Sozialdemo[kraten], SPD, Synagoge, Türken, türkisch, Waffen und Übergangswohnheim.[398]

Im Jahr 2005 wurden in kurzer Folge am 9. Juni İsmail Yaşar in Nürnberg – wo sich Zschäpe möglicherweise zur Tatzeit in unmittelbarer Nähe des Tatorts aufhielt[399] – und nur sechs Tage später, am 15. Juni 2005, Theodoros Boulgarides in München ermordet.[400] Ermordet wurde er in seinem Geschäft, einem Schlüsseldienst, den er erst wenige Wochen zuvor eröffnet hatte. Nur Ortskundige konnten wissen, dass das Geschäft von einem Migranten geführt wurde. Das gleiche Muster wiederholte sich im Jahr 2006, als am 4. April der Vater meines Mandanten, Mehmet Kubaşık, in Dortmund[401] und schon am 6. April Halit Yozgat in Kassel ermordet wurden.

---

gesammelten Adressdatensätze, die sich auf dem Asservat EDV 22 und Asservat EDV 49 befanden, BKA, Vermerk v. 27.6.2012, SAO 272, Bl. 468ff.; BKA, Vermerk v. 13.11.2011. Es gab weitere elektronische Listen, die nicht Bestandteil der 10.000er-Liste sind, u.a. auf einer Diskette (Asservat-Nr. 2.12.710.21), vgl. Ausdruck der Liste, SAO 398.1, Bl. 166ff.; BKA, Vermerk v. 11.12.2011 (Asservatenauswertung Ass.-Nr. 2.9.48, Adressbuch), SAO 309, Bl. 364ff.; so z.B. Ausdrucke des sog. Telefonbuchs für Deutschland, vgl. u.a. BKA, Vermerk v. 14.11.2011, SAO 104, Bl. 140ff. Der Vorläufer der elektronischen Listen war wohl ein papierenes, handschriftliches Adressbuch, insbesondere mit Adressen von Verfassungsschutzmitarbeitern, Staatsanwälten, hochrangigen Polizisten und Politikern und Menschen jüdischen Glaubens/jüdischer Herkunft, die später nicht in die 10.000er-Liste eingeflossen sind. Es gibt keine systematische Auswertung der Adresssammlungen nach ihrer zeitlichen Entstehung. Soweit es entsprechende Angaben gibt, weisen sie auf den Beginn der Sammlungen zwischen 2001 und 2003 hin.

[398] BKA, Vermerk v. 27.6.2012, SAO 272, Bl. 468 (476f.).

[399] Zeugenvernehmung (OLG) Andrea C. am Hauptverhandlungstag v. 22.10.2013; die Zeugin gab an, eine Frau in einem Edeka-Markt in unmittelbarer Nähe des Tatorts und um die Tatzeit herum gesehen zu haben, an die sie sich noch heute erinnere, weil sie damals gedacht hätte, es sei die Schauspielerin Darleen Connor, sie die Frau aber nach der Veröffentlichung der Bilder von Zschäpe für diese halte. Auf dem Rückweg vom Edeka-Markt sei sie an zwei Männern mit Fahrrädern vorbeigekommen. Trotz des lang zurückliegenden Zeitpunkts konnte die Zeugin plausibel erklären, warum sie sich noch an die Frau und die Situation erinnerte. Ihre Aussage wirkte auch ansonsten glaubhaft.

[400] In zeitlicher Nähe zum Mord rief Zschäpe Mundlos und Böhnhardt auf deren mitgeführtem Handy an, das sich in einer Funkzelle in der Nähe des Tatorts befand: BKA, Vermerk v. 6.12.2011, SAO 142, Bl. 164f.; es wurde auch ein Zettel in der Frühlingsstraße 26 mit dem Wort »Aktion« und der von Zschäpe angerufenen Telefonnummer sichergestellt; Asservat 2.9.18.11, SAO 305, Bl. 155; BKA, Vermerk v. 13.6.2012, SAO 305, Bl. 152.

[401] Es ist zumindest wahrscheinlich, dass Neo-Nazistrukturen in Dortmund, insbesondere eine noch zum Zeitpunkt des Mordes existierende »Combat 18«-Zelle, der u.a. Sebastian Seemann und Marko Gottschalk angehörten, Kontakt zum NSU oder seinem Umfeld hatte und möglicherweise über diese auch Informationen zu dem Kiosk von Mehmet Kubaşık an den NSU gelangt sind oder zumindest zu Dortmund und der Nordstadt als mögliches Ziel. Mein Kollege Carsten Ilius hat in seinem Plädoyer insofern die Umstände dargelegt, aus denen wir diese

Nach diesen beiden Morden arbeitete der NSU bis Ende 2007 fast täglich am Bekennervideo, und zwar neben Mundlos zumindest auch Böhnhardt und Zschäpe, wie Mundlos' Anleitung zum Schneiden von Videoclips[402] und eine Wette zwischen Böhnhardt und Zschäpe zeigen.[403] Schon im Juni 2006 wurde in diesem Zusammenhang auch eine Datei mit dem Namen »Aktion Polizeipistole« erstellt. Am 24. April 2007 setzte der NSU diese »Aktion« mit dem Mord an Michèle Kiesewetter und dem Mordversuch an Martin A., der schwerste Verletzungen erlitt, in Heilbronn um. Das Motiv oder die Motive für diesen Mord und die Frage, ob es neben Mundlos und Böhnhardt weitere Täter gab – wofür das Muster der Blutanhaftungen auf der von Mundlos am Tattag getragenen Jogginghose spricht[404] –, sind bis heute nicht geklärt.

Nicht zu erklären ist auch der anschließende Abbruch der Mordserie, zumindest in Deutschland. Grund dafür könnte die Selbstorganisation der betroffenen Familien sein, die auf den Mord an Halit Yozgat folgte und die in die Demonstrationen »Kein 10. Opfer« in Kassel und Dortmund mündete,[405] davon finden sich Filmaufnahmen im Bekennervideo.[406] Gründe können auch die Anwesenheit des Verfassungsschützers Andreas Temme am Tatort in Kassel, die Befragung von V-Leuten der Verfassungsschutzbehörden ab März 2006 zur »Česká-Mordserie«,[407] die im Jahr 2006 der 2. Operativen Fallanalyse (OFA) folgenden polizeilichen Ansprachen von männlichen Neonazis im Nürnberger Raum in Bezug auf die Mordserie[408] oder andere bisher nicht bekannte Umstände und Ereignisse gewesen sein.

Nach den Asservaten zu urteilen, gab es aber Überlegungen zur Fortführung der Mord- und Anschlagsserie, ob nun in Deutschland oder im Ausland. Nachdem Böhnhardt, Mundlos und Zschäpe Anfang April 2008 in die Wohnung in der Frühlingsstraße 26 in Zwickau umgezogen waren, die sie in der Folge mit Videotechnik und Umbauten immer mehr in einen umfassend überwachten Rückzugs-

---

Schlüsse ziehen, sowie auf die extrem dichte Überwachung der Mitglieder dieser Zelle u.a. auch am Tag des Mordes von Mehmet Kubaşık hingewiesen.

[402] Vgl. Beweisantrag des Nebenklagevertreters RA Narin gestellt am Hauptverhandlungstag v. 22.2.2017 zu der Gebrauchsanleitung für das Videoclipschneiden von Mundlos (»Drehbuch«) (Asservate 2.12.2 bis 2.12.34) und die entsprechende Beweisaufnahme durch Verlesung der Asservate am Hauptverhandlungstag v. 7.3.2017.

[403] Zeugenvernehmung (OLG) KOK Hu. am Hauptverhandlungstag v. 16.6.2015 zum Vermerk v. 13.3.2015, SAO 638, Bl. 1666.

[404] SV Prof. Dr. W. am Hauptverhandlungstag v. 22.1.2014 sowie dessen schriftliches Vorgutachten zu den Blutspritzern auf der Jogginghose von Mundlos (Ass. 2.9.70) v. 28.6.2013, SAO 611, Bl. 5458ff.

[405] Matthias Quent: Rassismus, Radikalisierung, Rechtsterrorismus. Wie der NSU entstand und was er über die Gesellschaft verrät, Weinheim 2016, S. 276ff.

[406] BKA, Vermerk v. 6.6.2012, SAO 16, Bl. 208 (222).

[407] Vgl. Beweisantrag der Nebenklage Yozgat (RA Bliwier u.a.) am Hauptverhandlungstag v. 29.6.2017 zu einer Mail von Dr. Pilling LfV Hessen zu der »Česká-Mordserie« mit dem Auftrag, dass alle V-Mann-Führer ihre V-Leute nach der Serie befragen sollen und dass Temme diese E-Mail gelesen hat; so auch die Sendung *Frontal 21* v. 20.6.2017. Die E-Mail ist im Wortlaut abgedruckt in: Deutscher Bundestag, Drs. 18/12950, a.a.O., S. 872.

[408] Deutscher Bundestag, Drs. 17/14600, a.a.O., S. 579ff.

ort verwandelten, gab es auf jeden Fall Überlegungen des NSU, weitere Morde zu begehen. Im gut gesicherten Keller in der Frühlingsstraße wurde eine perfide in einer Holzkiste versteckte Selbstschussanlage für die ebenfalls im Besitz des NSU befindliche Maschinenpistole mit Schalldämpfer sichergestellt.[409]

Eine Meldung oder Meldungen des italienischen Geheimdienstes aus dem Jahr 2008 – also kurz nach dem Ende der Mordserie in Deutschland – legen nahe, dass der NSU wahrscheinlich über Wohlleben, Thomas Gerlach und/oder Frank Schwerdt Rechtsextremen in Südtirol angeboten hat, in »exemplarischen Aktionen« migrantische Kleingewerbetreibende zu ermorden.[410] Auch spricht vieles dafür, dass der NSU diese Südtiroler Rechtsextremen mit dem erbeuteten Geld unterstützt hat. Zumindest gibt es keine andere Erklärung dafür, dass laut Bundesamt für Verfassungsschutz eine Delegation deutscher Neonazis, der Wohlleben im Jahr 2009 angehörte, eben diesen Südtiroler Neonazis 20.000 Euro übergab.[411] Der NSU verfügte aus den zahlreichen, durch ihn verübten Raubüberfällen über entsprechende Gelder.[412]

Der direkte oder indirekte Kontakt von Wohlleben zu Mundlos, Böhnhardt und Zschäpe ist höchstwahrscheinlich nach 2002 nicht abgebrochen. Es fehlen nur Behördenerkenntnisse nach dieser Zeit, weil Brandt nach seiner Abschaltung als Hinweisgeber weggefallen ist. Für diesen andauernden Kontakt sprechen nicht nur die regelmäßigen gemeinsamen Urlaube der drei mit dem engen Freund Wohllebens Holger Gerlach, die mindestens noch bis ins Jahr 2006[413] stattfanden, der Verkauf

---

[409] BKA, Vermerk zu Asservat 2.12.75 v. 9.2.12, SAO 18.2, Bl. 352ff.

[410] In einem Bericht des italienischen Geheimdienstes aus dem Jahr 2008 heißt es, dass deutsche Rechtsextreme, u.a. Wohlleben, Thomas Gerlach und Schwerdt, mit italienischen »über die Möglichkeit der Durchführung fremdenfeindlicher ›exemplarischer Aktionen‹ diskutiert [hätten] und eine detaillierte Kartenauswertung vorgenommen« worden sei, um »Geschäfte (Kebabs und andere) ausfindig zu machen, die von außereuropäischen Staatsangehörigen geführt werden«, Bayerischer Landtag, Drs. 16/17740, a.a.O., S. 29, SAO 611, Bl. 5699. Es ist unklar, ob sich die Meldung zu der Übergabe der 20.000 Euro an denselben Kreis aus demselben Bericht oder aus einem Bericht aus dem Jahr 2009 ergibt oder ob die Jahreszahl 2009 des BfV falsch ist.

[411] BfV, Vermerk zu Auslandskontakten v. Wohlleben v. 31.1.2012, SAO 497, Bl. 204: »Im März 2009 nahm er [Wohlleben] in Kaltem am See (Bozen) gemeinsam mit anderen deutschen Rechtsextremisten an einer Zusammenkunft ausschließlich von Verantwortlichen deutschsprachiger südtirolerischer Skinheadgruppen teil. Die südtirolerischen Aktivisten sollen von der deutschen Delegation bei dieser Gelegenheit die Summe von 20.000 Euro ausgehändigt bekommen haben. Dieses Geld sei für die Unterstützung von südtirolerischen Kameraden vorgesehen gewesen, welche sich in Schwierigkeiten befinden«; vgl. auch Deutscher Bundestag, Bericht 1. NSU-PUA, Drs. 17/14600, a.a.O., Sondervotum FDP, S. 908; neben Wohlleben hatten auch Thomas Gerlach und Matthias Fischer Kontakt zu Südtiroler Neonazis bzw. »Blood & Honour«-Aktivisten.

[412] Das waren die folgenden Überfälle: 14.5.2004: Raubüberfall auf eine Sparkasse in Chemnitz; 18.5.2004: Raubüberfall auf eine Sparkasse in Chemnitz; 22.11.2005: versuchter Raubüberfall auf eine Sparkasse in Chemnitz; 5.10.2006: versuchter Raubüberfall auf eine Sparkasse in Zwickau; 7.11.2006: versuchter Raubüberfall auf eine Sparkasse in Stralsund; 18.1.2007: Raubüberfall auf eine Sparkasse in Stralsund.

[413] Zeugenvernehmung (OLG) KOK Schartenberg am Hauptverhandlungstag v. 17.7.2013; BKA, Vermerk v. 26.6.2012, SAO 511, Bl. 50; Erklärung nach § 257 Abs. 2 StPO zur Vernehmung des Zeugen KHK Schartenberg von Nebenklagevertretern am Hauptverhandlungstag v. 23.7.2013.

der »nagelneuen« Modellbauteile von Wohlleben über die Online-Verkaufsplattform ebay und schließlich, dass Ralf Wohlleben im Sommer 2010 versuchte, ein Ferienhaus für sich und seine Familie auf Fehmarn zu buchen, just für den Zeitraum, in dem auch die drei Abgetauchten dort Ferien machten.[414]

Im September 2011 beging der NSU nach vier Jahren Pause erneut einen Raubüberfall – dieses Mal in Arnstadt, der allerdings erfolglos war. Es war die erste Tat des NSU in Thüringen überhaupt. Am 4. November 2011 fand der letzte, der fünfzehnte Raubüberfall in Eisenach statt. Bei der Anmietung des Wohnmobils für diesen Raub war ein kleines Mädchen anwesend. Im Wohnmobil wurde später eine rosa Kindersandale, der weibliche DNA anhaftete, sichergestellt. Diese konnte keinem der Beschuldigten bzw. Angeklagten als einem möglichen Elternteil zugeordnet werden. Die noch unbekannten Eltern dieses Kindes müssen den drei Abgetauchten sehr nahegestanden haben, um ihnen ihr Kind anzuvertrauen.[415]

Dieser Raubüberfall in Eisenach endete mit der Tötung von Böhnhardt und dem Selbstmord von Mundlos. Zschäpe, die auf unbekanntem Weg von der Entdeckung der beiden und deren Tod erfuhr,[416] versuchte daraufhin, durch Inbrandsetzung der Wohnung in der Frühlingsstraße – unter der Hinnahme des möglichen Todes dreier Menschen – alle dort befindlichen Hinweise auf weitere Mitglieder, Unterstützer oder Kontaktpersonen des NSU zu vernichten. Dies gelang jedoch nicht vollständig.[417] Im Brandschutt wurden Ausweise[418] gefunden, von denen bis auf einen noch unklar ist, wie sie in die Hände des NSU gelangt sind, sowie ein Mobiltelefon bzw. eine Sim-Karte, auf der Nummern von bislang nicht identifi-

---

[414] BKA, Vermerk v. 27.12.2011 zu der Internetsuche nach einer Unterkunft auf Fehmarn von einem Rechner Wohllebens für die Zeit von 18.7.2011 bis zum 25.7.2011, SAO 533, Bl. 104. Wohlleben bestellte auch am 14.9.2003 Elektroteile des Modellbauherstellers Graubner, von dem auch Teile in dem Funkfernzünder in der in der Keupstraße abgestellten Bombe stammten, wenn auch nicht die von Wohlleben bestellten Teile. Laut eines BKA-Gutachtens war jedoch ein Teil der von Wohlleben bestellten Teile grundsätzlich für den Bombenbau ggf. mit Modifizierungen verwertbar; das BKA vermutet, Wohlleben könnte die Teile bestellt haben, anschl. wurden sie ausprobiert und für nicht gut befunden, weshalb sie später nicht zur Anwendung kamen; BKA, Vermerk v. 14.8.2012, SAO 112.1, Bl. 75ff.

[415] SV Prof. Dr. P. am Hauptverhandlungstag v. 23. u. 24.9.2015; Erklärung zu dem Sachverständigen Prof. Dr. P. von Nebenklagevertretern v. 30.9.2015; ergänzende Stellungnahme von Prof. Dr. P. v. 28.8.2015, SAO 642, Bl. 18204.

[416] BKA, Vermerk v. 23.3.2016, SAO 648, Bl. 20257ff.

[417] Es konnten viele Asservate, papierene und elektronische, trotz des Brandes ausgewertet werden, die Hinweise auf weitere Unterstützer gaben. Ein weiterer Hinweis auf Unterstützer/Kontaktpersonen ergibt sich z.B. aus einer Aussage der Urlaubsbekanntschaft W.S.: Nach diesem holten die drei in ihrem Fehmarn-Urlaub im Jahr 2009 oder 2010 »Besuch« vom Fährhafen Kiel ab, der von Dänemark oder Schweden gekommen war. Wer dieser Besucher oder diese Besucher waren, ist nicht bekannt; vgl. Zeugenvernehmung (OLG) W.S. am Hauptverhandlungstag v. 26.11.2013 und Zeugenvernehmung (BKA) W. S., SAO 204, Bl. 62 und 67.

[418] Es wurden neben der bereits erwähnten Krankenkassenkarte folgende Personalausweise sichergestellt: BPA des S.G. (Ass.-Nr. 2.12.400), BKA, Vermerk v. 18.4.2012, SAO 90, Bl. 133f.; BPA M.F. (Ass. 2.12.331), BKA, Vermerk v. 16.5.2012, SAO 90, Bl. 89; BPA Ralph H. (Ass. 2.12.332), BKA, Vermerk v. 4.7.2012, SAO 90, Bl. 221; BPA B.B. (Ass. 2.12.333), BKA, Vermerk v. 16.4.2012, SAO 87, Bl. 130ff.

zierten Personen gespeichert sind.[419] Gefunden wurden im Wohnmobil und in der Frühlingsstraße zudem 20 Schusswaffen und Munition. Für 17 der Waffen konnte das BKA bis heute die Herkunft nicht klären. An den Waffen wurde außerdem nicht zuordenbare DNA sichergestellt.[420]

Nach der Inbrandsetzung will Zschäpe während der vier Tage bis zur Gestellung in Jena am 8. November 2011 ziellos durch Deutschland gefahren sein. Sie fuhr dabei unter anderem nach Glauchau, Chemnitz, Leipzig, Eisenach, Bremen, Braunschweig, Halle und Dresden.[421] Es ist lebensfremd anzunehmen, Zschäpe, die in einer Extremsituation in der Lage war, kaltblütig den Plan der Brandlegung unter Hinnahme mehrerer Toter und die Versendung der Bekennervideos umzusetzen, sei plötzlich kopflos geworden und habe sich durch Deutschland treiben lassen.

Es ist bekannt, dass Mundlos, Böhnhardt und Zschäpe mit den Unterstützern vorsorglich besprochen hatten, was sie im Falle einer wie auch immer gearteten Entdeckung der drei oder des NSU zu ihrer Sicherheit angeben sollten, zum Beispiel, dass ihnen die vom NSU verwandten Unterlagen gestohlen worden seien.[422] Deshalb ist nicht vorstellbar, dass die Unterstützer nicht auf den Fall einer etwaigen Enttarnung vorbereitet waren und dass es keine Absprachen über die Verteilung von Geldern an diese gab. Dafür, dass Zschäpes Fahrt genau diesem Zweck diente, spricht auch, dass weder bei ihr noch in der Frühlingsstraße nennenswerte Geldbeträge gefunden wurden. Als Empfänger von Geldern kommen insbesondere André Eminger,[423] der Zschäpe noch am Morgen des 4. November 2011 in der Frühlingsstraße aufsuchte[424] und ihr bei der Flucht half, und Matthias Dienelt[425] infrage. Außerdem gibt es Hinweise auf eine weitere Unterkunft des NSU

---

[419] Vgl. insbesondere die Auswertung zu Mobiltelefon 03, einem in der Frühlingsstraße 26 sichergestellten Nokia-Telefon, das mit der Nummer 0167000587 benutzt wurde und das u.a. die offizielle Erreichbarkeit für Mundlos, Böhnhardt und Zschäpe darstellte, mit dem aber auch mit vielen, bisher noch nicht ermittelten Personen kommuniziert wurde, BKA, Vermerk v. 16.8.2012, SAO 273.1, Bl. 24ff.; vgl. auch zu Rufnummern eingehender Anrufe/Kurznachrichten (SMS) BKA, Vermerk, SAO 98, Bl. 309ff.

[420] SV Prof. Dr. P. am Hauptverhandlungstag v. 23. u. 24.9.2015; Erklärung zu dem Sachverständigen Prof. Dr. P. von Nebenklagevertretern v. 30.9.2015.

[421] BKA, Vermerk v. 31.12.2011, SAO 8, Bl. 5ff.; es ist nicht ersichtlich, dass das BKA systematisch versucht hätte zu ermitteln, wen Zschäpe an diesen Orten getroffen haben könnte.

[422] Beschuldigtenvernehmung (BKA) M.-F.B. v. 25.11.2011, SAO 37, Bl. 55 (57), eingeführt durch Zeugenvernehmung (OLG) KOK V. am Hauptverhandlungstag v. 20.2.2014.

[423] So wurde bei André Eminger, der zu seinem Bruder Maik gefahren war, ein größerer Geldbetrag von 3.800 Euro gefunden, Durchsuchungsbericht v. 30.11.2011, SAO 148, Bl. 17 und 24: »Zu dem unter dem (Bett)Sofa im Wohnbereich gefundenen Bargeld in Höhe von 3.835 Euro wollten weder Andre EMINGER noch Maik EMINGER Angaben machen. Die Eigentumsverhältnisse blieben ungeklärt.«

[424] Dies belegen Verbindungsdaten der Internetverbindung seines Handys zu Funkzellen der Frühlingsstraße 26, die erst im Herbst 2016 (!) ausgewertet wurden; Zeugenvernehmung (OLG) KOK Sch. am Hauptverhandlungstag v. 21.9.2016; SAO 653, Bl. 21960ff.

[425] Die Durchsuchung bei Dienelt am 11.12.2011 ergab, soweit bekannt, keinen größeren Geldbetrag, allerdings fand die Durchsuchung so spät statt, dass er mit ihr rechnen musste und rechnete und Zeit hatte, seine Wohnung aufzuräumen; vgl. BKA, Liste der Durchsuchungsob-

in Glauchau, wo sich Zschäpe aktenkundig mehrfach und zuletzt in den frühen Morgenstunden des 5. November 2011 aufhielt, und Hinweise, die zumindest auf Kontakte zu Unterstützern hindeuten, wie z.B. auf Patrick Wieschke[426] in Eisenach und André Kapke in Jena.[427] Die durch Zeugenaussagen und die Zugtickets bekannte Route führte Zschäpe allerdings nicht nach Nürnberg. Gleichwohl wurde bei den *Nürnberger Nachrichten* im Zeitraum bis zum 8. November 2011 eine Bekenner-DVD in einem offenen, nicht frankierten Umschlag direkt in den Briefkasten eingeworfen.[428]

Es gibt außerdem erhebliche Hinweise darauf, dass ideologisch dem NSU und dessen Unterstützern nahestehende Kreise lange vor dem 4. November 2011 von der Existenz des NSU und dessen Gewalttaten wussten. So hing im Szeneladen »Eastwear«, einem ehemaligen Laden Marschners, der von Marco H., einem Bekannten André Emingers, in Zwickau betrieben wurde, lange Zeit ein Shirt mit einer aufgedruckten Paulchen-Panther-Figur und dem Schriftzug »Staatsfeind«.[429] Der NDP-Landtagsabgeordnete aus Zwickau und V-Mann des LfV Sachsen, Peter Klose, hatte als Avatar seiner Facebook-Seite einen Paulchen-Panther-Kopf.[430] Spätestens im Jahr 2005 wurde eine CD mit dem Titel »NSU/NSDAP« veröffentlicht, die vor allem eine Sammlung (neo)nazistischer Bilder darstellt. Auf der Hülle ist neben dem Schriftzug »NSU/NSDAP« eine Pistole abgebildet.[431] Diese CD war spätestens seit 2005 in der Szene im Umlauf. Inzwischen sind vier fast identische Kopien dieser »NSU/NSDAP«-CD in Hamburg, Mecklenburg-Vor-

---

jekte, SAO 626, Bl. 11133 und 11137 und BKA, Asservatenverzeichnis v. 2.12.2013, SAO 618, Bl. 7701 und 7958.

[426] BKA, Vermerk v. 3. und 5.12.2011 zu dem Einsatz von sog. Personenspürhunden (PSH oder Mantrailer-Hunden) in Eisenach nach einem anonymen Hinweis u.a. auf Wieschke; der Hund nahm die Spur von Zschäpe bis in die Nähe einer Wohnung von Patric Wieschke auf, allerdings ist die Methode des Einsatzes von Spürhunden durchaus fragwürdig; SAO 8, Bl. 182f. und 184ff.

[427] Zeugenvernehmung (BKA) Tibor R. v. 13.12.2011, SAO 201 und 180.

[428] PP Mittelfranken, Vermerk v. 16.11.2011 über Befragungen bei den *Nürnberger Nachrichten* am 16.11.2011 zum dort eingeworfenen NSU-Video, u.a. S. St., SAO 411, Bl. 34: Nach dem Vermerk gab die Zeugin S.St. an, dass das weiße Kuvert vernichtet worden sei; es sei nicht zugeklebt gewesen und hätte keine Briefmarke und keinen Absender gehabt. Als Adressat sei der Name von H.F. (damaliger Politikredakteur der *Nürnberger Nachrichten*) mit der richtigen postalischen Anschrift der *Nürnberger Nachrichten* direkt auf das Kuvert gedruckt gewesen. Auffallend sei für sie gewesen, dass der Name von H.F. richtig geschrieben gewesen sei.

[429] Deutscher Bundestag, Drs. 18/12950, a.a.O., S. 418; Die Blut-und-Ehre-Verbindung, *Freie Presse* v. 26.11.2011; Quelle: www.freiepresse.de/NACHRICHTEN/DEUTSCHLAND/Die-Blut-und-Ehre-Verbindung-artikel9469645.php#.

[430] Ass-Nr. 2.12.461, Bekenner-CD, adressiert an Peter Klose; BKA Vermerk v. 6.5.2013, Nachlieferung 23, Bl. 110; Kathrin Haimerl: Paul Panther im »Facebook-Untergrund«, *Süddeutsche Zeitung* v. 17.11.2011, Quelle: www.sueddeutsche.de/politik/ehemaliger-npd-politiker-irritiert-im-internet-paul-panther-im-facebook-untergrund-1.1192074; Patrik Gensing, Die NPD-Generation von 2004, in: *publikative.org*, Quelle: publikative.org/2013/03/27/v-manner-und-verruckte-die-npd-generation-von-2004/.

[431] Vgl. den Beweisantrag von Nebenklagevertretern auf Beiziehung von Akten zu dieser CD und der Person von Thomas Richter gestellt am Hauptverhandlungstag v. 29.4.2014; vgl. Unterrichtung der Parlamentarischen Kontrollkommission, Drucksache 18/6545, S. 12ff.

pommern und zwei in Sachsen aufgetaucht – alles Bundesländer, zu denen der NSU einen starken Bezug hatte.[432] In Jahr 2010 veröffentlichte die Gruppe »Gigi & die Braunen Stadtmusikanten« bei dem von Lasch gegründeten[433] und später von Yves Rahmel[434] betriebenen Label »PC Records« aus Chemnitz ein als »Dönerkiller« bezeichnetes Lied. Thema des Liedes sind die neun »Česká-Morde« und die Angst, die der Killer verbreitet, weil »es jeden treffen kann« und »er keine Spuren hinterlässt«.[435] Das Ziel, Angst und Schrecken in den türkeistämmigen Communities zu verbreiten, entspricht dem des NSU. Die Lesart der Mordserie in dem Lied war gegenläufig zur herrschenden Berichterstattung nur mit exklusivem Wissen denkbar.

2. Zum Wissen und den Aktivitäten der Sicherheitsbehörden vom zweiten Halbjahr 2002 bis 2011

Mit dem zwischenzeitlichen Abbruch der Serie rassistisch motivierter Morde und Anschläge nach Versenden des NSU-Briefs bricht auch die Reihe der klar nachzuweisenden Kenntnisse der Sicherheitsbehörden über den Verbleib der Abgetauchten und über die Aktivitäten in ihrem Umfeld ab. Während die Überwachungsmaßnahmen der Verfassungsschutz- und Polizeibehörden, die gegen die drei Abgetauchten, ihre Jenenser Verbindungsleute oder ihr Chemnitzer Umfeld gerichtet waren, zuvor kontinuierlich Informationen zu den drei Abgetauchten erbrachten, fehlen uns entsprechende Informationen für die Folgezeit.[436] Dass es aber sehr wohl Überwachungsmaßnahmen und Geheimdienstoperationen auch in dieser späteren Zeit gegeben hat und Wissen zum NSU generiert wurde, zeigen vereinzelte Erkenntnisse aus dieser Zeit. Sie erhellen – wie das bekannteste Beispiel der Beobachtung des Mordes an Halit Yozgat durch den Verfassungsschutzbeamten Andreas Temme – schlaglichtartig, dass die Behörden durchaus Erkenntnisansätze hinsichtlich des NSU und seiner Taten hatten. Dass so wenig Genaues bekannt ist, ist damit zu erklären, dass es dem BfV, dem thüringischen LfV und dem LfV Sachsen bis heute gelungen ist zu verbergen, woher und in welchem Ausmaß sie Informationen über die drei Abgetauchten und den NSU hatten.

Dass es den Verfassungsschutzbehörden gelungen ist, die Erkenntnisansätze zu einem schlüssigen Gesamtbild zusammenzusetzen, ist bislang nicht belegbar,

---

[432] Deutscher Bundestag, Drs. 18/6545, a.a.O., S. 12f., S. 1135f, 1137f.
[433] Bayerischer Landtag, Drs. 16/1774, Untersuchungsausschussbericht v. 10.7.2013, S. 31 (Sachverständige Röpke).
[434] Yves Rahmel war Geschäftsführer von PC-Records und Vertrauter von Hendrik Lasch (SAO 498, Bl. 412; vgl. Zeugenvernehmung (sächsPUA) Jürgen K., SächsPUA Sitzung v. 28.11.2013, Bl. 1309). Er hatte im Jahr 2008 Kontakt mit dem Angeklagten Ralf Wohlleben, vgl. TLfV Nachlieferung 7, Bl. 163 (165).
[435] Ermittlungen zu dem Lied in Nachlieferung 15, Bl. 1ff. (5).
[436] Dass es nach 2003 weniger Informationen gibt, liegt auch daran, dass im Jahr 2003 das Ermittlungsverfahren wegen Vorbereitung einer Sprengstoffexplosion gegen Mundlos, Böhnhardt und Zschäpe aufgrund des Eintritts der Verfolgungsverjährung eingestellt worden ist; vgl. Einstellungsverfügung v. 15.9.2003, Beiakte III StA Gera 114 Js 37149/97 Bd. VI, Bl. 1917ff., verjährungsunterbrechende Maßnahmen wurden nicht unternommen.

aber durchaus wahrscheinlich. Über die Jahre haben sich folgende Einzelheiten in den Akten niedergeschlagen.

a) Zu der Reaktion des BfV auf den Anschlag in der Keupstraße
Wie von den Kollegen Kuhn und Fresenius dargelegt, rief noch am Abend des Anschlags in der Keupstraße der Beschaffungsleiter Rechtsextremismus des Bundesamtes für Verfassungsschutz, ein gewisser Dr. M., den Leiter des Beschaffungsreferats deutscher Extremismus der Abteilung 6 des Innenministeriums, Verfassungsschutz NRW an. Dr. M. waren Mundlos, Böhnhardt und Zschäpe ein Begriff, er war Adressat der aus der Operation »Drilling« des LfV Thüringen gewonnenen Erkenntnisse beim BfV.[437] Bekannt geworden ist der Umstand des Telefonats nur, weil das Gespräch über das Lagezentrum der Polizei vermittelt wurde.[438] An den konkreten Inhalt des Gesprächs konnte sich der nordrhein-westfälische Gesprächspartner von Dr. M. angeblich nicht mehr erinnern, und Dr. M. selber konnte durch keinen der Untersuchungsausschüsse befragt werden, weil er »nicht zur Verfügung stand«.[439]

b) Zu der »NSU/NSDAP«-CD
Spätestens im Jahr 2005 erhielt das BfV nach den Grüßen im »Weißen Wolf« aus dem Jahr 2002 erneut Hinweise auf die Existenz des NSU. Gemäß einem Vermerk des Bundesamtes für Verfassungsschutz vom 28. August 2005 übergab der V-Mann »Corelli«, also Thomas Richter, der dem BfV schon die Ausgabe des »Weißen Wolfs« mit dem »Gruß an den NSU« beschafft hatte, seinem V-Mann-Führer die erwähnte »NSU/NSDAP«-CD mit (neo)nazistischen Bildern und Symbolen, die Richter angeblich anonym zugesandt worden sei.[440] Dass das BfV über diese CD verfügte, teilte das BfV auch nach der Selbstenttarnung des NSU den Ermittlungsbehörden nicht mit. Die Tatsache, dass das BfV die »NSU/NSDAP«-CD in seinem Besitz hatte, musste das BfV erst offenlegen, als eine entsprechende CD von einem Landesamt an die Strafverfolgungsbehörden weitergegeben wurde. Das LfV Hamburg hatte im Jahr 2014 von einer eigenen V-Person eine Kopie dieser CD erhalten und sie an den GBA weitergeleitet. Gleichzeitig hatte die Hamburger Behörde angegeben, es bestünden Anhaltspunkte dafür, die CD sei 2006 von »Corelli« an die Hamburger Quelle versandt worden.[441] Als dies bekannt wurde, fand das BKA beim sich bis zuletzt dagegen sträubenden BfV diese von Richter übergebene CD.[442] Angeblich ist sie allerdings nie ausgewertet wor-

---

[437] UA-Deutscher Bundestag, Drs. 18/12950, a.a.O., S. 300ff., insbesondere im Jahr 1998 gab es ständigen Austausch zwischen dem TLfV und Dr. M. als Zuständigem des BfV für den Fall »Drilling«, vgl. auch Nachlieferung 26, Bl. 228.
[438] Deutscher Bundestag, Drs. 17/14600, a.a.O., S. 673.
[439] Deutscher Bundestag, Drs. 18/12950, a.a.O., Sondervotum Fraktion Die Linke, S. 1200.
[440] Deutscher Bundestag, Drs. 18/12950, a.a.O., S. 516.
[441] Deutscher Bundestag, Drs. 18/12950, a.a.O., S. 514, mit Verweis auf www.hamburg.de/verfassungsschutz/4321422/dvd-mit-nsu-bezug-fhh/, abgerufen am 29. März 2017.
[442] Deutscher Bundestag, Drs. 18/6545, a.a.O., S. 14f.

den und angeblich sei all dies auf das Verschulden des schlampigen V-Mann-Führers von Richter, Günter Borstner,[443] zurückzuführen.

Dasselbe Muster ist auch bei der von Richter übergebenen Ausgabe des »Weißen Wolfs« feststellbar. Diese Ausgabe gilt – wie dargestellt – bis heute im BfV als verschwunden. Das BfV selbst hatte die Ermittlungsbehörden nicht auf die in dem Heft veröffentlichten Grüße an den NSU hingewiesen. Erst als das Antifaschistische Archiv *apabiz* sie öffentlich machte, fand das BfV in eigenen Kopien der Ausgabe diese Grüße.

Zusammenfassend heißt das, dass das BfV zwei Hinweise auf den NSU von Richter erhalten hat, die nach 2011 zunächst nicht vom BfV offengelegt wurden. Dass das BfV seine Hinweise für sich behalten und erst dann teilweise offengelegt hat, als es nicht mehr anders ging, ist nur dann plausibel, wenn das BfV von Anfang an die richtigen Schlüsse aus diesen Hinweisen gezogen und sie miteinander in Bezug gesetzt hat und dies nun verbergen will.

c) Zu Andreas Temme und dem Mord an Halit Yozgat
Der V-Mann-Führer des Hessischen Landesamts für Verfassungsschutz Andreas Temme war zum Zeitpunkt des Mordes an Halit Yozgat am Tatort.[444] Knapp eine Stunde vor der Tat führte Temme ein zehnminütiges Telefongespräch mit einem seiner V-Männer aus der rechten Szene, Benjamin Gärtner, nachdem es mittags bereits ein sehr kurzes Gespräch zwischen beiden gegeben hatte.[445] Das zehnminütige Gespräch wurde erst im November 2011 bekannt und hatte selbst nach Angaben Temmes eine ungewöhnliche Länge, weil er sonst am Telefon nur Treffen verabredete. Weder Temme noch Gärtner wollen sich jedoch an das Gespräch oder dessen Inhalt erinnern. Temme persönlich, aber auch der Verfassungsschutz Hessen behindert die Aufklärung dieses Sachverhalts bis heute.[446] Sicher ist nur, dass Temmes Version, nichts gehört und nichts gesehen zu haben, nicht stimmt.[447] Nicht geklärt hingegen ist, ob Temme »nur« ein zufälliger oder ein aufgrund von Gärtners Informationen vorwissender Tatzeuge war, der seine Kenntnisse über die Täter und die Tatausführung bis heute zurückhält, oder ob Temme gar an der Tat mitgewirkt hat, was zumindest derzeit nicht ausgeschlossen werden kann, führte er doch nach einer glaubhaften und ansonsten zutreffenden Aussage des Zeugen

---

[443] Deutscher Bundestag, Drs. 18/12950, a.a.O., S. 502.
[444] Deutscher Bundestag, Drs. 18/12950, Sondervotum der Fraktion Die Linke, S. 1270 mit Verweis auf: www.forensic-architecture.org/case/77sqm_926min/.
[445] Polizeipräsidium Nordhessen, Vermerk v. 7.11.2011, SAO 145, Bl. 21ff.: Ein Telefonat fand am 6.4.2006 um 13.09 Uhr und eines am 6.4.2006 um 16:10 Uhr statt, wobei das erste Telefonat 17 Sekunden, das zweite 688 dauerte.
[446] So sah der Bundestagsuntersuchungsausschuss der 18. Legislaturperiode laut seinem Abschlussbericht in der lückenhaften Aktenvorlage durch das Land Hessen eine erhebliche Beeinträchtigung seiner Aufklärungsarbeit (Deutscher Bundestag, Drs. 18/12950, a.a.O., S. 1059).
[447] Forensic Architecture, Film 77sqm_9:26min /Counter investigating the testimony of Andreas Temme in relation to the murder of Halit Yozgat in Kassel, 6.4.2006, Quelle: www.forensic-architecture.org/case/77sqm_926min/.

A.-T. eine Plastiktüte mit einem schweren Gegenstand mit sich.[448] Selbst wenn Temme »nur« Tatzeuge war, hätten seine Angaben zu den Tätern möglicherweise den Mord an Michèle Kiesewetter verhindern können.

d) Zu der Operation »Grubenlampe«: Observation André Emingers
Nachdem am 30. Juni 2006 eine »nachrichtendienstliche Person« dem BfV gemeldet hatte, dass André Eminger in Zwickau eine Kameradschaft aufbauen wolle, und das BfV dies an das LfV Sachsen weitergegeben hatte,[449] begann das LfV Sachsen erneut mit der nachrichtendienstlichen Überwachung von Eminger. In einer als »Grubenlampe« bezeichneten Operation wurde er im Zeitraum vom 5. bis 8. Dezember 2006 observiert.[450] Am 7. Dezember, während der laufenden Maßnahme, war in der leerstehenden Wohnung über den drei Abgetauchten in der Polenzstraße 2 in Zwickau aus bis heute ungeklärten Gründen ein Wasserhahn aufgedreht worden[451] und hatte einen Wasserschaden in der Wohnung der Abgetauchten verursacht. Diesem Wasserschaden folgten polizeiliche Ermittlungen.[452] Im Januar 2007 wurde die sich als Susan Eminger ausgebende Zschäpe auf dem Kommissariat 23 der PD Südwestsachsen zu dem Vorfall vernommen.[453] Der sie als ihr angeblicher Ehemann begleitende André Eminger wurde ebenfalls vernommen.[454] Ob André Eminger tatsächlich am 7. Dezember mittags[455] in der Wohnung war oder ob er dies fälschlich behauptete, um als der Mann zu gelten, der zu diesem Zeitpunkt in der Wohnung war, ist nicht geklärt. Aktenkundig ist, dass die Observation Emingers durch das LfV Sachsen ausgerechnet am 7. Dezember 2006 angeblich erst um 14:00 Uhr begann. An diesem Tag und auch am folgenden Tag soll die

---

[448] Zeugenvernehmung (PP Nordhessen) A.-T. v. 12.4.2006, Beiakte Mord Yozgat SA I, Hauptakte Bd. 1, Bl. 197 (201).

[449] LfV Sachsen v. 29.11.2011, SAO 500, Bl. 214f. Dort wird ein Hinweis einer V-Person wiedergegeben, nach der es weithin bekannt sei, dass André Eminger die Absicht haben soll, eine »saubere« Kameradschaft zu führen, der keine sog. Altnazis oder »dumpfe Schläger« angehören sollen. Die Gruppe würde sich jeweils freitags im Wohnobjekt des Tony G. in Zwickau treffen. Der Gruppe um André Eminger sollen Tony G., M. und F.H. und U.B. angehört haben.

[450] Deutscher Bundestag, Drs. 17/14600, a.a.O., S. 386.

[451] Zeugenvernehmung (OLG) KHM R. am Hauptverhandlungstag v. 9.12.2013; Zeugenvernehmung (OLG) Heike K. am Hauptverhandlungstag v. 10.12.2013; Zeugenvernehmung (OLG) Patrik K. am Hauptverhandlungstag v. 10.12.2013; Zeugenvernehmung (OLG) K. F. am Hauptverhandlungstag v. 14.11.2013; Zeugenvernehmung (OLG) M. F. am Hauptverhandlungstag v. 14.11.2013.

[452] Beiakte Ermittlungsakte der Staatsanwaltschaft Zwickau, Az.: 223 Js 2227/07.

[453] Zeugenvernehmung (PD Südwestsachsen) Susann Eminger [= Beate Zschäpe], v. 11.1.2007, Beiakte Staatsanwaltschaft Zwickau, Az.: 223 Js 2227/07, Bl. 24ff.

[454] Zeugenvernehmung (PD Südwestsachsen) André Eminger v. 11.1.2007, Beiakte Staatsanwaltschaft Zwickau, Az.: 223 Js 2227/07, Bl. 28ff.

[455] Zeugenvernehmung (PD Südwestsachsen) André Eminger v. 11.1.2007, Beiakte Staatsanwaltschaft Zwickau, Az.: 223 Js 2227/07, Bl. 28 (30).

Observation keinerlei Ergebnis erbracht haben.[456] Die Darstellung des LfV Sachsen von der Observation erst ab 14 Uhr ist wenig glaubwürdig.

e) Marschners Verschwinden
Ralf Marschner, der angeblich schon im Jahr 2002 als Quelle abgeschaltet worden war, verließ im Juli 2007 – nach dem letzten bekannten Mord des NSU – plötzlich Zwickau und ging ins Ausland, wo er bis heute lebt. Seine Personenakte wurde im Jahr 2010 wie bereits erwähnt irregulär, da vorzeitig, vernichtet. Wie bereits dargelegt, muss Marschner – und das bestätigen Zeugenaussagen – Kontakte zu den drei Abgetauchten in Zwickau gehabt haben. Auch wenn die Behauptung seines V-Mann-Führers, Marschner sei quellenehrlich gewesen, nicht zu überprüfen ist, sprechen die Vernichtung seiner Akte, sein plötzlicher Wegzug, der allein mit wirtschaftlichen Problemen nicht zu erklären ist, und die Paulchen-Panther-Melodie auf seinem Rechner dafür, dass die Aktenvernichtung und der Weggang mit für das BfV höchst brisantem, problematischem Wissen seines V-Manns zu tun haben.

f) Zum 4. November 2011
Nachdem am 4. November 2011 Mundlos und Böhnhardt nach ihrem Überfall auf die Sparkasse in Eisenach im Ortsteil Stregda im Wohnmobil aufgespürt worden waren, Böhnhardt erschossen worden war und Mundlos Selbstmord begangen hatte, verliefen die folgenden Ermittlungen – wie auch schon das Auffinden der beiden – mit einer bis dahin ungekannten Schnelligkeit und Effizienz. Dies erklärte der Ermittlungsführer, der Leitende Polizeidirektor Menzel der PD Gotha, damit, man habe nach dem missglückten Raubüberfall in Arnstadt entsprechend dem bisherigen Muster der Raubüberfallserie mit einem weiteren Überfall in Thüringen gerechnet und deshalb mehr Personal als üblich verfügbar gehalten.[457] Bereits am 4. November 2011 hatte Menzel den Verdacht, dass es sich bei den zwei toten Bankräubern um Mundlos und Böhnhardt handelte,[458] weshalb er noch am selben Tag Mundlos' Vermisstenakte anforderte. Identifiziert anhand eines Fingerabdrucks wurde Mundlos erst am 5. November 2011.[459]

Wie er noch am 4. November 2011 zu dieser zutreffenden Vermutung bezüglich der Identität der beiden Bankräuber gekommen war, kann der Zeuge Menzel nicht plausibel darlegen. Ebenfalls nicht plausibel erklären konnte Menzel, warum er noch am 4. November den zentralen Ermittlungsrechner vom Netz genommen und somit die Ermittlungen abgeschirmt hat. Einzig plausible Erklärung dieser Maßnahme wie auch das frühe und ermittlungstaktisch nicht an-

---
[456] Sächsischer Landtag, Drs. 5/14688, a.a.O., Abweichender Bericht Fraktion Die Linke, SPD und Grüne, S. 220ff. und 226ff.; Deutscher Bundestag, Drs. 17/14600, a.a.O., S. 483ff.
[457] Zeugenvernehmung (OLG) Leitender PD Menzel am Hauptverhandlungstag v. 6.11.2013; Erklärung nach § 257 Abs. 2 StPO zur Vernehmung des Zeugen Leitender PD Menzel von Nebenklagevertretern am Hauptverhandlungstag v. 7.11.2013.
[458] Ebd.
[459] Zeugenvernehmung (OLG) Leitender PD Menzel am Hauptverhandlungstag v. 6.11.2013; TLKA, Vermerk v. 5.11.2011, SAO 50, Bl. 152.

gezeigte Abschleppen des Wohnwagens – also des Tatorts – ist der Versuch, die Ermittlungen zu schützen.

d) Schluss von Teil I und Thesen aus dem bisher Gesagten
Die aufgeführten Indizien lassen nur den Schluss zu, dass das Netzwerk des NSU groß und bundesweit war, und dass von einem abgeschottet heimlich agierenden Trio ebenso wenig die Rede sein kann wie davon, dass die Verfassungsschutzbehörden keine Kenntnisse über Ursprung und Existenz der Gruppierung NSU hatten. Aus den Darlegungen im ersten Teil ergeben sich unter anderem folgende Schlussfolgerungen.
In Bezug auf den NSU und das Netzwerk:
- Die Entstehung des NSU und die Radikalisierung seiner Mitglieder ist nur aus den politischen und gesellschaftlichen Rahmenbedingungen der 1990er Jahre zu verstehen, eine maßgebliche Rolle spielte dabei der THS, zu dessen faktischem terroristischen Arm sich die »Sektion Jena« ab 1996 entwickelte. Der NSU konnte nur entstehen und über 13 Jahre bestehen und seine Verbrechen begehen, weil seine Mitglieder und Unterstützer bereits als Mitglieder der »Sektion Jena« bzw. des THS bzw. von »Blood & Honour« in ihrer rassistischen und antisemitischen Überzeugung und in dem Ziel geeint waren, eine am historischen Nationalsozialismus angelehnte Staats- und Gesellschaftsordnung zu errichten.
- Der NSU ist die Fortführung der im Jahr 1996 in Jena gegründeten mindestens kriminellen Vereinigung, die damals den Namen Kameradschaft bzw. Sektion Jena trug, und die bereits damals geplant hatte, wenigstens rassistische Anschläge zu begehen. Mundlos und Böhnhardt hatten in Abstimmung mit den Mitgliedern der Sektion Jena und wahrscheinlich auch der THS-Führung bereits vor der Garagendurchsuchung den Entschluss gefasst abzutauchen, sobald Böhnhardts Ladung zum Strafantritt erfolgen würde bzw. es gelingen würde, die in der Garage gelagerten Rohrbomben zündfähig zu machen.
- Die in Jena gegründete kriminelle Vereinigung nannte sich nach dem Abtauchen von Mundlos, Böhnhardt und Zschäpe am 26. Januar 1998 in NSU um. Wer außer Mundlos, Böhnhardt, Zschäpe dazu gehörte, ist bisher nicht bekannt; es gibt gewichtige Gründe, zumindest von einer Mitgliedschaft von Eminger und Wohlleben auszugehen. Das Unterstützernetzwerk in Sachsen und Thüringen umfasste neben den Angeklagten Wohlleben – soweit dieser nicht Mitglied war –, Gerlach und Schultze mindestens mehrerer Dutzend Personen. Zumindest die ideologisch und persönlich den Mitgliedern des NSU verbundenen Unterstützer leisteten ihre Unterstützung in dem Wissen um die Existenz des NSU und dessen Taten. Mit erheblicher Wahrscheinlichkeit gab es auch an Tatorten der Morde und Anschläge dem NSU ideologisch verbundene Personen, die den NSU bei der Umsetzung seiner Verbrechen unterstützt haben.

In Bezug auf den Verfassungsschutz gilt:
- Die Gefahr der Entstehung von militanten und rechtsterroristischen Strukturen war den Verfassungsschutzbehörden seit Anfang der 1990er Jahre be-

kannt. Diese waren nicht auf dem rechten Auge blind, vielmehr spielten sie ihr Wissen in der Öffentlichkeit herunter, indem sie die Strukturen als Einzelfälle präsentierten. Auf diese intern sehr ernst genommene Gefährlichkeit reagierten die Dienste nicht mit konsequenter Gefahrenanalyse und Weitergabe der Informationen an die Strafverfolgungsbehörden und öffentlichen Warnungen, sondern mit Gestaltung und vermeintlicher Kontrolle dieser Strukturen, insbesondere über V-Personen. Sie erreichten damit deren Stärkung, statt ihrer Aufgabe gerecht zu werden, Gefahren frühzeitig zu erkennen und zu deren Beseitigung beizutragen. Dieser geheimdienstliche Ansatz in Bezug auf die rechte Szene und das V-Mann-System führte nicht zur Verhinderung der Entstehung des NSU und seiner Taten, sondern sicherte vielmehr seine Existenz.

- Das LfV Thüringen wusste sehr wahrscheinlich bereits wenige Monate nach der Anmietung der Garage Nr. 5 im August 1996 von deren Existenz sowie von dem um die Jahreswende 1996/1997 besorgten und dort gelagerten Sprengstoff.
- Das LfV Thüringen musste nach den ihm vorliegenden Informationen ab Februar 1998 davon ausgehen, dass sich Mundlos, Böhnhardt und Zschäpe in Sachsen aufhalten, und wusste spätestens ab April 1998 von deren Abtauchen in Chemnitz und ab spätestens Juli von der hierzu geleisteten Unterstützung durch die sächsische Ex-»Blood & Honour«-Sektion. Schließlich wussten das Bundesamt für Verfassungsschutz und die Verfassungsschutzbehörden in Brandenburg, Sachsen und Thüringen spätestens ab September 1998, dass die drei sich bewaffnet hatten, falsche Papiere besaßen und Raubüberfälle begingen.
- Die Verfassungsschutzbehörden haben zwischen 1998 und 2003 nur einen Bruchteil der konkreten Hinweise auf Mundlos, Böhnhardt und Zschäpe an die Polizeibehörden weitergegeben. Zumindest bis 2000 haben sie mehrfach Informationen erhalten, die zur konkreten Feststellung des Aufenthaltsorts der drei hätten genutzt werden können und deren Weitergabe an die Strafverfolgungsbehörden die Möglichkeit einer Festnahme eröffnet hätte.
- Dem Bundesamt für Verfassungsschutz war spätestens ab dem Jahr 2002 bekannt, dass es eine neonazistische Organisation mit der Selbstbezeichnung NSU gab, die über illegal beschaffte Geldmittel verfügte, die in einem Netzwerk agierte und die dieses ausbauen wollte.
- Nach allem voran Dargestellten ist davon auszugehen, dass insbesondere das BfV und das LfV Thüringen mehr als die bisher offen gelegten Informationen über den Aufenthaltsort von Mundlos, Böhnhardt und Zschäpe in Chemnitz und Zwickau hatten, die durch bisher nicht bekannte Maßnahmen oder Operationen erbracht wurden. Diese Erkenntnisse sind entweder vernichtet worden oder werden bis heute zurückgehalten. Weitergehendes Wissen war mindestens auch im LfV Sachsen und Innenministerium Brandenburg vorhanden. Weiter ist davon auszugehen, dass bei Weiterleitung dieses Wissens an Strafverfolgungsbehörden eine Festnahme vor dem ersten Mord des NSU, in jedem Fall vor dem Mord an Mehmet Kubaşık möglich gewesen wäre.

In Bezug auf die Polizeibehörden gilt:

- Auch die Polizeibehörden, insbesondere der Staatsschutz des LKA Thüringen und zum Teil dessen Zielfahndung, haben unter anderem aufgrund ihrer zu großen Nähe zum Verfassungsschutz nicht alles schon damals offensichtlich Notwendige und Naheliegende unternommen, um das Abtauchen zumindest von Böhnhardt zu verhindern und der Fahndung nach Mundlos, Böhnhardt und Zschäpe zum Erfolg zu verhelfen. Darüber hinaus haben der Staatsschutz und insbesondere der Verfassungsschutz Thüringen die Zielfahndung des LKA Thüringen fortgesetzt bei der Suche nach den Abgetauchten behindert.

In Bezug auf das Zusammenspiel von Verfassungsschutzbehörden und ermittelnden Polizeibehörden gilt:
- Der institutionelle, die Mord- und Anschlagsermittlungen bestimmende Rassismus hat es den Verfassungsschutzbehörden leichtgemacht, ihr Wissen zu den drei Abgetauchten und dem NSU zurückzuhalten; es gab bis auf eine Ausnahme keine Anfragen der Mordkommissionen in Richtung eines rassistischen Motives und neonazistischer Täter an Verfassungsschutzbehörden.

Was wir nicht beantworten können, ist das Motiv für das dargestellte Handeln der Sicherheitsbehörden. Die Bestimmung des Motivs der Verfassungsschutzbehörden wird dadurch erschwert, dass wir nicht in jedem Fall scheinbare »Pannen« und »Unfähigkeit« von echten Fehlern und echtem Versagen oder auch nur Schlampigkeit einzelner Beamte trennen können. Die nachgezeichneten Vorgänge und Abläufe zeigen aufgrund wiederkehrender Muster, Häufungen und verletzter Dokumentationspflichten deutlich, dass zumindest bei dem hier Dargestellten nichts für Fehler, sondern alles für gezieltes Handeln spricht.

TEIL II: AKTEURE, DIE AUFKLÄRUNG BE- UND VERHINDERT HABEN

Einleitung

Im zweiten Teil meines Plädoyers gehe ich der Frage nach, welche Akteure mit welchen Mitteln nach der Selbstenttarnung des NSU im Jahr 2011 die Aufklärung des im ersten Teil von mir dargestellten staatlichen Mitverschuldens und des weiteren NSU-Netzwerkes be- und verhindert haben.

In der Folge der Selbstenttarnung des NSU am 4. November 2011 wurde die Existenz des NSU der Öffentlichkeit bekannt. Bereits sechs Tage später, am 11. November 2011, wurden nicht nur im Bundesamt für Verfassungsschutz erste Akten vernichtet. Auch Bundesanwaltschaft und BKA legten bereits fest, nach welcher Maßgabe die Ermittlungen laufen sollten. Symptomatisch hierfür ist die Benennung der für den NSU-Komplex zuständigen Ermittlungseinheit des BKA als »BAO Trio«[460] und nicht als »BAO NSU«. Von dieser frühen Festlegung auf das Verständnis des NSU als »abgeschottetes Trio«, bestehend aus Mundlos, Böhnhardt und

---

[460] Benachrichtigung gem. § 4 Abs. 3 BKA-Gesetz v. 11.11.2011, SAO 1, Bl. 59.

Zschäpe, rückte der GBA auch in den folgenden sechseinhalb Jahren allen Fakten zum Trotz nicht ab. Dies zeigte auch das Plädoyer der Sitzungsvertreter des GBA.

In diesen gesamten sechseinhalb Jahren waren die Ermittlungen fast ausschließlich von der Auswertung der in der Frühlingsstraße und im Wohnmobil in Eisenach sichergestellten Asservate und Recherchen zu den fünf Angeklagten bestimmt; andere Ermittlungsansätze, die zum Beispiel von Unterstützern an den Tatorten ausgegangen wären, wurden nicht verfolgt. Dieses Verhalten des GBA und der Verfassungsschutzbehörden nach der Selbstenttarnung des NSU machen klar: Das Wissen des Verfassungsschutzes und sein Mitverschulden an der Entstehung des NSU und dessen Taten sollten aus dem Verfahren herausgehalten werden. In einem schnellen Prozess sollte durch Verurteilungen zu hohen Strafen das Kapitel NSU-Aufklärung abgeschlossen werden. Die These vom NSU als abgeschottetem Trio diente – wie dargelegt – dem Interesse, glaubhaft zu machen, dass die Verfassungsschutzbehörden keine Kenntnis von der Existenz und den Taten des NSU hatten. Je größer der NSU und je größer das wissende Netzwerk an Unterstützern war, desto unglaubwürdiger wird die These von der Unkenntnis der Verfassungsschutzbehörden und desto größer wird gleichzeitig die Mitschuld, die staatliche Stellen trifft. Mehr noch: Die These vom abgeschottet agierenden Trio verschleiert die tatsächliche Gefährlichkeit und das tatsächliche Ausmaß militanter Nazistrukturen in Deutschland.

Im Folgenden zeige ich an wenigen Beispielen in einem ersten Abschnitt, wie die Verfassungsschutzbehörden steuernden Einfluss auf die Ermittlungsverfahren und den hiesigen Prozess genommen haben, und in einem zweiten Abschnitt, wie der GBA diesen Einfluss negiert, seinen engen Aufklärungsansatz kontrafaktisch festgelegt und verteidigt hat. Ich schließe im dritten Abschnitt mit kurzen Hinweisen darauf, wie der Senat an entscheidenden Stellen dem GBA gefolgt ist.

Erster Abschnitt: Die Verfassungsschutzbehörden

Die Verfassungsschutzbehörden des Bundes und der Länder waren weder ahnungslos noch überfordert oder auf dem rechten Auge blind. Vielmehr lag und liegt ihnen verfahrensrelevantes Wissen vor, das sie fortgesetzt zurückhalten. Dadurch haben sie die Aufklärungsarbeit systematisch blockiert und zwar auf mindestens drei Ebenen:
1. Die Verfassungsschutzbehörden haben gegenüber den Ermittlungsbehörden auch nach dem 4. November 2011 relevantes Wissen zum NSU-Komplex zurückgehalten.
2. Die Verfassungsschutzbehörden haben Unterlagen vernichtet, aus denen sich für die Aufklärung relevantes Wissen hätte ergeben können.
3. Als Zeugen auftretende Verfassungsschützer und V-Männer haben relevantes Wissen zurückgehalten oder sogar die Unwahrheit gesagt.

Um diese drei Ebenen der Aufklärungsblockade zu illustrieren, werde ich im Folgenden nur einige wenige Beispiele für diese zutage getretene Praxis herausgreifen:

I. Zum zurückgehaltenen relevanten Wissen: Die V-Personen

Wie ich im ersten Teil dargelegt habe, wissen wir bis heute weder genau, wie viele V-Personen für die Verfassungsschutzbehörden im Umfeld des NSU gearbeitet haben, noch, welche Informationen den Behörden durch die bekannten und unbekannten V-Personen vor und nach dem Abtauchen über Mundlos, Böhnhardt und Zschäpe, ihre Unterstützer und über die Taten des NSU vorlagen. Das hatte unter anderem zur Folge, dass verfahrensrelevante Zeugen nicht gehört werden konnten. Wie ich dargestellt habe, wissen wir demgegenüber jedoch mit Sicherheit, dass der Kreis an V-Personen weit größer und die den Behörden vorliegenden Informationen weitaus umfassender gewesen sein müssen, als bisher offengelegt ist.[461]

1. Nicht identifizierte V-Personen im Umfeld der Abgetauchten/des NSU

Einen ersten Anhaltspunkt für vorhandene Quellen im Umfeld des NSU – und somit für den Umfang des von den Verfassungsschutzbehörden zurückgehaltenen Wissens – bieten beispielsweise die Decknamen, die aus der Akte der Operation »Drilling« des LfV Thüringen für die Jahre 1998 bis 2002 hervorgehen. Wie im ersten Teil ausgeführt war es Ziel der Operation »Drilling«, Informationen zu den abgetauchten Mundlos, Böhnhardt und Zschäpe zu erheben. In dieser sogenannten Drillingsakte finden sich Erkenntnisse von sechs menschlichen Quellen, deren Identität vor oder nach dem 4. November 2011 bekannt geworden ist.[462] Es finden sich in der Drillingsakte zudem Erkenntnisse von weiteren drei beziehungsweise vier Quellen, deren Identität während der Beweisaufnahme noch nicht bekannt gewesen ist und die deshalb nicht als Zeugen zur Verfügung standen. Dies sind die Quellen mit den Decknamen »Harm«, »Bastei«, eine bayerische V-Person und »Teleskop«. Bezüglich »Teleskop« ist erst seit Kurzem die Identität geklärt.

Die Quelle mit dem Decknamen »Harm« lieferte dem MAD zumindest zwischen 1998 und 2001 Informationen über den THS und dessen Führungspersonen, unter anderem zu Böhnhardts Freund Rosemann und wohl auch zu Carsten

---

[461] Die willkürliche Verfügung über die Informationsweitergabe der Verfassungsschutzbehörden zeigt sich auch an der Beantwortung der Anfragen des GBA und des BKA. So wurde zum Beispiel die zweimalige Anfrage des BKA zum Unterstützer Ralph H. vom BfV schlicht ignoriert, BKA, Vermerk v. 2.10.2014, SAO 632, Bl. 14632; zu Carsten Szczepanski wurde eine einseitige Erkenntniszusammenstellung übermittelt, die ausschließlich auf der Auswertung öffentlich zugänglicher Quellen beruhte, BfV, Erkenntniszusammenstellung zu Szczepanski o. D., SAO 632, Bl. 14632, und die Erkenntniszusammenstellung zu Jan Werner war um vier Seiten gekürzt worden, welche Informationen warum zurückgehalten bzw. vernichtet wurden, ist unbekannt, Erkenntniszusammenstellung zu Werner, SAO 498, Bl. 250ff., schriftlicher Antrag von Nebenklagevertretern v. 30.1.2015 auf Beiziehung der fehlenden Seiten, SAO 634, Bl. 15375, und Antwort des BfV v. 3.2.2015, dass die fehlenden Seiten nur ein Formatierungsfehler seien, SAO 635, Bl. 15570.

[462] Dies sind die V-Personen bzw. Gewährspersonen: Tino Brandt, Marcel Degner, Tibor R., Juliane W., Andreas Rachhausen und Carsten Szczepanski.

Schultze.⁴⁶³ Bekannt ist von der Quelle im hiesigen Verfahren nur eine Deckblattmeldung von Anfang 2000, die das Gerücht vom angeblichen Tod der drei auf Kreta betrifft.⁴⁶⁴ Wie nah die Quelle der »Sektion Jena« stand und gegebenenfalls welche wirklich relevanten Informationen die Quelle zu den drei Abgetauchten und zur Unterstützung durch den THS weitergegeben hat, ist nicht bekannt.

Die Quelle »Bastei« wurde durch das LfV Sachsen geführt. Nach den drei Abgetauchten befragt, gab sie im Februar 1998 zweimal Hinweise auf »Blood & Honour«-Mitglieder in Thüringen.⁴⁶⁵ Nicht bekannt ist, welche Stellung »Bastei« in der Szene in Sachsen hatte.⁴⁶⁶ Unklar ist auch, ob »Bastei« die V-Person ist, die aufgrund direkten Zugangs zur »Blood & Honour«-Sektion Sachsen dem LfV Sachsen im Juni 1998 berichten konnte, Antje Probst hätte vorgeschlagen, Anschläge aus dem Untergrund heraus zu begehen.⁴⁶⁷

Bei der bayerischen Quelle schließlich ist noch nicht einmal ein Deckname bekannt. Diese Quelle wurde ebenfalls nach deren Abtauchen zu den dreien befragt und gab an, Mundlos sei ihr »bekannt« und habe »gute Kontakte« zu Ernst Tag gehabt, der als Fluchthelfer in Betracht komme.⁴⁶⁸ Ernst Tag war damals ein bundesweit agierender Neonazi mit Kontakten zu Szczepanski. Wie nah diese unbekannte bayerische Quelle Mundlos vor dem Abtauchen stand und was sie noch über Mundlos wusste, ist wiederum nicht bekannt.

Die Identität der bereits im ersten Teil erwähnten Quelle des BfV mit dem Decknamen »Teleskop« ist erst seit Kurzem bekannt: Bei ihr handelt es sich um Ronny A.⁴⁶⁹ Dies wurde erst durch den im August 2017 veröffentlichten Bericht des zweiten Untersuchungsausschusses des Bundestages⁴⁷⁰ und die Vernehmung Ronny A.s durch den zweiten thüringischen Untersuchungsausschuss am 30. November 2017 offenbar. Ronny A. war Vertrauter Schultzes in den Jahren von

---

⁴⁶³ Deutscher Bundestag, Drs. 18/12950, Sondervotum Fraktion Die Linke, S. 1172 und 1212. Der Schluss, dass die Quelle wohl auch zu Carsten Schultze berichtete, ergibt sich aus der Erkenntniszusammenstellung des BfV zu Carsten Schultze v. 8.12.2011, SAO 497, Bl. 64 (65), da es dort heißt, dass eine Quelle des MAD – ohne anzugeben welche – zu Carsten Schultze berichtet habe.

⁴⁶⁴ MAD, Deckblattmeldung von »Harm« v. 31.1.2000, Nachlieferung 26, Bl. 256.

⁴⁶⁵ Gesprächsnotiz des LfV Sachsen v. 23.2.1998, Nachlieferung 26, Bl. 61; vgl. auch den undatierten handschriftlichen Vermerk zu dem Hinweis auf die zwei »Blood & Honour«-Mitglieder aus Thüringen, Nachlieferung 26, Bl. 89. In dieser Gesprächsnotiz bezieht sich das LfV Sachsen auf zwei Deckblattmeldungen der V-Person »Bastei«, und zwar v. 5.2.1998 und v. 10.2.1998.

⁴⁶⁶ Deutscher Bundestag, Drs. 18/12950, a.a.O., S. 1527 und 1797.

⁴⁶⁷ Vgl. die Mitteilung des LfV Sachsen zu der entsprechenden Meldung ohne Nennung des Decknamens der V-Person, SAO 43.16, Bl. 13.

⁴⁶⁸ Bayerisches LfV, Mitteilung v. 3.3.1998, Nachlieferung 27, Bl. 115; LfV Rheinland-Pfalz v. 20.3.98, Nachlieferung 27, Bl. 125, das behauptet – auf welcher Grundlage auch immer –, dass ein Kontakt zwischen Ernst Tag und Mundlos nicht bestätigt werden könne. Als möglicher V-Mann käme Dalek infrage, auch wenn er dies bestritt, waren ihm Mundlos, Böhnhardt und Zschäpe sicher recht gut bekannt, allerdings stellt sich die Frage, warum Dalek auf Ernst Tag hinweisen sollte und nicht auf die ihm bekannten Strukturen um Brandt, Kapke und Wohlleben.

⁴⁶⁹ Zeugenvernehmung (BKA) Ronny A. v. 1.2.2013, Nachlieferung 12, Bl. 143ff.

⁴⁷⁰ Deutscher Bundestag, Drs. 18/12950, a.a.O., Sondervotum Fraktion Die Linke, S. 1212.

dessen Unterstützungstätigkeit und hatte enge Kontakte zu Ralf Wohlleben. Wie bereits dargelegt, bauten Schultze und Ronny A. zusammen mit dem weiteren Neonazi Daniel S. die Jungen Nationaldemokraten (JN), die Jugendorganisation der NPD, in Jena auf.[471] Ronny A. war es auch, dem Schultze laut Brandt im Jahr 2000 – kurz vor der Lieferung der Česká – anvertraute, telefonischen Kontakt zu den drei Abgetauchten zu halten.[472] Nachdem Ronny A. nach Schultzes Verlassen der Szene Ende 2000 erst dessen Posten in der NPD bzw. JN übernommen hatte, gab er 2001 seinerseits die Ämter auf und wandte sich an das »Aussteigerprogramm« des BfV, um Geld und eine Ausbildungsstelle zu erhalten. Im Zuge dieses Kontaktes wurde er vom BfV – wie dies üblich ist – abgeschöpft.[473] Ausgerechnet der Beamte des Bundesamts für Verfassungsschutz, den wir unter dem Namen »Lothar Lingen« kennen und auf den die Vernichtung von Akten der Operation »Rennsteig« am 11. November 2011 zurückgeht, war mit den von Ronny A. unter dem Quellennamen »Teleskop« gelieferten Informationen befasst.[474] Ronny A. teilte bei mindestens drei bis vier Treffen mit Beschaffern des BfV im Jahr 2001 und möglicherweise auch noch 2002 sein Wissen mit.[475] Bis auf eine in der »Drilling«-Akte erhaltene Meldung »Teleskops«[476] zu den rechten Strukturen in Jena, u.a. zu Wohlleben, Kapke und Brandt und dem Interesse von Journalisten an den »flüchtigen Rohrbombentätern« ist heute nicht nachvollziehbar, welche Informationen das BfV von Ronny A. erhalten hat. Seine Akte soll nach Angaben des Bundesamtes seit dem Jahr 2010 nicht mehr auffindbar sein.[477] Der Verlust dieser Akte machte es Ronny A. leicht, bei seiner Befragung durch den thüringischen Untersuchungsausschuss seine Rolle und seine gelieferten Informationen herunterzuspielen und unter anderem anzugeben, er wisse nicht mehr, ob er vom BfV nach Erkenntnissen zu Mundlos, Böhnhardt und Zschäpe befragt worden sei. Er habe in jedem Fall keine Informationen über die drei gehabt, sie seien als Untergetauchte »ein Mythos« in der Szene gewesen. Ronny A. bestritt, dass Schult-

---

[471] Einlassung Carsten Schultze am Hauptverhandlungstag v. 4.6.2013.

[472] TLfV, Deckblattmeldung von Brandt v. 1.2.2000, Nachlieferung 26, Bl. 278; Schultze selbst hat in der Hauptverhandlung angegeben, sich an entsprechende Angaben gegenüber A. nicht erinnern zu können.

[473] Der 2. Bundestagsuntersuchungsausschuss beschreibt den V-Mann »Teleskop« als »aussteigewilligen Teleskop«, vgl. Deutscher Bundestag, Drs. 18/12950, a.a.O., S. 289, 308 und 319; Zeugenvernehmung (thPUA) Ronny A., Sitzung des 2. thPUA am 30.11.2017.

[474] Deutscher Bundestag, Drs. 18/12950, a.a.O., Sondervotum Fraktion Die Linke, S. 1146.

[475] In seiner Vernehmung vor dem zweiten thüringischen Untersuchungsausschuss gab Ronny A. in der Sitzung vom 30.11.2017 an, dass er ab Sommer/Herbst 2001 und ggf. noch bis Anfang 2002 Kontakt mit dem BfV als »Aussteiger« hatte.

[476] BfV, Deckblattmeldung von »Teleskop« v. 19.12.2001, Nachlieferung 27, Bl. 159; Deutscher Bundestag, Drs. 18/12950, a.a.O., Sondervotum Fraktion Die Linke, S. 1239.

[477] Deutscher Bundestag, Drs. 18/12950, a.a.O., Sondervotum Fraktion Die Linke, S. 1207f. und 1239.

ze ihm seine Unterstützungsleistung anvertraut habe. Diese Behauptung steht im klaren Widerspruch zu Brandts diesbezüglicher Meldung.[478]

Einen weiteren Anhaltspunkt für vorhandenes Wissen und vorhandene Zugänge des BfV hat der Angeklagte Schultze geliefert. Er gab an, dass der eben genannte Daniel S. ungefähr im Jahr 2001 mithilfe des Bundesamts ausgestiegen sei und Jena verlassen habe.[479] Hierbei muss es sich um dasselbe »Aussteigerprogramm« des BfV handeln, das auch Ronny A. in Anspruch genommen hat. Bei einem späteren Treffen im Jahr 2001 oder 2002 hätte Daniel S. Schultze gefragt, ob er noch Kontakt zu den dreien habe. Schultze wunderte sich schon damals über diese Frage und verneinte sie.[480] Wegen der erwähnten Praxis, »Aussteiger«, die sich an den Verfassungsschutz wenden, abzuschöpfen, erscheint die Frage Daniel S.'s nicht als seine eigene, sondern vielmehr als eine des Bundesamts, das wusste, dass Schultze Kontakt zu den dreien hielt, und die Quelle Daniel S. gezielt damit beauftragte, Schultze zu befragen.

Somit waren mit Ronny A. und Daniel S. die zwei zu der Zeit der Česká-Lieferung neben Ralf Wohlleben engsten Vertrauten von Carsten Schultze im Jahr 2001 im Aussteigerprogramm des BfV. Die Behauptung des BfV, das um die Einbindung Schultzes in die Unterstützung wusste,[481] keine aus eigenen Maßnahmen generierten Informationen zu den drei Abgetauchten und deren Unterstützung zu haben, ist wegen dieser direkten Zugänge nicht glaubhaft.

2. Werbungsvorgänge

Ein weiterer Hinweis auf das erhebliche, nicht weitergeleitete Wissen der Verfassungsschutzbehörden ergibt sich auch aus der Vielzahl von sogenannten Werbungsvorgängen im NSU-Unterstützerumfeld. Werbungsvorgänge oder Werbungsfälle werden die Versuche der Verfassungsschutzbehörden genannt, neue V-Personen zu gewinnen. Sicherheitsbehörden sprachen allein nach dem Abtauchen der drei in deren direktem Umfeld in Jena unter anderem Jürgen H.,[482] Jana J., früher A.,[483] und Carsten Schultze[484] an. Darüber hinaus wissen wir allein von zwölf Anwerbungsversuchen im sächsischen NSU-Unterstützerumfeld und zwar

---

[478] TLfV, Deckblattmeldung von Brandt v. 1.2.2000, Nachlieferung 26, Bl. 277f.; vgl. im Übrigen FN 272.
[479] Zugleich ist bekannt, dass sich im Aussteigerprogramm des BfV für Neonazis in der Zeit von 2001 bis 2003 sieben Aussteiger aus Thüringen meldeten (Deutscher Bundestag, Drs. 18/12950, a.a.O., S. 273), einer dieser Aussteiger muss Daniel S. gewesen sein, den das BfV gezielt auf Schultze ansetzte.
[480] Einlassung und Antwort von Carsten Schultze am Hauptverhandlungstag v. 18.6.2013.
[481] Zwar gibt es keinen aktenkundigen Hinweis, dass das TLfV die Meldungen Brandts mit der Mitteilung, dass nunmehr Schultze für die Kommunikation mit den Abgetauchten zuständig sei, offiziell an das BfV weitergeleitet hat, aber das BfV muss um dessen Rolle gewusst haben, da es z.B. 1999 in Amtshilfe an einer Observation Schultzes in Jena mitgewirkt hat, vgl. Schäfer, Wache, Meiborg, Gutachten, a.a.O., S. 166ff. bzw. SAO 604, Bl. 3037.
[482] Zeugenvernehmung (OLG) Jürgen H. am Hauptverhandlungstag v. 19.5.2014.
[483] Zeugenvernehmung (OLG) Jana J., früher A., am Hauptverhandlungstag v. 16.4.2014.
[484] Einlassung Carsten Schultzes am Hauptverhandlungstag v. 5.6.2013.

in Bezug auf André und Maik Eminger, Mandy Struck,[485] Ralph H.,[486] Giso T.,[487] Achim Armin Fiedler,[488] Michael Probst,[489] Kai S.[490] und Kathrin D.[491] Von der überwiegenden Zahl dieser Werbungsversuche wissen wir nur aufgrund entsprechender Angaben dieser Personen in der Hauptverhandlung, die Behörden selbst haben diese nicht mitgeteilt.

Dass es weitaus mehr als diese zwölf Werbungsfälle im NSU-Umfeld gab, zeigt sich schon daran, dass allein im Rahmen der bereits erwähnten Operation »Terzett« das LfV Sachsen 50 – angeblich erfolglose – Versuche unternahm, Personen in der ehemaligen »Blood & Honour«-Szene zu werben.[492] Parallel dazu gab es neben dem sächsischen LfV auch Werbungsmaßnahmen des Bundesamtes für Verfassungsschutz – mit unbekanntem Ausgang.[493]

Entsprechend der Arbeitsweise der Verfassungsschutzbehörden gingen all diese Ansprachen mit Observationen und dem Ab- und Aufklären des Umfelds der potenziellen V-Personen einher.[494] Es ist aufgrund der Einbettung von Mundlos, Böhnhardt und Zschäpe in genau diese Chemnitzer Szene wahrscheinlich, dass die Abklärung ihrer Kontaktpersonen im Rahmen der vielen Werbungsvorgänge auch Informationen zu den dreien generiert hat.

Zugleich zeigt die große Anzahl der bekannten und unbekannten Werbungsvorgänge, dass es zumindest unglaubhaft ist, dass in der Zeit nach dem Abtauchen keine V-Person in der sächsischen Unterstützerszene angeworben worden sein soll.

---

[485] LfV Sachsen, Schreiben v. 24.11.2011, SAO 500, Bl. 205 (206).
[486] Zeugenvernehmung (OLG) Ralph H. am Hauptverhandlungstag vom 26.11.2014; vgl. auch Erklärung nach § 257 Abs. 1 StPO aus der Nebenklage zur Vernehmung von Ralph H. am Hauptverhandlungstag vom 3.12.2014.
[487] Zeugenvernehmung (OLG) Giso T. am Hauptverhandlungstag v. 18.3.2015; er gab an, 1998 oder 1999 von Personen aus dem »Innenministerium« angesprochen worden zu sein, ob er mit ihnen zusammenarbeiten würde, sie hätten Informationen zu Konzerten und »Blood & Honour« haben wollen, er hätte aber abgelehnt.
[488] Zeugenvernehmung (OLG) Achim Armin Fiedler am Hauptverhandlungstag v. 26.2.2015; dort gab der Zeuge an, vom Verfassungsschutz angesprochen worden zu sein, derjenige, der ihn angesprochen habe, habe mit ihm essen gehen wollen, er habe aber abgelehnt.
[489] Zeugenvernehmung (OLG) Michael Probst am Hauptverhandlungstag v. 2.12.2014 und 16.12.2014.
[490] LfV Sachsen, Schreiben v. 24.11.2011, SAO 500, Bl. 205 (206).
[491] Zeugenvernehmung (OLG) Kathrin D. am Hauptverhandlungstag v. 23.4.2015.
[492] Vgl. Sächsischer Landtag, Drs. 5/14688, a.a.O., Abweichender Bericht Fraktion Die Linke, SPD und Grüne, S. 67 und 69; vgl. Darstellung in dem Beweisantrag von Nebenklagevertretern gestellt am Hauptverhandlungstag v. 24.1.2017 in Bezug auf den Komplex Ausspähung der Synagoge in der Rykestraße.
[493] Deutscher Bundestag, Drs. 18/12950, Sondervotum Fraktion Die Linke, S. 1193.
[494] Vgl. die Darstellung des Ablaufs einer Werbung durch den Zeugen Karl-Friedrich Schrader, Thüringer Landtag-Drs. 5/8080, Rn 426.

3. Beispiel für die Anzahl der nichtidentifizierten V-Personen

Ein weiteres Beispiel für die V-Personen-Dichte in den militanten Neonazi-Strukturen an den Tatorten ist die im November 2017 berichtete Informanteneigenschaft des Dortmunder Neonazis Siegfried Borchardt, genannt »SS-Siggi«.[495] Über ihn berichtete mein Kollege Ilius bereits ausführlich, unter anderem, dass in der Frühlingsstraße eine Munitionspackung mit der Aufschrift »Siggi« sichergestellt worden ist. Dies war ein deutlicher und auch als solcher vom BKA interpretierter Hinweis auf Borchardt.[496] Im November 2017 wurde nunmehr berichtet, Borchardt sei mindestens ein Informant des Verfassungsschutzes und der Polizei NRW gewesen. Was er in dieser Funktion berichtet hat und ob der Mord an Mehmet Kubaşık Thema bei seinen Kontakten zu den Sicherheitsbehörden war, wissen wir nicht. Dieser Status als Informant oder sogar mehr könnte erklären, warum die Ermittlungen des BKA in Bezug auf Borchardt nicht im Verfahren vorgelegt wurden.

II. Zur Vernichtung und Unterdrückung von relevantem Wissen in den Verfassungsschutzbehörden

Eine zweite Methode der aktiven Verschleierung des Wissens der Verfassungsschutzbehörden war das Vernichten oder Verlieren von Akten und anderen Beweismitteln. Von der Vielzahl der Aktenvernichtungen in den verschiedenen Verfassungsschutzbehörden nach dem 4. November 2011 zielte die bereits genannte Operation »Konfetti« im Bundesamt für Verfassungsschutz am offensichtlichsten auf die Vernichtung von Beweismitteln. In den Tagen nach dem 11. November 2011, also nur eine Woche nach der Selbstenttarnung des NSU, wurden im Bundesamt die Akten von sieben thüringischen V-Leuten in einem irregulären Verfahren geschreddert.[497] Dass es sich um eine gezielte Vernichtung handelte, zeigt schon das widersprüchliche Verhalten des Beamten »Lothar Lingen«: Nachdem er die Vernichtung der Akten angeordnet hatte, implizierte »Lingen« in einer E-Mail, dass die Akten schon vor längerer Zeit vernichtet worden seien.[498] Als einige Tage nach der ersten Vernichtung noch weitere Akten zum V-Mann »Tarif«

---

[495] Tobias Großkemper, Die im Dunkeln sieht man nicht, *Ruhr Nachrichten* Dossier v. 28. November 2017, Nr. 276.
[496] Bei der Munitionspackung handelt es sich um das Asservat 2.12.567, vgl. BKA v. 22.2.2012, SAO 374, Bl. 388ff. Vgl. die Darstellung der – uns bis zu dem Bericht – unbekannten Ermittlungen zu Borchardt durch das BKA: Landtag Nordrhein-Westfalen, Drucksache 16/14400, Schlussbericht des Parlamentarischen Untersuchungsausschusses III v. 27.3.2016, S. 676ff.
[497] Ausführliche Darstellung des Ablaufs und der betroffenen Akten in: Deutscher Bundestag, Drs. 17/14600, a.a.O., S. 757ff.; vgl. auch Zeugenvernehmung (PUA BT) »Lothar Lingen«, 24. Sitzung des PUA BT, S. 1 und in dem Antrag von Nebenklagevertretern auf Beiziehung der teilrekonstruierten Akten und Ladung »Lothar Lingens« am Hauptverhandlungstag v. 3.8.2015.
[498] Deutscher Bundestag, Drs. 17/14600, a.a.O., S. 760 und 767; in der E-Mail suggeriert »Lingen«, dass die Akten im Januar 2011 vernichtet worden seien, als eine größere Anzahl von Akten aus der Zeit um 2000 tatsächlich vernichtet wurde. Nach ihren Angaben glaubte auch die Amtsleitung bis zum Juni 2012, dass die fraglichen Akten im Januar 2011 vernichtet worden seien.

auftauchten, ordnete er auch deren Vernichtung an. Dies geschah, obwohl »Lingen« zwischenzeitlich kundgetan hatte, die gesamte Vernichtung hätte gar nicht stattfinden sollen.[499] Zudem erklärte er die Aktion zunächst im Jahr 2012 mit dem Motiv der Arbeitsvermeidung,[500] gab im Jahr 2014 aber gegenüber dem GBA in einer von »Lingen« für »vertraulich« gehaltenen Vernehmung zu, die Akten mit dem Ziel vernichtet zu haben, ihren Inhalt – das heißt die Zahl der vom Bundesamt für Verfassungsschutz in Thüringen geführten V-Personen – vor der Öffentlichkeit zu verheimlichen.[501]

Auch die Amtsleitung des Bundesamts für Verfassungsschutz hat zur Verschleierung beigetragen: Das Bundesamt behauptete zunächst, die von »Lingen« vernichteten Akten könnten nicht rekonstruiert werden, sie hätten aber keine Bezüge zu Böhnhardt, Mundlos und Zschäpe enthalten. Erst als der V-Mann »Tarif« öffentlich bekundete, er habe mit seinem V-Mann-Führer über die drei Abgetauchten gesprochen, erklärte das Bundesamt plötzlich, die Akte »Tarif« habe doch rekonstruiert werden können; es fänden sich darin aber keine entsprechenden Meldungen, »Tarif« lüge also.[502] Entgegen der Behauptung des Bundesamts stellte der zweite Untersuchungsausschuss des Bundestags zum NSU-Komplex fest, dass auch im zweiten Anlauf keineswegs die gesamte Akte »Tarif« und auch die anderen sechs Akten nur zum Teil rekonstruiert wurden.[503] Warum genau die Akten dieser sieben V-Personen vernichtet worden sind und welcher zu verbergende Inhalt »Lothar Lingen« dazu brachte, das Risiko der irregulären Vernichtung auf sich zu nehmen, wissen wir bis heute nicht. Es können die Meldungen der V-Personen selbst sein – nur drei dieser sieben V-Personen, deren Akten vernichtet wurden, sind mit Klarnamen bekannt[504] – oder Hinweise in den Akten auf bisher nicht bekannte Operationen oder Maßnahmen des BfV im Zusammenhang mit der Suche nach Mundlos, Böhnhardt und Zschäpe oder dem NSU.

Die frühe Vernichtung von Akten im Bundesamt ist nur das offensichtlichste Beispiel für die Praxis der Beweismittelvernichtung. Vernichtet wurden im Bundesamt zum Beispiel auch Akten mit Bezug zu Jan Werner[505] und wohl auch die

---

[499] Deutscher Bundestag, Drs. 17/14600, a.a.O., S. 764.
[500] Deutscher Bundestag, Drs. 17/14600, a.a.O., S. 762.
[501] Deutscher Bundestag, Drs. 18/12950, a.a.O., S. 336, FN 921: MAT A GBA-20-10 (Ordner 25 von 54), Bl. 157ff., Vernehmung von »Lothar Lingen« durch die Bundesanwaltschaft vom 29.10.2014 (VS-NfD).
[502] Vgl. die entsprechende Darstellung in dem erwähnten Antrag von Nebenklagevertretern am Hauptverhandlungstag v. 3.8.2015.
[503] Deutscher Bundestag, Drs. 18/12950, a.a.O., S. 1120, 1143f., 1239 und 1247. Zur Unvollständigkeit vgl. z.B. das Fehlen der Listen der Abonnenten des »Sonnenbanners«, sodass bis heute nicht überprüft werden konnte, ob einer der drei als Bezieher dort verzeichnet ist, was naheliegend ist, wurde doch eine Ausgabe in der Garage sichergestellt; Deutscher Bundestag, Drs. 18/12950, a.a.O., Sondervotum Fraktion Die Linke, S. 1144.
[504] Dies sind »Tarif« = Michael See; »Tinte« = Enrico R. und »Treppe« = Kay M., vgl. Aust/Laabs, a.a.O., S. 601 bzw. 809.
[505] Deutscher Bundestag, Drs. 17/14600, a.a.O., S. 792.

Das Netzwerk des NSU, staatliches Mitverschulden und verhinderte Aufklärung 299

Werbungsakte zu dem Unterstützer Ralph H.[506] Zu einem unbekannten Zeitpunkt verschwunden ist darüber hinaus ausgerechnet auch die ausgewertete Ausgabe des »Weißen Wolfs« mit den Grüßen an den NSU.

Schließlich kam es auch schon vor der Selbstenttarnung des NSU im BfV zu einem auffälligen Verlust bzw. einer Vernichtung von relevanten Akten bezüglich Personen aus dem NSU-Umfeld. Wie erwähnt wird die Akte des V-Mannes »Teleskop« seit dem Jahr 2010 im Bundesamt vermisst. Ebenfalls bereits erwähnt wurde die vorzeitige und damit irreguläre Vernichtung der Personenakte von Ralf Marschner im Jahr 2010. Schließlich wurde die Personenakte des BfV zu Carsten Schultze – wohl auch vorzeitig – im Jahr 2009 gelöscht.[507] Zusammen mit der im LfV Thüringen vorgenommenen Vernichtung der Akten von Marcel Degner kurz nach dessen Abschaltung im Jahr 2001 oder 2002 ergibt sich ein Muster der vorzeitigen Vernichtung bzw. des Verschwindens von Akten von Personen aus dem unmittelbaren Umfeld des NSU, das aufgrund seiner Häufung kein Zufall sein kann. Dies lässt nur den Schluss zu, dass die Verfassungsschutzbehörden schon vor dem 4. November 2011 bemüht waren, sich potenziell belastender Informationen zu entledigen.

Wie im ersten Teil am Beispiel der Grüße an den NSU im »Weißen Wolf« und der »NSU/NSDAP«-CD dargelegt, bestand die weitere Form der Beweismittelunterdrückung des BfV darin, noch vorhandenes Wissen nur dann preiszugeben, wenn dies von anderen Stellen öffentlich gemacht wurde.

III. Zur Nichtaufklärung durch als Zeugen auftretende Verfassungsschützer und V-Personen

Die dritte Methode, die Aufklärung zu behindern, war das Mauern von V-Mann-Führern und V-Männern bei ihren zeugenschaftlichen Vernehmungen. Deutlich wurde dies unter anderem bei der Vernehmung des Zeugen Norbert Wießner. Sein Aussageverhalten ist nur einzuordnen, wenn in den Blick genommen wird, dass Wießner die Operation »Drilling« im LfV Thüringen steuerte, zeitweise alle fünf menschlichen Quellen, die zu den drei Abgetauchten berichteten, führte[508] und auch nach seinem Ausscheiden aus dem LfV Thüringen bis zu seiner Pensionierung im Sommer 2011 auf seinem neuen Posten im LKA zentral für alle Fragen in Bezug auf Mundlos, Böhnhardt und Zschäpe zuständig war.[509] Er war und ist die zentra-

---

[506] Das BfV verweigerte unter Hinweis auf die Staatswohlgefährdung eine Auskunft dazu, ob die Akte – wie die Medien berichtet haben – tatsächlich vernichtet worden ist; Schriftliche Frage MdB Petra Pau, Antwort der Bundesregierung v. 15.5.2017, Drs. 18/12441 (neu), S. 10 (Frage Nr. 16).
[507] BfV, Erkenntniszusammenstellung zu Carsten Schultze v. 8.12.2011, SAO 497, Bl. 64 (65).
[508] Tino Brandt, Marcel Degner, Juliane W., Andreas Rachhausen und Tibor R., Thüringer Landtag-Drs. 5/8080, Rn 1285.
[509] Zeugenvernehmung (BKA) Norbert Wießner v. 17.4.12, SAO 218, Bl. 210ff.; Zeugenvernehmung (BKA) KOK Wunderlich, SAO 43.10, Bl. 113ff.

le Figur, die klären könnte, welche Maßnahmen zum Auffinden der drei im LfV Thüringen durchgeführt wurden, warum die Akten der Operation unvollständig sind, warum zu vielen Vorgängen nur noch handschriftliche Stichpunkte von ihm vorhanden sind, ab wann und was Degner tatsächlich über Mundlos, Böhnhardt und Zschäpe berichtet hat. Er könnte also die grundsätzlichen Fragen beantworten, welches Wissen das LfV Thüringen zu Mundlos, Böhnhardt und Zschäpe tatsächlich hatte und warum ein Auffinden und eine Festnahme der drei durch die Zielfahndung des LKA Thüringen gezielt hintertrieben wurde. Anstatt Antworten auf diese Fragen zu geben, erinnerte sich der Zeuge in der Hauptverhandlung nur an die engen, konkret mitgeteilten Beweisthemen und wich allen übrigen Fragen aus, gab an, entscheidende Ereignisse nicht mehr zu präsent zu haben und sich generell nicht mehr zu erinnern. Dabei spielte er seine Rolle herunter, machte widersprüchliche Angaben und gab sich in seiner letzten Vernehmung in der Hauptverhandlung so verwirrt, dass keine sinnvollen Fragen mehr möglich waren.[510]

Allen Verfahrensbeteiligten wohl unvergesslich ist das Verhalten des V-Mann-Führers von Szczepanski, Rainer Görlitz. Görlitz hat sich als Zeuge in der hiesigen Hauptverhandlung so benommen, dass niemand mehr glauben konnte, er wolle bzw. dürfe zur Aufklärung beitragen: Einfachste Fragen verstand er angeblich nicht, an einschneidende Ereignisse aus den letzten Monaten konnte er sich nicht erinnern, während er angeblich viele Jahre zurückliegende Sachverhalte detailreich mit Daten und Uhrzeit wiedergab. Seine Antworten auf kritische Fragen waren durchweg vollkommen lebensfremd. Die Tatsache, dass dem Verfassungsschutz viel an dieser sinnlosen Aussage von Görlitz gelegen war, zeigt die Finanzierung seines Zeugenbeistands, der ihn umfänglich und detailliert auf seine Aussage vorbereitet hatte.[511]

Schließlich folgten die Aussagen der als Zeugen gehörten V-Männer Brandt, Szczepanski, Dalek und Degner alle einem ähnlichen Muster: Sie konnten sich an vieles, aber nicht an ihre damaligen Mitteilungen über die drei Abgetauchten erinnern – manche nicht einmal daran, dass sie die drei kannten. Kein einziger dieser V-Männer hat zur konkreten Aufklärung beigetragen.

IV. Zwischenfazit

Die Verfassungsschutzbehörden[512] haben also nach alledem steuernd in die Ermittlungen und die Aufklärung des NSU-Komplexes eingegriffen und diese be- und verhindert. Nur deshalb kann der Generalbundesanwalt heute *überhaupt*

---

[510] So z.B. insbesondere in seiner letzten Vernehmung, während der er angeblich alles durcheinanderbrachte und seine Aussage völlig unbrauchbar war: Zeugenvernehmung (OLG) Norbert Wießner am Hauptverhandlungstag v. 22.4.2015.

[511] SAO 644, Bl. 19098ff.

[512] Möglicherweise noch ganz andere Dimensionen könnte das beim BND vorhandene Wissen haben, das auch der BND natürlich nicht freiwillig mitgeteilt hat und das auch vom GBA nie abgefragt worden ist. Naheliegend ist auch, dass zudem der BND V-Leute mit potenziellem

versuchen, unsere Überzeugung, der Mord an Mehmet Kubaşık hätte durch eine Weitergabe der bei den Verfassungsschutzbehörden vorliegenden Erkenntnisse verhindert werden können, als »unbewiesen« abzutun.

Zweiter Abschnitt: Der Generalbundesanwalt

Auch der GBA ist dafür verantwortlich, dass die Nebenkläger bis heute auf so viele ihrer Fragen keine Antworten haben. Der GBA hat in seinen Ermittlungen regelmäßig den Interessen des Verfassungsschutzes Vorrang vor einer effektiven Strafverfolgung und Aufklärung gegeben.[513] Diese zulasten des berechtigten Aufklärungsinteresses der Nebenkläger getroffene Abwägung hat der GBA nicht offengelegt. Insbesondere auf den folgenden drei Ebenen hat er die Aufklärung behindert:

1. Der GBA hat sich frühzeitig auf die These vom NSU als abgeschottetes Trio festgelegt und nur in diese Richtung ermittelt. Er hat gezielt relevante Kontaktpersonen aus der Neonazi-Szene aus den Ermittlungen ausgespart bzw. geschont.

2. Der GBA hat relevante Ermittlungsergebnisse im NSU-Komplex dem Gericht und den Verfahrensbeteiligten vorenthalten. Ermittlungshandlungen wurden gezielt in anderen Verfahren als dem Verfahren gegen Zschäpe u.a. vorgenommen. Die Vorlage von Bestandteilen dieser Akten und die Entscheidung von Akteneinsichtsgesuchen in diese Akten durch den GBA war willkürlich.

3. Der GBA hat gezielt die Rolle des Verfassungsschutzes, insbesondere die der V-Leute, aus der Anklage und aus den Ermittlungen herausgehalten bzw. entsprechende Ermittlungen hierzu faktisch geheim gehalten.

Bevor ich diese drei Feststellungen beispielhaft belegen werde, möchte ich zum Verständnis kurz darlegen, welche Ermittlungsverfahren es im NSU-Komplex nach unserer Kenntnis gibt: Neben dem Verfahren gegen Zschäpe u.a. gibt es neun Er-

---

Wissen zum NSU geführt hat, da im NSU-Unterstützerumfeld – ich verweise nur auf den Angeklagten Wohlleben – eine Vielzahl von Personen Kontakte ins europäische Ausland unterhielten; vgl. u.a. Deutscher Bundestag, Drs. 17/14600, a.a.O., S. 456f.; Schäfer, Wache, Meiborg, Gutachten, a.a.O., S. 151 bzw. SAO 604, Bl. 3058.

[513] Laut § 14 der so genannten »Zusammenarbeitsrichtlinie« hat der GBA auch die Interessen der Geheimdienste zu berücksichtigen, die insbesondere dann tangiert sind, wenn Zeugen oder Beschuldigte geheime Mitarbeiter eines Nachrichtendienstes waren oder sind, insb. bei der Aufklärung von Kapitalverbrechen und terroristischen Taten ist effektiven Ermittlungen jedoch der Vorrang einzuräumen; vgl. den Wortlaut des § 14 der so genannten Zusammenarbeitsrichtlinie in der gültigen Fassung vom 30. Juli 1973, in »Geheim, wenn es der Regierung passt«, *Zeit Online* vom 16. September 2016, www.zeit.de/politik/deutschland/2016-09/geheimhaltung-polizei-verfassungsschutz-bnd-nsu/seite-3 : »Die Strafverfolgungsbehörden beachten unter Berücksichtigung der Belange des Verfahrens das Sicherheitsinteresse der Verfassungsschutzbehörden, des Bundesnachrichtendienstes und des Militärischen Abschirmdienstes. Dies gilt insbesondere dann, wenn sich Anhaltspunkte dafür ergeben, dass ein Beschuldigter, Zeuge oder sonst am Verfahren Beteiligter geheimer Mitarbeiter der genannten Behörden ist oder war.« (Zitiert nach Deutscher Bundestag, Drs. 18/12950, a.a.O., Sondervotum Fraktion Die Linke, S. 1172, FN 3672).

mittlungsverfahren gegen mutmaßliche Unterstützer, von denen sieben zugleich Zeugen im hiesigen Verfahren waren. Zusätzlich wird noch ein zehntes Verfahren gegen unbekannt geführt, in dem weitere Unterstützungshandlungen, insbesondere die Beschaffung des Waffenarsenals des NSU, sowie weitere mögliche Taten des NSU ermittelt werden sollen. Aus den uns unbekannten Akten dieser zehn Verfahren hat der GBA nur sehr selektiv einzelne Dokumente in das hiesige Verfahren eingeführt. Indem der GBA also Ermittlungshandlungen in dem sogenannten Strukturermittlungsverfahren vornahm, konnte er nach Belieben steuern, welche Erkenntnisse er dem OLG vorlegte und welche er faktisch vor den Verfahrensbeteiligten und dem Gericht geheim hielt.

I. Zur Selbstbeschränkung des GBA durch die Fixierung auf die »Trio-These«

1. Fehlende effektive Ermittlungen des GBA

Aufgrund der verengten Ausgangsthese eines abgeschotteten »NSU-Trios« waren die Ermittlungen des GBA nicht effektiv, da naheliegende Ermittlungen in der organisierten Neonazi-Szene erst gar nicht aufgenommen worden sind.

a) Keine effektiven Ermittlungen insbesondere gegen bekannte Neonazis im NSU-Umfeld
Diese auffälligen Lücken zeigen sich allein schon bei den Ermittlungen im hiesigen Verfahren zur Kameradschaft bzw. »Sektion Jena«: Nicht einmal all jene Personen, die nach dem Ermittlungstand von vor dem 4. November 2011 der »Sektion Jena« des THS angehörten, wurden als Zeugen vom BKA vernommen. So wurden zum Beispiel weder Marc-Rüdiger H.[514] noch Sven L.[515] befragt, obwohl beide nach Aktenlage über erhebliches Wissen zu den drei Abgetauchten verfügen. Eine Vernehmung aller Sektionsmitglieder bzw. des nahen Umfelds wäre schon deshalb angezeigt gewesen, weil auch der GBA den in der Sektion Jena geführten Richtungsdiskussionen – zu Recht – eine erhebliche Bedeutung beimisst. Ebenso wurden damals führende THS-Angehörige[516] oder inhaftierte und politisch akti-

---

[514] Vgl. die Ausführungen zu Marc-Rüdiger H. in dem Antrag von Nebenklagevertretern an den GBA auf Akteneinsicht v. 25.2.2016, SAO 647, Bl. 10813ff.; vgl. auch TLKA, SAO 108, Bl. 27; TLfV, Nachlieferung 27, Bl. 9; Bericht Thüringer NSU-Untersuchungsausschuss; Drs. 5/8080, Rn 200, SAO 43.11, Bl. 24.

[515] Vgl. die Ausführungen zu Sven L. in dem Antrag von Nebenklagevertretern an den GBA auf Akteneinsicht vom 25.2.2106, SAO 647, Bl. 10813ff.; er war u.a. mit Zschäpe 1997 in Hetendorf gewesen.

[516] Vgl. die Ausführungen in dem Antrag von Nebenklagevertretern an den GBA auf Akteneinsicht vom 25.2.2106 (SAO 647, Bl. 19813ff.) und dort die Angaben zu den fraglichen Personen aus Thüringen: S.B., Christan D., Mirko Eb., Steve H., André K., Uwe Heiko M., Ricky N., Jug P., Simon R., Matthias R., Enrico R., Ronny Sch., Marc Sch., Daniel S., Kai-Uwe Trinkaus, René W. und Sven Z. Soweit aus dem Verfahren ./. Zschäpe u.a. bekannt ist, wurden diese Personen nicht vernommen; ob sie ggf. in den anderen zehn Ermittlungsverfahren vernommen wurden, hat der GBA nicht mitgeteilt.

ve Neonazis, mit denen Mundlos politische Korrespondenzen pflegte und politisch aktiv war,[517] nicht vernommen.

Ähnlich verhält es sich mit den Vernehmungen im Unterstützerumfeld in Chemnitz. Strukturen und Namen, die schon bei der Fahndung nach den drei Abgetauchten im LfV und im LKA Thüringen bekannt geworden waren, wurden bei den Ermittlungen ausgespart. Dies gilt zum Beispiel für die Mitglieder von »Blood & Honour« Sachsen, die nach den damaligen Mitteilungen der V-Männer Szczepanski und Degner maßgeblich in die Unterstützung der drei durch Geldspenden und Waffenbeschaffung eingebunden waren. Gleichwohl wurden vom GBA die sächsischen »Blood & Honour«-Mitglieder nicht systematisch ermittelt, geschweige denn – bis auf wenige Ausnahmen[518] – als Zeugen vernommen.[519] Nicht einmal all diejenigen »Blood & Honour«-Mitglieder wurden vernommen, deren Namen schon kurz nach dem Abtauchen vom LfV Thüringen im Rahmen der Operation »Drilling« notiert worden waren.[520]

Die Vernehmungen dieser Personen aus Thüringen und Chemnitz hätten dem GBA einen Zugang zu dem Netzwerk gegeben, auf das der NSU zurückgriff. Die unterbliebenen Vernehmungen zeigen: Ermittlungen zum Netzwerk, mochten sie auch noch so naheliegend sein, passten nicht ins Ermittlungskonzept und wurden deshalb unterlassen. Die Ermittlungen des GBA blieben damit zum Teil bewusst hinter dem Stand der Ermittlungen und der Erkenntnisse aus der Fahndung vor dem 4. November 2011 zurück.

Augenfällig ist auch die Art und Weise, wie bestimmte Neonazis in den Zeugenvernehmungen geschont wurden. Dies gilt zum Beispiel für den Chemnit-

---

[517] Auch die politischen Kontakte, die Mundlos vor dem Abtauchen hatte, wurden nur oberflächlich ermittelt. Einer der relevanten Briefkontakte, den Mundlos auch in der Haft besuchte, war der in der JVA Frankfurt/Oder inhaftierte Neonazi Norbert P., der zunächst mit dem V-Mann Carsten Szczepanski und dann mit Mundlos in sogenanntes »National Politisches Forum« gründen wollte (Nachlieferung Bd. 20, S. 326; Zeugenvernehmung Sylvia Fischer (Nachlieferung Bd. 12, 167ff. und 175); vgl. zur Person Sylvia Endres BfV v. 12.4.2012, SAO 498, Bl. 180.

[518] Ein etwas anderes Beispiel ist der Zeuge Ingolf W.: Das mutmaßliche »Blood & Honour«-Mitglied und Mitherausgeber von »White Supremacy«, Ingolf W., vernahm das BKA erst am 9.2.2015 (SAO 638, Bl. 16508ff.), obwohl schon lange bekannt und von der Nebenklage mehrfach vorgetragen worden war, dass Mundlos für »White Supremacy« geschrieben hatte und W. ein guter Bekannter von André Eminger war (BKA-Auswertevermerke des Mobiltelefons von Eminger (SAO 443, Bl. 195 und SAO 624, Bl. 10422). Die Vernehmung erfolgte dann jedoch so routinemäßig gelangweilt, dass der Zeuge alle Fragen ausweichend allgemein beantworten konnte.

[519] Vgl. die Ausführungen in dem Antrag von Nebenklagevertretern an den GBA auf Akteneinsicht vom 25.2.2016 (SAO 647, Bl. 10813ff.) und dort die Angaben zu den Personen aus Chemnitz/Sachsen: Gunnar A., Rico A., Daniel A., U.-S.C., Katja F., René G., Jens G., Anja H., Michael He., Alina K., Michael K., Katy Ku., Jörg und Kay R., Michael Lorenz, Paul M., Yves Rahmel, Jens Sch., Ronny Sch., Markus R. und S.S. Soweit aus dem Verfahren ./. Zschäpe u.a. bekannt ist, wurden diese Personen nicht vernommen; ob sie ggf. in den anderen zehn Ermittlungsverfahren vernommen wurden, hat der GBA nicht mitgeteilt. Bei Jens G. ist eine entsprechende Vernehmung im zweiten NSU-Untersuchungsausschuss des Bundestages bekannt geworden.

[520] Undatierter handschriftlicher Vermerk (Nachlieferung 26, Bl. 261).

zer Unterstützer Ralph H., der an der Vermittlung eines Wohnungsgebers beteiligt war und dabei half, Ausrüstungsgegenstände für den NSU zu besorgen. Ihm wurden in seiner Vernehmung die Widersprüche zu den bis dahin bekannten Ermittlungen nicht durch das BKA vorgehalten.[521] Erst auf einen Antrag aus der Nebenklage hin[522] nahm der GBA überhaupt Ermittlungen zu den auf seinen Namen von den dreien bestellten Ausrüstungsgegenständen auf. In der Hauptverhandlung machte Ralph H. als Zeuge offensichtlich unwahre Angaben, ohne dass die Sitzungsvertreter des GBA auch nur den Versuch unternahmen, ihm Vorhalte zu machen oder ihn zu einer wahrheitsgemäßen Aussage zu bewegen.[523] Es fügt sich in dieses Bild, dass der GBA die Weigerung des Bundesamts für Verfassungsschutz, nicht auf die Erkenntnisanfragen des BKA zu Ralph H. zu reagieren,[524] schlicht hinnahm und sich nicht für die bereits erwähnte Anwerbemaßnahme hinsichtlich Ralph H.s interessierte.

Ein besonders eklatantes Beispiel stellt schließlich der Fall des thüringischen »Hammerskins« Thomas Gerlach dar. Mandy Struck hatte in ihrer Vernehmung vom 30. Dezember 2011 angegeben, die einzige Person, die ihr hinsichtlich der Weitergabe ihrer Daten an die drei Abgetauchten einfalle, sei ihr Ex-Freund Thomas Gerlach.[525] Bei diesen Daten handelte es sich um zwei in der Frühlingsstraße 26 sichergestellte Notizzettel, auf denen ihre aktuelle Adresse und Handynummer notiert waren.[526] Struck wird vom GBA wegen der Unterstützung der drei Abgetauchten als Beschuldigte geführt. Allein aus diesem Grund ist es relevant, ob sie selbst – was sie leugnet – oder Thomas Gerlach ihre Daten an die drei weitergegeben hat. Obwohl das BKA bereits im Dezember 2011 umfangreiche Informationen zu Thomas Gerlach zusammengetragen hatte[527] und er als eine mögliche Zentralfigur der Unterstützer galt, wurde er erst eineinhalb Jahre nach Strucks Aussage vernommen. In dieser im Mai 2013 direkt durch den GBA durchgeführten Vernehmung wurden seine äußerst vagen, einen Kontakt zu den drei Abgetauchten leugnenden Angaben nicht hinterfragt. Es schien geradezu Zweck der direkten Vernehmung durch Oberstaatsanwalt Weingarten zu sein, den Zeugen zu scho-

---

[521] Wie z.B. die Angaben von Thomas Starke, der u.a. gesagt hatte, er habe Ralph H. damals gut gekannt und es sei klar, dass Ralph H. das »Trio« kannte, weil der genau auf deren politischer Linie lag; Beschuldigtenvernehmung (BKA) Thomas Starke v. 7.8.2012, SAO 227.1, Bl. 26.

[522] Beweisantrag von Nebenklagevertretern gestellt am Hauptverhandlungstag v. 18.9.2014.

[523] Zeugenvernehmung (OLG) Ralph H. am Hauptverhandlungstag v. 26.11.2014; Erklärung nach § 257 Abs. 2 StPO zur Vernehmung des Zeugen Ralph H. von Nebenklagevertretern am Hauptverhandlungstag v. 3.12.2014. In der Erklärung wurde ausführlich dargestellt, dass und warum zentrale Angaben des Zeugen Ralph H. unwahr waren.

[524] BKA, Vermerk v. 2.10.2014, SAO 632, Bl. 14455 (14778 und 14880): Mit Schreiben des BKA vom 5.10.2012 und Schreiben vom 5.9.2014 wurde das BfV zu Erkenntnissen zu Ralph H. angefragt und erhielt jeweils keine Auskunft.

[525] Beschuldigtenvernehmung (BKA) Mandy Struck v. 30.12.2011, SAO 36, Bl. 91 (99).

[526] Vgl. Asservate (Asservat 2.12.350 und Asservat 2.12.349, BKA, Vermerk v. 25.11.2011, SAO 36, Bl. 2 (5); Beschuldigtenvernehmung (BKA) Mandy Struck v. 30.12.2011, SAO 36, Bl. 91 (99).

[527] BKA, Vermerk v. 1.12.2011, SAO 516, Bl. 12 ff; BfV v. 8.12.2011, SAO 497, Bl. 58; vgl. auch Anfrage des BKA an das BfV v. 16.12.2011, SAO 497, Bl. 4 und 11.

nen. Das Protokoll der Vernehmung wurde vom GBA nicht zur Verfahrensakte gereicht, sondern erst auf Antrag aus der Nebenklage beigezogen.[528] In der Hauptverhandlung, in der Thomas Gerlach ebenfalls nur auf Antrag der Nebenklage gehört wurde,[529] tat er offen seine Missachtung für das Gericht, das er als »Affentheater« bezeichnete, kund und war noch nicht einmal dem Schein nach um eine wahrheitsgemäße Aussage bemüht. Jedoch versuchten die Sitzungsvertreter des GBA auch hier nicht, auf entsprechende wahrheitsgemäße Angaben hinzuwirken und der partiellen Aussageverweigerung prozessual zu begegnen.[530] Dabei wäre dies für die Aufklärung notwendig gewesen: Es steht im Raum, dass Thomas Gerlach direkten Kontakt zu den drei Abgetauchten hatte und Mandy Strucks Daten an diese weitergegeben hat. Zugleich ist Thomas Gerlach eine der wenigen Personen, die sowohl zu den thüringischen – er ist ein enger Freund Wohllebens und Kapkes – als auch den Unterstützern aus Chemnitz und Zwickau engen Kontakt pflegt. Dieser Umstand fand seine Bestätigung in dem Verhalten des Angeklagten Eminger in der Hauptverhandlung: André Eminger trat am Tag der Zeugenaussage Gerlachs mit einem T-Shirt mit dem dem Treuelied der Waffen-SS entlehnten Spruch »Brüder Schweigen – Bis in den Tod« auf. Thomas Gerlach schien auch jenseits der eindeutigen Aufforderung zum faktischen Schweigen entschlossen, sie lässt aber erkennen, dass er auch belastende Informationen zu Eminger hat. Zumindest laut einer Verfassungsschutzmitteilung müsste Thomas Gerlach auch zu Zschäpe weitergehendes Wissen haben, soll er doch vor dem Abtauchen eine Affäre mit ihr gehabt haben. Und er war laut Verfassungsschutzerkenntnissen im Jahr 2008 mit Wohlleben in Südtirol, als – wie bereits dargestellt – mit Südtiroler Rechtsextremisten über die Ermordung migrantischer Kleingewerbetreibender in »exemplarischen Aktionen« gesprochen wurde.[531] Trotz Behördenerkenntnissen zu seiner Anwesenheit in Südtirol stritt er diese in der Hauptverhandlung rundheraus ab. Er verfügt also potenziell über sehr viel relevantes Wissen. Das offensichtliche Bemühen des GBA, Thomas Gerlach aus dem Ermittlungsverfahren und der Hauptverhandlung herauszuhalten, ist wenigstens der Versuch, einen potenziellen Drahtzieher im Unterstützungsnetzwerk des NSU zu schonen.

Dieses Nichtbefragen und Nichthinterfragen von offensichtlich unzutreffenden Angaben von Szene-Zeugen durch den GBA sowohl in den staatsanwaltschaftlichen Vernehmungen als auch im Gerichtssaal stellt ein sich stets wiederholendes

---

[528] Zeugenvernehmung (GBA) Thomas Gerlach v. 24.5.2013 (SAO 623, Bl. 9734 und 9747): Beispielhaft ist folgendes Frage-Antwort-Verhalten: »Frage: Sie waren mit Frau Struck liiert, haben Sie gesagt? Haben Sie jemals deren Anschriften bzw. Erreichbarkeiten an andere Personen weitergeleitet? Antwort: Ja, ich war mit Frau Struck liiert. Es kann sein, dass ich ihre Erreichbarkeit weitergegeben habe. Ich weiß es aber nicht. Frage: Waren Sie mit Frau Struck jemals auf einer politischen oder nach Ihrem Verständnis halbpolitischen Veranstaltung?«.
[529] Zeugenvernehmung (OLG) Thomas Gerlach am Hauptverhandlungstag v. 1.7.2014, 10.7.2013 und 16.10.2014.
[530] Vgl. zu der Vernehmung des Zeugen Thomas Gerlach die Erklärung von Nebenklagevertretern am 6.11.2014.
[531] BfV, Vermerk v. 26.3.2012, SAO 498, Bl. 266.

Muster dar. Einzige Ausnahme[532] ist die Vernehmung des V-Manns Michael See, der angab, André Kapke hätte ihn 1998 nach Unterbringungsmöglichkeiten für Mundlos, Böhnhardt und Zschäpe gefragt und er hätte dies seinem V-Mann-Führer gemeldet. See wurde zwar nicht in der Hauptverhandlung, aber durch den GBA vernommen. Selbst aus dem Vernehmungsprotokoll ist noch die Massivität herauszulesen, mit der Oberstaatsanwalt Weingarten dessen Angaben hinterfragte. Diese Vehemenz hätte dem einen oder anderen Szene-Zeugen die wahrheitswidrigen Angaben sehr viel weniger attraktiv gemacht.[533] Sie hätte dazu eingesetzt werden können, das NSU-Umfeld zu erhellen, anstatt zu versuchen, einen etwas offenbarenden Ex-V-Mann als Lügner darzustellen.

b) Die auch im Übrigen ineffektiven Ermittlungen in Bezug auf das Netzwerk
Auch jenseits der Ermittlungsdefizite in Bezug auf die neonazistischen Unterstützer zeigen die Ermittlungen an unerklärlichen Stellen erhebliche Lücken. Das wenige, was wir an wirklich Neuem, über die Anklage Hinausgehendem im hiesigen Verfahren erfahren haben, ging – mit einer Ausnahme[534] – nicht auf die originären Ermittlungen des GBA oder des BKA zurück.

So wissen wir zum Beispiel nur aufgrund der Einlassung des Angeklagten Schultze von dem ersten Anschlag des NSU im Jahr 1999 auf den Betreiber der Gaststätte »Sonnenschein« in Nürnberg. Selbst nach der Selbstenttarnung des NSU blieb dieser unaufgeklärte versuchte Mord bei den Ermittlungen weiterer möglicher Taten des NSU unbeachtet. Ebenso ermittelte der GBA erst anlässlich eines Antrags aus der Nebenklage die Identität des zum Tatzeitpunkt 16-Jährigen, auf den Mitglieder des NSU bei dem Überfall auf den Edeka-Markt schossen, der also auch Opfer eines versuchten Mordes ist.[535] Es war ein Hinweis des Nebenklagevertreters Rechtsanwalt Langer, der zur Identifizierung der Geschädigten einer unter anderem von Schultze und Wohlleben begangenen gefährlichen Körperverletzung im Jahr 1998 an der Wendeschleife in Jena-Winzerla führten und die An-

---

[532] Eine weitere »Ausnahme« könnte in der Befragung des Zeugen Torsten A., geb. W., am Hauptverhandlungstag vom 26.7.2016 durch OStA Weingarten gesehen werden. Aus einem bis heute nicht erklärlichen Grund befragte er diesen Zeugen so scharf – und gut –, wie er es vorher bei keinem Szenezeugen gemacht hatte. Der Zeuge Thorsten W. war als Empfänger des NSU-Briefes nicht unwichtig, jedoch im Vergleich z.B. zu dem genannten Thomas Gerlach und dem THS- und »Blood & Honour«-Umfeld sehr viel weniger relevanter Zeuge. Bei der Fortsetzung der Vernehmung am 13.9.2016 hatte auch OStA Weingarten wieder die Lust am Befragen von mauernden Szene-Zeugen verlassen.
[533] Zeugenvernehmung (GBA) Michael von Doleisch v. Dolsperg, geb. See v. 10.3.2014 (SAO 625, Bl. 10546).
[534] Einzige Ausnahme stellt insoweit die Ermittlung dazu dar, dass Zschäpe in Zwickau die Berichterstattung zum Anschlag in der Keupstraße mitgeschnitten hat, womit der Nachweis geführt werden kann, dass sie in den Anschlag eingeweiht war; Zeugenvernehmung (OLG) KK'in Pf. am Hauptverhandlungstag v. 6.7.2016, aber auch dieses Ermittlungsergebnis scheint eher auf einzelne aktive Ermittler des BKA zurückzugehen, als auf die Ermittlungskonzeption des GBA.
[535] Beweisantrag des Nebenklagevertreters RA Reinicke gestellt am Hauptverhandlungstag v. 17.12.2014 zu dem Überfall auf den Edeka-Markt; BKA, Vermerk v. 20.4.2015, SAO 639, Bl. 16977ff.

gaben des Carsten Schultze bestätigten.⁵³⁶ Weitere Recherchen von Rechtsanwalt Langer konnten schließlich auch die Angaben von Carsten Schultze bestätigen, Mundlos und Böhnhardt hätten ihm und Wohlleben im Jahr 2000 mitgeteilt, sie hätten jemanden angeschossen. Dabei handelte es sich um die erwähnten Schüsse aus der Wolgograder Allee mit Diabolomunition.⁵³⁷ Der Nachweis dafür, dass Zschäpe mit Böhnhardt um das Schneiden des Bekennervideos gewettet hat, geht ebenfalls auf Antrag eines Nebenklagevertreters zurück.⁵³⁸ Schließlich hat sich die Tatsache, dass Wohlleben und Zschäpe im Jahr 1996 am Aufhängen der Puppe mit dem Davidstern und der Bombenattrappe an der Autobahnbrücke beteiligt waren und somit ihre Einbindung in die frühen Taten der »Sektion Jena« feststeht, erst in der Hauptverhandlung durch den Zeugen K.S. ergeben. Dieser war, ohne im Beweismittelverzeichnis des GBA aufgeführt zu sein, durch das OLG geladen worden. Die Vernehmung des Zeugen durch das BKA hatte die Information nicht erbracht, da das BKA ihn offenbar mangels Vorbereitung gar nicht zu diesem Vorfall befragt hatte.⁵³⁹

c) Keine effektiven Ermittlungen in den zehn weiteren Ermittlungsverfahren
Die Fixierung auf die Trio-These hat den Ermittlungsfokus auch in den genannten zehn weiteren Ermittlungsverfahren im NSU-Komplex erheblich eingeschränkt. Da uns aufgrund der Verweigerung der Akteneinsicht durch den GBA der Inhalt dieser Akten nicht bekannt ist, kann hier nur die Bewertung des zweiten NSU-Untersuchungsausschusses des Bundestags wiedergegeben werden. Diesem lag ein Großteil der Akten dieser Verfahren vor. Der Untersuchungsausschuss hat festgestellt, dass »nach Anklageerhebung eine breitere Ermittlungskonzeption möglich und aus Sicht des Ausschusses auch geboten gewesen« wäre.⁵⁴⁰ Auch im Strukturermittlungsverfahren findet nach den Feststellungen des Ausschusses »eine sys-

---

⁵³⁶ Beweisantrag des Nebenklagevertreters RA Langer gestellt am Hauptverhandlungstag v. 27.10.2016 zu dem Sachverhalt Wendeschleife; aufgrund des Antrags konnte das BKA anschließend die Geschädigten ermitteln, die gehört wurden, u.a. Zeugenvernehmung (OLG) B.W. am Hauptverhandlungstag v. 17.11.2016.
⁵³⁷ Beweisantrag des Nebenklagevertreters RA Langer gestellt am Hauptverhandlungstag v. 21.9.2016 zu Schüssen in der Wolgograder Allee mit Diabolomunition und Verlesung des fraglichen Zeitungsartikels am 26.10.2016. An diesem Beispiel zeigt sich, dass dem GBA seine Trio-These wichtiger ist als die Glaubhaftigkeit der Angaben des Zeugen Schultze, da OStA Weingarten für den GBA in seinem Plädoyer behauptet hat, die Schüsse auf der Wolgograder Allee könnten gar nicht von Mundlos und Böhnhardt stammen, da diese so abgeschottet gelebt und sich so vorsichtig verhalten hätten, dass diese nie mit einem Schreckschussgewehr herumgeschossen hätten.
⁵³⁸ Beweisantrag des Nebenklagevertreters RA Langer gestellt am Hauptverhandlungstag v. 14.9.2016 zur Frage von Beschreibbarkeit von CDs; Beweisantrag des Nebenklagevertreters RA Narin gestellt am Hauptverhandlungstag v. 22.2.2017 zum sog. Drehbuch des Bekennervideos.
⁵³⁹ Zeugenvernehmung (OLG) K.S. am Hauptverhandlungstag v. 29.4.2015.
⁵⁴⁰ Deutscher Bundestag, Drs. 18/12950, a.a.O., S. 968.

tematische Aufklärung etwaiger Neonazi-Strukturen im Zusammenhang mit der Terrorgruppe NSU nicht statt«.[541]

Die Tatsache, dass in diesen weiteren zehn Ermittlungsverfahren nicht effektiv ermittelt wurde bzw. wird, offenbaren auch die wenigen Aktenstücke aus diesen Verfahren, die der GBA im hiesigen Verfahren auf Aufforderung des Gerichts hin vorlegen musste.[542] So lassen zwei durch den GBA vorgelegte Sachstandsberichte aus den Ermittlungsverfahren gegen Mandy Struck[543] und Jan Werner[544] erkennen, dass die jeweils letzten Ermittlungshandlungen etwa ein Jahr zurücklagen und dass es, obwohl grundsätzliche Fragen noch ungeklärt waren, keine Vorgaben für weitere Ermittlungen oder auch nur neue Ermittlungsansätze gab.

2. Zur systematischen Behinderung der Aufklärungsbemühungen der Nebenklage

Über die Einschränkung der Ermittlungen aufgrund der Fixierung auf die Trio-These hinaus hat der GBA zudem die Aufklärungsbemühungen der Vertreter der Nebenklage im Verfahren kontinuierlich erschwert.

a) Zeugenbefragungen von Nebenklagevertretern

So beanstandete der GBA regelmäßig Befragungen von Nebenklagevertretern zur Einbindung von Zeugen in organisierte Neonazi-Strukturen und zu deren Ideologie. Beispielhaft seien hier die Vorgänge am 95. Hauptverhandlungstag bei der Befragung des Zeugen und Wohnungsgebers Carsten Richter angeführt. Der Zeuge gab auf die Frage aus der Nebenklage, ob es ihn nicht interessiert habe, warum die drei, denen er eine Wohnung besorgen sollte, gesucht würden, an: »Mir war

---

[541] Deutscher Bundestag, Drs. 18/12950, a.a.O., S. 961. Diesen Befund bestätigt die im Ausschussbericht veröffentlichte Liste der Aktenteile des Verfahrens gegen Unbekannt, aus der sich ergibt, dass nicht effektiv ermittelt wurde. So sind zum Beispiel die »Blood & Honour«-Strukturen an Tatorten der NSU-Morde offenbar nicht überprüft worden. Nach der Überschrift eines der sogenannten Ermittlungskomplexe aus dem Strukturermittlungsverfahren wurde sich darauf beschränkt, allein die Vollzugsadressen der »Blood & Honour«-Verbotsverfügung auf NSU-Bezüge hin zu überprüfen. Die Liste der Aktenteile offenbart, dass die weit überwiegende Zahl der Komplexe, zu denen im Verfahren gegen unbekannt ermittelt wurde, entweder direkt Angeklagte des laufenden Gerichtsverfahrens vor dem OLG München betrafen (so z.B. Ermittlungen zu Asservaten dieses Verfahrens) oder eng mit dem Verfahrensstoff zusammenhängende Themen, wie die in diesem Verfahren ausführlich behandelte Unterhaltung über die Untergetauchten bei dem Nazi-Treffen in der »Froschmühle«, Deutscher Bundestag, Drs. 18/12950, a.a.O., S. 610ff.

[542] Diese Aufforderungen des Gerichts erfolgten in der Regel auch immer nur als Reaktion auf Anträge aus der Nebenklage. Vgl. z.B. den Antrag von Nebenklagevertretern auf Beiziehung der Akten aus dem Verfahren ./. Mandy Struck am Hauptverhandlungstag v. 20.2.2014; Antrag von Nebenklagevertretern u.a. auf Beiziehung der Akten des Ermittlungsverfahrens ./. Jan Werner am Hauptverhandlungstag v. 20.5.2014.

[543] Schreiben des GBA v. 24.2.2014 und Bericht des BKA v. 29.5.2013 (SAO 622, Bl. 9437ff.).

[544] BKA, Vermerk v. 3.10.2014 (SAO 631, Bl. 13086 und 13080), überreicht auf Verfügung des Vorsitzenden vom 26.9.2014 am 9.10.2014 durch den GBA (SAO 631, Bl. 13020): Die letzten Ermittlungshandlungen stammten von 2012, Mitte 2013 hatte es noch einen Bericht zu den Finanzermittlungen gegeben und Ende 2013 eine Vernehmung der Ex-Freundin von Werner, dies war aber die absolut letzte Ermittlungshandlung, die sich aus dem Bericht ergab.

es egal, ob sie Schokoriegel geklaut oder jemanden umgebracht haben.« Die anschließende Frage, welche Gedanken er sich gemacht habe, als er 2011 erfuhr, dass die drei tatsächlich Morde begangen hätten, beanstandete Bundesanwalt Dr. Diemer mit den Worten: »Wir sind hier nicht das Jüngste Gericht, es ist nicht Aufgabe des Zeugen, sich für Einstellungen, die er damals hatte, zu rechtfertigen.«[545] Wenn die Bundesanwaltschaft meint, sich schützend vor offensichtlich mauernde Neonazi-Zeugen stellen zu müssen, sobald die Glaubhaftigkeit der gemachten Angaben hinterfragt wird, stellt dies eine gravierende Behinderung der Aufklärung dar.

b) Beweisanträge aus der Nebenklage
Wenn die Vertreter der Nebenklage beantragten, Beweise zu weiteren Kontaktpersonen mit möglicherweise relevantem Wissen oder zu Personen mit gleicher ideologischer Ausrichtung an den Tatorten zu erheben, stellte sich der Generalbundesanwalt konsequent quer. Mantraartig wurde in den Stellungnahmen des GBA die Floskel wiederholt, »reine Kennverhältnisse« spielten für die Aufklärung keine Rolle. Dass mit dieser Formulierung stets auch ein absichtliches Missverstehen der Anträge und Fragen einherging, da sie nie damit begründet waren, dass allein reine Kennverhältnisse als Hinweise auf weitergehendes Wissen gewertet wurden, sondern immer an den jeweiligen Zeugen angepasste umfangreiche Herleitungen für diese Annahmen gemacht wurden, sei hier nur am Rande bemerkt. Vielmehr zeugt diese Art der Argumentation von einer unglaublichen Unkenntnis der Strukturen und der Funktionsweise der neonazistischen Szene. Als Beispiel sei hier die Stellungnahme von Oberstaatsanwältin Greger am 160. Hauptverhandlungstag genannt, die beantragte, den Beweisantrag auf Ladung des Dortmunder Neonazi-Zeugen Marko Gottschalk abzulehnen. Oberstaatsanwältin Greger vertrat in ihrer ablehnenden Stellungnahme die Ansicht, dass die Aufklärung von Szenestrukturen in Dortmund nicht zu einer Aufklärung der hier im Verfahren angeklagten Taten führen könne, denn es gebe keine tragfähigen Anhaltspunkte für die Existenz von lokalen Unterstützern an den jeweiligen Tatorten und für einen Informationsaustausch zwischen Seemann, Gottschalk und den Untergetauchten sowie den weiteren Angeklagten. Sie disqualifizierte dann die Ausführungen im Beweisantrag, die die persönliche und ideologische Nähe der Dortmunder »Combat 18«-Zelle zu den Unterstützernetzwerken in Thüringen und Sachsen betrafen, als bloße Vermutungen und Spekulationen. Der Antrag sei abzulehnen, weil es keine konkreten Bezüge zur Anschlagsserie und zur »von der Szene abgeschotteten Gruppe« des NSU gäbe.

Diese Argumentation offenbart den wiederholt vorgetragenen Zirkelschluss des Generalbundesanwalts: Der GBA behauptet, der NSU bestünde aus einer abgeschotteten Dreiergruppe, und er müsse deshalb keine Ermittlungen im Um-

---

[545] Siehe dazu die Presseerklärung von Nebenklagevertretern vom 20.3.2014 zum 95. Hauptverhandlungstag am 19.3.2014; Quelle: www.nsu-watch.info/2014/03/wir-sind-hier-nicht-vor-dem-juengsten-gericht-die-bundesanwaltschaft-verhindert-erneut-kritische-befragung-von-nazizeugen/.

feld der Gruppe anstellen, da die nach seiner Version völlig abgeschottet agierenden Personen gegenüber anderen nichts offenbart hätten. Die These vom abgeschottet agierenden Trio wurde also nicht im Rahmen der Ermittlungen überprüft, vielmehr war sie das Argument, Ermittlungen erst gar nicht anzustellen und Anträgen und Fragen aus der Nebenklage entgegenzutreten. Mit dieser zirkulären Argumentation wurde die Aufklärung der Kontakte sowohl zur Dortmunder »Combat 18«-Zelle um Marko Gottschalk als auch zu Thorsten Heise oder Ralf Marschner behindert.[546]

II. Zum Vorenthalten von relevanten Ermittlungsergebnissen aus dem NSU-Komplex durch den GBA

Eine weitere Form der Behinderung der Aufklärung stellt das systematische Zurückhalten von Ermittlungsergebnissen durch den GBA dar. Aus dem Strukturermittlungsverfahren und den neun weiteren Verfahren gegen Unterstützer wurden wie dargelegt relevante Ermittlungsergebnisse vom GBA nur höchst selektiv zur Verfahrensakte des hiesigen Verfahrens gereicht.

Der Anschein spricht dafür, dass einige Vernehmungen gezielt im Strukturermittlungsverfahren erfolgten, damit die Vernehmungsprotokolle im hiesigen Verfahren nicht vorgelegt werden müssen. Hierzu gehören zum Beispiel – wie wir heute wissen – die Vernehmungen der Dortmunder Neonazis Gottschalk und Seemann, die Ermittlungen des BKA und Mitteilungen des GBA zu Siegfried Borchardt,[547] die Vernehmung des V-Manns »Tarif«,[548] die bereits erwähnte Vernehmung von Thomas Gerlach, die Vernehmungen von Edda Schmidt und Volker H. und weiterer verfahrensrelevanter Zeugen. Fast sämtliche dieser Vernehmungsprotokolle hat der GBA erst auf Aufforderung des Gerichts vorgelegt.[549]

---

[546] Stellungnahme von Dr. Diemer am Hauptverhandlungstag v. 20.4.2016 zum Beweisantrag von Nebenklagevertretern auf Ladung von Ralf Marschner.

[547] Landtag Nordrhein-Westfalen, Drucksache 16/14400, a.a.O., S. 676ff.: »Das BKA stellte durch Auswertung von Kriminalakten und Recherchen im Internet fest, dass der Dortmunder Neonazi Siegfried Borchardt unter dem Namen ›SS-Siggi‹ agiert. Außerdem enthält die Kriminalakte verschiedene Wohnanschriften von Siegfried Borchardt, die sich zum Teil in der Nähe der Mallinckrodtstraße 190, also dem Tatort des Mordes an Mehmet Kubaşık, befinden.«

[548] »Tarif«/Michael See war am 10.3.2014 durch den GBA vernommen worden. Als Nebenklagevertreter am 18.3.2014 dessen Ladung als Zeuge beantragten, teilte der Generalbundesanwalt in seiner ablehnenden Stellungnahme nicht mit, dass er den V-Mann See bereits vernommen hatte. Erst auf einen weiteren Antrag von Nebenklagevertretern hin kam die Vernehmung zur Akte, vgl. Antrag vom 16.4.2014 (SAO 624, Bl. 10204) und Beiziehungsverfügung vom 25.4.2014 (SAO 624, Bl. 10298), Zeugenvernehmung (GBA) Michael Doleisch von Dolsperg, geb. See v. 10.3.2014 (SAO 625, Bl. 10546).

[549] Dasselbe wiederholte sich bei den Protokollen vieler anderer verfahrensrelevanter Vernehmungen, sogar solchen von Personen, die so relevant waren, dass sie als Zeugen durch das Gericht geladen wurden. So z.B. bei dem Zeugen Enrico Ri., Zeugenvernehmung vom 13.5.2014 (SAO 635, Bl. 15536, ursprünglich im Verfahren gegen Thomas Starke, 2 BJs 4/12-2) und vom 6.8.2013 (SAO 635, Bl. 15520, ursprünglich im Verfahren gegen Unbekannt, 2 BJs 74/12-2);

Im Februar 2015 stellten Nebenklagevertreter in Reaktion auf diese Praxis des GBA den schriftlichen Antrag beim OLG, für den Fall, dass in einem der zehn weiteren Ermittlungsverfahren Vernehmungen mehrerer Zeugen aus den »Blood & Honour-Sektionen« Sachsen oder Thüringen oder dem Umfeld erfolgt sein sollten, die entsprechenden Protokolle beizuziehen.[550] Der Generalbundesanwalt wandte sich gegen diesen Antrag,[551] regte aber an, einen konkretisierten Antrag auf direkte Akteneinsicht in die Vernehmungsprotokolle in den gesondert geführten Verfahren an den GBA zu richten.[552]

Diesen Vorschlag aufnehmend, stellten Nebenklagevertreter detailliert begründete Anträge beim Generalbundesanwalt auf Akteneinsicht in die Akten der zehn weiteren Ermittlungsverfahren sowie hilfsweise in konkrete benannte Vernehmungsprotokolle.[553] Noch am Tag der Einreichung wurde der 30 Seiten lange Antrag kurz und knapp zurückgewiesen. Es wurde mitgeteilt, es könne dahinstehen, ob berechtigte Interessen der Nebenkläger an einer Einsicht in die beantragten Akten bzw. Aktenbestandteile bestünden; in jedem Fall stünden »überwiegende schutzwürdige Interessen der von der Weitergabe personenbezogener Daten betroffenen Dritten dem entgegen«.[554] An diesem vorgeschobenen Datenschutzargument hielt der GBA auch dann fest,[555] als bei Vorlage der Sache beim Bundesgerichtshof der Auskunfts- und Akteneinsichtsantrag auf vier potenzielle Unterstützer – namentlich Sebastian Seemann, Kai-Uwe Trinkaus, Thorsten Heise und Jens G. – beschränkt worden war. Von diesen vier genannten Personen fanden sich bereits eine Vielzahl von Daten in den Verfahrensakten oder waren Gegenstand

---

weil das zweite Vernehmungsprotokoll nicht vor dessen erster Vernehmung übergeben worden war, musste der Zeuge zweimal erscheinen, am Hauptverhandlungstag vom 3.2.2015 und vom 10.2.2015; bei dem Zeugen Rocco D. (SAO 635, Bl. 15598, ursprünglich im Verfahren gegen Unbekannt, 2 BJs 74/12-2); bei dem Zeugen Henning P. (SAO 632, Bl. 14589, ursprünglich im Verfahren gegen Jan Werner, 2 BJs 3/12-2); bei dem Zeugen Christian Kapke (SAO 636, Bl. 15846ff., der eingangs ausführlich zu den Angaben Carsten Schultzes bzgl. dessen Beteiligung und der des Angeklagten Wohlleben an einer gefährlichen Körperverletzung im Jahr 1999 befragt wurde, ursprünglich im Verfahren gegen Unbekannt, 2 BJs 74/12-2); bei dem Zeugen Enrico Pö. (SAO 636, Bl. 15851ff., der über sein Kennenlernen von Böhnhardt und Mundlos und die gemeinsame Schändung der Gedenkstätte Buchenwald berichtete und dem eine Lichtbildvorlage mit mehreren Bildern der Angeklagten Zschäpe vorgelegt wurde, ursprünglich im Verfahren gegen Unbekannt, 2 BJs 74/12-2); bei der Zeugin Edda Schmidt (SAO 638, Bl. 16839ff., ursprünglich im Verfahren gegen Unbekannt, 2 BJs 74/12-2).
[550] Schriftlicher Antrag von Nebenklagevertretern v. 13.2.2015 an das OLG München (SAO 635, Bl. 15690).
[551] SAO 636, Bl. 15969: »Dass die Zeugen, möglicherweise aufgrund ihrer Kennverhältnisse über irgendwie geartete, in dem Antrag nicht näher ausgeführte Kenntnisse zur Unterstützung der drei untergetauchten Personen durch die sächsische und thüringische Szene verfügen könnten, muss den Senat nicht dazu drängen, eine unbestimmte Anzahl von Zeugenvernehmungen auf eine mögliche Verfahrensrelevanz hin zu überprüfen.«
[552] GBA, Stellungnahme v. 19.2.2015 SAO 636, Bl. 15967 (15969f.).
[553] Antrag von Nebenklagevertretern an den GBA auf Akteneinsicht v. 25.2.2106 (SAO 647, Bl. 10813ff.).
[554] GBA, Az. 2 StE 8/12-2, Schreiben v. 25.2.2016, S. 3.
[555] GBA, Az. 2 BJs 74/12-2 ff, Schreiben v. 9.9.2016, S. 2f.

von Untersuchungsausschüssen gewesen. Trotzdem hielt der GAB selbst die Information, ob diese vier Personen erstmalig bzw. erneut in einem der Verfahren zum NSU-Komplex vernommen worden waren, mit dem Hinweis auf deren Persönlichkeitsrechte zurück.[556]

Ganz offensichtlich misst der GBA beim Datenschutz mit zweierlei Maß: Die Rechte nachweislich falsch verdächtigter Personen aus den Ermittlungen wegen der Morde und Anschläge vor dem 4. November 2011 zählen nichts, die von Nazis aus dem Umfeld des NSU und von Verfassungsschützern alles. Denn der GBA legte mit Anklageerhebung dem OLG bedenkenlos die vollständigen sogenannten Altakten, das heißt die vor dem 4. November 2011 aufgrund der Morde, Anschläge und Raubüberfälle angelegten Ermittlungsakten vor. Ausgenommen von der Vorlage waren nur diejenigen Aktenbestandteile, die schon damals als Spurenakten geführt worden waren. Somit sind Bestandteil der Verfahrensakte all diejenigen sogenannten Altakten geworden, die die Ermittlungen gegen die Familien der Ermordeten und deren Umfeld betreffen. Dazu zählen auch all die Ergebnisse aus den strukturell rassistischen Ermittlungen mit höchstpersönlichen Informationen über die Ermordeten, über ihre Familienangehörigen und sogar über entfernte, im Ausland lebende Verwandte – ich erinnere insoweit an die Ausführungen der Kollegen Dr. Daimagüler und Ilius. Dieses Muster findet sich sogar im Fall der Ermittlungen wegen des Mordes an Michèle Kiesewetter und dem Mordversuch an Martin A. Nach diesen Taten wurden zwar nicht die Familien der Opfer verdächtigt, aber Angehörige der Sinti und Roma-Community. Die Altakten zu dem Mord an Michèle Kiesewetter umfassen insgesamt 54 Bände, die ganz überwiegende Zahl dieser Aktenbände enthält Ermittlungen gegen damals fälschlich verdächtigte Angehörige der Sinti und Roma und deren angebliche Kontaktpersonen. Erneut ist wieder eine Vielzahl höchstpersönlicher Informationen darunter.

Die Vorlage sämtlicher dieser Ermittlungsergebnisse berührt die Persönlichkeitsrechte der Betroffenen ganz erheblich, obwohl sie nach der Anklage vollkommen irrelevant sind und somit nunmehr als Spurenakten geführt und dem OLG nicht hätten vorgelegt werden müssen.[557] Informationen aus diesen Altakten und ganze Aktenauszüge mit persönlichen Informationen fanden so auch ihren Weg auf rechte Verschwörungsseiten im Internet und sind seitdem für alle Welt einsehbar.

Eine Ausnahme bei diesen Altverfahren machte der GBA nur bei den Akten bezüglich der Ermittlungen zu Andreas Temme: Diese wurden als Spurenakten behandelt und dem Gericht nicht vorgelegt. Und dies, obwohl Temme im Jahr 2006 als Beschuldigter galt, Zeuge im hiesigen Verfahren war und seine Rolle bis heute nicht geklärt ist. Temmes Persönlichkeitsrechte wurden somit vom GBA höher eingestuft als die der damals offensichtlich zu Unrecht Beschuldigten und die der Familienangehörigen der Ermordeten.

---

[556] Vgl. BGH, Az. 3 BGs 219/16, Beschluss v. 15.7.2016.
[557] Deutscher Bundestag, Drs. 17/14600, a.a.O., S. 642ff.

III. Zum Schutz des Verfassungsschutzes durch den GBA

Der Generalbundesanwalt hat mit seiner Fokussierung auf den NSU als »Trio« nicht nur das Netzwerk der Mitwisser ausgeblendet, sondern auch die Rolle der Verfassungsschutzbehörden und der V-Personen im NSU-Komplex.

1. Kaum V-Leute in der Anklage

Der Generalbundesanwalt hat den Verfassungsschutz aktiv geschützt, indem er in der Anklage nur die V-Leute und Informanten aufführte, an deren Erwähnung er quasi nicht vorbeikam: Tino Brandt, Thomas Starke und Juliane W. Im Beweismittelverzeichnis der Anklage fehlen die V-Männer Carsten Szczepanski alias »Piatto«, Thomas Richter alias »Corelli«, Kai Dalek alias »Tassilo«, Michael See alias »Tarif« und Marcel Degner alias »Hagel«, die alle Informationen zu den drei vor oder nach dem Abtauchen hatten, und es fehlt Ralf Marschner alias »Primus«, bei dem entsprechendes Wissen zumindest sehr wahrscheinlich ist. Ferner fehlen in der Anklage die im Umfeld der drei Abgetauchten aufhältigen Informanten oder Gewährspersonen: Thomas Dienel, Andreas Rachhausen und Tibor R. – auch diese besaßen relevantes Wissen zu den drei Abgetauchten. Und schließlich wird der von Temme geführte V-Mann Benjamin Gärtner nicht als Zeuge benannt, obwohl dieser bei wahrheitsgemäßen Angaben sicher zur Erhellung der Rolle Temmes beitragen könnte.

2. Der V-Mann Carsten Szczepanski

Wer hierin keinen Beleg für einen Schutz des Verfassungsschutzes durch den GBA sieht, muss sich wenigstens fragen lassen, warum in der Anklage zwar erwähnt wird, dass Jan Werner von Böhnhardt, Mundlos und Zschäpe damit beauftragt wurde, ihnen Schusswaffen zu besorgen,[558] nicht jedoch der Zeuge benannt wird, der diese Tatsache berichtet hat: der V-Mann des Verfassungsschutzes Brandenburg, Carsten Szczepanski. Die Fußnote in der Anklage verweist auf die entsprechende Deckblattmeldung von Szczepanski, nennt jedoch den Urheber der Meldung nicht und ebenfalls nicht den Umstand, dass dieser – also Szczepanski – durch das BKA vernommen wurde.[559]

Auf Beweisantrag aus der Nebenklage hin[560] wurden Szczepanski und später auch seine V-Mann-Führer Görlitz und Meyer-Plath in der Hauptverhandlung als Zeugen gehört. Wieder nutzte der Generalbundesanwalt die Chance nicht, über Szczepanski mehr zu erfahren, als bereits bekannt war. Er unternahm nichts, um auf eine wahrheitsgemäße Aussage des Zeugen Görlitz und eine umfassende des Zeugen Meyer-Plath hinzuwirken. Darüber hinaus stellte der GBA sich strikt den

---

[558] Anklage des GBA ./. Zschäpe u.a., S. 139.
[559] Zeugenvernehmung (BKA) Carsten Szczepanski v. 7.6.2012, SAO 211, Bl. 118ff.; Zeugenvernehmung (BKA) Szczepanski v. 30.1.2013, Nachlieferung 12, Bl. 239ff.
[560] Beweisantrag von Nebenklagevertretern u.a. auf Ladung von Carsten Szczepanski gestellt am Hauptverhandlungstag v. 20.5.2014.

Anträgen aus der Nebenklage, die Akten mit den Deckblattmeldungen Szczepanskis beizuziehen,[561] um den Zeugen Vorhalte machen zu können, entgegen.

Wenn der GBA Szczepanski auch nicht in der Anklage erwähnte, so war ihm doch die Brisanz der Person Szczepanski und dessen Wissens bewusst: Vor Prozessbeginn, am 28. Januar 2013, fand ein hochrangig besetztes Treffen beim GBA in Karlsruhe statt, an dem drei Vertreter des GBA, zwei Vertreter des Bundesamts für Verfassungsschutz, Vertreter des BKA und eine Vertreterin des Verfassungsschutzes Brandenburg teilnahmen. Das Treffen eröffnete dem Bundesamt und dem Innenministerium Brandenburg die Möglichkeit, auf die weiteren Ermittlungen in Bezug auf die Person und Funktion von Szczepanski und dessen Wissen Einfluss zu nehmen. Insbesondere war auch die zwei Tage später anstehende erneute Vernehmung Szczepanskis durch das BKA Thema. Auffällig ist insofern die Rolle des BfV, das stärker vertreten war als der eigentlich betroffene Verfassungsschutz Brandenburg. Auch hatte das BfV Szczepanski im Gegensatz zu den Brandenburgern nach dem 4. November 2011 im Zusammenhang mit dem NSU-Komplex angehört, mit welchem Ziel und welchem Inhalt, ist bis heute nicht bekannt. Der erhebliche Einfluss, den das BfV auf die Ermittlungen nimmt, ist hier in einem Fall offenbar geworden. Allerdings nicht, weil der GBA diese Einflussnahme des BfV mitgeteilt hätte, sondern weil Görlitz während seiner Zeugenvernehmung unvorsichtig war. Er benutzte eine von ihm mitgebrachte Handakte zur Gedächtnisunterstützung; in dieser befand sich ein Vermerk über das Treffen am 28. Januar 2013.[562]

3. Der ehemalige Beamte des Bundesamts für Verfassungsschutz »Lothar Lingen«

Der Generalbundesanwalt ist aber noch weitergegangen. Er hat nicht nur V-Leute aus den Ermittlungen und aus der Anklage herausgehalten und sich weitgehend mit den Unterlagen zufriedengegeben, die ihm die Verfassungsschutzbehörden freiwillig überließen. Der GBA hat vielmehr den Verfassungsschutz auch aktiv geschützt. Im Fall der vorsätzlichen Vernichtung von V-Mann-Akten durch »Lothar Lingen«, also der Operation Konfetti, ist dies einmal öffentlich geworden. Der GBA hat die Akten, deren Vernichtung der BfV-Beamte »Lingen« angeordnet hat und die später zum Teil rekonstruiert wurden, zu keinem Zeitpunkt eingesehen oder angefordert.[563]

Am 3. August 2015 beantragten Nebenklagevertreter,[564] die teilrekonstruierten Akten beizuziehen und »Lingen« als Zeugen zu hören. Es war in dem An-

---

[561] Gegenvorstellung von Nebenklagevertretern am Hauptverhandlungstag v. 2.6.2016.
[562] Diese Akte wurde auf Antrag von Nebenklagevertretern am Hauptverhandlungstag v. 29.7.2015 sichergestellt und kopiert und später, nach einigem Hin und Her, durch den Verfassungsschutz Brandenburg nicht gesperrt, sodass die Verfahrensbeteiligten Akteneinsicht erhielten; vgl. Antrag von Nebenklagevertretern u.a. bzgl. der Sperrerklärung vom 16.9.2015.
[563] Deutscher Bundestag, Drs. 18/12950, a.a.O., S. 1239, 1143f. und 1247.
[564] Vgl. den von 29 Nebenklagevertretern gestellten Beweisantrag am Hauptverhandlungstag v. 3.8.2015; öffentlich zugänglich unter: www.nsu-nebenklage.de/wp-content/uploads/2015/08/2015.08.03.-Beweisantrag.pdf.

trag unter Beweis gestellt worden, dass »Lingen« die Akten zu dem Zweck vernichten ließ, den Akteninhalt den Ermittlungen zu entziehen. Oberstaatsanwältin Greger trat dem Antrag in einer Stellungnahme am 24. September 2015 entschieden entgegen. In der Stellungnahme heißt es, dass weder die Aktenvernichtung als solche noch das mögliche Motiv des Zeugen Lingen, »das von den Antragsstellern [– also den Nebenklagevertretern –] aufs Blaue hinein und entgegen aller bislang vorliegenden Erkenntnisse spekulativ behauptet wird«, für das hiesige Verfahren eine Rolle spielen könnten.[565] Zum Zeitpunkt der Abgabe dieser Stellungnahme wusste die Sitzungsvertreterin des GBA, dass diese Wertung nicht zutreffend war. Dass im Gegenteil der GBA einen konkreten Anhaltspunkt für ein Verschleierungsmotiv von »Lingen« hatte und der Anfangsverdacht für Verwahrungsbruch vorlag. Denn Lothar Lingen hatte wie bereits erwähnt gegenüber dem GBA, vertreten durch Oberstaatsanwalt Weingarten, zu diesem Zeitpunkt bereits in einer Zeugenvernehmung zugegeben, die Akten vernichtet zu haben, um ihre Inhalte der Öffentlichkeit und damit den Ermittlungen vorzuenthalten. Wörtlich hat Lingen in dieser Vernehmung gesagt: »Mir war bereits am 10./11. November 2011 völlig klar, dass sich die Öffentlichkeit sehr für die Quellenlage des BfV in Thüringen interessieren wird. Die bloße Bezifferung der seinerzeit in Thüringen vom BfV geführten Quellen mit acht, neun oder zehn Fällen hätte zu der – ja nun auch heute noch intensiv gestellten – Frage geführt, aus welchem Grunde die Verfassungsschutzbehörden über die terroristischen Aktivitäten der Drei eigentlich nicht informiert gewesen sind. Die nackten Zahlen sprachen ja dafür, dass wir wussten, was da läuft, was aber ja nicht der Fall war. Und da habe ich mir gedacht, wenn der quantitative Aspekt, also die Anzahl unserer Quellen im Bereich des THS und in Thüringen nicht bekannt wird, dass dann die Frage, warum das BfV von nichts was gewusst hat, vielleicht gar nicht auftaucht.«[566]

Der GBA hat also die Verfahrensbeteiligten mit seiner Stellungnahme, die Nebenklage behaupte »aufs Blaue« und spekulativ, »Lingen« habe die Akten vernichtet, um sie den Ermittlungen zu entziehen, in die Irre geführt. Die Vernehmung erfolgte gezielt in dem Strukturermittlungsverfahren, sodass die Vernehmung faktisch geheim gehalten werden konnte und nicht dem OLG vorgelegt werden musste.

Das Vernehmungsprotokoll wurde noch nicht einmal der Staatsanwaltschaft Köln wegen des Vorliegens des Anfangsverdachts des Verwahrungsbruches vorgelegt.[567] Dies ist nur konsequent und entspricht dem Verhältnis von GBA und BfV, das in der Bemerkung Lingens vor dem Bundestags-Untersuchungsausschuss zum Ausdruck kam, er habe angenommen, die Vernehmung durch den GBA sei vertraulich und würde nicht bekannt werden.[568] Tatsächlich ist auch der Umstand und der Inhalt dieser Vernehmung erst im Herbst 2016 durch die Beweiserhebung

---

[565] Stellungnahme der Prozessvertreter des GBA am Hauptverhandlungstag v. 24.9.2015.
[566] Deutscher Bundestag, Drs. 18/12950, a.a.O., S. 336 und dort Verweis auf die Quelle in FN 921: MAT A GBA-20-10 (Ordner 25 von 54), Bl. 157ff., Vernehmung von Lothar Lingen durch die Bundesanwaltschaft vom 29.10.2014 (VS-NfD).
[567] Deutscher Bundestag, Drs. 18/12950, a.a.O., S. 336.
[568] Deutscher Bundestag, Drs. 18/12950, a.a.O., S. 333.

des zweiten Bundestags-Untersuchungsausschusses öffentlich geworden.[569] Nach anschließend gestellten Strafanzeigen gegen »Lingen« leitete die Staatsanwaltschaft Köln ein Ermittlungsverfahren gegen ihn ein.[570]

IV. Zwischenfazit

Der GBA hat also nicht, wie er behauptet, jeden Stein umgedreht, sondern er hat wider besseres Wissen viele »Steine« liegen gelassen. Er hat die Größe des NSU, das Netzwerk und das staatliche Mitverschulden nicht aufgeklärt. Wie viele Unterstützer und Zeugen er geschont hat, weil sie V-Personen waren oder sind, werden wir möglicherweise nie wissen.

Dritter Abschnitt: Das OLG

Welche Rolle hat in diesem kollusiven Zusammenwirken von Verfassungsschutz und Generalbundesanwalt der entscheidende Senat des Oberlandesgerichts München gespielt? Der Senat hat sich – allerdings mit einigen wichtigen Ausnahmen – an die engen Vorgaben der Anklage gehalten und dem Aufklärungsanspruch der Nebenkläger auch nicht zur Geltung verholfen.

Entgegen der Anklage hat der Senat gleichwohl dem Thema Ideologie in der Beweisaufnahme im Verhältnis zur Anklage einen sehr viel größeren Raum gegeben; es wurden zum Beispiel auf Antrag aus der Nebenklage beide Ausgaben des Fanzines der Eminger-Brüder »Aryan Law and Order« beigezogen und eingeführt.[571] Das Gericht machte auch die bei einigen Angeklagten gefundenen »Turner-Tagebücher« und das in der Szene verbreitete »Combat 18«-Manifest »Field Manual«[572] zum Gegenstand der Beweisaufnahme.

---

[569] Deutscher Bundestag, Drs. 18/12950, a.a.O., S. 334f.
[570] Zu den Einzelheiten des Ablaufs siehe: Deutscher Bundestag, Drs. 18/12950, a.a.O., Sondervotum Fraktion Die Linke, S. 1266.
[571] Verlesung von »The Aryan Law and Order« am Hauptverhandlungstag v. 23.4.2015.
[572] Die »Turner-Tagebücher« und das »Field Manual« wurden im Wege des Selbstleseverfahrens eingeführt; vgl. zu den »Turner-Tagebüchern« auch die Erklärung nach § 257 StPO von Nebenklagevertretern am Hauptverhandlungstag v. 4.2.2016. Zu dem Auffinden der »Turner-Tagebücher« bei einigen Angeklagten vgl. Zeugenvernehmung (OLG) KOK'in E. und KOK'in Pf. am Hauptverhandlungstag v. 14.10.2014.

I. Ablehnung von Anträgen zum Netzwerk und Helfern an den Tatorten

In Bezug auf zwei der zentralen Fragen unserer Mandanten – die Frage nach möglichen Helfern am Tatort Dortmund und die Frage, ob der Mord an Mehmet Kubaşık durch die bei den Sicherheitsbehörden vorhandenen Informationen hätte verhindert werden können – hat der Senat seinen Entscheidungen ein zu enges Verständnis der Sachaufklärungspflicht zugrunde gelegt. Dies geschah – wie dargelegt – im Widerspruch zur Rechtsprechung des Europäischen Menschenrechtsgerichtshofs. Nach dieser gebietet es die gerichtliche Sachaufklärungspflicht, diesen Fragen nachzugehen und ihre Klärung zumindest zu versuchen.

Beispielhaft für die Nichtaufklärung möglicher Helfer an den Tatorten soll die Ablehnung des bereits erwähnten Antrags, Marko Gottschalk als Mitbegründer der Dortmunder »Combat 18«-Zelle zu laden und zu vernehmen,[573] durch das OLG zitiert werden: »Die in diesem Antrag für möglich erachteten Kenntnisse des Zeugen oder ›Personen aus seinem Umfeld‹ hinsichtlich der Taten zulasten von Mehmet Kubaşık und Halit Yozgat wirken sich, selbst wenn sie gegeben wären, nicht auf eine mögliche Schuld- und/oder Straffrage der Angeklagten aus. Ob der Zeuge das Opfer Mehmet Kubaşık persönlich kannte oder nicht, ist für die mögliche Schuld- und Straffrage bei den Angeklagten ohne jegliche Relevanz. Der Umstand der Weitergabe von Informationen über den Kiosk als Tatort wirkt sich ebenfalls nicht auf eine mögliche Schuld- und/oder Straffrage der Angeklagten aus. Durch die Weitergabe von Informationen an ungenannte Personen ist ein Zusammenhang mit den Angeklagten oder den verstorbenen Mundlos und Böhnhardt nicht gegeben.«[574]

Die Mandanten müssen damit aus diesem Verfahren die Feststellung des Gerichts mitnehmen, es sei unerheblich, ob hochrangige Neonazis, von denen mindestens einer ein V-Mann war und die heute weiterhin in Dortmund leben, Mehmet Kubaşık kannten oder Hinweise auf den Kiosk als Tatort weitergegeben haben.

II. Schutz des Verfassungsschutzes

Das Gericht hat mit seinem engen Verständnis von der Aufklärungspflicht auch den Verfassungsschutz geschützt. Zwar wurden – zum Teil auf Anträge aus der Nebenklage hin – weit mehr V-Männer und V-Mann-Führer als Zeugen durch den Senat geladen, als dies nach dem Konzept des GBA vorgesehen war. Doch geschah dies nur dann, wenn aktenkundig war, dass diese V-Männer und ihre V-Mann-Führer über konkretes Wissen zu den Angeklagten und dem NSU ver-

---

[573] Anträge von Nebenklagevertretern auf Ladung von Sebastian Seemann und Marko Gottschalk vom 6.11.2014.
[574] OLG, Beschluss am Hauptverhandlungstag v. 30.9.2015, mit dem der Antrag von Nebenklagevertretern auf Ladung von Marko Gottschalk v. 6.11.2014 abgelehnt wurde. Vgl. auch OLG, Beschluss am Hauptverhandlungstag v. 29.9.2015, mit dem der Antrag von Nebenklagevertretern auf Ladung von Sebastian Seemann v. 6.11.2014 abgelehnt wurde.

fügten.⁵⁷⁵ Dieses Wissen, das der GBA zum Schutz der Verfassungsschutzbehörden gern vollständig aus dem Verfahren herausgehalten hätte, führte der Senat ein. Soweit es aber den Nebenklagevertretern darum ging, zu klären, ob mit dem Wissen der Verfassungsschutzbehörden die Abgetauchten hätten festgenommen und somit die Morde und Anschläge hätten verhindert werden können, wurden entsprechende Anträge vom Senat als für die Tat- und Schuldfrage irrelevant abgelehnt.⁵⁷⁶

So kam zum Beispiel der Senat dem Antrag aus der Nebenklage auf Ladung des V-Manns Marschner zu konkret bezeichneten Beweistatsachen⁵⁷⁷ nicht nach. In der Begründung führte der Senat aus, dass selbst durch eine Bestätigung Marschners, vom Aufenthaltsort von Böhnhardt, Mundlos und Zschäpe gewusst zu haben, noch nicht belegt wäre, ob und welcher Behördenmitarbeiter welchen Umstand kannte. Auch diese Kenntnisse hätten – so die Begründung des Senats – nicht zwangsläufig zu einer Festnahme der gesuchten Personen geführt und damit zu einer Verhinderung der angeklagten Taten durch die Behörden.⁵⁷⁸

Dieses Argument stellte er auch in der Ablehnung des Beweisantrags zur Vernehmung des Zeugen und V-Manns Michael See heraus. Nebenklagevertreter hatten beantragt, den Zeugen See unter anderem deshalb zu laden, weil durch ihn nachgewiesen werden könne, dass bei einer Weitergabe der von See erlangten bzw. zu erlangenden Informationen vom BfV an Ermittlungsbehörden eine Festnahme der drei Abgetauchten möglich gewesen wäre.⁵⁷⁹ War doch See nach eigenen Bekundungen von Kapke nach Unterbringungsmöglichkeiten für die drei gefragt worden und hatte sein V-Mann-Führer – so See – ihn angewiesen, diese Anfrage negativ zu beantworten.

---

⁵⁷⁵ Folgende V-Männer, Informanten und Gewährspersonen wurden gehört, obwohl sie nicht in der Anklage aufgeführt waren: Carsten Szczepanski auf Antrag der Nebenklage, Kai Dalek auf Antrag der Nebenklage, Marcel Degner auf Antrag der Verteidigung Wohlleben, Andreas Rachhausen durch das OLG, Benjamin Gärtner durch das OLG sowie die V-Mann-Führer von Brandt, Szczepanski und Degner. Außerdem wurde der Zeuge Stephan Lange auf Antrag der Verteidigung Wohlleben gehört, allerdings war damals noch nicht bekannt, dass er V-Mann ist.

⁵⁷⁶ In diese Kategorie gehört auch partiell der Umgang mit Andreas Temme. Zwar musste der Senat dem Thema der Anwesenheit von Andreas Temme am Tatort in Kassel aufgrund von Anträgen von Nebenklagevertretern mehr Raum geben als in der Anklage vorgesehen, aber auch hier ging es offensichtlich nicht um die Aufklärung des Wissens und der Motive für die Anwesenheit von Temme am Tatort oder die Verfahrenssteuerung durch das hessische Landesamt. In diese Richtung gehende Anträge wurden abgelehnt. So der Antrag auf Ladung von Dr. Pilling (Nebenklagevertreter RA Narin am Hauptverhandlungstag v. 12.3.2014 und Nebenklage Yozgat, RA Bliwier u.a., am Hauptverhandlungstag v. 13.3.2014, abgelehnt durch das OLG am 12.6.2016), die aus der Zentrale des hess. LfV in Wiesbaden eng mit Temme in Kassel zusammengearbeitet hatte und kurz vor dem Mord eine E-Mail an alle Außenstellen geschickt hatte, die Beschaffer sollten ihre Quellen zu der »Česká-Mordserie« befragen, die auch Temme abgezeichnet hat.

⁵⁷⁷ Antrag von Nebenklagevertretern auf Ladung von Ralf Marschner am Hauptverhandlungstag v. 12.4.2016.

⁵⁷⁸ OLG, Beschluss am Hauptverhandlungstag v. 11.5.2016 (Ablehnung des Beweisantrags von Nebenklagevertretern auf Ladung von Ralf Marschner).

⁵⁷⁹ Beweisantrag von Nebenklagevertretern u. a. auf Ladung von Michael Doleisch von Dolsperg, geb. See, gestellt am Hauptverhandlungstag v. 18.3.2014 und umgestellt am Hauptverhandlungstag v. 28.10.2015.

Der Senat beschied diesen Antrag abschlägig und befand: »Die unter Beweis gestellten Tatsachen sind auch nicht für einen eventuellen Rechtsfolgenausspruch relevant. Die Auffassung der Antragsteller, dass die Ermittlungsbehörden im Jahr 1998 die Möglichkeit gehabt hätten, die drei untergetauchten Personen festzunehmen und damit die angeklagten Taten zu verhindern, ist lediglich hypothetisch und rein theoretischer Natur.«[580]

Der Senat hat damit die Möglichkeit des Bundesamtes, über seinen V-Mann See auf den Aufenthaltsort der abgetauchten Mundlos, Böhnhardt und Zschäpe Einfluss zu nehmen, für irrelevant erklärt, da sie nur theoretisch einer Festnahme ermöglicht habe. Wenn diese »Möglichkeit« für den Senat irrelevant ist, ist so gut wie keine Situation denkbar, in der die sichere Möglichkeit eine Festnahme nachgewiesen werden kann. Denn eine Flucht aus der Hintertür oder einem Fenster kann nie ausgeschlossen werden und damit ist staatliches Mitverschulden nach dem Maßstab des Senats nicht aufzuklären, außer es ist faktisch schon bewiesen.

In zwei Entscheidungen hat der Senat sich sogar ganz unmissverständlich schützend vor die Verfassungsschutzämter gestellt. Dies offenbarte sich in den für all diejenigen, die die Hauptverhandlung verfolgt haben, vollkommen unverständlichen Beschlüssen zu den Verfassungsschützern und Zeugen Rainer Görlitz[581] und Andreas Temme:[582] Görlitz und Temme haben für alle Beobachter im Gerichtssaal so offensichtlich die Unwahrheit gesagt, dass es schwer war, ihre Vernehmungen überhaupt zu ertragen. Und trotzdem stellte der Senat beiden Zeugen in seinen Beschlüssen ein Leumundszeugnis aus, in dem er ihre Angaben als glaubhaft qualifizierte. Zu dem Zeugen Görlitz führte er aus: »Anhaltspunkte dafür, dass der Zeuge Görlitz bei seinen Vernehmungen vor dem Senat insoweit die Unwahrheit gesagt habe, dass er absichtlich nicht alles gesagt habe, was er gewusst habe, sind nicht vorhanden.«[583] Die Wahrnehmung der meisten Verfahrensbeteiligten und auch der Öffentlichkeit war eine ganz andere: Der Auftritt des Zeugen Görlitz war sogar einer der wesentlichen Gründe für die Einsetzung des Untersuchungsausschusses in Brandenburg.

---

[580] OLG, Beschluss am Hauptverhandlungstag v. 12.1.2016.
[581] OLG, Beschluss am Hauptverhandlungstag v. 2.3.2016.
[582] OLG, Beschluss am Hauptverhandlungstag v. 12.7.2016, mit dem die Beweisanträge der Nebenklage Yozgat, u.a. auf Ladung von Dr. Pilling aus dem hess. LfV, abgelehnt wurden und in denen das Gericht feststellte: »Die Angaben des Zeugen Temme in der Hauptverhandlung sind nach vorläufiger Würdigung glaubhaft.«
[583] OLG, Beschluss am Hauptverhandlungstag v. 2.3.2016.

Teil III: Schlusserwägungen

Ich komme zum Schluss, den ich mit einem Zitat unserer am 9. Dezember 2015 verstorbenen Kollegin Angelika Lex, sie war Nebenklagevertreterin von Yvonne Boulgarides, Richterin am Bayerischen Verfassungsgerichtshof und Antifaschistin, einleiten möchte. Sie hat in einer Rede am 13. April 2013 vor Prozessbeginn gesagt: »Wir fordern umfassende Aufklärung der Sachverhalte: nicht nur der Tatbeiträge der jetzt Angeklagten, sondern umfassende Aufklärung auch über die gesamten Strukturen. [...] Wir wollen Aufklärung, wer daran beteiligt war, die Opfer auszuwählen, die Tatorte auszuspionieren, die Fluchtwege zu sichern, Unterschlupf zu gewähren. Wir werden in diesem Verfahren nicht zulassen, dass die Aufarbeitung darauf beschränkt wird, die Verantwortung ausschließlich einigen Einzeltätern zuzuschreiben, und alle anderen ungeschoren davonkommen zu lassen. Das sind wir den Opfern und Angehörigen schuldig! Die Wahrheit herauszufinden und sich nicht mit der Oberfläche und der einfachen Erklärung zufriedenzugeben, sondern in die Tiefe zu gehen, in die Abgründe zu schauen. Davor haben die Ermittler, die angeblichen Verfassungsschützer und die vielen staatlichen Stellen bislang die Augen verschlossen, weil man nicht wahrhaben will, was längst Wirklichkeit ist, dass ein weites rechtsterroristisches Netzwerk unbehelligt von polizeilichen Ermittlungen und mit logistischer, finanzieller und möglicherweise auch direkter personeller Unterstützung staatlicher Stellen tätig war und über ein Jahrzehnt mordend durch Deutschland gezogen ist.« Dass diese vor Prozessbeginn erhobene Forderung nicht erfüllt ist, habe ich deutlich gemacht.

Ich fasse bezüglich des Verfassungsschutzes zusammen: Die Verfassungsschutzämter haben die Aufklärung der zehn Morde, 43 Mordversuche und 15 Raubüberfälle systematisch hintertrieben und verunmöglicht. Dies geschah zunächst mit den Mitteln des Vernichtens, Verlierens, Unterdrückens und Zurückhaltens von Beweismitteln sowie durch das Verschweigen, Vergessen und Lügen ihrer Beamten und ehemaligen V-Personen, wenn sie als Zeugen aussagen mussten.[584] Soweit es noch Akten gibt, konnten sie nicht alle unabhängig geprüft werden. Das Bundesamt für Verfassungsschutz hat mit und ohne Begründung dem BKA Informationen vorenthalten[585] und den Untersuchungsausschüssen Aktenvorlagen verweigert.[586]

Zum GBA ist festzuhalten: Die oben dargestellten Ermittlungshandlungen des GBA sind das, was mein Kollege Ilius in Anlehnung an Stanley Cohen »interpretative Verleugnung« nannte. Er hat durch seine beschränkten Ermittlungen und deren Präsentation den Kontext, in dem der NSU und dessen Taten stehen, so verändert, dass damit staatliche Verantwortung verleugnet wird. Dies gilt für die Ermittlungen zu dem Mord an Mehmet Kubaşık genauso wie für die gesamten Ermittlungen im NSU-Komplex. Die Ermittlungen in Dortmund sind hier nur exemplarisch: Das wenige, was der GBA – auch als Reaktion auf unsere Anträge

---

[584] Deutscher Bundestag, Drs. 18/12950, a.a.O., S. 1173.
[585] Vgl. nur das genannte Beispiel der BKA-Anfrage zur Ralph H. und Marschner.
[586] Deutscher Bundestag, Drs. 18/12950, a.a.O., Sondervotum Fraktion Die Linke, S. 1167.

– zur organisierten militanten Neonazi-Szene in Dortmund und in Bezug auf das Wissen und Verhalten des Verfassungsschutzes ermittelt hat, hält er bis heute faktisch geheim. Der GBA hat die Persönlichkeitsrechte der vernommenen Neonazis und V-Männer höher eingestuft als das Aufklärungsinteresse unserer Mandanten. Nach dem Willen des GBA sollen die Mandanten einfach auf sein Wort vertrauen, es hätten sich keine relevanten Informationen ergeben, es hätte keine Helfer und Mitwisser in Dortmund gegeben und die im Jahr des Mordes bestehende, bewaffnete »Combat 18«-Zelle in Dortmund hätte keinen Kontakt zum NSU gehabt.

Es gibt jedoch keine Grundlage für das vom GBA eingeforderte Vertrauen. Der GBA hat regelmäßig in und außerhalb der Hauptverhandlung deutlich gemacht, dass er für eine Aufklärung des Netzwerkes des NSU und für die Aufklärung der konkreten staatlichen Mitverantwortung, der Frage also, ob die Taten des NSU hätten verhindert werden können, keine Notwendigkeit und keinerlei Anhaltspunkte sieht.

Die Mandanten und wir sollen also glauben, dass der GBA im Feld des Verfassungsschutzes alles Erforderliche ermittelt hat, obwohl Bundesanwalt Dr. Diemer, der um das gegen »Lothar Lingen« wegen der Schredderaktion im BfV eingeleitete Strafverfahren weiß, in seinem Plädoyer ernsthaft vertreten hat, es hätten sich außer »Theorien, Behauptungen und Spekulationen« zu keinem »Zeitpunkt tatsächliche Anhaltspunkte für eine … strafrechtlich relevante Verstrickung von Angehörigen staatlicher Behörden ergeben«.[587] Diese Behauptung wird wie die Theorie vom abgeschotteten Trio zu einer sich selbst erfüllenden Prophezeiung, wenn sie den Ermittlungsumfang bestimmt.

Insgesamt stelle ich fest: Wir haben nicht klären können, welches Motiv dem im ersten Teil dargestellten staatlichen Mitverschulden zugrunde liegt. Die Motive der Verfassungsschutzämter und des GBA nach dem 4. November 2011 sind für die soeben darstellte Be- und Verhinderung der Aufklärung insofern klarer: Das Ausmaß des staatlichen Mitverschuldens und das Ausmaß rechtsterroristischer Strukturen in Deutschland sollte und soll nicht bekannt werden.

Der GBA sollte wenigstens offensiv eingestehen, dass er eine weitere Aufklärung des Netzwerks und des Wissens der Verfassungsschutzbehörden scheut, weil dadurch aus seiner Sicht das Staatswohl gefährdet werden könnte. Statt wenigstens diese Transparenz herzustellen, wertet der GBA die von Rechts wegen bestehenden Aufklärungsinteressen der Nebenkläger ab. Es wäre gerade die Aufgabe des GBA gewesen, durch seine Ermittlungen die Aufklärungsansprüche zu erfüllen. Dieses Verhalten des GBA verunsichert. Dessen Abschirmen von unangenehmen Erkenntnissen über die Größe des NSU-Netzwerks und das staatliche Mitverschulden lässt Verschwörungstheorien entstehen, lässt die Mandanten und uns über Fragen nachdenken, die vielleicht schon längst geklärt sind oder sein könnten.

Die Fakten, die ich schlaglichtartig dargestellt habe, zusammenzustellen, daran Ermittlungsansätze zu knüpfen und die Verfassungsschutzbehörden dazu zu zwingen, die unplausiblen Erkenntnislücken, Beweismittelverluste, Widersprü-

---

[587] Plädoyer Dr. Diemer am Hauptverhandlungstag v. 12.9.2017.

che und Ungereimtheiten zu erklären, wäre zunächst Aufgabe des GBA gewesen. Nachdem der GBA dieser Aufgabe offensichtlich nicht nachkam, hätte das Gericht diesen Fragen nachgehen müssen.

Das hiesige Verfahren hat also nicht die nötige Aufklärung erbracht. Dieser Umstand ist zu kritisieren, aber nicht überraschend. Die Machtverhältnisse zwischen unseren Mandanten und uns auf der einen und den Sicherheitsbehörden auf der anderen Seite sind zu ungleich. Die Aufklärung von Verbrechen mit staatlicher Verstrickung braucht Jahrzehnte, wenn sie denn jemals gelingt. Sie braucht eine aktive, die Geschädigten und die Forderung nach Aufklärung nicht vergessende Öffentlichkeit, sich diesen verpflichtet fühlende Parlamentarier, Journalisten und Anwälte. Sie braucht Whistle Blower aus dem System oder das Aufbrechen von Interessengegensätzen im Sicherheitsapparat, die Leaks von relevanten Informationen zur Folge haben. Die Forderung nach Aufklärung darf mit dem Ende dieses Verfahrens nicht verstummen und sich von den der Staatsräson geschuldeten Widrigkeiten nicht beirren lassen. In Bezug auf das Oktoberfestattentat hatte immerhin der Wiederaufnahmeantrag nach 34 Jahren Erfolg.[588]

Vielen Dank!

---

[588] o.V.: Wiesn-Attentat 1980 – Ermittlungen wieder aufgenommen, in: *Stuttgarter Nachrichten online* v. 11. Dezember 2014, Quelle: www.stuttgarter-nachrichten.de/inhalt.wiesn-attentat-1980-ermittlungen-wieder-aufgenommen.a87096b9-fbb2-4b89-82d1-d5761cd80d5c.html

Abkürzungen
zugleich Erläuterungen zu den in den Fußnoten genannten Quellenhinweisen

AA/Altakte	Mit Altakte werden in den Quellenangaben diejenigen Ermittlungsakten bezeichnet, die zu den Morden, Anschlägen und Raubüberfällen vor dem 4. November 2011 geführt wurden und Bestandteil der Verfahrensakte des Verfahrens OLG München ./. Zschäpe u.a. – Aktenzeichen 6 St 3/12 – sind.
a.a.O.	am angegebenen Ort
Az.	Aktenzeichen
BAO	Besondere Aufbauorganisation (der Polizei)
BBG	Bundesbeamtengesetz
Beiakten	Mit Beiakten werden in den Quellenangaben diejenigen Akten bezeichnet, die andere Strafverfahren als die in der Anklage gegen Zschäpe u.a. bezeichneten betreffen, und vom GBA dem OLG München in dem Verfahren gegen Zschäpe u.a. vorgelegt bzw. vom OLG beigezogen wurden.
BfV	Bundesamt für Verfassungsschutz
BKA	Bundeskriminalamt
Bl.	Blatt, d.h. Aktenblatt
Drs.	Drucksache (des Bundestages oder der Landtage)
EKHK/EKHK'in	Erster Kriminalhauptkommissar/Erste Kriminalhauptkommissarin
EMRK	Europäische Menschenrechtskonvention
FAP	Freiheitliche Arbeiterpartei
FBI	Federal Bureau of Investigation; zentrale Sicherheitsbehörde der Vereinigten Staaten, in der sowohl Strafverfolgungsbehörde als auch Inlandsgeheimdienst der US-Bundesregierung zusammengefasst sind.
GBA	Generalbundesanwalt
GdNF	Gesinnungsgemeinschaft der Neuen Front
HNG	Hilfsorganisation für nationale politische Gefangene und deren Angehörige e.V.
IHV	Internationales Hilfskomitee für nationale politische Verfolgte und deren Angehörige e.V.
KHK/KHK'in	Kriminalhauptkommissar/Kriminalhauptkommissarin
KHM/KHM'in	Kriminalhauptmeister/Kriminalhauptmeisterin
KOK/KOK'in	Kriminaloberkommissar/Kriminaloberkommissarin
KPI	Kriminalpolizeiinspektion
KSJ	»Kameradschaft Jena«
LfV	Landesamt für Verfassungsschutz
LKA	Landeskriminalamt
MAD	Militärischer Abschirmdienst

Nachlieferung	Mit Nachlieferung werden in den Quellenangaben diejenigen Akten bezeichnet, in denen der GBA neue, während des Verfahrens entstandene Ermittlungsergebnisse dem OLG München zu dem Verfahren gegen Zschäpe u.a. »nachgeliefert« hat.
OFA	Operative Fallanalyse (der Polizei)
OK	Organisierte Kriminalität
OLG	Oberlandesgericht
OStA/OStA'in	Oberstaatsanwalt/Oberstaatsanwältin
PD	Polizeidirektor/Polizeidirektion
phon	phonetisch
PUA	Parlamentarischer Untersuchungsausschuss
PM/PM'in	Polizeimeister/Polizeimeisterin
RA/RAin	Rechtsanwalt/Rechtsanwältin
Rn	Randnummer
S.	Seite
SAO	Mit Sachaktenordner sind die Ordner der Ermittlungsakte des GBA gegen Zschäpe u.a. gemeint, die dem OLG München vom GBA mit der Anklage vorgelegt worden sind.
SoKo	Sonderkommission (der Polizei)
StA	Staatsanwaltschaft oder Staatsanwalt
StGB	Strafgesetzbuch
StPO	Strafprozessordnung
THS	»Thüringer Heimatschutz«, eine neonazistische Organisation
TKÜ	Telekommunikationsüberwachungsmaßnahmen
TLfV	Thüringer Landesamt für Verfassungsschutz
TLKA	Thüringer Landeskriminalamt
USBV	Unkonventionelle Spreng- und Brandvorrichtung

NSU-Watch ist ein Bündnis aus rund einem Dutzend antifaschistischer und antirassistischer Gruppen und Einzelpersonen aus dem ganzen Bundesgebiet. Der Kern der Arbeit von NSU-Watch ist seit 2013 die Beobachtung des Strafprozesses am Oberlandesgericht in München. Dementsprechend sind wir an jedem Verhandlungstag im Gerichtssaal dabei und erstellen detaillierte Protokolle. Wir halten das für sehr wichtig, da vom Gericht kein Wortprotokoll geführt wird, wir aber meinen, dass der Prozess zeitgeschichtlich bedeutsam ist und dass für spätere Recherchen auch Details aus der Hauptverhandlung von Bedeutung sein können. Wir wollen gleichzeitig Medienkonjunkturen entgegenwirken und zu den uns wichtigen Themen berichten. Mit unserem Twitter-Account – dem wichtigsten Twitter-Account zum NSU-Prozess – berichten wir auch tagesaktuell vom Prozessgeschehen. Außerdem beobachten Landesprojekte wie NSU-Watch Hessen oder NSU-Watch Brandenburg NSU-Untersuchungsausschüsse.

Neben der kritischen Begleitung staatlicher Aufklärungsbemühungen stellen eigene Recherchen und Analysen den Kern unserer Arbeit dar. Die Arbeit von NSU-Watch fließt auch in zahlreiche Projekte von politischen Initiativen, von Kunst und Wissenschaft ein.

Der NSU-Komplex muss auch nach der Urteilsverkündung in München weiter Thema sein: Zu viele Fragen sind noch offen, zu wenig politische Konsequenzen wurden gezogen. Wir beteiligen uns in Vorträgen, Artikeln und Buchbeiträgen daran, den kritischen Diskurs am Leben zu halten und unermüdlich Fragen zu stellen.

Für unsere weitere Arbeit sind wir auf Spenden angewiesen:

Spendenkonto:
Kontoinhaber: apabiz e.V.
BIC: BFSWDE33BER
IBAN: DE46 1002 0500 0003 3208 03
Bank für Sozialwirtschaft
Stichwort: Beobachtung

Weiterführende Links zum NSU-Prozess

Über das NSU-Verfahren wurde von anwaltlichen Vertreter*innen der Nebenklage, unter anderem auch von Autor*innen dieses Buches, sowie von NSU-Watch und vielen Medien regelmäßig berichtet. Zudem hat NSU-Watch von jedem Prozesstag ein Protokoll erstellt und veröffentlicht.

Blogs von Nebenklagevertreter*innen

Der Blog der Rechtsanwälte Alexander Hoffmann und Dr. Björn Elberling mit Berichten zu jedem Prozesstag auf deutsch, englisch und türkisch: http://www.nsu-nebenklage.de/

Der Blog der Rechtsanwälte Sebastian Scharmer und Dr. Peer Stolle mit Presseerklärungen zu vielen Prozesstagen: http://www.dka-kanzlei.de/news_nsu.html

Der Blog des Rechtsanwaltes Eberhard Reinecke zu ausgewählten Prozesstagen und dem NSU-Verfahren allgemein: http://www.blog-rechtsanwael.de/

Ebenfalls von Rechtsanwalt Eberhard Reinecke ist eine Liste mit den Online-Fundstellen für die im NSU-Verfahren gehaltenen Plädoyers der Bundesanwaltschaft und der Nebenklage erstellt worden: http://www.blog-rechtsanwael.de/ueberblick-ueber-plaedoyers-der-bundesanwaltschaft-und-der-nebenklage/

Protokolle der Prozesstage

NSU-Watch hat zu jedem Prozesstag ein Protokoll, zum Teil auch auf türkisch und englisch, veröffentlicht. Die Seite bietet außerdem viele Hintergrundinformationen zum Prozess und zum Netzwerk des NSU: https://www.nsu-watch.info/

Regelmäßige Berichte zum NSU-Prozess

Mehrere Medien haben über das Prozessgeschehen jeweils tagesaktuell berichtet, unter anderem:

https://www.br.de/nachrichten/nsu-prozess/index.html
http://www.sueddeutsche.de/thema/NSU-Prozess
http://www.spiegel.de/thema/nsu_prozess/
http://www.tagesspiegel.de/themen/nsu-prozess/

ZEIT ONLINE hat mit »Das NSU-Prozess-Blog« zu jedem Prozesstag eine Pressschau veröffentlicht:
http://blog.zeit.de/nsu-prozess-blog/

Recherche.
Analyse.
Perspektive.

das **magazin**
von und für
antifaschistInnen

Jahres-Abo (6 Ausgaben für 25 Euro)
www.der-rechte-rand.de

Antifaschistisches Infoblatt
Das Magazin für Antifaschismus.

Recherchen,
Analysen,
Hintergründe

aktuell,
kritisch,
konsequent
antifaschistisch

Abo + aktuelle Ausgabe:
www.antifainfoblatt.de

Das umfassende Dossier zum NSU:
www.antifainfoblatt.de/dossiers

VSA: Tiefer Staat & Rechtsruck

Hajo Funke
Sicherheitsrisiko Verfassungsschutz
Staatsaffäre NSU: das V-Mann-Desaster und was daraus gelernt werden muss
240 Seiten I EUR 16.80
ISBN 978-3-89965-774-6

Der NSU-Skandal ist kein Einzelfall: Verstrickungen samt beteiligten Verfassungsschützern gibt es seit über 50 Jahren. Weder ist der Mord an Siegfried Buback aus dem Jahr 1977, das Oktoberfestattentat von 1980 noch das Verhalten der Sicherheitsbehörden im Fall des Attentats auf den Berliner Weihnachtsmarkt an der Gedächtniskirche von Anis Amri im Dezember 2016 aufgeklärt.

Prospekte anfordern!

VSA: Verlag
St. Georgs Kirchhof 6
20099 Hamburg
Tel. 040/28 09 52 77-10
Fax 040/28 09 52 77-50
info@vsa-verlag.de

Benjamin-Immanuel Hoff/ Heike Kleffner (Hrsg.)
Rückhaltlose Aufklärung?
NSU, NSA, BND – Geheimdienste und Untersuchungsausschüsse zwischen Staatsversagen und Staatswohl
240 Seiten I EUR 16.80
ISBN 978-3-89965-791-3

Wie viel Kontrolle von Geheimdiensten leisten die Parlamente und ihre Untersuchungsausschüsse? Und wo hat der Schutz des vermeintlichen Staatswohls die Oberhand vor der rückhaltlosen Aufklärung gewonnen? Ein (selbst-)kritisches Resümee. In diesem Band werden die Chancen und Grenzen parlamentarischer Kontrolle und Aufklärungsbemühungen in den drei Geheimdienstskandalen seit der Jahrtausendwende diskutiert. Mit der Veröffentlichung wird von Journalist*innen, Jurist*innen und Parlamentarier*innen eine wichtige Lücke gefüllt, um die Hintergründe des offenkundigen Staatsversagens aufzuhellen.

Alexander Häusler (Hrsg.)
Völkisch-autoritärer Populismus
Der Rechtsruck in Deutschland und die AfD
160 Seiten I EUR 14.80
ISBN 978-3-89965-835-4

Der Einblick in die Facetten des Rechtsrucks in der Bundesrepublik liefert Voraussetzungen für die wirksame Durchkreuzung rechtspopulistischer Diskursstrategien. Die AfD betreibt einen rechten Kulturkampf, der einhergeht mit einer Normalisierung von völkisch-nationalistischem Gedankengut. Sie ist dabei in erster Linie bloßer Profiteur der Krise politischer Repräsentation. Ihr Spiel mit Ängsten und Ressentiments ist deshalb wirkungsvoll, weil es Halt, Zugehörigkeit und emotionale Auffangbecken für angestaute Wut über unverstandene abstrakte Herrschafts- und Konkurrenzverhältnisse vermittelt.

www.vsa-verlag.de